The Best

텔레마케팅관리사

한권으로 끝내기

시대에듀

2026 시대에듀 텔레마케팅관리사 한권으로 끝내기

Always with you

사람의 인연은 길에서 우연하게 만나거나 함께 살아가는 것만을 의미하지는 않습니다.
책을 펴내는 출판사와 그 책을 읽는 독자의 만남도 소중한 인연입니다.
시대에듀는 항상 독자의 마음을 헤아리기 위해 노력하고 있습니다. 늘 독자와 함께하겠습니다.

자격증·공무원·금융/보험·면허증·언어/외국어·검정고시/독학사·기업체/취업
이 시대의 모든 합격! 시대에듀에서 합격하세요!
www.youtube.com ➜ 시대에듀 ➜ 구독

머리말

24년 연속 판매량 1위! 그 이유가 있습니다.

텔레마케팅이란 전화 등의 매체를 이용하여 세일즈를 행하는 과학적인 마케팅 방법입니다. 또한 원거리 통신으로 고객의 욕구를 파악하고 불만을 해소해 주며, 업무를 하는 데 있어 단순한 전화 응대에서부터 컴퓨터를 이용한 최신식 기술, 정보통신에 의한 커뮤니케이션까지 다양한 스킬을 활용하는 종합적인 마케팅 수단입니다.

이러한 텔레마케팅을 전문적으로 수행하기 위해서는 체계적인 지식과 기술이 필요합니다. 텔레마케팅관리사 자격증은 상담 및 세일즈 분야로 진출하려는 사람이 실무 경쟁력을 높이고, 직무 능력을 검증받을 수 있는 국가 기술 자격증입니다. 더불어 학점은행제를 통해 18학점이 인정되어 학위 취득에도 도움이 됩니다. 최근 마케팅 전략이 더욱 체계적이고 전문적으로 변해가는 만큼 텔레마케팅관리사 자격증의 필요성과 가치 또한 높아지고 있습니다.

이번 개정판은 누구나 쉽게 이해할 수 있으면서 중요한 부분만 효율적으로 학습할 수 있도록 크게 세 가지 사항에 주안점을 두었습니다.

첫째 국가직무능력표준(NCS)에 맞추어 출제 기준이 변경되었습니다. 이에 따라 수험생들이 새로운 내용을 잘 이해할 수 있도록, 국가직무능력표준의 내용을 벗어나지 않으면서도 텔레마케팅관리사의 핵심 이론을 잘 정리한 내용을 수록하였습니다.

둘째 난해한 전문 용어 및 관련 용어를 이해하기 쉽게 기술하였고, 기출문제에 나오는 중요한 키워드는 '빨리 보는 간단한 키워드(빨·간·키)'에 추려서 수록하였습니다.

셋째 체계적인 설명과 함께 중요 포인트를 짚어 내용의 이해도를 높였고, 텔레마케팅관리사 시험의 출제 경향을 분석하여 앞으로 출제될 만한 핵심 예제를 이론 페이지 하단에 수록하였습니다. 이를 통해 출제 유형과 기본 개념을 익힐 수 있는 것은 물론, 응용력까지 키울 수 있을 것입니다.

마지막으로 시험을 준비하는 수험생 모두가 자격증 취득에 성공하길 바라며, 본서가 수험생들이 목표를 찾아 나아가는 데 길을 밝혀 줄 등불이 되었으면 합니다.

편저자 일동

텔레마케팅관리사 안내

📖 개요
전문 지식을 바탕으로 컴퓨터를 결합한 정보통신 기술을 활용하여 고객에게 필요한 정보를 즉시 제공하고 신상품 소개, 고객의 고충사항 처리, 시장조사, 인바운드와 아웃바운드 등 다양한 기능을 수행하는 숙련된 기능 인력을 양성하기 위해 텔레마케팅관리사 자격 제도를 제정하였다.

📖 수행 직무
통신수단을 이용하여 이루어지는 상품 또는 서비스에 대한 판매 및 고객 관리를 의미하며 시장환경 분석, 상품개발기획, 전략 수립, 조직운영 관리, 성과 관리, 고객관계 관리, 판매 관리, 인·아웃바운드 마케팅, 텔레마케팅 시스템 운용의 업무를 수행한다.

📖 시험 구성

구분	1차 필기시험	2차 실기시험
시험 과목	1. 고객 관리 2. 시장환경조사 3. 마케팅 관리 4. 조직운영 및 성과 관리	실무
검정 방법	객관식(CBT 방식)	주관식
문항 수	과목당 25문항(총 100문항)	20~25문항
시험 시간	2시간 30분	2시간 30분
합격 기준	100점을 만점으로 하여 과목당 40점 이상, 전과목 평균 60점 이상	100점을 만점으로 하여 60점 이상

📖 응시 자격
제한 없음

📖 시행처
한국산업인력공단(www.q-net.or.kr)

1차 필기시험 현황

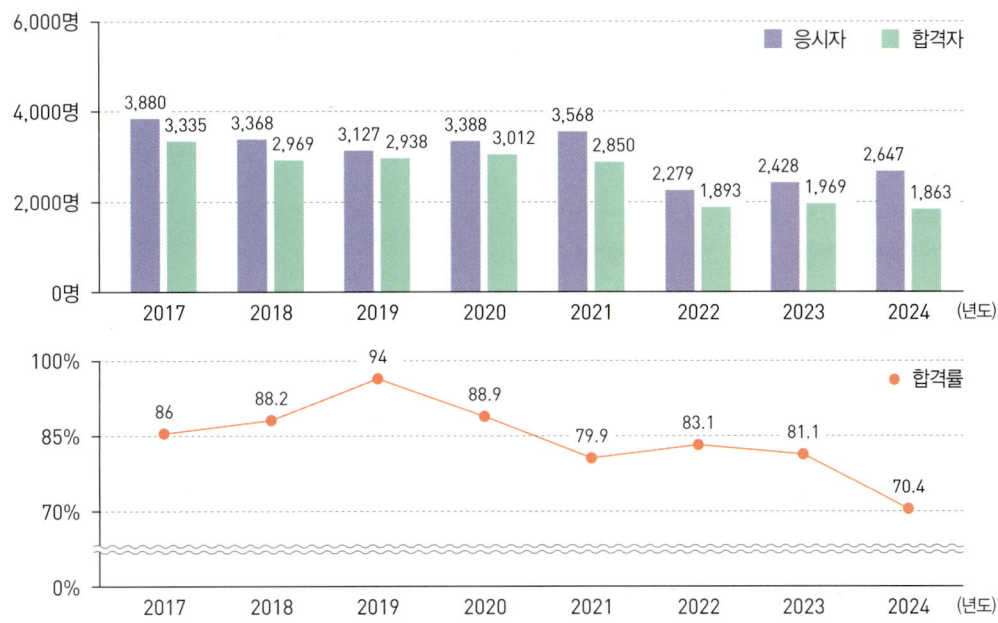

2차 실기시험 현황

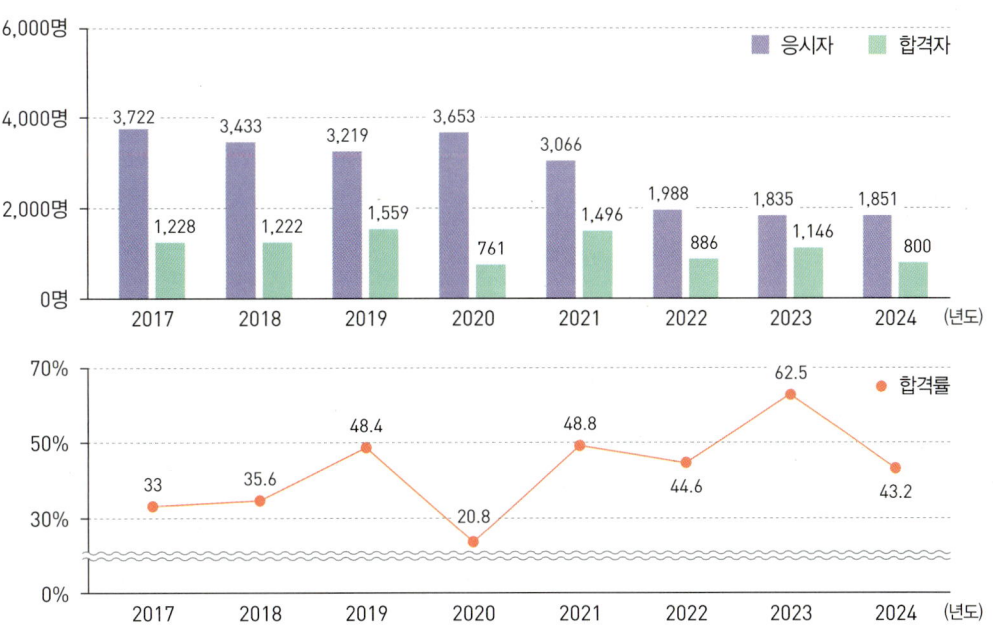

출제 기준

※ 적용 기간: 2026.1.1.~2028.12.31.

🏠 고객 관리(25문항)

주요 항목	세부 항목	세세 항목	
1 고객 분석과 데이터 관리	1. 대상 고객 선정	① 분류 기준 설정 ③ 대상 고객 선정	② 고객 데이터 추출
	2. 고객 정보 분석	① 분석 기준 설정 ③ 고객 정보 분석	② 분석 방법 결정
	3. 고객 유형 결정	① 고객 범위 결정 ③ 고객 가치 측정 방법	② 고객 세분화 및 유형 분류
	4. 고객 데이터 수집 및 유지	① 데이터 유형 분류 ③ 데이터 정제 ⑤ 개인정보 관련법	② 데이터 수집 경로 및 방법 결정 ④ 데이터 관리 지침
2 고객지원과 고객 관리 실행	1. 고객 요구사항 파악	① 요구사항 파악	② 요구사항 분류
	2. 고객 요구사항 이력 관리	① 고객 요구 분석	② 고객 만족도 조사
	3. 고객 응대	① 고객 응대 기술 ③ 유관기관 교섭	② 고객 유형별 상담 기술
	4. 고객관계 유지	① 커뮤니케이션 전략	② 고객관계 유지 활동
	5. 고객관계 강화	① 수익성 예측	② 고객이탈 방지 활동
3 고객 필요정보 제공	1. 필요정보 산출	① 소비자 행동과 성향 분석	② 자사와 경쟁사 비교 분석
	2. 경로별 정보 제공	① 매체 유형 및 특성	② 마케팅 커뮤니케이션 전략
4 통신판매 고객관계 관리	1. VOC 관리	① VOC 수집 ③ VOC 분석	② VOC 처리
	2. 우수고객 관리	① 고객 가치의 개념 ③ 고객생애가치	② RFM 분석 ④ 고객 충성도 강화
5 통신판매 고객 상담	1. 고객 접점 응대유형 파악	① 고객 만족 개념 ③ 비대면 커뮤니케이션 개념	② 고객 접점 개념 ④ 통신판매 접점 채널에 대한 지식
	2. 고객 니즈 파악	① 라포 ③ 매슬로우의 욕구 이론	② 경청 기법 ④ 질문 기법
	3. 고객 응대	① 설득 화법 ③ 스트레스 개념 ⑤ 감정노동자 보호법	② 국어 표준 화법 ④ 스트레스 관리 방법
6 영업 고객 불만 관리	1. 불만사항 수집 및 분석	① 불만사항 수집	② 불만사항 분석
	2. 불만사항 해결	① 불만사항 해결방안	② 소비자 관련법

※ 국가직무능력표준(NCS)을 기반으로 하여 출제 기준(과목명, 주요 항목 등)이 직무 중심으로 개편되었습니다.

🏠 시장환경조사(25문항)

주요 항목	세부 항목	세세 항목
1 통계조사 계획	1. 통계조사 목적 수립	① 고객 요구 분석 ② 조사 목적 및 세부 목표 수립
	2. 조사 내용 결정	① 조사 내용 도출 ② 측정 방법 결정
	3. 조사 방법 결정	① 조사 방법론
	4. 실행 계획 수립	① 조사 범위 결정 ② 조사 실행 계획
2 통신판매 환경 분석	1. 시장환경 분석	① 3C 분석 ② SWOT 분석 ③ 내·외부환경 분석
3 표본 설계	1. 조사 대상 선정 및 표본	① 모집단 선정 ② 표본추출 ③ 표본오차 ④ 표본크기
4 설문 설계	1. 분석 설계	① 척도 종류 ② 분석 방법 설계
	2. 설문 항목 작성	① 설문 항목 구조화 ② 설문 항목 작성 ③ 설문 작성
5 기술통계 분석	1. 추정·가설검정	① 자료 유형 및 척도 적용 ② 추정과 가설 ③ 독립 변수 및 종속 변수의 설정
	2. 통계 분석	① 빈도 분석 ② 교차 분석 ③ 분산 분석

출제 기준

🏠 마케팅 관리(25문항)

주요 항목	세부 항목	세세 항목
1 통신판매 전략 수립	1. 판매촉진 계획	① 판매촉진 유형 ② 고객 구매 행태 및 선호도 분석 ③ 판매촉진 효과 분석
	2. 데이터베이스 활용 계획	① 데이터베이스 마케팅　② 데이터 마이닝
2 STP 전략 수립	1. 시장세분화 및 목표시장 선정	① 시장세분화　② 목표시장 선정 ③ 마케팅 전략 수립
	2. 포지셔닝	① 포지셔닝 의의 ② 포지셔닝 전략 수립 과정 ③ 포지셔닝 전략
3 마케팅믹스 전략 수립	1. 제품 전략 수립	① 제품 수명 주기　② 신상품 기획
	2. 가격 전략 수립	① 가격과 소비자 행동　② 가격 결정 방법 ③ 제품 원가에 따른 손익 분석　④ 가격차별화 관리
	3. 유통 전략 수립	① 유통경로 유형 및 정의　② 유통경로 설계 ③ 신유통경로 마케팅
	4. 촉진 전략 수립	① 촉진 의의와 목적　② 촉진 체계 유형 ③ 촉진 방법 ④ 통합적 마케팅 커뮤니케이션 전략 　(Intergrated Marketing Communication)
4 인·아웃바운드 판매 채널 운영 관리	1. 인바운드	① 인바운드 채널별 개념 ② 인바운드 업무 유형별 프로세스
	2. 아웃바운드	① 아웃바운드 채널별 개념 ② 아웃바운드 업무 유형별 프로세스
	3. 스크립트 활용	① 스크립트 개념　② 스크립트 작성 ③ 스크립트 활용

조직운영 및 성과 관리(25문항)

주요 항목	세부 항목	세세 항목	
1 통신판매 조직운영 관리	1. 인력 관리	① 채용계획 수립 ③ 면접 기법 ⑤ 리더십 이론	② 채용절차 ④ 인사 및 노무 지식
	2. 교육훈련 실시	① 교육훈련 계획 ③ 교육과정 평가	② 교육과정 설계
	3. 인사 평가	① 평가지표 설정 ③ 평가시행 및 성과보상	② 평가계획 ④ 경력경로 관리
2 통신판매 시스템 운용	1. 인바운드 시스템 활용	① 인바운드 시스템 지식	② 인바운드 지표
	2. 아웃바운드 시스템 활용	① 아웃바운드 시스템 지식	② 아웃바운드 지표
	3. 시스템 문제 대응	① 문제 상황 대응 프로세스	
3 마케팅 성과 측정과 활용	1. 마케팅 성과 측정	① 마케팅 성과 측정 계획 ③ 마케팅 성과 측정	② 마케팅 성과 측정 기준
	2. 마케팅 결과 활용	① 마케팅 결과 분석	② 마케팅 결과 활용
4 통신판매 성과 관리	1. 목표 설정	① 성과 관리 개념	② 목표 설정 이론
	2. 성과 평가	① 업적 및 역량 평가 ③ 개인 및 집단 평가	② 다면 평가 ④ 상대 및 절대 평가
	3. 보상하기	① 동기부여 이론 ③ 보상 재원 관리	② 인센티브 제도
	4. 모니터링	① 모니터링 유형 및 정의 ② QA(Quality Assurance/품질보증) 관리 기술	

시험 응시 유의사항

기본 유의사항

1. 시험 시작 시간 이후에는 입실 및 응시가 불가합니다.
2. 수험표 및 접수 내역을 사전에 확인하여 시험장 위치와 시험장 입실가능 시간을 숙지하시기 바랍니다.
3. 공단 인정 신분증과 수험표를 반드시 지참하시기 바랍니다.
4. 시험 중 다음과 같은 행위를 하는 자는 국가기술자격법 제10조 제6항의 규정에 따라 당해 검정을 중지 또는 무효로 하고 3년간 국가기술자격법에 의한 검정을 받을 자격이 정지됩니다.

    - 다른 수험자와 시험과 관련된 대화를 하거나 답안지를 교환하는 행위
    - 다른 수험자의 답안지 또는 문제지를 엿보고 답안을 작성하거나 작품을 제작하는 행위
    - 다른 수험자를 위하여 답안을 알려 주거나 엿보게 하는 행위
    - 문제 내용과 관련된 물건을 휴대하여 사용하거나 이를 주고받는 행위
    - 시험장 내외의 자로부터 도움을 받아 답안지를 작성하거나 작품을 제작하는 행위
    - 다른 수험자와 성명 또는 수험 번호를 바꾸어 제출하는 행위
    - 대리 시험을 치르거나 치르게 하는 행위
    - 전자·통신기기를 사용하여 답안지를 작성하거나 다른 수험자를 위하여 답안을 송신하는 행위
    - 그 밖에 부정한 방법 또는 불공정한 방법으로 시험을 치르는 행위

5. 시험 중 전자·통신기기를 비롯한 불허물품 소지가 적발되는 경우 퇴실 조치되며 당해 시험은 무효 처리됩니다.

CBT 유의사항

1. CBT(Computer Based Test)란 인쇄물 기반 시험인 PBT와 달리 컴퓨터 화면에 문제가 표시되어 응시자가 마우스를 이용해 풀어 나가는 컴퓨터 기반의 시험을 말합니다.
2. 입실 전 반드시 본인의 좌석을 확인한 뒤 착석하시기 바랍니다.
3. 전산으로 진행되므로 안정적인 운영을 위해 입실 후 감독위원 안내에 적극 협조하여 응시해 주시기 바랍니다.
4. 최종 답안을 제출한 뒤에는 수정이 절대 불가하오니 충분히 검토한 뒤 제출하시기 바랍니다.
5. 답안 제출 후 본인의 점수를 확인한 뒤에 퇴실하시기 바랍니다.
6. 필요시 계산용 연습지를 배부하나 퇴실 시 제출해야 합니다.
7. CBT 문제는 비공개를 원칙으로 하며, 문제나 본인이 작성한 답안을 수험표 등에 옮겨 적을 수 없습니다.

※ 유의사항은 변경될 수 있습니다. 정확한 내용은 한국산업인력공단으로 문의하시기 바랍니다.

무엇이든 물어보세요!

CBT 방식의 필기시험은 어떻게 공부해야 하죠?

CBT 방식의 시험은 컴퓨터 화면에 시험문제가 표시되며 응시자마다 다른 문제를 풀게 됩니다. 문제은행식으로 출제되므로 특정 문제 유형에만 치중하기보다는 각 과목의 핵심 개념과 원리를 폭넓게 이해하는 것이 중요합니다. 다시 말하면, 개념을 확실하게 이해하여 어떤 문제가 나오더라도 적용하여 풀 수 있도록 해야 합니다. 또한 다양한 유형의 문제를 풀어 보며 실전 감각을 키우는 것이 필요합니다.

텔레마케팅관리사 1차 필기시험은 공부를 하지 않아도 합격할 수 있다고 들었습니다. 소문이 사실인가요?

1차 필기시험의 평균 합격률이 85%를 넘다 보니 그런 이야기가 나온 것으로 보입니다. 하지만 이는 10명 중 1~2명은 불합격한다는 의미이기도 합니다. 따라서 준비를 확실히 하여 한 번에 합격하는 것이 좋겠죠?

시간이 별로 없는데 1차 필기시험을 어떻게 준비하면 좋을까요?

공부할 시간이 별로 없는 분들께는 기출문제를 풀어 보며 모르는 개념을 찾아서 학습하는 방법을 권해 드립니다. 텔레마케팅관리사 시험은 기존에 출제되었던 문제들이 반복해서 출제되는 경우가 많기 때문입니다.

2차 실기시험은 합격률이 낮던데 어떻게 준비해야 할까요?

2차 실기시험은 1차 필기시험과 달리 주관식입니다. 핵심 내용을 외우지 않으면 시험을 통과하기 어렵습니다. 1차 필기시험과 마찬가지로 기출문제를 중심으로 공부해야 합니다. 먼저 기출문제를 외우고, 그와 관련된 내용을 확장해서 공부하는 방법을 권해 드립니다.

이 책의 구성과 특징

최신 기출복원문제

최신 기출문제를 정확하게 복원하여 수록하였습니다. 시간에 맞춰 풀고 출제 경향을 파악해 보세요.

빨리 보는 간단한 키워드

꼭 알아두어야 할 키워드만 깔끔하게 정리하였습니다. 공부하기 전에는 빠르게 훑어보며 이해하고, 공부한 후에는 복습하며 내용을 다시 정리해 보세요.

※ 뒤표지 안쪽에 있는 쿠폰 번호를 시대에듀 합격시대 홈페이지에 등록하시면 온라인(CBT) 모의고사에 응시하실 수 있습니다. 온라인 모의고사의 문항들은 기출복원문제를 바탕으로 구성되며, 구성 방식(랜덤)에 따라 각 회차별로 문항이 일부 중복될 수 있습니다.

핵심 이론 + 핵심 예제

방대한 텔레마케팅관리사 이론 중 시험에 나오는 핵심 이론만 정리하였습니다. 이론을 공부한 뒤 하단의 핵심 예제를 풀어 보는 것도 잊지 마세요.

실제 예상문제

실제 기출문제와 출제 가능성이 높은 예상문제를 섞어 수록하였습니다. 차근차근 풀어 보며 실력을 점검해 보세요.

이 책의 목차

2025년 제3회 기출복원문제 · 2

빨리 보는 간단한 키워드(빨·간·키) · 40

제1과목   고객 관리

제1장 고객 분석과 데이터 관리 · 58

　　　　실제 예상문제 · 65

제2장 고객지원과 고객 관리 실행 · 69

　　　　실제 예상문제 · 85

제3장 고객 필요정보 제공 · 92

　　　　실제 예상문제 · 100

제4장 통신판매 고객관계 관리 · 104

　　　　실제 예상문제 · 124

제5장 통신판매 고객 상담 · 129

　　　　실제 예상문제 · 144

제6장 영업 고객 불만 관리 · 155

　　　　실제 예상문제 · 162

제2과목 시장환경조사

제1장 통계조사 계획 · 168

　　　　실제 예상문제 · 194

제2장 통신판매 환경 분석 · 209

　　　　실제 예상문제 · 219

제3장 표본설계 · 225

　　　　실제 예상문제 · 237

제4장 설문설계 · 243

　　　　실제 예상문제 · 267

제5장 기술통계 분석 · 285

　　　　실제 예상문제 · 290

이 책의 목차

제3과목 마케팅 관리

- 제1장 통신판매 전략 수립 · · · · · · · 296
  - 실제 예상문제 · · · · · · · 304
- 제2장 STP 전략 수립 · · · · · · · 310
  - 실제 예상문제 · · · · · · · 326
- 제3장 마케팅믹스 전략 수립 · · · · · · · 339
  - 실제 예상문제 · · · · · · · 382
- 제4장 인·아웃바운드 판매 채널 운영 관리 · · · · · · · 401
  - 실제 예상문제 · · · · · · · 428

제4과목 조직운영 및 성과 관리

- 제1장 통신판매 조직운영 관리 · · · · · · · 446
  - 실제 예상문제 · · · · · · · 471
- 제2장 통신판매 시스템 운용 · · · · · · · 485
  - 실제 예상문제 · · · · · · · 497
- 제3장 마케팅 성과 측정과 활용 · · · · · · · 503
  - 실제 예상문제 · · · · · · · 509
- 제4장 통신판매 성과 관리 · · · · · · · 513
  - 실제 예상문제 · · · · · · · 527

2025년
제3회 기출복원문제

※ 2025년 제3회는 시대에듀에서 기출복원한 문제입니다.
저작권법에 의해 보호를 받는 저작물이므로 무단전재나 복제를 금합니다.

제3회 기출복원문제

제1과목 고객 관리

01 텔레마케팅 고객 응대의 특징으로 틀린 것은?

① 상호 피드백이 신속히 이루어진다.
② 비언어적 메시지는 사용하지 않는다.
③ 쌍방 간의 커뮤니케이션이 이루어진다.
④ 고객 반응별 상황 대응 능력이 중요하다.

> **해설** 상담원은 고객 응대 시 어조나 음성의 고저를 사용해 고객과 효율적인 커뮤니케이션을 할 수 있다.
> **언어적 메시지와 비언어적 메시지**
> • 언어적 메시지: 말, 글 등
> • 비언어적 메시지: 음성의 고저, 표정, 몸짓, 자세, 눈치 등
> **텔레마케팅 고객 응대의 특징**
> • 쌍방향 커뮤니케이션이다.
> • 전화장치를 이용한 비대면 중심의 커뮤니케이션 행위이다.
> • 언어적 메시지와 비언어적 메시지를 동시에 사용한다.
> • 상호거래적이며 피드백이 즉각적이다.

02 형태에 따른 고객 정보 분류 시 고객의 행위에 따른 정보로 알맞지 않은 것은?

① 고객 점유율
② 라이프스타일
③ 고객의 구매 습관
④ 기업과의 상호작용 데이터

> **해설** 라이프스타일은 고객의 태도에 따른 정보에 해당한다.
> **형태에 따른 고객 정보 분류**
> • 인구통계적 정보: 나이, 성별, 직업, 거주지, 수입, 교육 수준, 가족 구성, 주택 등
> • 고객의 행위에 따른 정보: 고객의 구매 습관, 웹 사이트 방문, 기업과의 상호작용 데이터, 고객이 사용한 전자기기, 고객의 사용 언어, 제품 소비 형태, 고객 점유율 등
> • 고객의 태도에 따른 정보: 상품에 대한 고객의 만족 수준, 자사와 경쟁사에 대한 비교 선호도, 상품에서 제공하길 바라는 기능, 상품에서 만족하지 못하는 사항, 라이프스타일, 브랜드 선호도, 사회적 및 개인적 가치관, 개인의 취향 등

정답 01 ② 02 ②

03 고객 유지의 필요성에 대한 설명으로 틀린 것은?

① 새로운 고객을 지속적으로 유치하여 단골고객화할 수 있다.
② 회사와의 지속적인 거래 관계를 유도하여 매출액을 향상시킬 수 있다.
③ 기존 고객을 잘 관리하는 것이 신규 고객을 유치하는 것보다 효율적이다.
④ 기존 고객의 유지를 통해 고객 충성도를 증진시키고 고객 점유율을 유지할 수 있다.

해설 새로운 고객을 지속적으로 유치하기는 어려우므로 기존 고객을 유지하여 단골고객화하는 것이 효율적이다.

04 고객 만족에 중점을 두는 마케팅은?

① 거래 마케팅
② 관계 마케팅
③ 매스 마케팅
④ 니치 마케팅

해설 관계 마케팅
기업이 고객과 접촉하는 모든 과정, 즉 판매 전, 판매 중, 판매 후에 그들과 협조하거나 그들에게 지원적 경험을 제공함으로써 신뢰를 갖게 하고 결국에는 기업이 제공하는 제품이나 서비스로부터 충분한 대가를 받고 있다고 느끼게 하여 지속적인 호혜 관계가 이루어지게 하는 마케팅이다. 고객의 만족을 중요시하며 한 번의 거래로 끝나는 거래 마케팅과 구분된다.

05 반론처리 스크립트 작성 요령으로 옳지 않은 것은?

① Yes, but 기법을 활용한다.
② 고객의 반론을 질문으로 활용한다.
③ 3F(Feel, Felt, Found) 스킬을 활용한다.
④ 타사 제품과 비교·설명은 되도록 피한다.

해설 적절한 비교는 반론에 유용하다.

정답 03 ① 04 ② 05 ④

06 기업 측면에서 본 고객 로열티에 의한 효과로 옳지 않은 것은?

① 수익 증대
② 비용의 절감
③ 삶의 질 향상
④ 우량 고객 확보

해설 고객 로열티(Customer loyalty)는 고객 충성도를 의미한다. 기업의 측면에서 고객 충성도는 삶의 질 향상과 관련이 없다.

07 다음 빅데이터 수집 방법 중에서 크롤링(Crawling)과 가장 관련이 있는 것은?

① 웹 로그(Web log)
② 웹 로봇(Web robet)
③ 웹 블로그(Web blog)
④ 웹 데이터마이닝(Web data mining)

해설 크롤링은 SNS, 뉴스, 웹 정보 등 인터넷에서 제공되는 웹 문서 정보를 수집하는 방법이다. 웹 로봇은 검색 엔진에서 주로 사용되고 있으며, 웹 문서를 돌아다니면서 필요한 정보를 수집하고 이를 색인해 정리하는 기능을 수행한다.

08 컴퓨터를 인간처럼 학습시켜 스스로 규칙을 형성할 수 있도록 하는 인공 지능 분야는?

① 머신러닝
② 클라우드
③ 웹 마이닝
④ 인공신경망

해설 인공 지능은 사고나 학습 등 인간이 가진 지적 능력을 컴퓨터를 통해 구현하는 기술이다. 컴퓨터가 인간처럼 스스로 학습하여 인공 지능의 성능을 향상시키는 기술은 머신러닝이다.

06 ③ 07 ② 08 ① 정답

09 다음과 같은 응대 기법이 충족시키고자 하는 소비자의 욕구는?

> • 손님께서 얼마나 실망하셨을지 잘 알겠습니다.
> • 그때 어떤 느낌을 갖게 되셨는지 이야기하고 싶은데요.
> • 손님의 요구가 무리한 것은 아니군요.

① 존경을 받고자 하는 욕구
② 공평하게 대접받고자 하는 욕구
③ 적시에 신속한 서비스를 받고자 하는 욕구
④ 자신의 문제에 대해 공감해 주기를 바라는 욕구

해설 **공감대 형성을 위한 화법**
• 고객과의 공감을 형성하는 데 도움을 주는 공통 화제를 선정하는 것이 중요하다.
• 고객의 신분에 맞는 존칭어를 사용한다.
• 전체 상담의 원활한 진행과 분위기를 위해 고객의 말에 적극적으로 동감 표현을 하며, 긍정적인 관심을 갖고 적절한 질문을 한다.

10 고객 응대 시 효과적인 경청(Listening) 방법으로 볼 수 없는 것은?

① 고객에게 적극적인 호응을 한다.
② 고객과의 공통 관심 영역을 찾는다.
③ 반대 의견을 제시하고 조목조목 따진다.
④ 고객의 대화상 실수를 너그럽게 이해한다.

해설 고객 응대 시 비판하거나 평가하지 않는다.

11 불만족한 고객을 대상으로 상담할 때의 응대 요령으로 적합하지 않은 것은?

① 고객의 기분을 충분히 배려한다.
② 고객과 상담 시 개방형 질문을 한다.
③ 고객의 말에 공감을 하면서 적극적인 경청을 한다.
④ 신속한 응대를 위해 해결 방안을 한 가지만 제시한다.

해설 불만족한 고객에게는 다양한 해결 방안을 제시해 고객이 직접 선택하게 하는 것이 바람직하므로, 한 가지만 제시하는 것은 적절하지 않다.
불만족한 고객을 대상으로 상담할 때의 응대 요령
• 고객이 만족할 수 있는 다양한 해결 방법을 제시한다.
• 고객의 기분을 충분히 배려한다.
• 개방형 질문을 한다.
• 고객의 말에 공감을 하면서 적극적으로 경청한다.
• 전문기관을 알선한다.
• 보상받기를 원하는 것이 무엇인지 질문한다.

정답 09 ④ 10 ③ 11 ④

12 매슬로우의 욕구 단계 이론 중 5단계에 대한 설명으로 옳지 않은 것은?

① 존중과 인정을 받고 싶은 욕구이다.
② 애정과 소속의 욕구보다 상위 욕구이다.
③ 개인의 타고난 능력 혹은 성장 잠재력을 실행하려는 욕구이다.
④ 고객은 자기표현을 하고 자기 목적을 달성했을 때 자아를 실현했다고 느낀다.

> **해설** 존중과 인정을 받고 싶은 욕구는 4단계 자기 존중의 욕구이다.

13 시대별 서비스 마인드에 대한 설명으로 틀린 것은?

① 미래 사회에서 서비스는 종적 관계로 고객과 서비스인은 상하 관계를 의미한다.
② 현대 사회에서 서비스는 고객과의 관계를 평등, 대등, 수평, 횡적 관계로 인식한다.
③ 미래적 서비스 마인드는 고객이 원하는 것을 세심히 관찰하여 고객의 요구에 앞서 대응해야 한다.
④ 미래를 대비하기 위해 서비스인들은 보다 능동적이며 적극적인 자세로 활기찬 서비스를 제공하려는 마인드를 지녀야 한다.

> **해설** 서비스는 고객과 서비스인이 동등하게 의견을 주고받는 수평적 인간관계를 토대로 한다.

14 인바운드 상담 절차를 바르게 나열한 것은?

```
A. 상담 준비
B. 전화 응답과 자기소개
C. 문제 해결
D. 고객 니즈 파악
E. 동의와 확인
F. 종결
```

① A → C → D → B → E → F
② D → A → C → B → E → F
③ A → B → D → C → E → F
④ A → D → B → C → E → F

> **해설** 인바운드 상담절차
> 착신 통화의 준비(상담 준비) → 전화 응답과 자기소개 → 용건 파악(고객 니즈 파악) → 상담(문제 해결) → 동의와 확인 → 사후 처리와 피드백(종결)

정답 12 ① 13 ① 14 ③

15 인바운드 콜 처리 품질에 직접적인 영향을 미치는 요소가 아닌 것은?

① 콜센터 위치
② 콜 처리 평균시간 수준
③ 콜 상담 인력 투입 정도
④ 콜 처리 시스템 접근 수준

> **해설** 텔레마케팅은 시간적·공간적 한계를 극복한 것으로 콜센터 위치는 콜 처리 품질에 직접적 영향을 주지 않는다.

16 고객 접점별로 고객이 느끼는 정신적, 육체적 상황을 의미하는 용어는?

① CPA(Call Progress Analysis)
② CSP(Customer Situation Performance)
③ CSR(Customer Service Representative)
④ CAT(Computer Assisted Telemarketing)

> **해설** 고객 접점별로 전개될 수 있는 심리적인 상황 관계를 고객 상황 퍼포먼스(CSP; Customer Situation Performance)라고 한다. CSP는 고객이 느끼는 정신적·육체적 상황을 의미하며, 현재 이후에 벌어질 고객 행동의 예측도 포함할 수 있다.
> ① CPA(Call Progress Analysis) : 전화 응답 자동감지 기능으로 고객과 통화가 되었을 때만 상담원에게 연결해 주는 방식이다. 이 기법은 최신 다이얼링 기법으로 콜센터의 생산성을 극대화하는 동시에 고객 불만을 야기할 수 있는 위험을 최소화하는 데 목적을 둔다.
> ③ CSR(Customer Service Representative) : 실제 콜을 수·발신하고 고객과 커뮤니케이션하는 사람으로 내부 고객이나 외부 고객과 업무 상담을 하는 직원을 말한다.
> ④ CAT(Computer Assisted Telemarketing) : 컴퓨터 등 전문 소프트웨어와 하드웨어를 활용하여 텔레마케팅 업무를 강력하게 지원해 주는 체계이다.

17 MOT(Moments Of Truth)의 의미로 적절하지 않은 것은?

① 기업의 생존이 결정되는 순간
② 고객이 제품이나 서비스를 꾸준히 경험한 후 솔직한 감정을 가지게 되는 시점
③ 고객과 기업이 접촉하여 제공된 서비스에 대해 느낌을 갖는 15초간의 진실한 순간
④ 우리 회사를 선택한 것이 가장 현명한 선택이었다는 사실을 고객에게 입증해야 할 소중한 시간

> **해설** 제품이나 서비스를 꾸준히 경험한 후 솔직한 감정을 가지는 시점을 말하는 것이 아니라 고객이 기업을 접하여 느낌을 가지는 순간을 말한다.

정답 15 ① 16 ② 17 ②

18 텔레마케팅의 판매 단계를 순서대로 올바르게 나열한 것은?

① 분석과 데이터베이스화 → 대상자 선정 → 고객 니즈 파악 → 텔레마케팅 전개 · 정보 제공 → 상담 종료
② 대상자 선정 → 분석과 데이터베이스화 → 고객 니즈 파악 → 상담 종료 → 텔레마케팅 전개 · 정보 제공
③ 대상자 선정 → 고객 니즈 파악 → 텔레마케팅 전개 · 정보 제공 → 상담 종료 → 분석과 데이터베이스화
④ 대상자 선정 → 텔레마케팅 전개 · 정보 제공 → 고객 니즈 파악 → 상담 종료 → 분석과 데이터베이스화

> **해설** 텔레마케팅의 판매 단계
> 준비 및 대상자 선정 → 고객 니즈 파악 → 텔레마케팅 전개 및 정보 제공 → 상담 종료 → 분석과 데이터베이스화

19 세분시장의 평가에 대한 설명으로 틀린 것은?

① 세분시장 내에 강력하고 공격적인 경쟁자가 다수 포진하고 있다면 그 세분시장의 매력성은 크게 떨어진다.
② 세분시장 내에 다양한 대체 상품이 존재하는 경우에는 당해 상품의 가격이나 이익에도 많은 영향을 미친다.
③ 세분시장이 기업의 목표와 일치한다면 그 세분시장에서 성공하는 데 필요한 기술과 자원을 보유한 것으로 본다.
④ 세분시장을 평가하기 위하여 가장 먼저 각각의 세분시장의 매출액, 성장률 그리고 기대수익률을 조사하여야 한다.

> **해설** 세분시장이 기업의 목표와 일치한다면 그 세분시장에서 필요한 인적 · 물적 · 기술적 자원을 가지고 있는지 검토해 보아야 한다.
> **세분시장(Segment market)**
> 주어진 마케팅 자극에 대해서 유사한 반응을 보이는 소비자들로 구성되어 있는 시장을 의미한다.

20 의사소통의 장애 요인을 발신자, 수신자, 상황에 따라 구분할 때 수신자에 의한 의사소통 장애 요인에 해당하지 않는 것은?

① 선입견
② 선택적인 청취
③ 속단적 평가 경향
④ 목적 · 목표의식 부족

> **해설** 목적 · 목표의식 부족은 발신자에 의한 장애요인이다.
> • 수신자에 의한 장애 요인: 선입견, 평가적인 경향, 선택적 청취, 반응과 피드백의 부족, 수용성 부족 등
> • 발신자에 의한 장애 요인: 목적 · 목표의식 부족, 커뮤니케이션 스킬 부족, 발신자의 신뢰성 부족, 준거의 틀 차이, 타인에 대한 민감성 부족, 왜곡과 생략 등

정답 18 ③ 19 ③ 20 ④

21 다음 빈칸에 알맞은 용어는?

> ( )은/는 상담원들의 고객 상담 및 서비스 품질의 강점과 약점을 평가하고 측정하기 위해 고객과의 콜 상담 내용을 듣거나 또는 멀티미디어를 통한 접촉 내용을 관찰하는 모든 활동 및 과정이다.

① 코칭
② 스크립트
③ 벤치마킹
④ QA(Quality Assurance) 활동

해설 통화품질 관리(QA; Quality Assurance)
- 통화품질이란 기업과 고객 간에 이루어지는 통화에서 느껴지는 품질의 정도를 말한다.
- 통화품질 관리는 고객에 대한 서비스를 향상시켜 콜센터 경영의 질을 개선하는 것을 목적으로 한다.
- 콜센터의 통화에 대한 품질과 경쟁력을 동시에 평가한다.
- 고객과의 콜 상담내용을 듣거나 멀티미디어를 통한 접촉 내용을 관찰하는 모든 활동 및 과정이다.
- 콜 모니터링과 코칭을 통해 생산성 향상과 고품격 서비스를 제공하기 위한 일련의 과정으로, 통화품질에 대한 규정을 마련해 전문평가인력을 활용하여 합리적인 평가를 한다.

22 다음 중 소비자 구매의사결정 과정을 바르게 나열한 것은?

> A. 문제 인식
> B. 정보 탐색
> C. 구매 결정
> D. 대체안 평가
> E. 구매 후 행동

① A → B → D → C → E
② B → A → C → D → E
③ A → C → B → D → E
④ B → C → A → D → E

해설 소비자 구매의사결정 과정
문제 인식 → 정보 탐색 → 대체안 평가 → 구매 결정 → 구매 후 행동

정답 21 ④ 22 ①

23 텔레마케팅의 구성 요소에 해당하지 않는 것은?

① 고객(Customer)
② 스크립트(Script)
③ 콜센터(Call center)
④ 데이터베이스(Database)

> 해설 텔레마케팅의 구성 요소
> 콜센터(Call center), 텔레마케팅 운용요원(텔레마케터, 관리자, 총책임자), 스크립트(Script), 데이터베이스(Database)

24 텔레마케팅을 통한 고객 관리의 특징이 아닌 것은?

① 즉각적인 상호작용이 가능하다.
② 비대면 중심의 커뮤니케이션이다.
③ 고객과 상담원 간의 쌍방향 커뮤니케이션이다.
④ 고객에게 자세하고 구체적으로 모든 정보를 전달한다.

> 해설 고객의 시간과 경비를 줄이기 위해 정확하고 간결하게 정보를 전달해야 한다.

25 텔레마케팅을 통한 고객 상담에 대한 설명으로 옳지 않은 것은?

① 통신장비를 활용한 비대면 중심의 커뮤니케이션이다.
② 언어적인 메시지와 비언어적인 메시지를 동시에 사용할 수 있다.
③ 고객을 직접 만나는 것이 아니므로 응대의 결과와 반응을 알아차리기 어렵다.
④ 고객과 텔레마케터 간에 제품 구매 또는 서비스 거래 등의 커뮤니케이션 행위가 일어난다.

> 해설 고객을 직접 만나는 면대면 방식은 아니지만 응대의 결과와 반응은 즉각적으로 나타난다.

23 ① 24 ④ 25 ③ 정답

제2과목 시장환경조사

26 일반적으로 알려진 네 가지의 척도 중 절대적인 기준인 영점이 존재하고, 모든 사칙연산이 가능한 척도는?

① 명목 척도
② 비율 척도
③ 등간 척도
④ 병렬 척도

> **해설** 비율 척도
> 척도를 나타내는 수가 등간일 뿐만 아니라 의미 있는 절대 영점을 가지고 있는 경우에 이용되며 모든 사칙연산이 가능하다.

27 동일한 실험 대상자들에게 일정한 시간적 간격을 두고 반복적으로 조사하는 방법은?

① 연속조사
② 횡단조사
③ 패널조사
④ 코호트조사

> **해설** 패널조사
> • 고정된 일정 수의 표본가구나 개인을 선정하여 반복적으로 조사에 활용한다.
> • 일정 기간 동안 구체적인 간격을 두고 정보를 제공하는 데 동의한 응답자들에게 조사에 응답하는 대가로 현금이나 선물, 쿠폰 등을 제공하며, 이들은 최근 온라인 전문 조사기관들을 통해 대규모로 구성된다.
> • 동일 샘플에서 동일 변수를 반복적으로 측정함으로써 조사 대상의 변화를 추적할 수 있다.

28 설문지를 통해 자료를 수집하는 방법으로 조사 상황에 따라 신속하게 질문 방법, 절차, 순서, 내용 등을 바꿀 수 있는 자료 수집 방법은?

① 우편조사
② 전화조사
③ 인터넷조사
④ 개인면접법

> **해설** 개인면접법
> 조사자가 추출된 피조사자들을 일일이 만나서 미리 준비된 질문지를 내주고 기입하도록 하는 방법이다. 다른 자료 수집 방법과 달리 면접 과정에서 면접자가 직접 참여하며 이로 인해 조사 상황에 따라 신속하게 질문 방법, 절차, 순서, 내용을 바꿀 수 있다.

정답 26 ② 27 ③ 28 ④

29 다음 설명에 해당하는 분석 방법은?

> 설문 응답지를 코딩하여 1~7까지 숫자를 부여해 분석하던 중, 중복 오류가 발견되어 다시 자료를 정리하였다. 이러한 자료를 요약·정리하여 전체적인 경향을 파악할 때 주로 사용하는 분석 방법이다.

① 회귀 분석
② 분산 분석
③ 요인 분석
④ 기술통계 분석

해설 코딩된 자료를 정리·요약하여 평균, 분산, 빈도 등을 파악하는 것은 기술통계 분석의 영역이다.

30 다음에서 설명하는 표본추출방법은?

> 조사에 참여한 응답자들이 그 조사에 참여할 가능성이 있는 잠재적 응답자들을 추천하도록 함으로써 표본을 추출하는 방법이다.

① 할당표본추출방법(Quota sampling)
② 판단표본추출방법(Judgment sampling)
③ 눈덩이표본추출방법(Snowball sampling)
④ 편의표본추출방법(Convenience sampling)

해설 눈덩이(누적)표본추출방법(Snowball sampling)은 특정 집단을 조사하기 위해 조사자가 적절하다고 판단하는 조사 대상자들을 선정한 다음, 그들로 하여금 또 다른 대상자들을 추천하도록 하는 표본추출방법이다.
① 할당표본추출방법: 모집단을 일정한 카테고리로 나눈 다음, 이들 카테고리에서 필요한 만큼의 조사 대상을 작위적으로 추출하는 방법으로, 표본의 규모가 비교적 큰 상업적 조사에서 가장 보편적으로 사용된다.
② 판단표본추출방법: 유의표집이라고도 하며, 조사 목적에 적합하다고 판단되는 소수의 인원을 조사자가 선택하는 방법이다.
④ 편의표본추출방법: 우연적 표집이라고도 하며, 조사자가 편리한 대로 추출하는 방법이다.

31 설문지를 작성한 후에, 예정 응답자 중에서 일부를 선정하여 예정된 본조사와 동일한 절차와 방법으로 질문서를 시험하여 질문의 타당성을 높이는 조사 절차는?

① 예비조사
② 사전조사
③ 기초조사
④ 마무리조사

해설 **사전조사(Pretest)**
질문지가 완성되면 본조사를 실시하기 전에 질문지 내용의 실용성, 조사의 문제점 등을 검토해 보기 위하여 소수의 표본을 대상으로 실시하는 시험적인 조사이다.
① 예비조사: 효과적인 표본 설계를 위해서 사전정보와 실제 조사의 조사 비용에 대한 정보를 얻기 위한 것으로, 자료 수집을 하는 현장의 특성 및 표본에 대한 기초적인 지식을 습득한다.

정답 29 ④ 30 ③ 31 ②

32 검정 요인 중 총체적 개념과 다른 변수와의 관계에 있어서, 총체적 개념을 구성하는 요소들 중 어떤 것이 관찰된 결과에 결정적인 영향을 미치는지 파악하는 데 사용되는 것은?

① 외생 변수
② 억제 변수
③ 매개 변수
④ 구성 변수

해설 ① 외생 변수: 실험 변수 밖에서 결과에 영향을 미치는 변수이다.
② 억제 변수: 두 변수가 상관관계가 있는데도 없는 것으로 나타나게 하는 제3의 변수로, 독립 변수와 종속 변수 간의 관계를 약화시키거나 아예 소멸시키는 변수이다.
③ 매개 변수: 독립 변수와 종속 변수의 사이에서 독립 변수의 결과인 동시에 종속 변수의 원인이 되는 변수이다.

33 다음 내용에 해당하는 BCG 매트릭스의 산업은?

> 기존의 투자에 의해 수익이 계속적으로 실현되므로 자금의 원천 사업이 된다. 시장 성장률이 낮으므로 투자 금액이 유지·보수 차원에서 머물게 되어 자금 투입보다 자금 산출이 많다.

① 개(Dog)
② 별(Star)
③ 현금 젖소(Cash cow)
④ 물음표(Question mark)

해설 현금 젖소(Cash cow)는 수익 창출원 산업으로, 기존의 투자에 의해 수익이 계속적으로 실현되므로 자금의 원천 사업이 된다. 시장 성장률이 낮으므로 투자 금액이 유지·보수 차원에서 머물게 되어 자금 투입보다 자금 산출이 많다.

34 측정 대상 간의 순서 관계를 밝혀 주는 척도로서 측정 대상을 특정한 속성으로 판단하여 측정 대상 간의 대소나 높고 낮음 등의 순위를 부여해 주는 척도는?

① 비율 척도
② 서열 척도
③ 등간 척도
④ 명목 척도

해설 서열 척도에 대한 설명이다. 서열 척도는 순위 척도로, 그 측정 대상을 속성에 따라서 서열이나 순서를 매길 수 있도록 수치를 부여한 척도이다. 예 순서, 순위, 등급, 상표 선호 순위, 상품 품질 순위도, 사회 계층, 시장 지위 등
① 비율 척도: 척도를 나타내는 수가 등간일 뿐만 아니라 의미 있는 절대 영점을 가지고 있어서 대상 간 상대적 크기 정보뿐만 아니라 비율 정보까지 포함한다. 예 투표율, 월 소득액 등
③ 등간 척도: 구간 척도로 측정 대상인 사물이나 현상을 분류하고 서열을 정할 수 있을 뿐만 아니라 이들이 분류된 범주 간의 간격까지도 측정할 수 있어서 속성들의 상대적 크기의 차이를 비교할 수 있다. 예 온도, 지능 지수, 태도 등
④ 명목 척도: 가장 간단한 것으로, 개체나 사람이 다르다는 것을 보이기 위해 이름이나 범주를 대표하는 숫자로 부여하는 방식이다. 예 인종, 성별, 상품 유형별 분류, 시장 세분 구역 분류 등

정답 32 ④ 33 ③ 34 ②

35 전화조사에서 가장 바람직한 질문 유형은?

① 5문2선형
② 다지선다형
③ 양자택일형
④ 개방형 질문

해설 전화조사에서는 응답자가 대답할 때 시간이 짧게 걸리고 응답이 용이해야 하므로 양자택일형 질문이 가장 바람직하다.

36 시장조사를 위한 자료 수집 중 1차 자료에 해당하지 않는 것은?

① 고객 행동에 대한 관찰
② 실험실 조사에서의 소비자 반응 측정
③ 대학이나 연구소의 일반 소비자 조사 자료
④ 일반 소비자나 유통점 주인들을 대상으로 한 서베이

해설 측정의 신뢰성을 높이는 방법
대학이나 연구소에서 일반 소비자를 조사한 자료는 조사 설계와 자료 수집 계획을 통하여 직접 자료를 수집한 것이 아니라 다른 집단이나 기관에서 이미 만들어 놓은 방대한 자료이므로 2차 자료에 속한다.
1차 자료
• 문제 해결을 위해 조사자가 직접 수집하는 자료이다.
• 조사자가 1차 자료를 수집하고자 할 때는 조사 설계와 자료 수집 계획을 수립하여 직접 자료를 수집해야 한다.

37 다음에서 나타나는 측정의 오류는?

> 아동 100명의 몸무게를, 실제 몸무게보다 항상 1kg이 더 나오는 불량 체중계를 사용하여 측정한다.

① 타당성이 없다.
② 대표성이 없다.
③ 안정성이 없다.
④ 일관성이 없다.

해설 타당도는 측정하고자 하는 개념이나 속성을 정확히 측정하였는가의 정도를 의미하므로, 불량 체중계로는 정확한 측정이 불가능해 타당성이 인정되지 않는다.

35 ③ 36 ③ 37 ① **정답**

38 전화조사를 할 때 응답 대상의 전체 집단 중 그 특성을 그대로 살리면서 소수의 적절한 응답자를 뽑은 대상은?

① 표본
② 표집
③ 모수
④ 모집단

해설 ② 표집: 모집단의 특성을 그대로 살리면서 소수의 적절한 수를 뽑는 과정을 말한다.
③ 모수: 모집단의 특성을 나타내는 양적인 측도로서, 전수조사를 통해 직접 알아내거나 표본조사를 통해 얻게 되는 표본의 특성이다.
④ 모집단: 조사자가 추론하고자 하는 모든 자료들의 집합, 즉 조사의 전체 대상을 말한다.

39 층화표본추출방법에 대한 설명으로 알맞은 것은?

① 모집단의 각각의 요소 또는 사례들이 표본으로 선택될 가능성이 동일한 방법이다.
② 일정한 특성에 의해 모집단을 층화하고 각 층에서 일정 수를 무작위 표출하는 방법이다.
③ 모집단 추출 틀에서 단순 무작위로 하나의 단위를 선택하고 그다음 k 번째 항목을 하나씩 표본으로 추출하는 방법이다.
④ 모집단을 동질적인 여러 소그룹으로 나눈 후 특정 소그룹을 표본으로 추출하고, 선택된 전체를 조사 대상으로 삼아 조사하는 방법이다.

해설 ①은 단순무작위표본추출방법, ③은 계통표본추출방법, ④는 군집(집락)표본추출방법에 대한 설명이다.

40 인터넷의 장점을 활용한 온라인 여론조사 방법의 특징으로 옳지 않은 것은?

① 온라인조사는 전화조사보다 표본의 대표성이 보장된다.
② 온라인조사는 전화조사보다 대규모 표본추출이 용이하다.
③ 온라인조사는 전화조사보다 저렴한 비용으로 신속하게 조사할 수 있다.
④ 온라인조사는 통계처리 프로그램과 연결하여 실시하는 경우 전화조사보다 결과 분석이 용이하다.

해설 인터넷 사용자로 표본이 편중되는 측면이 있어서 표본의 대표성 문제가 제기될 수 있다.

정답 38 ① 39 ② 40 ①

41 독립 변수와 종속 변수의 사이에서 독립 변수의 결과인 동시에 종속 변수의 원인이 되는 변수는?

① 외생 변수
② 억압 변수
③ 선행 변수
④ 매개 변수

> **해설** ① 외생 변수: 실험 변수 밖에서 결과에 영향을 미치는 변수이다.
> ② 억압 변수: 두 변수가 상관관계가 있는데도 없는 것으로 나타나게 하는 제3의 변수이다.
> ③ 선행 변수: 독립 변수보다 먼저 발생된 변수이다.

42 사전조사에 관한 설명으로 옳지 않은 것은?

① 사전조사는 가급적 간접조사 방식을 취한다.
② 설문지의 내용이 적절하게 배치되어 있는가를 체크할 수 있다.
③ 사전조사로 파악된 응답자의 의견을 반영하여 조사의 문제점을 보완, 수정한다.
④ 본조사를 위하여 응답자의 장소, 조사장소의 분위기, 응답에 필요한 시간, 응답자 표본의 크기 등이 적절한가를 검토한다.

> **해설** **사전조사(Pretest)**
> 질문지가 완성되면 본조사를 실시하기 전에 미리 질문지 내용의 타당성, 조사의 문제점 등을 검토하기 위해 소수의 표본을 대상으로 직접조사를 통하여 실시하는 시험적인 조사이다.

43 비확률표본추출방법에 대한 설명으로 옳지 않은 것은?

① 모집단을 정확하게 규정할 수 없는 경우에 활용하면 좋다.
② 층화표본추출방법, 편의표본추출방법, 할당표본추출방법 등이 있다.
③ 표본으로 추출될 확률을 전혀 알 수 없는 상태에서 사용 시 비용 절감의 효과가 있다.
④ 표집오차 추정이 불가능하기 때문에 오차가 큰 문제가 되지 않을 때 사용하는 것이 좋다.

> **해설** 층화표본추출방법은 확률표본추출방법이다.

정답 41 ④ 42 ① 43 ②

44 가설에 대한 설명으로 틀린 것은?

① 가설은 검증될 수 있어야 한다.
② 가설은 논리적으로 간결해야 한다.
③ 가설은 문제를 해결해 줄 수 있어야 한다.
④ 가설은 변수로 구성되지 않고 그들 간의 관계를 나타내야 한다.

> **해설** 가설은 변수를 명시하고 그들 간의 관계를 검증 가능한 형태로 나타내야 한다.
> **가설의 원칙**
> • 가설은 간단명료해야 한다.
> • 가설은 검증이 가능해야 한다.
> • 가설에 정의가 포함되어서는 안 된다.
> • 가설은 특정 문제에 해답을 주는 것이어야 한다.
> • 가설에는 인과관계가 분명한 내용을 포함시킬 수 없다.
> • 가설은 너무나 당연한 것을 그 내용으로 삼을 수 없다.
> • 가설은 논의의 여지가 있도록 진술되어야 하며, 반증될 수도 있어야 한다.

45 시장조사 시 실시하는 표본 프레임(Sampling frame)에 관한 설명으로 틀린 것은?

① 표본추출을 위한 모집단의 목록이다.
② 비확률표본추출방법을 이용할 경우에는 정확한 표본 프레임이 있어야 한다.
③ 표본추출 단위가 집단인 경우에는 표본 프레임은 집단별 목록만 있으면 된다.
④ 정확한 확률표본추출을 하기 위해서는 모집단과 정확하게 일치하는 표본 프레임이 확보되어야 한다.

> **해설** 비확률표본추출방법은 표본 프레임이 없어서 추출된 표본이 모집단을 얼마나 잘 대표하는지, 조사 결과에 어떤 오류가 발생할 것인지에 대한 정보를 정확하게 제시할 수 없다.

46 마케팅 조사 시 조사자가 지켜야 할 사항과 가장 거리가 먼 것은?

① 조사자의 능력이 부족할 경우 다른 전문기관에게 수행시킬 수 있다.
② 연구조사를 수행하는 과정에서 본 조사에 영향을 미칠 수 있는 기증, 사례, 계약 등은 자제한다.
③ 연구조사를 수행하는 과정에서 조사의 방향이나 내용에 영향을 미칠 수 있는 연구업무의 수행은 자제해야 한다.
④ 자료를 제공해 준 응답자의 자료가 심각한 사적 침해를 하지 않는다고 개인적으로 판단되는 경우 재정적 지원 기관에게 공개할 수 있다.

> **해설** 조사 중 알게 된 정보를 임의로 유출시켜서는 안 된다.

정답 44 ④ 45 ② 46 ④

47 변수에 대한 설명으로 옳지 않은 것은?

① 교육 수준에 따라 월평균소득에 차이가 있다면 월평균소득이 종속 변수가 된다.
② 연속 변수는 사람·대상물 또는 사건을 그들 속성의 크기나 양에 따라 분류하는 것이다.
③ 이산 변수는 시간, 길이, 무게 등과 같이 측정 시 최소한의 단위를 확정할 수 없을 때 사용하는 변수를 말한다.
④ 독립 변수는 한 변수(X)가 다른 변수(Y)에 시간적으로 선행하면서 X의 변화가 Y의 변화에 영향을 미칠 때 영향을 미치는 변수를, 즉 X를 의미한다.

해설 시간, 길이, 무게 등과 같이 측정 시 최소한의 단위를 확정할 수 없을 때 사용하는 변수는 연속 변수이다. 이산 변수는 가족 수, 판매 건수처럼 셀 수 있는 값을 가지는 변수이다.

변수
- 이산 변수(불연속 변수): 정수의 값을 가지는 양적 변수로 셀 수 있는 값을 가지는 변수이다. **예** 가족 수, 자녀 수 등
- 종속 변수: 독립 변수의 변화에 따라 값이 결정되는 변수이다.
- 연속 변수: 사람·대상물·사건을 그들의 속성의 크기나 양에 따라 분류하는 것이다.
- 독립 변수: 마케팅 조사 설계의 기본 요소로 일반적으로 마케팅 관리자가 통제하는 변수이며 관찰하고자 하는 현상의 원인이라고 가정한 변수이다.

48 마케팅 정보 시스템의 구성 요소에 관한 설명으로 옳지 않은 것은?

① 내부 정보 시스템: 기업 내부에서 정보를 모으는 시스템을 말한다.
② 마케팅 의사결정 지원 시스템: 기업이 내·외부 환경 변화에 적절히 대응할 수 있도록 의사결정을 돕는 시스템을 말한다.
③ 마케팅조사 시스템: 특정한 문제를 해결하기 위하여 마케팅조사를 통해 자료를 수집하는 과정에 활용되는 시스템을 말한다.
④ 마케팅 인텔리전스 시스템: 내부 환경에 대한 정보를 입수하는 절차 및 내부 정보를 제공하는 정보원에 대한 시스템을 말한다.

해설 마케팅 인텔리전스 시스템은 내부 정보가 아니라 기업 외부 정보를 수집·분석·공유하는 시스템이다.
마케팅 인텔리전스 시스템(마케팅정찰시스템; Marketing Intelligence System)
- 경쟁사의 정보를 수집하기 위하여 외부 자료를 많이 활용하는 정보시스템이다.
- 맥 레오드의 마케팅 정보 시스템 모형에서 입력 하위 시스템 중 하나에 해당한다.
- 기업을 둘러싼 마케팅 환경에서 발생하는 일상적인 정보를 수집하기 위해 기업이 사용하는 절차와 정보원의 집합으로서 재판매업자, 관리자, 판매원 관련 기관 보고서, 경쟁 기업의 고용인 등이 MIS에 해당한다.

49 척도에 관한 설명으로 틀린 것은?

① 척도의 수준이 올라갈수록 자료 분석 방법은 간단해진다.
② 척도의 수준이 올라갈수록 변수가 내포하고 있는 정보의 양이 증가한다.
③ 변수 측정에 필요한 비용 및 노력과 변수가 갖는 정보량은 서로 비례한다.
④ 척도의 수준이 올라갈수록 자료 수집에 필요한 비용과 노력이 많이 소요된다.

해설 척도의 수준이 올라갈수록 자료 분석 방법은 다양하고 복잡해진다.

50 컴퓨터 지원 전화면접(CATI)의 장점이 아닌 것은?

① 전산화된 설문지를 이용하므로 텔레마케터에 대한 사전교육이 전혀 필요 없다.
② 조사 후 설문 코딩이나 자료 입력과 같은 번거로운 처리 단계가 상당 부분 생략된다.
③ 컴퓨터가 자동으로 전화번호를 돌리고 접속이 이루어지기 때문에 면접 시간이 감소된다.
④ 면접조사원이 모니터에 나타난 질문들을 읽고 즉시 컴퓨터에 응답자들의 답변을 기록하므로 자료의 질이 강화된다.

해설 전산화된 설문지를 사용하여 올바르게 산출하고 운용해야 하므로 사전교육이 필요하다.
CATI(Computer Assisted Telephone Interviewing)
최근 전화조사 시 설문지 대신 컴퓨터에 설문을 입력해 놓고 면접원이 질문을 보면서 면접하고 응답을 바로 입력하는 방법으로 컴퓨터로 표본추출을 정교하게 할 수 있고, 다양한 표본추출 방법을 사용할 수 있게 되었다.

정답 49 ① 50 ①

제3과목 | 마케팅 관리

51 기업이 시장에서 재포지셔닝(Repositioning)을 필요로 하는 상황이 아닌 것은?

① 이상적인 위치를 달성하고자 했으나 실패한 경우
② 소비자의 인식과 기업이 바라는 포지션이 같은 경우
③ 시장에서 바람직하지 않은 위치를 가지고 있는 경우
④ 유망한 새로운 시장 적소나 기회가 발견되었을 경우

해설 소비자 인식과 기업이 바라는 포지션이 같은 경우는 기존 포지션을 유지하여야 한다.

52 다음에서 설명하는 전략은?

> 고객이 기업과 기업의 브랜드를 만날 수 있는 모든 접점을 통해 일관되고 설득력 있는 메시지를 전달하고자 한다.

① 통합 판매(Integrated Selling)
② 통합 광고(Integrated Advertising)
③ 통합 판매 믹스(Integrated Sales mix)
④ 통합 마케팅 커뮤니케이션(Integrated Marketing Communication)

해설 **통합 마케팅 커뮤니케이션(IMC)**
고객이 기업과 기업의 브랜드를 만날 수 있는 모든 접점을 통해 기업이 고객에게 일관적이고 설득력 있는 메시지를 전달하기 위한 전략이다. 커뮤니케이션 요소들을 모두 통합하여 일관성 있게 관리함으로써 시너지 효과를 기대할 수 있다.

53 인바운드 고객 상담의 개념에 대한 설명으로 옳지 않은 것은?

① 인바운드 고객 상담은 고객이 주도하는 것이다.
② 인바운드 고객 상담에는 수신자 부담 서비스나 ARS 등 다양한 응대 방법이 있다.
③ 인바운드 고객 상담은 고객들의 질문에 응답하기 위한 Q&A 시트를 많이 활용한다.
④ 인바운드 고객 상담은 고객이 전화했으므로 전문적인 상담 스킬을 필요로 하지 않는다.

해설 인바운드 고객 상담은 기본적으로 고객의 문의 및 불만사항 대응을 담당하므로 전문적인 상담 스킬이 필요하다.

정답 51 ② 52 ④ 53 ④

54 인바운드 텔레마케팅에 관한 설명으로 옳지 않은 것은?

① ARS 시스템 또한 인바운드 텔레마케팅의 한 분야이다.
② 고객이 전화를 거는 고객 주도형이므로 판매나 주문으로 연결시키기가 비교적 용이하다.
③ 고객 데이터베이스에 의존하여 제품이나 서비스를 판매하고 고객을 설득하는 적극적인 마케팅 기법이다.
④ 각종 광고 활동의 결과로 외부(고객)로부터 걸려 오는 전화를 받는 것으로 마케팅 활동이 일어나는 것이다.

> **해설** 인바운드 텔레마케팅의 개념
> • 고객이 기업의 광고나 우편에 직접 반응하여 기업에 전화하는 등 고객의 능동적인 활동이 일어난다.
> • 텔레마케팅의 초보적인 단계로 기업의 영업 효율성을 높이기 위한 고객 주도형의 마케팅 활동이다.

55 소비재가 아닌 것은?

① 편의품
② 선매품
③ 자본재
④ 비탐색품

> **해설** 소비재는 구매자의 욕구 충족을 위해 최종적으로 구매하는 제품으로 편의품, 선매품, 전문품, 비탐색품이 있다. 자본재는 완제품 개발이나 운영에 필요한 영속적인 상품으로 산업재에 해당한다. 산업재는 조직적 구매자가 구매하거나 비즈니스 활동을 위해 구매하는 제품이다.

56 신제품을 통해 시장에 진입할 때 초기 고가 전략을 적용하기에 적절한 경우는?

① 신제품에 대한 규모의 경제가 가능한 경우
② 신제품에 대한 극심한 경쟁이 예상되는 경우
③ 신제품에 대한 대규모의 시장이 존재하는 경우
④ 신제품이 소비자가 원하는 탁월한 특성을 갖고 있는 경우

> **해설** 고가 전략의 조건
> • 시장 수요의 가격탄력성이 낮을 때
> • 시장에 경쟁자의 수가 적을 것으로 예상될 때
> • 규모의 경제 효과를 통한 이득이 미미할 때
> • 진입 장벽이 높아 경쟁 기업의 진입이 어려울 때
> • 높은 품질로 새로운 소비자층을 유인하고자 할 때

정답 54 ③ 55 ③ 56 ④

57 다음 시장세분화의 기준 중 행동분석적 변수에 해당하지 않는 것은?

① 소득
② 사용량
③ 가격 민감도
④ 브랜드 선호도

해설 소득은 인구통계적 변수에 해당한다.
시장세분화 변수
- 지리적 변수: 국가, 지역, 인구밀도, 도시의 규모, 기후 등
- 인구통계적 변수: 연령, 성별, 가족 수, 가족생활주기, 소득, 직업, 학력, 종교, 인종, 국적 등
- 심리분석적 변수: 라이프스타일, 사회 계층, 개성, 관심, 활동 등
- 행동분석적 변수: 추구하는 편익, 구매 준비 단계, 사용 경험, 사용량, 가격 민감도, 브랜드 선호도 등

58 가격 결정에 있어서 상대적으로 고가 가격이 적합한 경우가 아닌 것은?

① 수요의 탄력성이 높을 때
② 규모의 경제 효과를 통한 이득이 미미할 때
③ 높은 품질로 새로운 소비자층을 유인하고자 할 때
④ 진입 장벽이 높아 경쟁 기업이 자사 제품의 가격만큼 낮추기가 어려울 때

해설 수요의 탄력성이 높을 때에는 저가 전략이 유리하다.
고가 전략이 적합한 경우
- 시장 수요의 가격탄력성이 낮을 때
- 시장에 경쟁자의 수가 적을 것으로 예상될 때
- 규모의 경제 효과를 통한 이득이 미미할 때
- 진입 장벽이 높아 경쟁 기업의 진입이 어려울 때
- 높은 품질로 새로운 소비자층을 유인하고자 할 때
- 품질 경쟁력이 있을 때

59 제품이나 서비스의 가격을 결정할 때 상대적인 저가 전략이 적합하지 않은 경우는?

① 시장에 경쟁자의 수가 많을 것으로 예상될 때
② 소비자들의 본원적인 수요를 자극하고자 할 때
③ 가격에 민감하지 않은 혁신 소비자층을 대상으로 할 때
④ 원가 우위를 확보하고 있어 경쟁 기업이 자사 제품의 가격만큼 낮추기 힘들 때

해설 가격에 민감하지 않은 혁신 소비자층을 대상으로 할 때는 상대적 고가 전략이 적합한 경우이다.
상대적 저가 전략

의의	경쟁자보다 낮게 가격을 설정해서 시장 점유율을 높이기 위한 공격적 마케팅 전략
조건	• 수요의 가격탄력성이 클 때 • 소비자의 본원적인 수요를 자극하고자 할 때 • 대량 생산으로 생산비용이 절감되어 원가 우위를 확보할 수 있을 때 • 시장에 경쟁사가 많고, 후발주자가 저가격으로 상품을 출시할 때

정답 57 ① 58 ① 59 ③

60 효과적인 시장세분화의 조건으로 틀린 것은?

① 세분시장은 정보의 측정 및 획득이 용이해야 한다.
② 세분시장에 효과적으로 접근할 수 있는 적절한 수단이 존재해야 한다.
③ 세분시장 사이에 차별적인 반응(Differentiability)이 나오지 않도록 주의해야 한다.
④ 각 세분시장은 기업이 개별적인 마케팅 프로그램을 실행할 수 있을 정도로 충분한 규모를 지니고 있어야 한다.

해설 세분시장 사이에 어떤 마케팅 프로그램을 시행했을 때 서로 다른 반응이 나와야 한다.
  효과적인 시장세분화 조건
  - 세분한 시장 간에 어떤 마케팅 프로그램을 시행했을 때 서로 다르게 반응하는 정도인 외부적 이질성(차별성)
  - 규모와 구매력 등을 측정할 수 있는 측정 가능성
  - 세분시장에 접근하기 쉽고 활동할 수 있는 접근 가능성
  - 세분시장의 규모가 충분히 크고 이익 발생 가능성이 있는 실질성
  - 시장을 세분화하고 효과적인 프로그램을 만들어 영업 활동을 할 수 있는 행동 가능성

61 시장세분화에 관한 설명으로 옳지 않은 것은?

① 나이, 성별, 소득은 인구통계학적 세분화 기준에 속한다.
② 라이프스타일, 성격은 심리도식적 세분화 기준에 속한다.
③ 세분화된 시장 내에서는 이질성이 극대화되도록 해야 한다.
④ 효과적인 시장세분화를 위해서는 시장의 규모가 측정 가능해야 한다.

해설 **내부적 동질성과 외부적 이질성**
세분시장 내부적으로는 일관성 있는 특징을 갖고 있으며, 외부적으로는 어떤 마케팅 프로그램을 시행했을 때 서로 다르게 반응하여야 한다.

62 다음 중 유통경로 설계절차가 바른 것은?

| ㄱ. 유통경로의 목표 설정 |
| ㄴ. 소비자 욕구 분석 |
| ㄷ. 유통경로의 대안 평가 |
| ㄹ. 유통경로의 대안 확인 |

① ㄱ → ㄴ → ㄷ → ㄹ
② ㄱ → ㄴ → ㄹ → ㄷ
③ ㄴ → ㄱ → ㄹ → ㄷ
④ ㄴ → ㄱ → ㄷ → ㄹ

해설 **유통경로의 설계과정**
소비자 욕구 분석 → 유통경로의 목표 설정 → 유통경로의 대안 확인 → 유통경로의 대안 평가

정답 60 ③ 61 ③ 62 ③

63 다음은 마케팅 커뮤니케이션 목표와 판매촉진 방안 활용에 관한 장단점을 요약한 표이다. 빈칸 안에 들어갈 알맞은 것은?

구분	쿠폰	프리미엄	가격 할인
지각된 위험 감소	(㉠)	미약	뛰어남
기업의 이미지 개발	없음	(㉡)	미약
긍정적 구전 자극	미약	좋음	(㉢)

	㉠	㉡	㉢
①	뛰어남	좋음	미약
②	없음	뛰어남	뛰어남
③	미약	미약	뛰어남
④	미약	좋음	뛰어남

해설 판매촉진 방법
- 쿠폰: 직접적으로 가격을 인하해 주는 방법이다.
- 프리미엄: 구매자에게 염가 또는 무료로 품목을 제공하는 방법이다.
- 가격 할인: 제품의 가격을 할인하여 소비자가 제품을 구매하도록 촉진하는 방법이다.

64 포지셔닝에 대한 설명 중 틀린 것은?
① 기업이 브랜드에 대한 다양한 주장을 할수록 확실한 포지션을 얻기 유리하다.
② 성공적 차별화를 위해서는 전달성, 선점성, 가격 적절성, 수익성 등을 고려해야 한다.
③ 표적시장에서 차별적 위치를 차지하기 위해 자사 제품이나 기업의 이미지를 설계하는 행위이다.
④ 포지셔닝에서 활용되는 '차별점(POD)'은 소비자들이 특정 브랜드와 관련하여 연상하는 차별적인 긍정적 속성이나 편익을 말한다.

해설 기업이 브랜드에 대한 다양한 주장을 할수록 소비자들은 기업을 명확하게 지각하기 어려워져서 확실한 포지션을 얻기 불리하다.
포지셔닝(Positioning)
- 소비자가 특정 기업에 대해 가지고 있는 여러 측면에서의 인식이다.
- 기업이 표적시장에서 고객들의 마음속에 시장 분석, 고객 분석, 경쟁 분석 등을 기초로 하여 차별적인 위치를 계획하는 것이다.
- 포지셔닝에서 활용되는 차별점(POD; Point Of Difference)은 소비자들이 특정 브랜드와 관련하여 연상하는 차별적인 긍정적 속성이나 편익을 말한다.
- 성공적 차별화를 위해서 전달성, 선점성, 가격 적절성, 수익성, 중요성, 우수성 등을 고려해야 한다.

63 ① 64 ① **정답**

65 다음 빈칸에 들어갈 알맞은 용어는?

> 오늘날 많은 제품과 서비스가 표준화된 상품으로 변함에 따라 기업은 고객가치를 창출하기 위해 새로운 시장 제공물에 관심을 돌리고 있다. 즉 제공물의 차별화를 위해 기업은 단순히 제품과 서비스를 전달하는 것에서 한 걸음 더 나아가 고객과 기업이 만나는 모든 접점에서 차별화된 (   )을/를 제공하고자 한다.

① 필수품(Commodities)
② 위신재(Prestige goods)
③ 고객 경험(Customer experience)
④ 사회적 책임(Social responsibility)

해설 고객 경험(Customer experience)은 여러 접점을 통해 고객과 기업이 관계를 이어가면서 고객(사용자)이 경험하는 모든 체험을 말한다.
① 필수품: 비누, 치약, 식료품, 화장지, 세제 등 일상생활에 없어서는 안 되는, 반드시 필요한 물건이다.
② 위신재: 신분이나 지위를 나타내는 물품이다.
④ 사회적 책임: 기업 또는 국가가 사회와 환경에 미치는 영향에 대해 지켜야 할 공적인 책임이다.

66 아웃바운드 텔레마케팅의 성공 요소가 아닌 것은?

① 명확한 고객데이터의 확보
② 주력 상품, 서비스의 개발 및 제공
③ 무차별적 통화를 통한 공격적 영업 자세
④ 쌍방향 의사소통을 위한 정교한 스크립트

해설 아웃바운드 텔레마케팅은 긍정적이고 능동적인 자세로 고객에게 호감과 신뢰를 심어 주어 상품의 홍보나 판매를 성공시키는 마케팅이다. 따라서 고객에게 불쾌감을 줄 수 있는 무차별적이고 공격적인 영업 자세는 지양해야 한다.
아웃바운드 텔레마케팅의 성공 요소
명확한 고객 데이터베이스, 잘 정비된 콜센터 장비 및 컴퓨터와 전화 장치, 적정한 시간, 잘 짜인 스크립트, 유능한 텔레마케터, 아웃바운드에 적합한 상품 및 서비스, 고객 중심의 혜택 등

정답 65 ③ 66 ③

67 아웃바운드 텔레마케터의 판매 관리 범위에 대한 설명으로 틀린 것은?

① 시스템 관리: 컴퓨터, 전화, 전산시스템 관리 등의 활동
② 판매촉진: 카탈로그, DM 발송, 이메일 마케팅 등의 활동
③ 고객 관리: 고객 분류, 고객 니즈별 구매 행위 분석, 고객 상담 관리 등의 활동
④ 판매 준비: 판매 전략 수립, 고객데이터 준비, 상담원 교육, 광고, 안내 준비 등의 활동

해설 아웃바운드 텔레마케터의 판매 관리 범위

판매촉진	고객의 니즈 자극 영역으로 카탈로그, DM 발송, 이메일 마케팅 등의 활동
고객 관리	고객 분류, 고객 니즈별 구매 행위 분석, 고객 상담 관리 등의 활동
판매 준비	판매 전략 수립, 고객데이터 준비, 상담원 교육, 광고, 안내 준비 등의 활동
B2B	기업체를 대상으로 제품서비스를 효율적으로 판매하거나 판매경로와 상권 확대를 도모하고, 기업 간의 수·발주 업무의 원활한 처리를 위해 전화를 조직적으로 이용하는 것

68 마케팅 정보 시스템의 대표적인 네 가지 구성 요소에 해당하지 않는 것은?

① 기업 광고 시스템
② 내부 보고 시스템
③ 마케팅조사 시스템
④ 외부정보 입수 시스템

해설 마케팅 정보 시스템의 구성 요소
- 내부 보고 시스템: 기업의 판매 상황, 원가, 재고 수준, 현금 흐름, 외상 매출금이나 외상 매입금의 거래 현황 등에 관한 내부 보고서를 정기적으로 작성하고, 이를 경영의 모든 부문에 전달·보고하는 시스템이다.
- 마케팅조사 시스템: 마케팅 기회와 문제를 식별하고 마케팅 활동을 계획, 정의, 평가하며 마케팅 실적을 모니터링함과 동시에 마케팅 과정에 대한 이해 증진을 위해 이용하는 시스템이다.
- 외부정보 입수 시스템: 마케팅관리자가 마케팅 계획을 수립하고, 기존의 마케팅 계획을 조정하기 위해 마케팅 환경에서 일어나는 여러 가지 변화와 추세에 관한 일상적 정보를 체계적으로 수집하는 시스템이다.
- 고객 정보 시스템: 기업의 제품을 구매하는 고객 정보를 체계적으로 정리하여 놓은 시스템이다.

69 품질 보증, 당일 발송, 평생 무료 A/S, 전자 제품 무료 설치, 대금지급 방식 등이 포함되는 제품은?

① 실체 제품   ② 확장 제품
③ 핵심 제품   ④ 서비스 제품

해설
- 핵심 제품: 소비자가 어떤 제품을 구매할 때 추구하는 편익(효용)을 의미하며, 소비자의 욕구를 충족시키는 가장 본질적인 요소를 말한다.
- 실제(유형) 제품: 유형화(형상화)를 위한 물리적인 요소로서 포장, 상품명, 품질 및 디자인 등과 같은 구체적인 제품을 말한다. 이는 소비자의 감각적·상징적 욕구를 충족시킨다.
- 확장(포괄) 제품: 물리적인 제품에 대한 추가적·부가적 서비스를 말하는 것으로 서비스 편익인 운반, 설치, 보증, 사용방법(매뉴얼), 애프터서비스 등이 있다.

67 ① 68 ① 69 ② **정답**

70 제조업자가 중간상들로 하여금 제품을 최종사용자에게 전달, 촉진, 판매하도록 유도하기 위해 자사의 판매원을 이용하는 유통경로 전략은?

① 풀(Pull) 전략
② 푸시(Push) 전략
③ 집중적 경로 전략
④ 전속적 경로 전략

> **해설** 푸시 전략(Push strategy, 밀기 전략)
> 중간상들이 자사 제품을 취급하도록 하고, 나아가서는 최종소비자에게 자사 제품의 구매를 권장하도록 하는 전략이다.

71 발달된 정보 기술을 이용하여 다양한 고객 정보를 효과적으로 획득하고 분석하며 신규 고객의 확보보다는 이탈 방지, 즉 고객 유지에 비중을 두는 마케팅은?

① 내부 마케팅(Internal marketing)
② 유지 마케팅(Retention marketing)
③ 관계 마케팅(Relationship marketing)
④ 데이터베이스 마케팅(Database marketing)

> **해설** ① 내부 마케팅: 고객을 넓은 의미에서 해석하여 회사의 종업원도 내부 고객으로 분류한다. 종업원에게 마케팅을 전개하여 종업원들의 요구와 욕구를 충족시킴으로써 종업원의 의욕과 애사심을 고취시켜 기업의 목표가 효과적으로 달성될 수 있고 이로 인해 외부 고객인 일반 소비자의 만족으로 이어질 수 있도록 하는 마케팅이다.
> ② 유지 마케팅: 기존 고객의 이탈을 방지하고 제품 이용도를 제고하고자 이탈 고객을 대상으로 거래 단절의 원인을 조사하여 이에 대한 대책을 수립하는 마케팅이다.
> ③ 관계 마케팅: 기업이 고객과 접촉하는 모든 과정, 즉 판매 전·판매 중·판매 후에 고객과 협조하거나 고객에게 지원적 경험을 제공하여 신뢰를 가지게 하고 결국에는 기업이 제공하는 제품이나 서비스로부터 충분한 대가를 받고 있다고 느끼게 하여 지속적인 호혜 관계가 이루어지게 하는 마케팅으로 한 번의 거래로 끝나는 거래 마케팅과 구분된다.

72 인바운드 스크립트의 구성 요소로 적절하지 않은 것은?

① 인사 및 자기소개
② 통화 가능 여부 확인
③ 문의 내용 해결 및 제안
④ 상대방 확인(고객 본인 확인)

> **해설** 인바운드는 고객이 콜센터로 전화를 걸어 오는 것이므로 통화 가능 여부 확인은 적절하지 않다. 통화 가능 여부를 확인하는 것은 아웃바운드 스크립트의 구성 요소이다.

정답 70 ② 71 ④ 72 ②

73 RFM 분석에 관한 설명으로 틀린 것은?

① RFM 분석은 거래 관계가 없는 잠재 고객에 대해서도 직접 적용이 가능하다.
② RFM 분석은 다이렉트 메일이나 카탈로그 우송리스트 추출에 빈번히 사용되고 있다.
③ RFM 분석은 원리가 매우 간단하지만 실제로 높은 반응률을 가져오기 때문에 광범위하게 사용되고 있다.
④ RFM 분석을 하기 위해서는 고객과의 거래 기록이 전제가 되기 때문에 RFM 분석은 기존 고객의 가치를 평가하는 방법이라고 할 수 있다.

> **해설** RFM은 고객 데이터베이스를 분석하는 기법으로 고객의 성향을 분석하여 고객의 등급을 계산한다. 고객에게 점수를 부여하여 고객 우선순위를 산정하는 공식이며 고객 로열티 전략으로 활용된다. 그러므로 RFM 분석은 기존 고객이 대상이다.

74 다음이 설명하고 있는 것은?

> 특정 고객이 어떤 기업에 최초로 가입한 날(또는 최초거래일)로부터 현재까지 누적적으로 그 기업에 기여해 준 순이익가치를 말한다.

① 상품의 가치
② 기업 이미지
③ 고객생애가치
④ 고객산출가치

> **해설 고객생애가치**(LTV; Life Time Value)
> 어떤 고객이 특정 기업의 상품이나 서비스를 최초로 구매하거나 이용한 시점부터 마지막으로 구매하거나 이용할 것이라고 예상되는 시점까지의 총 누계액이다.

75 생산자와 재판매업자가 적극적인 광고와 인적 판매를 이용하여 촉진해야 하는 소비재 유형은?

① 편의품
② 선매품
③ 전문품
④ 비탐색품

> **해설 비탐색품**
> • 소비자에게 완전히 새롭거나 또는 소비자가 잘 알고 있지만 평상시에는 구매 욕구를 느끼지 않으므로 특별한 탐색 노력을 하지 않는 제품이다.
> • 수요 수준이 낮으므로 대체로 높은 이윤폭, 낮은 회전율, 높은 가격의 특성을 보인다.
> • 공격적인 인적 판매 노력이 효과적이다.

제4과목 조직운영 및 성과 관리

76 타성 고객과 충성 고객에 대한 내용으로 옳지 않은 것은?

① 타성 고객은 경쟁사의 유인에 쉽게 이동할 가능성이 높다.
② 충성 고객은 기업의 수익 창출에 가장 많은 기여를 하는 고객이다.
③ 타성 고객은 기업의 제품에 대한 애착과 신뢰가 높아 경쟁사의 유혹에 잘 넘어가지 않는다.
④ 충성 고객은 불만이 발생했을 때 적극적으로 불만 사항을 제기하고, 해결하는 과정을 거치며 더 강한 신뢰를 형성할 수 있다.

해설 타성 고객은 습관적으로 구매하므로 제품에 대한 애착이나 신뢰가 낮다. 제품에 높은 애착과 신뢰를 가진 고객은 충성 고객에 해당한다.

77 잠재 고객의 대상으로 거리가 먼 것은?

① 회사에 리스크를 초래하였거나 신용 상태, 가입 자격 등이 미달되는 고객
② 웹상에서 비록 회원가입은 하지 않았으나 자주 클릭하여 접촉을 하거나 하였다고 예측, 판단되는 고객
③ 특정 제품이나 서비스에 대해 문의를 하는 고객 또는 이 같은 고객이 자신의 신분이나 연락처를 밝히는 경우
④ 현재는 다른 경쟁업체를 이용하고 있으나 해당 기업의 제품이나 서비스를 알고 있어 향후 자사고객으로 확보할 수 있다고 판단되는 고객

해설 회사에 리스크를 초래하였거나 신용 상태, 가입 자격 등이 미달되는 고객은 부적격 고객에 대한 설명이므로 적절하지 않다.

78 보상을 통한 동기부여 방안으로 옳지 않은 것은?

① 급여 차등 지급
② 진급 우선 혜택
③ 근태 불량자 중점 관리
④ 유급 휴가 및 조기 퇴근 등 복무규정의 차등

해설 근태 불량자 중점 관리는 보상을 위한 동기부여 방안이 아니라 처벌을 통한 관리이다.

정답 76 ③ 77 ① 78 ③

79 콜센터 상담원의 보상계획 수립 시 고려해야 할 사항으로 가장 거리가 먼 것은?

① 급여계획과 인센티브 정책 마련 시 직원을 참여시킨다.
② 정확하고 객관적으로 측정된 성과 분석 자료를 활용한다.
③ 동종업계 벤치마킹 및 산업 평균을 최우선으로 반영한다.
④ 금전적 보상과 비금전적 보상을 적절한 비율로 설정한다.

> **해설** 임금 관리 시에는 직원 생활의 안정을 보장하고, 필요한 경우 동종업계보다 임금 수준을 선도할 수 있어야 한다.
> **콜센터 성과 향상을 위한 보상계획을 수립할 때 주의사항**
> • 지속적이고 일관성 있는 보상 계획을 수립해야 한다.
> • 달성 가능한 목표 수준을 고려해야 한다.
> • 계획 수립 과정에 직원을 참여시켜야 한다.

80 다음 교육훈련과정개발을 위한 교수모형 설계의 5단계 중 빈칸에 들어갈 알맞은 것은?

( ) → 설계 → 개발 → 실행 → 평가

① 전략
② 분석
③ 피드백
④ 목표 설정

> **해설** 교육훈련과정개발을 위한 교수모형 설계의 5단계
> 분석(Analysis) → 설계(Design) → 개발(Development) → 실행(Implementation) → 평가(Evaluation)

81 개인 성과 평가의 신뢰성과 공정성을 확보하기 위한 방법으로 옳지 않은 것은?

① 다면평가를 효율적으로 활용한다.
② 평가자에 대해 평가 체계, 평가 기법 등의 종합적인 평가 관련 교육을 강화한다.
③ 평가 결과는 비공개로 하고 평가자와 피평가자 간의 면담을 통한 코칭을 활성화한다.
④ 피평가자가 평가 결과에 불만이 있는 경우 이의제기를 할 수 있는 소통채널을 운영한다.

> **해설** 개인 성과 평가의 신뢰성·공정성 확보 방법
> • 다면평가를 효율적으로 활용한다.
> • 평가자에 대해 평가 체계, 평가 기법 등의 종합적인 평가관련 교육을 강화한다.
> • 평가결과는 공개로 하고 평가자와 피평가자 간의 면담을 통한 코칭을 활성화한다.
> • 피평가자가 평가 결과에 불만이 있는 경우 이의제기를 할 수 있는 소통채널을 운영한다.

79 ③ 80 ② 81 ③ **정답**

82 소비자에 의하여 자사의 제품 특성이 정의되는 것을 의미하며, 경쟁 브랜드에 비하여 차별적으로 받아들일 수 있도록 고객들의 마음속에 위치시키는 노력을 의미하는 것은?

① 제품 촉진
② 제품 브랜딩
③ 제품 포지셔닝
④ 제품 가격설정

해설 포지셔닝은 어떤 제품을 만드는 기업군 중에서 소비자가 특정 기업에 대해 가지고 있는 여러 측면에서의 인식을 말한다.

83 아웃바운드 판매 전략의 특성에 대한 설명으로 옳지 않은 것은?

① 아웃바운드에서는 고객리스트가 반응률에 영향을 미친다.
② 아웃바운드는 고객에게 전화를 건다는 측면에서 소극적, 방어적 마케팅이다.
③ 아웃바운드에서 데이터베이스 마케팅 기법을 활용하면 더욱 효과가 증대된다.
④ 아웃바운드 마케팅 전략이나 통화기법 등의 노하우, 텔레마케터의 자질 등에 큰 영향을 받는다.

해설 아웃바운드 마케팅은 외부의 고객에게 전화를 거는 것으로 적극적이고 공격적인 마케팅 방식이다.

84 CTI(Computer Telephony Integration) 시스템에서 측정 가능한 성과지표로 틀린 것은?

① 서비스 레벨
② 통화 포기율
③ 평균 통화시간
④ 통화품질 만족도

해설 **CTI(컴퓨터 통신 통합체계) 시스템**
- 보유하고 있는 DB를 활용하여 고객에게 각종 편의를 제공하고 기업의 업무 효율화를 증대시킬 수 있다.
- 고객 확인, 요구 접수, 정보 입수, 거래처 등 단위업무를 컴퓨터와 통신, 지능형 정보처리장치가 분담처리함으로써 획기적으로 고객 응대의 효율성과 기업의 이미지를 개선할 수 있다.
- DB 마케팅 및 컴퓨터를 이용하여 총체적 마케팅이 가능하다.
- 평균 통화시간, 통화 포기율(Abandon Rate), 서비스 레벨 등을 측정할 수 있다.

정답 82 ③ 83 ② 84 ④

85 전통적인 마케팅과 비교하여 텔레마케팅이 지향하는 마케팅 전략으로 가장 적합한 것은?

① 판매 중심적 마케팅 전략
② 고객 중심적 마케팅 전략
③ 제품 중심적 마케팅 전략
④ 기업 중심적 마케팅 전략

해설 전통적인 마케팅은 생산 지향적 마케팅으로 제품·서비스의 생산과 유통을 강조하는 형태였으나 현재 텔레마케팅은 고객 욕구 이해에 초점을 맞춰 고객 중심적 마케팅 전략을 수립하고 있다.

86 인바운드 텔레마케팅과 아웃바운드 텔레마케팅을 비교한 것으로 옳지 않은 것은?

① 인바운드는 고객의 인입량을 통제할 수 있다.
② 아웃바운드는 스크립트를 활용하는 경향이 크다.
③ 인바운드는 기업의 긍정적 이미지 제고가 가능하다.
④ 아웃바운드는 대상 고객의 리스트나 데이터가 있어야 한다.

해설 고객이 전화를 걸어 오는 것이므로 인입량을 통제할 수 없다.

87 텔레마케터에 대한 OJT를 실시할 때 직원 교육 대상이 아닌 것은?

① 처음 입사한 신입 상담원
② 실적이 떨어진 기존 상담원
③ 감독자로 승진한 우수 상담원
④ 다른 팀에서 전보를 온 기존 상담원

해설 OJT는 사내 직업 훈련으로 현장 적응이 필요할 때 실시한다. 따라서 우수 상담원이 감독자로 승진하는 경우 그 상담원은 모든 부분에 대하여 이미 숙지가 된 상태이므로 OJT가 필요하지 않다.

정답 85 ② 86 ① 87 ③

88 텔레마케터의 효과적인 성과 관리 방법으로 가장 거리가 먼 것은?

① 개인의 성과는 팀의 성과에 연계되어 평가되어야 한다.
② 다양한 방법의 포상이 텔레마케터에게는 더 효과적이다.
③ 제품 판매 콜센터의 경우 성과에 대한 보상 차등 폭을 최소화해야 한다.
④ 모니터링은 교육 및 동기부여를 위한 긍정적인 피드백으로 활용되어야 한다.

> **해설** 성과 관리 동기부여를 위하여 성과에 따른 보상은 차등이 명확해야 한다.

89 외부 환경 및 기업 내부로부터 정보를 수집, 처리하여 기업이 환경 변화에 적절히 대응할 수 있도록 컴퓨터에 기반을 둔 데이터베이스, 의사결정 도구와 모델로 이루어진 시스템은?

① 내부 정보 시스템
② 마케팅조사 시스템
③ 마케팅 인텔리전스 시스템
④ 마케팅 의사결정 지원 시스템

> **해설** 마케팅 의사결정 지원 시스템
> - 최고 경영자의 의사결정을 도와주는 시스템으로, 정형적인 문제일 때는 준비한 의사결정 규칙에 의해 자동으로 해결 방법을 제시하고, 비정형적인 문제일 때는 문제를 분석하여 최종결정에 도움이 되는 정보를 제공한다.
> - 각종 요인의 변화에 대해 결과를 즉시 요약·제시하는 정보 시스템이며, 의사결정을 대신하지는 않고 지원한다.
> - 마케팅 정보 시스템과 비교했을 때 마케팅 정보 시스템보다 비구조화된 문제 해결에 유용하고 사용자 중심적이며, 유연성과 적응성을 강조하는 시스템이다.

90 데이터베이스 마케팅의 주요 장점이 아닌 것은?

① 단기 이익을 우선으로 한다.
② 신규 사업 진출에 유리하다.
③ 기존 고객을 적극 활용할 수 있다.
④ 기존 고객 중 타깃 고객을 발굴할 수 있다.

> **해설** 데이터베이스 마케팅은 고객 데이터를 기반으로 장기적인 이익창출을 목적으로 한다.

정답 88 ③ 89 ④ 90 ①

91 리더십 유형을 의사결정 시의 방식과 태도로 구분할 때, 태도에 따른 유형은?

① 민주형 리더십
② 독재형 리더십
③ 자유방임형 리더십
④ 직무 중심형 리더십

해설 리더십의 유형

의사결정 방식에 따른 구분	의사결정 태도에 따른 구분
• 독재형 리더십 • 민주형 리더십 • 자유방임형 리더십	• 직무 중심형 리더십 • 인간관계 중심형 리더십

92 C 통신사에서는 신규 제품의 홍보를 위한 DM 2,000건을 발송하여 주문 32건, 문의 58건을 접수하였다. 이 경우 아웃바운드 콜센터의 CRR은?

① 1.6%
② 2.9%
③ 3.2%
④ 4.5%

해설 CRR(Call Response Rate)은 콜 반응률로 '수신콜÷발신 건×100'으로 계산한다. 이때, 수신콜은 주문과 문의 건수 모두를 포함한다. 따라서 (32+58)÷2,000×100=4.5의 방법으로 CRR을 구할 수 있다.

93 텔레마케터를 교육훈련(OJT)하기 위한 준비사항으로 틀린 것은?

① 업무 매뉴얼을 작성한다.
② OJT를 전담할 담당자를 선발한다.
③ OJT 기간을 가능한 한 짧게 계획한다.
④ 상담원의 개인 유형을 분석하여 OJT의 핵심포인트를 설정한다.

해설 OJT는 단기적·일시적이 아니라 계획적·중점적·단계적으로 실행해야 한다.

91 ④ 92 ④ 93 ③

94 OJT에 관한 설명으로 틀린 것은?

① 실시가 용이하며, 훈련비용이 적게 든다.
② 많은 종업원에게 통일된 훈련을 시킬 수 있다.
③ 종업원의 개인적 능력에 따른 훈련이 가능하다.
④ 상사와 동료 간에 이해와 협동정신을 강화시킨다.

> **해설** OJT는 많은 종업원을 동시에 교육하기 어렵고, 업무와 교육훈련에 모두 철저할 수도 없으며, 교육훈련 내용의 체계화가 쉽지 않다는 단점이 있다.

95 견습 및 경험 중심의 OJT 교육 내용으로 옳지 않은 것은?

① 보고하기
② 역할연기
③ 지적 및 질책
④ 발표기회 제공

> **해설** 지적 및 질책은 역량을 키우는 데 적절하지 않으며, 학습 효과와 동기를 저해할 수 있다.

96 콜센터의 생산성을 향상시킬 수 있는 방안과 가장 거리가 먼 것은?

① 콜센터 인력을 신규 인력으로 대폭 교체한다.
② 전반적인 업무 환경(콜센터 환경)을 개선한다.
③ 텔레마케터 성과에 대한 인센티브를 강화한다.
④ 콜센터의 인력(리더 및 상담원 등)에 대한 교육을 강화한다.

> **해설** 인건비는 콜센터 운영비용에서 가장 많은 부분을 차지하는 항목이다. 인력을 신규 인력으로 대폭 교체하는 것은 채용비용과 교육 및 재교육비용 등의 인건비를 증가시키므로 생산성 향상에 도움이 되지 않는다.
> **콜센터 생산성 향상 방안**
> • 콜센터 인력(리더 및 상담원 등)에 대한 교육을 강화한다.
> • 전반적인 업무 환경(콜센터 환경)을 개선한다.
> • 텔레마케터 성과에 대한 인센티브를 강화한다.
> • 성과에 대한 평가와 보상을 공정하게 한다.
> • 관련 부서와 긴밀하게 협조한다.
> • 콜센터 조직 구성원 간에 신뢰가 쌓일 수 있도록 한다.

정답 94 ② 95 ③ 96 ①

97 콜센터 생산성 평가를 위한 핵심 요소로 적절하지 않은 것은?

① 매출·이익률

② 모니터링 횟수

③ 실시간 성과 분석

④ 콜센터 시스템 접근 및 생산성

> **해설** 콜센터 생산성 평가를 위한 핵심 요소
> 매출·이익률, 인적자원 생산성, 콜 생산성 관리, 콜센터 근무환경 생산성, 콜 품질관리 생산성, 콜센터 시스템 접근 및 생산성, 고객데이터 생산성, 실시간 성과 분석과 모니터링, 수시 및 정기 미팅을 통한 커뮤니케이션 차이 조정, 사후 관리 등

98 응대할 아웃바운드 상담원이 있을 경우에만 시스템이 고객에게 자동으로 전화 발신을 하여 통화된 전화만 상담사에게 연결하는 다이얼링 기법은?

① 프리뷰 다이얼링(Preview dialing)

② 트랜스퍼 다이얼링(Transfer dialing)

③ 프리딕티브 다이얼링(Predictive dialing)

④ 프로그레시브 다이얼링(Progressive dialing)

> **해설** 프로그레시브 다이얼링(Progressive dialing)
> - 프리뷰 다이얼링 시스템에서 한 단계 진화한 시스템이다.
> - 고객과의 통화가 종료된 후에 통화 내용에 대한 후처리 과정의 평균시간을 미리 입력하여 그 시간이 지난 후에는 자동으로 다음 고객에게 다이얼링을 하도록 하는 시스템이다.
> - 상담사가 후처리 작업을 완료하는 동시에 다음 고객과 자동으로 연결되므로 연결에 필요한 시간 낭비를 줄일 수 있다.
> - 응대할 상담사가 있을 때 발신하여 통화된 전화만 상담사에게 연결한다. 고객 불만은 해소되나 생산성이 많이 떨어진다.

정답 97 ② 98 ④

99 어떤 기업이나 그 기업의 제품에 관한 각종 정보를 고객에게 제공하면 그 고객이 또 다른 사람에게 제공하는 방식으로, 소비자들의 힘을 빌려 홍보하는 마케팅 기법은?

① 니치 마케팅(Niche marketing)
② 바이럴 마케팅(Viral marketing)
③ 에어리어 마케팅(Area marketing)
④ 마이크로 마케팅(Micro marketing)

해설 ① 니치 마케팅(Niche marketing): 니치란 틈새를 의미하는 말로, 남이 모르는 좋은 낚시터라는 뜻을 가지고 있다. 기존 시장에 진입하기 어렵거나 수익성을 개선하기 위하여 기존의 시장과는 다른 시장에 진입하는 것을 말한다.
③ 에어리어 마케팅(Area marketing): 점포 계획을 하는 경우의 사전조사로, 그 입지를 중심으로 한 일정 지역의 구매력 조사를 말한다.
④ 마이크로 마케팅(Micro marketing): 상역권(商域圈) 내 소비자들의 통계적 속성과 주민들의 라이프스타일에 관한 종합적 자료를 활용하여 지역 소비자의 욕구를 충족시켜 나가는 마케팅 기법이다.

100 콜센터 도입의 기대 효과와 가장 거리가 먼 것은?

① 고객 요구사항의 신속한 처리
② 기업의 서비스에 대한 고객의 이미지 증대
③ 데이터베이스 마케팅을 통한 잠재 고객 창출
④ 업무 통계 처리로 인건비, 부대비용 부담 증대

해설 콜센터를 도입하면 업무 통계 처리(Call log)로 적정 인원을 배치하여 인건비 및 부대비용을 절감할 수 있다.

정답 99 ② 100 ④

행운이란 100%의 노력 뒤에 남는 것이다.
- 랭스턴 콜먼 -

2026 텔레마케팅관리사 한권으로 끝내기

빨리 보는 간단한 키워드

시험 전에 보는 핵심 요약

시험 전 빨·간·키로 문제집이니 노트 필기, 참고시 등에 흩어져 있는 정보를 하나로 압축해 공부해 보세요. 열 권의 참고서가 부럽지 않은 나만의 핵심 키워드 노트를 만드는 것은 합격으로 가는 지름길입니다.

시험 전에 보는 핵심 요약 — 빨리 보는 간단한 키워드

※ 학습을 마친 후 키워드 아래의 설명을 가리고 내가 제대로 알고 있는지 다시 한번 점검해 보세요. 제대로 알고 있다면 ☑ 표시하세요.

제1과목 고객 관리

☐ **MOT(Moments Of Truth)**
고객 접점이라고도 하며, 고객이 기업과 만나는 모든 장면에서의 결정적인 순간을 의미한다.

☐ **일반적 커뮤니케이션의 장애 요인**
지위의 현격(차이), 언어상의 장애, 특정인·전문가의 편견, 지리적 차이, 발언자의 자기 옹호 등이 있다.

☐ **커뮤니케이션의 원칙**
명료성, 일관성, 적시성, 분포성, 적당성, 적응성과 통일성, 관심과 수용

☐ **내부 고객**
고객의 범위를 확대하면서 도입된 개념으로, 자신이 속해 있는 기업의 재화를 구매하거나 서비스를 이용하는 회사 주주나 종업원 및 종업원의 가족 등을 말한다.

☐ **외부 고객**
조직 내부에 소속되어 있지 않은 외부의 고객을 말한다.

☐ **기존 고객**
신규 고객들 중 어느 정도 반복적으로 상품을 구매하는, 안정화 단계에 들어선 고객이다.

☐ **잠재 고객**
자사의 제품 및 서비스를 구매한 경험이 없는 사람들 중에서 미래에 자사의 고객이 될 가능성을 가진 고객들이다.

☐ **고객 요구사항 관리의 중요성**
정보원으로서의 고객 요구, 고객 충성도 제고의 수단, 부정적 구전의 확산 방지

☐ **서비스의 허용구간**
서비스는 기업, 종업원, 상황에 따라 달라질 수 있는 이질적인 특성을 가지고 있다. 고객이 다양성을 지각하고 기꺼이 받아들일 수 있는 구간의 한계이다.

☐ **고객관계 관리(CRM)**
기업이 고객의 거래 정보를 포함하여 모든 고객 접점에서 얻어지는 접촉 정보들을 통합적으로 분석 및 관리하고 이를 영업 및 마케팅 활동에 전략적으로 활용함으로써 고객의 이탈을 방지하고 개별 고객의 평생가치, 즉 기업 수익 기여도를 극대화하고자 하는 모든 경영 활동이다.

☐ 우수한 CRM의 효과
기업은 고객 만족과 직원 만족, 고객의 재구매, 기업에 대한 긍정적 이미지 형성 등의 이득을 얻을 수 있다.

☐ CRM의 목적
고객 가치를 최적화함으로써 기업의 수익을 증대하고 비용을 절감하는 것이다.

☐ CRM을 통해 기업이 얻을 수 있는 성과
우수 고객 유지, 교차판매, 비용절감 등이다.

☐ CRM의 기본 분류 방법
프로세스 관점에 따라 분류한 것은 분석(Analytical) CRM, 운영(Operational) CRM, 협업(Collaborative) CRM이다.

☐ CRM의 발전 단계
CRM 도입 준비 → CRM 도입 → CRM 확산 → CRM 통합

☐ 빅데이터의 공통 특성(3V)
규모(Volume), 속도(Velocity), 다양성(Variety)

☐ 효과적인 커뮤니케이션의 방법
적극적인 태도의 피드백, 적극적인 경청의 자세, 예상되는 장애에 대한 사전 준비, 타인의 관점에서의 이해 등이 있다.

☐ 피뢰침의 원칙
불만 고객 처리 원칙 중 하나로, 고객은 직원에게 개인적인 감정으로 화를 내는 것이 아니라 일 처리에 대한 불만으로 규정과 제도에 항의하는 것이므로 직원이 상처입지 않아야 한다는 내용이다.

☐ 충성 고객이 기업에 미치는 영향
새로운 고객 창출의 용이성, 보다 우수한 제품 및 서비스의 개발 및 제공, 충성 고객의 유지·관리를 위한 비용의 감소, 기업이 추구하는 고객 관리를 위한 새로운 전략 수립의 용이함 등이 있다.

☐ 소비자의 구매의사결정 과정
문제 인식 → 정보 탐색 → 대안 평가 → 구매 행동 → 구매 후 평가

☐ RFM 분석법
R은 최근 구매일, F는 구매 빈도, M은 구입한 총금액을 말하며, 마케팅 담당자의 목적에 따라 각각 임의로 가중치를 부여할 수 있다.

☐ 소비자 구매의사결정 과정에서의 지각된 위험
제품이나 서비스를 구매하기 전에, 구매를 한 뒤 소비자가 겪을 수 있는 위험에 대한 불안감이다.

☐ 소비자 구매의사결정 과정에서의 지각된 위험의 종류
재무적 위험, 기능적 위험, 심리적 위험, 사회적 위험, 신체적 위험, 시간적 위험

기능적 위험(Functional risk)
구매한 제품이나 서비스가 구매했던 의도와 달리 기능을 제대로 수행하지 못할 가능성

물리적 · 신체적 위험(Physical risk)
안전하지 못한 제품을 구매하여 신체에 해를 줄 가능성

데이터베이스 마케팅에서 사용되는 RFM의 세 가지 기준
'얼마나 최근에 우리 제품을 구매했는가, 얼마나 자주 우리 제품을 구입하는가, 우리 제품의 구입에 어느 정도의 돈을 쓰는가?'이다.

고객 충성도
고객이 특정 기업이나 브랜드, 상품 등에 대해 지속적으로 재구매하고, 타인에게 추천하고, 구매 권유 등의 우호적인 행동을 보이는 애착 정도를 의미한다.

고객평생(생애)가치(LTV; Life Time Value)
고객이 특정 회사의 제품이나 서비스를 처음 구매했을 때부터 마지막으로 구매할 것이라고 판단되는 시점까지 구매가 가능한 제품이나 서비스의 누계액을 의미한다.

매슬로우(Maslow) 욕구 단계
생리적 욕구 → 안정의 욕구 → 애정과 소속의 욕구 → 자기 존중의 욕구 → 자아실현의 욕구

기존 고객을 대상으로 하는 데이터베이스 마케팅 전략
고객 애호도 제고 전략, 고객 유지 전략, 교차판매 전략이 있다.

잠재 고객 접촉 시 주의할 점
잠재 고객의 이름, 나이, 직업, 구매 능력, 가족 관계 등에 대한 사전 지식을 가져야 한다.

잠재 고객을 구매 고객으로 전환시키는 방법
실질적 혜택 부여, 관심이 많은 고객을 집중적으로 설득, 쌍방 간 커뮤니케이션 강화 등이 있다.

잡음(Noise)
의사소통을 왜곡시키는 요인을 의미하며, 커뮤니케이션의 과정에서 전달과 수신 사이에 발생한다.

커뮤니케이션과정 모델에 따른 커뮤니케이션 과정
발신 → 부호화 → 메시지 → 해독 → 수신자 → 반응 → 피드백

라포 형성기법에서 가장 중요한 것
고객과 텔레마케터 간에 공감대를 형성해야 한다.

고객 불만 처리 시 경청
선입관을 버리고, 끝까지 잘 들어야 한다.

- [ ] **고객 컴플레인의 중요성**
  자사 상품(서비스)을 평가하는 유용한 자료로서, 고객으로부터 중요한 정보를 수집할 수 있다. 신속한 컴플레인 처리는 회사의 이미지를 상승시킨다.

- [ ] **고객 문의 해결 시 주의할 점**
  먼저 고객 요구를 정확하게 파악해야 한다.

- [ ] **고객 불만 처리 시 공감**
  고객의 입장에서 기분을 이해하고 공감해야 한다.

- [ ] **고객 불만 처리 시 사과**
  회사를 대표해서 정중하게 사과해야 한다.

- [ ] **텔레마케터가 고객의 말을 경청할 때 주의할 점**
  주관적인 판단이나 감정으로 고객을 이해하려고 해서는 안 되고, 고객의 관점에서 이해해야 한다.

- [ ] **고객 불만을 잘 처리했을 때의 장점**
  고객 유지율이 향상되고, 장기적으로는 회사의 이미지가 향상되어 기업의 이윤을 증가시킨다.

- [ ] **고객 응대 시 필요한 것**
  고객의 구매심리 및 고객시장에 관한 지식, 제품 및 서비스에 관한 지식, 생산·유통과정과 품질에 관한 지식이 필요하다.

- [ ] **서비스 품질**
  고객의 기대수준 대비 고객이 느끼는 성과에 의해 측정된다.

- [ ] **공감해 주기를 바라는 고객의 욕구를 충족시키기 위한 응대 기법의 예시**
  "손님께서 얼마나 실망하셨을지 잘 알겠습니다. 그때 어떤 느낌을 갖게 되셨는지 이야기듣고 싶은데요.", "손님의 요구가 무리한 것은 아니군요."

- [ ] **커뮤니케이션**
  정보나 지식, 가치관, 기호, 감정 등을 음성이나 문자 등을 통하여 전달하거나 교환함으로써 공감대를 형성하는 의사전달 과정을 말한다. 오류와 장애가 발생할 수 있으며 형식은 고정되어 있지 않다.

- [ ] **커뮤니케이션의 구성 요소**
  발신자와 수신자, 부호화와 해독, 메시지와 채널 등이 있다.

- [ ] **문자(Written) 커뮤니케이션**
  정확성, 간결성, 경제성의 원칙을 고려해야 한다.

제2과목 시장환경조사

- [ ] **마케팅조사의 절차**
  문제 규명 및 정의 → 조사 설계 → 자료 수집 → 자료 분석 및 해석 → 보고서 작성

시장조사의 역할
문제 해결을 위한 조직적 탐색, 고객의 심리적·동적인 특성 간파를 통한 고객 만족 경영 실현, 타당성과 신뢰성 높은 정보의 획득 및 의사결정 능력 제고 등이 있다.

투사법
응답자의 심리적 저항을 줄이기 위해 주로 쓰이는 간접질문법 중 하나로, 모호하고 비조직화된 자극을 제시하여 그에 대한 응답을 얻어내는 질적 자료이자 정성적 조사이다.

서베이(Survey)법
연구자가 관심 대상의 사람들에게 설문 내지는 면접을 통하여 정보를 수집하는 가장 보편적·체계적인 조사 방법이다. 양적 분석을 전제로 하며 우편조사법, 전화면접법, 대인면접법, 온라인조사 등이 있다.

정량조사
고객의 특성, 태도 혹은 행동을 명확히 양적으로 규명하는 데 초점을 두고, 특정 가설을 검증하는 데 이용된다.

정성조사
탐색적이고 예비적일 수 있으며, 이는 문제를 명확히 규명하는 것과 보다 공식적인 실증조사를 준비하는 데 이용된다.

명목 척도
숫자에 의해 양적인 개념이 전혀 내포되어 있지 않으며 단지 확인과 분류에 관한 정보만을 내포한다. 예 인종, 성별 등

서열 척도
순서에 대한 정보를 포함한다. 예 순위, 등급 등

등간 척도
명목자료와 서열자료에 포함된 정보와 측정값 간의 양적 차이에 관한 정보를 포함한다. 예 온도, 지능지수(배수개념 의미 없음) 등

비율 척도
척도를 나타내는 수가 등간일 뿐만 아니라 의미있는 절대 영점을 가지고 있는 경우에 이용된다.
예 투표율, 월 소득액, 무게, 길이, 높이, 부양가족 수(배수개념 의미 있음) 등

전수조사
조사 대상 전체를 빠짐없이 조사하기 때문에 원칙적으로 바람직하며, 모집단의 규모가 작고 추정의 정밀도가 높아야 하는 경우에 이용된다.

양자택일형
코딩과 분석이 용이하고, 응답하기가 쉽고 협조를 쉽게 얻어낼 수 있으며 조사자에 의한 영향을 배제할 수 있는 질문 형태이다.

자유응답형
자료 처리를 위한 코딩에 어려움이 따르며, 응답자가 질문에 대해 자신의 의견을 제약 없이 표현할 수 있도록 해 주는 질문 형태이다.

인과조사
소비자의 관심을 자극하고 구매행동을 유발하는 영향을 미치는 변수(원인·결과)들을 찾기 위한 조사로 인과조사에 가장 적절한 조사 방법은 실험조사이다.

내적 타당도 저해 요소
통계적 회귀, 외적 사건, 검사 효과, 성장 효과, 도구 효과, 실험 대상의 변동, 개입의 효과를 상쇄하는 보상, 선택과의 상호작용 등이 있다.

외적 타당도 저해 요소
연구표본의 대표성, 실험조사에 대한 반응성(호손 효과), 플라시보 효과(위약 효과), 검사의 상호작용 효과 등이 있다.

패널조사
특정응답자 집단(패널)을 정하여 놓고 그들로부터 상당한 장시간을 두고 지속적으로 필요한 정보를 얻어내는 시장조사 방법이다.

전화조사의 무응답오차
응답자의 거절이나 비접촉으로 나타나는 오차이다.

사전조사(Pretest)
설문지의 초안이 완성된 후 조사 대상이 되는 모든 계층의 응답자들에게 본조사가 들어가기 전 우선 간이조사를 실시하여 문제점이 무엇인지 미리 파악해 보는 절차이다.
※ 문제점이 나타나면 앞의 단계로 돌아가 수정 후 다시 사전조사의 과정을 반복한다.

사전조사 시 유의 사항
본조사를 위하여 응답자의 장소, 조사 장소의 분위기, 응답에 필요한 시간, 응답자 표본의 크기 등이 적절한가를 검토한다.

개인면접법
조사자가 추출된 응답자들을 일일이 만나서 미리 준비된 질문지를 내주고 기입하도록 하는 방법이다. 조사 상황에 따라 신속하게 질문 방법, 절차, 순서, 내용 등을 바꿀 수 있다.

표준화 면접
엄격히 정해진 면접 조사표에 따라 면접을 하는 것이다.

비표준화 면접
면접자가 질문을 하면 지원자가 형식에 구애받지 않고 자유로이 자신의 의사를 표현하는 면접 방법으로, 지원자에 대한 광범위한 정보를 얻을 수 있다. 비구조적 면접, 비지시적 면접, 비유도적 면접이라고도 한다.

전화조사 방법
조사 시간대는 평일 오전이나 오후가 적당하고, 시간은 10분 내외로 10개 전후의 문항으로 하며, 질문은 질문지와 최대한 유사하게 질문지에 나타난 순서대로 질문한다.

☐ 전화조사
추출된 응답자에게 전화를 걸어 질문 사항들을 읽어 준 후 응답자가 전화상으로 답변한 것을 조사자가 기록해 자료를 수집하는 방법이다.

☐ 전화조사의 장점
빠른 정보 입수, 시간 및 비용 절약, 조사과정의 통제 용이 등의 장점이 있다.

☐ 전화조사의 단점
모집단의 불완전성, 전화번호부의 부정확성, 조사 시간의 제한, 보조 도구 사용의 곤란, 응답 표현의 제한, 전화 중단의 문제, 특정 주제에 대한 응답 회피 등의 단점이 있다.

☐ 전화조사 시 주의사항
구체적이고 주관적인 질문은 피해야 한다.

☐ 우편조사
조사자가 추출된 응답자에게 질문지를 우송하면, 응답자는 스스로 응답하여 조사자에게 질문지를 다시 우송해 줌으로써 자료를 수집하는 방법이다.

☐ 종단조사
동일한 대상과 변수에 대해 시간 간격을 두고 반복하여 측정하는 조사 설계로 시간 흐름에 따른 변화·추세 분석, 동태적인 성격, 측정 결과에서 직접 도출 등의 특징이 있다.

☐ 횡단조사
상이한 특성을 가진 집단들 사이의 측정치를 비교하여 차이를 규명하는 것이 목적으로, 모집단에서 추출된 표본으로부터 단 한 번 조사한다.

☐ 질문지 작성 단계
질문지 작성을 위한 탐색조사 → 질문지의 구조와 질문 내용 선택 → 질문·응답 형태의 선택 → 질문 순서의 결정 → 질문 용어의 선택 → 사전조사와 질문지의 보완

☐ 탐색조사의 종류
경험조사, 사례조사, 문헌조사(제2차 조사), 전문가조사, 표적집단면접법(관찰조사) 등이 있다.

☐ 독립 변수
마케팅조사 설계의 기본 요소로서, 일반적으로 마케팅 관리자가 통제하는 변수이며, 관찰하고자 하는 현상의 원인이라고 가정한 변수이다.
※ 독립 변수 ↔ 결과 변수, 종속 변수

☐ 시장조사를 통해 수집된 자료의 처리
편집(Editing) → 코딩(Coding) → 입력(Key-in)

☐ 표본추출 시 가장 먼저 해야 할 사항
모집단 규정이다.

☐ 확률표본추출방법
모집단에 속한 모든 요소가 표출됨에 있어 같은 확률을 가진다는 것이 전제가 되며, 표본오차의 추정이 가능하다.

확률표본추출방법의 종류
계통표본추출방법, 층화표본추출방법, 집락(군락)표본추출방법, 단순무작위표본추출방법

비확률표본추출방법
모집단을 정확하게 규정할 수 없는 경우에 유용하며 표집오차의 추정이 불가능하다.

비확률표본추출방법의 종류
판단(유의)표본추출방법, 할당표본추출방법, 편의표본추출방법, 눈덩이표본추출방법

집단심층면접(FGI)
6~12명의 응답자를 일정 자격 기준에 따라 선발하며 조사 당일 진행자가 면접을 진행하는 방법이다. 여러 명의 응답자 간의 토론 형식을 취한다.

시장조사의 과정
문제 정의 → 조사 설계 → 실사와 자료 수집 → 자료 분석 → 보고서 작성

표본
텔레마케터가 전화로 시장조사를 할 때 전체 응답 대상의 특성을 갖고 있는 적절한 소수로 뽑은 대상이다.

표본프레임
시장조사 시 연구 대상이나 표본단위가 수록된 목록을 말하며 이로부터 최종적인 표본이 추출된다.

표본조사의 궁극적 목적
모집단의 특성 추출이다.

표본오차
표본추출과정에서 발생하는 오차로 통계량 값과 전수조사에 의해서 결정될 수밖에 없는 모수 값 사이의 차이에서 발생하는 오류이다.

비표본오차
표본추출 이외의 과정에서 발생하는 오차를 말하는 것으로서, 일반적으로 측정상의 오차를 의미한다. 조사에서의 무응답, 잘못된 표본추출틀의 사용, 조사원의 미숙한 진행, 응답자의 거짓말, 자료의 입력 및 처리 과정에서의 오류 등에 의해 발생한다.

측정오차
일정한 측정 대상을 계량적으로 측정했을 때 그 본래의 현상, 즉 측정 대상이 갖는 실태와 조사자가 그에 대해 계량적으로 측정한 결과 간의 불일치 정도를 지칭한다.

SWOT 분석
강점(Strength)과 약점(Weakness)을 분석하고, 기업 외부에서 일어나고 있는 환경 변화를 종합적으로 정리하여 자사가 처한 기회(Opportunity)와 위협(Threat) 요인들을 파악하는 것이다.

조작적 정의
어떤 개념을 응답자가 구체적인 수치를 부여할 수 있는 형태로 상세하게 정의를 내린 것이다.

☐ **폐쇄형 질문**
조사자가 사전에 질문 문항과 함께 응답 카테고리를 작성하고 응답자들로 하여금 선택할 수 있도록 제공하는 질문이다.

☐ **폐쇄형 질문의 장점**
부호화와 분석이 용이하며 시간과 경비를 줄일 수 있고, 민감한 주제에 보다 적합하다. 질문에 대한 대답이 표준화되어 있기 때문에 비교가 가능하다. 질문지에 열거하기에 응답범주가 너무 많을 경우에는 개방형 질문을 선택하는 것이 좋다.

☐ **개방형 질문**
응답자가 응답할 수 있는 답변의 범위에 제한을 가하지 않고 자유롭게 응답하도록 하는 질문이다.

☐ **개방형 질문의 특성**
응답자가 생각나는 대로 어떤 형식 없이 응답이 가능하고, 응답자의 다양한 의견을 수렴할 수 있다. 응답자가 생각하기 귀찮을 경우 불성실하게 답을 할 수 있다.

☐ **타당도**
측정하고자 하는 개념이나 속성을 정확히 측정하였는지를 나타내는 정도이다.

☐ **신뢰도**
측정치와 실제치가 얼마나 일관성이 있는지를 나타내는 정도이다.
※ 일관성: 같은 조사를 반복 → 동일한 결과

☐ **시장조사 절차 중 편집**
조사를 끝내고 채택된 설문지에 대해 각 항목의 응답이 정확한 것인가를 파악하는 과정이다.

☐ **신디케이트 자료**
외부의 독립적인 조사기관들이 영리를 목적으로 특정한 자료를 수집·가공하여 특정기업이나 기관에 판매하는 상업용 자료이다.

☐ **표본설계 시 고려 사항**
모집단 요소들의 동질성 정도, 표본의 크기, 표본조사예산 등이 있다.

☐ **응답자의 권리**
사생활을 보호받을 권리, 안전할 권리, 참여를 선택할 권리 등이 있다.

☐ **설문지의 구성 요소 중 가장 먼저 위치해야 하는 것**
응답자에 대한 협조요청문이 설문지상에서 가장 먼저 위치해야 한다.

☐ **체계적 추출법(Systematic Sampling)**
전화번호부를 이용하여 확률표본을 추출할 때 가장 쉽게 적용할 수 있는 추출법이다.
※ 확률표본추출법의 특성: 표본오차의 추정이 가능, 비용↑, 불편↑

제3과목 마케팅 관리

☐ **아웃바운드 텔레마케팅**
고객이나 잠재 고객에게 전화를 거는 형태의 텔레마케팅이다. DB 관리를 통한 적합한 대상 선정의 중요, 전문적인 텔레마케터 필요 등의 특성이 있다.

☐ **아웃바운드 텔레마케팅의 성공요소**
명확한 고객 데이터의 확보, 쌍방향 의사소통을 위한 정교한 스크립트, 주력상품·서비스의 개발 및 제공 등

☐ **아웃바운드 텔레마케팅의 특징**
공격적이며 성과 지향성이 강한 기업 주도형 마케팅이다.

☐ **아웃바운드 텔레마케팅의 활용 분야**
대금 회수, 해피콜, 신상품 판매, 계약 갱신, 가망 고객 획득, 반복 고객 촉진 등에 활용된다.

☐ **아웃바운드 텔레마케터가 갖추어야 할 기본 요건**
문제 해결 능력, 커뮤니케이션 기술, 상품지식, 경제시사상식, 비교분석 능력, 정확한 발음과 구술능력 등이다.

☐ **아웃바운드 판매 전략의 과정**
잠재 고객 파악 → 잠재 고객의 특성 정의 → 등급화 또는 스크리닝 → 판매 → 사후 관리

☐ **마케팅**
제품과 서비스를 계획하고 그 가격을 결정하며, 이들의 구매 및 소비에 필요한 정보를 제공하고 유통시키는 데 소요되는 조화된 인간 활동의 수행이다.

☐ **데이터베이스 마케팅**
컴퓨터에 수록된 고객 데이터베이스를 바탕으로 고객과의 장기적인 관계 구축을 위한 마케팅 전략을 수립하고 집행하는 활동을 말한다.

☐ **데이터베이스 마케팅의 특징**
상품과 고객에 대한 많은 정보를 수집·분석하여 고객 개개인의 취향에 맞는 상품을 제시함으로써 고객만족도를 높이며, 개별 고객의 특성과 가치에 따라 상품과 서비스를 차별화하는 쌍방향적 의사소통이며 장기적인 고객 관리이다.

☐ **유통경로**
제품이나 서비스가 생산자에서 소비자에게 직접 또는 중간 상인을 통하여 판매되는 경로를 의미한다.

☐ **니시 마케팅(Niche marketing)**
세분시장을 더욱 작게 세분화함으로써 다른 제품들로는 그 욕구가 충족되지 않은 소비자들을 표적으로 하는 마케팅을 말한다.

마이클 포터의 5 Forces 모델
다섯 가지의 관점에서 현상을 분석하는 기법이다. 공급자 교섭력, 잠재 진입자 위협, 산업 내 경쟁, 구매자 교섭력, 대체제의 위협으로 구분하며, 이 산업의 다섯 가지 요소가 해당 산업의 수익률을 결정한다.

데이터마이닝(Data mining)
데이터 웨어하우스를 구축한 다음, 정보 분석 과정을 거쳐 경영 전략을 지원하는 정보를 추출하는 것으로, 축적된 고객 관련 데이터에서 숨겨진 규칙이나 패턴을 찾아내는 분석 기법이다.

편의품
소비자는 제품을 탐색하는 데 많은 시간을 보내지 않고, 생산자는 대량광고와 판매촉진을 하는 소비재의 유형으로 개방적 유통정책을 주로 이용한다.

선매품
생산자와 재판매업자가 광고와 인적 판매를 많이 해야 하는 소비재의 유형이다.

전문품
생산자와 재판매업자가 보다 신중하게 표적화된 촉진을 하는 소비재의 유형이다.

시장세분화
상이한 욕구·행동 및 특성을 가지고 있는 소비자들을 분류하는 과정을 말한다.

시장세분화의 전제조건
측정 가능성, 접근 가능성, 실질성, 행동 가능성(수행 가능성), 유효 정당성, 내부적 동질성과 외부적 이질성, 차별성, 유지 가능성 등이다.

마케팅믹스
목표시장에서 마케팅 목표를 달성하기 위하여 기업이 활용하는 마케팅 도구의 집합이다.

제품수명주기
신제품이 시장에 도입되어 쇠퇴할 때까지의 기간을 말한다.
※ 도입기 → 성장기 → 성숙기 → 쇠퇴기

인바운드 텔레마케팅
외부 고객로부터 걸려 오는 전화를 받는 것으로 마케팅 활동이 일어나는 텔레마케팅이다.

인바운드 텔레마케팅의 활용 분야
통신판매의 접수, 각종 불만사항 대응 등을 주된 업무로 한다.

인바운드 텔레마케팅의 상담 절차
상담 준비 → 전화 응답 → 고객 니즈 파악 → 문제 해결 → 동의와 확인 → 종결

차별화 마케팅
두 개 혹은 그 이상의 세분시장을 목표시장으로 선정하고 각각의 세분시장에 적합한 제품과 마케팅 프로그램을 개발하여 공급하는 전략이다.

고가 전략이 적합한 경우
진입장벽이 높아 경쟁 기업이 자사 제품의 가격만큼 낮추기가 어려울 때, 규모의 경제효과를 통한 이득이 미미할 때, 높은 품질로 새로운 소비자층을 유인하고자 할 때, 시장 수요의 가격탄력성이 낮을 때, 시장에서 경쟁자의 수가 적을 때 등이다.

시장 침투 전략
제품의 수명주기를 연장시키기 위한 전략 중 제품을 수정이나 변형시키지 않고 기존 목표시장에서 소비자들의 참가를 증진시키는 것이다.

CTI(Computer Telephony Integration)
컴퓨터와 텔레포니(교환기, IVR · FAX, 전화기 및 관련 소프트웨어)가 서로 연결 · 통합되도록 하는 정보 기술과 이를 통해 업무에서 활용할 수 있는 솔루션을 의미한다.

텔레마케팅을 실시하기 위한 준비 요소
텔레마케터의 교육 및 훈련, 고객 데이터베이스 분석 및 전략 수립, 타 매체와의 믹스 전략 등이 있다.

아웃바운드 텔레마케팅을 활용하는 마케팅 전략
다이렉트 마케팅, 데이터베이스 마케팅, 1:1 마케팅 등이 있다.

기업의 마케팅 활동에 고객 데이터베이스가 필요한 이유
고객의 요구에 부합하는 제품 및 서비스를 창조하고, 반응을 측정하고 결과를 예측하며, 고객들에게 다가갈 수 있는 독창적인 구매제안을 할 수 있기 때문이다.

공제
가격 할인의 형태 중 신모델을 구입할 경우 구모델을 반환하면 그만큼 가격을 할인해 주는 방법이다.

촉진 기능
마케팅믹스 중 기업이 소비자, 중간 구매자 또는 기타 이해관계가 있는 대중에게 제품 또는 기업에 관해서 정보를 전달 · 설득하는 기능이다.

고객 반응률
신규 고객 유지율, 기존 고객의 보유율, 고객 반복이용률 등의 효과를 측정하는 데 사용되는 척도이다.

텔레마케팅의 판매 단계
준비 및 대상자 선정 → 고객 니즈 파악 → 텔레마케팅 전개 및 정보 제공 → 상담 종료 → 분석과 데이터베이스화

소비자 반응 순서
주목(A) → 흥미 유발(I) → 욕구(D) → 행동(A)
※ 주목(Attention), 흥미 유발(Interest), 욕구(Desire), 행동(Action)

포지셔닝(Positioning)
기업이 시장세분화를 기초로 정해진 목표시장 내에 고객들의 마음속에 시장 분석, 고객 분석, 경쟁 분석 등을 기초로 하여 전략적 위치를 계획하는 것이다.

재포지셔닝(Repositioning)
지금까지 유지되어온 현재의 위치를 버리고 새로운 포지션을 찾아가는 방법이다.

마케팅믹스(4P)의 구성 요소
제품(Product), 가격(Price), 유통(Place), 촉진(Promotion)이다.

다이렉트 마케팅
하나 또는 그 이상의 광고매체 또는 고객 접촉 채널을 활용하여 어느 장소에서나 측정 가능한 반응이나 거래가 이루어지도록 상호작용하는 마케팅 기법이다.

촉진 전략의 주요 수단
광고, 판매촉진, 인적 판매, 홍보

스크립트
텔레마케팅 활동 시 고객과 대화를 원활히 진행하기 위해 사전에 작성한 대화 대본으로, 텔레마케터는 생산성 향상을 위해 스크립트를 충분히 숙지해야 한다.

제4과목 조직운영 및 성과 관리

직장 내 교육훈련(OJT)
사내직업훈련으로, 별도의 시설 없이 적은 비용으로 경제적인 교육훈련의 실시가 가능하다.

OJT를 위한 단계
학습 준비 → 업무 설명 → 업무 실행 → 결과 확인

견습 및 경험 중심의 OJT 교육 내용
역할연기, 보고하기, 발표기회 제공 등이 있다.

텔레마케팅이 지향하는 것
고객 중심적 마케팅 전략을 지향한다.

다이얼러 시스템
기업이 고객에게 전화를 걸 때, 꼭 필요한 시간만을 투자할 수 있도록 자동화된 시스템이 전화를 거는 시간을 최대한 절약시켜 주는 기능이다.

콜센터의 중요한 요소
고객을 중심으로 고객에게 편리함, 신뢰성, 편익을 제공할 수 있는 조직체로 고객 니즈에 얼마나 신속하고 정확하게 대응하느냐가 중요하다.

콜당 평균 전화 비용
아웃바운드 텔레마케팅의 경우 한 콜당 평균적으로 소요되는 전화비용의 정도를 말한다.

- [ ] **콜센터의 조직 구성원 중 슈퍼바이저의 역할**
  텔레마케터관리와 교육훈련의 일부 및 상담원 관리 등의 업무를 주로 수행한다.

- [ ] **통화품질 관리(QA)**
  콜모니터링과 코칭을 통해 생산성 향상과 고품격 서비스를 제공하기 위한 일련의 과정이다.

- [ ] **코칭**
  콜센터의 리더가 상담원에게 필요한 내용을 직접 가르치며 상담원의 능력 향상을 위해 업무 처리 과정에서 필요할 때마다 수시로 실시하는 것이다.

- [ ] **역할연기 연습의 진행단계**
  표준 스크립트 익히기 → 상황별 응대 연습 → 평가 → 피드백 및 반복실행

- [ ] **텔레마케팅의 방향성**
  인쇄매체를 사용하는 다른 마케팅과 달리 양방향성을 가지고 있다.

- [ ] **텔레마케팅 전문회사 이용의 장점**
  많은 콜을 처리하기에 유리하고, 전문적인 인재의 확보가 쉬우며 테스트 마케팅의 실시에 유리하다.

- [ ] **고객 상황**
  고객이 지니고 있는 가치, 신념, 니즈, 행동과 관련한 상황을 말한다.

- [ ] **피들러의 상황 이론에서 제시한 상황 우호성의 변수**
  리더와 구성원의 관계, 과업 구조, 지위 권력이다.

- [ ] **모니터링의 평가요소**
  음성의 친절성, 업무의 정확성, 응대의 신속성 등이 있다.

- [ ] **콜 응답률(CRR)**
  총 발신 건수에 대한 고객의 반응 비율을 말한다.

- [ ] **콜센터 상담**
  상담 시 필요한 고객 정보를 충분히 활용하여 숙달된 상담원이 조리 있게 설명하고, 업무 진척도를 실시간으로 확인할 수 있다는 장점이 있으나 고객의 상황을 쉽게 파악하기는 어렵다.

- [ ] **교육훈련**
  신규 종업원에게는 직무환경에 자신의 능률을 적응시켜 효과적 직무수행에 도움을 주고 기존 종업원에게는 새로운 기술과 능력을 증진시켜 변화하는 환경에 능동적으로 대처하게 한다.

- [ ] **콜센터의 성과지표 종류**
  총콜수, 총통화시간, 평균 응대시간 등이 있다.

☐ **텔레마케팅 구분**
착·발신에 따라 인바운드와 아웃바운드, 대상에 따라 B2C(소비자)와 B2B(기업 간), 수행 주체(운영 방법)에 따라 인하우스와 에이전시로 구분할 수 있다.

☐ **다면평가**
스스로 파악하기 어려운 자신의 장단점을 상사, 동료, 부하 직원, 고객 등 다양한 사람들로부터 평가를 받는 것을 말한다.

☐ **텔레마케팅의 구성 요소**
콜센터, 스크립트, 데이터베이스, 텔레마케팅 운용 요원

☐ **텔레마케팅 조직 구성원 중 모니터링 담당자의 역할**
텔레마케터가 고객과 통화한 내용을 분석하고, 시스템 담당자는 텔레마케터가 효율적으로 업무를 할 수 있는 근무환경을 조성한다.

☐ **콜센터의 업무성과 관리**
매일, 매주, 매월 등의 분명하고 도달 가능한 목표를 수립하고, 중간점검을 통해 성과향상을 위한 지원요소와 방해요소를 분석하여 성과결과에 대한 공정한 평가가 이루어지도록 행해져야 한다.

☐ **ANI(Automatic Number Identification)**
전화를 건 사람의 전화번호를 수신자 측에 나타내 주는 장치이다.

☐ **SMART 성과 목표의 설정 항목**
S(Specific), M(Measurable), A(Achievable, Attainable), R(Result oriented), T(Timely, Time-bound)

☐ **인적 자원의 특징**
능동성, 개발 가능성, 전략적 지원, 고유 목적성

☐ **인적 자원 내부 모집의 방법**
사내 공모제도, 인력전환배치, 승진 등

☐ **프로그레시브 다이얼링**
아웃바운드 텔레마케팅의 다이얼링 기법 중 전화를 받을 수 있는 아웃바운드 상담원이 있을 경우에만 시스템이 고객에게 자동으로 전화를 걸어 주는 방식이다.

☐ **ACD(Automatic Call Distributor)**
계속적으로 걸려 오는 전화를 해당 시점에서 비어 있는 곳이나 다른 응대를 위해 단순하게 대기하고 있는 상담요원에게 순차적으로 균등 배분하는 장치이다.

☐ **콜센터 매니저의 역할**
고객리스트의 수집 및 평가, 마케팅 목표일정과 예산수립 및 관리, 업무절차의 개발 및 마케팅 캠페인 등의 역할을 한다.

☐ **직무 평가의 방법**
서열법, 분류법, 점수법, 요소 비교법이 있다.

☐ **콜센터 조직의 특징**
고객과 1:1 비대면 접촉이 일반화되어 있다.

☐ **QAA의 기본적 자격 요건**
업무지식, 뛰어난 경청 능력, 태도, 기술 등이 있다.

☐ **QAA(Quality Assurance Analyst)**
텔레마케터의 상담 내용을 모니터링한 뒤, 상담원의 평가를 통하여 상담품질을 향상시키는 코칭 업무를 담당하는 사람을 표현하는 용어이다.

☐ **콜센터의 인적 자원 관리 방안**
다양한 동기부여 프로그램, 콜센터 리더 육성 프로그램, 상담원 수준별 교육훈련 프로그램 등이 있다.

☐ **직무 만족**
개인이 직무나 직무 경험에 대한 평가의 결과로 얻게 되는 즐겁고 긍정적인 느낌이다.

☐ **모니터링**
텔레마케터가 고객 응대 과정에서 어느 정도의 전화 예절과 친절·신속·상품 및 서비스 전달 등의 능력을 보유하고 있는지 전반적인 상황을 정해진 양식에 의해 체크하여 고객 관리 능력을 개선·지도·보완·수정하기 위한 의도적인 업무 절차이다.

☐ **모니터링의 성공 요소**
대표성, 객관성, 차별성, 신뢰성, 타당성, 유용성이 있다.

☐ **Mystery call**
고객을 가장하여 상담원에게 전화를 걸어 평가하는 모니터링 유형이다.

☐ **Peer monitoring**
동료가 서로의 상담 내용을 모니터링하는 유형으로 모니터링에 대한 반감을 줄일 수 있다.

☐ **Peer monitoring**
상담원 옆에서 상담원의 상담 태도 및 상담 내용을 듣고 평가하는 모니터링 유형이다.

모든 자격증·공무원·취업의 합격 정보

▶ YouTube 합격 구독 과 👍 좋아요! 정보 🔔 알림 설정까지!

제1과목

고객 관리

제1장	고객 분석과 데이터 관리
제2장	고객지원과 고객 관리 실행
제3장	고객 필요정보 제공
제4장	통신판매 고객관계 관리
제5장	통신판매 고객 상담
제6장	영업 고객 불만 관리

제 1 장 고객 분석과 데이터 관리

제1절 고객 분류

1. 분류 기준 설정 및 고객 세분화

(1) 고객 분류의 목적
① 각 고객 그룹에 대한 이해와 고객 요구의 파악이 용이해져 전체 고객을 효율적으로 관리할 수 있다.
② 각 그룹별 고객 특성과 요구를 반영한 차별화된 마케팅 전략을 수립할 수 있다.
③ 자사의 그룹별 마케팅 성과를 파악할 수 있다.
④ 각 그룹별 고객 현황 분석과 그룹 간 이동 상황 분석 등을 통해 기업의 장단점을 파악하여 기업 경영 활동을 보완할 수 있다.

(2) 가치 기반 고객 세분화
① **전략적 세분화**: 일반적으로 인구통계적 변수와 같은 공통적인 변수와 기업의 전략적 요인을 나타내는 변수가 사용된다.
② **전술적 세분화**: 전략적으로 세분화된 고객을 다시 라이프스타일 정보, 심리 정보, 고객의 상품 구매 자료 등과 같은 구체적인 정보를 이용해서 보다 세밀한 고객군으로 분류한다.

2. 고객 세분화 및 유형 분류

(1) 잠재 고객 기출
① 자사의 제품 및 서비스를 구매한 경험이 없는 사람들 중에서 미래에 자사의 고객이 될 가능성을 가진 고객들이다.

핵심예제

기업이 고객 관리를 통해 고객을 분류하는 목적이 아닌 것은?
① 자사의 그룹별 마케팅 성과 파악이 용이하다.
② 각 그룹별 고객 특성과 요구를 반영한 일관된 마케팅 전략을 수립할 수 있다.
③ 각 고객 그룹에 대한 이해력이 높아짐으로써 전체 고객을 효율적으로 관리할 수 있다.
④ 각 그룹별 고객 현황 분석과 그룹 간 이동 상황 분석 등을 통해 기업의 장단점을 파악할 수 있다.

해설 각 그룹별 고객 특성과 요구를 반영한 차별화된 마케팅 전략을 수립할 수 있다.

정답 ②

② 잠재 고객들은 잠재적인 가치를 가지고 있으며, 미래에 구매 고객으로 전환될 가능성이 있으므로 이들을 유인하기 위한 전략을 수립하여 시행하여야 한다.
③ 잠재 고객들은 제품이나 서비스를 구매하기 전에 기대 수준을 설정한다. 만약 제품의 품질이나 가격의 수준이 생각했던 기대 수준보다 높으면 구매하지만 그렇지 않다면 구매하지 않는다.

> **CHECK BOX**
>
> **가망 고객**
> 자사의 제품이나 서비스를 알고 있으며 어느 정도 관심이 있지만, 아직 구매행동으로까지는 연결되지 않았고 마케팅이나 접촉 활동을 전개하면 실질적인 고객으로의 전환이 가능하다고 예상되는 고객이다.
>
> **타성 고객**
> 제품이나 브랜드에 특별한 만족이나 충성심은 없으나, 습관적·관성적으로 구매하는 고객이다.

(2) 신규 고객
① 잠재 고객 중 처음으로 구매를 한 고객이다.
② 1차 구매 후 다시 구매하지 않는 경우가 많아 고객 유지율이 매우 낮다는 특징이 있다.
③ 구입한 상품의 가치가 자신이 정한 수준을 넘어서 구매는 했지만, 상품에 만족한 수준이 매우 높지 않다면 구입한 상품을 지속적으로 평가한다. 따라서 이 단계에서는 구입한 상품에 대한 고객의 만족 수준을 높여 재구입이 이루어지도록 노력하는 것이 중요하다.

(3) 기존 고객
① 신규 고객들 중 어느 정도 반복적으로 상품을 구매하는, 안정화 단계에 들어선 고객이다.
② 이들은 자신들이 거래하는 기업에 대한 확신을 가지면서 구매 금액을 점차 높인다. 하지만 몇 번의 반복 구매가 이루어졌다고 해서 고객과 기업의 관계가 완전하다고 볼 수는 없으므로 고객의 요구를 충분히 파악하고 차별화된 제안과 더불어 관계를 굳건히 할 수 있는 노력이 필요하다.

(4) 핵심 고객
① 기업의 상품이 기존 고객들의 기대 수준을 지속적으로 만족시킨다면 이들은 해당 상품을 반복적으로 구매하는 핵심 고객으로 변화한다.

핵심예제

잠재 고객이 처음으로 구매를 하고 난 후의 고객들을 의미하는 것은?
① 신규 고객
② 기존 고객
③ 핵심 고객
④ 이탈 고객

해설 처음으로 구매를 하고 난 고객은 신규 고객이다. 신규 고객은 1차 구매 후 다시 구매하지 않는 경우가 많아 매우 낮은 수준의 고객 유지율을 보이는 특징이 있다.

정답 ①

② 기업과 강한 유대관계를 형성하며 기업과 상품에 중대한 문제가 발생하지 않으면 기존의 관계를 유지할 뿐만 아니라 주변인에게 해당 상품이나 기업에 대한 홍보를 적극적으로 개진하고 추천까지 하는 충성 고객이 된다. 또한 높은 매출액을 유지하는 주요 고객이 되어 기업의 수익성을 높이는 데 큰 기여를 한다.
③ 상품에 대한 의견을 제시하고 상품의 품질이나 디자인을 발전시킬 아이디어를 제공한다.

(5) 이탈 고객

① 기업이나 상품별 기준에 따라 다를 수 있지만 일반적으로는 더 이상 해당 기업의 상품을 구입하지 않는 고객이다.
② 기업에서는 이탈 고객에 대한 심층 분석을 필요로 하는데 그 이유는 이탈 고객이 다시 자사의 상품을 구입하도록 하기 위한 것도 있지만, 기존 고객들이 이탈하는 원인을 파악하여 효과적인 이탈 방지 방안을 수립하기 위한 목적도 있다.

CHECK BOX

내부 고객
- 고객의 범위를 확대하면서 도입된 개념으로, 자신이 속해 있는 기업의 재화를 구매하거나 서비스를 이용하는 회사 주주나 종업원 및 종업원의 가족 등을 말한다.
- 직원은 기업이 제공하는 정보를 고객에게 전달하는 전달자 역할도 하고 자사 제품을 소비하는 소비자 역할도 하기 때문에 마케팅의 대상이 되기도 한다.
- 직원들은 자사에 대한 만족도가 높을 때 고객을 응대하는 태도가 좋아지기 때문에 직원들에 대한 관리가 중요하다.
- 내부 고객의 만족은 고객 만족의 출발점이 되므로 가장 먼저 만족시켜야 할 고객이라고 할 수 있다.

외부 고객
① 조직 내부에 소속되어 있지 않은 외부의 고객을 말한다.
② 백화점에서 상품을 구입하는 일반 고객을 예로 들 수 있다.

핵심예제

참여 관점에 따른 고객의 유형 중 회사 내부의 종업원 및 회사 주주나 종업원의 가족이 해당하는 것은?

① 내부 고객
② 법률규제자
③ 의견선도 고객
④ 의사결정 고객

해설 내부 고객은 고객의 범위를 확대하면서 도입된 개념으로, 자신이 속해 있는 기업의 재화를 구매하거나 서비스를 이용하는 회사 주주나 종업원 및 종업원의 가족 등을 말한다.

정답 ①

제2절 고객 데이터 수집 및 유지

1. 고객 데이터의 분류

(1) 형태에 따른 고객 정보 분류
① **인구통계적 정보**: 나이, 성별, 직업, 거주지, 수입, 교육 수준, 가족 구성, 주택 등
② **고객의 행위에 따른 정보**: 고객의 구매 습관, 웹 사이트 방문, 기업과의 상호작용 데이터, 고객이 사용한 전자기기, 고객의 사용 언어, 제품 소비 형태, 고객 점유율 등
③ **고객의 태도에 따른 정보**: 상품에 대한 고객의 만족 수준, 자사와 경쟁사에 대한 비교 선호도, 상품에서 제공하길 바라는 기능, 상품에서 만족하지 못하는 사항, 라이프스타일, 브랜드 선호도, 사회적 및 개인적 가치관, 개인의 취향 등

(2) 범위에 따른 고객 정보 분류
① **개인별 정보**
  ㉠ 개별 고객의 정보로, 모든 형태의 정보가 개인 중심으로 되어 있는 정보이다.
  ㉡ 고객 관리 시스템에서는 개인별 정보가 통합적으로 관리됨에 따라 세대별 정보로 묶일 수 있다.
② **세대별 정보**
  ㉠ 개인별 정보가 세대라는 단위로 통합되어 관리되는 형태이다.
  ㉡ 세대별 정보로 수집·관리하면 독립된 세대 단위로 정보를 관리하게 되므로 중복될 수 있는 인구통계적 정보를 효율적으로 관리할 수 있다. 또한 개인별 정보에서 파악하기 어려운 각 세대별 요구를 파악할 수 있어 마케팅 활동에 적절하게 활용할 수 있다.

핵심예제

형태에 따른 고객 정보 분류 시 고객의 구매 습관, 웹 사이트 방문, 기업과의 상호작용 데이터 등에 해당하는 고객 정보 유형은?

① 세대별 정보　　　　　　　　　　　　② 인구통계적 정보
③ 고객의 행위에 따른 정보　　　　　　④ 고객의 태도에 따른 정보

해설 고객의 구매 습관, 웹 사이트 방문, 기업과의 상호작용 데이터, 고객이 사용한 전자기기, 고객의 사용 언어, 제품 소비 형태, 고객 점유율 등은 고객의 행위에 따른 정보 유형에 해당한다.

정답 ③

2. 개인정보 보호 관련 규정

(1) 고객의 개인정보 보호

① 고객의 개인정보 보호는 프라이버시(Privacy) 보호 차원에서 논의되어 오다가 개인정보의 유출 등으로 개인의 사생활이 침해되는 사례가 자주 발생하면서 그 중요도가 높아지고 있다.
② 개인정보 보호는 언제, 어떻게, 어느 정도의 수준에서 자신에 대한 정보를 공유할 것인가를 본인이 결정하는 것으로 자기정보통제권, 자기정보관리권, 자기정보결정권 등의 용어로도 사용되고 있다.
③ 우리나라는 개인정보 보호를 위해 2011년부터 개인정보 보호법을 제정해 시행해 오고 있다.
④ 고객의 개인정보 보호는 기업의 입장에서도 중요한 의미를 지닌다. 기업이 고객들의 개인정보를 부실하게 관리할 경우, 기업 이미지 손실, 수익의 감소, 고객관계 관리 신뢰도 감소 등 여러 가지 부정적인 영향을 끼치기 때문이다.

(2) 고객의 개인정보 보호 규제 중요

① 고객의 개인정보를 수집할 경우에는 개인정보 보호법에 따라 개인정보 취급 방침의 동의 여부를 반드시 확인하고, 수집된 고객의 개인정보는 안전하게 보관해야 한다.
② 개인정보 보호법에서 개인정보를 처리하는 방법을 제시하고 있다.
　㉠ 개인정보의 수집·이용 : 개인정보 처리자는 법률에 특별한 규정이 있거나 법령에 의하여 소관 업무 수행, 정보 주체의 동의를 받은 경우 등에 한하여 개인정보를 수집하여 이용할 수 있다.
　㉡ 개인정보의 수집 제한 : 개인정보 처리자는 개인정보를 수집하는 경우에 목적에 필요한 최소한의 정보를 수집하여야 한다.
　㉢ 개인정보의 제공 : 개인정보 처리자는 정보 주체의 동의를 받은 경우 등 법률이 정하는 바에 따라 개인정보를 제3자에게 제공할 수 있다.
　㉣ 개인정보의 목적 외 이용·제공 제한 : 개인정보 처리자는 개인정보를 법률이 정하는 범위를 초과하여 이용하거나 제3자에게 제공할 수 없다.
　㉤ 개인정보를 제공받은 자의 이용 및 제공 제한 : 개인정보 처리자로부터 개인정보를 제공받은 자는 법률이 정하는 경우를 제외하고는 개인정보를 목적 이외의 용도로 이용하거나 제3자에게 제공할 수 없다.

핵심예제

고객의 개인정보 보호와 거리가 먼 것은?

① 개인정보는 목적에 맞는 최소한의 정보만을 수집한다.
② 개인정보를 임의로 활용하거나 추가 수집을 요구할 수 있다.
③ 개인정보는 안전하게 보관되어야 한다.
④ 개인정보를 법률이 정하는 범위를 초과하여 목적 이외의 용도로 이용할 수 없다.

해설 고객의 개인정보를 임의로 활용해서는 안 된다.

정답 ②

ⓑ 정보 주체 이외로부터 수집한 개인정보의 수집 출처 등 통지 : 개인정보 처리자가 정보 주체 이외로부터 수집한 개인정보를 처리할 때에는 정보 주체의 요구가 있으면 즉시 정보 주체에게 법률이 정한 사항을 알려야 한다.
ⓐ 개인정보의 파기 : 개인정보 처리자는 보유 기간의 경과, 개인정보의 처리 목적 달성 등 그 개인정보가 불필요하게 되었을 때, 법률이 별도로 정하여 놓지 않는 경우에는 지체 없이 그 개인정보를 파기하여야 한다.
ⓞ 개인정보 보호 기본 계획 : 보호위원회는 개인정보의 보호와 정보 주체의 권익 보장을 위하여 3년마다 개인정보 보호 기본 계획을 관계 중앙행정기관의 장과 협의하여 수립한다.
③ 「정보통신망 이용 촉진 및 정보 보호 등에 관한 법률」에 의해 정보통신망의 이용 촉진과 정보통신 서비스를 이용하는 자의 개인정보를 보호하고 있다.
④ 개인정보 보호법상 정보 주체의 권리 기출
  ㉠ 개인정보의 처리에 관한 정보를 제공받을 권리
  ㉡ 개인정보의 처리 정지, 정정·삭제 및 파기를 요구할 권리
  ㉢ 개인정보의 처리로 인하여 발생한 피해를 신속하고 공정한 절차에 따라 구제받을 권리
  ㉣ 개인정보의 처리 여부를 확인하고 개인정보에 대하여 열람(사본의 발급을 포함) 및 전송을 요구할 권리
  ㉤ 개인정보의 처리에 관한 동의 여부, 동의 범위 등을 선택하고 결정할 권리
  ㉥ 완전히 자동화된 개인정보 처리에 따른 결정을 거부하거나 그에 대한 설명 등을 요구할 권리
⑤ 일반 데이터 보호 규정(GDPR; General Data Protecting Regulation) 기출
  ㉠ 개념 및 특징 : 2018년 5월 25일 발효된 EU의 개인정보 보호법으로, 어떤 개인의 정보가 이용될 때 그 정보가 어떤 방식으로 왜 사용되는지 설명을 요청할 수 있다. 정보의 수정이나 삭제를 요구하는 것도 가능하며, 한 업체에 제공했던 정보를 다른 업체로 옮기는 것과 정보가 원치 않는 방식으로 형성되거나 처리될 경우 그 과정 자체를 거부할 수도 있다.
  ㉡ 주요 항목
    • 사용자가 본인의 데이터 처리 관련 사항을 제공받을 권리(The right to be informed)
    • 열람 요청 권리(The right of access)
    • 정정 요청 권리(The right to rectification)
    • 삭제 요청 권리(The right to erasure)

핵심예제

개인정보 보호법에 따른 개인정보 처리 방법으로 옳지 않은 것은?
① 개인정보가 불필요하게 되었을 때에는 지체 없이 그 개인정보를 파기하여야 한다.
② 개인정보를 수집하는 경우에 법률을 준수하고 목적에 필요한 최소한의 정보를 수집한다.
③ 개인의 동의를 받은 경우 등 법률이 정하는 바에 따라 개인정보를 제3자에게 제공할 수 있다.
④ 정보 주체 이외로부터 수집한 개인정보를 처리할 때에는 정보 제공자의 요구대로 처리한다.

해설 개인정보 처리자가 정보 주체 이외로부터 수집한 개인정보를 처리할 때에는 정보 주체의 요구가 있으면 즉시 정보 주체에게 법률이 정한 사항을 알려야 한다.

④ 정답

- 처리 제한 요청 권리(The right to restriction of processing)
- 데이터 이동 권리(The right to data portability)
- 처리 거부 요청 권리(The right to object)
- 개인정보의 자동 프로파일링 및 활용에 대한 결정 권리(Rights in relation to automated decision-making and profiling): 개인의 직업, 취미, 위치 등이 자동 수집·처리되어 활용되는 경우에 대해 데이터 주체자인 사용자에게 고지, 활용 여부 결정 및 거부할 수 있는 권리

⑥ 홈페이지 개인정보 노출 방지 대책 기출
  ㉠ 기관에서 운영 중인 홈페이지는 주기적으로 현황 조사를 실시하여 관리할 수 있도록 해야 한다.
  ㉡ 로그인은 하지 않는 페이지더라도 소스코드, 파일, URL에 개인정보 포함 여부를 점검한다.
  ㉢ 관리자 페이지는 외부에서 접근할 수 없게 운영해야 한다.
  ㉣ 노출 발생 시 원인 분석 및 외부 유출 여부 확인을 위해 웹 서버 로그를 일정 기간 동안 보관한다.

⑦ 개인정보 노출 방지 대책 중 관리적 측면 기출
  ㉠ 홈페이지 개인정보 노출 예방 관련 매뉴얼을 수립한다.
  ㉡ 홈페이지 개인정보 노출 예방 교육을 실시한다.
  ㉢ 업무용 파일 암호화 및 업로드 시 새 파일을 작성한다.

⑧ 개인정보 분쟁조정위원회(개인정보 보호법 제7장 제40조) 기출
  ㉠ 분쟁조정위원회는 위원장 1명을 포함한 30명 이내의 위원으로 구성하며, 위원은 당연직위원과 위촉위원으로 구성한다.
  ㉡ 위원장과 위촉위원의 임기는 2년으로 하되, 1차에 한하여 연임할 수 있다.
  ㉢ 분쟁조정위원회는 출석위원 과반수의 찬성으로 의결한다.
  ㉣ 위원장은 위원 중에서 공무원이 아닌 사람으로 보호위원회의 위원장이 위촉한다.

⑨ 벌칙(개인정보 보호법 제10장 제70조) 기출 : 다음에 해당하는 자는 10년 이하의 징역 또는 1억 원 이하의 벌금에 처한다.
  ㉠ 공공 기관의 개인정보 처리 업무를 방해할 목적으로 공공 기관에서 처리하고 있는 개인정보를 변경하거나 말소하여 공공 기관의 업무 수행의 중단·마비 등 심각한 지장을 초래한 자
  ㉡ 거짓이나 그 밖의 부정한 수단이나 방법으로 다른 사람이 처리하고 있는 개인정보를 취득한 후 이를 영리 또는 부정한 목적으로 제3자에게 제공한 자와 이를 교사·알선한 자

핵심예제

홈페이지 개인정보 노출 방지 대책으로 틀린 것은?
① 관리자 페이지는 기본적으로 외부에서 접근이 용이하도록 운영한다.
② 로그인은 하지 않는 페이지더라도 소스코드, 파일, URL에 개인정보 포함여부를 점검한다.
③ 기관에서 운영 중인 홈페이지는 주기적으로 현황조사를 실시하여 관리할 수 있도록 해야 한다.
④ 노출 발생 시 원인 분석 및 외부 유출여부 확인을 위해 웹 서버 로그를 일정기간 동안 보관한다.

해설 관리자는 개인정보를 포함해 민감한 정보들을 관리하고 있으므로 관리자 페이지는 보안 유지가 중요하다. 관리자 페이지를 외부에서 접근 용이하게 운영하는 것은 개인정보 보호와 거리가 멀다.

① 정답

제1장 실제예상문제

01 고객의 유형별 특징으로 옳지 않은 것은?

① 잠재 고객 – 어느 정도 반복적으로 상품을 구매하는 고객들로 안정화 단계에 들어선 고객이다.
② 신규 고객 – 1차 구매 후 다시 구매하지 않는 경우가 많아 매우 낮은 수준의 고객 유지율을 보인다.
③ 핵심 고객 – 상품에 대한 의견을 적극적으로 제시하고 상품의 품질이나 디자인을 발전시킬 아이디어를 제공한다.
④ 이탈 고객 – 더 이상 자사의 상품을 구입하지 않는 고객이다.

> **해설** 잠재 고객은 자사의 제품이나 서비스를 구매한 경험이 없는 사람들 중에서 미래에 자사의 고객이 될 가능성을 가지고 있는 고객을 말한다. 어느 정도 반복적으로 상품으로 구매하는 고객들로 안정화 단계에 들어선 고객은 기존 고객이다.

02 고객 관리 대상을 확대하고, 고객들의 특성을 파악하여 맞춤형 마케팅 활동을 실시하기 위하여 선정해야 할 고객 대상은?

① 잠재 고객
② 구매 고객
③ 이탈 고객
④ 내부 고객

> **해설** 구매 고객을 대상으로 할 때, 고객 맞춤형 마케팅 활동 실시가 용이하다.

03 잠재 고객을 통한 정보 수집 방법으로 적절한 것은?

① 고객의 요구사항, 불만사항 등의 정보를 수집한다.
② 신규 고객을 추천받아 새로운 고객 정보를 수집한다.
③ 구입한 상품에 대한 평가 등을 활용하여 정보를 수집한다.
④ 자사 웹 사이트에 접속하도록 홍보 및 유도하여 고객 정보를 수집한다.

> **해설** 잠재 고객의 경우, 고객이 자사의 웹 사이트에 접속하도록 홍보 및 유도하거나 설문조사 및 이벤트 행사 등을 통해 정보를 수집하는 방법이 적절하다.

정답 01 ① 02 ② 03 ④

04 개인정보 침해에 해당하는 것은?

① 이용자 동의에 따른 개인정보 수집
② 정보 이용 목적 달성 후 개인정보 파기
③ 개인정보 사용자에 의한 개인정보 훼손, 침해, 누설
④ 수집 또는 이용 목적의 범위 안의 개인정보 이용

해설 개인정보 사용자에 의한 개인정보 훼손, 침해, 누설은 개인정보 침해에 해당한다.

05 개인정보 보호법령상 다음에 해당하는 경우 벌칙 규정은?

> 거짓이나 그 밖의 부정한 수단이나 방법으로 다른 사람이 처리하고 있는 개인정보를 취득한 후 이를 영리 또는 부정한 목적으로 제3자에게 제공한 자와 이를 교사·알선한 자

① 2년 이하의 징역 또는 2천만 원 이하의 벌금
② 3년 이하의 징역 또는 3천만 원 이하의 벌금
③ 5년 이하의 징역 또는 5천만 원 이하의 벌금
④ 10년 이하의 징역 또는 1억 원 이하의 벌금

해설 벌칙(개인정보 보호법 제10장 제70조)에 따라 10년 이하의 징역 또는 1억 원 이하의 벌금에 처한다.

06 다음 중 잠재 고객의 대상으로 거리가 먼 것은?

① 회사에 리스크를 초래하였거나 신용 상태, 가입 자격 등이 미달되는 고객
② 특정 제품이나 서비스를 문의하는 고객 또는 이 같은 고객이 자신의 신분이나 연락처를 밝히는 경우
③ 비록 웹상에서 회원 가입은 하지 않았으나 자주 클릭하여 접촉을 했거나 접촉했을 것으로 예측, 판단되는 고객
④ 현재는 다른 경쟁 업체를 이용하고 있으나 해당 기업의 제품이나 서비스를 알고 있어 향후 자사 고객으로 확보할 수 있다고 판단되는 고객

해설 회사에 리스크를 초래하였거나 신용 상태, 가입 자격 등이 미달되는 고객은 비자격 잠재자에 대한 설명이므로 적절하지 않다.

정답 04 ③ 05 ④ 06 ①

07 핵심 고객에 대한 설명으로 옳지 않은 것은?

① 상품에 대한 의견을 적극적으로 제시한다.
② 기업과 강한 유대관계를 형성한다.
③ 기업의 수익성을 높이는 데 큰 기여를 한다.
④ 구입한 상품에 대해 지속적으로 평가한다.

해설 구입한 상품을 지속적으로 평가하는 고객은 신규 고객이다.

08 잠재 고객에 관한 설명으로 옳은 것은?

① 자사에 한 번 이상 방문한 고객
② 자사 제품을 정기적으로 구매하는 고객
③ 자사에서 판매하는 모든 상품을 구매하는 고객
④ 상품을 구매하지는 않았으나 미래에 고객이 될 가능성을 가진 고객

해설 **잠재 고객**
자사의 제품 및 서비스를 구매한 경험이 없는 사람들 중에서 미래에 자사의 고객이 될 가능성을 가진 고객들이다.

09 기존 고객을 위한 마케팅 전략으로 옳은 것은?

① 구매를 유인하기 위한 전략을 수립해야 한다.
② 상품에 대한 만족 수준을 높여 재구입을 유도해야 한다.
③ 고객 이탈 원인을 파악하고 효과적인 이탈 방지 방안을 수립해야 한다.
④ 고객 요구 파악을 충분히 하고 차별화된 제안으로 관계를 굳건히 다져야 한다.

해설 기존 고객은 어느 정도 안정화 단계에 들어선 고객이지만, 몇 번의 반복 구매가 이루어졌다고 해서 이들 고객과 기업의 관계가 완전하다고 볼 수는 없다. 따라서 이 단계에서는 고객 요구 파악을 충분히 하고 고객의 기대 수준을 충족시키도록 차별화된 제안과 더불어 관계를 굳건히 할 수 있는 노력을 하는 것이 필요하다.

정답 07 ④ 08 ④ 09 ④

10 1차 구매 후 다시 구매하지 않는 경우가 많아 고객 유지율이 매우 낮은 특징이 있는 고객은?

① 잠재 고객
② 신규 고객
③ 이탈 고객
④ 핵심 고객

해설 신규 고객은 잠재 고객이 처음으로 구매를 하고 난 후의 고객으로 1차 구매 후 다시 구매하지 않는 경우가 많아 고객 유지율이 매우 낮다.

11 개인정보 보호법상 개인정보처리자가 개인정보를 수집·이용할 수 있는 경우로 볼 수 없는 것은?

① 정보 주체의 동의를 받은 경우
② 공공 기관이 법령 등에서 정하는 소관 업무의 수행을 위하여 불가피한 경우
③ 법률에 특별한 규정이 있거나 법령상 의무를 준수하기 위하여 불가피한 경우
④ 정보 주체 또는 법정대리인의 사전 동의를 받을 수 없는 경우가 아니더라도 명백히 정보 주체의 재산의 이익을 위하여 필요하다고 판단하는 경우

해설 개인정보 보호법에 따라 개인정보를 수집·이용하기 위해서는 반드시 개인정보 취급방침 동의 여부를 확인해야 한다.

12 개인정보 보호법상 정보 주체의 권리로 옳지 않은 것은?

① 개인정보의 처리에 관한 정보를 제공받을 권리
② 개인정보의 처리 정지, 정정·삭제 및 파기를 요구할 권리
③ 개인정보에 대하여 열람(사본의 발급은 제외) 및 전송을 요구할 권리
④ 개인정보의 처리로 인하여 발생한 피해를 신속하고 공정한 절차에 따라 구제받을 권리

해설 개인정보의 처리 여부를 확인하고 개인정보에 대하여 열람(사본의 발급을 포함) 및 전송을 요구할 권리

13 개인정보 노출 방지 대책 중 관리적 측면으로 적절하지 않은 것은?

① 개인정보 파일 공유 권장 교육 실시
② 홈페이지 개인정보 노출 예방 교육 실시
③ 업무용 파일 암호화 및 업로드 시 새 파일 작성
④ 홈페이지 개인정보 노출 예방 관련 매뉴얼 수립

10 ② 11 ④ 12 ③ 13 ① 정답

제2장 고객지원과 고객 관리 실행

제1절 고객 요구사항 파악

1. 요구사항 파악

(1) 고객의 변화

① 소득이 증가하고 학력 수준이 향상되면서 고객의 필요와 욕구가 점점 다양화되고 있다.
② 선진국의 고령화 진행 및 전통적인 가족 체제의 붕괴 등 사회의 변화로 인해 고객의 니즈 역시 점차 다양화되고 있다.
③ 다양한 멀티미디어 채널이 등장하여 기업과 고객 간에 제품 및 서비스 정보를 쉽게 공유할 수 있게 되었으며, 수많은 정보들을 사용자의 목적에 맞게 탐색할 수 있는 검색 엔진 또한 더욱 발전해 가고 있다. 그 결과 고객이 제품을 선택하는 방식이 더욱 지식화되었으며 특정 영역에 있어서는 그 제품을 생산하는 기업보다 더 많은 지식을 보유하는 고객도 등장하게 되었다.
④ 고객들은 더 이상 제품의 품질만으로 자신들의 만족 여부를 결정하지 않는다. 동일 상품이라도 고객마다 니즈는 상이하므로 가격이나 적시성이 중요한 가치 기준이 되기도 한다.
⑤ 고객의 지식화, 즉 여러 공급자가 제시하는 제품 및 서비스에 대한 즉각적인 비교 능력이 향상되는 현상으로 고객들의 기대 수준이 상승하면서 요구 수준은 더욱 높아지고, 포용력은 낮아지고 있다.
⑥ 이러한 고객의 필요와 요구가 끊임없이 변화하여 고객 만족은 더욱 복잡해져 가고 있는 실정이다.
⑦ 따라서 기업은 고객의 변화를 감지하고 이를 경영 전략에 반영해야 할 필요가 있다.

핵심예제

시대 흐름에 따른 고객의 변화로 옳지 않은 것은?
① 고객의 니즈가 다양화되었다.
② 고객의 기대 수준이 감소하였다.
③ 고객들의 요구 수준은 높아지고, 포용력은 낮아졌다.
④ 제품에 대해 기업보다 더 많은 지식을 보유하고 있는 고객이 등장하였다.

해설 고객의 기대 수준이 상승하였다.

정답 ②

2. 요구사항 분류

(1) 고객 요구사항 관리의 중요성

① 정보원으로서의 고객 요구
  ㉠ 고객 요구사항은 기업에게 매우 가치 있는 정보를 제공해 준다.
  ㉡ 고객 요구사항을 분석하여 제품이나 서비스의 품질을 개선하기 위한 아이디어를 얻을 수도 있으며 더 나아가 신제품 개발에도 도움을 받을 수 있다.

② 고객 충성도 제고의 수단
  ㉠ 고객의 요구를 적극적으로 수용하고 관리하여 이들을 충성 고객으로 만들 수 있다.
  ㉡ 마케팅 이론가 테오도르 레빗(Theodore Levitt)에 의하면 '평소에 아무런 문제도 느끼지 못하는 고객의 재구매율은 9%였으나 반대로 불만 고객을 진지하게 응대할 경우 이들은 54%가 다시 해당 기업의 제품과 서비스를 이용하였다'고 한다.

③ 부정적 구전의 확산 방지
  ㉠ 부정적 구전은 인터넷과 소셜 미디어의 확산으로 전과 비교할 수 없을 정도로 파급 속도가 빨라지고 규모도 커지고 있다.
  ㉡ 불만을 느끼는 고객들은 이를 활용한 여론몰이를 하여 특정 기업이나 제품의 이미지에 심각한 타격을 줄 수 있으므로 고객 요구사항 관리, 특히 고객 불만 관리가 중요하다.

(2) 고객 요구사항 발생 유형

① 회사의 문제로 인한 고객 요구사항 발생 유형
  ㉠ 수준 이하의 서비스에 대한 고객 요구
  ㉡ 제품 결함에 의한 고객 요구
  ㉢ 이용 불편에 의한 고객 요구
  ㉣ 프로세스 및 규정(시스템 부재)에 대한 고객 요구

② 직원의 문제로 인한 고객 요구사항 발생 유형
  ㉠ 불친절에 의한 고객 요구
  ㉡ 업무 지식 부족에 의한 고객 요구
  ㉢ 업무 처리 미숙 및 지연에 의한 고객 요구
  ㉣ 응대 미숙에 의한 고객 요구

핵심예제

직원의 문제로 인한 고객 요구사항 발생 유형이 아닌 것은?

① 불친절에 의한 고객 요구
② 응대 미숙에 의한 고객 요구
③ 고객의 부주의에 의한 고객 요구
④ 업무 지식 부족에 의한 고객 요구

해설 고객의 부주의에 의한 고객 요구는 고객의 문제로 인한 고객 요구사항 발생 유형에 해당한다.

정답 ③

ⓜ 고객 감정에 대한 배려 부족과 같은 의사소통능력 부족에 의한 고객 요구
③ 고객의 문제로 인한 고객 요구사항 발생 유형
㉠ 고객의 지나친 기대에 의한 고객 요구
㉡ 고객의 오해에 의한 고객 요구
㉢ 제품이나 서비스에 대한 정보 부족에 의한 고객 요구
㉣ 고객의 부주의에 의한 고객 요구

제2절 고객 응대

1. 고객 응대 기술

(1) 고객 응대의 의의 중요
① 고객과 커뮤니케이션을 하는 활동이다.
② 고객이 필요로 하는 정보를 제공하고 문제를 해결하는 데 필요한 상담과 조언을 하는 활동이다.
③ 대화 예절이 뒷받침되어야 하며 각종 정보 숙지, 애로 사항, 불만 사항 등 문제 해결 관련 상담의 전문성이 중요하다.
④ 고객 응대 시 성의, 창의, 열의 등 기본적인 마음가짐이 있어야 한다.

(2) 고객 응대 관계의 특징
① 고객의 자발적인 요청 내지는 동의로 관계가 형성된다.
② 상호 가치와 의사를 존중한다.
③ 감정과 정서가 효과적으로 표출되어 친밀감을 형성한다.

(3) 텔레마케터의 고객 응대 기출
① 쌍방향 커뮤니케이션을 필요로 한다.
② 통신 장비를 활용한 비대면 중심의 커뮤니케이션이다.

핵심예제

텔레마케팅을 통한 고객 응대에 대한 설명으로 옳지 않은 것은?
① 통신장비를 활용한 비대면 중심의 커뮤니케이션이다.
② 언어적인 메시지와 비언어적인 메시지를 동시에 사용할 수 있다.
③ 고객을 직접 만나는 것이 아니기 때문에 응대의 결과와 반응이 잘 드러나지 않는다.
④ 고객과 텔레마케터 간에 제품 구매 또는 서비스 거래 등의 커뮤니케이션 행위가 일어난다.

해설 고객을 직접 만나는 면대면 방식은 아니지만 응대의 결과와 반응은 즉각적으로 나타난다.

정답 ③

③ 언어적인 메시지와 비언어적인 메시지를 동시에 사용할 수 있다.
④ 상호 거래적이며 피드백이 즉각적으로 이루어진다.
⑤ 고객과 텔레마케터 간에 제품 구매 또는 서비스 거래 등의 커뮤니케이션 행위가 일어난다.
⑥ 상대방의 얼굴을 볼 수 없어 청각에 전적으로 의존하게 되므로 더욱 세심한 주의가 요구된다.
⑦ 고객은 시간과 장소를 가리지 않고 전화를 하므로 언제든지 이를 수용할 수 있는 자세를 갖추어야 한다.
⑧ 고객의 시간과 경비를 줄이기 위해 정확하고 간결하게 정보를 전달해야 한다.
⑨ 상담 시 외부에서 들려오는 소음 공해는 경청을 방해하므로 소음 요인을 제거해야 한다.
⑩ 전문용어나 속어의 사용은 피한다.
⑪ 중요한 사항은 반복·확인하고, 5W1H로 메모하며 응대하는 습관을 기른다.
⑫ 숫자로 된 표현은 알아듣기 어려울 수 있으므로 또박또박 천천히 말한다.
⑬ 고객 반응별 상황 대응 능력이 중요하다.
⑭ 알맞은 음량, 또렷한 목소리, 적당한 말의 속도 등으로 말을 해야 하며 고객과의 상담 상황에 따라 적절하게 변화시키는 음성 연출이 필요하다.

(4) 고객이 가지고 있는 경계심과 망설임을 없애는 방법 기출
① 고객의 자발적인 참여를 유도한다.
② 고객에게 객관적인 자료를 제시한다.
③ 고객 응대 시에는 감정과 정서를 효과적으로 표출해 친밀감을 형성해야 한다.
④ 고객에게 타사와 비교·분석한 내용을 설명한다.

2. 고객 유형별 상담 기술

(1) 불만족한 고객에 대한 상담 기법
① 심리적 상태
  ㉠ 자신의 구매 행위 실수에 대한 자책감이 있다(화난 상태).
  ㉡ 관련된 법규를 알아보거나 전문가와 상의한 후 상담을 요구하는 경우가 많다.
  ㉢ 보상 거절에 대한 불안 심리도 있다.
  ㉣ 상담원이 자신의 문제를 해결할 것이라고 믿는다.
  ㉤ 금전적 손해를 보상받기를 원한다.

핵심예제

텔레마케팅을 통한 고객 응대에 대한 설명이 아닌 것은?
① 고객과 텔레마케터 간의 쌍방향 커뮤니케이션이다.
② 전화 장치를 활용한 비대면 중심의 커뮤니케이션이다.
③ 텔레마케팅에서는 비언어적인 메시지를 사용하지 않는다.
④ 고객 상황에 맞추어 융통성 있는 커뮤니케이션이 가능하다.

해설 언어적 메시지와 비언어적 메시지를 동시에 사용할 수 있다.

③ 정답

ⓑ 자신의 말을 들어주길 원한다.
ⓐ 즉각 화를 내기도 한다.
ⓞ 애원하며 호소한다.
ⓩ 병원 치료 실수의 경우 신체적·정신적 피해와 후유증에 대한 과민 반응을 하기도 한다.
ⓩ 공격적인 상태가 많다.

② 대응 자세와 상담 기법 기출
㉠ 고객이 만족할 수 있는 방법을 제시한다.
㉡ 전문 기관을 알선한다.
㉢ 개방형 질문을 한다.
㉣ 충분히 배려한다.
㉤ 보상받기를 원하는 것이 무엇인지 질문한다(즉, 대안으로 A안, B안을 제시한다).
㉥ 공감을 하면서 경청한다(상대방의 화난 상태를 공감하고 이해하는 마음으로 듣는다).
㉦ 긍정하면서 상담원 측의 이야기를 한다(Yes, But 화법을 활용하고 미소를 지으며 목소리를 낮춘다).

CHECK BOX

고객으로부터 중대한 불만 상황이 발생하였을 때 고객 관리 방법 기출
- 고객의 불만 정도나 깊이를 파악한다.
- 상급자나 불만 사항과 관련된 부서에 연락하여 고객 불만을 최소화시킨다.
- 필요시 고객의 양해를 구한 후 직접 방문할 수 있다.
- 추후 전화를 걸어 그 당시의 불만을 다시 사과한다.

(2) 무리한 보상을 요구하는 고객에 대한 상담 기법 기출
① 심리적 상태
㉠ 때로는 고의적으로 문제를 제기하고 고액의 보상을 요구하는 경우도 있다.
㉡ 고의적으로 소란을 피운다.
㉢ 제품의 문제점과 약점을 잘 알고 있다.
㉣ 큰소리치는 경우가 많다.
㉤ 신문, TV, 고발 센터에 고발을 한다는 등의 공갈 협박을 하기도 한다.

핵심예제

불만족 고객의 심리 상태에 대한 설명으로 옳지 않은 것은?
① 자신의 말을 들어주길 원한다.
② 감정적이고 분노하고 있다.
③ 모든 것에 대해 수용적이다.
④ 심리적으로 보상받기를 원한다.

해설 불만족 고객은 감정이고 분노하고 있으므로 모든 것에 대해 비수용적이다.

③ 정답

ⓑ 형사 고발 등 법적으로 대응하겠다는 엄포형이 많다.
② 대응 자세와 상담 기법 기출
　　㉠ 불만 내용을 주의 깊게 메모하면서 경청한다.
　　㉡ 소비자를 존중하면서 응대한다.
　　㉢ 문제 해결과 관련된 전문 지식을 준비한다.
　　㉣ 과거의 유사한 피해 보상 사례를 수집해 검토한다.
　　㉤ 문제에 대한 전문가의 조언을 받아 대안을 준비한다.
　　㉥ 소비자에게 대안을 제시하고 협조를 구한다.
　　㉦ 해결되지 않을 경우 3변의 법칙(사람, 장소, 시간)으로 접근한다.
　　　※ 3변(變)의 법칙: 불만 고객 응대 시 사람, 장소, 시간을 바꾸어 불만 고객의 감정을 전환시킨다.
　　㉧ 쌍방 간에 조금씩 양보하는 선에서 합의를 도출한다.
　　㉨ 충분히 사과하고 이해시키고 협조를 구한다.
　　㉩ 특정 고객의 주관적인 요구사항에 대해서는 수용 가능한지 아닌지 신중하게 판단하여 가능한 한 빠른 시간 안에 답을 주도록 한다.

(3) 화난 고객에 대한 상담 기법
① 심리적 상태
　　㉠ 화를 표출한 후에는 허전해하거나 후회하는 경향이 있다.
　　㉡ 이메일을 보낼 때 욕설부터 퍼붓는다.
　　㉢ 문제 해결이 잘못되면 대표 이사를 찾고 매스컴에 고발하는 등 문제를 확대시키기 쉽다.
　　㉣ 문서 상담에서도 불쾌한 표현, 결례가 되는 어휘를 사용한다.
　　㉤ 전화를 걸자마자 화부터 낸다.
　　㉥ 선동하는 경우도 있다.
② 대응 자세와 상담 기법 기출
　　㉠ 자사의 제품에 대해 불만을 토로하거나 화를 내더라도 같이 화를 내서는 안 된다.
　　㉡ Yes, But 화법으로 정중히 사과한다.
　　㉢ 화내는 이야기에 공감하면서 경청한다.

핵심예제

화가 난 고객과의 상담 시 적절한 응대 요령으로 옳지 않은 것은?
① 고객의 문제에 대해 고객이 충분히 말할 수 있도록 고객을 방해하지 않는다.
② 고객이 말하는 사실보다 고객의 감정을 헤아리며 공감적 표현을 전달한다.
③ 일상적인 불만이므로 해결이 가능하더라도 바로 처리하기보다는 그 고객만을 위한 특별한 배려임을 강조하며 시간을 끈다.
④ 문제와 고객의 불만 과정에 따른 적절한 사과를 잊지 않는다.

해설　화가 난 고객은 너무 오래 기다리게 하지 않아야 하며 불만을 줄이도록 노력해야 한다.

정답 ③

ⓒ 원인을 분석·규명하고 질문, 불만을 종합적으로 분석하며 원인에 따른 책임 소재를 파악한다.
　　ⓜ 침착하게 응대한다.
　　ⓑ 긍정적 자세로 소비자를 안심시키도록 노력한다.
　　ⓢ 전화 상담 시 너무 오래 기다리게 하지 않는다.
　　ⓞ 불만을 줄이도록 노력해야 한다.
　　ⓩ 사후 확인·사과 및 감사를 표한다.
　　ⓧ 해결 방법을 협의한다.

(4) 우유부단한 고객에 대한 상담 기법

① 심리적 상태
　㉠ 어떻게 조치해야 할지 궁금한 상태에 있다.
　㉡ 피해 보상 요구에서도 A안과 B안 중 어느 것이 유리한지에 대한 결단력이 부족하다.
　㉢ 어떤 것을 선택하는 것이 유리한지 망설인다.
　㉣ 제품 서비스를 구매하는 데 필요한 정보가 부족한 상태이다.

② 대응 자세와 상담 기법 `기출`
　㉠ 상담 경험적 통계로 더 유리한 안건을 제시한다.
　㉡ 인내심을 가지고 경청한다.
　㉢ 소비자 스스로 의사결정을 하도록 돕는다.
　㉣ 문제를 분석한 후 선택에 필요한 정보를 제시한다.
　㉤ 상대방을 먼저 칭찬하면서 경청한다.
　㉥ 개방형 질문을 통하여 그들이 원하는 것이 무엇인지 적절히 표현할 수 있도록 도와준다.

CHECK BOX

노인 고객을 응대하는 방법

- 호칭에 신경을 써서 부른다.
- 고객의 의견을 인정한다.
- 선심을 쓰는 척하지 않는다.
- 공손하게 안내 및 응대한다.
- 편견을 갖지 않는다.
- 질문에 정중하게 응대한다.

핵심예제

우유부단한 고객에 대한 대응 자세로 옳지 않은 것은?

① 주의 깊게 경청한다.
② 상대방을 먼저 칭찬하면서 경청한다.
③ 고객 스스로 의사결정을 하도록 돕는다.
④ 고객이 선택을 부담스러워할 수 있으므로 정보는 제시하지 않는다.

해설 문제를 분석한 후 선택에 필요한 정보를 제시한다.

④ **정답**

제3절 고객관계 유지

1. 커뮤니케이션 전략

(1) 커뮤니케이션의 의의 기출
① 정보나 지식, 가치관, 기호, 감정, 태도, 사실, 신념 등을 음성이나 문자 등을 이용하여 전달하거나 교환함으로써 공감대를 형성하는 의사전달 과정이다.
② 문자(구문, Written) 커뮤니케이션은 커뮤니케이션의 내용을 보존할 필요가 있을 때 사용하는데, 문자 커뮤니케이션을 할 경우에는 정확성, 간결성, 경제성의 원칙을 고려해야 한다.
③ 상대방과 어떠한 관계에 있느냐에 따라 주고받는 내용이나 전달 방식이 달라진다.
④ 쌍방향으로 진행되는 활동이다.
⑤ 고객으로부터 정확한 정보를 얻기 위한 수단이다.

(2) 커뮤니케이션의 특징
① 서로의 행동에 영향을 미친다.
② 오류와 장애가 발생할 수 있다.
③ 수단과 형식은 매우 유동적이다.
④ 순기능과 역기능이 존재한다.
⑤ 정보를 교환하고 의미를 부여한다.

(3) 커뮤니케이션의 목적
① 영향력을 행사한다.
② 정보를 교환한다.
③ 감정을 표현한다.
④ 의사소통을 한다.
⑤ 관계를 유지한다.

핵심예제

커뮤니케이션에 대한 설명으로 알맞지 않은 것은?
① 고객으로부터 일방향으로 진행되는 활동이다.
② 고객으로부터 정확한 정보를 얻기 위한 수단이다.
③ 상대방과 어떠한 관계에 있느냐에 따라 주고받는 내용이나 전달 방식이 달라진다.
④ 문자 커뮤니케이션을 할 경우에는 정확성, 간결성, 경제성의 원칙을 고려해야 한다.

해설 커뮤니케이션은 정보나 지식, 가치관, 기호, 감정, 태도, 사실, 신념 등을 음성이나 문자 등을 통하여 전달하거나 교환함으로써 공감대를 형성하는 의사전달 과정으로, 쌍방향으로 진행되는 활동이다.

정답 ①

(4) 효과적인 커뮤니케이션 방법 중요

① 일반화되어 있는 표준말을 사용한다.
② 알기 쉬운 주제를 화제로 선택한다.
③ 상담원은 객관적인 자료에 근거하여 말을 하고 개인의 주관적인 생각과 감정을 표출하여서는 안 된다.
④ 적극적 경청을 하여 고객의 욕구를 파악한다.
⑤ 상대방의 관점에서 이해하고, 적극적인 태도의 피드백을 해야 한다.
⑥ 예상되는 장애를 사전에 준비해야 한다.
⑦ 고객이 신뢰감을 느끼도록 친밀감(Rapport)을 형성하는 것이 중요한데, 이를 위해서는 고객에게 관심을 갖고 고객의 욕구를 파악해야 한다.
⑧ 효과적인 커뮤니케이션의 요소(GAME)
  ㉠ 목적(Goal): 무엇을 얻고자 하는지 목적을 명확히 하라.
  ㉡ 상대(Audience): 상대의 본질과 감정 상태를 파악하여 이에 어울리는 방식을 적용하라.
  ㉢ 정보(Message): 상대방에게 전달하고자 하는 메시지를 확실히 하라.
  ㉣ 표현(Expression): 상대방 관점에서 이해하고 어떤 식으로 메시지를 전달할지 결정하라.
⑨ 설득 커뮤니케이션 기출
  ㉠ 어떤 목표를 달성하기 위하여 수용자들에게 의도된 행동을 유발시키는 역동적 과정이다.
  ㉡ 단일 경험의 개인적 실례보다는 논리적이고 일반적인 통계 자료가 더 효과적이다.
  ㉢ 누가, 무엇을, 어떤 매체를 통하여, 누구에게 말하여, 어떤 효과를 얻는가를 고려하면 효과적이다.
  ㉣ 설득 커뮤니케이션은 크게 마케팅 커뮤니케이션, PR 커뮤니케이션, 선전 커뮤니케이션으로 이루어진다.
  ㉤ 마케팅 커뮤니케이션은 광고, 대인 판매, 판매촉진 커뮤니케이션으로 이루어진다. 텔레마케팅은 마케팅 커뮤니케이션의 일종이며 비대면 접촉을 중시한다.
  ㉥ FAB 기법: 고객 설득 기법으로 특징(Feature), 장점(Advantage), 이점(Benefit), 세 가지 요소를 활용하여 고객을 설득하는 기법이다.
⑩ 대인 커뮤니케이션의 방향에서 미디어 이용의 진행 방향 기출 : 욕구 → 동기 → 미디어 선택 → 충족

핵심예제

효과적인 커뮤니케이션의 요소(GAME)에 속하지 않는 것은?

① 목적(Goal)
② 상대(Audience)
③ 정보(Message)
④ 감정(Emotion)

해설 효과적인 커뮤니케이션의 요소(GAME)
  목적(Goal), 상대(Audience), 정보(Message), 표현(Expression)

④ 정답

> **CHECK BOX**
>
> **재진술의 목적 또는 효과** 기출
> - 고객의 이야기를 적극적으로 듣고 있다는 신뢰감을 줄 수 있다.
> - 고객의 문제 또는 욕구를 명확하게 이해할 수 있다.
> - 텔레마케터가 잘못 이해했던 부분을 발견할 수 있다.
> - 고객으로 하여금 자신이 말한 내용을 탐색하도록 촉진한다.

(5) 커뮤니케이션의 기능
① 정확한 정보를 얻기 위해서는 상대방의 의도를 파악하면서 듣는 훈련을 해야 한다.
② 조직 내에서 의사결정을 하는 데 중요한 역할을 한다.
③ 외국어의 구사는 의사소통에 있어서 중요한 정보 획득 수단이다.
④ 설득은 말하고자 하는 사람의 생각을 구체적으로 전달하는 것으로 커뮤니케이션 기능 중 가장 중요한 능력이다.

(6) 커뮤니케이션의 원칙
① **명료성**: 이상적인 의사전달을 하려면 그 의미가 명확해야 하므로 가능한 한 간결한 문장과 평이한 용어를 사용하여야 한다.
② **일관성**: 처음의 내용과 나중의 내용이 모순되어서는 안 되며, 전달 내용의 전후가 일관되어야 한다.
③ **적시성**: 너무 이르거나 너무 늦게 해서는 안 되며, 알맞은 시기를 택하여 행하여야 한다.
④ **분포성**: 커뮤니케이션의 내용은 전달자로부터 피전달자에게 정확하게 전달되어야 한다.
⑤ **적당성**: 적당한 양과 횟수의 커뮤니케이션이 이루어져야 한다.
⑥ **적응성과 통일성**: 커뮤니케이션은 융통성과 개별성을 가져야 하며, 각 커뮤니케이션은 전체가 일관된 정책이나 목표의 표현이 되어야 한다.
⑦ **관심과 수용**: 전달에 의의가 있는 것이 아니라 수신자의 수용 여부에 더 큰 의미가 있다.

(7) 효과적인 커뮤니케이션 개발 단계 기출
① **표적 확인**: 마음속으로 분명하게 정한 표적 청중으로부터 시작해야 한다.
② **목표 설정**: 명확한 목표를 설정해야 한다.

핵심예제

효과적인 커뮤니케이션 개발 단계에서 가장 마지막 단계는?
① 목표 설정
② 표적 확인
③ 메시지 설계
④ 매체 믹스 결정

해설 효과적인 커뮤니케이션 개발 단계
표적 확인 → 목표 설정 → 메시지 설계 → 매체 믹스 결정

④ 정답

③ 메시지 설계: 무엇을 말할 것인지, 어떻게 말할 것인지, 누가 말할 것인지 등의 커뮤니케이션을 설계해야 한다.
④ 매체 믹스 결정: 목표와 수신자를 고려한 적절한 매체를 선정한다.

(8) 커뮤니케이션의 장애 요인 기출

① 일반적 커뮤니케이션 장애 요인: 언어상의 장애, 특정인·전문가의 편견, 지위 차이, 지리적 차이, 다른 직무로 인한 압박감, 발언자의 자기 옹호 등
② 발신자에 의한 커뮤니케이션 장애 요인: 목적·목표 의식 부족, 커뮤니케이션 스킬 부족, 발신자의 신뢰성 부족, 준거의 틀 차이, 타인에 대한 민감성 부족, 왜곡과 생략 등
③ 수신자에 의한 커뮤니케이션 장애 요인: 선입견, 평가적인 경향, 선택적인 청취, 반응과 피드백의 부족, 수용성 부족 등

> **2차 실기 맛보기**
> 수신자에 의한 장애 요인을 세 가지 쓰시오.

④ 상황에 따른 커뮤니케이션 장애 요인: 비언어적인 메시지의 오용, 과중한 정보, 시간의 압박 등
⑤ 여과(Filtering): 발신자가 의도적으로 정보를 조작하여 수신자에게 호의적으로 보이게 하려는 것이다.
⑥ 텔레 커뮤니케이션의 심리적 장애 요인
  ㉠ 목소리의 느낌만으로 상대방을 판단하려는 선입관
  ㉡ 자신의 상품에 대한 확신감 결여
  ㉢ 똑같은 내용 반복에 대한 권태감

핵심예제

발신자에 의한 커뮤니케이션 장애 요인이 아닌 것은?
① 목적·목표 의식 부족
② 발신자의 신뢰성 부족
③ 준거의 틀 차이
④ 반응과 피드백의 부족

해설 발신자에 의한 커뮤니케이션 장애 요인
목적·목표 의식 부족, 발신자의 신뢰성 부족, 준거의 틀 차이, 커뮤니케이션 스킬 부족, 타인에 대한 민감성 부족, 왜곡과 생략 등

정답 ④

2. 커뮤니케이션의 구성 중요

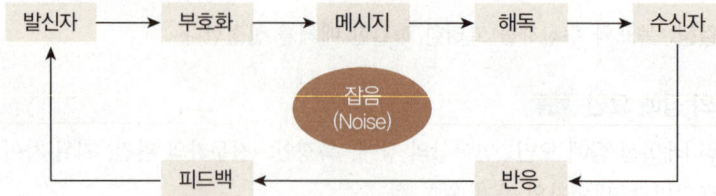

(1) 발신자

① 의의
  ㉠ 발신자(Communicator)는 상대방에게 사상, 감정, 정보 등을 전달하고자 하는 사람을 말한다.
  ㉡ 발신자는 보다 의미 있는 메시지를 창출하기 위해 부호화 과정을 수행한다.
② 전달자 관련 요인 기출 : 메시지의 명확화 능력, 전달 능력, 개인적 특성
③ 전달자의 장애 요인 개선 방안 기출
  ㉠ 분명하고 적절한 언어를 사용한다.
  ㉡ 병행 경로와 반복을 이용한다.
  ㉢ 물리적 환경을 효과적으로 활용한다.
  ㉣ 수용자의 입장에서 사고한다.

(2) 수신자

수신자는 수신된 정보의 의미를 이해하기 위해 해독화(Decoding) 과정을 수행한다.

(3) 잡음(Noise) 기출

① 개념 : 커뮤니케이션의 과정에서 전달과 수신 사이에 발생하며 의사소통을 왜곡시키는 요인을 말한다. 잡음은 기계의 오작동이나 환경의 부조화로 인한 물리적 요인뿐 아니라 심리적 요인까지 포함한다. 이로 인해 메시지가 정확하게 전달되지 못하는 경우가 종종 발생한다.
② 종류
  ㉠ 의미적 잡음 : 수신자가 송신자의 메시지에 대하여 다른 의미로 해독하거나 해석할 때 발생한다.
  ㉡ 기계적 잡음 : 커뮤니케이션 과정에서 기계에 의한 문제로 인해 발생한다.
  ㉢ 환경적 잡음 : 커뮤니케이션 과정 이외의 상황적 요소에 의해 발생한다.

핵심예제

커뮤니케이션의 과정에서 전달과 수신 사이에 발생하며 의사소통을 왜곡시키는 요인을 의미하는 것은?

① 잡음(Noise)
② 해독(Decoding)
③ 피드백(Feedback)
④ 부호화(Encoding)

해설 잡음으로 인해 메시지가 정확하게 전달되지 못하는 경우가 종종 있으며 잡음은 물리적 요인뿐 아니라 심리적 요인까지 포함한다.

① 정답

(4) 메시지 및 채널(매체) 기출

① 전달자가 수신자에게 전하려는 내용이며, 부호화의 결과이고 커뮤니케이션의 경로이다.
② 발신자가 수신자에게 메시지를 전달하는 데 사용되는 수단을 말한다.
③ 크게 인적 채널과 비인적 채널로 나뉜다. 인적 채널은 발신자와 수신자 사이의 직접적인 접촉을 통한 커뮤니케이션 방법으로 입소문, 영업 사원 등이 포함되고, 비인적 채널은 발신자와 수신자 사이의 직접적인 접촉이 없이 메시지가 전달되는 방법으로 인쇄 매체, 방송 매체 등이 포함된다.
④ 매체는 메시지의 운반체이자 용기로, 메시지의 전달 속도, 정확도, 정보량 등을 조절하고 수신자가 명확하게 지각할 수 있도록 강한 자극을 제공하는 기능을 한다. 즉, 매체는 그 특성에 따라 메시지를 고안하는 데 사용될 기호의 종류와 메시지 전달 조건을 제약한다.

(5) 부호화, 해독화, 해석

① 부호화(Encoding), 기호화
  ㉠ 발신자가 전달하고자 하는 생각과 느낌을 언어, 어휘, 상징, 차트 또는 제스처와 같은 형태로 전환하는 구성 과정을 말한다. 상징물이나 신호 등에는 전달자의 의도가 하나의 부호로 실리는데, 눈으로 보이지 않는 체계이므로 전달자와 수신자 간의 보다 깊은 심리적인 교감이 필요하다.
  ㉡ 암호화의 정확도를 높이기 위한 원칙
    • 관련성의 원칙 : 메시지를 관련 있고 중요한 의미를 지니는 것으로 만들고 적절한 어휘, 상징, 제스처를 선택한다.
    • 단순성의 원칙 : 메시지를 가능하면 단순하게 만들고 의도한 생각과 감정이 전달될 수 있도록 어휘, 상징, 제스처의 수를 극소화한다.
    • 조직화의 원칙 : 요점 중심으로 조직화한다.
    • 반복의 원칙 : 주된 요점을 두 번 이상 반복한다. 반복은 어휘를 한 번에 분명히 들을 수 없거나 충분히 이해될 수 없는 구두적인 커뮤니케이션에서 특히 효과적이다.
    • 초점의 원칙 : 중요 부분에 초점을 둔다. 메시지는 분명히 하고 불필요한 구체성을 피한다. 예를 들어, 구두적 의사소통에서는 표현을 잠시 멈추거나 음조, 제스처들을 바꾸고 적절한 얼굴 표정을 지어 가면서 요점을 강조한다. 문서적 커뮤니케이션에서는 중요한 문장, 구절, 단어에 밑줄로 표시한다.
② 해독화(Decoding) : 해독은 신호에 해당하는 물리적 자극을 일정한 형태의 기호들로 지각(식별)하는 활동이다.

핵심예제

부호화에서 암호화의 정확도를 높이기 위한 원칙이 아닌 것은?

① 조직화의 원칙
② 관련성의 원칙
③ 반복의 원칙
④ 복잡성의 원칙

해설 암호화의 정확도를 높이기 위한 원칙
관련성의 원칙, 단순성의 원칙, 조직화의 원칙, 반복의 원칙, 초점의 원칙

정답 ④

③ 해석: 해독된 기호와 메시지의 의미를 이해하는 활동으로, 해석을 위해서는 일정한 관점 또는 이론이 필요하다. 이러한 메시지의 해석과 해독은 수신자의 능동적인 활동에 의하여 수행된다.

(6) 피드백(Feedback, 환송 효과) 중요
① 한 체계가 과거의 성취 결과에 따라 체제 내에 재투입되어 그의 체제를 조절하는 방법이다. 즉, 통신 이론에서 피드백은 통신 활동 중 송신자가 수신자의 어떤 반응을 받아들일 때 메시지를 조절하는 행위이다.
② 인간 통신에 있어서 피드백은 상호 의존 관계에 있는 개인들의 공통적 의미이며 영역을 확대하는 것이다.
③ 피드백을 갖춘 체제는 자기 교정적인 것으로 인간의 경우 피드백은 자율적 행위에 해당된다.

3. 언어적 · 비언어적 의사소통

(1) 언어적 의사소통
① 말에 의한 의사소통
　㉠ 장점
　　• 신속한 피드백이 가능하다.
　　• 수시로 아이디어 또는 해결책을 주고받을 수 있다.
　　• 개인적인 상호작용이 가능하다.
　㉡ 단점
　　• 시간이 소요되며 갈등을 유발할 위험이 있다.
　　• 공식적인 기록이 없다.
　　• 메시지의 왜곡이 가능하다.
② 글에 의한 의사소통
　㉠ 장점
　　• 공식적인 기록을 할 수 있다.
　　• 정확하고 권위 있어 보인다.
　　• 필요할 때는 언제든지 참고할 수 있다.

핵심예제

다음은 무엇에 관한 설명인가?

• 통신 이론에서 통신 활동 중 송신자가 수신자의 반응을 받아들일 때 메시지를 조절하는 행위이다.
• 인간 통신에서 상호 의존 관계에 있는 개인들의 공통적 의미이다.
• 인간의 자율적인 행위이다.

① 피드백　　　　　　　　　② 관련성
③ 기호화　　　　　　　　　④ 메시지

정답 ①

ⓒ 단점
　　　• 해석이 다양해질 수 있다.
　　　• 피드백을 구하기 힘들다.
　　　• 문서를 작성할 시간이 필요하다.
　③ 의사전달을 위한 표현 방법에 대한 설명 기출
　　㉠ "잔디밭에 들어가지 마시오."는 부정형 표현 방법이다.
　　㉡ "실내에서 조용히 해 주시겠습니까?"는 청유형 표현 방법이다.
　　㉢ "서류를 가져와야 합니다."는 평서형 표현 방법이다.
　　㉣ "옆 계단에서 담배를 피울 수 있습니다. 담배는 그곳에서 부탁드립니다."는 긍정형 표현 방법이다.
　④ 언어적 의사소통의 특징
　　㉠ 언어를 사용하여 내용을 나타내는 메시지이다.
　　㉡ 의사를 분명하게 전달할 수 있다.
　　㉢ 전달 속도가 빠르고 피드백을 신속하게 받을 수 있다.
　　㉣ 크게 콘텐츠 언어와 음성 언어로 나뉜다.
　　㉤ 콘텐츠 언어는 내용적인 측면을 뜻하며 어떤 메시지를 어떻게 구성하여 설득하고 전달할 것인가와 관련이 있다.
　　㉥ 음성 언어는 발음, 발성, 호흡, 말의 속도, 말의 크기 등을 포함한다.

(2) 비언어적 의사소통
　① 장점
　　㉠ 언어적 의사소통을 보완할 수 있다.
　　㉡ 다른 의사소통의 필요성을 감소시킬 수 있다.
　② 단점
　　㉠ 언어를 통한 의사소통과 일치하지 않을 수 있다.
　　㉡ 무시될 수 있다.
　③ 비언어적 메시지의 종류 기출
　　㉠ 음성의 고저, 표정, 몸짓, 자세, 눈치 등
　　㉡ 긍정적 행동 단서: 미소 짓기, 짧게 눈 마주치기, 소비자와 대화 시 고개를 끄덕이기 등
　　㉢ 부정적 행동 단서: 소비자에게 손가락 또는 물건으로 지적하기, 팔짱을 끼거나 주먹을 움켜쥐기 등

핵심예제

비언어적 의사소통에 대한 설명에 해당하지 않는 것은?
① 언어적 의사소통을 보완할 수 있다.
② 언어를 통한 의사소통과 일치하지 않을 수 있다.
③ 다른 의사소통의 필요성을 감소시킬 수 있다.
④ 공식적인 기록을 할 수 있다.

해설 언어적 의사소통의 장점에 해당한다.

④ 정답

> **2차 실기 맛보기**
>
> 비언어적 메시지의 예를 세 가지 쓰시오.

④ 호감 가는 음성의 조건 기출 : 정확한 발음, 안정적인 억양, 적절한 속도, 편안한 목소리 등
⑤ 비음성적 단서들 중 신체 언어의 특징 기출
　㉠ 신체 언어는 전체 내용의 50% 이상을 의사소통할 수 있으므로 신체적 언어를 이해하는 것이 필수적이라고 할 수 있다.
　㉡ 모든 사람들이 동일한 방식으로 비언어적 단서들을 사용하지는 않는다.
　㉢ 언어적 메시지를 강조하기 위한 손동작의 적절한 사용은 의사소통을 촉진시킨다.
⑥ 고객과의 효율적인 커뮤니케이션을 위해 사용하는 화법 기출
　㉠ 전달 내용을 복창하며 확인하고 고객의 발언을 인용한다.
　㉡ 전문용어 사용은 최대한 줄이고 고객 수준에 맞는 어휘를 사용해야 한다.
　㉢ 긍정적인 언어를 사용하고, 고객의 입장에서 서비스를 제공한다.
　㉣ 결론과 요점을 먼저 전하고 너무 장황하게 응답하지 않는다.
　㉤ 명령형보다는 의뢰형으로 표현해야 한다.
　㉥ 텔레마케터 중심의 언어보다는 고객 중심의 언어로 표현해야 한다.
　㉦ 부드러운 말과 표정, 경어와 표준어 사용, 명확한 발음 등 훈련된 언어를 사용해야 한다.
　㉧ 억양으로 고객과 공감한다는 태도를 보인다.
　㉨ 명확한 발음을 하기 위해 큰 소리로 반복해서 연습하는 것이 필요하다.
　㉩ 상담의 진행을 위하여 유도성 질문을 이용한다.
　㉪ 전화로 이야기할 때에도 미소를 지으며, 필요한 낱말에 강세를 두어 말한다.
　㉫ 고객이 말하는 속도에 보조를 맞추되, 상담원은 되도록 천천히 말하는 습관을 갖는 것이 좋다.
⑦ 효과적인 단어 선택 기출
　㉠ 고객에게 확신을 줄 수 있는 긍정적인 단어를 선택해야 한다.
　㉡ 고객이 받을 수 있는 이점을 위주로 한 단어를 선택해야 한다.
　㉢ 칭찬, 감사, 기쁨을 표현할 수 있는 단어를 선택해야 한다.

핵심예제

고객과의 효율적인 커뮤니케이션을 위해 사용할 수 있는 화법이 아닌 것은?
① 억양으로 소비자와 공감한다는 태도를 보인다.
② 사투리나 방언을 사용하여 친밀감을 강조한다.
③ 상담의 진행을 위하여 유도성 질문을 이용한다.
④ 명령형보다는 의뢰형으로 표현해야 한다.

해설　사투리나 방언의 사용을 피하고 표준어를 사용하는 것이 좋다.

② 정답

제 2 장 실제예상문제

01 회사의 문제로 인한 고객 요구사항 발생 유형이 아닌 것은?

① 고객의 오해에 의한 고객 요구
② 제품 결함에 의한 고객 요구
③ 수준 이하의 서비스에 대한 고객 요구
④ 프로세스 및 규정에 대한 고객 요구

해설 고객의 오해에 의한 고객 요구는 고객의 문제로 인한 요구사항 발생 유형에 해당한다.

02 고객 응대 과정에서의 불만 고객을 응대하는 방법으로 옳지 않은 것은?

① 잘잘못을 가리기 전에 고객에게 먼저 사과한다.
② 고객 불만을 경청하는 자세로 듣고 고객의 정서적 감정을 공유·공감한다.
③ 상대방의 이야기를 끝까지 모두 들어준다.
④ 사실 관계나 내용 등을 꼼꼼히 분석한다.

해설 사실 관계나 내용 등을 꼼꼼히 분석하기보다는 우선 상대방의 기분 상태 등에 대한 이야기를 공감하며 경청한다.

03 무리한 보상을 요구하는 고객의 심리 상태에 대한 설명으로 옳지 않은 것은?

① 고의적으로 소란을 피운다.
② 제품의 문제점과 약점을 잘 알고 있다.
③ 신문, TV, 고발 센터에 고발한다는 등의 공갈 협박을 하기도 한다.
④ 피해 보상 요구에서 A안과 B안 중 어느 것이 유리한지에 대한 결단력이 부족하다.

해설 결단력이 부족한 것은 우유부단 고객의 심리 상태에 해당한다.

정답 01 ① 02 ④ 03 ④

04 효과적인 커뮤니케이션을 위한 방안으로 볼 수 없는 것은?

① 방어적 커뮤니케이션
② 메시지 수신자의 적극적 경청
③ 수신자 중심의 정서적 화법 사용
④ 메시지 전달자의 감정이입 커뮤니케이션

해설 커뮤니케이션은 적극적으로 진행해야 한다.

05 고객에게 제품이나 서비스를 설명하는 방법으로 틀린 것은?

① 고객의 상황을 파악해 가면서 정확하게 핵심을 전달한다.
② 전달하고자 하는 주요 내용을 명확하게 설명한다.
③ 구체적으로 정확한 수치나 관련 사례를 들어가며 설명한다.
④ 제품이나 서비스의 특성을 전문용어로 설명한다.

해설 고객과의 효율적인 커뮤니케이션을 위해서는 전문적인 용어의 사용은 최대한 줄이고, 고객 수준에 맞는 어휘를 사용하여 고객의 입장에서 서비스를 제공해야 한다.

06 고객 요구사항 관리의 중요성으로 옳지 않은 것은?

① 고객 요구사항은 기업에게 매우 가치 있는 정보를 제공해 준다.
② 고객의 요구사항을 해결함으로써 고객 만족도를 높일 수 있다.
③ 고객의 요구를 적극 관리함으로써 이들을 이탈 고객으로 만들 수 있다.
④ 구전의 확대나 소비자 집단행동 또는 법적 분쟁 가능성 등을 사전에 차단한다.

해설 고객의 요구를 적극적으로 수용하고 관리함으로써 이들을 충성 고객으로 만들 수 있다.

04 ① 05 ④ 06 ③ 정답

07 면대면 고객 응대 시 비언어적인 긍정적 행동 단서가 아닌 것은?

① 미소 짓기
② 짧게 직접 눈 마주치기
③ 소비자와 대화 시 고개를 끄덕이기
④ 소비자에게 손가락 또는 물건으로 지적하기

해설 고객에게 손가락이나 물건으로 지적하는 것은 예의에 어긋나는 부정적 행동 단서이다.

08 주저하며 말하는 고객에 대한 상담 기법으로 잘못된 것은?

① 대화의 내용을 천천히 이해한다.
② 마음을 편안하게 만들어 준다.
③ 용기를 갖게 하며 상담한다.
④ 문제 해결책을 구체적으로 제시한다.

해설 대화의 내용을 빨리 이해해야 한다.

09 비언어적 의사소통과 관련이 없는 것은?

① 얼굴을 찡그린다.
② 고개를 가로젓는다.
③ 상대방과의 공간적 거리를 좁힌다.
④ 말을 하거나 글로 써서 표현한다.

해설 말과 글은 언어적 의사소통의 방법이다.

정답 07 ④ 08 ① 09 ④

10 다음 중 메시지의 성격이 다른 하나는?

① 표정
② 편지
③ 보고서
④ 서류

> **해설** 커뮤니케이션 메시지
> • 언어적 메시지
>   – 구두 메시지: 말의 인용
>   – 문자화된 메시지: 서류, 편지, 보고서 등
> • 비언어적 메시지: 표정, 자세, 음성, 눈짓, 몸짓 등

11 커뮤니케이션에 대한 설명으로 적당하지 않은 것은?

① 정보 의사를 효과적으로 전달할 수 있는 능력을 말한다.
② 정보 의사를 호의적으로 받아들일 수 있는 능력을 말한다.
③ 성의 있는 행동을 유발시킬 수 있는 능력을 말한다.
④ 언어 표현 능력에 비하여 경청 능력은 그리 중요하지 않다.

> **해설** 효과적인 커뮤니케이션
> • 상대방의 본질을 파악하는 경청 능력이 필요하다.
> • 청각을 통해 상대방의 감정 상태를 파악하고 대처 능력을 가져야 한다.
> • 자신의 생각과 감정을 체계적으로 전달할 수 있는 능력이 필요하다.
> • 적절한 화제의 선택이 필요하다.
> • 대화의 효과적인 전개 방법을 구상하여야 한다.

12 커뮤니케이션의 장애 요인 중 발신자에 의한 장애 요인이 아닌 것은?

① 왜곡과 생략
② 선택적인 청취
③ 커뮤니케이션 스킬 부족
④ 발신자의 신뢰성 부족

> **해설** 선택적인 청취는 수신자에 의한 커뮤니케이션 장애 요인이다.

13 수신자에 의한 커뮤니케이션 장애 요인으로 볼 수 없는 것은?

① 반응 부족으로 커뮤니케이션 장애가 발생한다.
② 선입견에 의해 커뮤니케이션 장애가 발생한다.
③ 평가적인 경향으로 인해 커뮤니케이션 장애가 발생한다.
④ 타인에 대한 민감성 부족으로 커뮤니케이션 장애가 발생한다.

> **해설** 타인에 대한 민감성 부족은 발신자에 의한 커뮤니케이션 장애 요인이다.
> **수신자 관련 커뮤니케이션 장애 요인**
> • 선입견
> • 선택적인 청취
> • 반응과 피드백 부족
> • 평가적인 경향

14 커뮤니케이션 채널에 대한 설명으로 틀린 것은?

① 커뮤니케이션 채널은 발신자가 수신자에게 메시지를 전달하는 데 사용되는 수단을 말한다.
② 커뮤니케이션 채널은 크게 인적 채널과 비인적 채널로 나누어진다.
③ 인적 채널은 발신자와 수신자 사이의 직접적인 접촉을 통한 커뮤니케이션 방법으로, 대중 매체와 인터넷과 같은 다이렉트 마케팅 도구들이 포함된다.
④ 비인적 채널은 발신자와 수신자 사이의 직접적인 접촉 없이 메시지가 전달되는 방법으로 인쇄 매체, 방송 매체 등이 포함된다.

> **해설** 대중 매체와 인터넷과 같은 다이렉트 마케팅 도구들은 비인적 채널에 해당된다.

15 다음 중 대인 커뮤니케이션의 구성 요소가 아닌 것은?

① 상품과 가격
② 발신자와 수신자
③ 기호화와 해독
④ 메시지와 채널

> **해설** **대인 커뮤니케이션의 구성 요소**
> • 발신자와 수신자
> • 기호화와 해독
> • 메시지와 채널

정답 13 ④ 14 ③ 15 ①

16 불만족한 고객을 응대하기 위한 상담 기법이라고 볼 수 없는 것은?

① 충분히 배려한다.
② 공감하면서 경청한다.
③ 고객이 만족할 수 있는 최선의 대안을 제시한다.
④ 제품에 대해 고객이 잘못 알고 있는 것을 전문용어를 사용하여 설명한다.

해설 전문용어나 속어는 피한다.
불만족한 고객에 대한 대응 자세와 상담 기법
- 고객이 만족할 수 있는 방법을 제시한다.
- 전문 기관을 알선한다.
- 개방형 질문을 한다.
- 충분히 배려한다.
- 보상받기를 원하는 것이 무엇인지 질문한다(즉, 대체안으로 A안, B안을 제시한다).
- 공감을 하면서 경청한다(상대방의 화난 상태를 공감하고 이해하는 마음으로 듣는다).
- 긍정하면서 상담원 측의 이야기를 한다(Yes, But 화법을 활용하고 미소를 지으며 목소리를 낮춘다).

17 무리한 보상을 요구하는 고객의 심리적 상태가 아닌 것은?

① 큰소리치는 경우가 있다.
② 고의적으로 소란을 피운다.
③ 제품의 문제점과 약점을 잘 모른다.
④ 형사 고발 등 법적으로 대응하겠다는 엄포형이 있다.

해설 무리한 보상을 요구하는 고객은 제품의 문제점과 약점을 잘 알고 있다.

18 우유부단한 소비자를 상담하는 전략과 가장 거리가 먼 것은?

① 폐쇄형 질문을 많이 한다.
② 의사결정 과정을 안내한다.
③ 선택할 수 있는 대안을 제안한다.
④ 인내심을 가지고 차분히 안내한다.

해설 우유부단한 고객에게는 개방형 질문을 함으로써 고객의 요구를 파악하고 고객의 상황을 이해하려는 자세가 필요하다.

16 ④ 17 ③ 18 ① **정답**

19 우유부단한 고객에 대한 경청의 자세가 아닌 것은?

① 고객 대신 결정을 하여 고민을 덜어준다.
② 상대방을 먼저 칭찬하면서 경청한다.
③ 주의 깊게 경청한다.
④ 인내심을 가지고 경청한다.

> 해설 상담 경험적 통계로 A안과 B안 중 A안이 더 유리하다고 의견을 제시할 수는 있지만 결정을 대신할 수는 없다.

20 화난 소비자를 대하는 상담 전략에 대한 설명으로 옳은 것은?

① '죄송하다'는 말 한마디가 중요하다.
② 소비자에게 부당성을 지적하는 응대가 기본 전략이다.
③ 화난 소비자의 감정 상태를 인정하면 안 된다.
④ 문제 해결에 소비자의 화난 감정은 중요하지 않다고 유도하는 방향으로 상담을 진행해야 한다.

> 해설 화난 소비자를 대하는 상담 전략
> • 불만사항을 끝까지 참고 들으며 변명하지 않고 정중히 사과한다.
> • 음성을 낮추면서 대응한다.
> • 공감하면서 주의 깊게 경청하여 메모하고 확인시킨다.
> • 소비자의 동의를 구해 가며 함께 해결 방법을 협의한다.

정답 19 ① 20 ①

제3장 고객 필요정보 제공

제1절 고객 의사결정단계

1. 소비자의 의사결정단계 기출

(1) 문제 의식
   ① 마케팅 활동에 의해서 자극을 받는다.
   ② 소비자의 욕구가 발생한다.
   ③ 육체적 감각에 의해 자극을 받는다.

(2) 정보 탐색
   ① 구매와 관련한 지식을 습득한다.
   ② 자신에게 필요하고 유리한 점, 안전한 것을 파악한다.
   ③ 상품의 관찰, 카탈로그 탐색, 판매원과의 상담을 통해 정보를 얻는다.

(3) 대안 제시 및 평가
   ① 선택 기준을 결정한다.
   ② 환경요인을 고려한다.
   ③ 소비자 지식을 총동원하여 결정한다.

(4) 구매 행동
   ① 판매원과 구매 계약을 체결한다.
   ② 현금이나 신용카드로 구매한다.

핵심예제

소비자의 의사결정단계 중 정보 탐색 단계에서 이루어지는 일이 아닌 것은?
① 구매와 관련한 지식을 습득한다.
② 소비자 지식을 총동원하여 결정한다.
③ 자신에게 필요하고 유리한 점, 안전한 것을 파악한다.
④ 상품의 관찰, 카탈로그 탐색, 판매원과의 상담을 통해 정보를 얻는다.

해설 지식을 총동원하여 결정하는 것은 대안 제시 및 평가 단계에서 이루어진다.

정답 ②

③ 통신 판매, 홈쇼핑에서 신용카드 번호를 제시하고 구매한다.
④ 보증인을 세우고 할부 구매한다.
⑤ 사후 결제 약속으로 먼저 구매하여 사용한다.

(5) 구매 후 평가
① 구매 후 소비 과정에서 만족 또는 불만족을 경험하게 된다.
② 구매 후 불만족한 경우에는 여러 가지 요인을 제시하고 반품, 환불 요구, 애프터서비스의 요구, 손해 배상 요구 등 소위 소비자 상담, 피해 구제 요청 사건들이 발생하게 된다.

> **CHECK BOX**
>
> **소비자의 구매의사결정의 7단계** 기출
> 구매 계획 → 목표의 명료화 → 정보 탐색 → 상품 대안 평가 → 구매 결정 → 구매 → 구매 후 평가

2. 구매 전 상담

(1) 구매 전 상담의 필요성
① 기업이 소비를 조장하고 구매를 유도해야 할 때이다.
② 기술적으로 복잡한 제품이 계속적으로 쏟아져 나오고 쇼핑 문화도 빠르게 변화하고 있다.
③ 소비자들이 지불한 화폐 가치를 획득하는 것이 어려운 경우도 많다.
④ 선택은 소비자의 주관적·개인적 판단에 기초하는 것이다.
⑤ 구매 전 제품이나 서비스에 대한 정보를 제공한다.
⑥ 합리적인 소비 촉진과 교육 역할을 한다.
⑦ 구매에 관한 상담과 조언이 필요하다.

(2) 구매 전 상담의 목적 기출
구매 전 상담은 구매 선택에 관련된 상담뿐만 아니라 소비 생활 전반에 관련된 다양한 정보와 조언을 제공함으로써 소비자 생활의 질적인 향상을 도모하는 데 그 목적이 있다.

핵심예제

구매 전 상담에서 제품 정보를 제공하는 목적이 아닌 것은?
① 소비 생활에 정보와 조언을 제공하는 것이다.
② 소비자가 지불하는 제품의 가격과 품질의 합리성을 설명하는 것이다.
③ 기업의 좋은 이미지를 형성하려는 것이다.
④ 소비자가 충동구매할 수 있게 만드는 것이다.

> 해설 구매 전 상담의 목적은 구매 선택에 관련된 상담뿐만 아니라 소비 생활 전반에 대한 많은 정보와 조언의 제공을 통한 소비자 생활의 질적 향상에 있다.

④ 정답

(3) 구매 전 상담에서의 커뮤니케이션 목표 기출
① 구매 위험의 감소
② 상표 인지의 증대
③ 구매 가능성의 증대

> **2차 실기 맛보기**
>
> 구매 전 고객과의 커뮤니케이션 목표 세 가지를 쓰시오.

(4) 기업의 판촉 활동의 필요
① 일반 기업들은 제품이나 서비스의 매출 증대를 위해 텔레마케팅 시스템을 도입하여 소비자에게 구매에 관한 정보와 조언을 제공하고 있다.
② 텔레마케터는 충분한 정보를 수집하고 충분한 교육을 수료하며 자신 있게 확실한 정보를 제공해야 매출 증대를 실현할 수 있게 된다.

(5) 상담 요령
① 고객이 원하는 정보를 제공한다.
② 고객의 니즈 및 구매 목표를 파악한다.
③ 고객이 신뢰할 수 있는 상담이 이루어지도록 한다.

3. 구매 시 상담

(1) 구매 시 상담의 필요성
① 구매 시 상담이란 소비자가 상점을 찾을 때 소비자와 직접 접촉하여 정보를 제공하고 설득하여 구체적으로 고객의 욕구와 기대에 맞는 상품과 상표를 선택할 수 있도록 도와주는 일이다.
② 구매 시 상담은 판매원이 담당한다. 판매원인 소비자 상담원은 상품에 대한 전문적 지식을 가지고 소비자의 문제를 이해하며 이를 해결하기 위해 고객에게 상품의 선택에 구체적인 정보와 판단 기준을 제공하여 고객이 현명한 구매의사결정을 할 수 있도록 종합적인 조언을 해 준다.

핵심예제

소비자의 구매 과정 중 구매 전 단계에서의 커뮤니케이션 목표와 거리가 가장 먼 것은?
① 구매 위험의 감소
② 상표 인지의 증대
③ 구매 가능성의 증대
④ 반복 구매 행동의 증대

해설 반복 구매 행동의 증대는 구매 후 단계에서의 커뮤니케이션 목표이다.

정답 ④

③ 오늘날에는 고객의 기호가 급변하고 제품이 다양·복잡해지며 상품의 수명주기도 점점 더 단축되어 종래의 소품종 대량 생산에서 다품종 소량 생산으로 변화되고 있다.
④ 구매 과정이 전산화되면서 고객은 구매의사결정을 하기 위해 상담원의 판매촉진 활동에 의존하게 되고 상담원의 역할은 단순한 판매자에서 의사전달자, 계획자, 설득자, 정보 수집 및 보고자, 소비자 문제의 정의 및 해결자, 고객 훈련 담당자로 확대되었다.

(2) 구매 시 상담원의 역할 중요
① 고객의 구매의사결정을 도와주는 역할을 한다.
② 고객에게 정보를 제공하는 역할을 한다.
③ 고객에게 서비스를 제공하는 역할을 한다.
④ 고객의 문제를 해결하는 역할을 한다.

(3) 기업 입장에서 구매 시 상담의 필요성
① 고객의 정보를 얻을 수 있다.
② 이윤을 창출할 수 있다.
③ 기존 고객을 유지할 수 있다.
④ 새로운 고객을 확보할 수 있다.

4. 구매 후 상담

(1) 구매 후 상담의 필요성 기출
① 구매 후 상담이란 소비자가 재화와 서비스를 사용하고 이용하는 과정에서 고객의 욕구와 기대에 어긋났을 때 발생하는 모든 일들을 도와주는 상담을 말한다.
② 보통 고객 상담이란 구매 후 상담을 말하며, 각 기업체의 고객 상담실, 소비자 단체 및 한국 소비자원의 소비자 상담실 등이 이를 담당하게 되는데 소비자 상담은 재화와 서비스의 사용에 관한 정보 제공, 소비자의 불만 및 피해 구제, 이를 통한 소비자의 의견 반영 등의 기능이 있다.
③ 구매 후 상담은 혹시 발생할지도 모르는 고객의 불만을 예방하는 차원에서도 대단히 효과적인 방법이다.

핵심예제

상품 구매 시 상담원의 역할이 아닌 것은?
① 유익한 정보를 제공·제안한다.
② 고객의 문제를 해결해 준다.
③ 가치 있는 서비스를 제공한다.
④ 심사숙고하여 구매의사결정을 한다.

해설 상담원은 구매의사결정을 도와줄 뿐 결정을 내릴 수는 없다.

④ 정답

④ 고객이 구입한 제품이나 서비스를 사용하는 과정 혹은 배달 및 운송에서 발생한 문제 등에 대해 효과적이고 전문적인 상담을 수행한다.
⑤ 고객들로부터 제품이나 서비스의 성능, 재질, 가격, 배송, 사후 관리 등에 대한 만족도와 상담의 질에 대한 만족도를 측정·관리한다.
⑥ 고객의 정기적 또는 비정기적 온·오프라인상의 모니터링 참여를 유도하여 이를 마케팅 정책이나 상담 관리에 반영한다.

(2) 구매 후 상담에서 고객 응대의 범위 중요
① 고객 만족도 조사
② 고객 피해 접수 및 구제
③ 모니터링
④ 고객 불만 접수 및 처리
⑤ 타 전문 기관 알선
⑥ 구매 만족 여부 확인 및 해피콜
⑦ 지불, 환불, 교환에 관한 응대

(3) 기업 입장에서 구매 후 상담의 필요성 중요
① 고객에게 기업의 좋은 이미지를 구축할 수 있다.
② 제품을 구매한 불만 고객에게 신속히 피해를 보상하여 더 좋은 고객 관계를 형성할 수 있다.
③ 고객 지향적 마케팅 활동을 추진할 수 있다.
④ 고객 만족과 직원 만족을 이룰 수 있다.
⑤ 고객의 재방문(재구매)이 이루어진다.

CHECK BOX

고객 입장에서 고객 상담의 필요성
- 소비 생활 전반에 대한 의사결정이 어렵다.
- 소비 시장의 거대화 및 복잡화 현상으로 더 많은 구매 지식을 필요로 하게 되었다.
- 상품에 대한 불만이 생겼을 때 해결 방안이 필요하다.

핵심예제

구매 후 상담에서 고객 응대의 범위에 들어가지 않는 것은?
① 모니터링
② 고객 만족도 조사
③ 고객 니즈 및 구매 목표 파악
④ 구매 만족 여부 확인 및 해피콜

해설 고객 니즈 및 구매 목표 파악은 구매 전 상담 단계에서 이루어진다.

정답 ③

CHECK BOX

소비자 구매의사결정 과정에서의 지각된 위험

소비자는 제품이나 서비스를 구매하기 전에, 구매를 한 뒤 겪을 수 있는 위험에 대한 불안감을 느낀다. 구매 위험이 높을수록 구매를 결정하기 어려우므로 기업은 구매 위험을 잘 관리해야 구매를 유도할 수 있다.

소비자 구매의사결정 과정에서의 지각된 위험의 종류
- 재무적 위험(Financial risk): 제품 구매에 수반될 수 있는 금전적 손실의 가능성
- 기능적 위험(Functional risk): 구매한 제품이나 서비스가 구매했던 의도와 달리 기능을 제대로 수행하지 못할 가능성
- 심리적 위험(Psychological risk): 구매한 제품이나 서비스가 소비자의 이미지나 가치관과 맞지 않을 가능성
- 사회적 위험(Social risk): 구매한 제품이 자신의 준거 집단에 의하여 인정되지 못할 가능성
- 물리적·신체적 위험(Physical risk): 안전하지 못한 제품을 구매하여 신체에 해를 줄 가능성
- 시간적 위험(Time risk): 제품에 하자가 있을 경우 수선이나 대체에 소요될 시간적 손해의 가능성

핵심예제

제품 구매나 사용 시 소비자가 지각하는 위험 요인 중 구매한 상품이 소비자의 이미지에 부정적 영향을 미칠 수 있는 위험에 해당하는 것은?

① 재무적 위험
② 사회적 위험
③ 심리적 위험
④ 시간적 위험

해설 구매한 제품이나 서비스가 소비자의 이미지나 가치관과 맞지 않을 수 있는 위험에 해당하는 것은 심리적 위험이다.

정답 ③

제2절 경로별 정보

1. 매체 유형 및 특성

(1) 대중 매체
① 불특정 다수의 소비자들에게 상품 또는 서비스 정보를 공개적으로 전달할 수 있다.
② 신문, 잡지, 라디오, 텔레비전, 옥외광고, 인터넷, SNS, 모바일 광고 등이 있다.

(2) 대중 매체의 유형별 장단점
① 인쇄 매체(신문, 잡지 등)
  ㉠ 장점
   • 상세한 정보 전달이 가능하다.
   • 매체의 신뢰성이 높으면 상품 및 기업에 대한 신뢰성 또한 높일 수 있다.
   • 특정 매체의 구독자를 타깃으로 상품 정보를 전달할 수 있다.
  ㉡ 단점
   • 다른 매체에 비해 전달 속도가 느리다.
   • 구독자 수가 한정되어 있다.
   • 잡지의 발행일 1~2개월 전에 준비해야 하므로 상품 정보가 고객에게 노출되기까지 기간이 오래 걸린다.
② 라디오
  ㉠ 장점
   • 라디오는 휴대성이 용이하여 텔레비전보다 쉽게 고객에게 상품 정보를 전달할 수 있다.
   • 텔레비전보다 비용이 저렴하다.
   • 고객의 상상력을 자극한다.
  ㉡ 단점
   • 상품 정보를 청각적으로만 표현할 수 있다.
   • 상품 정보의 전달 시간이 짧다.
   • 다른 일을 하면서 청취할 경우, 고객이 상품 정보에 집중하기가 힘들다.

핵심예제

정보 제공이 가능한 매체 중 신문, 잡지 등 인쇄 매체의 장점이 아닌 것은?
① 상세한 정보 전달이 가능하다.
② 다른 매체에 비해 전달 속도가 빠르다.
③ 특정 매체의 구독자를 타깃으로 상품 정보를 전달할 수 있다.
④ 매체의 신뢰성이 높으면 상품 및 기업에 대한 신뢰성 또한 높일 수 있다.

|해설| 다른 매체에 비해 전달 속도가 느리다.

② 정답

③ 텔레비전
- ㉠ 장점
    - 광고 매체 중 가장 영향력이 높고 효용성이 있다.
    - 보급률이 높기 때문에 광범위하게 상품 정보를 전달할 수 있다.
    - 상품 정보를 시각적, 청각적으로 전달하므로 보다 생생하고 현실감 있게 정보를 전달할 수 있다.
- ㉡ 단점
    - 비용이 많이 든다.
    - 상품 정보의 전달 시간이 짧다.
    - 불특정 다수의 고객이 대상이므로 목표 고객을 선별해서 상품 정보를 전달하기가 어렵다.

④ 옥외광고
- ㉠ 장점
    - 장기적으로 보존되므로 노출 비용이 상대적으로 낮다.
    - 대형 광고문의 경우 시야를 지배하는 극적인 시각 효과를 유도할 수 있다.
    - 고정된 장소에 설치되므로 지속적이고 반복적으로 상품 정보를 노출할 수 있다.
- ㉡ 단점
    - 시청률, 구독률 등과 같은 측정 데이터가 없어서 광고 효과를 분석하기가 어렵다.
    - 일반적으로 옥외광고를 보는 시간이 짧다.
    - 설치 시 법적, 공간적 제한으로 좋은 위치를 확보하기가 쉽지 않다.

⑤ 인터넷 및 모바일
- ㉠ 장점
    - 시간적, 공간적 제약이 없다.
    - 쌍방향으로 소통이 가능하므로 상품 정보 전달의 상호작용이 가능하다.
    - 상품에 대한 고객의 반응을 빠르게 알 수 있다.
- ㉡ 단점: 인터넷 사용이 능숙하지 못한 연령층에는 상품 정보 전달이 용이하지 않다.

핵심예제

정보 제공을 위한 매체 중 인터넷 및 모바일의 장점으로 옳은 것은?

① 시간적, 공간적 제약이 많다.
② 상품 정보 전달의 상호작용이 어렵다.
③ 상품에 대한 고객의 반응을 빠르게 알 수 있다.
④ 고정된 장소에 설치되므로 지속적이고 반복적으로 상품 정보를 노출할 수 있다.

해설 인터넷 및 모바일은 시간적, 공간적 제약이 없으며, 쌍방향으로 소통이 가능하므로 상품 정보 전달의 상호작용이 가능하다.

정답 ③

제 3 장 실제예상문제

01 구매 전 상담의 목적이 아닌 것은?
① 소비자의 합리적 구매
② 소비자의 피해 방지
③ 제품 정보의 비공개
④ 소비 생활의 질적 향상 도모

> 해설 구매 전 상담은 구매 선택에 관련된 상담뿐만 아니라 소비 생활 전반에 관련된 다양한 정보와 조언을 제공함으로써 소비자 생활의 질적 향상을 도모하는 데 그 목적이 있다.

02 구매 전 상담의 역할이 아닌 것은?
① 구매에 관한 정보 제공
② 합리적인 소비의 촉진
③ 소비자 교육
④ 기업의 광고비 증가

> 해설 판매원의 구매 전 상담이 활발해지면 기업의 광고비를 절감할 수 있다.

03 구매 시 상담에 대한 설명으로 옳지 않은 것은?
① 제품의 구매 계약을 체결한다.
② 제품의 장단점을 설명한다.
③ 제품 구매를 설득하는 것이다.
④ 소비자와 접촉하여 제품 정보를 제공한다.

> 해설 제품의 구매 계약 체결은 구매의사결정에 대한 내용이다.

정답 01 ③ 02 ④ 03 ①

04 고객 상담의 역할에 해당되는 것은?

① 고객과 기업 간의 행동 결정
② 기업과 고객 간의 의사소통
③ 기업과 고객 간의 의사결정
④ 기업과 고객 간의 정책 결정

> 해설 고객 상담의 역할 중 기업과 고객 간의 의사소통이 매우 중요하다.

05 구매 후 기업의 소비자 상담의 역할이 아닌 것은?

① 소비자 불만 해결과 기업 이미지 제고
② 소비자 단체와의 협조 체제 구축
③ 소비자에게 책임 전가 용이
④ 소비자 계몽과 간접적인 교육

> 해설 구매 후 소비자 상담은 고객과의 관계 개선, 기업 이미지 개선, 소비자 계몽 등 여러 가지 효과가 있다. 그리고 책임 소재를 분명하게 가려서 소비자 만족 중심의 피해 보상을 할 수 있다.

06 고객의사결정 단계별 상담에서 구매 전 상담에 해당하는 것은?

① 상품 유통 후 혹시 발생할지도 모르는 고객의 불만을 사전에 예방하는 차원에서의 상담
② 소비자가 재화와 서비스를 사용하고 이용하는 과정에서 고객의 욕구와 기대에 어긋났을 때 발생하는 모든 일들을 도와주는 상담
③ 재화와 서비스의 사용에 관한 정보 제공, 소비자의 불만 및 피해구제, 이를 통한 소비자의 의견 반영 등에 관한 상담
④ 제품이나 서비스의 매출 증대를 위해 텔레마케팅 시스템을 도입하여 소비자에게 구매에 관한 정보와 조언을 제공하는 상담

> 해설 ① · ② · ③ 모두 구매 후 상담이다.

정답 04 ② 05 ③ 06 ④

07 소비자의 구매의사결정 단계에서 일어나는 일이 아닌 것은?

① 광고 내용을 분석하고 의사를 결정한다.
② 판매원의 말만 듣고 의사를 결정한다.
③ 제품을 시험하거나 직접 확인하고 결정한다.
④ 제품 사용자의 의견을 참조하여 의사를 결정한다.

> **해설** 일반적으로 소비자의 구매의사결정 단계에서는 시청각에 의한 구매 충동 또는 자극을 받고 판매 사원의 제품 설명을 들은 후 소비자의 주관적 생각이 작용하며, 제품을 만져보거나 시험, 실연한 후 자신에게 유익하다고 판단될 때 구매 하기로 결정한다.

08 다음 중 고객 측면에서 상담이 필요한 이유가 아닌 것은?

① 소비 생활 전반에 대한 의사결정의 어려움
② 소비자 불만에 적절히 대응하는 고객 만족 경영의 도입
③ 소비 시장의 거대화 및 복잡화 현상에 따른 구매 지식 부족
④ 상품에 대한 불만이 생겼을 때 해결 방안에 대한 도움의 필요

> **해설** 소비자 불만에 대응하기 위해 고객 만족 경영을 도입하는 것은 기업 측면에서 상담이 필요한 이유로 볼 수 있다.

09 소비자의 구매 행동이 일어나는 단계에서 일어나는 일이 아닌 것은?

① 광고를 보고 외부의 자극을 받는다.
② 시청각에 의한 자극을 받는다.
③ 여러 가지 사례를 통하여 비교·검토한다.
④ 제품에 대한 확신이 없어도 구매한다.

> **해설** 제품이나 서비스에 대한 유리한 점과 확신이 있을 때 구매 행동을 하게 된다.

07 ② 08 ② 09 ④

10 소비자의 구매의사결정 과정으로 맞는 것은?

① 정보 탐색 → 문제 인식 → 대안의 평가 및 선택 → 구매 → 구매 후 행동
② 대안의 평가 및 선택 → 문제 인식 → 정보 탐색 → 구매 → 구매 후 행동
③ 문제 인식 → 대안의 평가 및 선택 → 정보 탐색 → 구매 → 구매 후 행동
④ 문제 인식 → 정보 탐색 → 대안의 평가 및 선택 → 구매 → 구매 후 행동

> **해설** 소비자의 구매의사결정 과정
> 문제 인식 → 정보 탐색 → 대안의 평가 및 선택 → 구매 → 구매 후 행동(평가)

11 소비자 상담사의 구매 시 상담에서 대안 제시 방법으로 옳은 것은?

① 고객의 구매 자금은 무시하고 고가품을 제시한다.
② 소비자의 의견, 질문 사항을 무시하고 상담사의 의견을 관철시키면서 대안을 제시한다.
③ 소비자의 구매 자금, 용도에 적합한 제품을 두 가지 정도 제시하여 선택하게 만든다.
④ 경쟁사 제품을 비방하면서 자사품의 강점을 강조한다.

> **해설** 강매한다는 인상을 주지 않도록 소비자의 형편을 고려해 두 가지 정도를 제시하고 스스로 선택하도록 한다.

정답 10 ④ 11 ③

제4장 통신판매 고객관계 관리

제1절 고객관계 관리(CRM)

1. 고객관계 관리(CRM)의 등장 배경 중요

(1) 고객의 변화 – 고객의 개성화
① 기업이 비즈니스 전략을 1970년대 공급자 관점에서 1980년대 이후 판매자 관점으로 전환하면서 영업 부문의 강화, 생산과 판매의 결합 등이 시도되었다.
② 1990년대 후반의 치열한 시장 경쟁과 인터넷의 등장은 고객이 마음만 먹으면 언제든지 경쟁사로 이동할 수 있게 만들었고, 다양하고 개성화된 고객의 기대와 요구를 양산하였다.
③ 기업은 변화하는 고객의 기대와 요구에 부응하여 고객을 안정적으로 유지하면서 기업의 경쟁 우위를 고수하기 위해 고객 중심적(Customer-centric) 경영 방식인 CRM을 도입하게 되었다.

(2) 시장의 변화 – 고객의 기대와 요구의 다양화 기출
① 1990년대 후반 이후 시장 규제의 완화, 경쟁사의 증가, 시장의 성숙, 경기 침체, 판매 채널의 다양화 등으로 시장 수요보다 공급이 증가하면서 시장은 생산자가 아닌 소비자가 중심이 되는 구매자 중심의 시장(Buyer's market)으로 변화하였다.
② 구매자 시장에서 고객은 각자의 선호와 욕구에 맞는 상품과 서비스를 찾기 때문에, 기업은 더이상 고객을 동질적 집단으로 간주하는 매스 마케팅에 의존할 수 없게 되었다.
③ 기업은 고객 정보를 바탕으로 한 전략적인 고객 세분화를 통해 목표 고객을 설정하고, 적절한 마케팅믹스를 실행하는 고객 마케팅 접근 전략인 CRM을 도입하게 되었다.

핵심예제

시장이 소비자가 중심이 되는 구매자 중심의 시장으로 변화하게 된 계기가 아닌 것은?
① 경기 침체
② 시장의 성숙
③ 경쟁사의 감소
④ 판매 채널의 다양화

해설 경쟁사가 증가하면서 시장의 수요보다 공급이 증가되어 구매자 중심의 시장으로 변화하게 되었다.

정답 ③

(3) 기술의 변화 – IT의 발전

① 컴퓨터 하드웨어의 저장 용량이나 데이터 처리 성능이 빠르게 발전하면서 기업은 방대한 양의 고객 관련 데이터를 데이터 웨어하우스에 저장하고 데이터 마이닝과 같은 통계 프로그램을 활용하여 과학적으로 고객 분석을 할 수 있게 되었다.
② IT의 발전은 고객 및 시장에 관한 중요한 정보와 지식을 기업에 제공하였을 뿐만 아니라 본격적인 CRM 도입을 가능하게 하는 기술적 환경을 형성하였다.

(4) 마케팅 커뮤니케이션의 변화 – 매스 마케팅의 비효율성 기출

① 마케팅 커뮤니케이션이란 마케팅 목표를 효과적으로 달성하기 위해 행해지는 커뮤니케이션 활동으로, 기업이 제품 또는 정보를 의도적·계획적으로 소비자에게 전달하는 행동이다.
② 광고는 단순하게 제품이나 서비스를 고객에게 알리는 것이 목적이 아니라 고객과의 장기적인 관계 유지의 측면에서 그에 맞는 활동을 하여 효율성을 높이는 것을 목적으로 해야 한다.
③ 기존의 매스 마케팅 방식은 고객의 이질성 및 시장의 세분화에 대해 고려하지 않고 불특정 다수에게 차별화되지 못한 획일적 메시지를 반복하여 뿌리는 브로드캐스팅 광고였으나 시대가 변하면서 이 방식은 효과적이지 않게 되었다.
④ 광고의 효율성을 높이기 위해서는 구체적인 광고 목표를 세우고 이를 달성하기 위해 목표 고객을 찾아내야 하며 그들의 욕구나 필요를 채워줄 수 있는 상품이나 서비스에 대한 차별화된 광고 메시지를 선별해야 한다.
⑤ 이에 따라 기존의 촉진 활동도 생산자의 일방적 전달이 아닌 소비자와 상호작용하는 커뮤니케이션 활동으로 전환되고 있다. 또한 무엇보다도 효과적인 마케팅 커뮤니케이션을 수행하기 위해서는 촉진 활동뿐만 아니라 다양한 커뮤니케이션 수단들을 비교·검토하고, 모든 마케팅믹스 요소들을 조정·통합하여 유기적으로 연계하는 전략이 필요하다.
⑥ CRM(고객관계 관리), 데이터베이스 마케팅, 그리고 일관성 있는 메시지와 이미지 창출을 핵심으로 하는 IMC(Integrated Marketing Communication, 통합적 마케팅 커뮤니케이션) 등은 이러한 변화 속에서 등장한 마케팅 방법들이다.

핵심예제

다음 중 CRM의 등장 배경과 거리가 먼 것은?
① IT 기술의 발전
② 시장의 규제 강화
③ 매스 마케팅의 비효율성
④ 고객의 기대 및 요구의 다양성

해설 CRM의 등장 배경에는 유통 채널의 다양화, 고객 충성도와 라이프스타일의 변화, 마케팅 커뮤니케이션의 변화, 기업 경영 패러다임의 변화, 컴퓨터와 정보 기술의 발전 등이 있다.

② **정답**

2. 고객관계 관리(CRM) 시스템

(1) CRM의 개념 기출

① Customer Relationship Management의 약자로, 고객관계 관리를 의미한다.
② 고객과의 신뢰를 중시하는 고객 지향적 경영 기법이다.
③ Gartner Group은 CRM을 신규 고객의 획득, 기존 고객 유지 및 고객의 수익성 증대를 위한 지속적인 커뮤니케이션을 통하여 고객 행동을 이해하고 영향을 주고자 하는 광범위한 접근 방식으로 보았다.
④ Robinson은 전사적인 관점에서 통합된 마케팅, 영업 및 고객 서비스 전략을 이용하여 개별 고객의 평생 가치를 극대화하는 것이라고 보았다.
⑤ Kamber는 고객을 정확히 이해하여 고객 개개인이 원하는 상품과 서비스를 제공하고 각 고객과의 긴밀한 관계를 형성, 유지하며 고객의 요구에 즉시 반응할 수 있는 전략 도구로 보았다.
⑥ 기업이 고객의 거래 정보를 포함하여 모든 고객 접점에서 얻어지는 접촉 정보들을 통합적으로 분석 및 관리하고 이를 영업 및 마케팅 활동에 전략적으로 활용함으로써, 고객의 이탈을 방지하고 개별 고객의 평생 가치, 즉 기업 수익 기여도를 극대화하고자 하는 모든 경영 활동이다.
⑦ 고객 관리에 필수적인 요소들(기술 인프라, 시스템 기능, 사업 전략, 영업 프로세스, 조직의 경영 능력, 고객과 시장에 관련된 영업 정보 등)을 고객 중심으로 종합, 통합하여 고객 활동을 개선함으로써, 고객과의 장기적인 관계를 구축하고 기업의 경영 성과를 개선하기 위한 새로운 경영 방식이다.
⑧ 고객 상담 애플리케이션, 고객 데이터베이스, 콘택트 관리 시스템 등의 고객 지원 시스템을 기반으로 신규 고객을 획득하고 기존 고객을 유지하기 위해 고객 요구와 행동을 분석하여, 고객 대응을 계획하고 실행하는 비즈니스 프로세스이다.

(2) CRM의 목적 기출

① 신규 고객 확보 및 기존 고객 유지를 통해 고객 수를 증대시킨다.
② 고객 가치를 증진시켜 매출 및 고객 충성도를 향상시킨다.
③ 고객 유지 비용의 최적화를 통한 마케팅 비용 효율화 등으로 기업의 수익을 증대시키고 비용을 절감한다.
④ 차별화된 맞춤 서비스를 제공하여 고객 만족도를 향상시킨다.

핵심예제

다음 중 CRM에 대한 설명으로 틀린 것은?
① 고객과의 관계 관리에 초점을 맞춘 고객 지향적 경영 방식이다.
② 고객의 생애 전체에 걸친 장기적이고 지속적인 이윤을 추구하는 동적인 경영 방식이다.
③ 고객 관리를 위한 고객 데이터 분석과 같은 정보 기술에 기반을 둔 효율적 활용을 요구한다.
④ 고객과의 직접적인 접촉을 통해 한쪽 방향의 커뮤니케이션을 지속하면서 고객과의 관계를 강화한다.

해설 쌍방향 커뮤니케이션을 지속하면서 고객과의 관계를 강화한다.

④ **정답**

> **2차 실기 맛보기**
>
> CRM 구축의 목표를 쓰시오.

(3) CRM의 특징 기출
① 고객과의 1:1 마케팅 지향적 수단이 된다.
② 고객의 전 생애(Life Time)에 걸쳐 관계를 구축하고 강화시켜 안정적이고 장기적인 이윤을 추구한다.
③ 정보 기술에 기반한 과학적 환경의 효율적인 활용을 요구한다.
④ 고객과의 쌍방향의 커뮤니케이션을 지속하면서 고객과의 관계를 강화한다.
⑤ 마케팅에만 역점을 두는 것이 아니라 기업의 모든 내부 프로세스를 통합한다.
⑥ 고객 지향적이다.

> **2차 실기 맛보기**
>
> CRM의 특징을 쓰시오.

(4) CRM의 중요성 기출
① 시장 점유율보다는 고객 점유율에 비중을 둔다.
② 고객 획득보다는 고객 유지에 중점을 둔다.
③ 제품 판매보다는 고객 관계에 중점을 두고 충성 고객을 확보한다.
④ 목표 시장과 목표 고객에 대한 고객 관계의 집중화에 노력한다.
⑤ 고객과 장기적 신뢰 관계를 구축하여 기존 고객의 이탈을 방지한다.
⑥ 고객을 이해하고 고객의 반응을 분석한다.
⑦ 고객을 라이프사이클의 관점에서 관리한다.
⑧ 안정적·장기적인 수익 구조를 실현할 수 있는 최선의 방법이라고 할 수 있다.
⑨ 고객 만족의 궁극적 목적은 반복 구매를 유도하는 것이다.
⑩ 제품의 물리적 품질에 큰 차이가 없으면 소비자들은 고객 서비스를 통해 전체 품질을 평가한다.

핵심예제

CRM의 중요성과 거리가 먼 것은?
① 고객 유지보다 고객 획득에 중점을 둔다.
② 고객을 이해하고 고객의 반응을 분석한다.
③ 고객을 라이프사이클의 관점에서 관리한다.
④ 시장 점유율보다는 고객 점유율에 비중을 둔다.

해설 고객 획득보다는 고객 유지에 중점을 둔다.

① **정답**

> **2차 실기 맛보기**
>
> CRM의 중요성을 네 가지 쓰시오.

(5) CRM 도입에 따른 기대 효과 [기출]
① 산재되어 있는 고객 DB를 통합하여 고객 서비스 프로세스 개선 및 다양한 고객 요구에 적극적으로 대처할 수 있다.
② 대용량 데이터에 신속하게 접근할 수 있다.
③ 고객 DB를 적극적으로 활용할 수 있다.
④ 다양한 데이터 분석 능력을 수행할 수 있다.
⑤ 마케팅 프로그램의 실효성 평가가 체계적으로 이루어진다.

> **2차 실기 맛보기**
>
> CRM의 효과를 쓰시오.

(6) 데이터베이스 마케팅에서 CRM으로의 변화
① 데이터베이스 마케팅의 변화
  ㉠ 1세대 데이터베이스 마케팅은 매스 마케팅으로서 대량의 광고 전단물을 Direct mailing에 투입하여 성과를 산출하는 것으로 투자 수익면에서 비효율적이며 특정한 상품에 대한 판매 지향 목적의 마케팅 활동이다.
  ㉡ 2세대 데이터베이스 마케팅은 IT 기술을 이용하여 기업의 내·외부 자료를 통합하고 마케팅 활동을 지원하는 것으로, 데이터 웨어하우스, OLAP, Q/R과 같은 정보 기술을 이용한 마케팅 활동이다.
  ㉢ 데이터베이스 마케팅은 DM(Direct Marketing), TM(Telemarketing)과 같은 방식을 이용하여 순간순간 고객 정보를 취하여 이를 다시 매스 마케팅에 활용한다.
② CRM의 등장
  ㉠ 1세대·2세대 마케팅을 통해 3세대 마케팅인 CRM이 등장했다.
  ㉡ 고객과 관련된 기업의 내·외부 자료를 통합·분석하여 고객 특성에 기초한 마케팅 활동을 계획하고 지원·평가하는 과정이다.

핵심예제

기존의 마케팅에 대한 설명으로 옳지 않은 것은?
① 전사적이며 고객 지향적이지 못했다.
② 고객의 욕구를 파악하는 것이 완벽했다.
③ 마케팅 팀을 위한 마케팅 부서만의 마케팅이 실시되었다.
④ 고객에 대한 욕구를 파악할 수 있는 시스템이 존재하지 않았다.

해설 기존 기업의 마케팅은 고객의 욕구를 파악하는 것이 부족했다.

② **정답**

ⓒ 고객의 수익성을 우선시하여 콜센터, 캠페인 관리 도구와의 결합을 통해 고객 정보를 적극적으로 활용한다.
ⓓ 고객의 정보를 취할 수 있는 방법, 즉 고객 접점이 데이터베이스 마케팅에 비해 훨씬 더 다양하고, 이러한 다양한 정보의 취득을 전사적으로 행한다.
ⓔ 고객 데이터의 세분화를 실시하여 신규 고객 획득, 우수 고객 유지, 고객 가치 증진, 잠재 고객 활성화, 평생 고객화와 같은 사이클을 통해 고객을 적극적으로 관리하고 유도하며 고객의 가치를 극대화한다.
ⓕ 고객 지향 마케팅은 고객이 의사결정의 기준이 되고, 고객 관점에서 마케팅 전략을 수립한다.

(7) CRM의 발전 단계 기출

① CRM 도입 준비: 고객의 개성과 요구가 다양해지면서 기업에서는 CRM 도입 준비기를 맞았다.
② CRM 도입: CRM 도입 준비기를 거쳐 기업에서는 고객들을 하나의 집단으로 대하는 매스 마케팅 전략에서 벗어나 고객 지향적 CRM을 도입하게 됐다.
③ CRM 확산: 기술과 IT의 발전으로 고객 정보를 효율적으로 관리할 수 있는 CRM 시스템이 구축되면서 CRM의 확산이 일어났다.
④ CRM 통합: 오늘날에는 CRM과 데이터베이스 마케팅 등 다양한 마케팅 전략들이 통합적으로 일어나고 있다.

(8) CRM의 필요성 중요

① 영업·고객 관련 업무의 통합: 마케팅, 세일즈, 고객 지원 등 업무가 통합화되는 경향이 생기면서 본사의 고객 정보뿐만 아니라 공장, 지사, 영업점, 재판매업자(일부)가 보유한 고객 정보의 분석도 필요하게 되었다.
② 고객의 세분화: 다양한 유형의 맞춤 서비스 제공이 필요하게 되었다.
③ 다양한 매체를 이용한 고객과의 상호 작용: 마케팅, 세일즈, 판매, 콜센터, 고객 서비스, 업무 분배 등 다양한 고객 활동과 연계된 정보를 제공하며, 이러한 기능들 중 많은 부분이 CRM 모듈에 포함되어 있다.
④ 경쟁의 심화: 마케팅 기법 및 서비스 제공 수준이 향상되면서 가상공간을 활용한 마케팅이 생겨나고, 개인 고객, 기업체 고객 모두 마케팅의 대상이 되었다.
⑤ 다양한 유통 채널: 웹, PC 통신, 쇼핑 채널을 이용한 홈쇼핑이 증가하면서 고객 정보의 효과적인 관리를 위한 CRM 도입이 필요하게 되었다.

핵심예제

CRM의 발전 단계를 도입 준비, 도입, 확산, 통합의 4단계로 구분할 때 CRM 시스템 구축과 기업 전략을 중심으로 고객을 관리하는 단계는?

① CRM 도입 준비
② CRM 도입
③ CRM 확산
④ CRM 통합

해설 기술과 IT의 발전으로 고객 정보를 효율적으로 관리할 수 있는 CRM 시스템이 구축되면서 CRM의 확산이 일어났다.

정답 ③

3. CRM의 분류

(1) 메타 그룹(프로세스 관점)에 의한 CRM 유형 분류 [기출]
① 운영적 CRM: CRM의 구체적인 실행을 지원하는 시스템이다. 기존의 전사적 자원 관리 시스템이 조직 내부 관리 효율화를 담당하는 시스템인 데에 반하여 운영적 CRM은 조직과 고객 간의 관계 향상, 즉 전사적 자원 관리 시스템의 기능 중에서 고객 접촉과 관련된 기능을 강화하여 조직의 전방위 업무를 지원하는 시스템이다.
② 분석적 CRM: 데이터 웨어하우스나 데이터 마트에서 나온 유용한 CRM 자료를 토대로 고객 정보를 추출하고 이를 통해 고객들의 움직임이나 향후 동향을 모델링하고 분석하는 시스템이다.
③ 협업적 CRM: 운영적 CRM과 분석적 CRM을 통합하는 시스템이며, 고객과 기업 간의 상호작용을 촉진시키기 위해 고안된 메일링, 전자 커뮤니티, 개인화된 인쇄 등이 있다. 파트너 네트워크의 구축, 고객과의 상호작용 관리, 고객과 비즈니스 조직 간의 지속적인 협업을 위한 채널 제휴 전략을 포함한다.

> **2차 실기 맛보기**
> - CRM 시스템 분류 유형 세 가지를 쓰시오.
> - 운영적, 분석적, 협업적 CRM에 대해 쓰시오.

(2) 텔레마케팅의 CRM
① 텔레마케팅이 CRM 과정에 기여하는 역할
  ㉠ 고객과의 대화를 유도한다.
  ㉡ 고객과의 장기적인 관계 및 로열티를 구축한다.
  ㉢ 부가적인 매출을 향상시킨다.
② 텔레마케팅을 통한 효과적인 잠재 고객의 신규·고정 고객화 방법 [기출]
  ㉠ 고객의 성향별로 차별화 전략을 세우고 지속적으로 특별 관리한다.
  ㉡ 잠재 고객과 지속적인 유대 관계를 갖기 위해 고객에게 필요한 정보를 제공한다.
  ㉢ 관심이 있고 이용 가능성이 높은 고객을 대상으로 집중 접촉하거나 설득한다.

핵심예제

다음 중 운영적 CRM 시스템에 포함되지 않는 것은?
① 영업 자동화 시스템
② 고객 채널 제휴 센터
③ 마케팅 자동화 시스템
④ 고객 서비스 자동화 시스템

해설 고객 채널 제휴 센터는 협업적 CRM에 포함된다.
협업적 CRM
고객과 기업 간의 상호작용을 촉진시키기 위해 고안된 메일링, 전자 커뮤니티, 개인화된 인쇄 등으로, 파트너 네트워크의 구축, 고객과의 상호작용의 관리, 고객과 비즈니스 조직 간의 지속적인 협업을 할 수 있는 채널 제휴 전략을 포함한다.

② **정답**

(3) 기업의 CRM

① CRM을 통한 기업의 핵심 과제
  ㉠ 특정 사업에 적합한 소비자 가치를 규명한다.
  ㉡ 각 고객 집단이 가진 가치의 상대적 중요성을 인지한다.
  ㉢ 고객이 원하는 방법으로 가치를 충족시킨다.

② CRM을 통해 기업이 얻을 수 있는 성과
  ㉠ 우수 고객 유지
  ㉡ 교차판매
  ㉢ 비용 절감
  ㉣ 고객과의 관계 향상
  ㉤ 기업 이미지와 브랜드 제고

③ CRM 성공 요인 기출
  ㉠ 조직 측면
    • 최고 경영자의 관심과 지원
    • 고객 및 정보 지향적 기업 문화
    • 전문 인력 확보
  ㉡ 기업의 운영 측면: 데이터 통합 수준

④ CRM의 성과 기출
  ㉠ 정량적 측면: 원가 절감 상황, 고객 유지 현황, 시장 점유율 등
  ㉡ 정성적 측면: 구전 효과 등

(4) B2B(Business to Business) CRM 기출

① 기업 대 기업의 판매는 본질적으로 기업이 아닌 실체적인 개별 인간과의 거래이므로 실체적 인간이 바라는 요구에 대응하는 것이 B2B CRM의 핵심이다.
② B2B 고객과의 관계 관리는 기업의 특성을 고려한 가치 있는 해법을 찾는 것이 과제이다.
③ B2B 프로그램의 경우 기업과 소비자 모두를 대상으로 하므로 개별 소비자 프로그램보다 범위가 넓다.

핵심예제

다음 중 조직 측면의 CRM 성공 요인에 해당하는 것은?

① 최고 경영자의 관심과 지원
② 기업 및 과거 지향적 문화
③ 새로운 시장 개척
④ 데이터 통합 수준

해설 조직 측면의 CRM 성공 요인
  • 최고 경영자의 관심과 지원
  • 고객 및 정보 지향적 기업 문화
  • 전문 인력 확보

① 정답

> **CHECK BOX**
>
> **고객 경험(Customer experience)**
> 고객 경험은 여러 접점을 통해 고객과 기업이 관계를 이어가면서 고객(사용자)이 경험하는 모든 체험을 말한다.
>
> **고객 경험 관리(CEM; Customer Experience Management)**
> 기업과 소비자의 모든 접점에서 실시간으로 일어나는 현재 소비자의 경험을 특정한 후 이를 분석해 제품과 서비스 개발에 반영함으로써 소비자가 더 나은 경험을 할 수 있도록 전략을 수립하는 프로세스이다. 특히 고객 경험관리가 성공하기 위해서는 고객에게 차별적 경험을 제공할 수 있도록 디자인하여야 한다.
>
> **고객 경험 관리의 특징**
> - 고객 중심적 프로세스이다.
> - 고객 상호작용의 순간, 즉 접점에서부터 시작된다.
> - 고객과의 경험 프로세스를 전략적으로 관리하는 고객 지향적인 경영 전략이다.
> - 고객이 기업에 대해 생각하고 느끼는 것을 파악한다.
> - 기업에 대한 고객 경험의 향상을 위해 시스템, 기술, 단순화된 프로세스 등을 활용한다.
> - 고객의 기대와 경험 간의 차이가 있는 곳에서 제품이나 서비스를 판매하는 선행적 성격이 강하다.

핵심예제

다음은 어떤 관점에서 고객과의 관계 창출을 설명하고 있는가?

> 오늘날 많은 제품과 서비스가 표준화된 상품으로 변함에 따라 기업은 고객 가치를 창출하기 위해 새로운 시장 제공물에 관심을 돌리고 있다. 즉, 제공물의 차별화를 위해 기업은 단순히 제품과 서비스를 전달하는 것에서 한 걸음 더 나아가 자사 제품 또는 회사와 고객과의 관계를 창출하고자 한다.

① 가치(Value)
② 필수품(Commodities)
③ 사회적 책임(Social responsibility)
④ 고객 경험(Customer experience)

해설 고객과 기업 간의 관계에 중점을 둔다는 관점에서 고객 경험(Customer experience)의 관점임을 알 수 있다.

정답 ④

제2절 빅데이터를 활용한 CRM

1. 빅데이터의 이해

(1) 빅데이터의 개요

① 빅데이터는 기존 데이터보다 너무 방대하여 기존 방법이나 도구로 수집·저장·분석 등이 어려운 데이터들을 의미한다. 대용량 데이터를 실시간으로 조회·처리하는 아키텍처를 가리키기도 한다.

② 빅데이터의 공통 특성(3V) 기출
  ㉠ 규모(Volume) : 수십 테라바이트 혹은 수십 페타바이트 이상의 규모를 가진다.
  ㉡ 속도(Velocity) : 매우 빠르게 생산되는 디지털 데이터를 실시간으로 저장·수집·분석 처리할 수 있다.
  ㉢ 다양성(Variety) : 정형, 반정형, 비정형으로 분류할 수 있는 다양한 종류의 데이터이다.

③ 빅데이터의 분류
  ㉠ 정형 데이터 : 고정된 필드가 있고 연산이 가능한 양적 데이터로 그 자체로 의미 해석이 가능하며 바로 활용할 수 있는 데이터이다. 계층적이거나 그래프를 기반으로 하며 ERP, CRM 등 기업의 정보 시스템에서 자주 생성된다. 예 관계형 데이터베이스, 스프레드시트 등
  ㉡ 반정형 데이터 : 형태는 있지만 연산이 불가능한 데이터이다. 일반적으로 문자로 서술된 정보를 담고 있다. 예 XML, HTML, 로그 형태 등
  ㉢ 비정형 데이터
    • 정의된 구조가 없는 질적 데이터로서 상호교류가 되는 정보이다.
      예 소셜 데이터(페이스북, 인스타그램 등), 동영상, 이미지, 음성 등
    • 매우 다양한 데이터 포맷을 사용할 수 있다.

④ 빅데이터는 신용 평가, 마케팅, 도시 관리, 긴급 대응 등에 다양한 활용이 가능하고, 기존 정형 데이터에서 할 수 없었던 새로운 상품·서비스를 우리 생활에 제공한다.

(2) 빅데이터 관련 용어 중요

① 빅데이터 플랫폼(Platform) : 빅데이터를 분석하거나 활용하는 데 필요한 필수 인프라이다. 빅데이터 플랫폼은 빅데이터를 수집·저장·처리하는 일련의 과정을 통합적으로 제공하여 사용자가 원하는 가치를 정확하게 얻을 수 있도록 한다.

핵심예제

빅데이터에 대한 설명으로 옳지 않은 것은?

① 기존 분석 체계로는 감당할 수 없을 만큼 거대한 데이터의 집합이다.
② 빅데이터의 공통 특성으로 규모(Volume), 속도(Velocity), 다양성(Variety)을 들 수 있다.
③ 인스타그램이나 페이스북은 빅데이터에 포함되지 않는다.
④ 대용량 데이터와 관계된 기술 및 도구도 빅데이터 범주에 포함된다.

해설 빅데이터는 정형 데이터, 반정형 데이터, 비정형 데이터로 분류되는데, 인스타그램이나 페이스북은 비정형 데이터에 해당한다.

정답 ③

② 프로세스마이닝(Process mining)
  ㉠ 기록된 이벤트 로그를 분석하여 유의미한 정보를 찾아내는 기술이다.
  ㉡ CRM, ERP, BPM, SCM 등 다양한 시스템에서 기록되는 빅데이터의 이벤트 로그를 분석하여 프로세스 성과 측정, 프로세스 모델 도출, 시뮬레이션 분석 등의 연구를 수행할 수 있다.
③ 데이터 웨어하우스(DW; Data Warehouse) 기출
  ㉠ 데이터베이스에 저장되어 있는 데이터 가운데 의사결정에 필요한 데이터를 추출한 후, 이를 통일된 형식으로 변환하여 저장해 놓은 것이다.
  ㉡ 특징으로는 주제 지향성, 통합성, 시계열성, 비소멸성 등이 있다.
④ OLAP(On-Line Analytical Processing)
  ㉠ 사용자가 정보에 직접 접근하여 대화 형태로 정보를 분석하고 의사결정에 활용하는 것을 말한다.
  ㉡ 데이터 웨어하우스가 의사결정을 지원하기 위한 인프라의 구축에 초점이 있다면, OLAP는 의사결정에 필요한 정보를 추출하기 위한 데이터 분석에 주목적이 있다.
  ㉢ 특징으로는 다차원 데이터베이스, 직접 접근, 대화식 분석, 의사결정 목적의 활용 등이 있다.
⑤ 데이터마이닝(Data mining) 기출
  ㉠ 대량의 데이터에서 유용한 정보를 추출하는 것을 말한다. 통계적·수학적 기법과 인공지능을 활용한 패턴 인식 기술 등을 이용하여 데이터에서 유의미한 관계나 규칙 또는 패턴 등을 추출한다.
  ㉡ 보안·군사 분야, 선거 운동, 쇼핑몰 등 매우 다양한 분야에서 활용된다. 인터넷 쇼핑몰의 경우, 상품 추천 시스템에서 고객들의 소비 패턴·성향을 분석하여 그들에게 적합한 상품을 추천하는 데 사용한다.
⑥ 데이터 시각화 : 데이터 분석 결과를 쉽게 이해할 수 있도록 시각적으로 표현하고 전달하는 과정이다.

2차 실기 맛보기

축적된 고객 관련 데이터에 숨겨진 규칙이나 패턴을 찾아내는 것을 무엇이라 하는지 다음에서 찾아 쓰시오.

| 데이터 웨어하우스 | 데이터쉐어 | 데이터마이닝 |
| 데이터마트 | 데이터베이스 | 데이터시트 |

핵심예제

다음 중 용어와 그에 대한 설명이 옳은 것은?

① 빅데이터 플랫폼(Platform) : 빅데이터를 분석하거나 활용하는 데 필요한 필수 인프라
② OLAP(On-Line Analytical Processing) : 대량의 데이터에서 유용한 정보를 추출하는 것
③ 데이터마이닝(Data mining) : 기록된 이벤트 로그를 분석하여 유의미한 정보를 찾아내는 기술
④ 프로세스마이닝(Process mining) : 사용자가 정보에 직접 접근하여 대화 형태로 정보를 분석하고 의사결정에 활용하는 것

해설 ②는 데이터마이닝, ③은 프로세스마이닝, ④는 OLAP에 대한 설명이다.

정답 ①

2. 빅데이터의 수집 방법

(1) 빅데이터 수집 〔중요〕

① 여러 데이터 소스로부터 필요한 데이터를 검색하여 수동 또는 자동으로 수집한다.

② 데이터 검색, 수집, 변환·통합을 통해 정제된 데이터를 확보하는 기술까지 포함한다.

③ 데이터 수집의 목적을 명확히 하여, 조직 외부의 무한한 데이터 중 필요로 하는 데이터를 찾아내 수집하는 것이 중요하다.

④ 수집 시스템의 요건 및 고려 사항 〔기출〕

  ㉠ 확장성: 데이터 수집 대상이 되는 서버 대수는 무한히 확장할 수 있어야 한다.

  ㉡ 안정성: 수집된 데이터를 유실하지 않고 안정적으로 저장할 수 있어야 한다.

  ㉢ 실시간성: 수집된 데이터를 실시간으로 반영해야 한다.

  ㉣ 유연성: 다양한 포맷을 지원해야 한다.

⑤ 빅데이터 수집 절차: 수집 대상 선정 → 수집 세부 계획 수립 → 데이터 수집 실행

  ㉠ 수집 대상 선정: 수집 대상의 특성, 규모, 조건, 수집 비용 등을 고려하여 선정한다. 전문가의 의견이 반드시 필요하다.

  ㉡ 수집 세부 계획 수립: 선정된 데이터의 위치와 데이터 유형을 파악하고, 수집 기술 및 보안사항 등을 점검하여 수집 계획서를 작성한다.

  ㉢ 데이터 수집 실행: 수집 계획에 따라 수집 환경의 사전 테스트를 진행한 뒤 보완·변경하여 데이터 수집을 실행한다.

(2) 빅데이터 수집 방법

① HTTP 수집

  ㉠ 크롤링(Crawling) 〔기출〕: 주로 검색 엔진의 웹 로봇을 이용하여 SNS, 뉴스, 웹 정보 등의 조직 외부, 즉 인터넷에 공개되어 있는 웹 문서 정보를 수집한다.

  ㉡ Open API: 지도, 검색, 단축 URL 등 HTTP로 호출할 수 있는 API를 활용하여 수집한다.

② Log 수집: 웹 서버 로그, 웹 로그, 클릭 로그, DB 로그 등 각종 로그 데이터를 수집한다.

③ FTP 수집: TCP/IP 프로토콜을 활용하는 인터넷 서버로부터 파일들을 송수신하여 수집한다.

④ DBMS 수집: DB에 직접 연결해 데이터를 수집한다.

⑤ 스트리밍(Streaming): 인터넷에서 음성, 오디오, 비디오 데이터를 실시간으로 수집한다.

핵심예제

빅데이터 수집 방법에 대한 설명으로 적절하지 않은 것은?

① FTP 수집은 DB에 직접 연결해 데이터를 수집하는 방법이다.
② Log 수집은 웹 서버 로그, 웹 로그 등 각종 로그 데이터를 수집하는 방법이다.
③ 스트리밍은 인터넷에서 음성, 오디오, 비디오 데이터를 실시간으로 수집하는 방법이다.
④ 크롤링은 검색 엔진을 이용하여 인터넷에 공개되어 있는 웹 문서 정보를 수집하는 방법이다.

해설 FTP 수집은 TCP/IP프로토콜을 활용하는 인터넷 서버로부터 파일들을 송수신하는 수집 방법이다.

① 〔정답〕

⑥ RSS : 콘텐츠 수집 방법으로, 사이트에서 제공하는 주소를 등록하면 PC나 휴대폰 등을 통하여 자동으로 전송된 콘텐츠를 이용할 수 있도록 지원한다.

> **CHECK BOX**
>
> 빅데이터 정제(Big data cleansing)
> - 수집한 데이터를 적재하기 위해 필요 없는 데이터나 깨진 데이터를 정리하는 단계이다.
> - 반정형, 비정형 데이터는 분석에 필요한 데이터 외에 필요 없는 부분을 제거하는 단계가 필요하다.

3. 빅데이터의 처리 기술

(1) 빅데이터 처리

① 대용량인 빅데이터를 적시 처리할 수 있도록 하는 아키텍처 및 기술을 말한다.
② 다양하고 대용량인 데이터 소스와 복잡한 로직의 처리 등을 위해 분산 처리 기술을 필요로 한다.
③ 빅데이터에서 유용한 정보와 의미 있는 지식을 찾아내기 위해 데이터를 가공하거나 분석을 지원하는 과정이다.
④ 빅데이터 처리의 순환 과정 **중요** : 데이터 추출 → 데이터 저장 → 데이터 분석 → 분석 결과의 시각화 → 미래 행동의 예측 → 결과의 적용

> **CHECK BOX**
>
> 미래 사회의 특징과 빅데이터의 역할 **기출**
> - 불확실성 : 트렌드 분석을 통한 제품 경쟁력 확보
> - 리스크 : 인간관계, 상관관계가 복잡한 컨버전스 분야의 데이터 분석으로 안정성 향상 및 시행 착오 최소화
> - 융합 : 사회 현상, 현실 세계의 데이터를 기반으로 한 패턴 분석과 미래 전망

핵심예제

빅데이터 처리의 순환 과정에서 가장 먼저 진행하는 단계는?

① 데이터 분석
② 데이터 추출
③ 데이터 저장
④ 미래 행동의 예측

해설 빅데이터 처리의 순환 과정은 '데이터 추출 → 데이터 저장 → 데이터 분석 → 분석 결과의 시각화 → 미래 행동의 예측 → 결과의 적용'이다.

정답 ②

(2) 빅데이터의 처리 기술

① 배치(Batch): 처리해야 할 데이터를 일이나 월 단위로 모아 두고 종합하여 처리하는 기술로, 일괄 처리라고도 한다. 데이터 발생 직후에 처리하는 실시간 처리의 상대 개념이다.

② 복잡 이벤트 처리(CEP): 스트림 데이터를 실시간으로 분석하는 이벤트 데이터 처리 기술이다.

③ 플룸(Flume): 대량의 Log 데이터를 효과적으로 수집·통합하여 다른 곳으로 전송하는 서비스로, 스트리밍 데이터 플로우 아키텍처를 기반으로 한다.

④ 스쿱(Sqoop): 하둡(Hadoop)과 관계형 데이터베이스 간에 데이터를 전송할 수 있도록 설계된 도구로, 맵 리듀스를 기반으로 구현된다.

⑤ 하둡 분산 파일 시스템(HDFS): 대용량 데이터를 분산·저장·관리하기 위한 분산 파일 시스템으로서, 저장 파일을 블록 단위로 나누어 분산된 서버에 저장한다.

⑥ 구글 파일 시스템(GFS): 급속히 늘어나는 구글의 데이터 처리 양을 해결하기 위해서 설계된 시스템으로, 하나의 마스터 서버와 다수의 청크 서버로 구성되어 관리한다.

⑦ 맵 리듀스(Map Reduce): 대용량 데이터 처리를 위한 병렬 처리 기법으로, 임의로 정렬된 데이터를 분산 처리(Map)하고 통합(Reduce)하는 과정을 거친다.

⑧ 하이브(Hive): Hive QL(Hive Query Language)을 사용하여 데이터 요약, 쿼리, 분석을 수행할 수 있는 Hadoop용 데이터 웨어하우스 시스템으로, 쌍방향으로 데이터를 검토하거나 다시 사용할 수 있는 일괄 처리 작업을 만드는 데 사용할 수 있다.

⑨ 하둡(HADOOP) 기출
  ㉠ 대용량 데이터의 분산 저장 및 신속한 처리를 위해 다수의 컴퓨터를 네트워크로 연결하여 하나의 시스템과 같이 사용할 수 있도록 구성한 시스템이다.
  ㉡ 신뢰할 수 있고 확장이 용이하며 분산 컴퓨팅 환경을 지원하는 오픈 소스 소프트웨어이다.
  ㉢ 하둡 시스템은 마스터 노드와 슬레이브 노드들을 하나의 클러스터로 묶어 이루어져 있다.

핵심예제

빅데이터의 처리 기술에 해당하지 않는 것은?

① 배치(Batch)
② 플룸(Flume)
③ 하이브(Hive)
④ FOD(Fax On Demand)

해설 FOD(Fax On Demand)는 콜센터 기능 중 고객이 전화를 걸어 IVR 안내에 따라 Fax 서비스를 제공받을 수 있는 기능이다.

정답 ④

4. 빅데이터의 분석 도구

(1) 빅데이터 분석 기출
① 통계적 분석이 응용·활용되며, 시계열적 특성을 갖고 있는 빅데이터는 추세 분석이 가능하다.
② 빅데이터 분석의 목적은 대용량 데이터를 분석하여 사용자가 효율적으로 의사결정을 하도록 돕는 것이다.
③ 빅데이터의 가치를 창출하기 위해서는 대용량 데이터와 다양한 데이터를 핸들링하고 분석할 수 있는 통계적 방법이 필요하다.
④ 분석 도구는 크게 상업용과 오픈 소스로 구분되는데, 상업용으로는 SAS, SPSS가 있고 오픈 소스로는 R, 파이썬(Python) 등이 있다.
⑤ 빅데이터 분석 절차: 분석 계획 수립 → 분석 시스템 구축 → 분석 실행
  ㉠ 분석 계획 수립: 분석 환경을 파악하고, 분석 인프라를 내부에 구축할지 외부 서비스를 이용할지 결정한다.
  ㉡ 분석 시스템 구축: 하드웨어 인프라와 소프트웨어를 구축한다.
  ㉢ 분석 실행: 다양한 빅데이터 분석 인프라 기술을 이용하여 분석을 실행한다.

(2) 빅데이터 분석 도구 기출
① SAS: 현재 공인되어 있는 거의 모든 통계 분석을 포괄하여 수행할 수 있고, 매우 정밀한 결과를 제공한다. 데이터 입력 및 편집을 위한 DATA STEP과 본격적인 데이터 분석이 이루어지는 PROC STEP의 단계를 거쳐 진행된다.
② SPSS: 데이터 수집에서 통계, 데이터마이닝, 보고서 입수까지 가능하기 때문에 학교, 연구소 등 대용량 데이터 처리가 없는 곳에서 주로 사용한다.

핵심예제

빅데이터 분석에 대한 설명으로 적절하지 않은 것은?
① 분석 도구 중 상업용으로는 R, 파이썬 등이 있다.
② 분석 도구는 크게 상업용과 오픈 소스로 구분된다.
③ 대용량 데이터와 다양한 데이터를 핸들링하고 분석할 수 있는 통계적 방법이 필요하다.
④ 대용량 데이터를 분석하여 사용자가 효율적으로 의사결정을 하도록 돕는 것이 목적이다.

해설 R, 파이썬은 상업용이 아니라 오픈소스이다.

① 정답

③ R
  ㉠ 오픈 소스 프로그램으로 통계, 데이터마이닝, 그래프를 위한 언어이다.
  ㉡ 빅데이터 분석을 목적으로 주목받고 있으며, 5,000개가 넘는 패키지들이 다양한 기능을 지원하며 수시로 업데이트되고 있다.
  ㉢ 텍스트, 엑셀, DBMS 등 다양한 종류의 정형·비정형 데이터를 이용할 수 있는 포괄적인 통계 플랫폼이다.
  ㉣ 윈도우, 유닉스, 리눅스, 맥OS 등 다양한 플랫폼에서 작동이 가능한 멀티 운영 환경을 지원한다.
  ㉤ 유사 데이터의 분석 작업에서 기존 스크립트를 재사용하면서 처리할 수 있는 작업의 재현성을 제공한다.
④ 파이썬(Python): 오픈 소스로 다양한 라이브러리를 지원하고 있고 IT 사용자들이 쉽게 사용하고 있는 언어이다.

제3절 VOC

1. VOC 관리 시스템

(1) 고객의 소리(VOC; Voice Of Customer) 기출
  ① 고객의 소리함, 전화, 인터넷, 이메일, 팩스, SMS 등 다양한 비대면 채널을 통해 고객이 기업에 제시하는 문의, A/S 요청, 상담, 불만 그리고 칭찬과 제안 등을 의미한다.
  ② 기업의 고객 응대에서 가장 기본적이고 중요한 기능이므로, VOC의 체계적인 관리는 기업 경쟁력 강화에 크게 기여할 수 있다.

(2) VOC 관리
  ① VOC 수집을 위한 채널 구축: 기업은 고객들의 불만이나 관심 사항에 적극적으로 대응하여 만족도를 향상시키고 고객의 충성도를 확보할 수 있다.

핵심예제

빅데이터 분석 도구 중 다양한 종류의 정형·비정형 데이터를 이용할 수 있는 포괄적인 통계 플랫폼으로, 통계, 데이터마이닝, 그래프를 위한 언어는?

① R ② SPSS ③ SAS ④ Python

해설
② SPSS: 데이터 수집에서 통계, 데이터마이닝, 보고서 입수까지 가능하며 학교, 연구소 등 대용량 데이터 처리가 없는 곳에서 주로 사용한다.
③ SAS: 현재 공인되어 있는 거의 모든 통계 분석을 포괄하여 수행할 수 있고, 매우 정밀한 결과를 제공한다. 데이터 입력 및 편집을 위한 DATA STEP과 본격적인 데이터 분석이 이루어지는 PROC STEP의 단계를 거쳐 진행된다.
④ Python: 오픈 소스로 다양한 라이브러리를 지원하고 있고 IT 사용자들이 쉽게 사용하고 있는 언어이다.

정답 ①

② 고객 요구사항 처리 과정

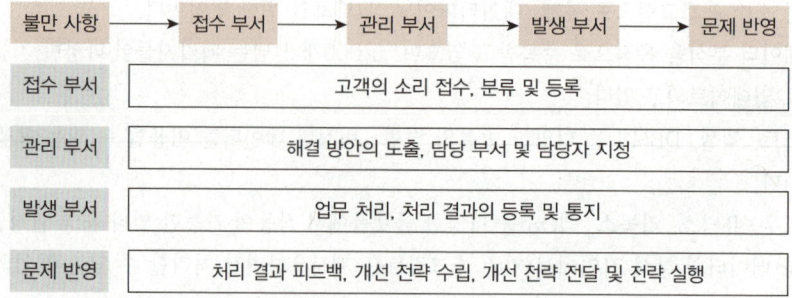

㉠ VOC 수집·축적 과정: 전화, 영업 부서, 인터넷 등의 여러 경로로 들어오는 VOC를 접수한 뒤 이를 분류하여 데이터베이스에 등록하는 과정을 의미한다.

㉡ 수동적 활용 과정: 고객의 문의, 요청, 불만, 제언 등을 처리한 결과를 고객에게 피드백하는 과정을 말하는데, 피드백이 고객의 행동에 반응하여 이루어진다는 점에서 수동적이라 할 수 있다.

㉢ 능동적 활용 과정: 구축된 데이터베이스를 분석하여 제품이나 서비스의 품질을 개선함으로써 고객의 만족을 증가시킬 수 있도록 하는 업무 프로세스를 의미한다. 이 과정은 기업의 판단과 노력에 의해 산출되는 전략의 내용이 결정된다는 의미에서 능동적이라고 할 수 있다.

③ VOC의 신속한 처리: 고객 요구사항은 신속하게 처리하는 것이 매우 중요하다. 고객 요구사항에 대한 반응 속도가 늦을수록 고객 이탈률이 높게 나타나므로 고객의 요구를 빠른 시간에 해결하려는 자세가 필요하다.

④ VOC 관리를 통해 확보된 정보의 특징 기출
㉠ 정보 제공자의 관여도가 높다.
㉡ 기업의 다양한 활동에 대한 고객의 반응을 매우 신속하게 파악할 수 있다.
㉢ 기업은 생생하고 현장 지향적인 정보를 확보할 수 있다.
㉣ 내용이 매우 다양하며 풍부하다.
㉤ 시계열적인 데이터이다.
㉥ 비정형적이다.

핵심예제

VOC에 대한 설명으로 옳지 않은 것은?

① '고객의 목소리'를 의미한다.
② 기업은 고객들의 불만이나 관심 사항에 적극적으로 대응함으로써 만족도를 향상시킬 수 있다.
③ 고객 요구사항 처리 과정은 VOC 수집·축적 과정, 수동적 활용 과정, 능동적 활용 과정으로 구분한다.
④ 고객의 문의, 요청, 불만 제언 등의 처리 결과를 고객에게 피드백하는 과정을 능동적 활용 과정이라고 한다.

해설 처리 결과를 고객에게 피드백하는 과정은 수동적 활용 과정이다.

정답 ④

⑤ 파레토 분석: 문제 이슈의 자료와 정보를 수집하고, 이를 유형별로 분류해서 중요한 문제를 찾아내는 기법이다. 파레토 분석을 통해 VOC의 발생 원인을 집중적으로 분석하고 개선해야 할 대상이 무엇인지 확인할 수 있다.
  ㉠ 문제가 될 수 있는 이슈에 관한 모든 자료와 정보를 수집한다.
  ㉡ 수집된 자료를 특성별·유형별로 분류한다.
  ㉢ 분류된 자료와 정보의 특성을 분석해서 중요도를 매긴다.
  ㉣ 빈도수가 높거나 중요도가 높은 문제를 집중적으로 분석한다.

제4절 우수 고객 관리

1. RFM 분석

(1) RFM 지수 산출

① RFM은 고객이 가장 최근에 구매한 일자(Recency), 고객이 구매한 빈도(Frequency), 고객이 구매한 총금액(Monetary) 등의 세 가지 고객 정보를 통해서 고객의 가치를 계량화하여 평가하는 것을 의미한다.

R(Recency)	고객이 가장 최근에 구매한 일자는 언제인가?
F(Frequency)	고객이 일정 기간 동안 구매한 빈도는 어떻게 되는가?
M(Monetary)	고객이 일정 기간 동안 구매한 총금액은 얼마가 되는가?

② 고객 가치를 평가하여 고객을 유형별로 구분한 뒤 고객관계 관리(CRM)에 활용한다.
③ RFM 지수(RFM 표준 모델)

$$\text{RFM 지수} = a \times \text{최근 구매일자} + b \times \text{구매빈도} + c \times \text{총구매액}$$

  ㉠ 기업마다 제품 및 서비스의 특성이 다르므로 RFM 표준 모델에는 각 변수 앞에 a, b, c와 같은 가중치, 즉 상대적인 중요도가 존재한다.

핵심예제

파레토 분석의 과정에서 두 번째로 해야 할 일은?
① 수집된 자료를 특성별·유형별로 분류한다.
② 분류된 자료와 정보의 특성을 분석해서 중요도를 매긴다.
③ 빈도수가 높거나 중요도가 높은 문제를 집중적으로 분석한다.
④ 문제가 될 수 있는 이슈에 관한 모든 자료와 정보를 수집한다.

해설 파레토 분석이란 문제 이슈의 자료와 정보를 수집한 다음, 이를 특성별·유형별로 분류한 뒤, 특성을 분석해서 중요한 문제를 찾아내는 기법이다. 그러므로 유형을 분류하는 것이 두 번째로 해야 할 일이다.

① **정답**

ⓒ RFM 지수를 활용할 때에는 이러한 특성을 확인하여 업종별로 각 변수별 가중치를 파악하는 것이 중요하다.

> **2차 실기 맛보기**
>
> RFM 분석에서 각 글자의 의미를 쓰시오.

(2) RFM 활용
① 캠페인 대상 선정: 이메일, 카탈로그, DM 등을 활용하여 캠페인을 할 때 구매 가능성이 높을 것으로 예상되는 고객 집단을 선정한다.
② 세분 고객별 차별화 마케팅: RFM 지수를 분석하는 과정에서 다양한 세분시장이 도출된다. 각각의 세분시장은 서로 다른 특성을 지니므로 그 특성에 맞는 마케팅 전략을 수립하고 실행하여 기업의 매출을 높일 수 있다.
③ 고객의 가치 평가: RFM 지수를 산출하고 이를 기본으로 고객 가치를 측정한다.

2. 고객생애가치

(1) 고객생애가치(고객평생가치, LTV; Life Time Value)
① 개별 고객이 최초로 기업과의 거래를 시작한 시점부터 마지막으로 구매할 것이라고 판단되는 시점까지의 거래에 대한 모든 기록의 누계이다.
② 현재까지 누적된 수익가치뿐만 아니라 미래의 평생가치에 대한 예측분까지 합산한 고객의 총생애가치 개념이다.

$$\text{고객총생애가치(LTVt)} = \text{현재까지의 생애가치(LTVp)} + \text{미래의 예측생애가치(LTVf)}$$

> **2차 실기 맛보기**
>
> 고객이 어떤 기업의 상품을 최초 구입한 날로부터 현재 그리고 미래에 마지막으로 구입할 것이라고 판단되는 시점까지 그 기업에 제공하게 될 순이익 가치를 무엇이라 하는지 쓰시오.

핵심예제

RFM 지수 산출에 필요한 고객 정보가 아닌 것은?
① 구매 빈도
② 구매한 총금액
③ 최근 구매일자
④ 구매 제품의 만족도

해설 RFM 지수 산출에는 최근에 구매한 일자(Recency), 고객이 구매한 빈도(Frequency), 고객이 구매한 총금액(Monetary)의 세 가지 고객 정보가 필요하다.

④ **정답**

(2) 고객 가치 측정 기법

RFM	• 고객이 얼마나 최근에 구입했는가(Recency), 얼마나 자주 구매하는가(Frequency), 구매한 총금액이 얼마인가(Monetary)를 측정함 • 구매 가능성이 높은 고객을 찾아내는 데에는 편리하지만 고객의 개별적인 수익 기여도를 파악하는 데에는 한계가 있음
고객생애가치 (LTV)	• 기업은 LTV를 산출함으로써 어떤 고객이 이로운 고객인지 판단할 수 있으며, 그 고객과 앞으로 어떤 관계를 갖는 것이 합리적인가를 파악할 수 있음 • 진정한 우량 고객을 파악하기 위해서는 수익성 외에도 기업에 대한 적합성과 관계 지향에 대한 성향을 현재와 미래를 고려한 고객의 수익 기여도와 함께 복합적으로 고려해야 함
고객 점유율	한 고객이 오랜 기간 동안 동일한 상품의 카테고리 중 특정 제품의 구입을 위해 지출하는 비용의 비율을 뜻한다.

3. 고객 충성도 강화

(1) 고객 충성도

① 개념
  ㉠ 특정 기업의 브랜드, 상품 등을 지속적으로 재구매하고, 타인에게 추천하고, 구매를 권유하는 등 특정 기업에 우호적인 행동을 보이는 애착 정도를 의미한다.
  ㉡ 충성 고객은 해당 기업이나 브랜드의 제품과 서비스를 오랜 시간에 걸쳐 반복적으로 구매한다. 그리고 해당 기업이나 브랜드의 제품 구매량을 늘리거나 상위 등급의 제품이나 서비스를 구매하는 등 구매 상품의 범위를 확대하고 주변 사람들에게 해당 기업이나 브랜드의 제품과 서비스를 소개하거나 구매를 권유한다.
  ㉢ 충성 고객은 경쟁 기업의 브랜드에 쉽게 현혹되지 않고 가격 변화를 수용하는 등 해당 브랜드를 항상 긍정적으로 평가한다.
② 중요성: 기업의 입장에서 높은 고객 충성도는 직접적으로는 장기간에 걸쳐 수익을 가져오고, 간접적으로는 주변 사람들에게 전파하도록 도우므로 매우 중요하다. 또한 신규 고객을 확보할 때 마케팅 기회를 쉽게 포착하고 유지비를 저렴하게 들일 수 있어 예산을 효율적으로 지출할 수 있다.

핵심예제

고객 가치 측정 방법으로 적절하지 않은 것은?

① RFM 분석
② 시장 점유율
③ 고객 점유율
④ 고객생애가치

해설 시장 점유율은 경쟁 시장에서의 해당 기업 제품이 차지하는 비율을 뜻하므로 고객 가치의 측정과는 관련이 없다.

②

제 4 장 실제예상문제

01 고객관계 관리(CRM)의 특징으로 옳지 않은 것은?
① 고객과의 1:1 마케팅 지향적 수단이 된다.
② 고객과의 관계에 있어서 기업에 초점을 맞추는 기업 중심적 경영 기법이다.
③ 고객의 전 생애에 걸쳐 관계를 구축하고 강화시켜 장기적인 이윤을 추구한다.
④ 마케팅에만 역점을 두는 것이 아니라 기업의 모든 내부 프로세스를 통합하는 것이다.

해설 CRM은 고객과의 신뢰를 중시하는 고객 지향적 경영 기법이다.

02 다음 괄호 안에 들어갈 알맞은 것은?

> (　　)는 기업의 경영 활동에 있어서 고객들이 기업의 서비스에 반응하는 각종 문의, 불만, 제안 등을 의미한다.

① 고객 충성도
② 고객의 수요
③ 고객의 니즈(Needs)
④ 고객의 소리(VOC)

해설 고객의 소리(VOC; Voice Of Customer)
고객의 목소리를 의미하며, VOC 관리는 기업의 고객 응대에서 가장 기본적이고 중요한 기능이다.

03 고객의 소리(VOC)의 종류로 볼 수 없는 것은?
① 불만 및 클레임
② 교환 및 환불 요청
③ 인적 판매
④ 직원 칭찬

해설 인적 판매는 매출액 증대를 위한 마케팅 촉진 전략 중 하나로, 고객과 직접적인 접촉을 통한 커뮤니케이션 활동이다.

01 ② 02 ④ 03 ③ **정답**

04 텔레마케팅에서 CRM의 성공 전략으로 거리가 먼 것은?

① 고객을 중심으로 거래 데이터가 통합되어야 한다.
② 고객 분석을 위한 고객의 상세 정보가 수집되어야 한다.
③ 고객 분석 결과를 활용할 수 있도록 제반 업무 절차가 정립되고 시행되어야 한다.
④ 고객 분석 결과를 마케팅에 활용하기 위해 보유 상품 및 서비스에 대한 기준을 상담원에게 일임시켜야 한다.

> 해설 고객 분석 결과를 마케팅에 활용하기 위하여 보유 상품 및 서비스의 분류에 대한 공통적인 기준을 수립해야 하고, 고객 분류 기준과 대응할 수 있어야 한다.

05 다음 중 CRM 성공 요인 중 조직 측면에 해당하는 것은?

① 데이터 통합 수준
② 마케팅 부서의 독립
③ 판매 지향적 기업 문화
④ 최고 경영자의 관심과 지원

> 해설 조직 측면의 CRM 성공 요인에는 최고 경영자의 관심과 지원, 고객 및 정보 지향적 기업 문화, 전문 인력 확보 등이 있다.

06 성공적인 CRM 운영을 위하여 필요한 사항이 아닌 것은?

① 매스 미디어를 이용한 마케팅 활동이 중요시되어야 한다.
② 고객 및 정보 지향적 문화가 기업 내부에 확산되어야 한다.
③ CRM 관련 기술 및 마케팅 관련 전문 인력을 확보해야 한다.
④ CRM 중심 부서 간 업무가 통합되어서 고객 대응이 원활해야 한다.

> 해설 CRM 운영을 위해서는 매스 미디어를 이용한 마케팅 활동보다 데이터를 활용한 마케팅이 필요하다.

정답 04 ④ 05 ④ 06 ①

07 CRM의 중점 사항이 아닌 것은?

① 시장 점유율보다는 고객 점유율에 비중을 둔다.
② 기존 고객 유지보다는 신규 고객 획득에 중점을 둔다.
③ 제품 판매보다는 고객과의 관계에 중점을 둔다.
④ 목표 시장과 목표 고객에 대한 고객 관계의 집중화에 노력한다.

해설   CRM은 고객 획득보다는 고객 유지에 중점을 둔다.

08 다음 중 빅데이터를 수집할 때 기술적으로 고려해야 할 내용이 아닌 것은?

① 실시간 수집 가능
② 수평적 확장의 용이성
③ 데이터 적재 시간의 증가
④ 대용량 데이터의 수집 가능

해설   데이터 적재 시간은 빅데이터를 수집할 때의 고려 사항이 아니다.

09 주로 검색 엔진의 웹 로봇을 이용하여 SNS, 뉴스, 웹 정보 등의 조직 외부, 즉 인터넷에 공개되어 있는 웹 문서를 수집하는 방법은?

① 데이터 웨어하우스(Data Warehouse)
② 센싱(Sensing)
③ 클라우드(Cloud)
④ 크롤링(Crawling)

해설   크롤링
주로 검색 엔진의 웹 로봇을 이용하여 SNS, 뉴스, 웹 정보 등 인터넷에서 제공되는 웹 문서 정보를 수집하는 방법이다.

10 다음 중 CRM의 효과로 볼 수 없는 것은?

① 마케팅 프로그램의 실효성 평가가 체계적으로 이루어진다.
② 데이터마이닝을 이용하여 다양한 데이터 분석 능력을 수행할 수 있다.
③ IT 부서 관점에서 마케팅 자료가 필요할 때 사용자가 직접 정보 탐색하기가 복잡하게 바뀌었다.
④ 대용량 데이터에 신속하게 접근하고 OLAP를 이용하여 데이터 웨어하우스에 저장된 고객의 정보를 쉽게 이용할 수 있다.

해설 마케팅 자료가 데이터 웨어하우스에 저장됨으로써 사용자가 손쉽게 직접 정보를 탐색할 수 있다.

11 CRM의 특징에 대한 설명으로 틀린 것은?

① CRM은 고객 지향적이다.
② CRM은 고객과의 간접적인 접촉을 통해 커뮤니케이션을 지속한다.
③ CRM은 개별 고객의 생애에 걸쳐 거래를 유지하고, 늘려나가고자 하는 것이다.
④ CRM은 정보 기술에 기반한 과학적인 제반 환경의 효율적 활용을 요구한다.

해설 CRM은 고객과의 직접적인 접촉을 통하여 쌍방향의 커뮤니케이션을 지속한다.

12 빅데이터에서 유용한 정보와 의미 있는 지식을 찾아내기 위해 데이터를 가공하거나 분석을 지원하는 과정은?

① 빅데이터 수집(Big data collection)
② 빅데이터 정제(Big data cleansing)
③ 빅데이터 처리(Big data processing)
④ 빅데이터 저장(Big data storage)

해설 빅데이터 처리(Big data processing)는 대용량인 빅데이터를 적시 처리할 수 있도록 지원한다.

정답 10 ③ 11 ② 12 ③

13 CRM이 등장하게 된 환경적 요인과 가장 거리가 먼 것은?

① 개별 고객 정보의 실시간 활용 가능
② 마케팅 활동 및 고객의 중요성 부각
③ 전산 시스템의 구축으로 인한 영업 비용의 증가
④ 고객 정보의 과학적 분석을 통한 데이터 추출 가능

해설 마케팅 자동화, 또는 SFA(Sales Force Automation)를 할 수 있게 되어 영업 비용을 줄일 수 있게 되었다.

14 고객의 소리(VOC)는 기업의 경영 활동에 중요한 원천으로 활용할 수 있다. 고객의 소리(VOC)에 대한 설명으로 거리가 먼 것은?

① 다양한 VOC를 수집하기 위해 SNS(Social Network Service)를 활용하여야 한다.
② VOC를 소홀히 하거나 잘못 응대할 경우 기업의 부정적 이미지가 강화될 수 있다.
③ 자사의 VOC 발생은 전적으로 상담원의 중대한 결함이므로 즉각적인 조치를 취해야 한다.
④ 수집된 VOC를 분석하여 이를 개선 활동과 연계하는 등 경영 활동에 반영하여야 한다.

해설 VOC 발생은 회사 전반적인 접점 상황과 다양한 서비스 행동에서 발생할 수 있는 것으로 상담원 개인의 결함으로 보기는 어렵다.

제5장 통신판매 고객 상담

제1절 고객접점 응대 유형 파악

1. 고객 만족도 조사

(1) 고객 만족

① 기업이 제공하는 제품이나 서비스가 고객의 기대를 최대한 충족하는 것을 고객 만족(CS; Customer Satisfaction)이라고 한다. 고객 만족은 고객에게 신뢰감을 주는 중요한 요소로서 제품과 서비스에 대한 연속적인 구매로 이어진다.

② 고객 만족의 선순환적 구조는 고객이 제품이나 서비스를 구매하는 것으로부터 시작한다. 고객은 구매한 제품·서비스에 대한 총체적인 경험이 기대 수준에 부응했을 경우 긍정적 반응을 나타낸다. 고객의 긍정적 반응은 곧 고객 만족에 이르고 이후 해당 제품·서비스 구매에 다시 긍정적인 영향을 미침으로써 반복 구매를 일으킨다.

③ 고객 만족이란 고객의 기대 수준과 실제 경험의 일치 정도에 대한 고객의 주관적인 결과이므로, 제품·서비스 품질이 아무리 높아도 고객 만족 수준은 낮을 수 있다.
  ㉠ 고객의 기대 수준이 너무 높아서 실질적인 제품 사용의 경험이 고객들의 기대 수준을 따라가기 어려운 경우 → 과장된 광고 메시지 가능성 검토 및 고객 선정(Targeting) 오류 검토
  ㉡ 고객들의 기대 수준은 충족시키지만 고객들의 주관적인 평가 기준이 인색한 경우 → 고객 만족도 조사를 수행하는 측정 도구 검토

④ 고객 만족을 실현하기 위해서는 기본적인 고객 만족 요건이 필요한데, 고객 만족의 요건에는 고객 서비스의 원칙, 최고의 서비스 제공, 판매 후속 및 전문가적 서비스 수준 유지가 있다.

핵심예제

고객 만족에 대한 설명으로 적절하지 않은 것은?
① 제품·서비스 품질이 아무리 높아도 고객 만족 수준은 낮을 수 있다.
② 고객 만족이 충족되어도 제품과 서비스에 대한 재구매로 이어지지는 않는다.
③ 기업이 제공하는 제품이나 서비스가 고객의 기대를 최대한 충족하는 것을 뜻한다.
④ 고객 만족을 실현하기 위해서는 고객 서비스의 원칙, 최고의 서비스 제공 등의 기본적인 고객 만족 요건이 필요하다.

해설 고객 만족은 고객에게 신뢰감을 주는 중요한 요소로서 제품과 서비스에 대한 연속적인 구매로 이어질 수 있다.

정답 ②

(2) 고객 만족도 조사 시 유의 사항
① 사소한 것이라도 고객과의 상담 내용은 빠짐없이 기록한다.
② 불미스러운 상황에 대한 대처 방법을 반드시 숙지한다.
③ 접수된 고객 요구사항이 유형별로 확인되도록 내용이 누락되지 않게 주의한다.
④ 수집된 고객의 개인정보는 안전하게 보관한다.
⑤ 자료를 조사하여 활용할 경우 저작권 침해 등에 유의한다.
⑥ 고객의 개인정보를 수집할 경우에는 개인정보 보호법에 따라 개인정보 취급 방침의 동의 여부를 반드시 확인한다.

(3) MOT(Moments Of Truth) 기출
① 고객이 조직의 어떤 일면과 접촉하는 접점으로서, 서비스를 제공하는 조직과 그 품질에 대해 어떤 인상을 받는 순간이나 사상을 말한다.
② 스페인의 투우 용어인 'Moment de la verdad'를 영어로 옮긴 것으로, 투우사가 소의 급소를 찌르는 순간을 말하며 '피할 수 없는 순간' 또는 '실패가 허용되지 않는 매우 중요한 순간'을 의미한다.
③ SAS(스칸디나비아항공)사의 얀 칼슨이 주장한 것으로 고객 접점의 중요성을 뜻하는 용어이다.
④ 고객이 기업과 만나는 모든 장면에서 기업에 대한 고객의 경험과 인지에 영향을 미치는 결정적인 순간을 의미한다.
⑤ 고객과 기업이 접촉하여 그 제공된 서비스에 대해 느낌을 갖는 15초간의 진실된 순간을 의미한다.
⑥ 자사의 서비스나 제품을 선택한 것이 가장 현명한 선택이었다는 사실을 고객에게 입증시켜야 할 소중한 시간이다.
⑦ 고객 응대에 있어서 MOT의 의미는 고객과 기업이 상호 접촉하여 커뮤니케이션을 하는 매 순간이다.

> **2차 실기 맛보기**
> • 진실의 순간을 뜻하는 MOT(Moments Of Truth)의 의미를 간략히 설명하시오.
> • 얀 칼슨이 주장한 것으로, 고객이 직원들과 접하는 결정적인 순간을 말하는 용어로서 처음 접하는 15초 동안의 비교적 짧은 순간에 회사의 이미지뿐만 아니라 비즈니스의 성공이 좌우된다는 개념을 설명하는 용어가 무엇인지 쓰시오.

핵심예제

고객이 기업과 만나는 모든 장면에서 기업에 대한 고객의 경험과 인지에 영향을 미치는 결정적인 순간을 의미하는 용어는?
① MOT(Moments Of Truth)
② MIS(Marketing Information System)
③ CSM(Customer Satisfaction Management)
④ CRM(Customer Relationship Management)

해설 MOT는 서비스를 제공하는 조직과 그 품질에 대해 어떤 인상을 받는 순간이나 사상을 말한다.

정답 ①

제2절 고객 니즈 파악

1. 라포(Rapport) 중요

(1) 라포의 개념
① 고객과 응대자 사이에 형성되는 공감대를 의미한다.
② 상품 또는 서비스의 판매에 긍정적이고 호의적인 감정을 형성하여, 판매 체결 및 지속적인 거래 관계를 유도하는 연결 고리이다.
③ 예를 들어, 인바운드 상담 중 고객이 전화한 용건을 말하고 텔레마케터가 고객의 문의 내용을 파악하는 과정에서 감사 인사 또는 칭찬을 하는 것을 말한다.

(2) 형성 기법 기출
① 고객에게 관심을 갖고 고객의 욕구를 파악함으로써, 친밀감을 형성하여 고객이 신뢰감을 느끼도록 하는 기법이다.
② 라포(Rapport) 형성은 고객의 말을 긍정적으로 받아들이고 성의 있는 관심을 표출했을 때 극대화된다.
③ 라포(Rapport) 형성 단계: 경청 → 호응·맞장구 → 적극적 관심 표출 → 자연스러운 의사 도출 → 목적 도달

2. 경청 기법

(1) 효과적인 경청 기법 기출
① 고객이 말한 것을 상담자가 다시 한번 명료화한다.
② 비판하거나 평가하지 않는다.
③ 편견을 갖지 않고 고객의 입장에서 듣는다.
④ 주의를 고객에게 집중하고 듣는다.
⑤ 고객에게 계속적인 반응을 보인다.
⑥ 고객의 말을 가로막지 말고 끝까지 주의 깊게 듣는다.
⑦ 요점은 기록한다.

핵심예제

다음 중 효과적인 경청 기법이 아닌 것은?
① 고객이 말한 것을 상담자가 명료화해서는 안 된다.
② 고객에 대한 편견을 갖지 않는다.
③ 고객의 말에 계속적인 반응을 보인다.
④ 고객과의 공통 관심 영역을 찾는다.

해설 고객이 말한 것을 상담자가 다시 한번 명료화해야 한다.

① **정답**

⑧ 적절한 질문으로 고객의 니즈를 정확히 파악한다.
⑨ 고객의 대화상 실수를 너그럽게 이해한다.
⑩ 고객의 이야기에 대한 관심을 구체적으로 표현하고 고객에게 적극적인 응대를 한다.
⑪ 확실하지 않은 내용은 다시 한번 정중하게 물어본다.
⑫ 편안한 마음 상태로 듣는다.
⑬ 고객이 말하는 객관적인 사실뿐만 아니라 고객의 감정이나 정서적 상태도 고려하여야 한다.

(2) 경청의 방해 요인 중요
① 내담자의 마음을 미리 짐작하거나 읽기
② 다른 사람과 비교하기
③ 자신이 말할 내용 준비하기
④ 걸러 듣기
⑤ 상대 반응을 미리 판단하기
⑥ 공상하기
⑦ 자기 경험과 관련짓기
⑧ 충고하기
⑨ 언쟁하기(자기 주장하기)
⑩ 주제 이탈하기
⑪ 비위 맞추기

(3) 상담원 개인적 요인에 의한 경청의 방해 기출
① 신체적 건강 상태가 좋지 않을 때 경청 능력이 저하된다.
② 잡념이 심하거나 심리적 혼란 상태일 때 경청 능력이 저하된다.
③ 청각 능력의 감소 현상은 경청에 큰 악영향을 초래한다.
④ 편견이 경청을 방해한다.
⑤ 잘못된 추측으로 경청 능력이 저하된다.
⑥ 말의 속도가 너무 빠르거나 느리면 상담사와 내담자와의 대화가 순조롭지 못하고 쌍방 모두 말의 핵심을 놓쳐 경청에 지장을 준다.

핵심예제

상담원 개인적 요인에 의해 경청에 방해되는 것이 아닌 것은?

① 잘못된 추측
② 다른 상담자의 방문
③ 청각 능력의 감소 현상
④ 심리적 혼란 상태

해설 다른 상담자의 방문은 외부 환경에 의한 경청의 방해이다.

정답 ②

(4) 외부 환경에 의한 경청의 방해 [기출]

① 외부에서 들려오는 소음 공해가 경청을 방해한다.
② 전화벨이 자주 크게 울리는 것은 경청에 지장을 준다.
③ 다른 상담자의 방문은 상담을 중단시키고 시선을 빼앗아 경청에 영향을 미친다.
④ 상담실의 집기 비품들도 경청에 영향을 미친다.

3. 고객의 욕구 파악

(1) 고객의 욕구 [기출]

① 고객은 관심과 정성을 원한다.
② 고객은 적시에 서비스를 제공받길 원한다.
③ 고객은 자신의 문제에 대해 공감받고 문제가 공정하게 처리되길 원한다.
④ 고객은 유능하고 책임 있는 일 처리를 기대한다.
⑤ 고객은 기대와 욕구를 수용해 주길 원한다.
⑥ 고객은 존중받고 편안함을 느끼길 원한다.

(2) 매슬로우(Maslow)의 욕구 단계 이론 [기출]

① 매슬로우(Maslow)는 인간의 욕구를 5단계로 구분하여 설명하였으며, 하위 단계의 욕구가 충족되어야만 다음 단계의 욕구를 추구하게 된다고 보았다.
② 1단계: 생리적 욕구
  ㉠ 인간의 기본적 욕구로서 의식주를 해결하여 생명을 유지하고 성적 욕구를 해결하면서 후손을 남기려는 욕구이다.
  ㉡ 저소득층 고객은 대부분 금전적 손해가 초래될 때 가장 민감한 반응을 보이므로 상담 시 주의한다.
③ 2단계: 안정의 욕구
  ㉠ 생활의 안정, 신체적인 안정, 생명의 안전, 직책상의 안정을 추구하는 욕구이다.
  ㉡ 고객 상담 과정에서는 소비자를 안전하게 보호하거나 생활의 안정을 찾도록 지원·상담해야 한다. 불량품에 대해서는 신속·정확하게 서비스를 제공하고 환불 보상은 소비자에게 피해가 없도록 처리한다.

핵심예제

일반적인 고객 욕구에 대한 설명으로 옳지 않은 것은?

① 소비자가 원할 때 적시에 서비스를 제공받기를 원한다.
② 자신의 문제에 대해 공감받고 공정하게 처리되기를 원한다.
③ 책임 당사자인 제3자에게 업무를 넘겨서 처리해 주기를 원한다.
④ 존중받고 편안함을 느끼길 바라며 관심과 정성이 담긴 서비스를 제공받기를 원한다.

해설 고객은 유능하고 책임감 있는 일 처리를 기대하지 제3자에게 업무를 넘기는 것을 원하지는 않는다.

③ **정답**

④ 3단계: 애정과 소속의 욕구
　㉠ 친목 단체, 학술 단체 등 기관이나 모임에 소속되기를 원한다.
　㉡ 고객의 취미에 관한 대화나 건강, 가족, 소속된 회사에 관심을 보이는 것도 좋은 상담 대화기법이 될 수 있다. 가급적 눈을 마주치며 대화를 유도하여 동참시킨다.
⑤ 4단계: 자기 존중의 욕구
　㉠ 존중과 인정을 받고 싶은 욕구이다.
　㉡ 고객과 상담 시 고객의 불평불만을 우선 인정하는 자세가 필요하다. 고객의 말을 주의 깊게 듣고 고객 입장에서 인정해 주며 객관적으로 회사의 입장을 이해시키는 것이 좋다.
⑥ 5단계: 자아실현의 욕구
　㉠ 개인의 타고난 능력 혹은 성장 잠재력을 실행하려는 욕구이다.
　㉡ 고객은 자기표현을 하고 자기 목적을 달성했을 때 자아를 실현했다고 느낀다.

(3) 고객의 욕구 파악 방법
① 개방형 질문 기출
　㉠ 문제 해결에 도움을 줄 수 있는 방법을 구상하면서 고객의 욕구 사항을 파악하는 질문법이다.
　㉡ 상담자가 내담자에게 5W1H의 형식에 맞추어 '언제, 어디서, 누가, 무엇을, 왜, 그리고 어떻게'로 질문한다.
　㉢ 폐쇄형 질문보다 자료를 모으는 데 더 효과적이다.
　㉣ 고객 상황에 대한 명확한 이해가 용이하다.
　㉤ 고객으로부터 많은 의견과 정보를 기대할 수 있다.
　㉥ 답변하는 사람에 따라 말의 내용과 분량이 달라진다.
　㉦ 개방형 질문을 한 뒤 고객의 답변에 이어, 필요하다면 다른 내용을 추가로 질문함으로써 고객의 욕구를 명확하게 파악할 수 있다.
　㉧ 상담 초반에 사용하는 것이 효과적이다.
　㉨ 질문 내용
　　• 고객의 욕구 확인하기: 고객이 무엇을 원하거나 기대하는지를 파악하는 데 도움을 주는 것으로 "당신은 어떤 형태의 제품을 찾고 계십니까?"라고 하는 식의 질문이다.
　　• 많은 정보 수집: 고객이 마음속에 생각하고 있는 여러 가지 요구사항들을 가급적 많이 얻으려는 질문이다.

핵심예제

매슬로우의 욕구 단계 이론 중 개인의 타고난 능력 혹은 성장 잠재력을 실행하려는 욕구는?
① 안정의 욕구
② 자아실현의 욕구
③ 자기 존중의 욕구
④ 애정과 소속의 욕구

해설　개인의 타고난 능력 혹은 성장 잠재력을 실행하려는 욕구는 자아실현의 욕구로, 고객의 경우 자기표현을 하고 자기 목적을 달성했을 때 자아를 실현했다고 느낀다.

② 정답

- 관련 자료의 탐색 : 어떤 사건이나 상황에 대한 과거의 정보, 과거의 정황이나 배경들, 관련 자료를 가능한 한 많이 찾아내려고 하는 질문이다.

② 폐쇄형 질문 기출
  ㉠ 짧은 답을 이끌어 내는 대신 새로운 정보를 얻지 못한다.
  ㉡ 간단한 답변, 즉 '예/아니요' 등의 단답을 이끌어 내는 질문 기법이다.
  ㉢ 전체 상담 시간 조절이 가능하다.
  ㉣ 상담원이 원하는 방향으로 고객을 리드하는 것이 가능하다.
  ㉤ 질문 내용
    - 정보 확인 : 단정적인 답을 구하는 질문으로, 고객이 말한 것이 무엇이고 무엇에 동의했는지 체크하는 가장 빠른 방법이다.
    - 주문 체결하기 : 고객의 욕구를 확인하고 구매 결정, 주문 계약 체결을 추구하기 위한 질문을 한다.
    - 동의 얻기 : 지속적인 대화가 있어 왔고 이제 대화를 마치고 실행이 요구되는 경우에 폐쇄형 질문으로 원하는 결과를 만들 수 있다.
    - 정보를 명확히 하기 : 상대방과 대화 중 여러 가지 문제점이 도출되는 경우에 상대가 원하는 것을 정확하게 확인하기 위한 질문이다.

③ 고객의 구체적 욕구를 파악하기 위한 질문 기법 기출
  ㉠ 고객의 말을 비판하지 않는다.
  ㉡ 가능하면 긍정적인 질문을 한다.
  ㉢ 구체적으로 질문한다.
  ㉣ 더 좋은 서비스를 제공하기 위해 소비자가 확실히 원하는 것을 찾아내는 질문을 한다.

CHECK BOX

자기 노출
- 고객과의 관계 개선을 위한 방법 중 하나이다.
- 상담자가 의도적으로 개인적인 정보를 고객에게 밝히는 것이다.
- 고객 자신의 경험, 생각, 감정, 행동에 대한 이해를 촉진하기 위해 사용되며, 관계상의 친밀감을 증가시키고, 보상을 받을 때 증가한다.

핵심예제

소비자 욕구를 파악하기 위해 고객 조사를 할 때 폐쇄형 질문이 적절한 경우는?

① 문제의 원인이나 배경에 대해 새로운 정보를 얻어야 할 때
② 편견 없이 가능한 한 다양하고 많은 정보를 모아야 할 때
③ 여러 대안 중 소비자의 최종 결정 사항을 확인하고자 할 때
④ 소비자들의 보편적인 사고방식에 대한 기존 정보가 없을 때

해설 ①·②·④ 개방형 질문에 대한 내용이다.

③ **정답**

제3절 고객 응대

1. 설득 화법

(1) 소통을 위한 화법 기출

① I·You·Do·Be-message 화법 기출

I-message (아이 메시지)	대화 시 상대방에게 내 입장을 설명하는 화법으로, 상대방의 행동이 나에게 어떻게 느껴졌는지 또는 나에게 어떤 영향을 끼쳤는지 '나' 중심적으로 설명하는 화법이다.
You-message (유 메시지)	대화 시 결과에 대해 상대방에게 핑계를 돌리는 화법으로, 문제의 원인을 상대방에게 있다고 설명하는 화법이다. "~ 너 때문이야!"와 같은 표현이 대표적이다.
Do-message (두 메시지)	어떤 잘못된 행동 결과에 대해 그 사람의 행동 과정을 잘 조사하여 설명하고, 잘못에 대하여 스스로 반성을 구하는 화법이다.
Be-message (비 메시지)	잘못에 대한 결과를 일방적으로 단정함으로써 상대방으로 하여금 공격을 받았다고 생각하게 하여 반감을 불러일으키게 하는 화법이다.

② 고객과 상담 시 공감대를 형성하기 위한 화법
  ㉠ 고객과의 공감대를 형성할 수 있는 공통 화제를 선정하여 자연스러운 대화를 유도한다.
  ㉡ 원활한 상담을 위해 고객 말에 적극적으로 동감 표현을 하고 긍정적인 관심을 갖는다.
  ㉢ 고객의 사회적 지위나 신분에 맞는 존칭어를 사용한다.

(2) 설득을 위한 화법 중요

① 상품의 가치를 높여주는 FABE 기법
  ㉠ Feature(특징) : 상품의 사실, 자료, 특징을 설명한다.
  ㉡ Advantage(장점) : 상품이 어떻게 고객에게 사용되고 도움 되는지 설명하여 타 상품 대비 상대적으로 우수한 경쟁력을 부각시킨다.
  ㉢ Benefits(이점) : 상품이 고객이 표현한 현재 니즈를 어떻게 충족시키는지 설명하는 것으로, 각 상품의 기능과 장점으로 인해 고객이 받을 수 있는 이익을 보여 주는 것이다.
  ㉣ Evidence(증거) : 고객에게 제시할 수 있는 증거자료, 사례를 제시하여 신뢰감을 확보할 수 있다.

핵심예제

공감대 형성을 위한 화법에 관한 설명으로 틀린 것은?
① 고객의 신분에 맞는 존칭어를 사용한다.
② 고객의 말에 적극적인 동감 표현을 한다.
③ 고객과의 공감대를 형성하는 데 도움을 주는 공통 화제를 선정하는 것이 중요하다.
④ 전체 상담의 원활한 진행과 분위기를 위해 고객의 말을 아무 말 없이 끝까지 듣는다.

해설 전체 상담의 원활한 진행과 분위기를 위해 고객의 말에 적극적인 동감 표현을 하며, 긍정적인 관심을 갖고 적절한 질문을 하면서 경청한다.

④ 정답

② Yes, But 화법
  ㉠ 일단 상대의 의견을 긍정하고 난 후에 그에 반대되는 자신의 의견을 제시하는 화법이다.
  ㉡ 무리한 부탁을 하는 사람은 상대방이 거절할 것에 대한 막연한 두려움을 갖는데 이러한 두려움은 'Yes'를 듣는 순간 반감된다.
  ㉢ 상대의 의견에 긍정한 후 반론을 제기하거나 거절의 뜻을 표현하면 상대방이 훨씬 더 이성적으로 이해할 수 있게 된다.
③ 아론슨 화법
  ㉠ 단점을 장점으로 전환하고자 할 때 활용하는 화법으로 고객의 반론에 효율적으로 활용한다.
  ㉡ 고객이 "너무 비싸네요."라고 할 때 "네~ 비싸죠? 비싸지만 질이 가장 좋은 제품입니다."와 같이 단점을 장점으로 전환하는 화법이다.
④ 레어드 화법: 질문 형식으로 말하여 고객이 선택할 수 있도록 요청하거나 고객을 유도하는 기술이다.
  예 '적으세요. → '메모 가능하십니까?', '이름이요? → 성함을 말씀해 주시겠습니까?', '순서를 지키세요. → 차례를 지켜주시겠습니까?' 등
⑤ 쿠션 화법
  ㉠ 딱딱한 쇼파에 쿠션을 대어 부드럽게 한다는 뜻을 가진 말로서 고객의 의사와 다를 경우 부드러운 거절의 표현을 쓸 때, 고객에게 요청해야 하는 사항이 있을 때 윤활유의 역할을 한다.
    예 '죄송합니다만~', '실례합니다만~', '괜찮으시다면~' 등
  ㉡ 쿠션어의 경우 단독으로 활용되기 보다는 레어드 화법(청유형)과 항상 함께 활용된다.
⑥ 긍정형의 화법: 부정적 응대가 아닌 긍정형의 내용으로 전환하여 고객에게 안내하면 고객을 배려하는 표현으로 느껴진다.
    예 '모릅니다. → 제가 알아봐 드리겠습니다.', '못합니다. → 최선을 다하겠습니다.' 등
⑦ 스토리텔링
  ㉠ 실제 사례를 중심으로 고객의 흥미를 끌고 대화를 이어갈 수 있는 화법이다.
  ㉡ 감성을 움직이고 그 속에서 자연스러운 설득과 이해가 일어난다.
  ㉢ 전달하고자 하는 핵심이 쉽고 부담 없이 받아들여진다.
  ㉣ 익숙하고 저항감이 없으므로 기존 정보나 고정 관념 등의 방해물을 쉽게 피해갈 수 있다.

핵심예제

설득 화법 중 레어드 화법 활용의 예가 아닌 것은?

① 메모 가능하십니까?
② 성함을 말씀해 주시겠습니까?
③ 순서를 지키십시오.
④ ○○(으)로 변경해 드리면 어떠십니까?

해설 레어드 화법은 질문 형식으로 말하여 요청하는 것이므로 "순서를 지키십시오."는 레어드 화법이 아니다. "차례를 지켜주시겠습니까?"가 옳은 레어드 화법이다.

③ **정답**

2. 국어 표준화법

(1) 올바른 어휘 사용
① 올바른 어휘를 사용하기 위해서는 '정확한 정보 전달', '전문적인 응대', '정중한 응대'를 통하여 전문성을 얻기 위해 노력해야 한다.
② 종결어미를 생략하거나 얼버무리듯 말하는 것은 전문성이 떨어져 보여 고객에게 신뢰를 잃게 된다.
  예 "예…, 그건 좀….", "글쎄요…." 등

(2) 명령어 또는 훈계조, 책임을 회피하는 어휘
훈계조, 명령어, 책임을 회피하는 어휘 등 부적절한 어휘를 활용하면 고객은 정중한 응대를 받지 못해서 존중받지 못한다는 느낌을 받아 불쾌감을 느낀다.
  예 "… 그건 아니죠.", "…라구요.", "… 하세요.", "…일걸요?", "…라고 하네요." 등

3. 스트레스

(1) 스트레스의 어원과 정의
① 어원
  ㉠ 스트레스(Stress)의 어원은 '팽팽하게 죄다'라는 뜻을 가진 라틴어 스트링게르(Stringer)로 알려져 있으며 처음에는 물리학 분야에서 학문적으로 사용하기 시작했다.
  ㉡ 20세기 들어 스트레스와 인체와의 상관관계가 연구되면서 개념이 확장되었다.
② 정의
  ㉠ 외부 자극이나 변화에 대한 개인의 신체적, 정신적, 행동적 반응 또는 적응을 의미한다.
  ㉡ 스트레스가 무조건 건강에 좋지 않은 영향만을 끼치는 것은 아니며, 적당한 스트레스는 신체와 정신에 활력을 주기도 한다.

(2) 스트레스의 종류 및 요인 중요
① 외부적 원인(External stressor)
  ㉠ 물리적 환경: 소음, 강력한 빛, 열, 한정된 공간 등
  ㉡ 화학적 자극: 약물 또는 화학물질에 노출 등

핵심예제

스트레스의 원인 중 외부적 요인에 해당하지 않는 것은?
① 소음
② 마감시간
③ 비관적인 생각
④ 다른 사람과 격돌

  해설 비관적인 생각은 내부적 원인에 해당한다.

③ 정답

ⓒ 사회적(사람과의 관계) 환경: 무례함, 명령, 다른 사람과 격돌 등
ⓔ 조직사회: 규정, 규칙, 형식절차, 마감시간 등
ⓜ 생활의 큰 사건: 친족의 죽음, 직업 상실, 승진 등
ⓗ 일상에서의 복잡한 일: 통근, 열쇠 분실, 기계적 고장 등
② 내부적 원인(Internal stressor)
ⓐ 생활양식: 카페인, 충분하지 못한 수면, 과중한 스케줄 등
ⓑ 부정적인 자신과 대화: 비관적인 생각, 자신 혹평, 과도한 분석 등
ⓒ 마음의 올가미(Mind traps): 비현실적인 기대, 독선적인 소유, 전부 아니면 아무것도 아니라는 생각, 과장되고 경직된 사고 등
ⓓ 스트레스가 잘 생길 수 있는 개인 특성: 꼼꼼하고 소심한 성격의 소유자, 완벽주의자, 일 중독자 등

(3) 역할 스트레스 _{중요}
① 역할 갈등: 한 사람이 여러 지위를 동시에 갖거나 한 가지 지위를 가지며 동시에 여러 가지 역할을 요구받을 때 나타나는 역할 모순이다.
② 역할 모호성: 역할 기대가 모호하고 역할 담당자의 직무 경험에 따라 자신의 의무, 권한 및 책임에 대한 이해가 부족하여 담당하는 역할이 모호해지는 상태이다.

(4) 스트레스 증상
① **정신적 증상**: 집중력 약화, 주의산만, 기억력 감소, 우유부단, 마음이 텅빈 느낌, 혼란감, 불안, 우울, 신경과민, 분노, 근심 걱정 등
② **행동적 증상**: 안절부절 못함, 손톱 깨물기, 발 떨기, 폭식, 폭음, 흡연, 욕설, 난폭한 행동, 시끄럽거나 어수선한 곳 피하기 등
③ **신체적 증상**: 피로, 두통, 불면증, 근육통, 맥박이 빠르고 가슴이 두근거리는 증상, 혈압상승, 과호흡 증상, 식욕부진, 소화장애, 위염, 위궤양, 설사, 변비, 사지 냉감, 얼굴이 화끈 달아오름, 복통, 감각 이상 등

(5) 스트레스 관리 방법 _{중요}
① 스트레스를 극복하기 위한 대처 방식을 뜻한다.
② 자신의 스트레스 수준을 알아야 한다.
③ 자신의 스트레스 증상을 알고 스스로 조절한다.

핵심예제

콜센터 상담원의 역할 스트레스에서 역할 모호성의 영향 요인 중 개인적 요인에 해당하는 것은?
① 피드백(Feedback)
② 고려(Consideration)
③ 권한 위임(Empowerment)
④ 직무 경험(Duty experience)

해설 개인의 직무 경험에 따라 담당하는 역할이 모호해질 수 있다.

정답 ④

④ 생활 습관을 개선한다.
⑤ 자신의 감정을 다른 사람에게 털어놓는다.
⑥ 자기주장 훈련과 근육 이완법 훈련, 그리고 복식 호흡을 한다.
⑦ 긍정적으로 생각한다.

4. 감정노동자 보호법

(1) 감정노동 기출

① 말투나 표정, 몸짓 등 드러나는 감정 표현을 직무의 한 부분으로 연기하기 위해 자신의 감정을 억누르고 통제하는 일이 수반되는 노동을 말한다.
② 주로 고객, 환자, 승객, 학생 및 민원인 등을 직접 대면하거나 음성 대화 매체 등을 통하여 상대하면서 상품을 판매하거나 서비스를 제공하는 고객 응대 업무 과정에서 발생한다.
③ 승무원, 콜센터 상담사, 호텔 및 음식점 종사자, 판매 업무 종사자뿐만 아니라, 최근에는 요양 보호사·보육 교사 등 돌봄 서비스 업무, 공공 서비스나 민원 처리 업무까지 광범위한 직업군에서 감정노동을 수행하는 것으로 나타난다.
④ 감정노동을 제대로 관리하지 않았을 때 발생할 수 있는 문제
　㉠ 정신적 건강 문제 발생
　　• 겉으로는 웃지만 우울증이나 적응 장애가 발생할 수 있다.
　　• 고객으로부터 받은 감정적 상처로 자살 충동이 일어날 수 있다.
　　• 자기 비하를 하거나 자아 존중감이 떨어질 수 있다.
　　• 억눌린 감정을 해소하지 못하면 화병에 시달리거나 업무에서 번아웃을 경험할 수 있다.
　㉡ 신체적 건강 문제 발생
　　• 스트레스가 지속되면서 심장이 빨리 뛰고 혈압이 높아진다.
　　• 실제 감정과 다른 감정을 반복적으로 표현하면서 피로감이 증가한다.
　　• 고객 응대를 위해 지속적으로 서 있거나 불안정한 자세를 유지하므로 요통 등 근골격계 질환이 발생할 수 있다.
　㉢ 건강하지 않은 생활 습관 형성
　　• 흡연, 음주 등의 건강하지 않은 생활 습관을 갖게 될 수 있다.
　　• 스트레스로 인해 숙면하지 못하고, 불규칙적인 식생활을 갖게 된다.

핵심예제

스트레스를 관리하는 방법으로 옳지 않은 것은?

① 생활 습관을 개선한다.
② 자신의 감정을 털어놓는다.
③ 복식 호흡을 하지 않도록 주의한다.
④ 자신의 스트레스 증상을 알고 스스로 조절한다.

해설 자기주장 훈련과 근육 이완법 훈련, 복식 호흡을 하여 스트레스를 관리한다.

③ **정답**

⑤ 감정노동 직업군의 분류 기출
  ㉠ 직접 대면 직업군: 백화점·마트의 판매원, 호텔 직원, 음식업 종사원, 골프장 경기 보조원, 택시 및 버스기사, 금융기관 종사원, 미용사, 항공사 승무원 등
  ㉡ 간접 대면 직업군: 콜센터 상담원 등

(2) 감정노동 종사자 건강보호 조치 중요
① 감정노동 종사자 보호를 경영 방침으로 설정
  ㉠ 감정노동 종사자의 건강보호를 경영 방침에 명시하고 전 노동자에게 공지한다.
  ㉡ 노동자와 함께 보호 대책 등을 논의·결정할 수 있는 구조를 만든다.
  ㉢ 관련 예산을 편성·집행하고, 감정노동 종사자 건강보호를 위한 프로그램을 마련한다.
② 감정노동 실태 파악 후 스트레스 완화 방안 마련
  ㉠ 감정노동 유형, 부서별 고객 응대 업무 내용, 고객 응대 업무량을 조사한다.
  ㉡ 고객의 유형을 파악하여 유형별로 대응할 수 있는 방안을 마련한다.
  ㉢ 감정노동 종사자의 직무 스트레스 요인 및 수준, 신체적·정신적 건강 문제를 파악한다.
  ㉣ 업무 수행 실태에 따라 스트레스 완화 방안을 마련한다.
③ 부당한 요구 시 서비스가 중단될 수 있음을 안내
  ㉠ 상습적 폭력을 행사하는 고객에게 법적 문제가 될 수 있음을 사전에 안내한다.
  ㉡ 문제 유발 고객의 출입 제한 안내문을 게시한다.

법적 문제에 해당되는 고객 행동의 유형

구분	법률적으로 문제가 되는 유형	법률적 문제에 해당되지 않는 유형
정의	고객의 행위가 법률상 범죄에 해당되는 유형으로, 해당 법률에 의거하여 고소를 통해 법적 조치 가능	고객의 행위가 즉시 법률상 범죄에 해당하지는 않지만 업무 수행을 방해하거나 악성 민원으로 전환될 가능성이 높은 경우
유형	• 성희롱 • 폭행, 폭언(욕설, 협박, 모욕) • 공포심·불안감 유발 • 허위 불만 제기 등 업무 방해 • 장난 전화	• 업무 처리에 대한 불만 제기 • 개인적인 사생활이나 생활고 하소연 • 자기주장이나 동일 내용을 고질적으로 반복하여 문제 제기 • 이치에 맞지 않는 억지 주장 • 상담에 대한 불만으로 무리한 요구

핵심예제

감정노동 직업군 분류 중 간접 대면에 해당하는 것은?

① 콜센터 상담원
② 백화점 판매원
③ 미용사
④ 항공사 승무원

해설 백화점 판매원, 미용사, 항공사 승무원이 직접적으로 고객을 대면하는 반면, 콜센터 상담원은 전화기를 통해 간접적으로 대면한다.

① 정답

④ 고객과의 갈등을 최소화하기 위한 업무 처리 재량권 부여
  ㉠ 노동자의 업무 중단권: 고객의 부당한 요구와 폭행 등에 대해 스스로 대처하고 자기를 보호할 수 있는 권한을 부여한다.
  ㉡ 노동자의 재량권: 고객의 요구를 신속하게 해결해 줄 수 있는 권한을 부여한다.

> **CHECK BOX**
>
> **감정노동 종사자의 건강보호 조치 방법**
> - 고충처리 위원 배치 및 건의제도 운영
> - 고객과의 갈등을 최소화하기 위한 업무 처리 재량권 부여
> - 사업장 특성에 맞는 고객 응대 업무 매뉴얼 마련
> - 휴식시간 제공 및 휴게시설 설치
> - 감정노동 종사자 보호를 경영 방침으로 설정
> - 감정노동 실태 파악 후 스트레스 완화 방안 마련
> - 부당한 요구 시 서비스가 중단될 수 있음을 안내
> - 감정노동 종사자 지원 체계 마련 등 협력적 직장 문화 조성
> - 폭력 등 발생 시 업무 중단권 부여 및 상담·치료 지원

⑤ 감정노동 종사자 지원 체계 마련 등 협력적 직장 문화 조성
  ㉠ 문제 유발 고객을 매뉴얼에 따라 상대한 노동자에게 해고, 징계 등 불이익 처분을 하지 않는다.
  ㉡ 감정노동 종사자를 존중하고 지지하는 직장 내 제도와 절차를 마련한다.
  ㉢ 의사소통이 원활한 직장 분위기를 조성한다.
  ㉣ 감정노동 종사자의 업무 모니터링을 자제한다.
  ㉤ 감정노동으로 인한 감정 손상 등을 예방하기 위한 직장 환경을 조성한다.
  ㉥ 협력 업체 노동자에 대해서도 감정노동으로 인해 발생하는 문제에서 노동자를 보호하도록 노력한다.
⑥ 휴식 시간 제공 및 휴게 시설 설치
  ㉠ 업무 중간에 휴식 시간을 배치한다.
  ㉡ 감정노동 종사자가 휴식을 취할 수 있는 독립적이고 적절한 공간을 마련한다.

핵심예제

감정노동 종사자를 위한 협력적 직장 문화 조성과 관련 없는 것은?
① 의사소통이 원활한 직장 분위기를 조성한다.
② 감정노동 종사자의 업무 모니터링을 하고 구체적으로 피드백한다.
③ 감정노동 종사자를 존중하고 지지하는 직장 내 제도와 절차를 마련한다.
④ 감정노동으로 인한 감정 손상 등을 예방하기 위한 직장 환경을 조성한다.

해설 감정노동 종사자의 업무 모니터링은 자제한다.

② **정답**

⑦ 사업장 특성에 맞는 고객 응대 업무 매뉴얼 마련
  ㉠ 고객 응대 업무 매뉴얼을 마련하여 즉각적인 대처를 할 수 있게 한다.
  ㉡ 매뉴얼에 포함되어야 할 내용
    • 상황별 보호 조치(예 방문 A/S 시 2인 1조 수행)와 응대 멘트
    • 감정노동으로 인한 문제 상황 발생 시 구체적인 대응 지침
    • 구체적인 사례를 바탕으로 한 처리 절차
    • 노동자 불이익 금지 및 보호 원칙
  ㉢ 매뉴얼의 주요 내용 교육 및 사후 관리
    • 문제 발생 시 필요한 대응 지침 및 사후 처리 절차 교육
    • 사후 처리 절차에 대한 개선 의견 모집
    • 사후 처리 현황 점검 및 개선안 마련
    • 형사 처벌 등 법적 조치 현황 검토
    • 노동자 보호 체계의 검토 및 보완 대책 마련
⑧ 폭력 등 발생 시 업무 중단권 부여 및 상담·치료 지원
  ㉠ 업무의 일시적 중단(긴급 상황 발생 시 대피): 문제 상황 발생 시 피해 노동자의 신체적·심리적 안정을 위해 해당 고객으로부터 분리하고, 업무를 일시적으로 중단시킨다.
  ㉡ 문제 유발 고객에게 무조건적인 사과는 금지: 부당한 요구를 하는 고객에게 무조건적으로 사과하는 것보다는 사실 관계를 파악하여 처리하는 것이 바람직하다.
  ㉢ 2차 처리 부서나 전담 대응 팀 이관 및 업무 매뉴얼 실행: 신속하게 2차 처리 부서나 전담 대응 팀으로 이관하고, 직장 내에 마련된 업무 매뉴얼을 실행한다.
  ㉣ 심리 상담 및 치료 기회 제공: 심리 상담실, 건강 관리실 등을 마련하여 고객 응대 과정에서 발생된 스트레스를 해소·완화할 수 있는 기회를 제공한다.
  ㉤ 증거 자료 확보: 폭언·폭력을 행사한 고객의 증거 자료를 확보하고, 피해 노동자가 요청할 경우 반드시 제공한다.
  ㉥ 법적·행정적 조치 지원: 노동자가 직접 폭언 등의 행위를 한 고객에 대해 고소, 고발, 손해 배상 청구 등 민·형사상 조치를 하는 경우 필요한 행정적, 절차적 지원을 한다.

핵심예제

업무 중 폭력 등의 문제 상황 발생 시 해야 할 일로 적절하지 않은 것은?
① 증거 자료 확보
② 법적·행정적 조치 지원
③ 심리적 안정을 위한 업무 지속
④ 심리 상담 및 치료 기회 제공

해설 문제 상황 발생 시 업무 중단권을 부여하고 상담·치료를 지원해야 한다. 업무를 지속시킬 것이 아니라 피해 노동자의 신체적·심리적 안정을 위해 업무를 일시적으로 중단시켜야 한다.

③ **정답**

제 5 장 실제예상문제

01 고객과 상담원 간의 공감대 형성을 위한 라포 형성 기법에 관한 설명으로 옳은 것은?

① 고객의 의사결정을 적극적으로 돕는 것이다.
② 고객과 상담원 간의 친밀감 형성을 위해 고객의 커뮤니케이션 특성에 맞추어 진행하는 것이다.
③ 고객의 불만이나 문제 해결을 위한 방법을 제안하여 현재 요구를 확인시켜 주는 질문 기법이다.
④ 판매종결에 필요한 정보를 파악할 수 있으며 가장 강조해야 할 상품의 특성 파악을 할 수 있도록 하는 것이다.

> 해설 라포(Rapport)는 고객에게 관심을 갖고 고객의 욕구를 파악함으로써, 고객이 친밀감을 형성하여 신뢰감을 느끼도록 하는 기법이다.

02 개방형 질문에 관한 설명으로 옳은 것은?

① Yes/No 답변을 유도할 수 있다.
② 전체 상담 시간 조절이 가능하다.
③ 고객 상황에 대한 명확한 이해가 용이하다.
④ 상담원이 원하는 방향으로 고객을 리드하는 것이 가능하다.

> 해설 ① · ② · ④는 폐쇄형 질문에 대한 설명이다.
> **개방형 질문의 특징**
> • 응답자의 다양한 의견을 수렴할 수 있다.
> • 고객 상황에 대한 명확한 이해가 용이하다.
> • 새로운 정보 획득이 가능하다.
> • 표현 능력이 부족한 응답자에게는 문제가 될 수 있고 무응답률이 높다.

03 개방형 질문의 장점에 해당하지 않는 것은?

① 응답자로 하여금 그가 원하는 방향으로 자세히 응답하게 함으로써 창의적인 자기표현의 기회를 줄 수 있다.
② 질문지에 열거하기에는 응답 범주가 너무 많을 경우에 사용하면 좋다.
③ 몇 개의 범주로 압축할 수 없을 정도로 쟁점이 복합적일 때 적합하다.
④ 질문에 대한 대답이 표준화되어 있기 때문에 비교가 가능하다.

> 해설 질문에 대한 대답이 표준화되어 있어 비교가 가능한 것은 폐쇄형 질문의 장점이다.

정답 01 ② 02 ③ 03 ④

04 다음 고객 상담에 대한 설명 중 잘못된 것은?

① 고객 상담은 상담원과 고객 간의 언어적 의사소통으로만 진행된다.
② 대면 상담이나 전화 통화, 문서 상담 모두 의사소통이 원활해야 좋은 상담이 될 수 있다.
③ 효율적인 상담을 위해서 상담원은 의사소통 능력이 탁월하여야 한다.
④ 상대방에게 호감을 줄 수 있는 음성이 상담에서 더욱 효과적이다.

> 해설 고객 상담은 언어적·비언어적 의사소통으로 진행된다.

05 올바른 경청에 대한 내용으로 보기 어려운 것은?

① 열린 마음으로 고객의 말을 수용한다.
② 정중한 질문을 통해 확인한다.
③ 고객을 이해한다는 것을 확인시킨다.
④ 회사 입장에서 자사 상품을 두둔한다.

> 해설 고객의 관점에서 이해하려고 노력해야 한다. 회사 입장에서 자사 상품을 두둔하는 것은 피해야 할 자세이다.

06 컴플레인 처리 요령에 대한 설명으로 틀린 것은?

① 고객의 컴플레인에 당황하지 말고 고객의 말을 주의 깊게 경청한다.
② 컴플레인의 내용을 반복과 부연으로 정확히 이해한다.
③ 고객의 말을 막아 고객이 격한 감정을 표출하지 못하도록 한다.
④ 부정적인 단어의 사용을 피하고, 솔직하게 사과를 한다.

> 해설 컴플레인 처리 시에는 경청이 중요하다. 고객의 말을 가로막는 것은 오히려 컴플레인을 악화시킬 우려가 있다.

정답 04 ① 05 ④ 06 ③

07 경청을 방해하는 요인이 아닌 것은?

① 비교하기
② 미리 판단하기
③ 충고하기
④ 명료화하기

> **해설** 경청을 방해하는 요인
> • 다른 사람과 계속 비교하기
> • 내담자의 마음을 미리 짐작하거나 읽기
> • 자신이 말할 내용 준비하기, 걸러 듣기, 충고하기
> • 미리 판단하기, 공상하기, 자기의 경험과 관련짓기
> • 언쟁하기, 자기만 옳다고 주장하기, 주제 이탈하기, 비위 맞추기

08 고객 상담 시 공감대를 형성하는 방법으로 적절하지 않은 것은?

① 고객을 진심으로 칭찬한다.
② 인사는 격식에 따라서 위엄이 있게 한다.
③ 공통적인 화제로 자연스럽게 대화한다.
④ 고객의 신분에 맞는 존칭어를 구사한다.

> **해설** 상담자는 위엄 있는 태도를 버리고 고객에게 친근감 있게 대하는 것이 좋다.

09 경청의 방해 요인 중 상담원 개인적 요인인 것은?

① 소음 공해
② 전화벨
③ 노크
④ 편견

> **해설** ① · ② · ③ 외부 환경에 의한 경청의 방해 요인이다.

정답 07 ④ 08 ② 09 ④

10 감정노동으로 인한 스트레스 증상 완화법이 아닌 것은?

① 자기주장 훈련
② 근육 이완법
③ 긍정적으로 생각하기
④ 자신의 감정 억누르기

해설 감정이나 스트레스를 마음에 쌓아 두지 말고, 화가 나면 글을 쓰거나 낙서를 함으로써 자기 감정을 표출하도록 한다.

11 스트레스 관리에 대한 설명으로 옳지 않은 것은?

① 자신의 스트레스 수준을 아는 것이다.
② 스트레스를 극복하기 위한 대처 방식이다.
③ 자신의 스트레스 증상을 알고 스스로 조절한다.
④ 고객의 스트레스 누적 상태를 파악하는 것이 주목적이다.

해설 스트레스 관리는 감정노동자인 상담원에게 필요한 것으로 고객의 스트레스 누적 상태 파악은 스트레스 관리에 해당되지 않는다.

12 감정노동에 따른 문제의 해결을 위하여 개인이 직접적으로 참여하는 방법은?

① 감정노동 문제예방 및 해결을 위한 법제화 노력
② 감정노동 수행에 따른 고충 및 애로사항에 대한 표출
③ 소비 주체로서의 잘못된 인식 개선 및 소비윤리 함양
④ 감정노동에 대응하기 위한 관리자의 역할부여 및 시스템 마련

해설 감정노동 수행에 따른 고충과 애로사항을 표출함으로써 문제를 해결하고 다른 사람의 도움을 받을 수 있다.

정답 10 ④ 11 ④ 12 ②

13 스트레스는 내부적, 외부적 요인으로 구분할 수 있다. 다음 중 스트레스의 내부적 요인에 해당하지 않는 것은?

① 성격 요인
② 화학적인 자극
③ 정신적인 자극
④ 신체 피로적인 자극

해설 화학적인 자극은 외부적 자극이다.

14 고객의 구체적 욕구를 파악하기 위한 질문 기법으로 적절하지 않은 것은?

① 상대방의 말을 비판하지 않는다.
② 가급적이면 부정적인 질문을 한다.
③ 구체적으로 질문한다.
④ 고객이 확실히 원하는 것을 찾아내는 질문을 한다.

해설 고객의 구체적 욕구를 파악하기 위한 질문 기법
- 상대방의 말을 비판하지 않는다.
- 가능하면 긍정적인 질문을 한다.
- 구체적으로 질문한다.
- 더 좋은 서비스를 제공하기 위해 소비자가 확실히 원하는 것을 찾아내는 질문을 한다.

15 매슬로우(Maslow)의 욕구 5단계 중 생리적 욕구에 대한 설명으로 옳은 것은?

① 친화의 욕구, 애정의 욕구, 소속의 욕구 등으로 표현하기도 한다.
② 생활의 안정, 신체적인 안정, 생명의 안전, 자신의 직책상의 안정을 추구한다.
③ 좋은 직업을 갖기 위해 남보다 더 열심히 공부하거나, 봉급과 수당을 많이 받기 위해 더 열심히 일한다.
④ 상대방의 불만이나 불평의 말을 우선 상대방의 입장에서 인정하고 객관적 입장에서 회사의 입장을 이해시키는 것이 필요하다.

해설 생리적 욕구는 1단계에 해당하는 인간의 기본적 욕구이다. 인간의 기본 욕구인 의식주 해결을 위해 열심히 일하는 것은 1단계인 생리적 욕구 충족을 위한 것이다.
① 친화, 애정, 소속의 욕구는 3단계 사회적 욕구이다.
② 직책상의 안정을 추구하는 것은 2단계 안정의 욕구에 해당한다.
④ 존중, 인정과 관련되는 것은 4단계 자기 존중의 욕구이다.

13 ② 14 ② 15 ③ **정답**

16 매슬로우(Maslow)의 욕구 단계 이론에 대한 설명으로 옳지 않은 것은?

① 인간의 욕구 단계는 서로 위계적이다.
② 자아실현 욕구는 가장 상위 욕구에 해당한다.
③ 하위 욕구가 충족되면 그다음 상위 욕구를 추구하게 된다.
④ 자기 존중의 욕구보다 애정과 소속의 욕구가 상위 욕구이다.

해설 애정과 소속의 욕구보다 자기 존중의 욕구가 상위 욕구이다.

17 다음 중 폐쇄형 질문 형태가 아닌 것은?

① 결제는 현금과 카드 중 무엇으로 하시겠습니까?
② 어떤 형태의 핸드폰을 원하십니까?
③ 내일까지 피해 보상을 할 수 있지요?
④ 찾으신 상품 가져왔습니다. 이 상품으로 주문 도와드릴까요?

해설 **폐쇄형 질문**
- 폐쇄형 질문은 짧은 답을 이끌어내며, 새로운 정보를 얻지 못한다.
- 간단한 답변, 즉 '예'나 '아니요' 등의 단답을 이끌어내는 질문 기법이다.

18 폐쇄형 질문에 대한 설명으로 가장 적합한 것은?

① 응답자의 충분한 의견을 반영할 수 있다.
② '예/아니오' 등의 단답을 이끌어 내는 질문 기법이다.
③ 문제 해결에 도움을 줄 수 있는 방법을 구상하면서 고객의 요구사항을 파악하는 질문 기법이다.
④ 응답자가 주관식으로 답변을 할 수 있는 질문 기법이다.

해설 폐쇄형 질문은 간단한 답변, 즉 '예/아니요' 등의 단답을 이끌어 내는 질문 기법으로 고객이 말한 것이 무엇이고 무엇에 동의했는지 체크하는 가장 빠른 방법이다.

정답 16 ④ 17 ② 18 ②

19 설득을 위한 화법 중 FABE 기법에 해당하지 않는 것은?

① Feature(특징)
② Average(평균)
③ Benefit(이점)
④ Evidence(증거)

> 해설 FABE 기법에서 A는 Advantage(장점)이다.

20 상담 화법에 대한 설명으로 바람직하지 않은 것은?

① 아이 메시지(I-message)는 대화 시 상대방에게 내 입장을 설명하는 화법
② 유 메시지(You-message)는 대화 시 결과에 대해 상대방에게 핑계를 돌리는 화법
③ 두 메시지(Do-message)는 어떤 잘못된 행동 결과에 대해 그 사람의 행동과정을 잘 조사하여 설명하고 잘못에 대하여 스스로 반성을 구하는 화법
④ 비 메시지(Be-message)는 잘못에 대한 결과를 서로 의논하여 합의점을 찾는 화법

> 해설 비 메시지(Be-message)는 잘못에 대한 결과를 일방적으로 단정함으로써 상대방으로 하여금 반감을 불러일으키게 하는 화법이다.

21 고객의 이야기를 효율적으로 듣는 것을 방해하는 개인적인 장애 요인이 아닌 것은?

① 잡념
② 잘못된 추측
③ 소음 공해
④ 심리적 혼란 상태

> 해설 상담원 개인적 요인에 의한 경청의 방해 요인에는 나쁜 건강 상태, 잡념, 심리적 혼란 상태, 청각 능력의 감소, 편견, 잘못된 추측, 너무 빠르거나 느린 말의 속도 등이 있다.

19 ② 20 ④ 21 ③

22 감정노동에 대한 설명으로 옳지 않은 것은?

① 감정노동은 주로 직장 상사를 접대하는 과정에서 발생한다.
② 감정노동이란 자기감정을 억누르고 통제하는 일이 수반되는 노동을 말한다.
③ 감정노동자는 실제 감정과 다른 감정을 반복적으로 표현하면서 피로감이 증가한다.
④ 억눌린 감정을 해소하지 못하면 화병에 시달리거나 업무에서 소진을 경험할 수 있다.

> 해설 감정노동은 주로 고객, 환자, 승객, 학생 및 민원인 등을 직접 대면하거나 음성 대화 매체 등을 통하여 상대하면서 상품을 판매하거나 서비스를 제공하는 고객 응대 업무 과정에서 발생한다.

23 고객과의 상담에서 폭력이 발생했을 시 대응책으로 옳지 않은 것은?

① 업무의 일시적 중단
② 법적·행정적 조치 지원
③ 심리 상담 및 치료 기회 제공
④ 문제 유발 고객에게 무조건적 사과

> 해설 부당한 요구를 하는 고객에게 무조건적으로 사과하는 것보다는 사실 관계를 파악하여 처리하는 것이 바람직하다.

24 경청을 방해하는 것 중 너무 빠르거나 느린 말의 속도가 속하는 것은?

① 상담원의 개인적 요인
② 사회·기업적 요인
③ 상담 외부 환경적 요인
④ 상담원의 언어적 요인

> 해설 너무 빠르거나 느린 말의 속도는 상담원의 개인적 요인이다.

정답 22 ① 23 ④ 24 ①

25 다음 중 고객이 기업과 만나는 모든 장면에서의 결정적인 순간을 의미하는 것은?

① LTV(Life Time Value)
② MOT(Moments Of Truth)
③ CAT(Computer Assisted Telemarketing)
④ STP(Segmentation Targeting Positioning)

해설 MOT
- SAS(스칸디나비아항공)사 얀 칼슨이 주장한 것으로 고객 접점의 중요성을 뜻하는 용어이다.
- 고객이 기업과 만나는 모든 장면에서 기업에 대한 고객의 경험과 인지에 영향을 미치는 결정적인 순간을 의미한다.
- 고객과 기업이 접촉하여 그 제공된 서비스에 대해 느낌을 갖는 15초간의 진실된 순간이다.
- 해당 회사를 선택한 것이 가장 현명한 선택이었다는 사실을 고객에게 입증시켜야 할 소중한 시간이다.

26 텔레마케팅 고객 응대에 대한 내용으로 옳지 않은 것은?

① 텔레마케팅 고객 응대는 1:1 상호 작용이다.
② 고객 응대에 있어서 전화 예절은 매우 중요하다.
③ 전화상으로 고객 응대가 이루어지므로 비대면 커뮤니케이션 과정으로서 비언어적 커뮤니케이션은 이루어지지 않는다.
④ 고객 응대는 단순히 커뮤니케이션이 아니라 고객이 필요로 하는 제품과 서비스에 관련된 정보를 제공하거나 불만을 해결하기 위한 상담과 조언을 한다는 자세로 임해야 한다.

해설 텔레마케팅 고객 응대는 비대면 고객 응대에 속한다. 하지만 전화상으로 이루어지는 응대라 하더라도 음성의 톤 등 비언어적 메시지가 작용하게 된다.

27 다음 직무 스트레스 중 역할 갈등의 예에 해당되는 것은?

① 상담원 A는 동료들과 어울리지 못하여 업무의 활동에 자주 소외된다.
② 상담원 A가 맡은 업무는 야근이 많고 수시로 근무시간이 바뀌는 업무이다.
③ 상담원 A의 상사는 업무 이외의 요소, 예를 들면 복장 등에 대한 지적이 잦다.
④ 상담원 A는 기존 상담 업무를 지속하면서 동시에 신입 상담원 교육 업무를 하도록 지시받았다.

해설 역할 갈등이란 한 사람이 여러 지위를 동시에 갖거나, 한 가지 지위에 동시에 여러 가지 역할이 기대될 때 나타나는 역할 모순이다. 그러므로 상담원 A가 전화 상담 외에 신입 상담원 교육 업무까지 하도록 기대되는 상황은 역할 갈등이라 할 수 있다.

25 ② 26 ③ 27 ④ 정답

28 라포의 형성 단계를 바르게 나열한 것은?

> ㉠ 경청
> ㉡ 적극적 관심 표출
> ㉢ 호응·맞장구
> ㉣ 목적 도달
> ㉤ 자연스러운 의사 도출

① ㉠ → ㉡ → ㉢ → ㉣ → ㉤
② ㉠ → ㉢ → ㉡ → ㉣ → ㉤
③ ㉠ → ㉡ → ㉢ → ㉤ → ㉣
④ ㉠ → ㉢ → ㉡ → ㉤ → ㉣

해설 라포(Rapport) 형성 단계
경청 → 호응·맞장구 → 적극적 관심 표출 → 자연스러운 의사 도출 → 목적 도달

29 다음 중 의사소통과정에서의 친밀감(Rapport) 형성에 관한 설명으로 옳은 것은?

① 고객에게 슬픈 감정을 유도하는 기법이다.
② 가망 고객을 진찰하듯 탐색하는 기법이다.
③ 품위를 지키는 프로다운 자세를 느끼도록 하는 기법이다.
④ 고객에게 신뢰감을 느끼도록 하는 기법이다.

해설 라포(Rapport)
인간 사이에서 마음이 통하고, 따뜻한 공감과 감정 교류가 잘되어 서로 친밀감과 신뢰관계가 맺어지는 것을 말한다. 이를 위해서는 고객에게 공감하며 관심을 갖고 고객의 욕구를 파악해야 한다.

30 라포(Rapport)에 대한 설명으로 옳지 않은 것은?

① 상대방에 대한 관심을 가짐으로서 형성될 수 있다.
② 성공적인 상담을 이끌어 가기 위하여 라포 형성은 매우 중요하다.
③ 상담 시 고객마다 응대하는 방법이 다르므로 항상 중요하게 생각하지 않아도 무방하다.
④ 상담사가 따뜻한 관심을 가지고 상대방을 대할 때 라포가 형성될 수 있다.

해설 라포(Rapport)
고객과 상담사 사이에 형성되는 공감대를 의미한다. CRM에서 고객과의 공감대를 형성하는 것은 중요하다.

정답 28 ④ 29 ④ 30 ③

31 감정노동 종사자의 건강보호 조치 방법이 아닌 것은?

① 휴식시간 제공 및 휴게시설 설치
② 고충처리 위원 배치 및 건의제도 운영
③ 사업장 특성에 맞는 고객 응대 업무 매뉴얼 마련
④ 고객과의 갈등 최소화를 위한 업무처리 재량권 축소

> **해설** 감정노동 종사자의 건강보호 조치방법
> - 고충처리 위원 배치 및 건의제도 운영
> - 고객과의 갈등을 최소화하기 위한 업무처리 재량권 부여
> - 사업장 특성에 맞는 고객 응대 업무 매뉴얼 마련
> - 휴식시간 제공 및 휴게시설 설치
> - 감정노동 종사자 보호를 경영 방침으로 설정
> - 감정노동 실태 파악 후 스트레스 완화 방안 마련
> - 부당한 요구 시 서비스가 중단될 수 있음을 안내
> - 감정노동 종사자 지원 체계 마련 등 협력적 직장 문화 조성
> - 폭력 등 발생 시 업무 중단권 부여 및 상담·치료 지원

32 스트레스 관리에 대한 설명으로 옳지 않은 것은?

① 생활 습관을 개선한다.
② 스트레스를 극복하기 위한 대처 방식이다.
③ 자기주장 훈련과 근육 이완법 훈련을 한다.
④ 자신의 감정을 다른 사람에게 털어놓지 말고 혼자서 해결한다.

> **해설** 스트레스 관리는 감정노동자인 상담원에게 필요한 것으로 자신의 감정을 다른 사람에게 털어놓고 도움을 받는 것이 좋다.

33 매슬로우(Maslow)의 인간의 욕구 단계 중 의식주의 해결에 해당하는 욕구는?

① 사회적 욕구
② 생리적 욕구
③ 안정의 욕구
④ 자아실현의 욕구

> **해설** 매슬로우의 생리적 욕구는 인간의 기본적 욕구로 의식주를 해결해서 생명을 유지하고 성적인 문제를 해결하면서 후손을 번식시키려는 욕구이다.

31 ④ 32 ④ 33 ② **정답**

제6장 영업 고객 불만 관리

제1절 불만 사항

1. 고객 불만

(1) 고객 불만 요소 처리 시 업무
① 고객 접점의 단계별 고객 서비스 내용을 설계한다.
② 고객 관점에서 서비스 현황과 문제점을 파악하여 정리·분석하고 각 팀에서 실천할 수 있는 고객 서비스 내용을 매뉴얼화한다.

(2) 불만 고객 처리 원칙 중요
① **피뢰침의 원칙**: 고객은 직원에게 개인적인 감정이 있어서 화를 내는 것이 아니라 일 처리에 대한 불만으로 규정과 제도에 대해 항의하는 것이므로 직원은 자신에 대한 분노가 아님을 의식하여 감정적인 상처를 받지 않도록 한다.
② **책임 공감의 원칙**: 책임을 다른 부서로 떠넘기는 행위는 금지한다. 직원은 조직 구성원의 일원으로서 자신이 한 행동의 결과이든 다른 사람의 일 처리 결과이든 고객 불만에 대한 책임을 같이 져야 한다.
③ **감정 통제의 원칙**: 감정에 의한 일 처리는 금지한다. 사람과의 만남에서 오는 부담감을 극복하고 자기 감정을 통제할 수 있어야 한다.
④ **언어 통제의 원칙**: 고객보다 말을 많이 하는 경우 고객의 입장보다 자기 입장을 먼저 고려하게 되므로, 고객의 말을 많이 들어 주는 태도를 가져야 한다.
⑤ **역지사지 원칙**: 항상 고객의 입장에서 고객을 이해하고 고객 불만을 해결하려고 노력해야 한다. 고객의 가치관을 바꾸려고 하지 않는다.

핵심예제

불만 고객 처리 원칙에 해당하지 않는 것은?
① 피뢰침의 원칙
② 책임 공감의 원칙
③ 감정 통제의 원칙
④ 언어 자유의 원칙

해설 언어 통제의 원칙이 적용된다. 고객보다 말을 많이 하는 경우 고객의 입장보다 자기 입장을 먼저 고려하게 되므로, 상담원은 언어를 통제하고 고객의 말을 많이 들어 주는 태도가 필요하다.

④ **정답**

(3) 불만 고객 응대 기본 프로세스

① 사과: 진심으로 사과한다.
② 경청: 어떠한 점이 불만인지 적극적으로 경청한다.
③ 공감: 고객의 입장에서 고객 불만 사항에 공감한다.
④ 원인 분석: 문제점이 무엇인지 명확히 파악한다.
⑤ 설득: 고객과 협의하여 고객 불만의 해결책을 찾는다.
⑥ 해결점 제시: 불만 사항의 해결점을 찾아 제시한다.
⑦ 고객 의견 청취: 제시한 해결점에 대한 고객의 생각과 의견을 듣는다.
⑧ 대안 제시: 불만 해결이 안 되었다면 다시 대안을 제시한다.
⑨ 거듭 사과: 다시 한번 사과한다.
⑩ 감사 표시: 고객의 이해에 감사의 인사를 한다.

(4) 고객 불만 처리 시의 효과 [기출]

① 고객 불만을 효과적으로 처리하면 고객 유지율이 증가되어 장기적·지속적인 이윤을 높일 수 있다.
② 고객 불만 처리에 소요된 비용으로 단기적 사후 비용은 증가하나 장기적으로는 회사의 이미지가 향상되어 기업 이윤의 증가를 가져올 수 있다.
③ 마케팅 및 경영 활동에 유용한 정보로 활용할 수 있다.
④ 불평 고객을 충성 고객으로 전환할 수 있다.
⑤ 고객으로부터 신뢰를 얻어 구전 효과를 꾀할 수 있다.
⑥ 소송 등으로 생기는 법적 비용을 줄일 수 있다.
⑦ 좋지 않은 평판을 미리 막을 수 있다.
⑧ 신뢰성이 상승하여 홍보 효과를 얻을 수 있다.
⑨ 새로운 아이디어를 창출할 수 있다.
⑩ 서비스의 문제점을 개선할 수 있다.

(5) 불평불만 업무 처리 시 고려 사항

① 고객이 불평불만을 담당하는 부서에 접근하기 용이하게 해야 한다.
② 고객에게 업무 처리 절차의 홍보가 잘 되어 있어야 한다.

핵심예제

고객 불만 처리에 대한 설명으로 옳지 않은 것은?
① 고객 불만을 잘 처리하면 고객 유지율이 향상된다.
② 고객 불만 처리에 소요된 비용은 장기적으로 기업의 이윤을 감소시킨다.
③ 고객 불만 처리 결과는 기업의 경영을 위해 유용한 자료가 된다.
④ 고객 불만 처리를 잘 하면 기업의 대외적 이미지를 향상시킬 수 있다.

[해설] 고객 불만의 처리에 비용이 소요되므로 단기적으로는 사후 비용이 증가하나 장기적으로는 회사의 이미지가 향상되어 기업의 이윤이 증가한다.

② [정답]

③ 고객의 불평불만을 상담한 직원뿐 아니라 관련 직원들도 함께 처리 절차 및 결과를 인지해야 한다.
④ 고객의 현재 상황이나 불만 등을 객관적으로 응대해야 한다.
⑤ 불만 사항의 처리 과정에 불편이 없도록 한다.
⑥ 고객이 잘 이해하지 못하는 부분은 충분하게 이해시킨다.
⑦ 고객 응대와 결과 처리 피드백은 신속하게 진행해야 한다.
⑧ 고객 불만의 원인과 유형을 데이터베이스화하고 실무에 적극 활용해야 한다.

CHECK BOX

고객 불평불만 처리 방법(MTP법)
- Man: 누가 처리할 것인가?
- Time: 어느 시간에 처리할 것인가?
- Place: 어느 장소에서 처리할 것인가?

2. 고객 불만 유형에 따른 고객 응대

(1) 고객 응대 과정에서 불만

① 불만 발생 원인
  ㉠ 인적 서비스: 무성의, 무관심, 상품 정보 부족, 접객 서비스에 대한 불만 등
  ㉡ 태도 불량: 잡담, 사적인 통화, 대기 자세 불량에 대한 불만 등
  ㉢ 기타: 상품 구매 강요, 비위생적 환경 등

② 응대 포인트
  ㉠ 잘잘못을 가리기 전에 고객에게 먼저 사과한다.
  ㉡ 고객의 불쾌한 감정까지 보상해 주겠다는 태도를 보인다.
  ㉢ 고객 불만을 경청하는 자세로 듣고 고객의 정서적 감정을 공유·공감한다.
  ㉣ 상대방의 이야기를 끝까지 들어준다.
  ㉤ 사실 관계나 내용, 기분 상태를 듣는다.
  ㉥ 공감하면서 경청한다.
  ㉦ 상대방이 이야기한 것을 정리하고 되풀이한다.

핵심예제

불평불만 업무 처리 시 고려할 사항으로 알맞지 않은 것은?
① 불만 사항의 처리 과정에 불편이 없도록 한다.
② 고객이 잘 이해하지 못하는 부분은 일단 넘어간다.
③ 고객에게 업무 처리 절차의 홍보가 잘 되어 있어야 한다.
④ 고객의 현재 상황이나 불만 등을 객관적으로 응대해야 한다.

해설 고객이 잘 이해하지 못하는 부분은 충분하게 설명하여 이해시켜야 한다.

정답 ②

(2) 약속 불이행에 따른 불만

① 불만 발생 원인
  ㉠ 예약 시간 지연
  ㉡ 약속한 관리 시간 미준수

② 응대 포인트
  ㉠ 고객에게 정중히 사과하고, 사전 통보 여부 및 진행 경과 등을 정확히 파악한다.
  ㉡ 고객 요구사항(환불, 신속 처리, 지연 보상 등)을 정확히 파악한다.
  ㉢ 당사 처리 규정을 확인하고 신속히 대안을 제시한다.
  ㉣ 고객이 대안을 수용하지 않을 경우 관련 부서와 협의해서 처리한다.

(3) 가격 및 기술 또는 상품에 대한 불만

① 불만 발생 원인
  ㉠ 가격 오류: 전단지 가격과 실제 가격의 차이 등
  ㉡ 상품 불만: 상품 품질 불만 등
  ㉢ 기술 불만: 기능 관련 불만 및 사용 후 부작용 등

② 응대 포인트
  ㉠ 사실 유무 확인에 앞서 고객에게 죄송하다는 말을 한다.
  ㉡ 전단지와 실제 가격에 차이가 있을 경우 신속히 사과하고 보상한다.
  ㉢ 매장에 없는 상품을 찾을 경우 취급하지 않는 이유를 설명하고 대체 상품을 안내한다.
  ㉣ 부작용과 관련된 불만에는 환불 또는 서비스를 제공하여 불만을 가라앉힌다.

(4) 교환 · 환불 시 불만

① 불만 발생 원인
  ㉠ 상품 불량: 유통 기한 경과, 상품 파손, 품질 표시 부정확 등
  ㉡ 고객 불만족: 기대 이하의 상품 기능 등
  ㉢ 기능 미비: 부작용, 용도 부적합 등

② 응대 포인트
  ㉠ 교환 · 환불 접수 시 고객 불만족 사항을 경청하고 공감한다.
  ㉡ 매장 측에 귀책사유가 있을 경우 신속히 사과한 후 교환 · 환불 처리한다.

핵심예제

약속 불이행에 따른 불만 고객을 응대하는 방법으로 옳지 않은 것은?
① 고객 요구사항을 정확히 파악한다.
② 정중히 사과하고 사전 통보 여부 및 진행 경과 등을 정확히 파악한다.
③ 당사 처리 규정을 확인하고 신속히 대안을 제시한다.
④ 고객이 대안을 수용하지 않을 경우 고객의 편의대로 처리한다.

해설 고객이 대안을 수용하지 않을 경우 관련 부서와 협의해서 처리한다.

정답 ④

ⓒ 보상 판단 기준은 해당 회사 규정에 의거한다.

(5) 매장 안전사고에 따른 불만
① 불만 발생 원인
   ㉠ 도난·분실: 매장 관리 소홀로 인한 도난, 고객 부주의로 인한 상품 또는 소지품 분실 등
   ㉡ 주차 사고: 고객 부주의 또는 제3자에 의한 차량 사고 등
   ㉢ 상해 사고: 매장 이용 시설 하자 및 설치물에 의한 사고 등
② 응대 포인트
   ㉠ 사고 발생 확인 및 접수 시 담당자에게 즉시 보고한다.
   ㉡ 고객 안전을 확인하고 고객을 안정시킨다.
   ㉢ 사고 경위를 정확히 파악해 적극적인 해결 의지를 표명한다.
   ㉣ 매장 측에 과실이 있는 경우 최대한 고객이 원하는 수준으로 처리한다.
   ㉤ 고객 부주의에 의한 경우 고객 부담을 원칙으로 한다.

제2절 불만 사항 해결

1. 고객의 거절 극복 및 대처 기법

(1) 고객이 반론을 제기하는 이유
① 회사를 신뢰하지 않는다.
② 텔레마케터의 설명이 충분하지 않다.
③ 올바른 선택이 무엇인지 확신이 없다.

(2) 고객의 반론에 대한 극복 방법 [기출]
① Yes, But 기법을 활용한다.
② 3F(Feel, Felt, Found) 스킬을 활용한다.

핵심예제

매장 안전사고에 따른 불만 고객을 응대하는 방법으로 옳지 않은 것은?

① 고객 안전을 확인하고 고객을 안정시킨다.
② 사고 해결 완료 뒤에 담당자에게 보고한다.
③ 고객 부주의에 의한 경우 고객 부담을 원칙으로 한다.
④ 사고 경위를 정확히 파악해 적극적인 해결 의지를 표명한다.

해설 사고 발생 확인 및 접수 시에 담당자에게 즉시 보고한다.

② **정답**

③ 고객의 반론을 질문으로 활용한다.
④ 거절이나 반론에 대한 두려움을 없앤다.
⑤ 고객의 니즈를 집중적으로 분석하여 관심을 유도한다.
⑥ 인간적인 신뢰성으로 설득한다.

(3) 고객 분쟁 처리

① 클레임이란 고의 또는 과실로 계약 위반 또는 부당 조치 등과 같은 객관적인 문제점이 발생하여 경제적·시간적 손실을 초래한 것에 대한 보상을 요구하는 것이다.
② 분쟁이란 고객과 기업이 상호 간에 이견이 발생하여 상호 협상으로 해결하지 못하고 제3자의 조정이나 중재 또는 소송으로 문제를 해결하는 것이다.
③ 분쟁을 해결할 수 있는 대안으로 협상, 조정, 중재, 소송이 있다.
④ 고객과의 분쟁 발생 시 유관 기관과의 교섭을 통해 문제를 처리해야 한다.

2. 소비자 관련법

(1) 소비자의 피해

① 소비자 피해
  ㉠ 고객의 불만이 단순한 수준을 넘어 피해의 규모나 정도가 심각한 경우 기업의 경영에 심각한 위험 요소로 작용한다.
  ㉡ 사업자가 제공하는 물품이나 용역을 구매하여 사용 또는 이용하는 과정에서 품질 결함, 부당한 가격, 부당한 거래 조건 등으로 고객이 입은 재산상의 손해와 신체상의 피해를 통칭해 소비자 피해라 한다.
  ㉢ 사안의 경중에 따라 법적 문제로 커질 수 있으므로 신속하고 정확하게 대처해야 한다.
② 소비자 피해의 발생 원인
  ㉠ 사업자가 인도하거나 공급한 물품 및 용역에 하자나 결함이 있는 경우
  ㉡ 사업자의 위법 행위
  ㉢ 사업자의 부당 권유 행위

핵심예제

고객의 반론에 대한 극복 방법이 아닌 것은?

① Yes, But 기법을 활용한다.
② 고객의 반론을 질문으로 활용한다.
③ 고객의 니즈를 집중적으로 분석하여 관심을 유도한다.
④ 인간적인 신뢰성은 배제하고 사실만을 바탕으로 고객을 대한다.

해설 인간적인 신뢰성으로 고객을 설득해야 한다.

④ **정답**

(2) 소비자 관련법

① 소비자 기본법
  ㉠ 소비자 정책의 종합적 추진을 위한 기본적인 사항을 규정한 법률이다.
  ㉡ 소비자의 권리와 책임을 규정하고 소비 생활의 향상과 국민 경제의 발전에 이바지함을 목적으로 한다.

② 소비자의 기본적 권리(「소비자 기본법」제4조) **기출**
  ㉠ 물품 또는 용역(이하 "물품 등"이라 한다)으로 인한 생명·신체 또는 재산에 대한 위해로부터 보호받을 권리
  ㉡ 물품 등을 선택함에 있어서 필요한 지식 및 정보를 제공받을 권리
  ㉢ 물품 등을 사용함에 있어서 거래 상대방·구입 장소·가격 및 거래 조건 등을 자유로이 선택할 권리
  ㉣ 소비 생활에 영향을 주는 국가 및 지방자치단체의 정책과 사업자의 사업 활동 등에 대하여 의견을 반영시킬 권리
  ㉤ 물품 등의 사용으로 인하여 입은 피해에 대하여 신속·공정한 절차에 따라 적절한 보상을 받을 권리
  ㉥ 합리적인 소비 생활을 위하여 필요한 교육을 받을 권리
  ㉦ 소비자 스스로의 권익을 증진하기 위하여 단체를 조직하고 이를 통하여 활동할 수 있는 권리
  ㉧ 안전하고 쾌적한 소비 생활 환경에서 소비할 권리

③ 소비자의 책무(「소비자 기본법」제5조) **기출**
  ㉠ 소비자는 사업자 등과 더불어 자유 시장 경제를 구성하는 주체임을 인식하여 물품 등을 올바르게 선택하고, 제4조의 규정에 따른 소비자의 기본적 권리를 정당하게 행사하여야 한다.
  ㉡ 소비자는 스스로의 권익을 증진하기 위하여 필요한 지식과 정보를 습득하도록 노력하여야 한다.
  ㉢ 소비자는 자주적이고 합리적인 행동과 자원 절약적이고 환경 친화적인 소비 생활을 함으로써 소비 생활의 향상과 국민 경제의 발전에 적극적인 역할을 다하여야 한다.

CHECK BOX

문제행동 소비자 증가 원인 **기출**
- 사업자 측면: 사업자의 부정확한 정보 제공, 지나친 판매중시 경영 태도, 불평행동을 보이는 소비자에게 과한 보상 제공
- 소비자 측면: 소비자의 높은 기대수준, 왜곡된 소비자 권리 의식, 소비자 지식 부족
- 정부 측면: 정부 정책 및 법·규정 미비, 정부 상담기관의 일관되지 않은 태도

핵심예제

다음 중 소비자의 권리로 볼 수 없는 것은?
① 물품 등을 선택함에 있어서 필요한 지식 및 정보를 제공받을 권리
② 물품 또는 용역으로 인한 생명·신체 또는 재산에 대한 위해로부터 보호받을 권리
③ 자주적이고 합리적인 행동과 자원 절약적이고 환경 친화적인 소비 생활을 할 권리
④ 소비자 스스로의 권익을 증진하기 위하여 단체를 조직하고 이를 통하여 활동할 수 있는 권리

해설 소비자는 자주적이고 합리적인 행동과 자원 절약적이고 환경 친화적인 소비 생활을 함으로써 소비 생활의 향상과 국민 경제의 발전에 적극적인 역할을 다하여야 하는 책무가 있다.

③ **정답**

제 6 장 실제예상문제

01 고객 불만에 대한 적절한 응대가 줄 수 있는 기대 효과로 옳지 않은 것은?

① 제품이나 서비스에 대한 문제점의 발견을 조기에 차단할 수 있다.
② 고객이 부정적 경험을 지인에게 확산시키는 것을 막아 기업 이미지에 주는 타격을 줄인다.
③ 제품에 대한 불편 사항을 개선해 새로운 제품을 탄생시킬 수 있는 아이디어를 제공한다.
④ 고객 불만이 만족스럽게 처리된 경우 고객과의 관계를 강화하고 충성도를 높일 기회를 제공한다.

해설 제품이나 서비스의 문제점을 조기에 발견하여 문제가 확산되기 전에 신속히 처리할 수 있다.

02 다음 중 소비자 기본법에 따른 소비자의 책무에 해당하지 않는 것은?

① 물품 등을 올바르게 선택할 책임
② 자기가 구입하고자 하는 상품의 정보를 습득하도록 노력할 책임
③ 자원 절약적이고 환경 친화적인 소비 생활을 할 책임
④ 소비자 단체에 참여하고 단체의 활동을 지원할 책임

해설 소비자 스스로의 권익을 증진하기 위하여 단체를 조직하고 이를 통하여 활동할 수 있는 것은 소비자의 권리에 해당한다.

03 다음 설명과 관련 있는 것은?

> 객관적인 문제점에 대한 고객의 지적으로, 보통 법적 근거나 규정이 명확하고 합리적인 사실에 입각하여 수정 사항 또는 배상의 요구가 이루어진다.

① 고객 불만 처리
② 클레임
③ 컴플레인
④ 고객 불평 파악

해설 클레임
객관적인 문제점에 대한 고객의 지적으로, 보통 법적 근거나 규정이 명확하고 합리적인 사실에 입각하여 수정 사항 또는 배상의 요구가 이루어진다. 고객이 자신의 주관적인 평가에 근거해 불만족한 제품이나 서비스, 혹은 거래 전반에 대해 불평을 전달하는 컴플레인과는 차이가 있다.

01 ① 02 ④ 03 ② **정답**

04 고객의 반론을 극복하기 위한 방법과 가장 거리가 먼 것은?

① 참을성 있게 공감적 경청을 한다.
② 최대한 회사의 입장에서 고객을 설득한다.
③ 거절이나 반론에 대한 두려움을 없앤다.
④ 고객의 니즈를 집중적으로 분석하여 관심을 유도한다.

> **해설** 불만 고객을 응대할 때에는 고객의 입장에서 고객 불만사항에 공감하는 태도가 필요하다.

05 고객 불만 처리의 중요성에 대한 설명으로 적절하지 않은 것은?

① 좋지 않은 평판을 미리 막을 수 있다.
② 소송 등으로 인한 법적 비용을 줄일 수 있다.
③ 고객의 생활수준을 평가하는 유용한 자료로 활용할 수 있다.
④ 고객 유지율이 향상되어 장기적이고 지속적으로 이윤을 증대시킬 수 있다.

> **해설** 고객 불만을 처리한다고 해서 고객의 생활수준을 평가하는 자료로 활용할 수는 없다.
>
> **고객 불만 처리의 중요성**
> - 고객 불만을 효과적으로 처리하여 기업의 대외 이미지를 향상시킬 수 있다.
> - 마케팅 및 경영 활동에 유용한 정보를 얻을 수 있다.
> - 고객 불만을 효과적으로 처리하면 고객 유지율이 향상되어 이윤을 장기적이고 지속적으로 증대시킬 수 있다.
> - 고객의 요구를 적극적으로 수용하고 관리하여 불만 고객을 충성 고객으로 만들 수 있다.
> - 고객으로부터 신뢰를 얻음으로써 구전 효과를 꾀할 수 있다.
> - 소송 등으로 인한 법적 비용을 줄일 수 있다.
> - 좋지 않은 평판을 미리 막을 수 있다.

06 다음 중 소비자의 책임이라 할 수 없는 것은?

① 자주적이고 합리적으로 행동해야 할 책임
② 자기가 구입하고자 하는 상품에 대해 정보를 얻으려 노력할 책임
③ 물품 등을 올바르게 선택하고, 소비자의 기본적 권리를 정당하게 행사할 책임
④ 합리적인 소비 생활을 위하여 필요한 교육을 받을 책임

> **해설** 소비자는 합리적인 소비 생활을 위하여 필요한 교육을 받을 권리가 있다.
>
> **소비자의 책무(「소비자 기본법」 제5조)**
> - 소비자는 사업자 등과 더불어 자유 시장 경제를 구성하는 주체임을 인식하여 물품 등을 올바르게 선택하고, 제4조의 규정에 따른 소비자의 기본적 권리를 정당하게 행사하여야 한다.
> - 소비자는 스스로의 권익을 증진하기 위하여 필요한 지식과 정보를 습득하도록 노력하여야 한다.
> - 소비자는 자주적이고 합리적인 행동과 자원 절약적이고 환경 친화적인 소비 생활을 함으로써 소비 생활의 향상과 국민 경제의 발전에 적극적인 역할을 다하여야 한다.

정답 04 ② 05 ③ 06 ④

07 악덕 소비자나 문제행동 소비자가 증가하는 사업자 측면의 원인이 아닌 것은?

① 사업자의 부정확한 정보 제공
② 지나친 판매중시 경영 태도
③ 악의적 불평행동을 보이는 소비자에게 과다한 보상 제공
④ 고객 만족 경영을 과도한 소비자의 권리로 오인

> **해설** 문제행동 소비자 증가 원인
> - 사업자 측면
>   - 사업자의 부정확한 정보 제공
>   - 지나친 판매중시 경영 태도
>   - 불평행동을 보이는 소비자에게 과한 보상 제공
> - 소비자 측면
>   - 소비자의 높은 기대수준
>   - 왜곡된 소비자 권리 의식
>   - 소비자 지식 부족
> - 정부 측면
>   - 정부정책 및 법·규정 미비
>   - 정부 상담기관의 일관되지 않은 태도

07 ④ 정답

지식에 대한 투자가 가장 이윤이
많이 남는 법이다.
- 벤자민 프랭클린 -

모든 자격증·공무원·취업의 합격 정보

YouTube 합격 구독 과 좋아요! 정보 알림 설정까지!

제2과목

시장환경조사

- **제1장** 통계조사 계획
- **제2장** 통신판매 환경 분석
- **제3장** 표본설계
- **제4장** 설문설계
- **제5장** 기술통계 분석

제1장 통계조사 계획

제1절 통계조사 목적 수립

1. 고객 요구 분석

(1) 기업의 마케팅 활동
① 마케팅의 개념
  ㉠ 고객의 욕구를 파악하고 이에 맞는 제품을 개발하여 제공함으로서 기업의 목표를 달성하려는 다양한 활동을 의미한다. 이를 위해 고객이 요구하는 바가 무엇인지를 정확히 파악하여야 하며, 파악한 것을 바탕으로 경쟁 기업보다 우수한 제품이나 서비스를 만들어 고객들에게 제공하여야 한다.
  ㉡ 광고나 다양한 판매촉진 수단을 이용하여 고객들에게 자사 제품이 우수하다고 알려야 하며, 고객들이 제품을 주로 구매하는 유통점을 파악하여 고객의 눈에 잘 띄는 곳에 제품을 전시하여야 한다. 이러한 활동을 성공적으로 진행하기 위해서는 무엇보다 소비자 및 경쟁사에 대한 자료와 이를 의사결정에 활용할 수 있도록 가공한 정보의 수집이 선결되어야 한다.
  ㉢ 현대 마케팅에서는 영역을 넓혀 단순히 영리를 목적으로 하는 기업뿐만 아니라 비영리조직에서도 적용되고 있다.
② 마케팅 프로세스 : 기업의 마케팅 활동은 크게 환경 분석과 마케팅 전략 수립과정으로 나뉜다.
  ㉠ 환경 분석

거시적 환경 분석	경제적 환경 변화나 소비자들의 인구통계적 또는 사회문화적 변화, 법과 제도적 변화와 같이 산업 밖에서 벌어지는 변화가 기업에 미치는 영향을 체계적으로 분석함
산업 환경 분석	기업이 속한 산업의 시장 규모나 성장률, 산업 내 경쟁 여건을 감안하여 산업의 중장기적 매력도의 변화를 파악한 후 자사의 주요 경쟁사를 선정하고 이들과 대비한 자사의 강점과 약점을 비교·분석하여 경쟁력 확보를 위한 대응책을 마련하여야 함

핵심예제

다음 중 마케팅에 대한 설명으로 옳지 않은 것은?
① 개인의 니즈를 충족시키고 조직의 목표를 만족시켜야 한다.
② 사익을 추구하는 기업에서 적용되는 활동만을 일컫는다.
③ 유형의 제품뿐만 아니라, 무형의 서비스까지도 마케팅 대상으로 볼 수 있다.
④ 소비자 및 경쟁사의 자료와 이를 활용할 수 있도록 가공한 정보의 수집이 선결되어야 한다.

해설 마케팅은 단순히 영리를 목적으로 하는 기업뿐만 아니라 비영리조직에서도 적용되고 있다.

정답 ②

소비자 환경 분석	• 소비자들의 제품 구매와 사용의 특성을 대상으로 분석이 이루어짐 • 마케팅조사의 중심이 되는 소비자 분석은 소비자들이 제품을 구매하는 과정과 제품을 사용하는 과정을 집중적으로 분석하여 문제점과 기회를 파악하고 새로운 대안을 제시함

ⓒ 마케팅 전략(STP) 수립 중요 : 기업을 둘러싼 환경에 대한 분석이 이루어지면 마케팅 담당자는 마케팅 전략을 수립한다.

시장세분화 (Segmentation)	특정 제품군에 대한 태도, 의견, 구매 행동 등에서 비슷하게 발견되는 사람들의 집단과 다른 성향을 지닌 사람들의 집단을 분리하여 하나의 집단으로 묶음
목표시장 선정 (Targeting)	시장세분화를 통해 나눈 시장 중에서 자사의 경쟁 상황을 고려했을 때 자사에 가장 좋은 기회를 제공할 수 있는 특화된 시장을 선정함
포지셔닝 (Positioning)	목표시장의 소비자에게 자사 상표 또는 제품을 어떻게 경쟁 제품보다 우수하다고 설득할 것인지에 대해 모색하며 유리한 포지션에 있도록 노력함

ⓒ 마케팅믹스(4P) 전략 수립 · 집행 중요

제품(Product)	기업이 소비자를 대상으로 마케팅 활동을 하기 위해서는 먼저 소비자들의 요구를 확인하고 이를 반영한 제품을 개발해야 함
가격(Price)	경쟁사 대비 비교우위를 갖는 적정한 가격을 정해야 함
촉진(Promotion)	경쟁 제품 대비 어떤 점이 좋은지 알리는 과정이 필요함
유통(Place)	소비자들이 주로 이용하는 유통점을 통해 제품을 판매하여야 함

(2) 시장조사의 의미와 역할 중요

① 시장조사의 의미

ⓐ 마케팅 담당자들이 의사결정을 하는 과정에 필요한 정보가 무엇인지를 규명하고, 규명된 정보를 수집하는 방법을 설계하고, 자료의 수집 과정을 통제하며, 수집된 자료를 분석하여 그 결과를 기업의 마케팅 전략 수립에 반영하는 과정이다.

ⓑ 과거와 현재의 시장 및 경쟁 상황을 조사·분석하고 미래를 예측하여 시장 전략 수립의 지침을 제공하고자 하는 미래 지향적인 활동이다.

ⓒ 마케팅 의사결정을 위해 실행 가능한 정보 제공을 목적으로 다양한 자료를 체계적으로 획득하고 분석하는 객관적이고 공식적인 과정이다.

핵심예제

다음 중 소비자 환경 분석에 해당되지 않는 것은?

① 누가 구매 결정에 참여하는가?
② 소비자들은 어디서 구매하기를 선호하는가?
③ 소비자들의 제품을 사용하는 과정은 어떠한가?
④ 전 세계적인 경기 침체나 원자재 가격의 상승이 기업의 마케팅 활동에 미치는 영향은 어떠한가?

해설 외부 요소가 마케팅 활동에 미치는 영향을 분석하는 것은 거시적 환경 분석에 해당된다.

④ 정답

② 기업이 추구하는 목적을 달성할 수 있도록 전략이나 정책을 세울 때 필요한 정보를 입수하기 위해 목표시장, 경쟁사, 기업 환경에 대한 각종 자료를 수집하고 분석하는 활동이다.

② 시장조사의 역할 기출
  ㉠ 문제 해결을 위해 조직적으로 탐색한다.
  ㉡ 기업의 문제 해결에 도움을 주는 정보를 제공한다.
  ㉢ 마케팅을 효과적으로 수행할 수 있도록 도움을 제공한다.
  ㉣ 불확실성과 위험성을 최소화한다.
  ㉤ 기업의 의사결정의 질을 개선한다.
  ㉥ 고객의 심리적·행동적 특성을 간파하여 고객 만족 경영을 실현한다.
  ㉦ 타당성과 신뢰성 높은 정보를 획득하고 의사결정능력을 제고한다.

2. 조사 목적 및 세부 목표 수립

(1) 마케팅조사의 목적
기업의 마케팅 의사결정 문제를 해결하기 위한 자료와 정보를 수집하여 전략적 대안을 제시하는 것이다.

(2) 마케팅조사의 세부 목표 수립
① 정확성, 현실성, 충분성, 관련성, 이용 가능성을 지닌 정보를 수집하여 전략이나 계획을 수정·보완하는 것을 주요 목적으로 한다.
② 마케팅조사의 성공적 수행을 위해 현재 기업이 고려하는 마케팅 의사결정 문제를 명확히 정의하고, 이에 대한 대안을 구상하여야 한다.
③ 각 전략 대안별로 방향이 맞는지를 확인하고, 구체적인 실행계획을 도출하기 위해 어떤 자료가 필요한지를 마케팅조사 문제로 정리한다.
④ 구체적인 조사 방법과 조사 내용을 결정한 후 실제 조사를 통하여 자료를 수집하고 분석하여 성공을 위한 정보와 전략적 대안을 제시한다.

핵심예제

다음 중 시장조사의 역할로 올바르지 못한 것은?
① 불확실성과 위험성을 최소화한다.
② 기업의 문제를 해결할 수 있는 정보를 제공한다.
③ 효과적인 마케팅을 수행할 수 있도록 도움을 제공한다.
④ 경쟁 브랜드의 행동적 특성을 간파해 고객 만족 경영을 실현한다.

해설 경쟁 브랜드가 아닌 고객의 심리적·행동적 특성을 간파하여 고객 만족 경영을 실현한다.

④ 정답

(3) 마케팅조사(시장조사)의 진행

① 마케팅조사 절차 중요
- ㉠ 문제 규명 및 정의(조사 목적 설정): 문제를 해결하기 위한 정보 제공이 주된 목적이므로 가장 먼저 의사결정 문제를 규명하는 것으로부터 시작한다.
- ㉡ 조사 설계
  - 연구의 구체적인 목적을 공식화하여, 조사를 수행하기 위한 순서와 책임을 구체화시켜야 하며, 연구조사의 주체·대상·시점·장소 및 방법 등을 결정한다.
  - 고려 사항
    - 예산의 편성과 조사 일정 계획 수립
    - 규정된 문제에 대한 종합적인 검토
    - 자료 수집절차와 자료 분석기법 결정
- ㉢ 자료 수집: 탐색조사로 문제와 조사해야 할 변수 및 정보가 명확해지면 본조사 계획을 수립하고 정보를 수집하며 실사를 한다.
- ㉣ 자료 분석 및 해석: 실사를 하여 자료가 수집되면 이를 분석 및 해석한다.
- ㉤ 보고서 작성: 조사자는 분석한 결과를 토대로 보고서로 작성하여 제출하고, 조사 결과를 발표해야 한다.

② 마케팅조사를 실시해야 할 경우 기출
- ㉠ 시장 내에서 자사의 경쟁 우위를 누릴 타이밍이 도래한 경우
- ㉡ 시장의 변화가 빨라 제품(서비스 등) 판매 전략의 변화가 필요한 경우
- ㉢ 마케팅조사를 수행하는 데 소요되는 비용보다 조사를 통해 얻을 수 있는 가치가 큰 경우

③ 마케팅조사 시 유의 사항 기출
- ㉠ 객관적인 방법으로 자료를 수집해야 한다.
- ㉡ 문제 해결을 위해서 공식적으로 이루어져야 한다.
- ㉢ 의사결정에 사용될 수 있도록 적기에 이루어져야 한다.
- ㉣ 과학적 방법론을 적용해야 한다.

핵심예제

마케팅조사를 실시할 필요가 없는 경우는?

① 마케팅조사를 통해 얻을 수 있는 정보가 이미 존재하는 경우
② 시장 내에서 자사의 경쟁 우위를 누릴 타이밍이 도래한 경우
③ 시장의 변화가 빨라 제품(서비스 등) 판매 전략의 변화가 필요한 경우
④ 마케팅조사를 수행하는 데 소요되는 비용보다 조사를 통해 얻을 수 있는 가치가 큰 경우

해설 마케팅조사에서 얻을 수 있는 정보를 이미 확보한 경우 마케팅조사를 실시하는 것은 경제적이지 않다.

① 정답

④ 과학적 조사로서의 마케팅조사 기출
  ㉠ 합리적인 의사결정에 필요한 유용한 정보를 획득할 목적으로 마케팅조사를 실시할 때, 가장 신뢰할 수 있는 지식 획득 방법이다.
  ㉡ 과학적 연구 방법에는 관찰 과정에서 개인적 편견을 배제하고, 관찰 결과의 진위 여부에 대해 학문 공동체 구성원 간 합의에 도달하게 해 주는 규칙들이 존재한다.
  ㉢ '현상 → 개념 → 가설 → 검증' 과정을 거친 객관적인 자료를 바탕으로 이론을 도출한다. 즉, 체계적인 실험 활동을 통해 일반적인 원칙을 밝혀낸다.
  ㉣ 문제의 연관성에 대해 가정을 설정하고 이를 체계적·실증적·핵심적으로 조사한다.
  ㉤ 과학적 조사는 추론에 근거하며, 귀납적 방법과 연역적 방법으로 나뉜다.
  ㉥ 조사자는 시장 문제를 구성하는 요소를 구분하고 그 상호 관계를 분석하여 시장 문제의 원인을 파악하고 해결 방안을 모색한다.
  ㉦ 과학적 조사 방법을 통해 마케팅조사 과정과 분석 과정에서 오류를 최소화해야 한다.
  ㉧ 과학적 조사 방법으로 시장의 문제점을 발견하고, 원인을 규명하여 시장 문제를 예측할 수 있다.

⑤ 시장조사의 윤리 중요
  ㉠ 조사자가 지켜야 할 사항 기출
    • 조사 대상자의 존엄성과 사적인 권리를 존중해야 한다.
    • 조사 결과는 성실하고 정확하게 보고하여야 한다.
    • 자료의 신뢰성과 객관성을 확보하기 위해 자료원을 반드시 보호해야 하며 조사가 끝난 후에도 입수한 자료의 비밀을 유지해야 한다.
    • 조사 결과는 조사의 목적 외에 사용되어서는 아니 되며 조사 결과의 왜곡, 축소 등은 피해야 한다.
    • 고객의 정보를 경쟁 기업에게 누설하지 않아야 한다.
    • 부적절한 방법으로 조사를 진행하지 않는다.
    • 정보 제공자의 익명성을 보장하여야 한다.
    • 설문지 작성법, 분석 방법 등에 많은 지식을 가져야 한다.
  ㉡ 조사 결과 이용자가 지켜야 할 윤리 기출
    • 응답자의 개인적인 응답은 공개하지 않는다.
    • 의뢰자가 동의하지 않는 한, 의뢰자의 이름을 밝혀서는 안 된다.
    • 조사 결과가 일관성이 없는 경우에는 자료를 이용해서는 안 된다.

핵심예제

시장조사 중 조사자가 지켜야 할 사항과 거리가 먼 것은?

① 조사의 목적을 성실히 수행한다.
② 조사 결과를 정확하게 보고한다.
③ 조사 대상자의 존엄성과 사적 권리를 존중한다.
④ 조사 결과는 편의에 따라 왜곡·축소가 가능하다.

해설 조사 결과의 왜곡·축소 등은 피해야 한다.

④ 정답

- 개인이나 기업에 행해진 업무 및 의사결정 등의 정당화 수단으로 사용해서는 안 된다.
ⓒ 시장조사를 의뢰한 기업체가 지켜야 할 사항 기출
- 연구 목적이나 조사 목적을 의도적으로 숨기지 않는다.
- 조사 업체들이 형식적인 조사 계획서나 제안서를 제출하지 않도록 한다.
- 조사 결과를 왜곡하거나 축소해서는 안 된다.
- 법과 규칙에 부합되는 조사를 의뢰한다.
- 계약 이외의 것을 요구하는 행동은 바람직하지 못하다.
ⓔ 응답자의 윤리
- 응답자는 질문에 진실성을 가지고 정직하게 답변해야 한다.
- 조사가 길어지거나 질문을 이해하기 어려운 상황이라도 이를 회피해서는 안 된다.
- 특정한 조사 결과가 나오게 하기 위해 진실을 왜곡하거나 정보를 요구해서는 안 된다.
- 설문조사 중 알게 된 정보를 임의로 유출해서는 안 된다.
ⓜ 응답자의 권리 보호 기출
- 사생활을 보호받을 권리 : 응답자가 응답한 정보에 관하여 조사 기업(조사자)은 함부로 사용하거나 공개해서는 안 된다는 것을 뜻하며, 지나치게 민감한 질문도 응답자의 사생활을 보호받을 권리를 침해하는 것으로 볼 수 있다.
- 안전할 권리 : 응답자는 신체적·정신적으로 피해를 당하거나 불쾌감을 느끼지 않도록 보호받아야 한다.
- 참여를 선택할 권리 : 응답자에게는 참여를 선택하거나 조사를 거부할 수 있는 권리가 있다.
ⓗ 면접 시 면접자가 지켜야 할 사항
- 정보를 누설해서는 안 된다.
- 개인적인 이익을 창출하는 행위를 해서는 안 된다.
- 면접 규칙과 지시 사항을 수행해야 한다.
- 응답자가 조사 면접에 응해야 할 의무는 없다는 것을 고려한다.
- 질문을 객관화함으로써 응답자의 사생활 침해를 지양한다.
- 여러 가지 뜻이 있는 단어를 사용하여 질문하거나 유도 질문을 해서는 안 된다.
- 명료한 표현을 하고, 편견이 발생할 수 있는 용어나 상황 및 전문용어의 사용을 배제한다.
- 조사 면접의 타당성이나 신뢰성을 높이기 위해 별도의 지시가 없는 한 모든 질문에 답을 얻어야 한다.

핵심예제

시장조사에서 면접 시 면접자가 지켜야 할 사항으로 잘못된 것은?
① 면접자는 응답자가 면접 의도에 맞는 응답을 하도록 유도해야 한다.
② 면접자는 응답자에게 조사 면접에 꼭 참가해야 할 의무가 없다는 것을 고려한다.
③ 면접자는 질문을 객관화함으로써 응답자의 사생활을 침해하지 말아야 한다.
④ 면접자는 응답자와 조사 면접을 할 때 면접에 관한 세칙과 지시 사항에 따라서 수행해야 한다.

해설 명료한 표현을 해야 하고, 전문용어는 사용하지 않는다. 여러 가지의 뜻이 있는 단어를 사용하여 질문하거나 유도 질문을 해서도 안 된다.

정답 ①

제2절 조사 내용 결정

1. 조사 내용 도출

(1) 마케팅조사의 목적에 따른 마케팅조사 유형

마케팅 문제를 해결하기 위해 진행되는 마케팅조사는 조사 목적을 기준으로 몇 가지 유형으로 구분된다. 실제 마케팅조사에서는 아래의 조사들을 각각 별개의 조사로 진행하기보다 몇 가지를 묶어 하나의 조사를 통해 자료를 수집하고 대안을 도출하고 있다.

① 상품조사: 시장성을 가지고 있는 상품, 수량, 디자인의 특징, 소비자의 반응도, 매상의 움직임 등을 조사한다.
② 소비자조사: 소비자의 구매동기, 구매유형이나 브랜드 선호도 등을 파악할 목적으로 소비자의 인구통계학적 속성, 사회심리학적 속성, 라이프스타일 등을 다양하게 조사한다.
③ 광고조사: 광고 전략이나 그 효과 따위를 살펴 상품이나 서비스의 시장성을 조사한다.
④ 시장세분화와 목표시장 선정을 위한 조사
⑤ 브랜드의 주요 지표들에 대한 조사
⑥ 경쟁 제품에 대한 속성별 비교 평가와 경쟁자의 전략 분석 조사
⑦ 마케팅 커뮤니케이션의 효과 측정과 향후 대안 도출을 위한 조사
⑧ 가격 결정을 위한 조사
⑨ 유통점에서 자사 상표의 마케팅 활동을 보기 위한 조사
⑩ 고객 접점에서 소비자들에 대한 서비스 평가와 개선을 위한 조사

2. 측정 방법 결정

(1) 측정의 의의

① 추상적·이론적 세계를 경험적 세계와 연결시키는 수단이다. 즉, 이론을 구성하고 있는 개념이나 변수들을 현실 세계에서 관찰이 가능한 자료와 연결시키는 과정이다.
② 이론적인 명제에서 도출된 가설들을 경험적으로 검증하기 위해서는 그 안에 포함된 개념들을 경험적으로 변환해야 하는데, 이를 위한 작업이 측정의 문제이다.

핵심예제

다음 중 마케팅조사에서의 측정에 관한 설명으로 옳은 것은?
① 이론적인 명제에서 도출된 가설들은 경험적으로 검증하지 않아도 된다.
② 측정이란 사물이나 사건 등의 속성에 수치를 부과하는 것이다.
③ 측정하고자 하는 개념이 연구자에 따라 정의가 달라질 수 없다.
④ 이론을 구성하는 개념이나 변수는 현실 세계의 관찰 가능한 자료와 연결시킬 수 없다.

해설 측정은 일정한 규칙에 따라 사물 또는 사건에 대해 숫자를 부여하는 것이다.

② **정답**

③ 넓은 의미에서는 어떤 사실을 묘사 또는 기술하는 방법의 하나라고 할 수 있지만, 일반적으로는 묘사 대상이 되는 사상(事象)에 수치를 부여한다는 의미로 사용된다. 따라서 측정은 '일정한 규칙에 따라 사물 또는 사건에 대해 숫자를 부여하는 것'이라고 할 수 있다.

(2) 측정의 과정

① 개념화(개념적 정의, 사전적 정의)
  ㉠ 어떤 변수의 개념을 설명할 때 다른 개념을 사용해서 설명하는 것이다.
  ㉡ 개념의 의미가 분명하지 않을 경우 개념 관찰이 불가능하므로, 개념을 명확하게 하는 것이 측정 과정의 첫 단계 작업이다.
  ㉢ 조사자는 이 단계에서 개념을 명확하게 정의해야 하고, 개념의 통일된 정의가 존재하지 않을 경우 조사자 자신이 이를 새롭게 정의해야 한다.
  ㉣ 개념적 정의와 조작적 정의가 반드시 일치하는 것은 아니다.
  ㉤ 적극적 혹은 긍정적인 표현을 써야 한다.
  ㉥ 정의하려는 대상이 무엇이든 그것만의 특유한 요소나 성질을 적시해야 하며, 뜻이 분명해서 누구나 알아들을 수 있는 의미를 공유하는 용어를 써야 한다. 만약 조사자가 초보자인 경우 백과사전 등에서 정의된 바와 같은 기존의 정의를 사용할 수도 있다.

② 조작화(조작적 정의) 기출
  ㉠ 측정 과정의 마지막 단계로서 분석의 단위를 카테고리별로 분류하는 과정을 의미한다.
  ㉡ 어떤 개념에 대해 응답자가 구체적인 수치를 부여할 수 있는 형태로 상세하게 정의를 내린 것으로, 추상적인 개념을 측정 가능한 구체적인 현상과 연결시키는 과정이다.
  ㉢ 개념적 정의를 특정한 연구 목적에 적합하게 관찰 가능한 일정한 기준으로 변환한 것으로, 구성 개념을 측정 가능한 상태가 되도록 정의하는 것이다.
  ㉣ 조사하고자 하는 속성이 추상적인 개념으로 된 경우 실제 관찰(측정) 가능한 상태로 정의하는 것이다.

③ 측정의 신뢰성을 높이는 방법 기출
  ㉠ 측정 항목의 수를 늘린다.
  ㉡ 측정 항목의 모호성을 제거한다.
  ㉢ 중요한 질문의 경우 동일하거나 유사한 질문을 2회 이상 한다.
  ㉣ 조사 대상자가 잘 모르거나 전혀 관심이 없는 내용은 측정하지 않는다.

핵심예제

사람들의 동정심을 측정하기 위해 동정심을 지하도 입구의 노숙자에게 자선을 베푸는 정도로 정의하였을 때 관련 있는 정의는?

① 개념적 정의
② 실제적 정의
③ 조작적 정의
④ 사전적 정의

해설 조작적 정의는 추상적인 개념들을 경험적·실증적으로 측정이 가능하도록 구체화한 것이다. 동정심을 사전적 의미가 아니라 '지하도 입구의 노숙자에게 자선을 베푸는 정도'로 정의한 것은 조작적 정의에 해당한다.

③ 정답

ⓜ 설문지의 문항별 설명을 명확히 하여 응답자별로 해석상의 차이가 발생하지 않도록 한다.
ⓑ 조사원들에 대한 교육을 강화하여 설문을 명확히 이해하도록 하고, 질문 방식 등을 표준화한다.
ⓢ 성의가 없거나 일관성 없게 응답한 경우 설문지 자체를 폐기하여 위험 요소를 없앤다.
ⓞ 측정 방식을 일관성 있게 유지한다.
ⓩ 측정 시의 날씨, 분위기, 기분에 따라 신뢰성이 달라지지 않도록 유의한다.

> **2차 실기 맛보기**
>
> 측정의 신뢰성을 높이는 방법을 네 가지 쓰시오.

④ 측정의 타당성을 향상시키는 방법 기출
  ㉠ 연구 담당자가 측정 대상의 전반 영역에 대해 충분한 지식을 습득한다.
  ㉡ 기존 관련 연구에서 사용되어 타당성을 인정받은 측정 방법을 이용한다.
  ㉢ 사전조사를 통하여 측정 대상과 이를 측정하는 문항들 간의 상관관계가 낮은 문항을 제거한다.
  ㉣ 과학적 연구 방법은 논리적이고 구체적이어야 한다.
  ㉤ 과학적 연구 방법은 객관적 검증이 가능해야 하며, 연구의 결과는 보편적 일반화를 목적으로 한다.

(3) 측정오차

① 측정오차의 의의
  ㉠ 일정한 측정 대상을 계량적으로 측정했을 때 그 본래의 현상, 즉 측정 대상이 갖는 실태와 조사자가 그에 대해 계량적으로 측정한 결과 간의 불일치 정도를 지칭한다.
  ㉡ 측정과 관련된 오차는 본질적으로 신뢰도와 타당도의 문제에 해당한다.

② 측정오차의 종류
  ㉠ 체계적 오차(Systematic error)
    • 자료 수집 방법이나 수집 과정에서 개입되는 오차로 조사 내용이나 목적에 비해 자료 수집 방법이 잘못 선정되었거나 조사 대상자가 응답할 때 본인의 태도나 가치와 관계없이 사회가 바람직하다고 생각하는 편향(Bias, 편견)으로 응답할 경우 발생할 수 있다.
    • 체계적으로 영향을 미치는 요인으로는 주로 지식, 교육, 신분, 특수정보, 인간성 등이 있으며, 이들은 경우에 따라 인위적 또는 자연적으로 작용하여 측정에 오차를 초래한다.
    • 측정의 타당도는 체계적 오차와 관련성이 크며, 체계적 오차와 타당도는 반비례 관계이다.
    • 표준화된 측정 도구를 사용하면 체계적 오차를 줄일 수 있다.

핵심예제

측정오차(Error of measurement)에 관한 설명으로 옳은 것은?
① 타당성은 비체계적 오차(Random error)와 관련된 개념이다.
② 신뢰성은 체계적 오차(Systematic error)와 관련된 개념이다.
③ 체계적 오차(Systematic error)의 값은 상호 상쇄되는 경향이 있다.
④ 비체계적 오차(Random error)는 인위적이지 않아 오차값이 다양하게 분산되어 있다.

해설 ① 비체계적 오차와 신뢰도는 반비례 관계이다.
② 체계적 오차와 타당도는 반비례 관계이다.
③ 비체계적 오차는 방향이 일정하지 않아 상호 간의 영향에 의해 상쇄되는 경우도 있다.

④ 정답

ⓒ 비체계적 오차(Random error)
　　　• 무작위적 오류라고도 하며, 측정 과정에서 우연히 또는 일시적인 사정에 의해 나타나는 오차이다.
　　　• 측정 대상, 측정 과정, 측정 환경, 측정자 등에 따라 일관성 없이 영향을 미침으로써 발생한다.
　　　• 오차의 방향이 일정하지 않아 상호 간의 영향에 의해 상쇄되는 경우도 있다.
　　　• 비체계적 오차와 신뢰도는 반비례 관계이다.
③ 측정오차의 발생 원인 기출
　　㉠ 측정하고자 하는 속성이 아닌 다른 속성(개념)을 측정하여 발생한다.
　　㉡ 응답자가 가지고 있는 독특한 성향, 즉 응답자 특성에 의해 응답의 차이가 발생한다.
　　㉢ 측정 시점에 따른 측정 대상자의 변화: 응답자의 일시적인 변화로 인하여 오차가 발생한다.
　　㉣ 측정 시점의 환경요인: 측정 상황에 따라 응답이 달라져서 오차가 발생한다.
　　㉤ 측정 도구에 문제가 있을 경우 발생한다.
　　㉥ 측정 방법 자체의 문제: 측정 방법의 차이로 인하여 발생한다. 예 측정을 개인 면접으로 하는 경우와 전화 면접으로 하는 경우, 혹은 우편 질문으로 하는 경우에 결과가 달라질 수 있다.

제3절 1차 자료

1. 1차 자료의 개요

(1) 1차 자료의 의의
① 문제 해결을 위해 조사자가 직접 수집하는 자료이다.
② 조사자가 1차 자료를 수집하고자 할 때는 조사 설계와 자료 수집 계획을 수립하여 직접 자료를 수집해야 한다.
③ 1차 자료 수집 방법의 선택 기준: 다양성, 신속도와 비용, 객관성과 정확성

핵심예제

1차 자료에 대한 설명으로 알맞지 않은 것은?
① 자료의 수집에 많은 시간과 비용이 소요된다.
② 조사 방법에 관한 지식과 기술이 필요하지 않다.
③ 문제 해결을 위해 조사자가 직접 수집하는 자료이다.
④ 신뢰도와 타당도 면에서 연구 목적의 수행에 적합하다.

해설 조사자가 직접 자료를 수집해야 하므로 조사 방법에 관한 지식과 기술이 필요하다.

정답 ②

(2) 1차 자료의 장단점

① 장점
  ㉠ 신뢰도와 타당도 면에서 연구 목적의 수행에 적합하다.
  ㉡ 수집된 자료를 의사결정이 필요한 시기에 적절하게 이용할 수 있다.
② 단점
  ㉠ 1차 자료의 수집에는 많은 시간과 비용이 소요된다.
  ㉡ 조사 방법에 관한 지식과 기술도 필요하다.

(3) 1차 자료의 종류

① 실태 조사를 통하여 수집한 자료
② 실사 자료(Survey data)
③ 원 자료(Raw data)
④ 현장 자료(Field data)

2. 1차 자료의 수집 방법

(1) 관찰조사법 중요

① 개념 기출
  ㉠ 가장 기본적인 시장조사 방법으로, 공개된 자료에서 필요한 정보를 얻는다.
  ㉡ 조사하고자 하는 대상물이나 행동을 계속 추적·관찰하는 방법으로, 관찰은 사람이 수행하거나 기계 장치를 이용하여 필요한 정보를 기록할 수 있다.
  ㉢ 기록 양식이 응답자에게 심리적인 영향을 미치지 않으므로 실험 작업자가 정보를 편리하게 기록할 수 있고, 정보를 적절히 식별할 수 있으며, 집계 작업을 편리하게 할 수 있다.
② 종류
  ㉠ 참여 관찰법: 관찰 대상의 내부에 들어가 구성원의 일원으로 참여하면서 관찰하는 방법으로 대상의 자연성과 유기적 전체성을 보장한다.
  ㉡ 준참여 관찰법: 관찰 대상의 생활에 일부만 참여해 관찰하는 방법이다.
  ㉢ 비참여 관찰법: 조사자가 신분을 밝히고 관찰하는 방법으로 주로 조직적인 관찰에 사용된다.

핵심예제

관찰조사에 대한 설명으로 옳은 것은?

① 시각적으로 알 수 있는 내용만 수집하는 방법이다.
② 조사 대상자를 방문하거나 전화를 해서 조사하는 방법이다.
③ 정부나 일반 연구 기관에서 경제 동향을 조사할 때 주로 쓰이는 방법이다.
④ 가장 기본적인 시장조사 방법으로 공개되어 있는 자료에서 필요한 정보를 얻는다.

해설 ① 시각적으로 알 수 있는 내용뿐만 아니라 청각, 후각, 촉각을 모두 사용하여 관찰할 수 있다.
  ② 면접조사와 전화조사에 대한 설명이다.
  ③ 설문조사에 대한 설명이다.

④ 정답

② 통제 관찰법 : 사전의 기획 절차에 따라 타당성과 신뢰성을 확보하기 위해 관찰 조건을 표준화하고 보조기구를 사용하는 관찰로, 비참여 관찰에 사용된다.
⑩ 비통제 관찰법 : 관찰 조건을 표준화하지 않고 조사 목적에 맞는 자료이면 다양하게 관찰하는 방법으로, 탐색적 조사에 많이 사용된다.

③ 장단점
  ㉠ 장점
    • 조사자가 현장에서 즉시 포착할 수 있다.
    • 행위, 감정을 언어로 표현하지 못하는 유아, 동물에 유용하다.
    • 일상적이어서 관심이 가지 않는 일에 유용하다.
    • 대상자가 조사 연구에 비협조적이거나 면접을 거부하는 경우에도 가능하다.
  ㉡ 단점
    • 외생 변수 통제가 부족하여 행위가 발생할 때까지 기다려야 하고 관찰 자체가 어려운 때도 있다.
    • 조사 결과의 개량화가 곤란하다.
    • 관찰자의 주관이 개입되어 객관성을 잃을 때가 있다.
    • 시간·공간의 제약으로 동시에 전부를 관찰하지 못하는 경우가 있다.
    • 대상자가 관찰을 당하고 있다는 것을 의식할 경우에는 평소와 다른 행동 양식을 보일 수 있다.
    • 시간과 경비가 많이 소요된다.

④ 관찰조사법에서 오류가 발생하는 원인
  ㉠ 관찰자마다 다른 감각을 소유한다.
  ㉡ 관찰자의 상상이 지각에 작용한다.
  ㉢ 관찰 대상이 많을 때 도리어 관찰자가 압도된다.
  ㉣ 관찰자의 과거 경험이 현상을 다르게 해석하도록 영향을 끼친다.
  ㉤ 관찰자마다 지적 능력이 다르고 인식과 추리가 각기 독특하다.

⑤ 관찰조사법에서의 오류를 감소시키는 방법
  ㉠ 객관적 관찰 도구를 사용한다.
  ㉡ 혼란을 초래하는 영향을 통제한다.
  ㉢ 관찰기간을 짧게 잡는다.
  ㉣ 보다 큰 단위를 관찰한다.

핵심예제

관찰조사법의 단점으로 알맞지 않은 것은?

① 시간과 경비가 많이 소요된다.
② 조사 결과의 개량화가 곤란하다.
③ 유아나 동물을 대상으로는 활용할 수 없다.
④ 관찰자의 주관이 개입되어 객관성을 잃을 때가 있다.

해설 행위, 감정을 언어로 표현하지 못하는 유아, 동물에 유용하다.

정답 ③

(2) 실험조사법

① 개념: 보편적으로 한 개 이상의 독립 변수와 한 개 이상의 종속 변수 간의 인과관계를 밝히는 고도의 연구 방법으로, 독립 변수를 조작하여 종속 변수에 대한 조작의 효과를 관찰하고 측정하는 방법이다.

② 장단점

㉠ 장점 기출
- 원인과 결과 변수를 구분하여 인과관계를 설정할 수 있다.
- 통제가 가능하며 외생 변수의 통제로 오차를 줄일 수 있다. 외생 변수는 실험 변수 밖에서 결과에 영향을 미치는 변수이다.
- 주요 변수를 분류할 수 있으며, 내적 타당도에서 유리하다.

㉡ 단점
- 인위적인 연구로 진행되므로 일반화할 수 없다는 문제가 있다(통제 가능한 인위적 환경과 실제 환경의 차이).
- 연구자의 기대가 연구 결과에 영향을 미칠 수 있다.
- 자연적 상황에서의 실험은 외생 변수들의 통제가 어렵다.

③ 종류

㉠ 사전실험설계(Pre-experimental design) 기출 : 순수실험설계를 하기 전에 문제의 도출을 위하여 시험적으로 실시하는 탐색조사의 성격을 지닌 실험설계이다. 실험적 통제가 거의 불가능하여 인과관계를 규명하는 데는 취약한 방법이다.

㉡ 순수실험설계(True experimental design): 외생 변수의 통제로 내적 타당성이 높고 한 개 이상의 독립 변수를 조작할 수 있으며, 대상의 무작위화가 가능하다. 반면, 인위성으로 외적 타당성이 낮고 윤리적인 문제로 실험이 불가능하거나 비용이 많이 든다는 단점이 있다.

㉢ 유사실험설계(Quasi-experimental design): 실제 상황에서 이루어져 외적 타당성이 높으나 독립 변수 조작이 어렵고 실험 대상을 무작위화하기 어렵다.

㉣ 사후실험설계(Ex-post facto research design): 독립 변수를 조작할 수 없는 상태 또는 이미 노출된 상태에서 변수들 간의 관계를 검증하는 방법이다. 직접 인과관계를 밝힐 수는 없으며, 단순히 변수들 간의 상관관계 검증만이 가능하다.

핵심예제

실험조사법에 대한 설명으로 옳지 않은 것은?

① 실험 과정에서 통제가 가능하기 때문에 오차를 줄일 수 있다.
② 정교한 설계를 통해 이뤄지기 때문에 도출된 결과를 일반화할 수 있다.
③ 실험에 대한 연구자의 짐작이나 기대가 연구 과정이나 결과에 영향을 미칠 수 있다.
④ 한 개 이상의 독립 변수와 한 개 이상의 종속 변수 간의 인과관계를 밝히는 연구 방법이다.

해설 아무리 정교하게 설계했다 하더라도 인위적인 환경 설정과 표본 설정의 한계로 실험에서 도출된 결과를 일반화할 수는 없다.

② 정답

(3) 면접조사법

① 의의
⊙ 조사 대상자를 대면하여 일련의 질문을 통해 자료를 수집하는 방법이다.
⊙ 다른 자료 수집 방법과의 중요한 차이는 면접 과정에서 면접자가 직접 참여한다는 점이다.
⊙ 조사 과정에서 조사원이 응답자에게 가장 많은 영향을 미칠 수 있는 조사 방법이다.

② 장단점
⊙ 장점
- 신축성 : 면접원은 응답자와 자리를 함께하면서 개인적 접촉을 한다. 판에 박힌 듯 질문지 내용을 하나하나 체크하지 않고 응답자의 상황에 따라 자연스럽게 대화를 이끌어 가므로 응답자의 거부 반응을 최소한으로 줄일 수 있다.
- 동기부여 : 면접원이 존재하기 때문에 응답자는 협조하고 싶은 동기가 발생한다.
- 응답자의 교육과 지도 : 응답자가 질문을 잘 이해하지 못할 때 보조 설명을 할 수 있다.
- 교육 수준이 낮거나 문맹인 경우에도 참여가 가능하다.
- 필요한 정보를 더 빨리 수집할 수 있으며 질문지에 비해 자료 회수율이 좋다.

⊙ 단점 `기출`
- 익명성의 부재 : 응답의 내용에 따라 응답자는 정보를 제공하더라도 익명으로 하고자 할 때가 있다.
- 방문 시각 : 개인면접의 경우 특정한 시각에 면접원이 방문했을 때 응답자의 사정에 따라 면접이 가능하지 않을 수도 있다. 시간적 제약이 있으므로 면접원은 방문 계획 시간을 잘 지키도록 주의해야 한다.
- 면접 소요 시간 : 개인면접법의 경우 다른 방법보다 시간이 많이 걸린다.
- 응답에 소요되는 시간 : 질문에 따라 즉석에서 대답할 수 없는 경우가 있다. 면접의 경우 즉각적인 대답을 필요로 하고 그 대답이 부정확할 수도 있으며 잘못 기록될 수도 있다.
- 조사 비용 : 면접원 훈련, 교통비, 응답 대상의 탐색, 응답자 확인·질문·기록 등에 많은 시간과 비용이 소모되는데, 보통 면접 시간은 총 소요 시간의 30~40% 정도에 불과하다.
- 면접원 통제의 어려움 : 면접원들은 응답자를 찾아가서 성실하게 자료를 수집해야 한다. 그러나 응답자를 만나기 곤란하거나 응답자가 협조하지 않으려 할 때 면접원이 응답을 조작할 우려도 있다.

핵심예제

시장조사를 위한 면접조사 시 발생되는 단점으로 거리가 먼 것은?
① 면접자를 훈련하는 데 많은 비용이 소요된다.
② 면접을 적용할 수 있는 지리적인 한계가 있다.
③ 응답자들이 자신의 익명성 보장에 대해 염려할 소지가 있다.
④ 비언어적인 커뮤니케이션보다 언어적인 커뮤니케이션만을 통해 자료를 수집한다.

해설 면접조사는 언어적·비언어적 의사소통으로 진행된다.

④ 정답

③ 조사의 방법
  ㉠ 표준화 면접 기출
    • 의의: 엄격히 정해진 면접 조사표에 따라 면접을 하는 것이다.
    • 특징
      – 신뢰도가 높다.
      – 반복적인 면접이 가능하다.
      – 조사자의 행동이 통일성을 갖게 된다.
      – 면접 결과의 수치화가 용이하다.
  ㉡ 비표준화 면접 기출
    • 의의: 조사가 연구 목적에 부합한다면 면접의 상황에 따라 다양한 방법으로 무엇이든지 질문해 볼 수 있는 방법이다. 따라서 질문의 내용 및 그 순서가 미리 정해져 있지 않으며 면접 상황에 따라 임의로 질문을 변경할 수 있다.
    • 특징
      – 면접 상황에 대한 적응도가 높다.
      – 면접 결과의 타당도가 높다.
      – 새로운 사실 및 아이디어의 발견 가능성이 높다.
      – 면접의 신축성이 높아서 필요한 경우 이미 결정된 질문의 방향과 범위 등을 쉽게 변경하여 처리할 수 있다.
  ㉢ 반표준화 면접
    • 일정한 수의 중요한 질문을 표준화하고 그 외의 질문은 비표준화하는 방법이다.
    • 표준화 면접과 비표준화 면접의 장단점을 중화한 것이다.

2차 실기 맛보기

정해진 설문에 따라 진행하는 면접조사는 무엇인지 쓰시오.

④ 종류
  ㉠ 심층면접
    • 진행에 앞서 미리 수집할 정보를 확정한 후 면접의 순서와 내용을 담은 면접 지침을 작성하고, 이에 따라 면접을 진행하면서 정보를 얻어낸다.

핵심예제

다음 중 표준화 면접의 장점과 가장 거리가 먼 것은?

① 신뢰도가 높다.
② 타당도가 높다.
③ 정보의 비교가 가능하다.
④ 면접 결과의 수치화가 용이하다.

해설 표준화 면접은 다양한 대상에게 일률적으로 진행하므로 타당도가 낮다.

② 정답

- 어떤 주제에 대한 응답자의 동기, 신념, 태도 등을 알아내기 위해 응답자가 자신의 느낌이나 믿음을 자세히 표현하거나 자유롭게 이야기하도록 유도하는 방법으로 심도 깊은 질문을 할 수 있다는 장점이 있다.
ⓒ 집단심층면접(FGI; Focus Group Interview, 표적집단면접조사) 기출
  - 6~12명의 응답자를 일정 자격 기준에 따라 선발하며 조사 당일 진행자가 면접을 진행한다.
  - 면접 진행 중에는 대화 내용을 기록하고, 면접이 끝난 후 면접 내용을 정리하여 의뢰 기업에 전달한다.
  - 대화 내용은 녹음기로 녹음하며, 카메라로 전체 내용을 녹화하여 추후 분석에 이용한다.
  - 조사의 진행 과정은 일면 유리창(한 면은 일반적인 거울 형태로 다른 편을 볼 수 없으나, 다른 면은 유리창처럼 되어 건너편을 볼 수 있는 특수한 거울)을 통하여 의뢰 기업의 담당자들이 지켜볼 수 있도록 되어 있는 응답자 면접 전용장소에서 이루어진다.
  - 심층면접법과 집단심층면접법은 모두 면접 진행자와 선발된 응답자들 간의 면접 방식을 취한다는 점에서는 동일하나 집단심층면접법의 경우 여러 명의 응답자 간에 토론 형식을 취하게 된다는 차이점이 있다.

2차 실기 맛보기

- 표준화 면접과 심층면접에 대해 쓰시오.
- 조사자가 소수의 응답자를 대상으로 특정 장소에 모여 자유로운 토론을 하도록 하여 탐색조사를 하는 방법은 무엇인지 쓰시오.
- FGI(표적집단면접조사)의 특성은 무엇인지, 그리고 어디에 활용할 수 있는지 쓰시오.

(4) 전화조사법 중요

① 의의 : 추출된 응답자에게 전화를 걸어 질문 사항들을 읽어 준 후 응답자가 전화상으로 답변한 것을 조사자가 기록해 자료를 수집하는 방법이다.
② 특성
  ㉠ 질문의 문항 수가 적고 간단한 것이 적당하다.
  ㉡ 전화번호부를 이용하여 비교적 쉽고 정확하게 모집단의 표본을 추출할 수 있다.
  ㉢ 비교적 쉽게 응답자와 접촉할 수 있다.
  ㉣ 비용과 시간이 비교적 적게 든다.

핵심예제

다음에서 설명하고 있는 1차 자료 수집 방법은?

> 어떤 주제에 대한 응답자의 동기, 신념, 태도 등을 알아내기 위해 응답자가 자신의 느낌이나 믿음을 자세히 표현하거나 자유롭게 이야기하도록 유도하는 방법으로 심도 깊은 질문을 할 수 있다는 장점이 있다.

① 심층면접법 ② 우편조사법 ③ 단어연상법 ④ 인터넷조사법

|해설| 응답자의 답변에 따라 즉각적으로 깊이 있는 질문을 할 수 있는 1차 자료 수집 방법은 심층면접법이다. ②·③·④의 수집 방법은 깊이 있고 자세한 응답을 듣기 어렵다.

① 정답

ⓜ 시각 자료나 보조 도구를 활용할 수 없다.
ⓑ 조사자와 응답자 사이에 개인적 교류가 없으므로 면접 도중에 발생할 수 있는 오류를 줄일 수 있다.
ⓢ 대부분의 질문지법에서는 응답자가 직접 응답을 작성하지만 전화조사에서만은 조사자가 응답자를 대신하여 응답을 기록한다.

③ 장단점
　㉠ 장점
　　• 경제성 · 편리성 : 개별 면접에 비해 시간과 비용을 절약할 수 있다. 즉, 응답자의 위치를 알아내는 시간과 면접원의 이동 시간이 절약되므로 경제적이다.
　　• 신속성 · 효율성 : 짧은 시간에 먼 거리의 사람과 소통할 수 있고, 시간을 효율적으로 사용할 수 있다.
　　• 획일성 · 솔직성 : 질문이 표준화되며, 응답자는 질문지를 볼 수 없으므로 양이나 길이에 겁을 먹지 않고 더 솔직하게 대답할 수 있다.
　　• 조사자의 통제 가능 : 자료의 표본을 만들고 추출된 표본을 사용하므로 통제가 가능하다.
　　• 비교적 응답률이 높다.
　　• 완전 자동화가 가능하여 응답률이 떨어지는 단점이 있으나 효율성이나 통일성, 비밀 유지 및 통제 면에 장점이 있다.
　　• 오류를 줄일 수 있다.
　㉡ 단점
　　• 모집단의 불완전성 : 조사 대상이 한정적이다. 예를 들어, 소득이 낮아 전화가 없으면 조사 대상에서 제외될 수 있으며, 전화를 소유하더라도 중복 또는 누락될 수 있다.
　　• 전화번호부의 부정확성 : 시간의 흐름에 따라 전화번호가 변동될 수 있다.
　　• 조사 시간의 제한 : 간단한 질문 및 답변만 할 수 있어서 상세한 정보 획득이 곤란하다.
　　• 보조 도구 사용의 곤란 : 시각 자료나 보조 도구를 사용하기 어렵다.
　　• 기술의 간단성(응답 표현의 제한) : 가급적 간략하게 응답 내용을 표현해야 한다. 따라서 탐색 질문이 어렵고, 주관식 문답보다는 양자택일식의 질문이 많이 사용된다.
　　• 전화 중단의 문제 : 전화상으로 질문을 주고받는 도중에 응답자가 끝까지 참지 못하고 전화를 끊어 버릴 수 있다.
　　• 특정 주제에 대한 응답 회피 : 응답자들은 대부분 재정적 상황이나 정치적 태도 등과 같은 주제에 관해서는 전화상으로 대화하는 것을 매우 꺼린다.

핵심예제

전화조사의 장점이 아닌 것은?
① 조사자들에 대한 감독이 가능하다.
② 빠른 시간 내에 저렴한 비용으로 조사가 가능하다.
③ 응답률을 높일 수 있고 성실한 답변을 유도할 수 있다.
④ 개인면접으로 만나기 힘든 조사 대상자를 쉽게 조사할 수 있다.

|해설| 전화조사는 응답률을 높일 수 있으나 성실한 답변은 얻기 어렵다.

③ 정답

2차 실기 맛보기

전화조사의 장단점 두 가지씩을 쓰시오.

④ 전화조사를 실시할 때 고려해야 할 사항 기출
  ㉠ 질문을 명확하고 단순하게 구성하고, 질문의 수를 줄이는 것이 좋다.
  ㉡ 조사의 목적을 간단히 설명하고 짧은 시간이 걸린다는 것을 주지시킨다.
  ㉢ 응답에 응하지 못하는 경우 응답 가능한 시간을 약속한다.
  ㉣ 응답자의 대답을 반복하거나 복창하여 답변을 확인한다.
  ㉤ 중간에 전화가 끊기거나 소음 등에 방해를 받지 않도록 한다.
  ㉥ 응답자가 친밀도와 편안함을 느끼도록 라포를 형성하여 원활한 조사가 이루어지도록 한다.

CHECK BOX

전화번호부에 의한 표본추출
- 전화번호부를 이용하여 비교적 정확하게 모집단을 추출할 수 있다.
- 전화번호부에서 지역적 표본추출을 할 경우 행정적인 경계 대신에 전화번호부에 표시된 지역 구분에 따라 지역별 표본 단위를 정하는 것이 좋다.
- 전화번호부를 이용하여 확률표본추출 시 가장 쉽게 적용할 수 있는 추출법은 체계적 추출법(Systematic sampling)이다.
- 가나다순으로 된 전화번호부에서 표본추출을 하는 것은 임의적이기보다는 체계적이다.
- 맨 앞이나 끝은 많이 이용되었을 가능성이 있으므로 되도록 피한다.
- 최초의 목적대로, 정해진 규정에 따라 계속한다. 또한 추가적인 것을 제외하고는 같은 절차를 사용해야 한다.

(5) 우편조사법 중요
① 의의 : 조사자가 추출된 응답자에게 질문지를 우송하면, 응답자는 스스로 응답하여 조사자에게 질문지를 다시 우송해 줌으로써 자료를 수집하는 방법이다.
② 장단점
  ㉠ 장점
    - 조사 대상의 다양성 : 어떤 지역이라도 조사 대상이 될 수 있고, 직업·인종·국적·계층에 관계없이 응답자를 선정할 수 있다.

핵심예제

전화조사의 단점이 아닌 것은?
① 모집단의 불완전성
② 전화번호부의 정확성
③ 상세한 정보 획득 곤란
④ 특정 주제에 대한 응답 회피

해설 전화조사의 단점은 전화번호부의 부정확성이다. 전화번호부는 처음 발행 당시에는 비교적 정확하지만 오래될수록 변동이 많아진다.

② 정답

- 비용의 절약: 개별면접법에 비해서 비용이 적게 든다.
- 편견적 오류의 감소: 면접원이 없으므로 면접원들 사이의 차이에서 발생할 수 있는 편견적 오류가 나타나지 않는다.
- 시간의 절약: 전국적 조사나 국제적 조사의 경우 시간 절약 효과를 볼 수 있다.
- 익명성: 조사자가 응답자를 직접 상대하지 않고 우편이라는 비대면 수단을 통해 자료를 수집하기 때문에 익명성이 높고, 응답자들로부터 솔직한 답변을 얻어 낼 수 있다.
- 사려 깊은 응답성: 응답자가 자신에게 적당한 시간을 택해 응답할 수 있으므로 질문을 여유 있게 검토해서 대답할 수 있다.

ⓒ 단점
- 해명 기회의 부재: 모든 응답이 최종적이며 그 이상의 설명을 들을 기회가 없다.
- 응답률이 낮다.
- 질문 문항이 단순해야 한다.
- 응답이 맨 처음 추출된 조사 대상에 의해서 응답되었는지를 확인할 수 없다.
- 질문의 독립성이 보장되기 어렵다. 응답자가 응답하기 전에 질문지의 모든 질문을 살펴볼 위험이 있기 때문이다.
- 응답하지 않고 지나가는 질문들에 대답하도록 독려할 수가 없다.

③ 우편조사의 응답률에 영향을 미치는 요인 기출
  ㉠ 응답 집단의 동질성
  ㉡ 질문지의 양식 및 우송 방법
  ㉢ 조사 주관 기관 및 지원 단체의 성격
  ㉣ 독촉장이나 반송 봉투 추가적 발송
  ㉤ 인센티브 제공
  ㉥ 개인정보 보호 언급

④ 우편조사의 응답률 및 회수율을 높이는 방법 기출
  ㉠ 응답자에게 조사를 사전에 예고하고, 예비조사를 하여 회수율을 사전에 예측한다.
  ㉡ 반송주소가 기재되고 반송우표가 부착된 반송봉투를 추가적으로 발송한다.
  ㉢ 이벤트나 상품권 등의 인센티브를 제공한다.

핵심예제

우편조사의 장점이 아닌 것은?

① 조사 대상의 다양성
② 비용의 절약
③ 높은 응답률
④ 익명성의 보장

해설 우편조사는 응답률이 낮다는 단점이 있다.

정답 ③

		② 연구 목적 및 연구 주관기관과 지원 단체의 성격을 밝히며 응답의 중요성을 인식시킨다.
		⑩ 응답 내용에 대해 응답자의 이름을 밝히지 않거나 비밀로 한다고 언급한다.
		⑪ 질문지를 가급적 간단명료화하고 질문지 종이의 질과 문항의 간격 등의 인쇄술, 종이의 색깔, 표지 설명의 길이와 유형 등을 매력적인 형식으로 사용하며 가독성이 높은 서체로 완성한다.
		⊗ 응답 집단의 동질성을 높인다.

(6) 인터넷조사법 중요

① 의의: 전산망 가입자들을 대상으로 전산망을 통해 직접 질문지 파일을 보내고 응답 파일을 받는 방법으로 온라인조사, 웹조사라고도 한다.

② 장단점
　㉠ 장점
　　• 자료 처리 과정에서 코딩이나 입력을 하지 않아도 되므로 시간이 절약된다.
　　• 대규모로 조사할 수 있으며 다른 방법에 비해 공간상의 제약이 적다.
　　• 조사가 신속히 이루어지며, 쌍방향 소통이 가능하다.
　　• 조사 비용이 적게 들며, 조사 대상자가 많은 경우에도 추가 비용이 들지 않는다.
　　• 멀티미디어 자료의 활용 등 다양한 형태로 조사할 수 있다.
　　• 구조화된 설문지 작성이 용이하다.
　　• 특수 계층의 응답자에게도 적용할 수 있다. 즉, 응답자의 범위가 넓다.
　　• 이메일 등을 사용하여 추가 질문을 할 수 있다.
　　• 컴퓨터 처리를 하므로 오류를 줄일 수 있다.
　㉡ 단점
　　• 인터넷 사용자로 표본이 편중되는 측면이 있어서 표본의 대표성 문제가 제기될 수 있다.
　　• 컴퓨터 시스템을 사용하므로 고정 비용이 발생한다.
　　• 응답자의 프라이버시 보호와 통신상의 예절 등에 각별한 주의를 필요로 한다.
　　• 응답자에 대한 통제가 쉽지 않으며, 응답률과 회수율이 낮게 나타날 수 있다.

> **2차 실기 맛보기**
>
> 1차 자료의 수집 방법 세 가지를 쓰시오.

> **핵심예제**
>
> **비용 효율화 측면을 고려하여 우편조사의 회수율을 높이기 위한 방안으로 거리가 먼 것은?**
> ① 예비조사를 하여 회수율을 사전에 예측하고 추가 계획을 수립한다.
> ② 응답이 완료되면 각종 이벤트에 참여할 수 있도록 기회를 제공한다.
> ③ 설문지 발송 후 일정시간이 지나면 반송우표가 부착된 반송봉투를 다시 발송한다.
> ④ 고객에게 우편물을 보냄과 동시에 동일한 내용을 전화상으로 설명하여 고객의 이해를 돕는다.
>
> **해설** 동일한 내용을 전화상으로 또 설명하는 것은 비용 효율화가 떨어진다.
>
> ④ **정답**

CHECK BOX

- **서베이(Survey)법**
  - 연구자가 관심 대상의 사람들에게 설문 문항 내지는 면접을 통하여 정보를 수집하는 가장 보편적·체계적인 과학적 조사 방법이다.
  - 양적 분석을 전제로 하며 우편조사법, 전화면접법, 대인면접법, 인터넷조사법 등이 있다. 기출
- **투사법**
  - 응답자의 심리적 저항을 줄이기 위해 쓰는 간접질문법 중 하나이다.
  - 모호하고 비조직화된 자극을 제시하여 그에 대한 응답을 얻어내는 질적 자료이자 정성적 조사이다.

제4절 2차 자료

1. 2차 자료의 개요

(1) 2차 자료의 개념

① 개인, 집단, 조직, 기관 등이 필요에 따라 이미 만들어 놓은 여러 가지 종류의 방대한 자료를 말한다. 이러한 다종의 방대한 자료는 여러 가지 연구 목적을 위해 사용될 수 있다.
② 조사자가 직접 수집한 자료가 아니라 어떤 조사 프로젝트의 다른 조사 목적과 관련하여 조직 내부 혹은 외부의 특정한 조사 주체가 이미 작성한 자료를 말한다.
③ 각각의 자료는 본래 자료 생산 목적과 관계없이 새로운 연구 목적에 부합하면 자료로 사용될 수 있다.

(2) 2차 자료의 종류

① 내부 자료 기출
  ㉠ 조사자가 종사하는 조직 내부에서 수집할 수 있는 자료
  ㉡ 조직 내부에 보유한 각종 자료(영업 자료, 인사 자료, 조직 현황, 회계 자료 등)

핵심예제

다음에서 설명하는 조사법은?

> (　　)은 기타 조사법과 달리 인터넷이라는 수단을 사용하며 수거나 코딩 등의 과정이 생략되기 때문에 상대적으로 시간, 비용을 절약할 수 있을 뿐만 아니라 응답자에 대한 접근이 용이하다는 장점이 있다.

① 우편조사법　　② 전화조사법　　③ 대인면접법　　④ 웹(Web)조사법

해설 웹조사(인터넷조사)법은 전산망 가입자들을 대상으로 전산망을 통해 직접 질문지 파일을 보내고 응답 파일을 받는 방법으로, 시간과 비용을 절약할 수 있으며 응답자에 대한 접근이 용이하다.

④ 정답

② 외부 자료 기출
ⓐ 타 기관에서 생성된 모든 자료(일반 상업용 자료원)
ⓑ 정부 기관 및 공공 기관 또는 사설 단체 등의 보고서, 통계 자료 등(정부 자료원)
• 정부 기관 간행물: 정부의 관청이 선전이나 계몽을 위해 발행
• 편람(Handbook): 편리하게 볼 수 있도록 간추린 책
• 통계청에서 발간하는 각종 통계 자료집 예 센서스 자료
• 각종 연구소에서 발표한 연구 보고서

2차 실기 맛보기
• 1차 자료와 2차 자료의 차이점을 서술하시오.
• 2차 자료를 정의하고, 그 종류를 세 가지 쓰시오.

2. 2차 자료의 유용성과 한계 중요

(1) 2차 자료의 유용성 기출
① 시간과 비용을 절약할 수 있고, 수집 과정이 용이하다.
② 과학적 일반화를 위한 토대를 넓히기 위해 다른 사람의 업적을 사용할 수 있다.
③ 연구자에 의해 1차적 연구에서 이미 얻어진 연구 결과를 입증하는 데 사용할 수 있다.

(2) 2차 자료의 한계 기출
① 해결해야 할 과학적 문제가 무엇인지를 알기 전에 사실을 수집해야 하는 경우가 있다.
② 자료 수집의 방향성이 다르므로 자료의 유용성 및 시효성에 제한을 받는 경우가 많다.
③ 자료 형태가 의사결정에서 요구하는 대로 정리되지 않은 경우가 많으므로 자료의 적합성, 타당성, 신뢰성 등을 신중하게 검토해야 한다.
④ 다른 목적으로 수집된 자료는 현재 연구의 목적에 맞도록 일관성 있는 방법으로 분류해야 하는데 몇 가지 기술적 문제가 제시될 수 있다.
⑤ 소스의 소재에 대한 지식이 공적인 것이라 하더라도 모든 사회과학자가 동일한 토대로 이용할 수 있는 것은 아니다.

핵심예제

마케팅 조사자가 회사 내의 다른 부서에서 작성한 리포트, 재무 보고서, 서베이 자료 등을 활용했을 때, 조사자가 이용한 자료는?

① 내부 1차 자료　　　　　　　　　　② 내부 2차 자료
③ 외부 1차 자료　　　　　　　　　　④ 외부 2차 자료

해설　다른 목적으로 이미 만들어져 있으며 조직 내부에서 작성한 자료이므로 내부 2차 자료이다.

정답 ②

CHECK BOX

1차 자료와 2차 자료의 비교

구분	1차 자료	2차 자료
의의	연구자가 문제 해결을 위해 조사를 설계하고 그 설계에 근거하여 직접 수집한 자료	어떤 조사 프로젝트의 다른 조사 목적과 관련하여 내부 혹은 외부의 특정한 조사 주체에 의해 기존에 이미 작성된 자료
장점	신뢰도, 타당도 면에서 연구 목적의 수행에 적합하고, 수집된 자료를 의사결정에서 필요한 시기에 적절하게 이용할 수 있음	신속하게 수집이 가능해 시간과 비용을 절약할 수 있음
단점	자료 수집에 비용과 시간이 많이 소요되고, 조사 방법에 관한 지식과 기술도 필요함	자료를 수집한 목적이 다르기 때문에 자료의 유용성 및 시효성이 제한을 받는 경우가 많음
수집 목적	당면한 조사 문제 해결	다른 조사 문제 해결
수집 과정	고관여	저관여
수집 비용	고비용	저비용
수집 기간	장기	단기

제5절 목적에 따른 마케팅 조사

1. 마케팅 조사의 종류 기출

① **탐색조사(Exploratory research)**: 마케팅 문제의 정의와 관련 변수의 규명 및 가설을 설정하기 위한 조사이다. 예 전문가 의견조사, 문헌조사, 사례조사 등
② **기술조사(Descriptive research)**: 조사의 대상이나 대상의 특성을 상세히 설명하거나 묘사하기 위한 조사이다. 예 서베이(Survey), 횡단조사, 종단조사, 패널조사 등
③ **인과조사(Causal research)**: 원인(독립 변수)과 결과 간의 관계, 즉 인과관계를 밝히기 위한 조사이다. 예 실험조사 등

핵심예제

기존 자료(2차 자료)의 장점이 아닌 것은?

① 수집 과정이 용이하다.
② 시간과 비용을 절약할 수 있다.
③ 모든 사회과학자가 동일한 토대로 이용할 수 있다.
④ 문제에 대한 유용한 과학적 측정치를 찾아낼 수 있다.

해설 소스의 소재에 대한 지식이 공적인 것이라 하더라도 모든 사회과학자가 동일한 토대로 이용할 수 있는 것은 아니다.

③

> **2차 실기 맛보기**
>
> - 탐색조사, 기술조사, 인과조사에 대해 간략하게 쓰시오.
> - 탐색조사의 종류를 세 가지 쓰시오.

2. 조사 연구의 유형

(1) 기술적 연구 중요

① 연구 과제의 상황이나 어떤 사상의 속성·특성 등을 범주화해 구체적으로 묘사하거나 계량적인 정보를 있는 그대로 서술하고, 통계 분석 결과를 기술한다.

② 종류

  ㉠ 종단조사 기출
  - 특정 조사 대상들을 선정한 뒤 시간 간격을 두고 반복적으로 조사하여 마케팅 변수의 반응을 측정하는 방법이다.
  - 시간 흐름에 따른 변화·추세를 분석하는 것이 목적이다.
  - 동태적인 성격을 갖는다.
  - 측정 결과에서 직접적으로 결론을 도출한다.

  ㉡ 횡단조사 기출
  - 모집단에서 추출된 표본으로부터 단 한 번 조사한다.
  - 상이한 특성을 가진 집단들 사이의 측정치를 비교하여 차이를 규명하는 것이 목적이다.
  - 정태적인 성격을 갖는다.
  - 종단조사보다 표본의 크기가 상대적으로 크다.
  - 조사의 구매 관련 자료에 대한 조사 항목은 선호 상표, 구매 의사, 상표 및 광고 인지도이다.

  ㉢ 서베이(Survey): 연구자가 관심 대상의 사람들에게 설문 문항 내지는, 면접 절차를 사용하여 정보를 수집하는 가장 보편적·체계적인 과학적 조사 방법이다.

  ㉣ 패널조사: '패널(Panel)'이라 불리는 특정 응답자 집단을 정해 놓고 그들로부터 상당히 긴 시간 동안 지속적으로 연구자가 필요로 하는 정보를 획득하는 방법이다.

핵심예제

구매 관련 자료 수집을 위한 횡단조사의 조사 항목으로 적합하지 않은 것은?

① 구매 의사
② 선호 상표
③ 고객 개인정보
④ 상표 및 광고 인지도

해설 고객의 개인정보는 종단조사의 조사 항목이다.

③ **정답**

> **CHECK BOX**
>
> 종단조사와 횡단조사의 비교
>
> | 종단조사 | 횡단조사 |
> | --- | --- |
> | 두 번 이상에 걸쳐 조사함 | 한 번 조사함 |
> | 시계열조사, 패널조사 | 표본조사 |
> | 시간의 흐름에 따른 조사 대상이나 상황의 변화를 측정해 의미를 찾고자 함 | 일정 시점에서 특정 표본이 가지고 있는 특성을 파악함 |
> | 동태적 | 정태적 |
> | 표본이 작음 | 표본이 크고 반복하지 않음 |
> | 주로 탐색적 연구나 설명적 연구 | 주로 기술적 연구 |

(2) 탐색적 연구 중요

① 연구 대상의 정보나 현황 등을 대략적으로 파악하는 것을 목적으로 하는 연구로, 조사의 초기 단계에서 조사에 대한 아이디어와 통찰력을 얻기 위하여 사용된다.
② 조사 설계를 확정하기 전에 예비적으로 실시하는 조사 방법으로, 연구 대상의 적합성을 판단하기 위한 연구이다.
③ 예비조사이기 때문에 융통성 있게 운영할 수 있고, 수정이 가능하다.
④ 종류 기출
  ㉠ 문헌조사: 조사와 관련된 주제나 변수와 관련된, 기존에 발간되어 있는 각종 2차 자료를 이용한 간접 경험 조사 방법을 말한다.
  ㉡ 사례조사: 분석하는 사례와 주어진 문제 사이의 유사점과 차이점을 찾아내어 깊이 있는 분석을 함으로써 현 상황에 대한 논리적인 유추를 하는 데 도움을 얻는 시장조사 방법이다.
  ㉢ 표적집단면접조사: 훈련된 면접 진행자가 소수의 응답자들을 일정한 장소에 모이게 한 후, 비체계적이고 자연스러운 분위기 속에서 조사 목적과 관련된 대화를 유도하여 응답자들이 자유롭게 의사를 표시하도록 하는 면접 방식을 말한다.
  ㉣ 전문가 의견조사: 조사 대상에 통찰력이 있는 경험자 또는 전문가들로부터 정보를 얻어내는 방법이다.

핵심예제

탐색적 연구의 종류에 대한 설명으로 적절하지 않은 것은?
① 전문가 의견조사는 조사 대상의 전문가로부터 정보를 얻어내는 방법이다.
② 사례조사는 조사 의뢰자가 당면하고 있는 상황과 유사한 사례들을 찾아내어 분석하는 조사 방법이다.
③ 문헌조사는 조사와 관련된 주제나 변수와 관련된 각종 2차 자료를 이용한 간접경험 조사 방법을 말한다.
④ 표적집단면접조사는 다수의 응답자들을 모아 1:1 대화를 유도하여 응답자들이 자유롭게 의사를 표시하도록 하는 방법이다.

해설 표적집단면접조사는 1:1 대화가 아니라 면접 진행자와 소수의 응답자가 모여 진행된다.

④ 정답

(3) 설명(Explanation)적 연구

① 어떤 현상적 결과와 그의 원인이 되는 요인의 과학적 관계를 설명하려는 연구이다.
② 가정(또는 가설)을 두고 그 가정의 원인에 대한 사회과학적 해답을 찾는 것을 연구 목적으로 하는 연역적 형태의 연구 대부분을 말한다.
③ 종류
　㉠ 예측(Prediction)적 연구
　　• 미래의 변화나 새로 발생하게 될 현상에 관심을 두고 이론적 기반과 통계적 기법을 활용하여 예측(추리)하는 것을 목적으로 하는 연구이다.
　　• 과거의 원인뿐만 아니라 현재의 변화 정보를 토대로 앞으로의 것을 추정하므로, 풍부한 정보는 물론 설계·분석이 필요하고 상당한 수준의 관련 이론과 고급 수준의 연구 방법론이 요구된다.
　㉡ 인과 조사
　　• 원인과 결과의 관계를 규명하는 조사로, 주로 실험조사가 이용된다.
　　• 마케팅 성과를 측정할 경우, 조사하는 내용 간의 인과관계를 밝히기 위해 사용된다.

CHECK BOX

조사 수행의 방법
• 정성적 조사
　- 형식에 얽매이지 않는 유연한 질문을 할 수 있다.
　- 조사 대상 및 내용을 깊이 이해할 수 있다.
　- 합리적인 설명이 불가능한 내용에 대한 답변을 얻을 수 있다.
　- 소비자의 독창적 아이디어를 이끌어 낼 수 있다.
　- 종류: 심층면접조사, 집단심층면접조사(FGI), 투사법 등
• 정량적 조사
　- 정밀하고 통계적이며 수치적인 측정을 한다.
　- 통계학적으로 견본이 될 수 있는 표본을 대량으로 사용한다.
　- 분석할 수 있는 정보를 제공하여야 한다.
　- 일정한 간격을 두고 조사를 반복할 수 있어야 한다.

핵심예제

다음 중 조사 연구의 유형에 대한 설명으로 옳지 않은 것은?

① 기술적 연구 - 연구 과제의 상황을 범주화해 묘사하거나 통계 분석 결과를 기술하는 조사 방법
② 탐색적 연구 - 조사의 초기 단계에서 조사에 대한 아이디어와 통찰력을 얻기 위해 실시하는 조사 방법
③ 설명적 연구 - 가정을 두고 가정의 원인에 대한 사회과학적인 해답을 찾는 것을 목적으로 하는 조사 방법
④ 예측적 연구 - 원인(독립 변수)과 결과 간의 관계, 즉 인과관계를 밝히기 위한 조사 방법

|해설| 예측적 연구는 미래의 변화나 새로 발생할 현상을 이론적 기반과 통계적 기법을 활용하여 예측하는 것을 목적으로 하는 연구 방법이다.

④

제 1 장 실제예상문제

01 마케팅 문제와 기회를 규명하고 정의하여 마케팅 활동을 할 수 있도록 하는 것은?
① 광고
② 판매촉진
③ 공중 관계
④ 시장조사

> 해설 시장조사는 마케팅 문제 해결을 위한 정보의 제공이 주된 목적이므로 가장 먼저 의사결정 문제를 규명하는 것부터 시작한다. 문제가 규명되고 나면 문제 해결을 위해 요구되는 정보를 규명한다. 만약 문제와 관련된 변수가 명확하지 못하면 이를 명확히 하기 위한 탐색조사(사전조사)를 실시한다. 탐색조사에 의해 문제와 조사해야 할 변수 및 정보가 명확해지면 본조사 계획을 수립하고 정보를 수집하는 실사를 하게 된다. 실사에 의해 자료가 수집되면 이를 분석·정리·보고하는 과정으로 진행된다.

02 시장조사의 정의를 설명한 것으로 옳지 않은 것은?
① 시장조사는 매출과 이익 증대를 도와주는 기법들의 집합이다.
② 시장조사는 경쟁자들과의 매출과 시장 점유율에 대한 정보를 수집하는 것이다.
③ 시장조사는 소비자보다 제품을 공급하는 공급자의 욕구를 정확히 파악하는 것이다.
④ 시장조사는 목표시장으로부터 자료들을 획득하는 것이다.

> 해설 시장조사는 공급자가 아닌 소비자의 니즈와 특성을 정확히 파악하는 활동이다.

03 일반적으로 기업에서 수행하는 시장조사의 목적과 가장 거리가 먼 것은?
① 시장 점유율을 파악하기 위한 조사
② 신제품에 관한 소비자의 반응을 파악하기 위한 조사
③ 소비자의 특성과 행동을 파악하기 위한 조사
④ 새로운 사업이나 기존 사업에 대해 고객에게 새로운 인상을 심어주기 위한 조사

> 해설 시장조사만으로는 고객에게 기업에 대한 새로운 인상을 심어줄 수 없다.

정답 01 ④ 02 ③ 03 ④

04 기업에서 시장조사가 필요한 이유와 가장 거리가 먼 것은?

① 전략 경영의 실행
② 기업에 대한 고객의 기대 향상
③ 고객에 대한 이해
④ 한정된 자원의 효율적 활용

해설 시장조사를 한다고 해서 기업에 대한 고객의 기대가 향상될 수는 없다.

05 다음 중 시장조사의 역할이 아닌 것은?

① 기업의 의사결정의 질을 개선한다.
② 기업의 문제 해결에 도움을 주는 정보를 제공한다.
③ 마케팅을 효과적으로 수행할 수 있도록 도움을 준다.
④ 소비자에 대한 경영자의 영향력을 증대시킨다.

해설 시장조사의 역할
- 타당성과 신뢰성 높은 정보의 획득 및 의사결정능력 제고
- 문제 해결을 위한 조직적 탐색
- 불확실성과 위험성의 최소화
- 고객의 심리적·행동적 특성 간파를 통한 고객 만족 경영 실현

06 마케팅믹스의 4P 중 제품(Product) 결정과 관련된 시장조사의 역할과 목적으로 틀린 것은?

① 브랜드명의 결정, 패키지, 로고 대안들을 테스트할 수 있다.
② 가격에 대한 소비자의 민감도를 파악할 수 있다.
③ 기존 제품에 새로 추가할 속성이나 변경해야 할 속성을 파악할 수 있다.
④ 타깃 소비자가 제품으로부터 기대하는 편익이 무엇인지 알 수 있다.

해설 가격에 대한 소비자의 민감도를 파악하는 것은 마케팅믹스의 4P 중 가격(Price) 결정과 관련된 내용이다.

정답 04 ② 05 ④ 06 ②

07 시장조사 절차 중 전반적인 조사 골격의 설정, 자료 수집 절차와 자료 분석 기법들을 결정하는 단계는?

① 문제의 제기 단계
② 시장조사 설계 단계
③ 자료 수집 단계
④ 자료 분석, 해석 및 이용 단계

해설 시장조사 설계 단계에 해당하는 내용이다.

08 시장조사를 위한 조사 설계 시 고려해야 할 사항으로 거리가 먼 것은?

① 향후 고객들의 기대 예측
② 예산의 편성과 조사 일정 계획 수립
③ 규정된 문제에 대한 종합적인 검토
④ 자료 수집 절차와 자료 분석 기법 결정

해설 향후 고객들의 기대 예측은 조사 설계 시 고려 사항이 아니다. 고객들의 기대를 예측하고 조사 설계를 하면 오히려 객관적 조사가 어려울 수 있다.

09 마케팅조사 절차 중 본조사 계획을 수립하고 정보를 모으며 실사를 하는 단계는?

① 문제 규명 및 정의
② 조사 설계
③ 자료 수집
④ 자료 분석 및 해석

해설 문제와 조사해야 할 변수 및 정보를 명확히 한 뒤 본조사 계획을 수립하고 정보를 모으며 실사를 하는 단계는 자료 수집이다.

07 ② 08 ① 09 ③ 정답

10 시장조사에 대한 설명 중 틀린 것은?

① 주관적이고 체계적인 방법으로 자료를 수집한다.
② 문제 해결을 위해서 공식적으로 이루어진다.
③ 의사결정에 사용될 수 있도록 적기에 이루어져야 한다.
④ 과학적 방법론을 적용해야 한다.

> **해설** 시장조사 시 유의 사항
> • 객관적인 방법으로 자료를 수집해야 한다.
> • 문제 해결을 위해서 공식적으로 이루어져야 한다.
> • 의사결정에 사용될 수 있도록 적기에 이루어져야 한다.
> • 과학적 방법론을 적용해야 한다.

11 시장조사 중 조사자가 지켜야 할 사항과 거리가 먼 것은?

① 조사의 목적을 성실히 수행한다.
② 조사 결과를 정확하게 보고한다.
③ 조사 대상자의 존엄성과 사적 권리를 존중한다.
④ 조사 결과는 편의에 따라 왜곡·축소가 가능하다.

> **해설** 조사 결과의 왜곡·축소 등은 피해야 한다.

12 조사 의뢰인(Client)이 지켜야 할 윤리에 대한 설명 중 틀린 것은?

① 조사는 의사결정을 위한 정보를 추출하기 위해 실시되어야 한다.
② 실제 조사를 의뢰할 생각 없이 단지 조사 회사의 제안서를 보기 위해 제안서를 요구해서는 안 된다.
③ 의사결정을 이미 내린 상태에서 그 결정이 올바름을 확인하기 위한 증거를 확보하고자 조사가 실시되어야 한다.
④ 특정 회사를 미리 정해 놓은 후 요건을 갖추기 위해 다른 회사에게 제안서를 제출하라고 요구해서는 안 된다.

> **해설** 조사를 의뢰한 Client가 지켜야 할 사항
> • 조사 업체들이 형식적인 조사 계획서나 제안서를 제출하지 않도록 한다.
> • 개인이나 기업에 행해진 업무 및 의사결정 등의 정당화 수단으로 사용해서는 안 된다.
> • 연구 목적이나 조사 목적을 의도적으로 숨기지 않는다.
> • 조사 결과를 왜곡하거나 축소해서는 안 된다.
> • 법과 규칙에 부합되는 조사를 의뢰한다.
> • 계약 이외의 것을 요구하는 행동은 바람직하지 못하다.
> • 조사 결과가 일관성이 없는 경우에는 자료를 이용해서는 안 된다.

정답 10 ① 11 ④ 12 ③

13 시장조사에서 조사자가 지켜야 할 사항으로 잘못된 것은?

① 정보를 누설해서는 안 된다.
② 전문용어를 사용하여 응답자에게 신뢰감을 준다.
③ 개인적인 이익을 창출하는 행위를 해서는 안 된다.
④ 조사자는 응답자와 조사 면접을 할 때 면접에 관한 세칙과 지시 사항에 따라서 수행해야 한다.

해설 조사자는 명료한 표현을 하고, 전문용어의 사용을 배제해야 한다. 여러 가지의 뜻이 있는 단어를 사용하여 질문하거나 유도 질문을 해서는 안 된다.

14 2차 자료의 특징으로 옳지 않은 것은?

① 각종 학술 연구지, 상업 잡지, 통계 자료집 등의 다양한 분야의 자료를 조사하는 방법이다.
② 어떤 형태로든 기록·보존되어 있는 자료 전부는 2차 자료의 범위에 포함된다.
③ 어떠한 연구를 위해 만들어진 자료는 다른 연구에 사용될 수 없다.
④ 오픈 데이터의 수집은 가장 기초적인 2차 자료 조사 방법 중 하나이다.

해설 각각의 자료는 본래 생산 목적에 관계없이 새로운 연구 목적에 부합하면 자료로 활용할 수 있다.

15 조작적 정의에 관한 설명으로 옳은 것은?

① 연구자마다 특정 구성개념에 대한 조작적 정의는 동일해야 한다.
② 구성개념에 대한 이론적이고 추상적인 정의를 일컫는다.
③ 구성개념의 조작적 정의가 구체적일수록 후속 연구에서 재현하기가 어렵다.
④ 구성개념에 대한 조작적 정의가 연구마다 다를 경우 연구 결과가 달라질 수 있다.

해설 **조작적 정의**
측정 과정의 마지막 단계인 조작화 단계는 분석의 단위를 카테고리별로 분류하는 과정으로서, 추상적인 개념들을 경험적·실증적으로 측정이 가능하도록 구체화한 것이다. 따라서 조작적 정의가 연구마다 다를 경우 연구결과가 달라질 수 있다.

정답 13 ② 14 ③ 15 ④

16 연구자가 조사 대상자와 관련하여 지켜야 할 윤리 규범에 해당하지 않는 것은?

① 익명성
② 비밀성
③ 사후 동의
④ 자발적 참여

> **해설** 연구자는 조사 대상자의 조사에 대해 알 권리나 참여를 선택할 권리 등이 침해받지 않도록 사전에 조사 대상자에게 조사에 대한 충분한 설명과 그에 따른 동의를 받고 조사를 진행해야 한다.

17 응답자의 윤리와 권리가 아닌 것은?

① 응답자는 사생활을 보호받을 권리가 있다.
② 주어진 질문에 진실성과 적극성을 가지고 참여해야 한다.
③ 질문을 이해하지 못하는 상황이라도 무성의한 답변을 하는 것은 곤란하다.
④ 응답자는 조사 결과의 왜곡을 막기 위해 반드시 모든 질문에 답변해야 한다.

> **해설** 응답자는 사생활을 보호받을 권리가 있으므로 직접 혹은 우편으로 권유되는 질문지에 답하지 않거나 폐기할 수 있는 권리가 있으며, 설문지 등에서 자신이 노출될 수 있는 질문 항목에는 답을 하지 않을 권리가 있다.

18 측정에 관한 설명으로 틀린 것은?

① 추상적·이론적 세계를 경험적 세계와 연결시키는 수단이다.
② 어떤 변수의 개념을 설명할 때 다른 개념을 사용해서 설명하는 것이 개념적 정의이다.
③ 조작적 정의는 조사자의 판단과 마케팅 관리자의 정보 요구에 따라 달라지지 않는다.
④ 측정은 조작적 정의에 따라 사전에 정해진 일정한 규칙에 의해 체계적으로 숫자를 부여하는 행위이다.

> **해설** 조작적 정의는 조사자의 판단과 마케팅 관리자의 정보 요구에 따라 달라질 수 있다.
> **조작적 정의(Operational definition)**
> 어떤 개념에 대해 응답자가 구체적인 수치를 부여할 수 있는 형태로 상세하게 정의를 내린 것으로, 추상적인 개념을 측정 가능한 구체적인 현상과 연결시키는 과정이다. 조작적 정의는 개념적 정의를 특정한 연구 목적에 적합하도록 관찰 가능한 일정한 기준으로 변환시킨 것이다.

정답 16 ③ 17 ④ 18 ③

19 측정의 신뢰성을 높이는 방법에 대한 설명으로 옳은 것은?

① 측정 항목의 수를 늘린다.
② 측정 항목의 모호성을 추가한다.
③ 조사 대상자가 잘 모르는 내용을 주로 측정한다.
④ 중요한 질문의 경우 유사한 질문은 반복하지 않는다.

해설 측정의 신뢰성을 높이기 위해서는 측정 항목의 수를 늘려야 한다.

20 체계적 오차에 대한 설명으로 옳지 않은 것은?

① 표준화된 측정 도구를 사용하면 체계적 오차를 줄일 수 있다.
② 측정 대상 또는 측정 과정에 대해 체계적으로 영향을 미쳐 초래된 오차이다.
③ 측정 과정에서 우연적 또는 가변적인 일시적 사정에 의해 나타나는 오차이다.
④ 변수 간의 상호관계에서 어떤 한쪽으로 지나치게 높거나 낮게 나타나는 경향이 있다.

해설 측정 과정에서 우연적 또는 가변적인 일시적 사정에 의해 나타나는 오류는 비체계적 오차이다.

21 측정오차의 발생 원인과 가장 거리가 먼 것은?

① 통계 분석 기법
② 측정 시점의 환경요인
③ 측정 방법 자체의 문제
④ 측정 시점에 따른 측정 대상자의 변화

해설 **측정오차 발생 원인**
• 측정하고자 하는 속성이 아니라, 다른 속성(개념)을 측정하기 때문에 발생한다.
• 응답자가 가지고 있는 독특한 성향, 즉 응답자 특성에 의해 응답의 차이가 발생한다.
• 응답자의 일시적인 변화로 인하여 오차가 발생한다.
• 측정 상황에 따라 응답도 달라져서 오차가 발생한다.
• 측정 도구에 문제가 있을 경우 발생한다.
• 측정 방법의 차이 등 측정 방법 자체의 문제로 인하여 발생한다.

정답 19 ① 20 ③ 21 ①

22 탐색조사와 관련이 없는 사항은?

① 관찰조사
② 공식적 조사
③ 즉흥적 조사
④ 목표 집단과의 면담

> **해설** 탐색조사는 시장에 관한 정보를 얻기 위한 최종 조사를 하기 전에 비공식적으로 수행하는 조사로, 문제의 이해를 돕고 공식적으로 조사할 필요가 있는 것이 무엇인지 제시하는 데 그 목적이 있다. 따라서 탐색조사에는 2차 자료 조사, 관찰조사, 즉흥적 조사, 목표 집단과의 면담 등이 포함된다.

23 탐색조사의 종류에 해당하지 않는 것은?

① 문헌조사
② 사례조사
③ 실험조사
④ 전문가 의견조사

> **해설** **탐색조사**
> 마케팅 문제의 정의와 관련 변수의 규명 및 가설을 설정하기 위한 조사로 전문가 의견조사, 문헌조사, 사례조사 등이 있다.
> **실험조사**
> 주제에 대해 서로 비교되는 두 집단을 선별하여 각각 다른 변수를 주고, 관련 변수들을 통제한 후 집단 간 반응의 차이를 조사하여 자료를 수집하는 조사이다.

24 4세 미만 여아들을 대상으로 선호하는 장난감 유형에 관한 조사를 시행하려 할 때 가장 적합한 조사방법은?

① 면접조사
② 관찰조사
③ 전화조사
④ 설문조사

> **해설** 조사하고자 하는 대상물이나 행동을 계속해서 추적·관찰하는 방법은 관찰조사이다. 관찰조사는 행위, 감정을 언어로 표현하지 못하는 유아, 동물을 대상으로 유용하게 사용할 수 있다.

정답 22 ② 23 ③ 24 ②

25 다음 중 1차 자료 수집 방법의 선택 기준으로 틀린 것은?

① 다양성
② 신속도와 비용
③ 주관성과 타당성
④ 객관성과 정확성

해설 자료 수집 시 객관성을 유지해야 한다.

26 수집된 자료 중 2차 자료의 장점으로 볼 수 없는 것은?

① 수집 과정이 용이하다.
② 시간과 비용을 절약할 수 있다.
③ 어느 정도 신뢰가 입증된 자료를 찾기 쉽다.
④ 일상적이어서 관심이 가지 않는 일에 유용하다.

해설 2차 자료 이용의 장점은 어느 정도 신뢰가 입증된 자료를 찾기가 쉽고 상대적으로 훨씬 저렴한 비용이 소요되며 빠르게 자료를 수집할 수 있다는 것이다. 일상적이어서 관심이 가지 않는 일에 유용한 것은 관찰조사법의 장점이다.

27 1차 자료 수집 계획이라고 할 수 없는 것은?

① 관찰조사
② 전화조사
③ 실험조사
④ 역할조사

해설 **1차 자료 수집 계획**
 • 관찰조사: 행동, 상황 등을 관찰하여 자료를 수집한다.
 • 질문조사: 지식, 태도, 선호도 등을 직접 질문해서 자료를 수집한다.
 • 실험조사: 주제에 대해 서로 비교되는 두 집단을 선별하여 각각 다른 변수를 주고, 관련 변수들을 통제한 후 집단 간 반응의 차이를 조사하여 자료를 수집한다.
 • 전화조사: 추출된 피조사자에게 전화를 걸어 질문 사항들을 읽어준 후 응답자가 전화상으로 답변한 것을 조사자가 기록하여 자료를 수집한다.

25 ③ 26 ④ 27 ④

28 관찰조사법에서 나타나기 쉬운 오류의 발생을 방지할 수 있는 관찰 기술로 볼 수 없는 것은?

① 보다 큰 단위를 관찰한다.
② 관찰 단위를 명세화한다.
③ 관찰 기간을 될 수 있는 한 길게 잡는다.
④ 가능한 한 객관적인 관찰 도구를 사용한다.

> **해설** 관찰조사법에서의 오류를 감소시키는 방법
> - 객관적 관찰 도구를 사용한다.
> - 혼란을 초래하는 영향을 통제한다.
> - 관찰 기간을 짧게 잡는다.
> - 보다 큰 단위를 관찰한다.

29 관찰조사법의 장점이 아닌 것은?

① 피조사자의 일상적인 부분에 대한 자료도 획득할 수 있다.
② 조사 대상이나 행위가 일어나는 현장에서 즉시 사실을 포착한다.
③ 표현 능력이 없는 연구 대상에 대한 자료 수집 방법으로 적절하다.
④ 조사에 협조적이며 면접에 적극적인 사람들을 대상으로 가장 적절한 방법이다.

> **해설** 관찰조사법의 장점
> - 조사자가 조사 대상이나 행위가 일어나는 현장에서 즉시 어떠한 사실을 포착한다.
> - 연구 대상이 유아나 동물 등 자기의 행위, 감정을 표현하지 못하거나 표현 능력이 부족한 경우에는 관찰이 유일한 자료 수집 방법이 될 때가 있다.
> - 피조사자가 표현 능력이 있더라도 비협조적이거나 면접을 거부할 경우 용이하다.
> - 면접이나 질문지로 얻을 수 없는 자료도 관찰로 얻을 수 있다.
> - 일상적이어서 관심이 가지 않는 일에 유용하다.

30 비만 아동들의 식습관을 파악하기 위해 실시하는 관찰조사법의 유형으로 가장 적합한 것은?

① 참여 관찰
② 준참여 관찰
③ 비참여 관찰
④ 실험 관찰

> **해설** 관찰조사법의 분류
> - 참여 관찰: 관찰 대상의 내부에 들어가 구성원의 일원으로 참여하면서 관찰하는 방법으로 대상의 자연성과 유기적 전체성을 보장한다.
> - 준참여 관찰: 관찰 대상의 생활에 일부만 참여해 관찰하는 방법이다.
> - 비참여 관찰: 조사자가 신분을 밝히고 관찰하는 것으로 주로 조직적인 관찰에 사용된다.
> - 통제 관찰: 관찰 대상, 관찰 시간, 관찰 장면, 관찰 행동 등을 인위적으로 꾸미고 이러한 조건하에서 나타나는 행동을 관찰하려는 방법이다(실험적 관찰법, 장면 선택법, 시간 표집법 등).
> - 비통제 관찰: 어떤 행동이나 현상이 자연적으로 발생한 그대로를 조직적인 관찰 의도 없이 관찰하는 방법으로 자연적 관찰법이라고도 한다.

정답 28 ③ 29 ④ 30 ③

31 조사자가 신분을 밝히고 관찰하는 것으로 조직적인 관찰에 사용되는 방식은?

① 참여 관찰
② 비참여 관찰
③ 준참여 관찰
④ 통제 관찰

> **해설** 조사자가 신분을 밝히고 관찰하는 방식은 비참여 관찰로, 조사대상집단의 구성원으로 역할을 수행하지 않고 제3자의 입장에서 관찰하는 방법이다.

32 범죄 집단의 증거를 포착하거나 인류학자들이 생태 연구를 할 때 많이 사용하는 방식은?

① 참여 관찰
② 비참여 관찰
③ 준참여 관찰
④ 비통제 관찰

> **해설** 참여 관찰은 외부에 나타나지 않은 사실까지 관찰이 가능하고 관찰 대상의 자연성과 유기적 전체성을 보장하므로 자연적 상태에서 그 생리를 파악할 수 있다는 장점이 있다.

33 다음 중 종단조사와 횡단조사의 비교 설명으로 틀린 것은?

① 종단조사는 동태적인 성격이라 할 수 있고, 횡단조사는 정태적인 성격이라 할 수 있다.
② 종단조사는 조사 대상의 특성에 따라 집단을 나누어 비교 분석하므로 횡단조사에 비해 표본의 크기가 상대적으로 크다.
③ 종단조사는 동일한 현상을 동일한 대상에 대해 반복적으로 측정하는 조사 방법이고, 횡단조사는 모집단에서 추출된 표본으로부터 단 한 번 조사하는 방법이다.
④ 종단조사는 시간의 흐름에 따른 조사 대상의 특성 변화를 측정하지만, 횡단조사는 특정 시점에 다른 특성을 지니고 있는 집단들 사이의 차이를 측정하고자 하는 것이다.

> **해설** 횡단조사가 종단조사에 비해 표본의 크기가 상대적으로 크다.

34 정성적인 조사와 비교했을 때 정량적인 조사의 단점은?

① 심도 있는 답을 얻기 어렵다.
② 조사의 결과를 요약하기가 어렵다.
③ 응답자에게 신속한 답을 얻기가 어렵다.
④ 조사의 결론이 분석가마다 다를 수 있다.

해설 정량적 조사는 질보다는 양을 중요시하는 대량 조사로 심도 있는 답을 얻기는 어렵다.

35 다음 사례가 해당하는 마케팅 조사 방법은?

> 편의점을 이용하는 고객의 특성을 조사하기 위하여 30분 간격으로 들어오는 고객의 성별 및 연령대를 기록하고, 이 자료를 통하여 현 매장 방문 고객에 대한 프로파일을 파악한다.

① 투사법
② 관찰법
③ 서베이
④ 심층면접법

해설 조사하고자 하는 대상물이나 행동(편의점을 이용하는 고객의 특성)을 계속 추적·관찰하는 방법이므로 관찰법에 해당한다.

36 조사 방법에 따라 1차 자료와 2차 자료로 구분할 때 2차 자료에 해당하는 것은?

① 원 자료(Raw data)
② 현장 자료(Field data)
③ 실사 자료(Survey data)
④ 신디케이트 자료(Syndicated data)

해설 **신디케이트 자료(Syndicated data)**
외부의 독립적인 조사 기관들이 영리를 목적으로 특정한 자료를 수집·가공하여 특정 기업이나 기관에 판매하는 상업용 자료를 말한다.

정답 34 ① 35 ② 36 ④

37 다음 빈칸에 들어갈 가장 알맞은 것은?

> 마케팅조사는 단순히 현장 조사나 통계에 국한된 것이 아니다. 어떤 조사는 (A)로서 탐색적으로 예비적일 수 있으며, 이는 문제를 명확히 규명하는 것과 보다 공식적인 실증 조사를 준비하는 데 이용된다. 반대로 (B)는 고객의 특성, 태도 혹은 행동을 명확히 양적으로 규명하는 데 초점을 두고, 특정 가설을 검증하는 데 이용된다.

	A	B
①	정성적 조사	정량적 조사
②	정량적 조사	정성적 조사
③	실증적 조사	정량적 조사
④	정성적 조사	분석적 조사

해설 정성적 조사
- 형식에 얽매이지 않는 유연한 질문을 할 수 있다.
- 조사 대상 및 내용에 대해 깊은 이해가 가능하다.
- 합리적인 설명이 불가능한 내용에 대하여 답변을 얻을 수 있다.
- 소비자의 독창적 아이디어를 이끌어 낼 수 있다.
- 종류: 심층면접조사, 집단심층면접(FGI), 투사법 등

정량적 조사
- 정밀하고 통계적이며 수치적인 측정을 한다.
- 통계학적으로 견본이 될 수 있는 표본을 대량으로 사용한다.
- 분석할 수 있는 정보를 제공하여야 한다.
- 일정한 간격을 두고 조사를 반복할 수 있어야 한다.

38 간행된 2차 자료원은 일반 상업용 자료원과 정부 자료원으로 분류할 수 있다. 일반 상업용 자료원이 아닌 것은?

① 통계 자료
② 색인(Index)
③ 센서스 자료
④ 명감(Directories)

해설 센서스 자료는 공공 기관에서 발행한 공공 자료로서 정부 자료원에 해당한다.

37 ① 38 ③ 정답

39 비교 집단을 설정하기 곤란한 경우 한 집단을 정해서 3회 이상 시간 간격을 두고 조사하는 방법은?

① 횡단조사
② 시계열조사
③ 코호트조사
④ 초점 집단조사

> **해설** 시계열조사(종단조사)는 조사 대상들을 선정한 뒤 시간 간격을 두고 반복적으로 조사하여 마케팅 변수에 대한 반응을 측정하는 조사 방법을 말한다.

40 다음 빈칸 A, B에 들어갈 가장 알맞은 것은?

> 마케팅 조사자들은 일반적으로 (A)를 먼저 활용하고, 그 다음에 (B)를 수집한다.

	A	B
①	외부 2차 자료	내부 2차 자료
②	내부 1차 자료	외부 1차 자료
③	1차 자료	2차 자료
④	2차 자료	1차 자료

> **해설**
> - 2차 자료: 어떤 조사 프로젝트의 다른 조사 목적과 관련하여 조사 내부 혹은 외부의 특정한 조사 주체에 의해 기존에 이미 작성된 자료이다.
> - 1차 자료: 연구자가 문제 해결을 위해 조사를 설계하고 그 설계에 근거하여 직접 수집한 자료이다.

41 IMF 이전 특정 의류 브랜드 구매 액수에 대한 조사와 IMF 이후 특정 의류 브랜드 구매 액수에 대한 변화를 분석하고자 한다. 다음 중 적절한 조사 설계 방법은?

① 실험조사 방법
② 종단적 조사 방법
③ 횡단적 조사 방법
④ 시장조사 방법

> **해설** 시간 간격을 두고(시점을 달리하여) 반복적으로 조사하여 마케팅 변수에 대한 반응을 측정하여 시간 흐름에 따른 변화·추세를 분석하는 종단적 조사 방법이 적절하다.
> ① 실험조사 방법: 주제에 대해 서로 비교되는 두 집단을 선별하여 각각 다른 변수를 주고 관련 변수들을 통제한 후, 집단 간 반응의 차이를 조사하여 자료를 수집한다.
> ③ 횡단적 조사 방법: 모집단에서 추출된 표본으로부터 단 한 번 조사하여 상이한 특성을 가지고 있는 집단들 사이의 측정치를 비교함으로써 차이를 규명한다.

정답 39 ② 40 ④ 41 ②

42 독립이나 신규 사업을 생각하고 시장조사를 할 때 오픈 데이터 수집만으로도 분석 가능한 것은?

① 특정 기업의 경영 내용
② 특정 상권의 입지 조사
③ 성장 분야 · 업계와 시장 규모
④ 특정 기업의 소속 업계 구조

해설 특정 기업이나 상권에 대한 정보는 내부 정보이므로 오픈 데이터로 수집하기 힘들다.

43 다음 중 기업 내부 자료에 포함되지 않는 2차 자료는?

① 회계 자료
② 조직 현황
③ 영업 자료
④ 경제 신문사 자료

해설 경제 신문사 자료는 기업 외부 자료에 해당한다.
• 1차 자료: 문제 해결을 위해 조사를 설계하여 직접 수집한 자료이다.
• 2차 자료: 조사 목적과 관련하여 조사 내부 혹은 외부에서 기존에 이미 작성한 자료이다.

44 설문지를 이용한 서베이(Survey) 방법에 해당되지 않는 것은?

① 심층면접법
② 우편조사법
③ 전화면접법
④ 대인면접법

해설 심층면접법은 정성조사로서 유연한 질문을 주고받으므로, 정량화되어 있는 설문지에는 부적합하다.

제2장 통신판매 환경 분석

제1절 통신판매 마케팅 정보 시스템

1. 통신판매의 개요

(1) 통신판매
  ① 개념: 판매자가 우편, 전기통신, 광고물, 광고시설물, 전단지, 신문, 방송, 잡지 등의 방법으로 소비자에게 비대면으로 상품의 판매 정보를 제공하고 소비자의 청약을 받아 상품을 판매하는 것이다.
  ② 특징 `중요`
    ㉠ 점포가 필요하지 않다.
    ㉡ 가정이나 소비자가 원하는 장소에 직접 배송하는 시스템이다.
    ㉢ 고객의 변심, 클레임이 많은 업종이다.
    ㉣ 개인이나 중소기업이 시장에 진입하기 쉬운 사업이다.

(2) 통신판매업자의 신고
  ① 통신판매업을 하기 위한 자격 기준: 별도의 자격기준 없이 사업자가 될 수 있다. 다만 미성년자의 경우 법정대리인의 동의가 필요하다.
  ② 통신판매업자의 신고 사항
    ㉠ 상호, 주소, 전화번호
    ㉡ 전자우편 주소, 인터넷 도메인 이름
    ㉢ 그 밖의 신원을 확인할 수 있는 서류

핵심예제

통신판매의 특징으로 옳지 않은 것은?
① 점포가 필요하지 않다.
② 고객의 변심이나 클레임이 많다.
③ 개인이 시장에 진입하기 어려운 사업이다.
④ 소비자가 원하는 장소에 배송하는 시스템이다.

`해설` 통신판매는 개인이나 중소기업이 시장에 진입하기 쉬운 사업이다.

③ `정답`

2. 마케팅 정보 시스템

(1) 마케팅 정보 시스템의 개념

① 마케팅 정보 시스템(MIS; Marketing Information System)은 경영 정보 시스템(Management Information System)의 하위 시스템으로서, 마케팅 경영자가 의사결정 시 사용할 수 있도록 정확한 정보를 적시에 수집, 분류, 분석, 평가, 배분하도록 기획, 설계되어 지속적으로 상호작용하는 것을 말한다.
② 마케팅 내부 정보 시스템, 마케팅 고객 정보 시스템, 마케팅 정찰 시스템, 마케팅조사 시스템, 의사결정 지원 시스템의 다섯 가지로 구분할 수 있다.

(2) 마케팅 정보 시스템의 종류 중요

① 마케팅 정찰 시스템(마케팅 인텔리전스 시스템, MIS; Marketing Intelligence System) 기출
  ㉠ 경쟁사에 대한 정보를 수집하기 위하여 외부 자료를 많이 활용하는 정보 시스템이다.
  ㉡ 기업을 둘러싼 마케팅 환경에서 발생하는 일상적인 정보를 수집하기 위해 기업이 사용하는 절차와 정보원의 집합이다.
② 마케팅조사 시스템(MRS; Marketing Research System)
  ㉠ 기업이 직면한 마케팅 문제의 해결과 직접적으로 관련된 1차 자료에 대한 시스템이다.
  ㉡ 대부분의 관련 자료는 소비자로부터 직접 수집하여 문제 해결에 사용한다.
  ㉢ 마케팅 의사결정에 유용한 정보의 수집은 체계적, 객관적으로 수집되어야 한다.
  ㉣ 마케팅조사는 마케팅 의사결정에 유용한 정보만을 제공하여 마케팅 문제의 해결에 도움을 주어야 한다.
  ㉤ 특이 사항이 발생하거나 긴급한 사항이 발생하였을 때 운영되는 시스템이다.
  ㉥ 마케팅 기회와 문제를 식별하고 마케팅 활동을 계획, 정의, 평가하는 시스템으로, 마케팅 실적을 모니터하고 마케팅 과정의 이해를 증진하기 위해 이용한다.
  ㉦ 마케팅조사 과정: 조사 문제의 목적 결정 → 마케팅조사 설계 → 자료 수집 → 자료 분석 및 해석 → 조사 결과 분석

핵심예제

소비자로부터 직접 수집한 자료를 이용하여 마케팅 문제를 해결하는 시스템은?

① 마케팅 정찰 시스템
② 마케팅조사 시스템
③ 마케팅 내부 정보 시스템
④ 마케팅 고객 정보 시스템

해설 기업이 직면한 마케팅 문제의 해결을 위해 소비자를 통해 직접적으로 자료를 수집하는 시스템은 마케팅조사 시스템이다.

정답 ②

③ 마케팅 내부 정보 시스템(MIIS; Marketing Internal Information System)
  ㉠ 기업 내부에 존재하는 정보를 통합적으로 관리하고자 하는 시스템이다.
  ㉡ 기업 내부에 존재하는 정보에는 상품별, 지역별, 기간별 매출, 재고 수준, 외상 거래, 회계 정보 등이 있다.
④ 마케팅 고객 정보 시스템(MCIS; Marketing Customer Information System) 기출
  ㉠ 기업의 제품을 구매하는 고객 정보를 체계적으로 모아 놓은 시스템이다.
  ㉡ 고객의 인구통계학적 특성, 라이프스타일, 추구하는 혜택, 구매 일자, 구매 빈도, 구매 가격과 같은 구매 정보들을 포함하는 정보 시스템이다.
⑤ 의사결정 지원 시스템(DSS; Decision Support System)
  ㉠ 마케팅 환경으로부터 수집된 정보를 해석하고, 마케팅 의사결정의 결과를 예측하기 위해 사용되는 관련 자료, 소프트웨어, 분석 도구 등을 통합한 것을 말한다.
  ㉡ 최고 경영자의 의사결정을 도와주는 시스템으로, 정형적인 문제일 때는 준비한 의사결정 규칙에 의해 자동으로 해결 방법을 제시하고, 비정형적인 문제일 때는 문제를 분석하여 최종 결정에 도움이 되는 정보를 제공한다.
  ㉢ 각종 요인의 변화에 대해 결과를 즉시 요약·제시하는 정보 시스템이며, 의사결정을 대신하지는 않고 지원만 한다.
  ㉣ 비구조화된 문제 해결에 유용하고 사용자 중심적이며, 유연성과 적응성을 강조하는 시스템이다.

CHECK BOX

의사결정 지원 시스템(DSS; Decision Support System)의 분석 모델
- 가정 분석(What-if analysis): 의사결정 변수 값을 달리하여 변화를 분석 → 스프레드시트의 시나리오 분석
- 민감도 분석(Sensitivity analysis): 하나의 변수 값만을 변화시켜 특정 변수에 대한 결과를 관찰하고 평가 → 스프레드시트의 데이터 표
- 목표탐색 분석(Goal-seeking analysis): 변수의 목표 값을 정하고, 이를 위해 변수가 어떻게 조정되어야 하는가를 분석 → 스프레드시트의 목표 값 찾기
- 최적화 분석(Optimization analysis): 제약조건하에서 여러 변수의 최적 값을 찾아가는 분석 방법 → 선형 계획 → 수송 계획과 같은 최적화 테크닉을 지원하는 프로그램 가능 → Iteration Method

핵심예제

의사결정 지원 시스템(DSS)의 분석 기능이 아닌 것은?
① 자취 분석(Trace analysis)
② 가정 분석(What-if analysis)
③ 민감도 분석(Sensitivity analysis)
④ 목표탐색 분석(Goal-seeking analysis)

해설 의사결정 지원 시스템의 분석 모델 종류에는 가정 분석, 민감도 분석, 목표탐색(추구) 분석, 최적화 분석법 등이 있다.

① 정답

(3) 마케팅 정보 시스템의 특징 중요

① 정보 처리와 관리에 시스템 개념을 적용한다.
② 미래 지향적이다. 즉, 문제 해결은 물론이고 문제를 예측하여 예방한다.
③ 산발적이거나 단속적이 아닌 계속적 운영 시스템이다.
④ 정보가 불필요할 때는 정보의 데이터베이스화에 따른 시간적·경제적 낭비를 초래하게 된다.
⑤ 기본적으로 정형화되거나 자동화되기 힘들다.
⑥ 정보의 제공자, 정보의 처리자, 그리고 정보의 이용자가 주로 동일인이다.
⑦ 마케팅 정보 시스템에서 필요로 하는 자료들은 회사의 내부 자료뿐만 아니라 외부 자료를 많이 포함하고, 자료의 흐름도 일정하지 않고 간헐적인 경우가 많아, 이를 체계적으로 관리하기 위한 노력을 더 많이 필요로 한다.
⑧ 경영 정보 시스템 개념을 도입하여 마케팅 분야에 적합하도록 수정하였다.
⑨ 특수한 상황에 직면하게 되는 경우 마케팅조사 시스템이 이용되며, 마케팅 관리자의 효율적인 마케팅 전략 수립에 도움을 준다.
⑩ 마케팅조사는 문제 해결에 초점을 맞추고(과거 중심적), 마케팅 정보 시스템은 문제 해결뿐만 아니라 문제 예방에도 초점을 맞춘다(미래 지향적).
⑪ 마케팅조사는 마케팅 정보 시스템에 정보를 제공하는 하나의 자료원이다.
⑫ 마케팅 관련 성과를 계량적으로 측정할 수 있다.

(4) 마케팅 정보 시스템의 운영 방법

① 정성 조사와 정량 조사
  ㉠ 정성 조사 : 구매 원인, 기억, 인지 요소 등
  ㉡ 정량 조사 : 제품 구매, 광고를 기억하는 고객의 수, 비율 등의 숫자적 데이터 등
② 1차 정보 제공과 2차 정보 제공
  ㉠ 1차 정보(내부 정보) : 판매 보고서, 매출 분석, 매출 대비 원가, 문의 처리, 비용 등
  ㉡ 2차 정보(외부 정보) : 외부 시장, 시장 크기, 구조, 트렌드, 기회, 위협 요소, 경쟁자, 신규 고객, 기존 고객 등
  ㉢ 2가지 정보를 통해 비용과 정보의 필요에 따라 우선순위를 정해야 한다.
  ㉣ 내부 정보와 외부 정보를 우선적으로 파악한 후 리서치를 진행해야 한다.

핵심예제

마케팅 정보 시스템 운영 시 2차 정보에 해당하는 것은?

① 비용
② 시장 크기
③ 판매 보고서
④ 매출 대비 원가

해설 판매 보고서, 매출 대비 원가, 비용은 모두 1차 정보이다.

② **정답**

제2절 시장환경 분석

1. 미시적 환경 분석에서의 3C 분석

(1) 3C의 개념
① 기업에 직접적으로 영향을 미치는 미시적 환경 분석은 해당 제품을 현 시점에 시장에 출시하는 것이 매력적인지 아닌지 체크하는 것으로, '마케팅 3C'라고 한다.
② 기업을 둘러싸고 있는 고객의 니즈 및 수요 분석 등과 경쟁사의 차별성 분석을 기반으로 자사의 강약점 및 현황을 탐색하여 구체적인 전략 방향성을 설정하기 위한 유기적인 분석이다.

(2) 분류: 마케팅 전략의 주체(당사자)가 되는 3C

구분	대상	분석 기준 내용
Customer (고객)	• 현재 고객 • 잠재 고객	목표 고객 선정 및 잠재수요 가능성, 시장 규모 및 성장성, 시장 구조 변화, 시장세분화, 고객 집단별 니즈 현황 및 변화 추이 등
Company (자사)	• 자사 내부 자원 • 제품, 서비스, 조직	시장 점유율 및 인지도, 브랜드 이미지, 기술력·제품력·판매력, 이익률, 자사 조직 문화 등
Competitor (경쟁사)	• 동종업계 경쟁사 • 대체재 산업에 속한 기업	경쟁사의 특징 및 강약점, 진입가능성, 전략의 변화 등

2. SWOT 분석

(1) SWOT의 개념 및 요소 중요
① 개념 기출
㉠ SWOT 분석은 강점(Strength)과 약점(Weakness)을 분석하고, 기업 외부의 환경 변화를 종합적으로 정리하여 자사가 처한 기회(Opportunity)와 위협(Threat) 요인들을 파악하는 것이다.
㉡ SWOT 분석은 기업의 내적 요인과 외적 요인의 분석을 위하여 환경적인 요인을 조사하는 것을 말한다.

핵심예제

마케팅 전략 수립 시 당사자 3C에 속하지 않는 것은?

① Customer
② Company
③ Competitor
④ Contents

해설 당사자 3C는 고객(Customer), 자사(Company), 경쟁자(Competitor)이다.

④ **정답**

② SWOT의 각 요소

S	강점(Strength)으로, 자사와 자사 제품·서비스에 좋은 영향을 주는 내부 환경요소
W	약점(Weakness)으로, 자사와 자사 제품·서비스에 나쁜 영향을 주는 내부 환경요소
O	기회(Opportunity)로, 자사와 자사 제품·서비스에 좋은 영향을 주는 외부 환경요소
T	위협(Threat)으로, 자사와 자사 제품·서비스에 나쁜 영향을 주는 외부 환경요소

2차 실기 맛보기

2차 기업의 강점·약점 및 외부의 기회·위협에 대해 분석하는 기법은 무엇인가?

(2) SWOT 분석 결과로 실행할 수 있는 네 가지 마케팅 전략 **중요**

구분		강점(Strength)	약점(Weakness)
		현재 사업의 강점 요소	현재 사업의 약점 요소
기회(Opportunity)	현재 사업의 기회 요소	강점-기회(SO) 전략: 강점을 활용한 기회의 포착 전략	약점-기회(WO) 전략: 약점을 보완하여 기회를 놓치지 않기 위한 전략
위협(Threat)	현재 사업의 위협 요소	강점-위협(ST) 전략: 강점을 활용한 위협의 대처 전략	약점-위협(WT) 전략: 약점과 위협의 대응 전략

(3) SWOT 분석의 예

① 강점(Strength): 유리한 시장 점유율, 높은 생산성, 규모의 경제, CEO의 경영능력, 독점적 기술, 높은 직무 만족도, 안정적인 공급채널, 자금조달능력 등
② 약점(Weakness): 협소한 제품군, 연구 개발 부족, 낮은 광고 효율, 종업원의 고령화, 낙후된 설비, 수익성 저하, 불리한 공장 입지, 브랜드 이미지 악화 등
③ 기회(Opportunity): 높은 경제 성장률, 시장의 빠른 성장, 새로운 기술의 등장, 경쟁 기업의 쇠퇴, 신시장 등장, 새로운 고객 집단 출현, 유리한 정책·법규·제도, 낮은 진입 장벽 등
④ 위협(Threat): 새로운 경쟁 기업 출현, 불리한 정책·법규·제도, 시장 성장률 둔화, 구매자나 공급자의 파워 증대, 무역 규제, 대체상품 개발, 경기 침체 등

핵심예제

SWOT 분석 결과로 실행할 수 있는 마케팅 전략에 해당하지 않는 것은?

① 약점-기회(WO) 전략: 기회와 약점의 회피 전략
② 약점-위협(WT) 전략: 약점과 위협의 대응 전략
③ 강점-위협(ST) 전략: 강점을 활용한 위협의 대처 전략
④ 강점-기회(SO) 전략: 강점을 활용한 기회의 포착 전략

해설 약점-기회(WO) 전략에 해당하는 것은 약점을 보완하여 기회를 놓치지 않기 위한 전략이다.

① **정답**

3. 내·외부 환경 분석

(1) 마케팅 환경 분석

① 마케팅 환경 분석의 개요
  ㉠ 마케팅 환경 분석은 거시적 환경 분석, 산업 환경 분석, 미시적 환경 분석으로 나눌 수 있다.
  ㉡ 거시적 환경과 산업 환경은 외부 환경요인이고, 미시적 환경은 내부 환경요인에 해당된다.

② 마케팅 환경의 내·외부 환경요인
  ㉠ 내부 환경요인
    - 기업과 마케팅 업체가 통제할 수 있는 요인
    - 사업 영역, 기업의 목표, 기업 문화(분위기), 부서들의 역할
  ㉡ 외부 환경요인
    - 기업과 마케팅 업체가 통제할 수 없는 요인
    - 소비자, 경쟁자, 공급업자, 기타 여러 가지 환경(기술적, 경제적, 사회문화적, 법적·정치적 환경)

(2) 내부 환경 분석

① 기업의 내부 환경 분석: 손익분기점 분석, 사업 구조 분석, 시장 점유율 분석, 핵심 경쟁력 분석의 네 가지의 요소로 구성되어 있다.

② 내부 환경 분석의 필요성
  ㉠ 기업의 내부 환경 분석은 경영전략 수립의 기초가 되는 분석이다.
  ㉡ 기업의 내부 역량을 바탕으로 전략과 마케팅을 수행할 수 있다.
  ㉢ 기업의 강점과 약점을 도출하여 향후 전략 수립을 위한 SWOT 분석에 활용된다.

③ 마이클 포터의 가치사슬 모델 `중요`
  ㉠ 가치사슬이란 기업이 제품이나 서비스를 생산하는 과정에서 고객에게 가치를 부여할 수 있는 부가가치가 생성되는 과정을 표현한 것으로 마이클 포터가 강조한 것이다.
  ㉡ 가치사슬 분석은 기업의 부가가치 창출에 관련된 일련의 활동을 직접적인 역할을 하는 본원적 활동(주 활동)과 간접적인 역할을 하는 지원 활동(보조 활동)으로 구분하고, 각 단계에서의 강점, 약점, 차별화 요인을 분석하는 것을 말한다.
  ㉢ 포터는 물류 투입, 생산 운영, 물류 산출, 마케팅과 판매, 서비스는 본원적 활동으로 구분하고 인적자원 관리, 연구 개발, 구매 조달과 기업의 전반적 운영 관리는 지원 활동으로 구분하였다.

`핵심예제`

기업의 내부 환경을 분석할 때 해당되지 않는 것은?

① 산업 구조 분석
② 손익분기점 분석
③ 핵심 경쟁력 분석
④ 시장 점유율 분석

`해설` 산업 구조 분석은 외부 환경 분석에 해당된다.

① `정답`

(3) 외부 환경 분석

① 분석의 기법
  ㉠ 거시환경 분석: 산업의 큰 틀에서의 분석으로 통신판매 기업의 경영에 영향을 미치는 외적 요인을 분석하는 것이다.
  ㉡ 산업 구조 분석: 기업의 환경 측면에서의 분석보다는 통신판매 기업이 경영하고 있는 산업의 구조 차원에서 분석하는 것이다.
  ㉢ 경쟁 분석: 통신판매를 수행하는 동종업종 혹은 유사업종의 경쟁 기업의 경영 환경 및 경영 전략을 분석하는 것이다.
  ㉣ 시나리오 플래닝: 기업경영 환경을 시나리오적인 측면에서 가설을 설정하고 해법을 만들어가는 방법이다.

② PEST 분석
  ㉠ 개념: 대표적인 산업환경 분석 모델로, 해당 기업을 둘러싼 거시적 산업환경에 영향을 미칠 수 있는 요인들을 도출하고 그 내용을 분석하는 기법이다. 조직이나 환경에 영향을 미치는 요인에는 정치적(Political), 경제적(Economic), 사회적(Social), 기술적(Technological) 요인이 있다.
  ㉡ 목적: 전략적 의사결정을 위한 정보로 활용하는 데 있다.
  ㉢ 종류
    • 사회문화 환경 분석: 인구 증가율 추이, 소비자 라이프스타일 변화, 환경에 대한 인식 변화 등을 조사하여 분석한다.
    • 기술 환경 분석: 정보 기술, 기술 발전 정도, 새로운 시장의 변화, 신기술 개발 등을 분석한다.
    • 거시경제 환경 분석: GDP 성장률, 물가 상승률, 이자율, 환율, 원재료 상승률 등을 분석한다.
    • 정책규제 환경 분석: 정부 정책의 변화, 법적인 규제 및 조건의 변화, 무역 관련 사항의 변화 등을 조사하여 분석한다.

③ 마이클 포터의 5 Force Model(5 요인론) 중요
  ㉠ 개념: 다섯 가지의 관점에서 현상을 분석하는 기법이다. 공급자 교섭력, 잠재 진입자 위협, 산업 내 경쟁강도, 구매자 교섭력, 대체제의 위협으로 구분하며, 이 산업의 다섯 가지 요소가 해당 산업의 수익률을 결정하며, 이들 요소가 많고 세력이 강할수록 해당 산업의 평균 수익률은 낮아진다고 정의한다.

핵심예제

PEST 분석의 종류 중 사회문화 환경 분석에 해당되는 것은?

① 기술 발전 정도
② 정부 정책의 변화
③ 새로운 시장의 변화
④ 소비자 라이프스타일 변화

해설   ①·③ 기술 환경 분석에 해당된다.
      ② 정책 규제 환경 분석에 해당된다.

④ 정답

ⓒ 장단점
- 장점: 전략 수립과 전략 실행에 관련된 환경요소 분석을 크게 개선할 수 있고 경쟁강도 파악이 가능하며 특히, 산업 내 어느 부분에서 경쟁이 일어나는지 파악할 수 있다.
- 단점: 산업의 지속적인 변화를 설명하기 어렵고 기업 간 경쟁 전략에 의한 상호 영향을 고려하지 못한다.

4. BCG 매트릭스 중요

(1) BCG 매트릭스의 개념
① 보스턴 컨설팅 그룹(Boston Consulting Group)에 의해 1970년대 초반 개발된 것으로, 기업의 경영 전략 수립에 있어 하나의 기본적인 분석 도구로 활용되는 사업 포트폴리오 분석 기법이다.
② BCG 매트릭스는 자금의 투입, 산출 측면에서 사업(전략 사업 단위)이 현재 처해 있는 상황을 파악하여 상황에 맞는 처방을 내리기 위한 분석 도구이다.
③ 성장-점유율 매트릭스(Growth-share matrix)라고도 불리며, 산업을 시장 점유율과 시장 성장률로 구분하여 네 가지로 분류했다.

(2) BCG 매트릭스의 분석 방법 기출
X축(수평축)을 상대적 시장 점유율로 하고 Y축(수직축)을 시장 성장률로 하여, 미래가 불투명한 사업을 물음표(Question mark), 점유율과 성장성이 모두 좋은 사업을 별(Star), 투자에 비해 수익이 월등한 사업을 현금 젖소(Cash cow), 점유율과 성장률이 둘 다 낮은 사업을 개(Dog)로 구분했다.
① 별(Star) 사업: 성공 사업. 수익성과 성장성이 크므로 계속적 투자가 필요하다.
② 현금 젖소(Cash cow) 사업: 수익 창출원. 기존의 투자에 의해 수익이 계속적으로 실현되므로 자금의 원천 사업이 된다. 시장 성장률이 낮으므로 투자 금액이 유지·보수 차원에서 머물게 되어 자금 투입보다 자금 산출이 많다.

핵심예제

BCG(Boston Consulting Group)의 시장 성장-점유율 매트릭스에서 시장 성장률이 높으나 점유율이 낮은 사업부는?
① 별(Star)
② 현금 젖소(Cash cow)
③ 물음표(Question mark)
④ 개(Dog)

해설 물음표에 대한 설명이다. 기업의 행동에 따라 차후 별(Star) 사업이 되거나 개(Dog) 사업으로 전락할 수 있으며, 일단 투자하기로 결정하면 상대적 시장 점유율을 높이기 위해 많은 투자 금액이 필요하다.

③ 정답

③ 물음표(Question mark) 사업: 신규 사업. 상대적으로 낮은 시장 점유율과 높은 시장 성장률을 가진 사업으로 기업의 행동에 따라서는 차후에 별(Star) 사업이 되거나, 개(Dog) 사업으로 전락할 수 있는 위치에 있다. 일단 투자하기로 결정한다면 상대적 시장 점유율을 높이기 위해 많은 투자 금액이 필요하다.

④ 개(Dog) 사업: 사양 사업. 성장성과 수익성이 없는 사업으로 철수해야 한다. 기존의 투자에 매달리다가 기회를 잃으면 더 많은 대가를 치를 수 있다.

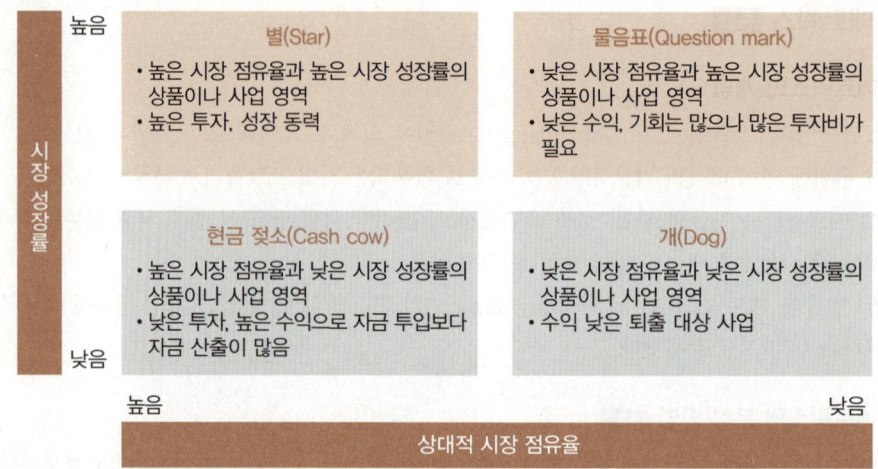

(3) BCG 매트릭스의 장단점

① 장점: 사업의 성격을 단순화·유형화하여 어떤 방향으로 의사결정을 해야 할지를 명쾌하게 알려 준다.

② 단점: 사업의 평가 요소가 상대적 시장 점유율과 시장 성장률뿐이어서 지나친 단순화의 오류에 빠지기 쉽다.

> **2차 실기 맛보기**
> - BCG 매트릭스에서 시장 성장률과 상대적 시장 점유율에 따라 분류한 네 가지를 적으시오.
> - BCG 매트릭스에서 높은 상대적 시장 점유율과 낮은 시장 성장률의 상품이나 사업 영역으로서 낮은 투자, 높은 수익으로 자금 투입보다 자금 산출이 많은 것은 무엇인가?

핵심예제

높은 상대적 시장 점유율과 낮은 시장 성장률을 가지는 상품이나 사업 영역은?

① 별(Star)
② 개(Dog)
③ 현금 젖소(Cash cow)
④ 물음표(Question mark)

해설 현금 젖소는 높은 상대적 시장 점유율과 낮은 시장 성장률을 가진다. 기존의 투자에 의해 수익이 계속적으로 실현되므로 자금의 원천 사업이 된다.

③ 정답

제 2 장 실제예상문제

01 통신판매업자의 신고 사항이 아닌 것은?
① 상호
② 주소
③ 인터넷 도메인 이름
④ 환경 분석 보고서

> 해설 통신판매업자의 신고 사항은 상호, 주소, 전화번호, 전자우편 주소, 인터넷 도메인 이름, 그 밖의 신원을 확인할 수 있는 서류이다.

02 마케팅 환경의 내적 요인이 아닌 것은?
① 기업 문화
② 소비자의 환경
③ 사업 영역
④ 기업의 목표

> 해설 소비자의 환경은 기업이 통제할 수 없는 외적 환경요인에 해당한다.
> 기업의 내적 요인
> • 기업과 마케팅 업체들이 주도할 수 있으며, 통제할 수 있는 요인
> • 사업 영역, 기업의 목표, 기업 문화(분위기), 부서들의 역할

03 다음 중 마케팅 정보 시스템의 특징이 아닌 것은?
① 정보 처리와 관리에 시스템 개념을 적용한다.
② 문제 해결은 물론 문제를 예측하여 예방한다.
③ 산발적이거나 단속적이 아닌 계속적 운영 시스템이다.
④ 기본적으로 정형화되거나 자동화되기 쉽다.

> 해설 마케팅 정보 시스템은 정형화되거나 자동화되기 어렵다는 특징을 갖는다.

정답 01 ④ 02 ② 03 ④

04 특이 사항이 발생하거나 긴급한 사항이 발생하였을 때 운영되는 마케팅 정보 시스템은?

① 외부 정보 시스템
② 마케팅조사 시스템
③ 내부 보고 시스템
④ 분석적 마케팅 정보 시스템

해설 긴급한 사항이 발생한 경우 어떤 상황인지 먼저 확인하는 조사 시스템이 운영된다.

05 다음 중 마케팅 정보 시스템에 대한 설명으로 틀린 것은?

① 내부 보고 시스템(Internal Reports System) – 기업의 판매 상황·원가·재고 수준·외상 매 입금의 거래 현황 등에 관한 내부 보고서를 정기적으로 작성하고, 이들 정보를 경영의 모든 부문에 전달·보고하는 시스템
② 마케팅 정찰 시스템(Marketing Intelligence System) – 마케팅 관리자가 마케팅 계획을 수립하고, 기존의 마케팅 계획을 조정하기 위하여 마케팅 환경에서 일어나는 여러 가지 변화와 추세에 관한 일상적인 정보를 체계적으로 수집하는 시스템
③ 의사결정 지원 시스템(Decision Support System) – 마케팅 기회와 문제를 식별하고 마케팅 활동을 계획, 정의, 평가하며, 마케팅 실적을 모니터함과 동시에 마케팅 과정에 대한 이해를 증진하기 위해 이용하는 시스템
④ 마케팅 고객 정보 시스템(Marketing Customer Information System) – 기업의 제품을 구매하는 고객 정보를 체계적으로 정리하여 놓은 시스템

해설 마케팅조사 시스템에 대한 내용이다.

06 각종 요인의 변화에 대해 즉시 결과를 요약·제시하는 정보 시스템으로, 비구조화된 문제 해결에 유용하고 사용자 중심적인 마케팅 정보 시스템은?

① 의사결정 지원 시스템
② 마케팅조사 시스템
③ 분석적 마케팅 시스템
④ 내부 보고 시스템

해설 의사결정 지원 시스템은 마케팅 환경으로부터 수집된 정보를 해석하고, 마케팅 의사결정의 결과를 예측하기 위해 사용되는 관련 자료, 소프트웨어, 분석 도구 등을 통합한 것을 말한다. 비구조화된 문제 해결에 유용하고 사용자 중심적이며, 유연성과 적응성을 강조하는 시스템이다.

07 마케팅 정보 시스템 운영 시 진행하는 조사로 아래 내용이 해당하는 조사는?

> 자사를 기억시키는 키워드는 무엇인가?

① 정성조사
② 면접조사
③ 전화조사
④ 정량조사

해설 정성조사와 정량조사
- 정성조사: 구매 원인, 기억, 인지 요소 등
- 정량조사: 제품 구매, 광고를 기억하는 고객의 수, 비율 등의 숫자적 데이터 등

08 기업의 전략적 사업 단위(SBU)를 분석하는 데 이용되는 BCG(Boston Consulting Group) 모형에서 수평축이 반영하는 것은?

① 상대적 시장 점유율
② 시장 성장률
③ 세분 시장 규모
④ 희망 투자 수익률

해설 BCG 모형에서 수직축은 시장 성장률이고, 수평축은 상대적 시장 점유율을 나타낸다.

09 기업의 환경 분석을 통해 강점과 약점, 기회와 위협 요인을 규정하고 이를 토대로 마케팅 전략을 수립하는 기법은?

① 5 Force 분석
② 경쟁사 분석
③ SWOT 분석
④ 소비자 분석

해설 SWOT 분석은 자사 및 경쟁사의 강점(Strength)과 약점(Weakness)을 분석하고, 기업 외부에서 일어나고 있는 환경변화를 종합적으로 정리하여 자사가 처한 기회(Opportunity)와 위협(Threat) 요인들을 파악하는 것으로, 기업의 내·외부 환경 분석으로 가장 많이 사용되는 분석 방법이다.

정답 07 ① 08 ① 09 ③

10 포터(M. porter)의 가치사슬(Value chain) 모델에서 주 활동(Primary activities)에 해당하는 것은?

① 서비스
② 인적 자원 관리
③ 기술 개발
④ 기획·재무

해설 포터의 가치사슬 모델
- 본원적 활동(주 활동): 물류 투입, 생산 운영, 물류 산출, 마케팅과 판매, 서비스 등
- 지원 활동(보조 활동): 인적 자원 관리, 기술·연구 개발, 조달 활동, 기획·재무 등

11 BCG의 성장-점유율 매트릭스에서 시장 성장률은 낮고 상대적 시장 점유율이 높은 영역은?

① Dog
② Star
③ Cash cow
④ Question mark

해설 현금 젖소(Cash cow) 사업은 성장률은 낮고, 점유율은 높은 사업이다.
① 개(Dog) 사업은 성장률과 점유율이 모두 낮은 사업이다.
② 별(Star) 사업은 성장률과 점유율이 높은 사업이다.
④ 물음표(Question mark) 사업은 성장률은 높고, 점유율은 낮은 사업이다.

12 의사결정 지원 시스템(DSS)의 분석 기능이 아닌 것은?

① SWOT 분석
② 민감도 분석
③ 목표탐색 분석
④ 최적화 분석

해설 의사결정 지원 시스템(DSS; Decision Support System)의 분석 모델
- 가정 분석(What-if analysis): 의사결정 변수 값을 달리하여 변화를 분석 → 스프레드시트의 시나리오 분석
- 민감도 분석(Sensitivity analysis): 하나의 변수 값만을 변화시켜 특정 변수에 대한 결과를 관찰하고 평가 → 스프레드시트의 데이터 표
- 목표탐색 분석(Goal-seeking analysis): 변수의 목표 값을 정하고, 이를 위해 변수가 어떻게 조정되어야 하는가를 분석 → 스프레드시트의 목표 값 찾기
- 최적화 분석(Optimization analysis): 제약조건하에서 여러 변수의 최적 값을 찾아가는 분석 방법 → 선형 계획 → 수송 계획과 같은 최적화 테크닉을 지원하는 프로그램 가능 → Iteration Method

정답 10 ① 11 ③ 12 ①

13 마케팅 정보 시스템의 특징으로 옳지 않은 것은?

① 경영 정보 시스템 개념에서 출발하여 마케팅 분야에 적용할 수 있도록 수정하였다.
② 문제를 예측하여 예방하고, 문제 발생 시 수월하게 해결하기 위함이므로 미래 지향적이다.
③ 마케팅 정보 시스템은 마케팅 관리자가 효율적인 마케팅 전략을 수립할 수 있도록 돕는다.
④ 마케팅 정보 시스템에서 다루는 자료들은 회사에서 주로 사용하므로 일목요연하게 정리되어 있다.

> 해설 마케팅 정보 시스템에서 다루는 자료에는 외부 자료가 많고, 흐름도 간헐적인 경우가 많아 체계적으로 관리하기 위한 노력이 더 많이 든다.

14 마케팅 정보 시스템에 대한 설명이 아닌 것은?

① 마케팅 업무의 능률을 제고하고 경제적 이점을 준다.
② 복잡한 변수들의 자료를 신속하게 처리할 수 있다.
③ 마케팅 관련 성과를 계량적으로 측정할 수는 없다.
④ 모든 변수의 상호 관계를 보다 잘 이해함으로써 문제에 신속하게 대응할 수 있다.

> 해설 마케팅 관련 성과를 계량적으로 측정할 수 있다.

15 다음에서 설명하고 있는 것은?

> 기업의 판매 상황, 원가, 재고 수준, 외상 매출금 등의 거래 현황에 관한 내부 보고서를 정기적으로 작성한다.

① 정찰 정보 시스템
② 내부 보고 시스템
③ 마케팅조사 시스템
④ 외부 정보 시스템

> 해설 내부 보고 시스템은 기업의 판매 상황, 원가, 재고 수준, 외상 매출금 등의 거래 현황에 관한 내부 보고서를 정기적으로 작성하며 작성된 보고서를 경영의 모든 부분에 전달·보고한다.

정답 13 ④ 14 ③ 15 ②

16 BCG(Boston Consulting Group) 매트릭스에 관한 설명으로 틀린 것은?

① 현금 젖소(Cash cow)는 투자를 확대하여 별(Star)의 범주로 이동시키는 것이 바람직하다.
② 개(Dog)는 부진 제품을 폐기하고 적극적으로 자금을 회수하는 전략을 취하는 것이 좋다.
③ 물음표(Question mark)에 속하는 사업 단위들은 시장 점유율을 높이기 위해 많은 자금 투자를 필요로 한다.
④ 별(Star)에 속한 사업 단위들은 높은 시장 점유율로 인해 마진이 증대되기 때문에 연구 개발, 새로운 시설 투자를 위한 자금을 늘려야 한다.

> **해설** BCG 매트릭스에서는 대체로 사업이 '물음표 → 별 → 현금 젖소 → 개'의 순으로 진행되며, 현금 젖소(Cash cow)는 개(Dog)의 범주로 이동하지 않고 현금 젖소 상태가 오래도록 유지될 수 있도록 관리하여야 한다.

17 마케팅 정보 시스템의 종류와 가장 관련이 없는 것은?

① 차별화 시스템
② 내부 정보 시스템
③ 마케팅 고객 정보 시스템
④ 마케팅 인텔리전스 시스템

> **해설**
> ② 내부 정보 시스템: 기업의 판매 상황, 원가, 재고 수준, 현금 흐름, 외상 매출금이나 외상 매입금의 거래 현황 등에 관한 내부 보고서를 정기적으로 작성하고 이 정보를 경영의 모든 부문에 전달, 보고하는 시스템이다.
> ③ 마케팅 고객 정보 시스템: 고객에 대한 인구통계적 특성, 라이프스타일, 고객이 추구하는 혜택, 구매 행동 등의 정보를 포함하는 시스템이다.
> ④ 마케팅 인텔리전스 시스템: 마케팅 관리자가 마케팅 계획을 수립하고 기존의 마케팅 계획을 조정하기 위하여 마케팅 환경에서 일어나고 있는 여러 가지 변화와 추세의 일상적인 정보를 체계적으로 수집하는 시스템이다.

정답 16 ① 17 ①

제 3 장 표본설계

제1절 조사 대상 선정

1. 표본설계의 의의

통계조사 과정

1단계	통계조사 계획
2단계	표본설계
3단계	설문설계
4단계	자료 수집
5단계	자료 처리
6단계	자료 분석
7단계	보고서 작성
8단계	합리적인 의사결정

핵심예제

다음 빈칸에 들어갈 단계를 차례대로 나열한 것으로 알맞은 것은?

> 통계조사 계획 → ( ) → ( ) → 자료 수집 → 자료 처리 → 자료 분석 → 보고서 작성 → 합리적인 의사결정

① 표본설계, 설문설계
② 자료 관찰, 설문설계
③ 조사 진행, 결과 도출
④ 표본설계, 결과 도출

정답 ①

(1) 표본설계의 개요

① 통계조사를 하는 목적은 표본을 추출하여 조사한 결과값을 가지고, 모집단의 특성을 추론한 후, 그 결과값을 의사결정을 위한 정보로 활용하는 것이다.
② 일반적으로 의사결정 시간은 정해져 있고, 조사에 사용할 수 있는 비용의 한도도 정해져 있으므로 모두를 조사하는 것은 불가능하다.
③ 설령 조사를 모두 할 수 있더라도 모든 대상을 조사할 경우 조사과정에서 생기는 오류로 인하여 정확한 답을 얻는다고 장담하기 어렵다.
④ 조사 기간과 비용을 모두 만족하면서 전체조사 대상의 특성을 가장 잘 설명할 수 있는 표본을 추출하는 방법을 설계하는 것이 필요한데, 이를 표본설계라 한다.

(2) 주요 용어 [기출]

① 모집단(Population) : 조사자가 추론하고자 하는 모든 자료들의 집합, 즉 조사의 전체 대상을 말한다.
② 표본추출 단위(Sampling unit) : 기본 단위들의 집합으로 실제로 모집단에서 표본으로 추출되는 단위이다.
③ 표본추출틀(표집체계, 표본프레임, Sampling frame)
　㉠ 표본을 추출하기 위한 모집단의 목록을 말한다.
　㉡ 표본추출 단위가 집단인 경우에는 모집단의 목록인 표본 프레임도 개인별 목록이 아니라 집단별 목록만 있으면 된다.
　㉢ 정확한 표본추출을 위해서는 모집단과 정확하게 일치하는 표본프레임을 확보해야 한다.
④ 표본(Sample) : 표본추출틀로부터 뽑은 추출 단위들의 집합을 말하며, 전체 응답 대상 중 특성이 있는 적절한 소수로 뽑을 대상이다.
⑤ 모수(Parameter) : 관심의 대상인 모집단의 특성을 나타내는 값으로, 표본조사를 통하여 추론하고자 하는 값이 된다. 일반적으로 추론하고자 하는 대상은 평균, 비율, 총계 등이 있다.
⑥ 통계량(Statistic) : 표본조사를 통하여 구한 자료를 적절한 방법으로 요약한 값으로, 표본의 특성을 나타내는 값이다.
⑦ 모평균 : 모집단의 평균값을 말한다.
⑧ 모비율 : 모집단에서 어떤 한 가지의 특성을 가지는 것의 전체에 대한 비율이다.
⑨ 모분산 : 모집단의 분산을 가리키는 말로, 주어진 모집단의 특성을 나타내는 모수의 하나이며, 모집단 분포의 산포도를 나타내는 척도이다.

핵심예제

어떤 정보를 얻기 위한 통계적인 조사의 대상이 되는 집단 전체에 해당하는 것은?

① 표본
② 모집단
③ 표집틀
④ 오차

해설 모집단은 통계적인 조사의 대상이 되는 집단 전체로 조사자가 표본을 통해 발견한 사실들을 토대로 하여 일반화하는 궁극적인 대상이다.

② **정답**

⑩ 계층(Strata): 모집단을 구성하는 특성을 상호 배타적으로 구분해 놓은 부분집합을 말한다.
⑪ 편의(Bias): 본래 실제의 상태와 다르게 나타나는 평균적 차이를 의미한다.
⑫ 표본 분포(Sampling distribution): 동일한 크기의 표본을 반복해서 추출했을 때 각 표본의 통계량의 확률분포이다.

2. 자료 분석과 해석

(1) 교정
자료 수집 양식이 제대로 완성되었는지, 일관성이 있는지를 검토한다.

(2) 코딩(부호화, Coding) 중요
① 의의: 항목별로 각 응답에 해당하는 숫자나 기호를 부여하는 과정을 가리킨다.
② 특성
  ㉠ 가능하면 사전에 모든 항목을 분석 가능한 숫자로만 표현해야 전산 처리가 편리하다.
  ㉡ 자유응답형의 경우 편집 과정에서 분류한다.
  ㉢ 전체적으로 볼 때 모든 응답이 포함되어야 하고, 서로 중복되는 부분이 없어야 한다.
  ㉣ 양자택일형은 코딩과 분석이 용이하고, 응답하기 쉬우며 협조를 쉽게 얻어낼 수 있다. 또한 조사자에 의한 영향을 배제할 수 있다. 반면 자유롭게 의견을 표현하는 자유응답형은 코딩이 어렵다.
③ 자료의 처리 기출
  ㉠ 순서: 편집(Editing) → 코딩(Coding) → 입력(Key-in)
  ㉡ 편집: 조사를 끝내고 채택된 설문지에 대해 각 항목의 응답이 정확한지 파악하는 과정이다.
  ㉢ 편칭: 부호화된 내용을 전산에 입력하는 작업이다.

(3) 일람표
같은 항목의 사례를 소속되는 변수로 모아 정리한 것이다.

핵심예제

가능하면 모든 항목이 분석 가능한 숫자로 표현되어야 전산 처리가 편하고, 자유응답형의 경우 편집 과정에서 분류되는 것은?

① 교정   ② 코딩
③ 일람표   ④ 조사

해설 이 밖에도 코딩의 특성으로는 그 외 모든 응답들이 모두 포함되어야 하고 서로 중복되는 부분이 없어야 한다는 점이 있다.

② **정답**

제2절 표본

1. 표본추출

(1) 표본조사(Sample survey) 기출

① 부분조사라고도 한다.
② 조사 대상 중 일부를 추출하기 때문에 표본추출이 중요하고, 모집단이 클 경우에 효과적이다.
③ 표본오차가 존재하나 그 오차의 계산이 가능하다.
④ 조사 기간이 짧아서 인력과 시간 및 비용이 적게 든다.
⑤ 조사 과정을 보다 잘 통제할 수 있어서 정확한 자료를 얻을 수 있다.

> **CHECK BOX**
>
> **전수조사에 비해 표본조사가 더 높은 신뢰도를 확보할 수 있는 이유**
> - 조사 규모가 작기 때문에 조사 관계자들 간의 연락이 쉽고, 통일성을 확보하기 쉽다.
> - 숙련된 조사원을 채용할 수 있어서 조사원의 오차, 오기, 개념 규정상 오류 등에 의한 비표본오차를 줄일 수 있다.

> **CHECK BOX**
>
> **전수조사(Complete enumeration, Complete survey)** 기출
> - 조사 대상 전체를 빠짐없이 조사하므로 원칙적으로 바람직하며, 모집단의 규모가 작고 추정의 정밀도가 높아야 하는 경우 이용된다. 중요
> - 모집단 전체를 조사하므로 표본오차는 작으나 조사 대상자가 많아 시간, 비용이 증가하고, 조사 시행 과정에서 발생하는 비표본오차가 증가한다.
> - 전체오차를 최소한으로 줄인 조사가 필요한 경우 이용된다.
> - 조사 결과의 다면적 이용이 필요한 경우 전수조사가 필요하다. 특정 목적을 위한 표본조사는 다른 목적으로 이용하고자 할 경우 정밀도가 떨어지기 때문이다.
> - 조사 연구원의 전문적 지식과 숙련성이 구비될 수 없는 경우 전수조사가 유리하다.
> - 조사의 특성상 반드시 전수조사를 하여야 하는 경우도 있다. 예 인구조사, 주택총조사 등

핵심예제

전수조사에 비해 표본조사가 가지는 특징으로 볼 수 없는 것은?

① 비용이 적게 든다.
② 비표본오차가 높다.
③ 결과에 신뢰성이 높다.
④ 정보를 빠른 시간 내에 산출한다.

해설 전수조사의 경우 모집단 전체를 조사하므로 표본오차는 작으나, 조사 대상자의 수에 따라 시간과 비용이 증가하면서 조사 시행 과정에서 발생하는 비표본오차 또한 증가한다.

② 정답

(2) 표본추출과정 기출

① 모집단의 확정
  ㉠ 연구 결과의 일반화를 위한 대상을 확정하는 것으로서, 모집단은 조사 대상이 되는 집단을 의미한다.
  ㉡ 연구 목적에 부합하는 자료를 얻으려면 명확하고 정밀한 모집단의 규정이 요구된다.
  ㉢ 모집단을 확정하기 위해서는 연구 대상, 표본 단위, 연구 범위, 기간 등을 명확히 한정해야 한다.

② 표본프레임(표집틀, 표본추출틀) 선정
  ㉠ 모집단 내에 포함된 조사 대상자들의 명단이 수록된 목록을 말한다.
  ㉡ 모집단이 확정된 경우 표본을 추출하게 될 표집틀을 선정해야 한다.
  ㉢ 모집단의 구성 요소를 모두 포함하는 반면 각각의 요소가 이중으로 포함되지 않는 것이 좋다.

③ 표본추출방법 결정
  ㉠ 표본프레임이 선정되면 모집단의 대표성을 확보할 수 있는 표집 방법을 결정한다.
  ㉡ 표집 방법에는 크게 확률표본추출방법과 비확률표본추출방법이 있다.

④ 표본 크기 결정
  ㉠ 표집 방법이 결정되면 표본의 크기 또는 표집 크기를 결정한다.
  ㉡ 모집단의 성격, 시간 및 비용, 조사원의 능력 등은 물론 표본오차를 나타내는 정확도와 신뢰도를 고려하여 표본의 크기를 결정한다.

⑤ 표본추출
  ㉠ 결정된 표집 방법을 통해 본격적으로 표본을 추출한다.
  ㉡ 추출 방식에 따라 난수표 등을 이용할 수 있으며, 결과의 일반화 가능성을 항상 염두에 두어야 한다.

CHECK BOX

표본추출의 대표성
- 대표성의 문제란 표본이 모집단을 대표하여 일반화가 가능한 것인가의 문제이다.
- 표본의 통계적 특성이 모집단의 통계적 특성에 어느 정도 근접하느냐의 문제이다.
- 표본이 모집단이 지닌 다양한 성격을 고루 반영하느냐의 문제이다.
- 표본추출에는 우연성이 적을수록 대표성이 확보된다.
- 표본은 모집단과 변수의 특성이 유사한 분포를 갖도록 추출되어야 한다.
- 조사에 있어 어떤 것이 중요한 가설인가에 따라 대표성이 달라진다.

핵심예제

표본추출의 순서로 옳은 것은?

① 표본 크기 결정 → 표본프레임 선정 → 표본추출방법 결정 → 모집단 확정 → 표본추출
② 모집단 확정 → 표본추출 → 표본추출방법 결정 → 표본 크기 결정 → 표본프레임 선정
③ 표본프레임 선정 → 모집단 확정 → 표본 크기 결정 → 표본추출방법 결정 → 표본추출
④ 모집단 확정 → 표본프레임 선정 → 표본추출방법 결정 → 표본 크기 결정 → 표본추출

④ 정답

(3) 표본설계 시 고려 사항 중요

① 표본의 크기
  ㉠ 시장조사의 주체가 표본추출방법을 결정할 때 반드시 같이 결정해야 할 사항으로 조사 비용 및 조사의 정확도와 가장 밀접한 관련성이 있다.
  ㉡ 표본의 크기를 결정하는 데 고려해야 하는 요소 기출
    • 유의수준
    • 모집단 요소의 동질성 및 시간과 비용의 한도
    • 조사의 목적 및 시간과 비용의 한도
    • 모집단의 크기
    • 표집 방법 및 조사 방법의 유형
    • 조사 가설의 내용 · 신뢰도
② 표본조사 예산
③ 표본추출 절차
④ 자료 수집 수단
⑤ 표본추출 단위
⑥ 모집단 요소들의 동질성

2. 표본추출방법

(1) 확률표본추출법 중요

① 의의
  ㉠ 모집단을 구성하고 있는 추출 단위가 표본으로 추출될 확률을 사전에 알고 있는 추출방법이다.
  ㉡ 표집오차의 추정이 가능하며, 표본의 대표성이 있다.
  ㉢ 모든 대상이 표본으로 추출될 가능성을 동일하게 하면서 표본을 뽑는 사람의 편견이나 주관이 배제되도록 추출해야 한다.
② 특성
  ㉠ 모집단에 속한 모든 요소가 표출됨에 있어 같은 확률을 가진다는 것이 전제가 된다.
  ㉡ 선정된 표본이 모집단을 적절히 대표해 체계적인 편중의 위험을 최소화한다.
  ㉢ 비용이 많이 들고 불편하지만 표본오차의 추정이 가능하다.

핵심예제

표본을 설계할 때 고려 사항이 아닌 것은?

① 표본의 크기
② 표본조사 예산
③ 표본추출 단위
④ 모집단 요소들의 이질성

해설 모집단 요소들의 동질성을 고려해야 한다.

④ 정답

② 표본 조사의 목적
- 모집단을 보다 효율적이고 정확하게 연구하기 위한 것이다.
- 모집단에서 대표성 있는 표본을 추출, 조사하고 그 결과를 모집단에 일반화하기 위함이다.

③ 종류 기출
㉠ 단순무작위표본추출방법(Simple random sampling)
- 표본추출 프레임에서 각 대상자를 무작위로 추출하는 방법으로, 표본 요소들이 표출될 확률이 동일하다.
- 연구자의 자의적 개입이 전혀 이뤄지지 않은 채 무작위로 표본을 추출할 수 있다.
㉡ 층화표본추출방법(Stratified sampling)
- 일정한 특성에 의해 모집단을 층화하고 각 층에서 일정 수를 무작위로 표출한다.
- 각 층 내부는 동질적인 속성을 가지는 반면, 각 층들 간에는 이질적인 속성을 가진다.
㉢ 군집(집락)표본추출방법(Cluster Sampling)
- 모집단을 여러 집락으로 나눈 후 특정 집락을 무작위로 선택하여 그 집락 내의 모든 구성원들을 표본으로 추출하는 방법이다.
- 집단 간에는 동질적인 속성을 가지는 반면, 집단 내부는 이질적인 속성을 가진다.
㉣ 계통표본추출방법(Systematic Sampling) : 체계적 표본추출방법이라고도 하며, 모집단 추출틀에서 단순무작위로 하나의 단위를 선택하고 그다음 k 번째 간격마다 하나씩의 단위를 표본으로 추출한다.
※ 표본의 크기가 같을 시, 표본오차의 크기 순 : 군집표본＞단순무작위표본＞층화표본

2차 실기 맛보기

확률표본추출방법의 종류를 세 가지 쓰시오

(2) 비확률표본추출법 중요

① 의의
㉠ 무작위추출이 아닌 다른 선택 방법들로 표본을 선택하는 방법을 말한다.
㉡ 실제 표본추출을 함에 있어서 모든 조사연구 대상의 표본추출이 무작위적인 확률표본추출로써만 가능한 것은 아니다.

핵심예제

확률표본추출방법이 아닌 것은?

① 단순무작위표본추출방법
② 층화표본추출방법
③ 군집표본추출방법
④ 할당표본추출방법

해설 할당표본추출방법은 비확률표본추출방법이다.

④ 정답

② 특성
  ㉠ 모집단을 정확하게 규정할 수 없는 경우에 유용하다.
  ㉡ 표본의 크기가 작은 경우에 유용하다.
  ㉢ 표집오차 추정이 불가능하므로 표집오차가 큰 문제가 되지 않을 경우에 유용하다.
  ㉣ 표본추출 시 표본으로 추출될 확률을 전혀 알 수 없는 상태여서 인위적인 표본추출을 해야 하는 경우에 사용하면 시간과 비용의 절감 효과가 있다.

③ 종류 기출
  ㉠ 편의(임의)표본추출방법(Convenience sampling) : 조사자가 편리한 방법으로 임의로 표출하며, 우연적 표집(Accidental sampling)이라고도 한다.
  ㉡ 판단(목적)표본추출방법(Judgement sampling) : 조사 목적에 맞다고 판단되는 소수의 인원을 조사자가 선택하며 유의 표집(Purposive sampling)이라고도 한다.
  ㉢ 할당표본추출방법(Quota sampling) : 모집단을 일정한 카테고리로 나눈 다음, 이들 카테고리에서 필요한 만큼의 조사 대상을 작위적으로 추출하는 방법이다.
  ㉣ 눈덩이표본추출방법(Snowball sampling) : 특정 집단의 조사를 위해 조사자가 적절하다고 판단하는 조사 대상자들을 선정한 다음 그들로 하여금 또 다른 대상자들을 추천하도록 하는 방법이다.

CHECK BOX

확률표본추출방법과 비확률표본추출방법의 비교

확률표본추출방법	비확률표본추출방법
연구 대상이 표본으로 추출될 확률이 알려져 있음	연구 대상이 표본으로 추출될 확률이 알려져 있지 않음
표집틀 존재	표집틀 부족
무작위적 표본추출, 대표성 있음	인위적 표본추출, 대표성 확보 어려움
모수추정에 편의(Bias) 없음	모수추정에 편의(Bias) 있음
표본분석 결과의 일반화 가능성	표본분석 결과의 일반화 제약
표본오차의 추정 가능	표본오차의 추정 불가능
시간과 비용이 많이 듦	시간과 비용이 적게 듦

핵심예제

비확률표본추출법에 대한 설명으로 옳지 않은 것은?
① 모집단을 정확하게 규정할 수 없는 경우에 활용하면 좋다.
② 층화표본추출방법, 편의표본추출방법, 할당표본추출방법 등이 있다.
③ 표집오차 추정이 불가능하므로 표집오차가 큰 문제가 되지 않을 때 사용하는 것이 좋다.
④ 표본으로 추출될 확률을 전혀 알 수 없는 상태에서 사용할 경우 시간과 비용을 절감할 수 있다.

해설 층화표본추출방법은 확률표본추출법이다.

정답 ②

> **2차 실기 맛보기**
>
> 비확률표본추출방법의 종류를 세 가지 쓰시오.

3. 오차의 유형

(1) 표본오차(Sampling error)
① 표본추출과정에서 발생하는 오차로 통계량 값과 전수조사에 의해서 결정될 수밖에 없는 모수 값 사이의 차이에서 발생하는 오류이다.
② 표본추출된 표본을 대상으로 한 조사 결과와 모집단을 직접적으로 연구했을 경우에 얻을 수 있는 가정적인 결과와의 차이에 해당한다.
③ 특히 표본의 크기에 대한 조건을 만족시키지 못하는 경우 표본오차가 발생한다.
④ 표본의 크기가 증가하면 표본의 대표성이 커지므로 표본오차는 감소한다.
⑤ 표본오차를 완전히 극복하는 것은 사실상 불가능하므로 각 조사 연구에서는 반드시 오차의 범위를 제시해야 한다.

(2) 비표본오차 [중요]
① 표본추출 이외의 과정에서 발생하는 오차를 말하는 것으로서, 일반적으로 측정상의 오차를 의미한다.
② 표본조사와 전수조사에서 모두 발생할 수 있다.
③ 비표본오차가 발생하는 원인으로는 조사에서의 무응답, 잘못된 표본추출틀의 사용, 조사원의 미숙한 진행, 응답자의 거짓말, 자료의 입력 및 처리 과정에서의 오류 등을 들 수 있다.
④ 비표본오차의 종류
   ㉠ 관찰오차: 관찰하는 과정에서 발생하는 오류와 수집한 자료를 기록하고 처리하는 과정에서 생기는 오류이다.
   ㉡ 비관찰오차 [기출]
      • 무응답오차: 표본으로 선정하였지만, 응답자의 거절이나 비접촉으로 데이터를 조사할 수 없어서 발생하는 관찰 불능에 의한 오차이다.
      • 불포함오차: 원칙적으로 표본조사를 할 때 표본 체계가 완전하지 않아 생기는 오차이다.

핵심예제

다음 중 무응답오차의 개념으로 옳은 것은?
① 데이터 분석에서 나타나는 오차
② 부적절한 질문으로 인하여 나타나는 오차
③ 응답자의 거절이나 비접촉으로 나타나는 오차
④ 조사와 관련 없는 응답자를 선정하여 나타나는 오차

해설 무응답오차
응답자의 거절이나 비접촉으로 데이터를 조사할 수 없어서 발생하는 관찰 불능에 의한 오차이다.

정답 ③

> **2차 실기 맛보기**
> - 무응답오차의 개념을 쓰시오.
> - 불포함오차의 개념을 쓰시오.
> - 비표본오차의 정의와 원인 세 가지를 쓰시오.
> - 비관찰오차의 종류 두 가지를 쓰시오.

(3) 전체오차
① 표본추출오차와 비표본추출오차로 구성된다.
② 전체오차가 클 경우 표본의 대표성에 문제가 발생한다.
③ 전체오차를 극소화하기 위해서는 표본추출오차와 비표본추출오차를 동시에 극소화해야 한다.

(4) 표본오차와 비표본오차의 관계
① 표본오차와 비표본오차는 상호 독립적이며, 전체오차는 표본오차와 비표본오차의 독립적인 기능에 의해 결정된다.
② 표본오차나 비표본오차 가운데 어느 것 하나라도 지나치게 클 경우 전체오차는 커진다.
③ 예를 들어 표본추출방법이 이상적이고 표본의 크기가 적절할 경우 표본오차는 극소화할 수 있지만, 응답이나 면접상의 오류와 같은 비표본오차가 매우 크다면 전체오차상 별다른 차이가 없다. 반면 비표본오차를 극소화한다고 해도 표본의 크기가 너무 작아 표본오차가 커졌다면, 전체오차는 커질 수밖에 없다.

> **CHECK BOX**
>
> **기타 오류** 기출
> - 생태주의 오류: 실제 분석 단위는 개인이 아닌 집단임에도 불구하고, 개인에게 적용해 똑같을 것이라고 가정할 때 발생하는 오류이다.
> - 환원주의(축소주의) 오류: 개별적 원인으로 큰 결과를 설명하려는 경향으로, 개인의 특성을 집단에게까지 적용하는 오류이다.

핵심예제

다음에서 설명하는 개념은?

> 실제 분석 단위는 개인이 아닌 집단임에도 불구하고, 개인에게 적용해 똑같을 것이라고 가정할 때 발생하는 오류이다.

① 전체오차
② 자료오차
③ 불포함오차
④ 생태주의 오류

④ 정답

4. 표본 크기

(1) 표본 크기의 의의
① 표본의 크기는 모집단으로부터 표본추출 단위의 수를 몇 개로 하는 것이 적절한가에 대한 문제와 연관된다.
② 추출되는 표본은 단 한 개의 표본추출 단위로 구성될 수도 있고, 모집단에서 한 개의 표본추출 단위만을 제외한 전 표본추출 단위로 구성될 수도 있다.
③ 표본의 크기를 정하는 데 있어서 중요한 것은 비용을 적게 들이고도 표준통계량으로 모수를 정확하게 알아내는 데 있다.
④ 표본 크기가 커질수록 모수와 통계치의 유사성이 커진다. 하지만 표본의 크기가 커지면 대표성이 높아지는 대신 비용과 시간이 많이 든다.
⑤ 표본의 크기가 클수록 표본오차는 감소한다.

(2) 표본 크기의 특성
① 확률표본의 추출 시 표본 크기의 결정: 모집단의 조사 변수 값의 신뢰 수준, 분산, 허용오차 등에 의해 결정된다.
  ㉠ 조사하고자 하는 변수의 분산 값이 크면 클수록 표본의 크기 또한 커야 한다.
  ㉡ 추정치에 대해 요구되는 신뢰 수준이 높을수록 표본의 크기 또한 커야 한다.
  ㉢ 허용오차가 작을수록 표본의 크기는 커야 한다.
  ㉣ 변수의 수가 많을수록 측정에 수반되는 오차가 커지므로 표본의 크기가 커야 한다.
  ㉤ 복잡한 통계 분석을 활용할수록 표본의 크기는 커야 한다.
  ㉥ 조사 연구 대상을 소그룹으로 세분화시키는 조사의 경우 표본의 크기는 커야 한다.
② 비확률표본의 추출 시 표본 크기의 결정: 활용 가능한 시간 및 예산에 따라 또는 연구 조사자의 판단에 의해 결정되며 특별하게 계산하는 방법은 없다.

핵심예제

표본의 크기에 대한 설명으로 옳지 않은 것은?
① 요구되는 신뢰 수준이 높을수록 표본의 크기가 커야 한다.
② 복잡한 통계 분석을 활용할수록 표본의 크기는 커야 한다.
③ 허용오차가 작을수록 표본의 크기는 커야 한다.
④ 변수의 수가 적을수록 표본의 크기가 커야 한다.

해설 변수의 수가 많을수록 측정에 수반되는 오차가 커지므로 표본의 크기가 커야 한다.

정답 ④

(3) 표본 크기의 결정에 영향을 미치는 요소들

① 가용한 자원: 연구조사에 필요한 자원은 시간, 비용 그리고 인적 자원 등을 들 수 있다.
② 이론과 조사 설계
  ㉠ 표본 선정시 잘 구성된 이론과 조사 설계 방법을 개발·활용하는 경우 작은 크기의 표본으로도 유효한 결과를 도출할 수 있다.
  ㉡ 모집단을 적절히 대표하지 못하는 대규모의 표본보다는 편의(Bias)가 없는 소규모의 표본을 갖는 편이 더욱 바람직하다.
③ 모집단의 변이성
  ㉠ 모집단 구성 요소들이 일정한 특징에 대해 상호 간에 차이점을 지니고 있는 정도를 의미한다.
  ㉡ 일반적으로 모집단 구성 요소가 이질적일수록, 표본의 규모가 커야 모집단을 적절하게 추정할 수 있다.
④ 조사 결과의 분석 방법
⑤ 집단별 통계치의 필요성
⑥ 카테고리의 다양성
  ㉠ 표본의 크기는 각 변수의 카테고리가 얼마나 다양한가에 따라 다르게 결정되어야 한다.
  ㉡ 변수의 카테고리가 다양하면 다양할수록 표본의 크기는 커야 한다.
  ㉢ 예를 들어, 종교와 계급이라는 두 가지의 변수에서 각 변수에 네 가지의 범주를 두고(네 종류의 종교 및 네 종류의 계급) 표를 만들 때 각 칸마다 열 가지 사례가 있다면 표본 크기는 $4 \times 4 \times 10 = 160$이다.
⑦ 위험성: 표본을 근거로 한 추정치의 정확성에 대한 조사의 불확실성 정도를 나타낸다. 이는 추정치가 조사에서 요구된 정확성의 수준에 어느 정도 벗어났는가를 의미하는 것이다.

핵심예제

표본 크기의 결정에 영향을 미치는 요소가 아닌 것은?

① 모집단의 변이성 ② 가용한 자원
③ 조사 결과의 분석 방법 ④ 전체오차

해설 표본 크기의 결정에 영향을 미치는 요소
가용한 자원, 이론과 조사 설계, 모집단의 변이성, 조사 결과의 분석 방법 등

④ **정답**

제 3 장 실제예상문제

01 다음 중 표본추출을 할 때 가장 먼저 해야 하는 사항은?

① 모집단 규정
② 표본 크기 산출
③ 표본 체계 확인
④ 표본 할당

> **해설** 표본추출의 과정
> 모집단 확정(규정) → 표본 프레임 선정 → 표본추출방법 결정 → 표본 크기 결정 → 표본추출

02 표본 프레임(Sampling frame)에 관한 설명으로 틀린 것은?

① 표본추출을 위한 모집단의 목록이다.
② 표본추출 단위가 집단인 경우에는 표본 프레임은 집단별 목록만 있으면 된다.
③ 비확률표본추출방법을 이용할 경우에는 정확한 표본 프레임이 있어야 한다.
④ 정확한 확률표본추출을 하기 위해서는 모집단과 정확하게 일치하는 표본 프레임이 확보되어야 한다.

> **해설** 비확률표본추출방법은 표본 프레임이 없어서 추출된 표본이 모집단을 얼마나 잘 대표하는지, 조사 결과에 어떤 오류가 발생할 것인지에 대한 정보를 정확하게 제시할 수 없다.

03 다음 사례에서 A 유통업자의 표본추출방법은?

> A 유통업자는 사람들이 아침이나 저녁 시간에 영업 시간을 연장하는 것을 선호하는지 알고 싶어 한다. 해당 자료를 수집하기 위해 A 유통업자는 상점 밖에서 가게에 들어오는 처음 25명에게 해당 내용을 물어봤다.

① 비확률표본추출방법
② 확률표본추출방법
③ 통계적 추론방법
④ 기준표본추출방법

> **해설** 조사자가 임의대로 조사 대상자 선정 기준을 정하여 표출하였으므로 비확률표본추출에 해당한다.

정답 01 ① 02 ③ 03 ①

04 통계조사에 포함되는 전수조사와 표본조사에 관한 설명으로 틀린 것은?

① 표본조사는 부분조사라고도 한다.
② 다면적으로 조사 결과를 이용하려 할 때에는 표본조사를 한다.
③ 표본조사는 전수조사에 비해 인력과 시간 및 비용이 적게 든다.
④ 전수조사는 정밀도를 요할 때 사용되며, 모든 부분을 전부 조사하는 것을 말한다.

> **해설** 특정 목적을 위한 표본조사는 다른 목적으로 이용하고자 할 경우 정밀도가 떨어지기 때문에 조사 결과의 다면적 이용이 필요한 경우 전수조사가 유리하다.

05 비확률표본추출방법에 해당하는 것은?

① 단순무작위표본추출방법
② 편의표본추출방법
③ 층화표본추출방법
④ 군집표본추출방법

> **해설**
> - 비확률표본추출방법: 편의표본추출방법, 판단표본추출방법, 할당표본추출방법, 눈덩이표본추출방법
> - 확률표본추출방법: 단순무작위표본추출방법, 층화표본추출방법, 군집표본추출방법, 계통표본추출방법

06 모집단에 관한 설명으로 틀린 것은?

① 모집단은 연구 대상 중 추출된 일부를 나타낸다.
② 모집단은 조사자가 추론하고자 하는 모든 자료들의 집합을 말한다.
③ 전화조사 시 조사원이 어떤 사람들에게 전화할 것인가를 추출하는 기초 자료이다.
④ 모집단을 설정할 때는 전화를 걸 대상, 응답자 역할의 구체화, 직업 등을 고려해야 한다.

> **해설** **모집단(母集團, Population)**
> 통계적인 관찰의 대상이 되는 집단 전체를 말한다. 어떤 집단을 통계적으로 관찰하여 평균이나 분산(흩어진 정도) 등을 조사할 때, 관찰의 대상이 되는 집단 전체를 조사하는 것이 어려울 경우 전체에서 일부를 추출하여 그것을 조사함으로써 전체의 성질을 추정한다. 이때 원래의 집단 전체를 모집단이라 하고, 추출된 일부를 표본이라고 한다.

04 ② 05 ② 06 ①

07 모집단의 특성을 나타내는 양적인 측도로서 전수조사를 통해 직접 알아내거나 표본조사를 통해 얻게 되는 표본의 특성은?

① 모수
② 모평균
③ 모비율
④ 모분산

> **해설** ② 모평균: 모집단의 평균값
> ③ 모비율: 모집단에서 어떤 한 가지의 특성을 가지는 것의 전체에 대한 비율
> ④ 모분산: 모집단의 분산을 가리키는 말이며 주어진 모집단의 특성을 나타내는 모수의 하나로, 모집단 분포의 산포도를 나타내는 척도

08 통계량의 값들과 전수조사에 의해서 결정될 수밖에 없는 모수의 값들과의 차이에서 발생하는 오차는?

① 비표본오차
② 자료오차
③ 무응답오차
④ 표본오차

> **해설** ① 비표본오차: 표본추출 이외의 과정에서 발생하는 오차를 말하는 것으로, 일반적으로 측정상의 오차를 의미한다.
> ② 자료오차: 데이터를 잘못 기록하거나 분석하여 발생하는 오차이다.
> ③ 무응답오차: 응답자의 거절이나 비접촉으로 데이터를 조사할 수 없어서 발생하는 관찰 불능에 의한 오차이다.

09 조사 대상이 표본으로 추출될 확률이 알려져 있지 않아 인위적인 표본추출을 해야 하는 경우, 시간과 비용의 절감 효과는 있으나 표본오차의 추정이 불가능한 표본추출법은?

① 비확률표본추출방법
② 확률표본추출방법
③ 집락표본추출방법
④ 계통표본추출방법

> **해설** ② 확률표본추출방법: 모집단에 속한 모든 요소가 표출됨에 있어 같은 확률을 가진다는 것이 전제되며, 비용이 많이 들고 불편하지만 표본오차의 추정이 가능하다.
> ③ 집락표본추출방법: 확률표본추출방법의 하나로 표본(추출) 단위를 집단(일정한 지역)으로 하여 무작위로 표출한다.
> ④ 계통표본추출방법: 확률표본추출방법의 하나로 모집단 추출틀에서 단순 무작위로 하나의 단위를 선택하고 그다음 k 번째 간격마다 하나씩 표본으로 추출한다.

정답 07 ① 08 ④ 09 ①

10 표집오차와 표본의 크기에 관한 설명으로 틀린 것은?

① 일반적으로 표본의 크기가 클수록 표집오차는 작아진다.
② 일반적으로 표본의 분산이 작을수록 표집오차는 작아진다.
③ 표본의 크기가 같다고 했을 때 층화표집에서는 단순무작위표집에서보다 표집오차가 작다.
④ 집락표집은 표본의 크기가 같을 때 단순무작위표집에서보다 표집오차가 작아진다.

해설 표집오차 정도: 집락표집>단순무작위표집>층화표집

11 전수조사에 대한 설명으로 옳지 않은 것은?

① 시간과 비용, 인력이 많이 든다.
② 모집단의 규모가 작고 추정의 정밀도가 높아야 하는 경우 이용된다.
③ 통계자료로부터 올바른 모수추정이 어려운 경우에 더 효율적이다.
④ 비표본오차를 상대적으로 더 많이 줄일 수 있기 때문에 정확도를 높일 수 있다.

해설 전수조사는 모집단 전체를 조사하므로 표본오차는 작으나, 조사 대상자가 많아 시간, 비용이 증가하고 조사 시행 과정에서 발생하는 비표본오차가 증가한다.

12 전화조사 시 전화번호부에 등재되지 않은 대상이 조사에서 제외되는 것은?

① 불포함오차
② 무응답오차
③ 생태주의 오류
④ 환원주의 오류

해설 전화번호가 조사 대상에 포함되지 않아 생기는, 즉 표본 체계가 완전하지 않아 생기는 불포함오차에 대한 설명이다.

10 ④ 11 ④ 12 ① 정답

13 다음 내용에서 설명하는 오류는?

> 어떤 연구에서 '65세 이상의 노년층 인구가 많은 도시가 65세 이상의 노년층 인구가 적은 도시보다 1인당 여가 활동에 지출하는 액수가 많다.'는 결과를 얻었을 때, 이러한 연구 결과로부터 '67세의 노인이 63세의 노인보다 여가 활동에 더 많은 비용을 지출한다.'고 결론을 내렸다.

① 조건화 오류
② 일반화 오류
③ 생태학적 오류
④ 개인주의적 오류

해설 생태주의(생태학적) 오류
실제 분석 단위는 개인이 아니라 집단임에도 불구하고, 개인에 대해서도 똑같을 것이라고 가정할 때 발생하는 오류이다.

14 모집단 내의 서로 겹치거나 중복되지 않는 요소들의 집합을 표본 단위라 한다. 표본 단위를 전화번호부와 같이 기록한 리스트는?

① 요소
② 표본 체계
③ 체크리스트
④ 표본

해설 표본 단위를 전화번호부와 같이 기록한 리스트는 표본 체계(표본추출틀, 표본프레임)에 해당한다.

15 다음 설명과 가장 관계가 있는 것은?

> 모집단에서 대표성이 있는 표본을 추출하여 조사하며, 비용이 많이 들고 불편하지만 표본오차의 추정이 가능한 표본추출법

① 비확률표본추출방법
② 확률표본추출방법
③ 편의표본추출방법
④ 할당표본추출방법

해설 ① 비확률표본추출방법: 조사 대상이 표본으로 추출될 확률이 알려져 있지 않아 인위적인 표본추출을 해야 하는 경우 시간과 비용이 절감되나 표본오차의 추정이 불가능한 표본추출법이다.
③ 편의표본추출방법: 조사자가 편리한 방법으로 임의로 표출하며, 우연적 표집이라고도 한다.
④ 할당표본추출방법: 모집단을 일정한 카테고리로 나눈 다음, 이들 카테고리에서 필요한 만큼의 조사 대상을 작위적으로 추출하는 방법이다.

정답 13 ③ 14 ② 15 ②

16 표본의 대표성에 관한 설명으로 틀린 것은?

① 모집단의 동일성은 표본의 대표성과 관계가 있다.
② 표본의 대표성은 표본의 질을 판단하는 주요 기준이다.
③ 무작위로 추출된 표본의 크기는 표본의 대표성과 관계가 없다.
④ 동일확률선정법으로 추출된 표본이 모집단을 완벽하게 대표하는 경우는 없다.

> **해설** 표본의 크기가 커질수록 표본추출오차는 작아지며 일반적으로 표본의 대표성은 커진다.

17 다음 중 자료 처리를 위한 코딩(Coding)이 어려운 응답 형태는?

① 다지선택형
② 양자택일형
③ 자유응답형
④ 등급평가형

> **해설** 자유응답형은 탐색조사에는 유용하지만 자료 처리를 위한 코딩은 어렵다.

제4장 설문설계

제1절 분석설계

1. 척도

(1) 척도의 의의 중요
① 척도란 측정을 위한 도구이다.
② 변수들의 값을 부여하는 방법이 척도이며, 척도는 크게 정성적(질적)인 것과 정량적(양적)인 것이 있다.
③ 척도의 수준이 올라갈수록 변수가 내포하고 있는 정보의 양이 증가한다.
④ 척도의 수준이 올라갈수록 자료 수집에 필요한 비용과 노력이 많이 소요된다.
⑤ 변수 측정에 필요한 비용 및 노력과 변수가 갖는 정보량은 서로 비례한다.

(2) 척도의 조건
① 단순성: 척도의 계산과 이해가 용이해야 한다.
② 유용성: 실제적으로 활용이 가능해야 한다.
③ 신뢰성: 상황을 달리해서 측정하더라도 항상 똑같은 결과가 나와야 한다.
④ 타당성: 척도가 측정하고자 하는 것을 정확하게 측정해야 한다.

(3) 척도의 유형 중요
① 명목 척도 기출: 가장 간단한 척도로서 각 반응에 대해 무작위로 수를 할당하기 때문에 부여된 숫자는 연구자가 자료를 수집하고 분석하는 데 편리하도록 하기 위한 명칭이나 부호로서의 의미를 가질 뿐 그 자체로서는 의미가 없다. 즉, 개체나 사람이 다르다는 것을 보이기 위해 이름이나 범주를 대표하는 숫자로 부여하는 방식이다. 예 인종, 성별, 상품 유형별 분류, 시장 세분 구역 분류 등

핵심예제

척도의 조건 중 측정하고자 하는 것을 정확하게 측정하였는가를 나타내는 것은?
① 단순성   ② 유용성
③ 신뢰성   ④ 타당성

해설 척도가 측정하고자 하는 것을 정확하게 측정하는 것은 타당성에 대한 설명이다.
　① 단순성: 척도의 계산과 이해가 용이해야 한다.
　② 유용성: 실제적으로 활용이 가능해야 한다.
　③ 신뢰성: 상황을 달리해서 측정하더라도 항상 똑같은 결과가 나와야 한다.

④ 정답

② 서열 척도 기출
　㉠ 순위 척도로서 그 측정 대상을 속성에 따라 서열이나 순위를 매길 수 있도록 수치를 부여한 척도이다. 즉, 측정 대상 간에 높고 낮음과 같이 사람들의 순서에 대한 값을 부여하는 척도이다.
　　예 순서, 순위, 등급, 상표 선호 순위, 상품 품질 순위도, 사회 계층, 시장 지위 등
　㉡ 서열 척도를 이용한 측정 방법
　　• 강제 순위법: 응답자들에게 특정 속성의 순위를 정하게 하는 방법이다.
　　　- 장점: 비교적 응답이 쉽고 시간이 적게 든다.
　　　- 단점: 비교할 대상이 많은 경우에는 순위를 정하는 데 어려움이 있고, 시간이 많이 든다.
　　• 쌍대 비교법: 두 개의 속성을 한 쌍으로 만들어 두 개 중 어느 한쪽을 선택하여 비교하게 하는 것이다.

③ 등간 척도
　㉠ 등간 척도는 구간 척도로서 측정의 대상인 사물이나 현상을 분류하고 서열을 정할 수 있을 뿐만 아니라 이들이 분류된 범주 간의 간격까지도 측정할 수 있다.
　　예 온도, 지능 지수, 태도, 의견, 광고 인지도, 상표 선호도, 주가 지수 등
　㉡ 등간 척도를 이용한 측정 방법
　　• 등급법: 속성의 정도를 글, 그림, 또는 숫자를 이용하여 평가하는 방법이다.
　　• 어의차이 척도법(의미분화 척도법) 기출
　　　- 척도 양극점에 상반되는 표현을 제시하고 소비자의 생각을 측정하는 방법이다.
　　　- 개념이 갖는 본질적인 뜻을 몇 개의 차원에 따라 측정함으로써 태도의 변화를 좀 더 정확하게 파악하는 척도이자 방법이다.
　　• 스타펠 척도: 어의차이 척도법의 한 변형으로서 양극단의 개념 대신에 하나의 개념만을 평가 기준으로 측정하는 방법이다.
　　• 리커트형 척도: 어의차이 척도법의 확장으로서 각 질문에 대한 동의 또는 반대의 정도를 표시하도록 하는 방법이다.

④ 비율 척도 기출
　㉠ 척도를 나타내는 수가 등간일 뿐만 아니라 의미 있는 절대 영점을 가지고 있는 경우에 이용되며 사칙연산이 가능하다.
　　예 투표율, 월 소득액, 매출액, 구매 확률, 무게, 소득, 나이, 시장 점유율 등

핵심예제

다음과 같은 방식으로 측정하는 척도는?

예 ※ 귀하의 생각과 일치하는 곳에 표시(∨)해 주십시오.
　　−3 (　), −2 (　), −1 (　)　무겁다　+1 (　), +2 (　), +3 (　)

① 명목 척도　　　　　　　　　　　　② 비율 척도
③ 스타펠 척도　　　　　　　　　　　④ 어의차이 척도

해설 하나의 개념(무겁다)만을 평가 기준으로 측정하고 있으므로 '스타펠 척도'이다.

③ 정답

ⓒ 비율 척도를 이용한 측정 방법
- 총합 고정 척도법: 응답자들에게 일정한 수를 주고 어떤 기준에 따라 각 대안들에 점수를 나누어 주게 하는 방법이다. 그러나 속성의 수가 많아지면 응답을 하는 데 어려움이 따르게 된다는 단점이 있다.
- 비율 분할법: 대상들에 대한 속성을 평가할 때 한 속성의 보유 정도에 따라 다른 속성들을 상대적으로 평가하도록 하는 방법이다.

(4) 척도의 구성
① 평정 척도
ⓐ 의의: 관찰자 또는 평가자가 평가 대상 또는 조사 대상을 한 연속체에 입각해서 평가함으로써 그 대상에 등급별로 일정한 수를 부가하거나 그들을 몇 개의 카테고리로 구별하는 측정 도구이다.
예 교사가 학생들의 시험 결과를 A, B, C, D, E, F 등으로 평가해서 채점하는 것
ⓑ 장점
- 만들고 사용하기가 쉬우며 적용 범위가 넓다.
- 다른 척도에 비해 시간과 비용이 절약된다.
- 다른 자료 수집 방법에 대한 보충적 방법으로도 사용할 수 있다.
ⓒ 단점: 후광 효과의 편견, 관대의 오차 또는 가혹의 오차, 중간 경향의 개입이 있을 수 있다.

② 등현등간 척도(서스톤 척도) 기출
ⓐ 의의
- 한 무리의 평가자를 사용하여 척도에 포함될 문항들이 척도상 어느 위치에 속할 것인가를 판단하게 한 다음, 조사자가 이를 바탕으로 척도에 포함될 적절한 문항들을 선정하여 척도를 구성하는 방법이다.
- 어떤 사실에 대해 가장 긍정적인 태도와 가장 부정적인 태도를 나타내는 태도의 양극단을 등간적으로 구분하여 여기에 수치를 부여함으로써 척도를 구성한다.
ⓑ 장점
- 척도에 포함되는 질문 문항들을 정리하여 가능한 한 간격을 같도록 한다.
- 일반적인 서열적 척도보다 한 수준 높은 등간적 척도 수준을 유지한다.

핵심예제

척도에 포함될 문항들이 척도상의 어느 위치에 속할 것인가를 판단하여 이를 바탕으로 척도에 포함될 적절한 문항들을 선정하여 척도를 구성하는 방법은?
① 서스톤 척도
② 리커트 척도
③ 거트만 척도
④ 평정 척도

해설 등현등간 척도(서스톤 척도)
한 무리의 평가자를 사용하여 척도에 포함될 문항들이 척도상의 어느 위치에 속할 것인가를 판단하게 한 다음 조사자가 이를 바탕으로 척도에 포함될 적절한 문항들을 선정하여 척도를 구성하는 방법이다.

① 정답

ⓒ 단점
- 많은 시간과 인원이 소요되며, 절차가 복잡하다.
- 처음 문장을 분류하는 평가자들의 성격에 따라 분포가 달라질 수 있다.
- 척도용으로 선정된 문장들이 평균값은 같으나 분산도가 다를 수 있다.
- 응답자의 점수가 같더라도 그가 선택하는 문항의 종류와 내용이 다를 수 있다.
- 평가자들에게 항목에 대한 태도를 묻는 것이 아니고 질문 문항들에 대한 우호성의 정도를 묻는다.
- 개인의 척도 점수를 해석하기가 매우 어렵다.

③ 총화평정 척도(리커트 척도) 기출
ⓐ 의의 : 주로 인간의 태도를 측정하는 태도 척도로, 이는 질문 자료에서 지표를 추출하여 구성하는 체계적이고 세련된 수준이다.

예 ○○기업의 제품에 대한 만족도 조사
※ 귀하의 생각과 일치하는 곳에 표시(∨)해 주십시오.

매우 만족스럽다	다소 만족스럽다	보통이다	다소 불만족스럽다	매우 불만족스럽다

ⓑ 장점
- 개인의 가치나 태도를 묻는 여러 가지 항목을 단순하고 간편하게 구성할 수 있어서 매우 경제적이고 쉽게 활용할 수 있다.
- 평가자를 필요로 하지 않으므로 평가자의 주관적 개입을 배제할 수 있다.
- 응답 카테고리가 명백하게 서열화되어 있으므로 응답자들에게 혼란을 주지 않는다.
- 등간적 점수에 대한 기초를 제공해 주므로 각종 통계 처리가 가능하다.

ⓒ 단점
- 각 항목에 대한 응답자의 태도가 정확히 일치하기 힘들다.
- 각 항목별로 차이가 있는 응답자의 태도가 구별될 수 없다.
- 응답자를 선정할 때 모집단 가운데서 모집단을 잘 대표할 수 있는 자들을 무작위로 추출하여야 하는데 경우에 따라서는 이것이 용이하지 않을 수 있다.
- 얻어진 총점은 등간 변수로 취급되지만, 실제로는 척도 간격이 불명확한 서열 척도이다.

핵심예제

리커트 척도에 대한 설명으로 옳지 않은 것은?
① 매우 경제적이다.
② 항목 구성의 과정이 매우 단순하다.
③ 인간의 태도를 측정하는 태도 척도이다.
④ 얻어진 총점은 등간 변수로 취급되며, 실제로도 척도 간격이 명확한 등간 척도이다.

해설 얻어진 총점은 등간 변수로 취급되지만, 실제로는 척도 간격이 불명확한 서열 척도이다.

④ 정답

④ 누적 척도(거트만 척도)
　㉠ 의의
　　• 거트만이 개발한 것으로 태도 강도의 연속적 증가 유형을 측정하고자 하는 척도이다. 초기에는 질문지의 심리적 검사를 위해 고안된 것이었으나 이제는 사회과학 의제 분야에서 널리 사용되고 있다.
　　• 전제 조건은 측정의 대상이 되는 척도가 하나의 요소이어야만 한다는 것이다. 만약에 이 태도가 일관성이 없는 여러 개의 요소들이나 심지어는 상충이 되는 요소들로 구성이 되어 있다면 이 척도는 실패할 수밖에 없다고 본다(단일차원성).
　　• 예 하수 처리장 설치에 대한 ○○ 시민들의 인식 조사
　　　※ 귀하의 생각과 일치하는 곳에 표시(∨)해 주십시오.

구분	문항	찬성	반대
1	하수 처리장이 ○○시에 설치되는 것을 어떻게 생각합니까?		
2	하수 처리장이 여러분이 속해 있는 구에 설치되는 것을 어떻게 생각합니까?		
3	하수 처리장이 여러분이 속해 있는 동에 설치되는 것을 어떻게 생각합니까?		
4	하수 처리장이 여러분의 집 옆에 설치되는 것을 어떻게 생각합니까?		

　㉡ 장점
　　• 주로 질문이나 투표에 의한 태도적 개념의 측정에 매우 유용하다.
　　• 여러 개의 요소들을 결합하여 만들 뿐만 아니라 이들 지표들의 각 배합에 대한 독특한 점수를 얻을 수 있고 더 나아가서는 이들 지표들 간의 상호 관련성까지도 측정하는 수단을 제공한다.
　　• 분석의 수준이 최소한 서열적 수준일 것을 전제로 하므로 작성 과정에 그리 복잡한 수학이 요구되지 않는다.
　㉢ 단점 : 여러 개의 지표들의 결합이 하나의 개념을 구성할 수는 있으나 이 척도가 어떤 개념의 존재 여부에 대한 증거를 결정적으로 제공하지는 않는다.

핵심예제

거트만 척도에 대한 설명으로 옳지 않은 것은?

① 누적 척도라고도 한다.
② 척도는 적어도 10개가 되어야 한다.
③ 투표 행태를 분석하는 경우에도 이 척도가 사용될 수 있다.
④ 단일 차원의 서로 이질적인 문항으로 구성되며 여러 개의 변수를 측정한다.

해설 거트만 척도의 측정 대상이 되는 척도는 하나의 요소여야만 한다.

정답 ②

⑤ 보가더스 척도
  ㉠ 의의: 사회적 거리, 그중에서도 주로 집단 간의 친근 정도를 측정한다.
  ㉡ 예 소수 집단에 대한 인식 조사
    ※ 귀하의 생각과 일치하는 곳에 모두 표시(∨)해 주십시오.

구분	문항	소수 집단			
		새터민	외국인 노동자	결혼이주여성	성 소수자
1	가족구성원으로서 받아들일 수 있다.				
2	친구로서 교류할 수 있다.				
3	이웃으로서 교류할 수 있다.				
4	직장 동료로서 받아들일 수 있다.				

  ㉢ 특징: 인종집단 간의 태도를 측정하는 데 사용된다.
  ㉣ 장점
    • 집단 상호 간의 거리를 측정하는 데 매우 유용하다.
    • 적용 범위가 비교적 넓고 예비 조사에 적합하다.
  ㉤ 단점
    • 하나의 척도를 사용한 것이 아니고 몇 가지의 서열화된 척도를 연속체상에 배치하여 이론적으로는 응답자가 서열적인 선택을 하도록 만든 것이다.
    • 척도점들 사이에 등간을 가정하지만 등간에 대해 경험적으로 입증할 수 없고, 척도점들 간에는 명백하게 구분할 수 있는 것을 가정하지만 척도점은 명백하게 구분이 안 되는 경우가 흔하다.

⑥ 소시오메트리
  ㉠ 의의
    • 주어진 집단의 구성원들 사이에 특정한 때 존재하는 관계의 총체적 구조를 단순화하거나 도표로 나타낸 것이다.
    • 보가더스의 사회적 거리 척도와 크게 구별되며, 사회적 거리 척도는 단순히 집단 상호 간의 거리를 측정하는 데 비해서 소시오메트리는 소집단 내의 구성원들 사이에 가지는 호감과 반감을 측정하거나 또는 이러한 감정에 의해서 나타나는 집단 구조에 관심을 갖는다.
  ㉡ 예 소시오메트리를 이용하여 자료를 수집하는 방식
    • 친구들 중 가장 편하게 자신의 고민을 이야기할 수 있는 사람은 누구입니까?

핵심예제

집단뿐만 아니라 개인 또는 추상적인 가치에 관해서 적용할 수 있으며, 집단 상호 간의 거리를 측정할 때 유용한 것은?
① 보가더스 척도
② 거트만 척도
③ 소시오메트리
④ 서스톤 척도

해설 보가더스 척도는 개인과 어떠한 집단의 관계도 규명할 수 있으며, 개인 또는 집단의 어떠한 지역에 대한 애착, 나아가서는 직장에 대한 애착 같은 것에도 적용할 수 있다.

① 정답

- 학교 동창생들 중에서 함께 여행을 가고 싶은 두 사람의 이름은?
ⓒ 장점
- 자료 수집이 경제적, 자연적, 신축적이다.
- 계량화의 가능성이 높다.
- 적용 범위가 넓다.
ⓒ 단점
- 조사 대상에 대한 체계적 이론 검토가 결여된다.
- 측정 기준과 자료의 처리에 소홀한 경향이 있다.
- 시간적, 공간적 제약으로 인해 집단 크기에 제한을 받는다.
⑦ Q-분류(Q-소오트) 척도: Q-기법이라고도 하며, 응답자를 분석하는 척도이다. 일반적으로 사용하는 요인 분석 또는 R-기법이 여러 사람 또는 여러 가지 현상들을 한데 묶어 공통된 점을 도출해 내는 데 초점을 둔 반면, Q-분류법은 일종의 투사 실험으로 단 한 사람의 특징 또는 단일 현상을 설명하기 위해서 여러 가지 특징이나 요인을 도출해 내는 데 주력한다.
⑧ 의미분화 척도(어의구별 척도, 어의차이 척도) 중요
  ㉠ 하나의 개념을 여러 의미의 차원에서 평가하는 것으로, 응답자에게 반대되는 두 개의 입장을 주고 그 사이에서 선택하도록 한다.
  ㉡ 개념이 갖는 본질적인 뜻을 몇 개의 차원에 따라 측정함으로써 태도의 변화를 좀 더 정확하게 파악하는 척도이자 방법이다.
  ㉢ 요인 분석 등과 같은 다변량 분석에 적용이 용이하도록 자료를 이용하는 척도법이다.
  ㉣ 척도의 양극점에 서로 상반되는 형용사나 표현을 붙인 5~7점 척도의 형태이다.
  예 제품 디자인에 대한 평가

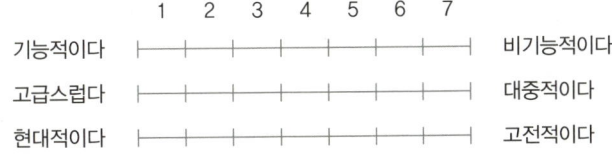

핵심예제

소시오메트리에 대한 설명으로 옳지 않은 것은?

① 자료 수집이 경제적, 자연적, 신축적이다.
② 집단 내 구성원 간의 거리를 측정하는 방법이다.
③ 집단 상호 간의 거리를 측정한다는 점에서 보가더스의 사회적 거리 척도와 비슷하다.
④ 주어진 집단의 구성원들 사이에 특정한 때 존재하는 관계의 총체적 구조를 단순화하거나 도표로 나타낸 것이다.

해설 소시오메트리는 보가더스의 사회적 거리 척도와 크게 구별된다. 사회적 거리 척도는 단순히 집단 상호 간의 거리를 측정하는 데 비해서 소시오메트리는 소집단 내의 구성원들 사이에 가지는 호감과 반감을 측정하거나 또는 이러한 감정에 의해서 나타나는 집단 구조에 관심을 갖는다.

③ 정답

CHECK BOX

비교 척도와 비비교 척도

- 비교 척도
  - 항목이나 개념 간의 상대적인 차이나 선호도를 평가하기 위해 설문 조사 및 연구에서 사용되는 측정 척도 유형이다. 둘 이상의 항목 사이의 순서, 크기 또는 선호도 관계를 이해하거나 연구자가 항목을 서로 비교, 순위 지정 또는 평가하려고 할 때 유용하다.
  - 쌍대 비교법, 순위 서열법, 총합 고정 척도법, 비율 분할법이 있다.
- 비비교 척도
  - 절댓값을 가지며 항목이나 대상을 비교하지 않고 독립적으로 평가하는 척도이다.
  - 리커트 척도, 어의차이 척도, 스타펠 척도가 있다.

CHECK BOX

변수의 성격에 따른 구분

- 질적 척도
  - 명목 척도
  - 서열 척도
- 양적 척도
  - 등간 척도
  - 비율 척도

핵심예제

비교 척도에 대한 설명으로 옳지 않은 것은?

① 항목 간의 절대적 차이를 측정할 수 있다.
② 쌍대 비교법과 비율 분할법이 이에 속한다.
③ 상대적 판단을 통해 우선순위를 파악할 수 있다.
④ 응답자가 두 개 이상의 대안을 서로 비교하여 평가한다.

해설 비교 척도는 항목의 상대적 우열만 판단할 수 있고, 절대적인 차이를 측정하기 어렵다.

정답 ①

제2절 설문 항목 작성

1. 설문 항목 구조화

(1) 조사 항목 나열하기
① 연구목적 범위에서 연구와 관련된 알고자 하는 내용의 정보 목록을 작성한 후 정보 목록별로 구체적으로 알고 싶은 것을 나열한다.
② 설문조사에 필요하다고 생각되는 모든 항목을 나열한 후, 각 질문에 대한 응답은 어떤 척도로 할지, 모든 응답자에게 질문을 할지 조건에 맞는 조사 대상자들만 응답을 받을지 정하고, 질문별로 조건이 있다면 조건 등을 표시해 주면 설문설계 시 도움이 된다.

(2) 설문지 구조화
① 유사한 조사 항목 그룹화
  ㉠ 조사 항목들이 나열되면, 비슷한 내용 또는 같은 소주제별로 하나의 그룹으로 묶는다.
  ㉡ 조사 항목들을 그룹으로 묶다보면 상위주제와 하위주제로 구분이 되며 중복질문·유사질문을 통합하거나 하나의 질문을 분리하는 등의 의사결정을 할 수 있다.
  ㉢ 조사 대상자들의 관심과 사고의 흐름을 순조롭게 하기 위해서는 의미 중심으로 집단화할 필요가 있다.
② 질문 배열의 종류
  ㉠ 깔대기식 배열
    • 질문들이 앞의 질문과 관련되어 있는 경우에 일반적이고 범위가 큰 질문을 먼저 하고, 특정적이고 구체적인 질문을 뒤쪽으로 배열하는 방식이다.
    • 쉽고 일반적인 내용의 질문에서 점차 정교하고 구체적인 방향의 순으로 구성하는 것이 응답자로 하여금 끝까지 응답하도록 동기를 유발하게 된다.
    • 깔대기식 방법을 사용하는 것이 적당한 경우
      - 자세한 정보를 얻고자 하는 경우
      - 예상하지 않은 정보를 얻고자 하는 경우

핵심예제

질문의 깔대기식 배열에 대한 설명으로 옳지 않은 것은?
① 응답자가 질문의 주제에 관심이 없는 경우에 적절한 방법이다.
② 일반적이고 범위가 큰 질문을 먼저 하고, 특정적이고 구체적인 질문을 뒤쪽으로 배열하는 방식이다.
③ 조사 목적이 자세한 정보를 얻고자 하는 경우나 예상하지 않은 정보를 얻고자 하는 경우에 적절한 방법이다.
④ 일반적인 내용의 질문에서 점차 정교하고 구체적인 방향의 순으로 구성하는 것이 응답자로 하여금 끝까지 응답하도록 동기를 유발하게 된다.

해설 응답자가 질문의 주제에 관심이 없는 경우에는 역깔대기식 배열 방식이 적절하다.

정답 ①

ⓛ 역깔대기식 배열
- 세부적인 문항부터 먼저 질문하고 일반적이고 광범위한 질문을 뒤로 배열하는 방법이다.
- 응답자가 질문하려는 주제에 별 관심이 없거나 경험이 없는 경우 우선 세부적인 질문을 하여 동기를 유발시켜 응답을 하도록 하는 방법이다.
- 역깔대기식 방법을 사용하는 것이 적당한 경우
  - 응답자가 질문의 주제에 관심이 없는 경우
  - 응답자가 경험이 없어 구체적인 사항을 먼저 인지해야 답을 할 수 있는 경우
  - 오래되어 잘 기억이 나지 않는 경우
  - 전체적인 답을 했을 때 구체적인 답에 영향을 끼치는 경우 예 만족도 조사

(3) 질문의 배열 기출

① 쉽고 흥미 있는 질문은 도입부에 배열
  ㉠ 도입부 질문은 응답자의 부담감을 덜어주기 위해서 쉽고 흥미 있는 질문을 선정하는 것이 좋다.
  ㉡ 도입부 질문이 필요한 이유
  - 응답자가 일반적인 질문을 통해 설문의 의도를 파악하게 되고 면접자와 대화를 나누면서 친밀감과 신뢰를 쌓게 되는 단초 역할을 한다.
  - 일반적인 몇 개의 설문을 통해 설문의 주제와 관련된 지식을 활성화시켜 이어지는 설문에 보다 편하게 응답을 하게 된다.
  - 어려운 질문이 처음에 나오면 어려운 조사로 인지하여 거절하는 경우도 발생할 것이며, 응답을 하더라도 거부감이 발생하여 무응답이 많이 발생하게 된다.
② 민감한 질문은 후반부에 배열 : 응답자는 조사원에 대한 신뢰감이 형성되어야 민감한 설문에 자발적으로 응답을 해 줄 것이다. 그러므로 가능하다면 민감한 질문은 신뢰가 쌓인 후에 응답할 수 있도록 설문지 후반부에 두는 것이 좋다.
③ 인구통계학적 배경의 질문은 끝에 배열 : 자료 분류를 위해 하는 질문인 인구통계학적 질문은 개인의 경우 성별, 연령, 교육 수준, 소득 수준, 직업 등 민감한 질문을 포함하는 경우가 많으므로 응답자들이 민감하게 반응하여 응답을 회피하는 경우가 발생한다. 또한, 인구통계학적 배경을 묻는 질문을 중간에 배열할 경우 질문의 흐름이 끊기는 문제가 생긴다. 그러므로 인구통계학적 배경 관련 질문은 설문지 후반부에 배열하는 것이 가장 타당하다.

핵심예제

설문지 작성 시 질문 문항의 순서에 대한 설명으로 틀린 것은?
① 민감한 질문은 맨 앞에 배치하는 것이 좋다.
② 쉽고 흥미를 끌 수 있는 질문부터 먼저 시작한다.
③ 동일한 주제의 경우 단순한 질문에서 복잡한 질문으로 진행한다.
④ 처음에는 가장 일반적인 것, 나중에는 가장 세부적인 질문을 배치하는 것이 좋다.

해설 민감한 질문은 가급적 설문지의 후반부에 배치한다.

① 정답

④ 질문 항목간의 관계를 고려하여 배열
　㉠ 상호 관련이 있는 질문은 모아서 배열하는 것이 좋다. 같은 주제의 질문을 모아서 배열할 경우 응답자들의 집중도 높은 응답을 받을 수 있다.
　㉡ 앞의 질문이 연상 작용을 일으켜 다음 질문에 영향을 끼치는 경우에는 질문 간의 간격을 두어 배열하여야 한다.
　㉢ 문항이 담고 있는 내용의 범위가 넓은 것에서부터 점차 좁아지도록 문항을 배열하는 것이 좋다.

(4) 설문지의 길이 조절
① 설문지의 길이가 길면 응답자들의 응답 피로도가 높아져 응답을 받기 어렵거나 받는다 하더라도 잘못된 응답을 받는 경우가 많다.
② 설문의 길이
　㉠ 1:1 면접의 경우 30분 전후
　㉡ 전화조사의 경우 5~10분
　㉢ 자기기입식 설문의 경우 15분 전후
③ 설문지의 길이는 조사 시간을 고려하여 선정하는 것이 필요하다.
④ 문항의 구조나 난이도, 응답자의 특성에 따라 설문지의 길이는 달라지지만, 조사가 지나치게 길게 된다면 일부 내용을 삭제 또는 축소하는 것을 고려하여야 한다.

2. 설문 항목 작성

(1) 설문 항목 작성 시 고려 사항 기출
① 조사 목적에 맞는 질문 항목만 작성한다.
② 질문은 쉽고 간단명료하게 작성한다.
③ 질문은 명시적이면서 직접적으로 작성한다.
④ 하나의 질문에 두 개 이상의 질문이 내포된 이중질문 작성을 배제한다.
⑤ 정치, 종교, 윤리 등의 질문이나 도박, 학대, 구타, 세금 등에 대한 질문은 간접적으로 질문한다.
⑥ 특정한 답변을 유도하는 형식의 질문은 배제한다.
⑦ 질문 내용은 구체적이어야 하지만 너무 자세한 응답요구는 배제한다.

핵심예제

설문의 길이에 대한 설명으로 옳은 것은?
① 전화조사의 경우 설문 시간은 5~10분 정도가 적당하다.
② 1:1 면접의 경우 설문의 시간은 60분 전후가 적절하다.
③ 자기기입식 설문의 경우 설문 시간이 30분 전후가 되도록 조절한다.
④ 조사가 지나치게 길어지더라도 일부 내용을 삭제 또는 축소하면 안 된다.

해설 ② 1:1 면접의 경우 설문의 시간은 30분 전후가 적절하다.
　　　③ 자기기입식 설문의 경우 설문 시간은 15분 전후가 되도록 조절한다.
　　　④ 조사가 지나치게 길어진다면 일부 내용을 삭제 또는 축소하는 것을 고려하여야 한다.

정답 ①

(2) 개방형 질문과 폐쇄형 질문 중요

① 개방형 질문 기출

㉠ 개념
- 응답자가 응답할 수 있는 답변의 범위에 제한을 가하지 않고 자유롭게 응답하도록 하는 질문이다.
- 조사자가 질문 문항과 함께 응답 카테고리를 사전에 작성하게 하지 않고 응답자의 응답범위가 무제한적이다.
- 응답자에게 육하원칙의 형식으로 질문한다.
- 질문지에 열거하기에 응답 범주가 너무 많을 경우 사용하면 좋다.
- 고객 상황의 명확한 이해가 용이하여 탐색적 조사 연구나 의사결정의 초기 단계에서 유용하다.
- 예 저희 제품이 개선해야 할 점이 무엇이라고 생각하십니까?

㉡ 장점
- 응답자가 생각나는 대로 어떤 형식 없이 응답할 수 있어 응답자의 다양한 의견을 수렴할 수 있다.
- 폐쇄형 질문보다 자료를 모으는 데 효과적이다.
- 응답자가 상세한 부분까지 언급할 수 있어 새로운 정보를 획득할 수 있다.
- 대답이 불명확하면 설명을 요구할 수 있어 오해 제거 및 친밀감 향상이 가능하다.

㉢ 단점
- 응답의 부호화가 어렵고 세세한 정보는 일부 유실될 가능성이 있다.
- 응답의 표현상 차이로 의도와 다르게 해석될 수 있고, 편견이 개입될 수 있다.
- 표현 능력이 부족한 응답자에게는 문제가 될 수 있고 무응답률이 높다.
- 응답자가 생각하기 귀찮을 경우 불성실하게 답을 할 수 있다.
- 질문자(조사자)가 의도한 답을 얻기가 어렵다.

② 폐쇄형 질문 기출

㉠ 개념
- 조사자가 사전에 질문 문항과 함께 응답 카테고리를 작성하고 응답자들로 하여금 선택할 수 있도록 제공하는 질문이다.
- 응답이 표준화되어 있어 비교가 가능하지만 개방형 정보를 얻기는 어렵다.
- 예 저희 제품을 사용해 본 적이 있으십니까?

핵심예제

개방형 질문의 장점에 해당하지 않는 것은?

① 질문에 대한 대답이 표준화되어 있기 때문에 비교가 가능하다.
② 질문지에 열거하기에는 응답 범주가 너무 많을 경우에 사용하면 좋다.
③ 몇 개의 범주로 압축할 수 없을 정도로 쟁점이 복합적일 때 적합하다.
④ 응답자로 하여금 그가 원하는 방향으로 자세히 응답하게 함으로써 창의적인 자기표현의 기회를 줄 수 있다.

해설 질문에 대한 대답이 표준화되어 있어 비교가 가능한 것은 폐쇄형 질문의 장점이다.

① 정답

ⓒ 장점
- 단답(예/아니요)을 이끌어내는 질문이므로 민감한 주제에 적합하다.
- 채점, 코딩, 부호화와 분석이 용이하여 시간과 경비를 절약할 수 있다.
- 조사자가 유도하는 방향으로 고객을 리드하는 것이 용이하다.
- 응답 항목이 명확하고 신속한 응답이 가능하며, 전체 상담 시간 조절이 용이하다.
- 조사자의 편견이 개입되는 것을 방지할 수 있다.

ⓒ 단점
- 응답자의 충분한 의견 반영이 곤란하다.
- 응답 항목의 배열에 따라 응답이 달라지며 주요 항목이 빠지면 치명적이다.
- 응답의 보기 항목이 모든 경우를 고려하지 않을 경우 편의(Bias)가 생길 수 있다.

CHECK BOX
- 개방형 질문 유형: 자유응답 질문, 투사 기법 질문, 문장 완성형 질문 등
- 폐쇄형 질문 유형: 척도형 질문, 순위형 질문, 단수 선택형 질문, 복수 선택형 질문 등

2차 실기 맛보기
개방형 질문과 폐쇄형 질문의 장단점을 각각 두 가지씩 쓰시오.

(3) 응답 유형 방식 기출

① 자유응답형: 응답의 형태에 제약 없이 자유롭게 표현하도록 함으로써, 응답자의 가능한 의견을 모두 얻을 수 있다. 탐색조사에는 유용하지만 자료 처리를 위한 코딩은 어렵다.
  ⊙ 장점: 정확한 답변을 얻을 수 있다.
  ⓒ 단점: 응답자가 부담이 커서 거절하기 쉽고, 너무 간단하게 대답할 가능성이 있다.

2차 실기 맛보기
자유응답형 질문의 장단점을 쓰시오.

핵심예제

폐쇄형 질문에 대한 설명이 아닌 것은?
① 채점과 코딩이 어렵다.
② 자기응답식 질문에 적합하다.
③ 전체 상담 시간을 조절하기 쉽다.
④ 조사자의 편견이 개입되는 것을 방지할 수 있다.

해설   폐쇄형 질문은 채점과 코딩이 간편하다.

① 정답

② **다지선다형**: 응답 내용을 몇 가지로 제약하는 방법이다.
  ㉠ 여러 항목 중 하나 또는 둘, 경우에 따라서는 셋을 선택하도록 한다.
  ㉡ 항목에 응답자가 반응하고자 하는 내용을 모두 포함해야 하나, 마땅한 항목이 없을 때는 항목 다음에 기타를 두어 자기의 의견이나 사실을 기입하게 할 수도 있다.
  ㉢ 장점: 응답자의 부담을 줄일 수 있고, 소득이나 사생활과 같은 대답하기 민감한 문제에 대해 쉽게 응답할 수 있게 한다.
  ㉣ 단점: 응답자의 자발적인 자기표현 기회를 제약함으로써, 얻을 수 있는 정보가 제한될 수 있다.
③ **양자택일형**: 두 가지 중 하나를 선택하게 하는 극단적인 방법이다.
  ㉠ 장점
   • 전화조사에 적합한 형태, 응답자가 대답할 때 시간이 짧게 걸리고, 응답하기 용이하다.
   • 분석·자료 처리가 편리하고 조사자의 영향을 배제할 수 있다.
  ㉡ 단점
   • 간단한 내용만 질문할 수 있어 얻을 수 있는 정보에 한계가 있다.
   • 분석 결과가 응답자의 의견보다 강하게 반영될 수 있고 순서에 따라 편견을 유도한다는 문제점이 있다.
④ **체크 리스트**: 무제한으로 해당 사항을 체크하게 하는 것을 말한다.
⑤ **분류식**: 택일식의 일종으로 일정한 기준이나 표준에 따라서 설문 항목을 분류하는 방법이다.
⑥ **척도식(Scale method)**
  ㉠ 조사 대상자에게 미리 정해 놓은 척도에 따라 결정하도록 요구하는 방법이다.
  ㉡ 척도에는 3, 5, 7, 9단계 등이 있으나 가장 많이 사용되고 있는 것은 5단계이다.
⑦ **서열식**: 모든 가능한 응답을 나열하고 응답자에게 중요도, 선호도 등으로 순서를 선택하도록 하는 질문 방식이다.

핵심예제

질문지의 문항 형식 중 응답자가 자유롭게 응답을 하도록 하는 질문의 형태는?
① 양자택일형
② 자유응답형
③ 가치개입형
④ 다지선다형

해설 응답 유형 방식
 • 자유응답형: 응답의 형태에 제약을 가하지 않고 자유롭게 표현하도록 하는 질문 형태이다.
 • 다지선다형: 응답 내용을 몇 가지로 제약하는 질문 형태이다.
 • 양자택일형: 두 가지 중 하나를 선택하게 하는 극단적인 질문 형태이다.

정답 ②

3. 설문 작성

(1) 설문지의 개념

① 사회 조사 대부분은 측정할 수 없는 개념을 설문지를 통해 계량화하여 통계 분석을 가능하게 한다.
② 설문이란 연구자가 조사하고자 하는 일련의 질문들을 체계적으로 담은 작은 책자로, 응답자에게 배포하여 스스로 기입하게 하는 것이다.
③ 설문지라는 용어는 질문지, 질문서 등의 용어로 대체되기도 한다.
④ 설문지를 사용하는 가장 큰 목적은 모든 응답자에게 동일한 형식으로 질문하게 함으로써 측정의 오차를 최소화하는 데 있다.
⑤ 표준화된 설문지는 응답자로 하여금 빠른 시간 안에 쉽고 정확한 응답을 할 수 있게 한다.
⑥ 설문지 작성은 조사의 성패를 좌우하는 중요한 요소로 설문지의 작성이 잘못되면 조사 목적에 부합되는 자료를 얻을 수 없고, 분석 결과 또한 잘못될 수밖에 없다.
⑦ 설문지는 질문 구성 형식에 따라 형식과 절차를 미리 정해 두는 구조적 설문지와 그렇지 않은 비구조적 설문지로 나눌 수 있다.

(2) 설문지의 작성 절차 중요

① 우선 연구 목적 및 주제, 시간과 비용, 조사 인력 등을 신중히 검토하여 적합한 자료 수집 방법을 결정한다. 자료 수집 방법을 먼저 결정하는 것은 자료 수집 방법에 따라 질문지의 형태와 설명 정도가 달라지기 때문이다.
② 얻고자 하는 내용에 따라 질문의 내용을 결정한다.
③ 자료 수집 방법과 질문의 내용에 따라 질문 방법과 형식, 문항의 배열 순서를 구상한다. 대개 응답자의 사생활에 대한 질문은 어느 정도 대화 분위기가 조성된 이후에 하는 것이 좋다. 즉, 제일 뒷부분에 배치하는 것이 적합하다.
④ 구체적인 질문 문항들을 배열하여 질문지 초안을 만든다. 좋은 질문지는 몇 번의 검토 작업을 거쳐야 얻을 수 있으므로 질문지를 만들 때 충분한 시간적 여유가 필요하다.
⑤ 질문지가 만들어지면 인사말과 응답 요령을 준비한다.
⑥ 질문 내용을 검토·보완하고 사전 조사를 실시한 후 질문지를 재수정한다. 사전 조사를 통하여 질문지 내용의 타당성, 조사상의 문제점 등을 알아볼 수 있다.
⑦ 가능하면 부호화를 위한 지침이나 사전에 부호화의 틀을 마련하는 것이 좋다.

핵심예제

설문지 작성 절차에 대한 설명으로 거리가 먼 것은?

① 얻고자 하는 내용에 따라 질문의 내용을 결정한다.
② 응답자의 사생활에 대한 질문은 제일 앞부분에 배치한다.
③ 구체적인 질문 문항들을 배열하여 질문지 초안을 만든다.
④ 부호화를 위한 지침이나 사전에 부호화의 틀을 마련하는 것이 좋다.

해설 대개 응답자의 사생활에 대한 질문은 어느 정도 대화 분위기가 조성된 이후에 하는 것이 좋다.

정답 ②

⑧ 마지막으로 질문지를 보기 좋은 모양으로 인쇄한다.

> **CHECK BOX**
>
> **설문지 작성 과정** 중요
>
> 필요한 정보의 결정 → 자료 수집 방법의 결정 → 개별 항목의 내용 결정 → 질문 형태의 결정 → 개별 문항의 완성 → 질문의 수와 순서 결정 → 설문지의 외형 결정 → 설문지의 사전 조사 → 설문지 완성

> **CHECK BOX**
>
> **설문지 작성 시 고려 사항**
> - 다지선다형 응답에서는 가능한 응답을 모두 제시해 주어야 한다.
> - 응답 항목들 간에 내용이 중복되지 않도록 한다.
> - 이중 질문을 지양하고, 유도 질문과 위협적 질문의 사용에 유의한다.
> - 조사자의 가치 판단을 배제하고 중립적인 질문이 되도록 한다.
> - 개념이 오해를 불러일으키지 않도록 명확한 것을 사용해야 한다.
> - 질문이 너무 길거나 복잡해서는 안 된다.
> - 전문용어를 사용하지 말고 응답자의 수준에 맞는 언어를 사용해야 한다.
> - 임의의 가정을 두는 질문은 사실 확인이 어려우므로 피하도록 한다.
> - 응답자가 대답하기 곤란한 질문들에 대해서는 직접적인 질문을 피하도록 한다.
> - 사전에 각 응답지에 번호를 부여해 놓는 것이 조사 결과 처리 시 편리하다.

2차 실기 맛보기

- 설문지 작성 시 고려 사항을 다섯 가지 쓰시오.
- 다음 설문지에서 질문이 잘못된 이유는 무엇인지 쓰시오.

  | 당신의 신용카드 사용 항목 중 사용빈도가 가장 높은 것은 무엇인가? |
  | ① 의복비 ② 의료비 ③ 교육비 ④ 식료품비 ⑤ 주거비 ⑥ 식자재비 |

핵심예제

설문지조사 시 주의사항으로 옳지 않은 것은?

① 유도 질문은 삼가야 한다.
② 너무 자세한 질문은 피해야 한다.
③ 대답하기 곤란한 질문은 간접적으로 물어야 한다.
④ 너무 논리적이거나 질문의 순서를 고려하는 것은 정확한 답변을 방해한다.

해설 논리적으로 질문의 순서를 고려하여야 한다.

④ **정답**

(3) 설문지의 구성 요소

① **응답자에 대한 협조 요청문**: 응답자에 대한 협조 요청문을 가장 먼저 배열하면 응답자의 응답률을 높일 수 있다.
② **지시 사항**
  ㉠ 항목마다 응답 방법, 응답의 순서 명시
  ㉡ 전반적 지시문: 응답에 관련된 일반적인 사항
  ㉢ 구체적 지시문: 문항별 응답 요령
③ **필요한 정보 획득을 위한 문항**
④ **응답자의 분류를 위한 자료**
  ㉠ 응답자의 인구통계학적 자료를 얻기 위한 문항
  ㉡ 주로 설문의 마지막에서 질문
  ㉢ 응답 자격을 선별하는 설문지: 조사의 앞·뒷부분에서 질문
⑤ **식별 자료**: 성별, 이름, 나이, 지역, 연락처, 가족 구성, 결혼 여부 등

> **CHECK BOX**
>
> **설문지 구성 요소의 배열 순서** 기출
> 응답자에 대한 협조 요청문 → 필요한 정보 획득을 위한 문항 → 응답자 분류를 위한 문항 → 식별 자료(응답자의 신상 기록 항목)

(4) 설문지의 사전 조사

① **사전 조사(Pretest)** 기출 : 질문지가 완성되면 본조사를 실시하기 전에 질문지 내용의 실용성, 조사의 문제점 등을 검토하기 위하여 소수의 표본을 대상으로 실시하는 시험적인 조사를 말한다.
② **사전 조사의 중요성**
  ㉠ 질문지가 완성되면 최종 인쇄에 넘기기 전에 실제로 그 질문지를 사용하여 질문지의 타당성 여부를 시험해 보는 것이 좋다.
  ㉡ 사전 조사를 통하여 단어의 사용, 질문의 내용, 형식, 순서 등을 확인하고 수정한다.
  ㉢ 필요한 경우에는 불필요한 질문을 삭제하거나 필요한 질문을 추가할 수 있다.

핵심예제

설문지 구성 요소가 순서대로 바르게 나열된 것은?

① 필요한 정보 획득을 위한 문항 → 응답자 분류를 위한 문항 → 응답자에 대한 협조 요청문 → 응답자의 신상 기록 항목
② 응답자에 대한 협조 요청문 → 필요한 정보 획득을 위한 문항 → 응답자 분류를 위한 문항 → 응답자의 신상 기록 항목
③ 응답자 분류를 위한 문항 → 응답자에 대한 협조 요청문 → 응답자의 신상 기록 항목 → 필요한 정보 획득을 위한 문항
④ 응답자에 대한 협조 요청문 → 응답자 분류를 위한 문항 → 필요한 정보 획득을 위한 문항 → 응답자의 신상 기록 항목

② **정답**

> **CHECK BOX**
>
> **사전조사와 예비조사의 차이점**
> - 사전조사(Pretest) : 소수의 응답자에게 설문지를 직접 조사하여 문제점을 찾는 조사이다.
> - 예비조사(Pilot test) : 조사하려고 하는 문제의 핵심적인 요소들이 무엇인지 알지 못할 때 질문지 작성의 전 단계에서 실시하는 조사이다.

③ 사전조사 시 유의 사항

㉠ 표본 : 사전조사의 표본의 규모는 클 필요가 없으며 조사 결과에 대한 백분비를 계산할 수 있도록 20~50명가량을 추출하여 조사를 실시한다. 사전조사는 본조사의 표본과 비슷하지만 본조사의 조사 대상에 포함되지 않는 사람들에게 실시해야 한다.

㉡ 조사 방법은 가능한 한 실제 조사하는 방법과 동일하게 하는 것이 좋다. 사전조사는 실제 조사과정에서 생길 수 있는 다양한 문제를 파악하여야 조사과정에서 설문지의 문제점을 파악할 수 있기 때문이다. 단 응답자들은 설문 문항에 대해 질문하거나 자신의 의견을 제시할 수 있는 방법으로 하여 설문지에 대한 이해를 제대로 하고 있는지 등을 파악할 수 있어야 한다.

㉢ 조사원 : 투입되는 조사원은 숙련된 조사원이나 설문지 작성자들로 구성한다. 응답자와 조사를 실제로 진행하면서 응답자가 이해하기 곤란한 점이나 명료하지 않은 부분들을 찾아낸다.

㉣ 설문조사 과정에서 응답자들이 이해하기 어려웠던 질문이나 느낌, 반응 등을 구두나 서면 등으로 보고하도록 하여 이를 개선할 수 있도록 한다.

㉤ 전화를 이용한 사전조사 시 부적절한 단어와 문장은 사용하지 않아야 한다.

㉥ 사전조사라 하더라도 조사 목적, 조사 기관에 대한 협조와 감사의 인사말 등을 생략해서는 안 된다. 그래야 예의에 어긋나지 않으며, 조사의 신뢰도 향상에도 기여한다.

㉦ 본조사를 위하여 응답자의 장소, 조사 장소의 분위기, 응답에 필요한 시간, 응답자 표본의 크기 등이 적절한가를 검토한다.

㉧ 조사 진행 중 문제점이 나타나면 이전 단계로 돌아가 수정·보완한 후 다시 과정을 반복한다.

㉨ 필요한 경우에는 불필요한 질문을 삭제하거나 필요한 질문을 추가할 수 있다.

2차 실기 맛보기

> 설문지 작성에서 '사전조사'란 무엇인지 정의를 설명하시오.

핵심예제

설문지의 사전조사에 대한 설명으로 옳지 않은 것은?

① 사전조사는 가능하면 실제 조사 방법과 동일한 방법으로 실시한다.
② 필요한 경우에는 불필요한 질문을 삭제하거나 필요한 질문을 추가할 수 있다.
③ 사전조사 결과에 따라 전체 연구의 질이 달라질 수 있으므로 번거롭더라도 한 번 이상 꼭 실시해야 한다.
④ 사전조사는 본조사의 조사 대상에 포함된 사람들에게 실시해야 한다.

|해설| 사전조사는 본조사의 표본과 비슷하지만 본조사의 조사 대상에 포함되지 않는 사람들에게 실시해야 한다.

④ 정답

4. 신뢰도와 타당도

(1) 신뢰도 중요

① 시간적 간격을 두고 동일한 조건 아래에 있는 측정 대상을 반복하여 측정하였을 때 각 반복 측정치들 사이에 나타나는 일관성의 정도를 말한다.
② 측정 도구가 측정하고자 하는 현상을 일관성 있게 측정하는 능력을 말한다.
③ 측정에 있어서 신빙성, 안정성 및 예측성을 가져야 하며 정확해야 한다.
④ 신뢰도의 측정 방법 기출
　㉠ 재검사 신뢰도(재시험법)
　　• 유사한 상황에서 동일한 측정 대상에 대해 동일한 측정 도구를 이용하여 상이한 시간에 두 번 측정한 후 두 개의 측정값들 간의 차이를 분석하는 방법이다.
　　• 신뢰도 측정 방법 중 가장 많이 사용한다.
　㉡ 동형 검사 신뢰도(복수양식법)
　　• 재검사 신뢰도에서 검사 사이의 시간이 짧을 때 어떤 특정 문항을 기억함으로써 검사의 신뢰도가 높아지는 것을 피할 수 있는 방법의 하나이다.
　　• 같은 검사를 두 번 실시하는 것이 아니라 문항은 다르지만 같은 특성을 같은 형식으로 측정하도록 제작된 동형 검사를 실시하는 것이다.
　㉢ 반분법
　　• 복수양식법의 변형으로서 측정 도구를 임의로 반으로 나누어 각각 독립된 두 개의 척도로 사용함으로써 신뢰도를 측정하는 방법이다.
　　• 측정 도구가 경험적으로 단일성을 지녀야 한다. 여기서 단일성이란 측정 도구의 항목들이 같은 종류로 구성되거나 아니면 적어도 유사한 항목들로 구성되어야 함을 의미한다.
　㉣ 내적 일관성 분석법
　　• 크론바흐 알파(Cronbach's alpha) 계수값을 이용하여, 동일한 개념을 측정하는 여러 항목 중 일관성이 없는 항목 즉, 신뢰도를 저해하는 측정 항목을 찾아내 제거하는 방법으로 내적 일관성에 의한 신뢰도는 크론바흐 알파 계수를 이용하여 측정한다.
　　• 크론바흐 알파 계수의 값은 이론적으로 0에서 1의 범위 내의 값을 가진다.

핵심예제

다음 빈칸에 알맞은 것은?

> 신뢰도란 측정 도구가 측정하고자 하는 현상을 (　　) 있게 측정하는 능력을 말한다.

① 복수성　　　　　　　　　　　② 일관성
③ 민감성　　　　　　　　　　　④ 선별성

해설 측정 대상을 반복하여 측정하였을 때 각 반복 측정치들 사이에 일관성 있게 측정되면 신뢰도가 있다고 말한다.

정답 ②

⑤ 신뢰도를 높이는 방법 기출
  ㉠ 측정 항목의 수를 늘인다.
  ㉡ 측정 항목의 내용을 명확하게 한다.
  ㉢ 조사자의 면접 방식과 태도에 일관성을 확보한다.
  ㉣ 이전의 조사에서 신뢰성이 있다고 인정된 측정 도구를 이용한다.
  ㉤ 조사대상자가 잘 모르거나 관심이 없는 내용에 대한 측정을 하지 않는 것이 좋다.
  ㉥ 측정 도구의 사용이나 응답에 있어서 가능한 한 분명하고 표준화된 설명을 사전에 충분히 함으로써 측정오차를 줄이도록 해야 한다.
  ㉦ 중요한 질문의 경우 동일하거나 유사한 질문을 2회 이상 한다.

(2) 타당도 중요
① 연구자가 측정하고자 하는 개념이나 속성을 정확히 측정했는지를 나타내는 개념이다.
② 검사 점수가 검사의 사용 목적에 얼마나 부합하느냐로 적합성과 관련된 문제이다.
③ 내적 타당도와 외적 타당도
  ㉠ 내적 타당도 : 각 변수 사이의 인과관계를 추론하여 그것이 실험에 의한 진정한 변화에 의한 것인지를 판단하는 인과조건의 충족 정도를 말한다. 내적 타당도에는 내용 타당도, 기준 타당도, 구성 타당도가 있다.
  ㉡ 외적 타당도 : 연구의 결과에 의해 기술된 인과관계가 연구대상 이외의 경우로 확대·일반화될 수 있는 정도를 말한다.
  ㉢ 일반적으로 내적 타당도를 높이고자 하면 외적 타당도가 낮아지고, 외적 타당성을 높이고자 하면 내적 타당도가 낮아진다.
④ 내용 타당도(논리적 타당도) 기출
  ㉠ 의의
    • 측정 도구인 설문지가 연구자가 의도한 내용대로 제대로 측정하고 있는가 하는 문제이다.
    • 측정 도구가 측정 대상이 가지고 있는 많은 속성 중의 일부를 대표성 있게 포함하면 타당도가 있다고 본다.

핵심예제

복수양식법의 변형으로서 측정 도구를 임의로 반으로 나누어 각각 독립된 두 개의 척도로 사용함으로써 신뢰도를 측정하는 방법은?

① 반분법　　　　　　　　　　② 재검사 신뢰도
③ 동형 검사 신뢰도　　　　　　④ 내적 일관성 분석법

해설　반분법은 복수양식법의 변형으로서 측정 도구를 임의로 반으로 나누어 각각 독립된 두 개의 척도로 사용함으로써 신뢰도를 측정하는 방법이다. 이때 측정 도구가 경험적으로 단일성을 지녀야 한다.

① 정답

- 내용 타당도는 논리적 사고에 입각한 논리적인 분석 과정으로 판단하는 주관적인 타당도로 객관적인 자료에 근거하지 않는다.
- 점수 또는 척도가 일반화하려고 하는 개념을 얼마나 잘 반영하는가를 의미한다.

ⓒ 장점
- 적용이 용이하고 시간이 적게 들며, 질문 내용에 기초를 두어 관찰·추정될 수 있다.
- 계량화되어 정보를 제공하지 못한다 해도 전문가들의 판단에 의하여 검사의 타당성을 입증받게 되므로 검사의 목적에 대한 부합성 여부를 검정할 수 있다.

ⓒ 단점
- 통계적 검증이 이루어지지 않는다.
- 조사자의 주관적인 해석과 판단에 지나치게 의존함으로써 판단에 의한 오차나 착오가 개입할 소지가 있다.

⑤ 기준 타당도(기준 관련 타당도, 경험적 타당도) 기출
ⓐ 의의
- 타당도를 통계적으로 평가하는 것으로, 사용하고 있는 측정 도구의 측정값과 기준이 되는 측정 도구의 측정값과의 상관관계에 관심을 두는 타당도이다.
- 연구하려는 속성을 측정해 줄 것으로 알려진 외적 변수와 측정 도구의 측정 결과 간의 관계를 비교함으로써 타당도를 파악하는 방법이다.
- 내용 타당도보다 경험적 검증이 용이하다.

ⓑ 예측적 타당도
- 어떤 조사에서 무슨 행위가 일어날 것이라고 예측한 것과 대상자 또는 집단이 실제로 나타내는 행위 간의 관계를 측정하는 것이다.
- 장점 : 예측 타당도가 높으면 채용, 선발, 배치 등의 목적을 위하여 검사를 사용할 수 있으며, 타당도 결정에 있어 가장 신뢰성 있는 방법이다.
- 단점 : 검사의 타당도 계수를 구하기 위해서 오랜 시간을 기다려야 하며 그 기준을 얻는 것이 어렵다.

ⓒ 동시적 타당도
- 기존에 타당도를 입증받은 검사로부터 얻은 점수와의 관계에 의하여 검정하는 타당도이다. 새로운 검사를 제작하였을 때 기존의 타당도가 보장된 검사와의 유사성 혹은 연관성을 통해 새로운 검사의 타당도를 검정하는 방법이다.

핵심예제

인간의 지능 지수를 머리 크기로 측정할 때 범한 오류는?

① 신뢰도
② 타당도
③ 유의도
④ 내적 일관성

해설 타당도는 척도가 측정하고자 하는 것을 정확하게 측정하는지와 관련된다. 지능 지수를 머리 크기로 측정하고자 하는 것은 잘못된 척도를 사용하는 것이다.

② 정답

- 장점: 동시적 타당도는 계량화되어 타당도에 대한 객관적인 정보를 제공할 수 있으며 타당도의 정도를 나타낼 수 있다.
- 단점: 기존에 타당도가 입증된 검사가 없을 경우 타당도를 추정할 수 없다.

⑥ 구성 타당도(개념 타당도, 구조적 타당도) 중요

㉠ 의의: 조작적으로 정의되지 않은 인간의 심리적 특성이나 성질을 심리적 개념으로 분석하여 조작적 정의를 부여한 후 검사 점수가 조작적 정의에서 규명한 심리적 개념들을 제대로 측정하였는가를 검정하는 방법이다.

㉡ 평가 방법
- 측정되고 있는 각 구성 또는 변수 간의 관계를 검토한다.
- 각 구성 또는 변수는 그들이 각각 처해 있는 일련의 명제하에 논리적 관계를 파악한다.
- 각 구성은 성격에 있어 정반대의 구성과 상호 관계를 파악함으로써 그 특수성을 보다 명백하게 한다.

㉢ 구성 타당도의 유형
- 판별 타당도: 서로 다른 개념들을 측정하였을 때 얻어진 측정 문항들 간의 상관관계가 낮아야 한다는 개념이다.
- 수렴 타당도(집중 타당도): 동일한 개념을 측정하기 위하여 서로 다른 측정 방법을 사용하여 얻어진 측정치들 간에 높은 상관관계가 존재한다는 개념이다.

CHECK BOX

타당성을 향상시키기 위한 방법 기출
- 담당자가 측정 대상의 전반에 걸쳐 충분한 지식을 습득한다.
- 기존 관련 연구에서 사용되어 타당성을 인정받은 측정 방법을 이용한다.
- 사전조사를 통하여 측정 대상과 이를 측정하는 문항들 간의 상관관계가 낮은 문항을 제거한다.
- 과학적 연구 방법은 논리적이고 구체적이어야 한다.
- 과학적 연구 방법은 객관적 검증이 가능해야 하며, 연구의 결과는 보편적 일반화를 목적으로 한다.

핵심예제

타당도를 결정하는 데 있어서 대부분의 경우 가장 신뢰성이 있는 방법은?

① 예측적 타당도
② 구조적 타당도
③ 일치적 타당도
④ 논리적 타당도

해설 예측적 타당도는 타당도를 결정하는 데 있어서 대부분의 경우 가장 신뢰성이 있는 방법으로, 예측 타당도가 높으면 채용, 선발, 배치 등의 목적을 위해 검사를 사용할 수 있다.

① 정답

⑦ 내적 타당도 저해 요소 기출
  ㉠ 통계적 회귀: 같은 현상을 반복해서 측정하다 보면 그 값들이 평균값으로 수렴하는 특징이 나타나는데, 이와 같이 사전 검사에서 종속 변수의 값이 극단적인 경우에 사후 측정에서 독립 변수의 영향과 관련 없이 평균값으로 근접하려는 경향을 보이는 것이다.
  ㉡ 외적 사건(역사적 요소 또는 우연한 사건): 조사자의 의도와 관계없이 발생해 종속 변수에 영향을 미칠 수 있는 외부 사건이다.
  ㉢ 검사 효과: 사전 검사가 사후 검사에 영향을 미쳐 종속 변수의 변화를 나타나게 하는 것이다.
  ㉣ 성장 효과(성숙 또는 시간적 경과): 조사 기간 또는 사전 검사와 사후 검사 간에 개인의 신체적·심리적·경제적 성장에 의해 조사 대상의 특성이 변화하여 종속 변수에 영향을 미치는 것이다.
  ㉤ 도구 효과: 사전 검사와 사후 검사에서 종속 변수를 측정하기 위해 사용하는 측정 도구의 문제로 인해 측정 결과가 왜곡되어, 독립 변수가 종속 변수에 영향을 미치고 있는 것처럼 조사 결과에 영향을 미치는 현상이다.
  ㉥ 실험 대상의 변동(탈락): 실험 대상으로 선정된 조사 대상이 조사 기간 중에 이사, 사망 등의 이유로 이탈하는 경우에 나타나는 왜곡 현상이다.
  ㉦ 개입의 효과를 상쇄하는 보상: 실험을 진행할 때 통제 집단에 포함된 조사 대상에게 불이익이 발생할 수 있는데, 이때 그 보상을 다른 방식으로 주게 되어 통제 집단으로서의 기능을 다하지 못하는 현상이다.
  ㉧ 선택과의 상호 작용: 표본 선택의 편의와 다른 내적 타당도 저해 요소와의 상호 작용으로 종속 변수의 변화 원인을 분명하지 않게 만드는 현상이다.
⑧ 외적 타당도 저해 요소
  ㉠ 연구표본의 대표성: 연구 대상, 연구 환경, 연구 절차 등의 대표성 정도와 연관된 것으로, 연구의 제반 조건들이 모집단의 일반적인 상황과 유사해야 실험 결과를 일반화할 수 있다.
  ㉡ 실험 조사에 대한 반응성(호손 효과): 실험 대상자 스스로 실험의 대상이 되고 있음을 인식할 때 나타나는 의식적 반응이 연구의 결과에 영향을 미친다.
  ㉢ 플라시보 효과(위약 효과): 실제로는 피실험자들에게 실험 처치나 개입이 주어지지 않았는데도 불구하고 마치 그것을 받은 것과 유사한 효과가 나타나는 경우를 말한다. 이렇게 가실험 효과가 발생하는 경우 실험조사에서는 나타났던 결과가 자연적인 상황에서는 나타나지 않을 가능성이 있다.

핵심예제

마케팅 조사 설계 시 내적 타당성을 저해하는 요소에 해당되지 않는 것은?
① 통계적 회귀
② 특정 사건의 영향
③ 사전 검사의 영향
④ 반작용 효과

해설 　내적 타당성 저해 요소
　　통계적 회귀, 외적 사건, 검사 효과, 성장 효과, 도구 효과, 실험 대상의 변동, 개입 효과를 상쇄하는 보상, 선택과의 상호 작용 등

④ 정답

ⓔ 검사의 상호작용 효과
  • 선정요인과 실험적 처리와의 상호작용 : 실험적 처리가 실험을 위해 선정된 집단에만 영향을 미친다면, 모집단 전체에 일반화가 어렵다.
  • 독립 변수 간의 상호작용 : 독립 변수 간 상호작용에 의해 인과관계가 특정조사에서만 나타나거나 왜곡되어 나타난다.
  ⓕ 검사에 대한 반작용 효과(Reactive effects) : 생각을 하지 않겠다고 결심했으나 자주 생각나는 경우이다. 리바운드 효과(반동 효과)라고도 한다.
  ⓖ 표본의 편중 : 조사 대상 집단(실험 집단 대 통제 집단)의 대상자를 선정하는 데 있어 실험 결과에 영향을 미칠 수 있는 요인이 이미 작용된 사람들을 선택할 때 나타나는 현상이다.
⑨ 실험설계의 내적 타당도와 외적 타당도를 저해하는 외생 변수의 종류
  ㉠ 우발적 사건
  ㉡ 실험 대상의 소멸
  ㉢ 측정 수단의 변화

2차 실기 맛보기

• 타당성을 저해하는 요인을 세 가지 쓰시오.
• 실험 설계의 내적 타당성과 외적 타당성을 저해하는 외생 변수 중에 우연적 상황, 성숙 효과를 설명하시오.

(3) 신뢰도와 타당도의 상호 관계
① 타당도가 높기 위해서는 신뢰도가 높아야 한다.
② 신뢰도가 높다고 하여 반드시 타당도가 높은 것은 아니다.
③ 타당도가 낮다고 하여 반드시 신뢰도가 낮은 것은 아니다.
④ 타당도가 없어도 신뢰도를 가질 수 있다.
⑤ 타당도가 있으면 반드시 신뢰도가 있다.
⑥ 신뢰도가 없으면 타당도도 없다.
⑦ 타당도는 신뢰도의 충분조건이고, 신뢰도는 타당도의 필요조건이다.
⑧ 타당도와 신뢰도는 비대칭적 관계이다.

핵심예제

특정 상품에 대한 만족도를 측정하기 위하여 정확성이 공인된 저울을 사용하여 저울에 표시된 상품의 무게로 만족도를 측정하였다. 이러한 측정에 관하여 옳게 나타낸 것은?

① 신뢰도와 타당도가 모두 낮다.   ② 신뢰도와 타당도가 모두 높다.
③ 신뢰도는 높지만 타당도가 낮다.   ④ 신뢰도는 낮지만 타당도는 높다.

해설 정확성이 공인된 저울을 사용하여 상품의 무게를 측정하였으므로 신뢰도는 높다고 할 수 있다. 그러나 특정 상품에 대한 만족도를 측정하는 데 상품의 무게를 측정하였기 때문에 측정 점수가 측정 목적에 부합하지 않으므로 타당도가 낮다.

③ 정답

제 4 장 실제예상문제

01 다음 중 척도에 대한 설명으로 틀린 것은?

① 온도는 등간 수준의 척도이다.
② 운동 선수의 등번호와 같은 것은 명목 척도이다.
③ 비율 척도는 절대 영의 개념이 존재한다.
④ 지능 지수는 사칙연산이 가능하다.

> **해설** 사칙연산이 가능한 것은 비율 척도뿐이다. 지능 지수는 등간 척도에 해당한다.

02 학생의 성적을 A, B, C, D로 평가하는 것은?

① 평정 척도
② 누적 척도
③ 명목 척도
④ 비율 척도

> **해설** 평정 척도는 측정 대상의 연속성을 전제로 하여 일정 기준에 따라 평가함으로써 대상의 속성을 구별하는 척도이다. 학생의 성적을 A, B, C, D 혹은 수, 우, 미, 양, 가로 평가하는 것은 평정 척도의 대표적인 예라고 할 수 있다.

03 통계 기법으로 최빈수, 도수, 분할 계수가 이용되는 척도는?

① 서열 척도
② 등간 척도
③ 비율 척도
④ 명목 척도

> **해설** 척도와 사용되는 통계 기법
> • 명목 척도: 최빈수, 도수, 분할 계수
> • 서열 척도: 중위수와 순위 상관관계
> • 등간 척도: 평균, 표준 편차, 적률 상관관계
> • 비율 척도: 상승 평균, 변동 계수

정답 01 ④ 02 ① 03 ④

04 시장조사에 활용되는 측정 척도에 대한 설명으로 틀린 것은?

① 명목 척도는 숫자에 의해 양적인 개념이 전혀 내포되어 있지 않으며 단지 확인과 분류에 관한 정보만을 내포한다.
② 서열 척도는 순서(순위, 등급)에 대한 정보를 포함하는 자료이다.
③ 등간 척도는 명목 자료와 서열 자료에 포함된 정보와 측정값 간의 양적 차이에 관한 정보를 포함한다.
④ 비율 척도는 모든 산술 계산이 가능하며, 절대 영점이 존재하지 않는 유일한 척도이다.

> 해설 비율 척도는 척도를 나타내는 수가 등간일 뿐만 아니라 의미 있는 절대 영점을 가지고 있는 경우에 이용된다. 여기에는 총합 고정 척도법, 비율 분할법이 있다.

05 일정한 대상에 대해 느끼는 친밀감, 무관심, 혐오감 등을 측정하는 데 사용되는 척도로서 대상은 사회 집단, 민족 등이다. 특히 인종적 편견의 강도를 알아보기 위하여 사용되기도 하는 척도는?

① 소시오메트리
② 보가더스 척도
③ 어의 구별 척도
④ 등현등간 척도

> 해설 **보가더스 척도**
> 일종의 사회적 거리 척도이다. 대개 일정한 대상에 대하여 느끼는 친밀감, 무관심, 혐오감 등을 측정하는 척도이며, 이때의 대상에는 사회 집단, 민족, 개인 등이 있다.

06 측정의 수준에 따라 네 가지 종류의 척도로 구분할 때, 가장 적은 정보를 갖는 척도부터 가장 많은 정보를 갖는 척도를 그 순서대로 나열한 것은?

① 명목 척도, 비율 척도, 등간 척도, 서열 척도
② 서열 척도, 명목 척도, 등간 척도, 비율 척도
③ 명목 척도, 서열 척도, 등간 척도, 비율 척도
④ 명목 척도, 서열 척도, 비율 척도, 등간 척도

> 해설 • 명목 척도: 이름이나 범주를 대표하는 숫자로 부여하는 방식이다.
> • 서열 척도: 순위 척도로 순서에 대한 값을 부여한다.
> • 등간 척도: 구간 척도로 분류된 범주 간의 간격까지도 측정한다.
> • 비율 척도: 대상들의 속성들을 상대적으로 평가한다.

04 ④ 05 ② 06 ③

07 다음 문항의 측정 수준은?

> 뱅킹 서비스 방식에 대한 당신의 선호도를 알기 위한 질문입니다. 가장 선호하는 방식에는 1을, 다음으로 선호하는 방식에는 2를 표시하여 각각의 서비스 방식에 대해 선호도 순위를 매겨주시기 바랍니다.
> 은행 창구 (   )　　　　　　　　　ATM (   )
> 온라인 뱅킹 (   )　　　　　　　　우편 뱅킹 (   )
> 텔레폰 뱅킹 (   )

① 비율 수준의 측정
② 등간 수준의 측정
③ 명목 수준의 측정
④ 서열 수준의 측정

해설　선호도 순위를 정하는 것이므로 서열 척도에 해당한다.

08 다음이 나타내는 척도의 종류는?

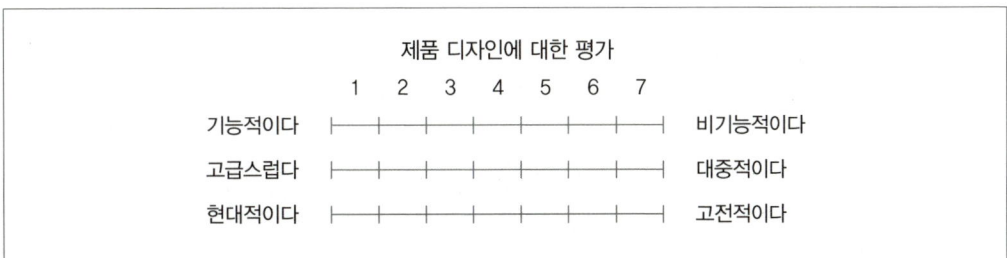

① 서스톤 척도
② 리커트 척도
③ 거트만 척도
④ 의미분화 척도

해설　의미분화 척도(= 어의차이 척도)
하나의 개념을 여러 의미의 차원에서 평가하는 것으로, 응답자에게 반대되는 두 개의 입장을 주고 그 사이에서 선택하도록 한다.

09 설문지 설계의 목적에 해당하지 않는 것은?

① 표본오차를 최소화한다.
② 조사 자료의 정보의 질을 높인다.
③ 자료의 신뢰도를 높인다.
④ 자료의 타당성을 높인다.

> **해설** 설문지는 조사과정에서 생기는 비표본오차와 밀접한 관계가 있으므로 비표본오차를 최소로 하는 것이 중요한 목적이다.

10 설문지의 역할에 대한 설명으로 옳지 않은 것은?

① 설문조사에서 응답자에게 조사를 진행하게 만드는 도구가 된다.
② 최종 자료를 주관적인 측정치로 받아내도록 하는 기능을 가진 틀이라 할 수 있다.
③ 응답자의 신뢰와 협조를 이끌어내는 연구자와 연결해주는 도구로서의 역할을 하게 된다.
④ 모든 응답자가 동일한 설문지로 동일한 방식으로 응답을 하도록 하여 표준화된 절차에 따른 조사가 가능하다.

> **해설** 설문지는 최종 자료를 객관적인 측정치로 받아내도록 하는 기능을 가진 형식적인 틀이라 할 수 있다.

11 측정과 변수에 대한 설명으로 적절하지 않은 것은?

① 측정은 일정한 규칙에 따라서 대상이나 사건에 수치를 부여하는 것이다.
② 통계분석의 모든 대상은 수치로 변환되어야 하는데, 이를 측정이라 할 수 있다.
③ 변수들이 어떻게 서로 관계를 갖는지에 따라 분석 방법이 달라진다.
④ 설문지의 하위 문항들을 모두 변수로 사용할 수는 없다.

> **해설** 설문지를 가지고 조사해서 수집된 자료들을 살펴볼 때 설문지의 하위 문항들은 모두 변수로 사용할 수 있다.

12 A구에 거주하는 30대 직장 여성을 대상으로 선호도를 조사하려 한다. 조사의 신뢰도를 높이기 위해 일주일 간격으로 2번 동일한 측정을 실시하는 방법은?

① 반분법
② 재시험법
③ 요인 분석법
④ 평형 형식법

해설 재시험법이란 동일한 시험을 동일한 대상 집단에 시간 간격을 두고 2회 실시하고 그 성적을 비교하여 신뢰도를 검증하는 방법을 말한다.

13 다음 중 측정 대상을 속성에 따라서 순위를 매길 수 있도록 수치를 부여하는 척도는?

① 서열 척도
② 비율 척도
③ 명목 척도
④ 등간 척도

해설 서열 척도는 측정 대상 간에 높고 낮음과 같이 개체나 사람들의 순서에 대한 값을 부여하는 척도이다.

14 설문항목 사전 구조화에 대한 설명으로 옳지 않은 것은?

① 응답자의 부담감을 덜어주기 위해 가능하면 쉽고 흥미 있는 질문을 선정하는 것이 좋다.
② 민감한 질문은 신뢰가 쌓인 후에 응답할 수 있도록 설문지 후반부에 두는 것이 좋다.
③ 인구통계학적 질문은 초반이나 중반부에 배열하는 것이 가장 타당하다.
④ 같은 주제의 질문을 모아서 배열할 경우 응답자들의 집중도 높은 응답을 받을 수 있다.

해설 인구통계학적 질문은 개인의 경우 성별, 연령, 교육 수준, 소득 수준, 직업 등 민감한 내용을 묻는 경우가 많기 때문에 응답자들은 민감하게 반응하여 응답을 회피하는 경우가 발생한다. 그렇다고 인구통계학적 질문을 중간에 배열할 경우 질문의 흐름이 끊기는 문제가 생기기 때문에 설문지 후반부에 배열하는 것이 가장 타당하다.

정답 12 ② 13 ① 14 ③

15 질문을 배열하는 방법으로 역깔대기식 배열이 적절한 경우가 아닌 것은?

① 응답자가 질문의 주제에 관심이 없는 경우
② 오래되어 기억이 잘 나지 않는 경우
③ 응답자가 경험이 없어 구체적인 사항을 먼저 인지해야 답을 할 수 있는 경우
④ 구체적인 답을 했을 때 전체적인 답에 영향을 끼치는 경우

해설 전체적인 답을 먼저 했을 때 구체적인 답에 영향을 끼칠 우려가 있는 경우 역깔대기식 배열을 한다.

16 전화조사를 실시할 때 고려해야 할 사항으로 적절하지 않은 것은?

① 질문을 명확하고 단순하게 구성하고, 질문의 수를 줄이는 것이 좋다.
② 조사에 긴 시간이 소요될 수 있다는 것을 주지시킨다.
③ 응답에 응하지 못하는 경우 응답 가능한 시간을 약속한다.
④ 응답자가 친밀도와 편안함을 느끼도록 라포를 형성하여 원활한 조사가 이루어지도록 한다.

해설 전화조사의 경우 5~10분 정도의 설문 시간이 적절하며, 조사의 목적을 간단히 설명하고 짧은 시간이 걸린다는 것을 주지시킨다.

17 설문지 작성 시 고려해야 할 사항을 모두 고른 것은?

ㄱ. 다지선다형 응답에서는 가능한 응답을 모두 제시해 주어야 한다.
ㄴ. 전문용어를 사용하지 말고 응답자의 수준에 맞는 언어를 사용한다.
ㄷ. 응답자가 대답하기 곤란한 질문들에 대해서는 직접적인 질문을 하도록 한다.
ㄹ. 사전에 각 응답지에 번호를 부여해 놓는 것이 조사 결과 처리 시 편리하다.

① ㄱ, ㄴ
② ㄱ, ㄴ, ㄷ
③ ㄱ, ㄴ, ㄹ
④ ㄱ, ㄴ, ㄷ, ㄹ

해설 ㄷ. 응답자가 대답하기 곤란한 질문들에 대해서는 직접적인 질문을 피하도록 한다.

15 ④ 16 ② 17 ③ 정답

18 척도의 조건에 해당하지 않는 것은?

① 복잡성
② 유용성
③ 신뢰성
④ 타당성

해설 척도의 조건에는 단순성, 유용성, 신뢰성, 타당성이 있다.

19 다음 중 외적 타당도를 저해하는 요인이 아닌 것은?

① 연구표본의 대표성
② 실험 대상의 탈락
③ 플라시보 효과
④ 검사의 상호작용 효과

해설 실험 대상의 탈락은 내적 타당도를 저해하는 요인이다.
외적 타당도를 저해하는 요인
- 연구표본의 대표성
- 실험 조사에 대한 반응성(호손 효과)
- 플라시보 효과(위약 효과)
- 검사의 상호작용 효과

20 측정의 신뢰도를 높이는 방법으로 적절하지 않은 것은?

① 신뢰성이 인정된 기존 측정 도구를 사용한다.
② 동일한 개념이나 속성을 측정하기 위해 여러 개의 항목보다는 단일항목을 이용한다.
③ 측정자들의 면접 방식과 태도의 일관성을 취한다.
④ 조사 대상자가 잘 모르거나 전혀 관심이 없는 내용에 대해서는 측정을 삼간다.

해설 항목 수를 보다 많이 사용한다는 것은 실제 측정치가 진실된 값에 보다 근접할 가능성을 높인다. 따라서 단일항목보다 여러 개의 항목을 이용해야 측정의 신뢰도를 높일 수 있다.

정답 18 ① 19 ② 20 ②

21 크론바흐의 알파계수(Cronbach's alpha)가 나타내는 값은?

① 동등형 신뢰도

② 내적 일관성 신뢰도

③ 검사-재검사 신뢰도

④ 평가자 간 신뢰도

해설 크론바흐 알파계수는 내적 일관성 분석법에 따라 신뢰도를 측정하는 척도이다.

22 개방형 질문에 대한 설명으로 옳지 않은 것은?

① 응답자의 다양한 의견을 수렴할 수 있다.

② 폐쇄형 질문보다 자료를 모으는 데 효과적이다.

③ 조사자의 편견이 개입되는 것을 방지할 수 있다.

④ 탐색적 조사 연구나 의사결정의 초기 단계에서 유용하다.

해설 개방형 질문의 경우 응답의 표현상 차이로 다른 해석이 가능하고 편견이 개입될 수 있다.

23 다음 내용에 해당하는 설문 방식은?

- 여러 항목 중 하나 또는 둘, 경우에 따라서는 셋을 선택하도록 한다.
- 응답자의 부담을 줄일 수 있고, 소득이나 사생활과 같은 대답하기 민감한 문제에 대해 쉽게 응답할 수 있게 한다.
- 응답자의 자발적인 자기표현 기회를 제약함으로써, 응답자가 얻을 수 있는 정보가 제한될 수 있다.

① 다지선다형　　　　　　　　　② 자유응답형

③ 양자택일형　　　　　　　　　④ 체크리스트

해설 ② 자유응답형: 응답의 형태에 제약을 가하지 않고 자유롭게 표현하도록 하는 설문 방식
　　　③ 양자택일형: 두 가지 중 하나를 선택하게 하는 극단적인 설문 방식
　　　④ 체크리스트: 제한으로 해당 사항을 체크하게 하는 설문 방식

정답 21 ②　22 ③　23 ①

24 설문 문항을 배열하는 방법에 대한 설명으로 옳지 않은 것은?

① 동일한 주제의 경우 단순한 질문에서 복잡한 질문으로 진행한다.
② 내용이 같거나 척도가 동일한 질문은 분산 배치하여 질문하는 것이 좋다.
③ 전반적인 질문에서 구체적이거나 특수한 질문으로 진행하는 것이 좋다.
④ 응답자가 심사숙고해야 하는 질문은 가능한 한 뒤에 배치하는 것이 좋다.

> **해설** 내용이 같거나 척도가 동일한 질문은 모아서 함께 질문하는 것이 좋다.

25 설문지 초안이 완성된 후 소수의 표본을 대상으로 실시하는 시험적인 조사는?

① 예비조사
② 기초조사
③ 모의조사
④ 사전조사

> **해설** 사전조사(Pretest)
> 설문지 초안이 완성된 후 본조사를 실시하기 전에 질문지 내용의 실용성, 조사의 문제점 등을 검토하기 위해 소수의 표본을 대상으로 실시하는 시험적인 조사이다.

26 측정의 신뢰성을 향상시킬 수 있는 방법으로 가장 적절하지 않은 것은?

① 설문지의 문항별 설명을 명확히 하여 응답자별로 해석상의 차이가 발생하지 않도록 한다.
② 조사원들의 교육을 강화하여 설문을 명확히 이해하도록 하고, 질문 방식 등을 표준화한다.
③ 성의가 없거나 일관성 없게 응답한 경우 설문지 자체를 폐기함으로써 위험 요소를 없앤다.
④ 중요한 질문의 경우 반복 질문을 피함으로써 혼선을 피한다.

> **해설** 중요한 질문의 경우 동일하거나 유사한 질문을 2회 이상 한다.

27 다음 중 척도에 관한 설명으로 틀린 것은?

① 척도의 수준이 올라갈수록 변수가 내포하고 있는 정보의 양이 증가한다.
② 척도의 수준이 올라갈수록 자료 수집에 필요한 비용과 노력이 많이 소요된다.
③ 척도의 수준이 올라갈수록 자료 분석 방법은 간단해진다.
④ 변수 측정에 필요한 비용 및 노력과 변수가 갖는 정보량은 서로 비례한다.

> **해설** 척도의 수준이 올라갈수록 자료 분석 방법은 다양하고 복잡해진다.

정답 24 ② 25 ④ 26 ④ 27 ③

28 측정의 신뢰도와 타당도에 관한 설명 중 틀린 것은?

① 타당도는 측정하고자 하는 개념이나 속성을 정확히 측정하였는가의 정도를 의미한다.
② 신뢰도는 측정치와 실제치가 얼마나 일관성이 있는지를 나타내는 정도이다.
③ 타당성이 있는 측정은 항상 신뢰성이 있으나, 신뢰성이 없는 측정은 타당도가 보장되지 않는다.
④ 타당도 측정 시 외적 타당도를 중심으로 해야 한다.

해설 타당도는 연구자가 측정하고자 하는 개념이나 속성을 정확히 측정했는지를 나타내주는 개념으로, 검사 점수가 검사의 사용 목적에 얼마나 부합하느냐 하는 적합성과 관련된 문제이다. 타당도 측정 시 내적 타당도를 중심으로 해야 한다.

29 척도를 이용한 측정 방법 중 두 개의 속성을 한 쌍으로 만들어 두 개 중 어느 한쪽을 선택하여 비교하게 하는 것은?

① 강제 순위법
② 비율 분할법
③ 쌍대 비교법
④ 어의차이 척도법

해설 ① 강제 순위법: 응답자들에게 특정 속성에 대한 순위를 정하게 하는 방법이다.
② 비율 분할법: 대상들에 대한 속성을 평가할 때 한 속성의 보유 정도에 따라 다른 속성들을 상대적으로 평가하도록 하는 방법이다.
④ 어의차이 척도법(= 어의구별 척도, 의미분화 척도): 척도 양극점에 상반되는 표현을 제시하고 그 사이에서 선택하도록 하여 소비자의 생각을 측정하는 방법이다.

30 단일차원적(Unidimensional)인 특성, 태도, 현상 등을 측정하기 위해 마련된 누적 척도의 한 방법으로서, 척도도식법 또는 척도분석법으로도 불리는 척도법은?

① 리커트 척도법
② 거트만 척도법
③ 평정 척도법
④ 사회적 거리 척도법

해설 거트만에 의해 개발된 것으로 태도의 강도에 대한 연속적 증가유형을 측정하고자 하는 척도이다. 초기에는 질문지의 심리적 검사를 위해 고안된 것이었으나, 이제는 사회과학의 제 분야에 널리 사용되고 있다.
① 리커트 척도법: 인간의 태도를 측정하는 태도 척도로, 서열적 수준의 변수를 측정한다.
③ 평정 척도법: 관찰자 또는 평가자가 평가 대상 또는 조사 대상을 한 연속체에 입각해서 평가함으로써 그 대상에 등급별로 일정한 수를 부가하거나 그들을 몇 개의 카테고리로 구별하여 측정한다.
④ 사회적 거리 척도법: 집단뿐만 아니라 개인 또는 추상적인 가치에 관해서 상호 간의 사회적 거리를 측정한다.

28 ④ 29 ③ 30 ② 정답

31 신뢰도의 구체적 평가 방법에 해당하지 않는 것은?

① 재조사법
② 복수양식법
③ 내적 일관성법
④ 구성체 타당도법

> **해설** 구성체 타당도법(개념타당도)
> 조작적으로 정의되지 않은 인간의 심리적 특성이나 성질을 심리적 개념으로 분석하여 조작적 정의를 부여한 후 검사 점수가 조작적 정의에서 규명한 심리적 개념들을 제대로 측정하였는가를 검정하는 타당도 평가 방법이다.

32 다음 빈칸 안에 들어갈 알맞은 것은?

> 반복해서 여러 번 측정해도 그 측정값이 지극히 비슷하다면 (　　)이 있다.

① 타당성
② 신뢰성
③ 민감성
④ 선별성

> **해설** 신뢰성
> 시간적 간격을 두고 동일한 조건 아래에 있는 측정 대상을 반복하여 측정하였을 때 각 반복 측정치들 사이에 나타나는 일관성의 정도를 말한다.

33 다음에 나타나는 측정상의 문제점은?

> 아동 100명의 몸무게를 실제 몸무게보다 항상 1킬로그램이 더 나오는 불량 체중계를 사용하여 측정한다.

① 타당성이 없다.
② 대표성이 없다.
③ 안정성이 없다.
④ 일관성이 없다.

> **해설** 타당성이란 연구자가 측정하고자 하는 개념이나 속성을 정확히 측정했는지를 나타내는 개념으로 불량 체중계로는 정확한 측정이 어려우므로 타당성이 없다.

정답 31 ④ 32 ② 33 ①

34 다음 중 신뢰도를 측정하는 방법에 관한 설명으로 틀린 것은?

① 재검사법 – 동일한 상황에서 상이한 측정 도구를 사용하여 동일한 대상을 일정한 간격을 두고 두 번 측정하여 그 결과를 비교한다.
② 복수 양식법 – 대등한 두 가지 형태의 측정 도구를 이용하여 동일한 측정 대상을 동시에 측정하고 두 측정값의 상관관계를 분석한다.
③ 반분법 – 측정 도구를 임의로 반으로 나누어 독립된 두 가지의 척도를 사용한다.
④ 내적 일관성 – 동일한 개념을 측정하기 위해 여러 개의 항목을 이용할 경우 크론바흐의 알파계수를 이용하여 신뢰도를 저해하는 항목을 측정 도구에서 제외한다.

> **해설** 재검사법
> 유사한 상황에서 동일한 측정 대상을 대상으로 동일한 측정 도구를 이용하여 반복적으로 측정한 후 두 개의 측정값들 간의 차이를 분석한다.

35 신뢰도의 가치에 관한 다음 설명 중 틀린 것은?

① 신뢰도는 타당도를 확보하기 위한 필수적인 전제 조건이다.
② 신뢰도는 타당도보다 상대적으로 확보하기가 용이하다.
③ 신뢰도는 연구 조사의 결과와 그 해석에 있어 충분 조건이지만 필요 조건은 아니다.
④ 신뢰도는 수집된 자료에서 나타난 차이가 측정 도구 자체의 불완전성으로 인한 결과가 아님을 확신하게 해 준다.

> **해설** 신뢰도는 연구 조사의 결과와 그 해석에 있어 필요 조건이지만 충분 조건은 아니다. 즉, 신뢰도가 높다고 해서 훌륭한 과학적 결과를 보장하는 것은 아니지만 신뢰도가 없는 훌륭한 과학적 결과는 존재할 수가 없는 것이다.

36 신뢰도를 측정하는 방법으로 가장 많이 사용되는 것은?

① 재검사법
② 복수 양식법
③ 반분법
④ 독립 기준법

> **해설** 재검사법은 신뢰도의 개념적 정의와 매우 밀접하게 연관되어 있다. 보통 신뢰도를 측정하는 방법으로 가장 많이 사용되는데, 동일한 대상에 동일한 측정 도구를 서로 상이한 시간에 두 번 측정한 다음 그 결과를 비교한다. 즉, 어떤 시점에서 측정을 한 후 일정 시간이 경과하고 난 뒤 동일한 측정 도구를 사용하여 동일한 응답자에게 다시 한번 측정해 그 결과의 상관관계를 계산하는 방법이다.

정답 34 ① 35 ③ 36 ①

37 측정 도구를 임의로 반으로 나누어 각각 독립된 두 개의 척도로 사용함으로써 신뢰도를 추정하는 방법은?

① 복수 양식법
② 평행 양식법
③ 독립 기준법
④ 반분법

> 해설 반분법에 관한 것으로서 동일 항목의 반으로 조사 결과를 획득한 다음 항목의 다른 쪽을 동일한 대상에 적용하여 얻은 결과와 비교한다.

38 내용상의 타당도 또는 외견상의 타당도라고도 불리는 것은?

① 논리적 타당도
② 경험적 타당도
③ 구조적 타당도
④ 기준 관련 타당도

> 해설 **논리적 타당도**
> 외견상의 타당도 또는 내용상의 타당도라고도 하는데 이는 주로 작성된 측정 도구의 항목들이 조사자가 측정하고자 하는 내용을 논리적으로 포함하고 있는지 검토하는 것이다.

39 측정 도구의 타당도에 관한 설명으로 옳지 않은 것은?

① 내용 타당도(Content validity)는 전문가의 판단에 기초한다.
② 동시 타당도(Concurrent validity)는 채용, 선발, 배치 등의 목적을 위해 사용할 수 있다.
③ 기준 관련 타당도(Criterion-related validity)는 내용 타당도보다 경험적 검증이 용이하다.
④ 구성 타당도(Construct validity)는 측정하고자 하는 구성 개념을 제대로 측정했는지 판단하는 것이다.

> 해설 동시 타당도는 기존에 타당도를 입증받은 검사로부터 얻은 점수와의 관계에 의하여 검정하는 타당도이다. 채용, 선발, 배치 등의 목적을 위해 사용할 수 있는 타당도는 예측 타당도로, 어떤 조사에서 무슨 행위가 일어날 것이라고 예측한 것과 대상자 또는 집단이 실제로 나타내는 행위 간의 관계를 측정하는 것이다.

정답 37 ④ 38 ① 39 ②

40 타당도를 결정하는 데 있어서 대부분의 경우 가장 신뢰성이 있는 방법은?

① 예측적 타당도
② 구조적 타당도
③ 일치적 타당도
④ 논리적 타당도

해설 예측적 타당도는 타당도를 결정하는 데 있어서 대부분의 경우 가장 신뢰성이 있는 방법으로, 그 적용이 용이하다는 장점이 있다.

41 3학년 1반이라는 동일한 집단에 대해 똑같은 시험 문제로 월요일에 시험을 보고 다시 수요일에 시험을 보았다. 무엇을 측정하려는 것인가?

① 공정성
② 책임성
③ 신뢰도
④ 타당도

해설 **신뢰도와 타당도**
• 신뢰도: 측정의 일관성, 반복 측정에서 어느 정도 동일한 결과를 얻어내는지의 정도를 의미한다.
• 타당도: 측정한 값과 대상의 실제 값과의 일치 정도를 의미한다.

42 측정 대상을 상호 배타적으로 분할한 각 카테고리는 아무런 수적인 의미가 없으며, 단순히 대상을 분할한 각 카테고리에 소속시키는 측정의 수준은?

① 명목 수준의 측정
② 서열 수준의 측정
③ 등간 수준의 측정
④ 비율 수준의 측정

해설 명목 수준의 측정은 단순한 분류에 불과하다. 즉, 측정 대상을 상호 배타적인 카테고리로 분할하는 것이다. 따라서 각 카테고리는 아무런 수적인 의미가 없으며 단순히 대상을 분할한 각 카테고리에 소속시키는 것이다.

43 서열 수준의 측정에 관한 다음 설명 중 틀린 것은?

① 각 카테고리 간의 대소 관계를 판단한다.
② 대소 관계는 비반사적이고 비대칭적이나 이행적이다.
③ 부여된 숫자나 기호는 각 카테고리의 상대적 위치까지도 표현한다.
④ 가감승제의 수학적 조작에 있어서 큰 의미를 갖는다.

해설   서열 수준의 측정치는 가감승제라는 수학적 조작에 있어서 아무런 의미를 갖지 못하고 단지 부등식 조작만 가능하다.

44 가감승제를 포함한 모든 수학적 조작이 가능한 측정의 수준은?

① 서열 수준의 측정
② 등간 수준의 측정
③ 누적 수준의 측정
④ 비례 수준의 측정

해설   비례 수준의 측정(비율 척도)은 가장 완전한 측정이라고 할 수 있으며, 이러한 수준의 측정치는 가감승제를 포함한 모든 수학적 조작이 가능하다.

45 일종의 측정 도구로 일정한 규칙에 따라 측정 대상에 적용할 수 있게 만들어진 일련의 기호나 숫자는?

① 척도
② 자료
③ 가설
④ 명제

해설   척도란 측정을 위한 도구로서, 변수들의 값을 부여하는 방법이다.

정답   43 ④   44 ④   45 ①

46 평정 척도의 변형으로 리커트 척도라고 하는 것은?

① 누적 척도
② 등현등간 척도
③ 총화평정 척도
④ 어의구별 척도

해설 총화평정 척도는 리커트 타입의 척도로서 예비적 문항으로 응답 카테고리를 결정해 내적 일관성 여부에 따른 최종 척도를 정한다.

47 남녀의 성별을 구별하기 위해, 또는 혼인 여부를 나타내기 위해 1과 2의 숫자를 대신 부여하는 척도는?

① 명목 척도
② 비율 척도
③ 등간 척도
④ 서열 척도

해설 남녀의 성별을 구별하기 위해, 혼인 여부를 나타내기 위해, 또는 자녀의 유무를 구별하기 위해 1과 2의 숫자를 대신 부여하는 것은 명목 척도의 좋은 예이다.

48 측정 도구의 타당도에 관한 설명으로 옳지 않은 것은?

① 개념 타당도는 예측 타당도라 한다.
② 내용 타당도는 전문가의 판단에 기초한다.
③ 기준 관련 타당도는 내용 타당도보다 경험적 검증이 용이하다.
④ 동시 타당도는 신뢰할 수 있는 다른 측정 도구와 비교하는 것이다.

해설 **개념 타당도**
구성 타당도라고도 하며 조작적으로 정의되지 않은 인간의 심리적 특성이나 성질을 심리적 개념으로 분석하여 조작적 정의를 부여한 후 검사 점수가 조작적 정의에서 규명한 심리적 개념들을 제대로 측정하였는가를 검정하는 방법이다.

46 ③   47 ①   48 ①

49 단순히 측정 대상을 구분하기 위한 목적으로 숫자를 부여하는 데 사용되는 척도는?

① 명목 척도
② 서열 척도
③ 등간 척도
④ 비율 척도

> **해설** 명목 척도
> 가장 간단한 척도로, 각 대상에 대해 무작위로 수를 할당하는 방식이다. 부여된 숫자는 연구자가 자료를 수집하고 분석하는 데 편리하도록 하기 위한 명칭이나 부호일 뿐 그 자체로서는 의미가 없다. 즉, 개체나 사람이 다르다는 것을 보이기 위해 이름이나 범주를 대표하는 숫자로 부여하는 방식이다.

50 자료의 측정에 있어서 타당성을 높일 수 있는 방법으로 가장 적절하지 않은 것은?

① 이미 타당성을 인정받은 측정 방법을 이용한다.
② 측정의 신뢰도를 낮게 하여 자료 측정의 타당도를 높인다.
③ 연구 담당자가 마케팅 전반 영역에 대한 깊은 지식을 습득한다.
④ 사전조사를 통하여 상관관계가 높은 변수들만을 개념 측정에 이용한다.

> **해설** 신뢰도를 낮추면 타당도도 낮아진다.

51 서스톤 척도(Thurstone scale)에 관한 설명으로 틀린 것은?

① 처음 문장을 분류하는 평가자들의 성격에 따라 분포가 달라질 수 있다.
② 절차가 다른 척도보다 단순하고 문장이나 평가자의 수가 적어도 된다.
③ 척도용으로 선정된 문장들이 평균값은 같으나 분산도가 다를 수 있다.
④ 응답자의 점수가 같더라도 그가 선택하는 문항의 종류와 내용이 다를 수 있다.

> **해설** 절차가 매우 복잡하고 몇 가지 통계적 가정에 근거하고 있기 때문에 최근에는 흔하게 사용되지 않는다.

정답 49 ① 50 ② 51 ②

52 다음 중 관찰 대상들이 가지고 있는 속성의 상대적 크기를 측정하여 대상 간에 서로 비교할 수 있도록 하는 척도는?

① 명목 척도
② 서열 척도
③ 등간 척도
④ 비율 척도

해설 ① 명목 척도: 가장 간단한 것으로 개체나 사람이 다르다는 것을 보이기 위해 이름이나 범주를 대표하는 숫자로 부여하는 방식이다.
② 서열 척도: 측정 대상 간에 높고 낮음과 같이 개체나 사람들의 순서에 대한 값을 부여하는 척도이다.
④ 비율 척도: 척도를 나타내는 수가 등간일 뿐만 아니라 의미 있는 절대 영점을 가지고 있는 경우에 이용된다.

53 다음과 같은 질문에서의 측정치가 해당하는 척도는?

당신의 학력은 어디에 해당됩니까? (   )
㉠ 초졸　　㉡ 중졸　　㉢ 고졸　　㉣ 대졸

① 명목 척도
② 서열 척도
③ 등간 척도
④ 비율 척도

해설 질문에서 부여한 수치는 단지 집단의 명칭을 대신하는 수량의 의미로 쓰였으며, ㉠·㉡·㉢·㉣은 의미를 가지지 않으므로 명목 척도에 해당한다.

52 ③　53 ①　정답

제5장 기술통계 분석

제1절 추정·가설검정

1. 자료의 개요

(1) 자료의 유형
① 질적(범주형) 자료: 학년, 성별 등에 해당하는 통계 자료를 말한다.
  ㉠ 명목 자료: 지역 이름에 우편번호를 부여하여 편리하게 사용하는 것처럼 질적 자료에 숫자를 부여하여 얻은 자료로, 부여된 숫자는 단지 각 범주를 나타내는 것 이외에 숫자로서의 의미가 없다.
  ㉡ 서열(순서) 자료: 순서의 개념을 갖는 질적 자료이다.
② 양적 자료: 수량의 형태를 가진 자료로, 질적 자료와 달리 자료의 속성을 그대로 반영한다.
  ㉠ 이산(불연속) 자료: 환자의 수 또는 주사위를 던진 횟수 등과 같이 셈을 할 수 있는 자료이다.
  ㉡ 연속 자료: 몸무게, 키 또는 월수입 등과 같은 값과 값 사이가 서로 연결되어 있어 그 사이의 값이 의미를 가지는 자료이다.

2. 추정과 가설

(1) 추정
① 통계적 추정의 의의: 표본의 특성을 나타내는 수치인 통계량을 기초로 하여 모집단의 특성인 모수를 추측하는 통계적 분석 방법을 말한다.
② 추정의 종류
  ㉠ 점추정: 모수를 단일치로 추측하는 방법으로, 그 신뢰도를 나타낼 수 없다는 단점이 있다.

핵심예제

자료의 유형에 대한 설명으로 옳지 않은 것은?
① 서열 자료는 순서의 개념을 갖는 질적 자료이다.
② 질적 자료는 자료의 속성을 그대로 반영한다.
③ 이산 자료는 주사위를 던진 횟수 등과 같이 셈을 할 수 있는 자료이다.
④ 연속 자료는 값과 값 사이가 서로 연결되어 있어 그 사이의 값이 의미를 가지는 자료이다.

|해설| 자료의 속성을 그대로 반영하는 것은 양적 자료이다.

정답 ②

⓵ 구간추정: 모수를 포함한다고 추측되는 구간을 구하는 방법이다. 구간 추정은 모수의 추정치와 신뢰도를 함께 구할 수 있다.

(2) 가설

① 의의
- ⓵ 일련의 현상을 설명하기 위하여 어떤 학설을 논리적으로 구성하는 명제이다.
- ⓵ 아직 경험적으로 검정되지 않은 일종의 예비적 이론, 둘 혹은 그 이상의 변인들 간의 관계에 대한 추측적 진술, 연구문제의 해답, 변인관계의 간단·명료·뚜렷함, 실증적으로 검정 가능, 가설 내용의 긍정 또는 부정이 가능하도록 진술되어야 한다.

② 가설검정
- ⓵ 대상 집단의 특성량에 대하여 어떤 가설을 설정하고, 대상 집단인 모집단으로부터 추출한 표본으로 가설을 검토하는 통계적 추론이다.
- ⓵ 통계적 가설검정은 설정된 가설이 옳다고 할 때 표본에서 통계량을 계산하여 얻은 표본 값과 통계량의 분포에서 이론적으로 얻어지는 어떤 특정 값을 비교하여 그 가설을 기각할 것인가 또는 채택할 것인가를 판정하는 것이다.

3. 독립 변수 및 종속 변수의 설정

(1) 변수의 의의
① 두 가지 또는 그 이상의 값으로 경험적으로 분류할 수 있는 개념이다.
② 사상(事象)에 대한 계량적 수치, 계량적 가치가 부여된 속성 또는 상징이라고 할 수 있다.
③ 연구 대상의 경험적 속성을 나타내는 동시에 그 속성에 계량적 수치, 계량적 가치를 부여할 수 있는 개념을 의미한다.

(2) 각 변수 간의 기능적 관계를 중심으로 한 분류 중요

① 독립 변수
- ⓵ 마케팅조사 설계의 기본 요소로서, 일반적으로 마케팅 관리자가 통제하는 변수이다.
- ⓵ 관찰하고자 하는 현상의 원인이라고 가정한 변수로 다른 변수의 값에 영향을 미친다.

핵심예제

다음 중 관찰하고자 하는 현상의 원인이라고 가정한 변수는?
① 종속 변수 ② 외생 변수
③ 독립 변수 ④ 통제 변수

해설
① 종속 변수: 독립 변수의 변화에 따라 값이 결정되는 다른 변수이다.
② 외생 변수: 실험 변수 밖에서 결과에 영향을 미치는 변수이다.
④ 통제 변수: 두 변수 간의 관계에 영향을 미칠 수 있어서 변수 간 정확한 관계 파악을 위해 통제되는 제3의 변수이다.

정답 ③

② **종속 변수(결과 변수)**
　㉠ 독립 변수의 영향을 받아 일정하게 전제된 결과를 나타내는 기능을 하는 변수이다.
　㉡ 실험연구에서 종속 변수는 독립 변수의 변이 또는 변화에 따라 자연히 변하는 것으로서 결과적인 예측 변수라고 할 수 있다.
　㉢ 하나 이상의 독립 변수에 의해 영향을 받는다.
③ **통제 변수**: 독립 변수와 종속 변수 간의 관계에 영향을 미칠 수 있어서 변수 간 정확한 관계 파악을 위해 통제되는 제3의 변수이다.
④ **매개 변수(개입 변수)**: 독립 변수와 종속 변수 간에 직접적인 관련이 없으나 두 변수의 중간에서 매개자 역할을 하여 두 변수 간에 간접적인 관계를 맺도록 하는 제3의 변수이다.
⑤ **선행 변수**
　㉠ 인과관계에서 독립 변수에 앞서면서 독립 변수에 유효한 영향력을 행사하는 제3의 변수이다.
　㉡ 매개 변수와는 달리 독립 변수와 종속 변수 간의 관계를 설명하는 것이 아니라 그 관계에 미치는 영향을 명확히 하고자 할 때 도입한다.
⑥ **억압 변수(억제 변수)**: 두 변수 간에 상관관계가 있으나 그와 같은 관계가 없는 것처럼 보이게 하거나 약화시키는 제3의 변수이다.
⑦ **외생 변수**: 실험 변수 밖에서 결과에 영향을 미치는 변수이다.

> **CHECK BOX**
>
> **구성 변수**
> 총체적인 개념을 구성하는 요소들 중 어떤 것이 관찰된 결과에 결정적인 영향을 미치는지 파악하는 데 사용되는 변수이다. 예를 들어 사회 계층과 같이 총체적인 개념에서 교육 수준, 직업, 수입 등과 같은 하위 개념을 뜻하는 변수이다.

핵심예제

다음 사례에서 성적이 해당하는 변수는?

> 대학교 3학년 학생인 ㄱ, ㄴ, ㄷ은 학기말 시험에서 모두 A+를 받았다. 3명의 학생은 수업시간에 맨 앞자리에 앉는 공통점이 있다. 그래서 학생들의 성적이 수업시간 중 좌석 위치와 중요한 관련성을 가지고 있다고 생각하게 되었다. 이것이 사실인지 확인하기 위해 더 많은 학생을 관찰하기로 하였다.

① 독립 변수　　　　　　　　　　② 통제 변수
③ 매개 변수　　　　　　　　　　④ 종속 변수

해설 결과 변수라고도 하며, 독립 변수의 영향을 받아 일정하게 전제된 결과를 나타내는 기능을 하는 변수(성적)이다.

정답 ④

제2절 통계 분석

1. 빈도 분석

(1) 의의
범주형 변수들의 일반적 특성을 살펴볼 때 쓰이는 분석으로 빈도와 비율, 분포를 확인할 때 사용하며 데이터를 다른 통계적 방법에 적용하기 전 데이터에 오류가 있는지 점검할 때도 유용하다.

(2) 대푯값
① 분포의 중심 위치를 나타내는 측정치이다. 그러나 대푯값은 분포의 중앙 또는 도수의 집중점과는 반드시 일치하지는 않는다.
② 관찰된 자료들이 어느 곳에 가장 많이 모여 있는가를 나타내는 것이 집중화 경향인데 이런 집중화 경향을 나타내는 수치를 분포의 대푯값이라 하고 이에는 산술평균, 중앙값, 최빈수가 있다.

2. 교차 분석

(1) 교차 분석의 이해
① 의의 : 범주형인 명목 척도와 서열 척도의 성격을 가진 두 변수가 가진 각 범주를 교차하여 해당 도수를 표시하는 교차분석표를 작성하여 두 변수 간의 관련성을 분석하는 기법이다.
② 원리 : 교차 분석은 범주형인 두 변수에 대한 교차표를 작성하여 교차표의 각 셀의 관찰 도수와 기대 도수 간의 차이를 검정하기 위하여 카이제곱(χ^2) 검정통계량을 사용한다. 카이제곱검정은 교차표에 나타난 변수 간의 유의성을 알아보는 방법으로서 모집단에서 두 집단 간의 관련성이 없다는 전제하에 각 카테고리의 기대도수의 값을 구하는 것이다.

CHECK BOX

기술통계 분석
수집된 데이터를 정리하고 요약하여 특성을 통계적으로 분석하는 기법이다. 평균, 분산, 빈도 등으로 데이터의 전반적인 분포와 특성을 설명한다.

핵심예제

범주형인 두 변수에 대한 교차분석표를 작성하여 두 변수 간의 관련성을 분석하는 기법은?

① 회귀 분석
② 분산 분석
③ 교차 분석
④ 로지스틱 회귀 분석

해설
① 회귀 분석 : 독립 변수가 등간 또는 비율이면서 동시에 종속 변수도 등간 또는 비율인 경우 사용한다.
② 분산 분석 : 독립 변수가 명목이면서 종속 변수가 등간 또는 비율인 경우 사용한다.
④ 로지스틱 회귀 분석 : 독립 변수가 등간 또는 비율이면서 종속 변수가 명목인 경우 사용한다.

정답 ③

3. 분산 분석

(1) 분산 분석의 이해

① 의의
  ㉠ 두 집단의 평균 차이가 통계적으로 유의한가를 검정하는 분석 방법은 t검정이며, 세 집단 이상의 평균차이가 통계적으로 유의한가를 검정하는 분석 방법을 분산 분석(Analysis of Variance) 혹은 간단히 ANOVA라고 한다.
  ㉡ 독립 변수를 요인(Factor, 인자; 실험 환경이나 실험 조건을 나타내는 변수)이라고도 하며, 요인이 가지는 값을 요인 수준(인자 수준, 처리)이라고 한다.
  ㉢ 독립 변수는 범주형 척도, 종속 변수는 연속형 척도이어야 한다.

② 분산 분석을 위한 기본 가정
  ㉠ 종속 변수는 등간 척도 또는 비율 척도이어야 한다.
  ㉡ 모집단의 분포는 정규분포를 이루어야 한다.
  ㉢ 각 모집단의 분산(표준편차)은 동일해야 한다.
  ㉣ 각 집단의 표본은 독립적이어야 한다.

CHECK BOX

통계분석에 사용하는 검정통계량

척도와 분석과의 관계		독립 변수	
		범주형(질적)	연속형(양적)
종속 변수	범주형(질적)	교차 분석(카이제곱 검정)	판별 분석
	연속형(양적)	t 검정	상관 분석
		분산 분석	회귀 분석

핵심예제

분산 분석에 대한 설명으로 알맞지 않은 것은?

① 모집단의 분포는 정규분포를 이루어야 한다.
② 종속 변수는 등간 척도 또는 비율 척도여야 한다.
③ 독립 변수는 범주형 척도이고 종속 변수는 연속형 척도이어야 한다.
④ 종속 변수를 요인이라고도 하며, 요인이 가지는 값을 요인 수준이라고 한다.

해설 독립 변수를 요인이라고도 하며, 요인이 가지는 값을 요인 수준이라고 한다.

④ **정답**

제 5 장 실제예상문제

01 인과관계 분석에서 독립 변수가 명목이면서 종속 변수가 등간 또는 비율인 경우 사용하는 방법은?

① 회귀 분석
② 분산 분석
③ 교차 분석
④ 로지스틱 회귀 분석

해설 ① 회귀 분석: 독립 변수가 등간 또는 비율이면서 동시에 종속 변수도 등간 또는 비율인 경우 사용한다.
③ 교차 분석: 독립 변수와 종속 변수가 모두 명목인 경우 사용한다.
④ 로지스틱 회귀 분석: 독립 변수가 등간 또는 비율이면서 종속 변수가 명목인 경우 사용한다.

02 세 개 이상의 모집단의 모평균을 비교하는 통계적 방법으로 가장 적합한 것은?

① t-검정
② 회귀 분석
③ 분산 분석
④ 상관 분석

해설 분산 분석이란 세 개 이상의 여러 집단의 평균 차이를 동시에 비교하기 위한 검정 방법이다.

01 ② 02 ③ 정답

03 다음 중 독립 변수와 종속 변수의 사이에서 독립 변수의 결과인 동시에 종속 변수의 원인이 되는 변수는?

① 외적 변수
② 선행 변수
③ 억제 변수
④ 매개 변수

> **해설** 매개 변수는 독립 변수와 종속 변수 간에 직접적인 관련이 없으나 두 변수의 중간에서 매개자 역할을 하여 두 변수 간에 간접적인 관계를 맺도록 하는 제3의 변수이다.

04 분산 분석의 기본 가정이 아닌 것은?

① 각 모집단에서 반응 변수는 정규분포를 따른다.
② 종속 변수는 명목 척도이어야 한다.
③ 반응 변수의 분산은 모든 모집단에서 동일하다.
④ 관측값들은 독립적이어야 한다.

> **해설** 분산 분석을 위한 기본 가정
> • 종속 변수는 등간 척도 또는 비율 척도이어야 한다.
> • 모집단의 분포는 정규분포를 이루어야 한다.
> • 각 모집단의 분산(표준편차)은 동일해야 한다.
> • 각 집단의 표본은 독립적이어야 한다.

정답 03 ④ 04 ②

교육은 우리 자신의 무지를
점차 발견해 가는 과정이다.

- 윌 듀란트 -

모든 자격증·공무원·취업의 합격 정보

YouTube 합격 구독 과 좋아요! 정보 알림 설정까지!

제3과목

마케팅 관리

제1장	통신판매 전략 수립
제2장	STP 전략 수립
제3장	마케팅믹스 전략 수립
제4장	인·아웃바운드 판매 채널 운영 관리

제1장 통신판매 전략 수립

제1절 데이터베이스 활용 계획

1. 데이터베이스 마케팅의 개요

(1) 데이터베이스 마케팅 중요

① 개념
  ㉠ 고객의 데이터베이스를 구축·활용하여 고객에게 필요한 제품을 판매하는 전략이다.
  ㉡ 고객 개개인과의 장기적인 관계 구축을 위한 마케팅 전략을 수립하고 집행하는 활동이다.
  ㉢ 우수 고객 확인, 신규 고객 유치, 고객의 구매 결정 강화, 상품의 교차판매, 판매촉진, 고객에 제공하는 개인적 서비스 제공 등이 이루어진다.

② 장점 기출
  ㉠ 컴퓨터의 활용 가치가 높다.
  ㉡ 기존 고객을 적극 활용할 수 있다.
  ㉢ 신규 사업 진출에 유리하다.
  ㉣ 기존 고객 중 우수 고객을 발굴할 수 있다.
  ㉤ 고객 데이터를 이용하여 고객과의 1:1 관계를 구축할 수 있다.
  ㉥ 고객 데이터를 기반으로 장기적인 이익을 창출할 수 있다.
  ㉦ 기존 고객을 지속적으로 관리하는 비용이 신규 고객을 확보하는 데 드는 비용보다 적다.
  ㉧ 각종 데이터를 수집, 분류, 응용, 분석하여 마케팅 전략을 수립하는 데 효과적이다.

③ 특성 기출
  ㉠ 쌍방향적 의사소통이며 장기적인 고객 관리이다.
  ㉡ 고객별 데이터를 구축하고 업데이트하면서 정보를 확장한다.

핵심예제

데이터베이스 마케팅에 대한 설명으로 옳지 않은 것은?

① 고객과의 단기적인 관계 구축을 위한 활동이다.
② 발달된 정보 기술을 효과적으로 활용하여 고객 유지에 비중을 둔다.
③ 시장의 1차 데이터를 수집·분석하여 이를 바탕으로 마케팅 전략을 수립한다.
④ 고객의 데이터베이스를 구축·활용하여 고객에게 필요한 제품을 판매하는 전략이다.

해설 고객 개개인과의 장기적인 관계 구축을 위한 마케팅 전략을 수립하고 집행하는 활동이다.

정답 ①

ⓒ 장기적인 고객관계를 개발하고 축적한다.
ⓔ 고객 정보, 경쟁사 정보, 산업 정보 등 각종 1차 데이터를 직접 수집·분석한 것을 기초로 마케팅 전략을 수립한다.

> **2차 실기 맛보기**
>
> 데이터베이스 마케팅의 중요 특징을 세 가지 쓰시오.

④ 전제 조건
ⓐ 모든 고객이 똑같지 않으므로 각각 다르게 대우해야 한다.
ⓑ 상품 중심의 마케팅에서 벗어나 고객 중심의 마케팅 체제로 변환해야 한다.
ⓒ 개별 고객이 필요로 하는 상품과 서비스를 파악하여 이를 효과적으로 제공해야 한다.

⑤ 목적 기출
ⓐ 고객평생가치의 극대화를 통한 기업 가치의 극대화
ⓑ 신규 고객 획득, 고객 유지 및 고객 강화를 통한 관계 구축
ⓒ 마케팅 리서치의 자동화
ⓓ 직접적인 커뮤니케이션
ⓔ 안정적인 고객 유지 및 고정 고객화

(2) 데이터베이스 마케팅의 활용

① 데이터베이스 마케팅 전략의 종류 기출
ⓐ 고객 활성화 전략: 고객과의 거래를 지속적으로 기록하고 구매량에 따라 인센티브나 샘플링, 쿠폰, 경품 등의 판매촉진 전략을 제공함으로써 자사 상품의 구매 빈도를 높이는 전략이다.
ⓑ 고객 애호도 제고 전략(고객 충성도 강화 전략) 전략: 고객 특징과 구매 이력 및 고객의 브랜드 충성도를 분석하여 맞춤 정보, 질 높은 서비스를 제공한다.
ⓒ 고객 유지 전략: 구매한 제품의 여러 가지 정보를 제공함으로써 구매한 제품에 호의적인 태도를 갖게 하고, 구매 고객이 가치 있는 고객으로 대접받고 있음을 소구한다.
ⓓ 교차판매 전략: 하나의 제품이나 서비스를 제공하는 과정에서 기존 고객을 대상으로 비슷한 상품군이나 서비스에 대해 추가 판매를 유도하는 마케팅 전략이다.

② 데이터베이스 마케팅을 근간으로 하는 마케팅: 프리퀀시 마케팅, 원투원 마케팅, 릴레이션십 마케팅, 텔레마케팅

핵심예제

데이터베이스 마케팅의 목적으로 알맞지 않은 것은?
① 간접적인 커뮤니케이션
② 마케팅 리서치의 자동화
③ 안정적인 고객 유지 및 고정 고객화
④ 고객평생가치의 극대화를 통한 기업 가치의 극대화

해설 데이터베이스 마케팅은 직접적인 커뮤니케이션을 목적으로 한다.

① 정답

③ 매스 마케팅(대중 마케팅)과 데이터베이스 마케팅의 비교 기출

구분	매스 마케팅(Mass marketing)	데이터베이스 마케팅(Database marketing)
개념	고객을 동일한 집단으로 대우	개별 고객의 차이를 인정하고 개별적으로 대우
전략 목표	• 적당한 가격으로 고품질의 상품과 서비스를 제공하여 수익을 창출 • 신속한 배달 등의 서비스로 경쟁력을 확보하여 많은 고객을 유치	• 고객의 개별적인 욕구와 기업에 기여하는 정도가 다름을 전제로 개별 고객의 특성과 가치에 따라 상품과 서비스를 차별화 • 상품과 고객에 대한 많은 정보를 수집·분석하여 고객 개개인의 취향에 맞는 상품을 제시함으로써 고객만족도를 높임
수단	• 할인 쿠폰 제공 • 광고 실시	• 고객 가치 평가와 상품 판매 분석 • 쌍방향적인 고객관계 구축 • 정량적 측정과 분석을 통한 지속적인 개선

④ 성공적인 데이터베이스 마케팅 전략
  ㉠ 끊임없이 정보를 갱신하여야 한다.
  ㉡ 기업은 고객과의 장기적인 관계 형성을 통해 고객평생가치(LTV; Life Time Value)를 최대화하여야 한다.
  ㉢ 창의적인 마케팅 능력을 발휘하여야 한다.

⑤ 데이터베이스 마케팅의 활용 절차 중요

> 고객 데이터 수집 → 유형별 고객 분류 및 데이터베이스화 → 마케팅 전략과 시스템의 일치화 → 고객 집단별 특성 추출 → 변수 분석 → 개별 고객에 특화된 상품 및 서비스 제공

(3) 데이터베이스(Database)
  ① 고객 데이터베이스의 속성

고객 속성	고객이 가지고 있는 고유한 성질의 데이터로 직업, 성명, 연령, 주민등록번호, 주소, 성별, 전화번호, 신용카드 보유 현황, 가구 소득, 가족 수, 거주 형태 등이 있음
거래 속성	고객이 자사의 상품이나 서비스를 이용하면서 생긴 데이터로 상품 내용, 상품명, 상품 금액, 상품 코드, 상품 색상, 구입 장소, 구입 의도, 클레임 분류, 과거 거래 실적 등이 있음

핵심예제

다음 중 데이터베이스(Database) 마케팅에 관한 설명으로 옳은 것은?
① 데이터베이스 마케팅은 VIP 고객만을 대상으로 하는 마케팅 기법이다.
② 데이터베이스 마케팅에서 데이터베이스는 고객의 개인별 특성을 담고 있어야 한다.
③ PC만을 이용하여 표준화된 제품으로 불특정 다수의 고객에게 접근하는 마케팅이다.
④ 대중 매체를 통하여 전국적으로 대중에게 자사의 상표 인지도를 높게 하려는 마케팅이다.

해설 데이터베이스 마케팅은 VIP 고객만을 위한 것이 아니라 고객 성향별 특성에 맞추어 각각 개별화된 마케팅을 하는 것이다. 그러므로 데이터베이스는 고객 개인별 특성을 담고 있어야 한다.

② 정답

② RFM 분석 [기출]
　㉠ 개념: 고객 성향을 분석하여 고객의 등급을 계산하고 기존 고객의 가치를 평가하는 방법이다. 고객에게 점수를 부여하여 고객 우선순위를 산정하는 공식으로, 주로 고객 로열티 관리의 전략으로 활용한다.
　㉡ R(Recency): 최근 구매일이라 하며, 가장 최근에 구매한 시점을 말한다(얼마나 최근에 자사 제품을 구매했는가?).
　㉢ F(Frequency): 구매 빈도라 하며, 일정 기간 동안 구매한 빈도수를 말한다(일정 기간 동안 얼마나 자주 자사 제품을 구매했는가?).
　㉣ M(Monetary): 구매 금액이라 하며, 일정 기간 동안 구매한 금액을 말한다(일정 기간 동안 얼마나 많은 액수의 자사 제품을 구매했는가?).

2차 실기 맛보기
RFM 분석을 설명하시오.

③ 고객 데이터베이스의 설계 및 활용 방안
　㉠ 고객의 체계적 분류를 실현한다.
　㉡ 고객별 DM 반응도를 분석한다.
　㉢ 라이프스타일을 분류한다.
④ 데이터베이스 설계 시 고려 사항: 장기적인 비전, 통합성, 유연성
⑤ 고객 데이터베이스 구축을 위한 고객 정보 획득 방법: 고객 카드 작성 정보, 제휴된 신용카드 정보, 외부 데이터베이스 및 시장 조사 정보
⑥ 고객 데이터베이스 분석 기법
　㉠ 회귀 분석: 영향을 주는 변수와 영향을 받는 변수가 서로 선형 관계에 있다는 가정하에 이루어지는 분석 방법이다.
　㉡ 판별 분석: 집단 간의 차이가 어떠한 변수에 의해 영향을 받는가를 분석하는 방법이다.
　㉢ 군집 분석: 몇 개의 변수를 기초로 여러 대상들을 서로 비슷한 것끼리 묶어 주는 분석 방법이다.
　㉣ RFM: 고객의 성향을 분석하여 고객의 등급을 계산하는 방법이다.
　㉤ LTV 방법: 고객의 평생가치를 기준으로 분석하는 방법이다.

핵심예제

RFM 분석에 관한 설명으로 틀린 것은?
① RFM 분석은 거래 관계가 없는 잠재 고객에 대해서도 직접 적용이 가능하다.
② RFM 분석은 다이렉트 메일이나 카탈로그 우송리스트 추출에 빈번히 사용되고 있다.
③ RFM 분석은 원리가 매우 간단하지만 실제로 높은 반응률을 가져오기 때문에 광범위하게 사용되고 있다.
④ 고객과의 거래기록이 전제가 되기 때문에 RFM 분석은 기존 고객의 가치를 평가하는 방법이라고 할 수 있다.

[해설] RFM 분석은 기존 고객의 성향을 분석하여 고객의 등급을 계산하고 점수를 부여하여 고객 우선순위를 산정하는 공식이다. 주로 고객 로열티 관리의 전략으로 활용한다.

① 정답

ⓗ 고객 반응률(Response rate) 기출 : 어떤 상품을 접했을 때 반응을 나타내는 고객의 비율로, 고객 반응 분석의 기초 자료로 주로 활용된다. 신규 고객 유지율, 기존 고객 보유율, 고객 반복 이용률 등으로 상품의 효과를 측정하는 것이다.

ⓐ 고객 점유율(Customer share) : 고객 관리를 통해 이루어진 기업 제품의 구입 빈도를 의미한다. 한 고객의 구입 금액이 기업의 매출에서 차지하는 비율을 말하는 범위 중심의 척도이다.

ⓞ 컨조인트 분석 기출 : 어떠한 제품이나 서비스, 매장 등의 여러 가지 대안을 만들었을 때 소비자들의 선호도를 측정하여 소비자가 각 속성에 부여하는 상대적 중요도와 각 속성 수준의 효용을 추정하는 분석 방법이다.

2차 실기 맛보기

고객 정보 분석 기법을 세 가지 쓰시오.

CHECK BOX

고객생애가치(LTV; Life Time Value)
- 고객이 특정 회사의 제품이나 서비스를 처음 구매했을 때부터 시작해서 마지막으로 구매할 것이라고 판단되는 시점까지 구매가 가능한 제품이나 서비스의 누계액을 의미한다.
- LTV를 산출함으로써 기업은 어떤 고객이 기업에 이로운 고객인지 판단할 수 있으며, 그 고객과 앞으로 어떤 관계를 갖는 것이 합리적인가를 파악할 수 있다.
- 고객의 편에서는 자신이 느끼는 가치에 지불비용을 뺀 차이가 얼마인가가 선택의 척도가 된다.

⑦ 데이터베이스 마케팅에서의 데이터베이스
  ㉠ 개인별 나이, 성별, 소득, 교육 수준 등의 정보를 담고 있어야 한다.
  ㉡ 개인별 생활 양식의 정보를 담고 있어야 한다.
  ㉢ 개인별 과거 구매 성향(구매 시기, 구매량, 구매 빈도)의 정보를 담고 있어야 한다.

핵심예제

다음이 설명하고 있는 마케팅 분석 방법은?

어떠한 제품이나 서비스, 매장 등의 여러 가지 대안들을 만들었을 때 소비자들의 선호도를 측정하여 소비자가 각 속성(Attribute)에 부여하는 상대적 중요도와 각 속성 수준의 효용을 추정하는 분석 방법

① 군집 분석   ② 요인 분석   ③ 컨조인트 분석   ④ 판별 분석

해설 컨조인트 분석은 제품의 각 속성에 부여하는 소비자의 효용을 분석하여 고객이 선택할 제품을 예측하는 방법이다. 시장에 출시된 제품의 속성에 대한 소비자의 선호에 근거하여 하나의 속성이 미치는 영향을 추정할 수 있고, 신제품이나 재포지셔닝할 제품을 위한 잠재 시장 평가에도 유용하게 사용할 수 있다.

③ 정답

2. 데이터마이닝(Data mining) 중요

(1) 데이터마이닝의 개념 기출
① 데이터 웨어하우스를 구축한 다음, 정보 분석 과정을 거쳐 경영 전략 지원에 필요한 정보를 추출하는 것이다.
② 축적된 고객 관련 데이터에 숨겨진 규칙이나 패턴을 찾아내는 데이터 분석 기법이다.
③ 대용량 데이터베이스로부터 유용한 비즈니스 정보를 효율적으로 추출할 수 있도록 해 준다.
④ 데이터 변수 간의 통계적인 상관관계 분석이나 시계열 분석 등이 이루어지는 다양한 통계 처리 과정이다.
⑤ 데이터 웨어하우스에서 잠자고 있는, 이전에는 알려지지 않았던 가능성 있는 정보를 도출하기 위한 지식 발견 과정을 말한다.

※ 데이터 웨어하우스(Data warehouse): 기업 내 의사결정 지원 애플리케이션들을 위해 정보 기반을 제공하는 하나의 통합된 데이터 저장 공간이다.

(2) 데이터마이닝의 과정

문제 정의 → 선별·정제 → 변환 → 데이터마이닝 → 해석 및 평가 → 통합

(3) 데이터마이닝의 적용 범위 중요
고객 관리, 고객 유지, 고객 유치, 고객 세분화, 수요와 판매 예측, 마케팅 관리, 텔레마케팅, 카드 도용 방지, 위험 관리, 서비스 품질 관리, 자동화된 검사 등

(4) 데이터마이닝의 장단점

장점	단점
• 표적 고객에 대한 DM 가능 • 표적 고객에 대한 온라인 캠페인을 이용한 상품 홍보 • 표적 고객에 대한 통신판매를 이용한 수익 극대화 • 구매 빈도 등의 파악을 통한 고객 세분화 가능 • 판매 상품의 결함 기준 파악	• 개인정보 이용에 대한 리스크 • 데이터마이닝 결과의 보안 • 데이터마이닝 사용의 부작용(보이스피싱 등)

핵심예제

축적된 고객 관련 데이터의 숨겨진 규칙이나 패턴을 찾아내는 것은?
① CRM
② DBMS
③ 필터링
④ 데이터마이닝

해설 축적된 고객 관련 데이터에 숨겨진 규칙이나 패턴을 찾아내는 것은 데이터마이닝으로 데이터 분석 기법이다.

정답 ④

(5) 데이터마이닝 기법

예측모형(Predictive modeling)	기술/탐색/설명모형(Descriptive modeling)
• 의사결정나무 • 인공신경망 • 회귀 분석, 로지스틱 회귀 분석 • 사례기반 추론	• 연관규칙탐사(장바구니 분석) • 군집 분석 • 순차패턴탐사

CHECK BOX

의사결정나무
데이터마이닝에서 대중적으로 사용하며, 의사결정규칙(Decision rule)을 나무 구조로 도표화하여 분류와 예측을 분석하는 방법이다. 입력된 변수(X)를 바탕으로 목표 변수(Y)의 값을 예측하는 모델을 생성하는 것을 목적으로 한다.

의사결정나무의 특징
- 장점
  - 해석의 용이성: 이해하기 쉽고, 독립 변수 파악이 쉽다.
  - 교호작용 효과의 해석: 변수 간의 영향력을 해석할 수 있다.
  - 비모수적 모형: 선형성, 정규성, 등분산성 등의 가정을 필요로 하지 않으며, 이상치에 민감하지 않다.
- 단점
  - 비연속성: 연속형 변수를 비연속적인 값으로 취급하기 때문에 분리의 경계점 근방에서는 예측 오류가 클 수 있다.
  - 선형성 또는 주효과의 결여: 각 변수들의 독립적 영향력을 해석할 수 없다.
  - 비안정성: 분석용 자료에만 의존하므로 새로운 자료의 예측에서는 불안정할 수 있다.

핵심예제

고객 가치를 측정하기 위한 데이터마이닝 기법 중 기술모형 기법에 해당하지 않는 것은?

① 순차패턴탐사
② 장바구니 분석
③ 계층적 군집 분석
④ 의사결정나무 분석

|해설| 의사결정나무 분석은 예측모형에 해당한다.

정답 ④

(6) 리스트 관리

① 리스트 클리닝(List cleaning)

㉠ 의의 기출
- 일정 기간 반응이 없는 고객리스트나 입수한 지 상당 기간이 지난 고객리스트의 데이터(주소, 이름, 전화번호 등의 고정 데이터와 변동 데이터)를 체계적으로 추리고 최신 데이터를 체크·관리하는 것이다.
- 리스트 하우스(List house) 등 전문 업자가 보유하고 있는 목록을 일정 기간마다 갱신한다.
- 임의로 수집한 고객리스트를 검토하여 최신 데이터로 정리한 것이다.

2차 실기 맛보기

> 외부 기관이나 자료 등에서 임의로 수집된 고객리스트나 수집한 뒤 오랜 시간이 경과된 리스트의 주소, 성명, 전화번호 등을 변경된 자료로 교환하는 작업을 뜻하는 용어를 쓰시오.

㉡ 목적
- 텔레마케팅 시 반응이 없는 고객의 리스트 클리닝
- 고객의 고정 데이터 보완 및 범위 결정
- 전화 대상 데이터의 설정 및 리스트 업 가능
- 다이렉트 마케팅 실행 후 반응 데이터 체크 가능
- 데이터 정리·정비로 인한 고객 데이터의 효율성 제고
- 텔레마케팅 등을 통한 수익 및 효과 창출

② 리스트 스크리닝(List screening) : 기존 고객리스트 중에서 판매 목적에 맞는 우량 고객 또는 가망 고객만을 추출하는 것으로, 리스트 스크리닝을 통해 정확하고 정밀하게 가망 고객을 선별하고, 보다 생산적인 접근을 할 수 있다.

핵심예제

리스트 클리닝의 목적으로 거리가 먼 것은?
① 고객의 고정 데이터 보완 및 범위 결정
② 텔레마케팅 등을 통한 수익 및 효과 창출
③ 데이터 정비로 인한 고객 데이터의 효율성 제고
④ 다이렉트 마케팅 실행 후 반응 데이터 삭제 및 초기화

해설 다이렉트 마케팅 실행 후 반응 데이터를 체크할 수 있다.

④ 정답

제 1 장 실제예상문제

01 데이터베이스 마케팅의 활용 범위로 적합하지 않은 것은?
① 연체 관리 시스템에 활용한다.
② 회계 관리 시스템에 활용한다.
③ 신용카드 고객을 관리하는 데 활용한다.
④ 우수 고객을 차별 관리하는 데 활용한다.

> 해설 회계 관리 시스템에 데이터베이스 마케팅을 활용하는 것은 적합하지 않다.

02 기존 고객을 대상으로 하는 데이터베이스 마케팅 전략으로 거리가 가장 먼 것은?
① 교차판매 전략
② 고객 유지 전략
③ 고객 애호도 제고 전략
④ 고객 무차별 마케팅 전략

> 해설 고객 무차별 마케팅 전략은 대량 마케팅이라고도 하며, 기업이 하나의 제품이나 서비스를 가지고 시장 전체에 진출하여 가능한 한 다수의 고객을 유치하려는 전략이다.

03 신규 고객 유지율, 기존 고객 보유율, 고객 반복 이용률 등의 효과를 측정하는 데 사용되는 척도는?
① 고객 신뢰도
② 고객 반응률
③ 고객 기여도
④ 고객 성장률

> 해설 고객생애가치에 영향을 미치는 요소로는 고객 신뢰도, 고객 반응률, 고객 기여도, 고객 성장률이 있다. 그중에서 고객 반응률은 신규 고객 유지율, 기존 고객 보유율, 고객 반복 이용률 등의 효과를 측정하는 데 사용되는 척도이다.

정답 01 ② 02 ④ 03 ②

04 데이터베이스 마케팅에 대한 설명으로 옳지 않은 것은?

① 쌍방향적인 고객관계를 구축한다.
② 고객을 동일한 집단으로 대우한다.
③ 개별 고객의 특성과 가치에 따라 상품과 서비스를 차별화한다.
④ 고객 개개인의 취향에 맞는 상품을 제기함으로써 고객 만족도를 높인다.

> 해설 고객을 동일한 집단으로 대우하는 것은 매스 마케팅의 특징이다. 데이터베이스 마케팅은 개별 고객의 차이를 인정하고 개별적으로 대우한다.

05 데이터마이닝에 대한 설명으로 옳지 않은 것은?

① 데이터마이닝은 일종의 데이터 분석 기법이다.
② 데이터마이닝으로 대용량의 고객 데이터 분석 시 과정이 복잡하여 고객 데이터의 활용도가 저하된다.
③ 데이터마이닝은 데이터 웨어하우스를 구축한 후, 정보 분석 과정을 거쳐 경영 전략을 지원하는 정보를 추출하는 것이다.
④ 데이터마이닝은 데이터 변수 간의 통계적인 상관관계 분석이나 시계열 분석 등이 이루어지는 다양한 통계 처리 과정을 말한다.

> 해설 데이터마이닝은 대용량의 고객 데이터로부터 유용한 비즈니스 정보를 쉽고 효율적으로 추출할 수 있도록 해 준다.

06 고객생애가치(Life Time Value)와 가장 관계가 깊은 것은?

① Renewal(갱신)
② CRM(고객관계 관리)
③ Up-sale(고가판매)
④ Cross-sale(교차판매)

> 해설 CRM은 고객의 전 생애(Life Time)에 걸쳐 관계를 구축하고 강화하여 장기적인 이윤을 추구한다.

정답 04 ② 05 ② 06 ②

07 데이터베이스 마케팅 기법을 활용하기 위한 분석 사항으로 틀린 것은?
① 고객의 프로필
② 고객의 은행 거래 내역, 잔액
③ 고객의 구매 데이터
④ 상품 관련 데이터

해설 고객의 은행 거래 내역, 잔액까지 정보를 수집하기는 힘들다.

08 데이터베이스 마케팅의 특성이 아닌 것은?
① 쌍방적 의사소통이며 장기적인 고객 관리이다.
② 단기적인 고객 릴레이션십을 개발 및 축적한다.
③ 고객별 데이터를 구축하고 업데이트하면서 정보를 확장해야 한다.
④ 1차 데이터를 직접 수집·분석한 것을 기초로 마케팅 전략을 수립한다.

해설 단기적이 아니라 장기적인 고객 릴레이션십을 개발 및 축적한다.

09 데이터베이스 마케팅의 전제 조건에 대한 설명으로 틀린 것은?
① 모든 고객이 똑같지 않으므로 각각 다르게 대우를 해야 한다.
② 상품 중심의 마케팅에서 벗어나 고객 중심의 마케팅 체제로 변환해야 한다.
③ 개별 고객이 필요로 하는 상품과 서비스를 파악하여 이를 효과적으로 제공하도록 노력해야 한다.
④ 같은 고객리스트를 대상으로 단기간 내에 반복해서 접촉하면 반응률이 증가한다.

해설 같은 고객리스트를 대상으로 단시간 내에 반복해서 접촉했을 때 반응률이 증가하는 것은 다이렉트 마케팅의 기본 전제에 해당한다.

10 고객 데이터베이스를 고객 속성과 거래 속성으로 구분할 때, 고객 속성 데이터베이스가 아닌 것은?
① 직업
② 연령
③ 구입 의도
④ 주소

해설 구입 의도는 거래 속성 데이터베이스로 구분된다.

고객 속성 데이터베이스	성별, 연령, 직업, 주소, 성명, 전화번호, 신용카드 보유 현황 등
거래 속성 데이터베이스	상품 코드, 상품명, 상품 내용, 거래처, 구입 장소, 구입 의도, 클레임 분류 등

07 ② 08 ② 09 ④ 10 ③

11 고객 데이터베이스를 분석하는 기법에 대한 설명으로 잘못된 것은?

① RFM – 고객의 제품 선택 특성을 중심으로 분석하는 방법
② 판별 분석 – 집단 간의 차이가 어떠한 변수에 의해 영향을 받는가를 분석하는 방법
③ 군집 분석 – 몇 개의 변수를 기초로 여러 대상을 서로 비슷한 것끼리 묶어 주는 분석 방법
④ 회귀 분석 – 영향을 주는 변수와 영향을 받는 변수가 서로 선형 관계에 있다고 가정하여 이루어지는 분석 방법

> **해설** RFM는 고객의 성향을 분석하여 고객의 등급을 계산하는 방법이다.

12 데이터마이닝(Data mining)의 적용 범위로 가장 거리가 먼 것은?

① 고객 관리
② 고객 유지
③ 고객 감정
④ 고객 세분화

> **해설** 데이터마이닝(Data mining)의 적용 범위
> 데이터마이닝이란 축적된 고객 관련 데이터의 숨겨진 규칙이나 패턴을 찾아내는 것으로, 고객 관리 · 고객 유지 · 고객 유치 · 고객 세분화 · 수요와 판매 예측 · 마케팅 관리 · 텔레마케팅 · 카드 도용 방지 · 위험 관리 · 서비스 품질 관리 · 자동화된 검사 등에 적용된다.

13 데이터베이스 마케팅에 활용되는 고객 자료를 데이터마이닝하는 과정을 순서에 따라 올바르게 나열한 것은?

㉠ 데이터마이닝	㉡ 해석 및 평가
㉢ 변환	㉣ 문제 정의
㉤ 선별 · 정제	㉥ 통합

① ㉠ → ㉡ → ㉢ → ㉣ → ㉤ → ㉥
② ㉡ → ㉤ → ㉢ → ㉠ → ㉣ → ㉥
③ ㉤ → ㉣ → ㉠ → ㉡ → ㉥ → ㉢
④ ㉣ → ㉤ → ㉢ → ㉠ → ㉡ → ㉥

> **해설** 데이터마이닝 과정
> 문제 정의 → 선별 · 정제 → 변환 → 데이터마이닝 → 해석 및 평가 → 통합

14 데이터베이스를 구성하는 고객 정보의 원천에 관한 설명으로 틀린 것은?

① 내부 고객 정보 – 회사 내부에 이미 보유하고 있는 정보
② 반응 고객 정보 – 판매를 목적으로 전문 업체에 의해 만들어진 정보
③ 외부 고객 정보 – 현재까지 기업과 별다른 관계를 가지고 있지 않은 고객 정보
④ 타 기업의 고객 정보 – 다른 기업이 보유한 고객 정보

해설 반응 고객 정보는 회사가 발송한 메일이나 대중 매체를 이용한 직접 반응 광고 등에 반응한 고객들에 대한 정보이다.

15 대중 마케팅과 데이터베이스 마케팅의 비교 설명으로 옳은 것은?

① 대중 마케팅은 고객을 개별적으로 대우하고 데이터베이스 마케팅은 고객을 동일한 집단으로 대우한다.
② 대중 마케팅은 정량적 측정을 통한 지속적인 개선을 하고 데이터베이스 마케팅은 정성적 측정 및 일회성 실행을 한다.
③ 대중 마케팅은 쌍방적이며 고객과의 관계를 근간으로 하고 데이터베이스 마케팅은 일회적인 거래를 근간으로 한다.
④ 대중 마케팅은 고객의 수를 극대화하는 것이 목표이고 데이터베이스 마케팅은 고객의 생애가치를 극대화하는 것이 목표이다.

해설 데이터베이스 마케팅은 고객을 개별적으로 대우하고 정량적인 측정을 통한 지속적인 마케팅 개선을 하고자 하며, 쌍방향의 커뮤니케이션을 지향하고, 고객의 생애 가치를 극대화하는 데 목표를 두고 있다.

16 데이터베이스 마케팅을 근간으로 하는 마케팅이 아닌 것은?

① 니치 마케팅(Niche marketing)
② 원투원 마케팅(One to One marketing)
③ 프리퀀시 마케팅(Frequency marketing)
④ 릴레이션십 마케팅(Relationship marketing)

해설 데이터베이스 마케팅을 근간으로 하는 마케팅으로는 프리퀀시 마케팅, 원투원 마케팅, 릴레이션십 마케팅, 텔레마케팅이 있다. 데이터베이스 마케팅이 기존 고객 또는 잠재 고객의 다양한 정보를 컴퓨터에 축적해 두고 마케팅 활동에 재활용하는 기법인 반면, 니치 마케팅은 소비자의 기호와 개성에 따라 시장을 세분화하여 소규모의 소비자를 대상으로 판매하는 전략으로, 기존 시장의 빈틈을 노려 아직 선점되지 않은 시장을 발굴하여 입지를 넓히는 마케팅이다.

정답 14 ② 15 ④ 16 ①

17 데이터베이스 마케팅과 관계가 적은 것은?

① 고객의 성향을 분석한다.
② 고객의 특성을 수록한다.
③ 시장세분화의 기초 자료가 된다.
④ 신규 고객 확보가 가장 중요하다.

해설 데이터베이스 마케팅은 신규 고객 확보보다는 이탈 방지, 즉 고객 유지에 비중으로 두는 마케팅이다.

18 고객 반응 분석의 기초 자료로 주로 활용되며 여러 가지 프로모션을 실시했을 경우 그에 따른 고객들의 반응률을 나타내는 것은?

① Queue
② Response rate
③ Order processing
④ Call management system

해설 고객 반응률(Response rate)은 고객들이 어떤 상품을 접했을 때 반응을 나타내는 정도를 의미한다. 다시 말해 신규 고객 유지율, 기존 고객 보유율, 고객 반복 이용률 등으로 상품의 효과를 측정하는 것이다.

19 발달된 정보 기술을 이용하여 다양한 고객 정보를 효과적으로 획득하고 분석하며 신규 고객의 확보보다 이탈 방지, 즉 고객 유지에 비중을 두는 마케팅은?

① 게릴라 마케팅
② 네트워크 마케팅
③ 인다이렉트 마케팅
④ 데이터베이스 마케팅

해설 **데이터베이스 마케팅의 특성**
• 쌍방적 의사소통이며 장기간으로 고객을 관리한다.
• 효율적인 데이터베이스 관리를 위한 전산화가 필요하다.
• 데이터는 고객마다 구축해 업데이트하면서 확장해야 한다.
• 장기적으로 릴레이션십을 개발 및 축적한다.
• 고객의 데이터베이스를 구축·활용하여 고객에게 제품을 판매하는 전략이다.

제2장 STP 전략 수립

제1절 시장세분화 및 목표시장 선정

1. 시장세분화

(1) STP 전략과 시장세분화

① STP 전략의 개념: 시장을 세분화하고(Segmentation), 목표시장을 선정하며(Targeting), 제품의 위상을 정립시키는 것(Positioning)을 말한다.

② 시장세분화의 개념
  ㉠ 자사가 경쟁 우위를 차지할 수 있는 유리한 시장을 찾기 위하여 시장을 일정한 기준에 따라 몇 개의 소비자 집단으로 나누는 작업을 시장세분화라고 한다.
  ㉡ 고객의 필요나 욕구를 중심으로 생각하는 고객 지향적인 전략으로, 특정 제품의 시장을 구성하는 고객을 기준을 통해 유형별로 나눈다.
  ㉢ 세분화를 통해 나뉜 시장을 세분시장(Market segment)이라고 하는데, 기업의 마케팅믹스 전략에 유사하게 반응하는 동질성을 보인다.

③ 시장세분화의 목적
  ㉠ 고객 집단별로 차별화된 마케팅을 하기 위함이다.
  ㉡ 새로운 마케팅 기회를 효과적으로 포착하기 위함이다.
  ㉢ 고객과 기업 간의 우호적인 관계를 유지하기 위함이다.
  ㉣ 고객 관리 면에서 경쟁 우위를 확보하기 위함이다.
  ㉤ 마케팅믹스를 정밀하게 조정하기 위함이다.
  ㉥ 각 세분시장의 반응 특성에 따라 자원을 효율적으로 할당하기 위함이다.

핵심예제

다음 중 STP 전략의 과정에 포함되지 않는 것은?
① 제품 분석
② 시장세분화
③ 목표시장 결정
④ 제품 포지셔닝

| 해설 | 마케팅 전략을 수립하는 STP는 시장세분화, 목표시장 선정, 포지셔닝으로 이루어진다.

정답 ①

2차 실기 맛보기

시장세분화의 목적을 세 가지 쓰시오.

④ 세분 정도별 시장 종류

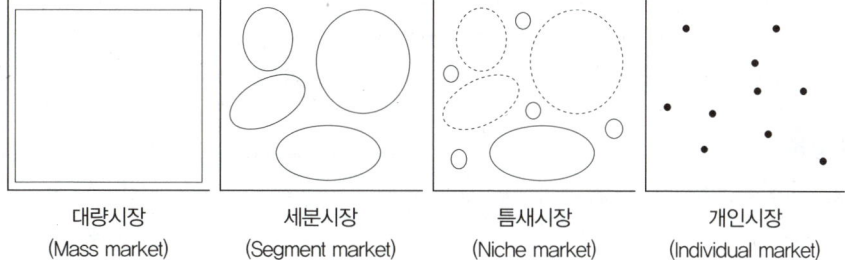

| 대량시장 | 세분시장 | 틈새시장 | 개인시장 |
| (Mass market) | (Segment market) | (Niche market) | (Individual market) |

(2) 시장세분화 변수 [기출]

지리적 변수	지역, 도시 규모, 인구 밀도, 기후 등
인구통계적 변수	연령, 성별, 소득, 직업, 자녀 유무, 독신 여부, 교육 수준, 종교 등
심리적 변수	사회 계층, 라이프스타일, 개성 등
행동분석적 변수	추구 편익, 사용량, 사용 상황, 브랜드 충성도, 가격 민감도 등

① 지리적 변수
  ㉠ 소비자 거주 지역과 지리적 특성 중심의 세분화 변수로, 지역, 도시 규모, 인구 밀도, 기후 등이 있다.
  ㉡ 인스턴트 식품은 농어촌보다 대도시에서 수요가 더 많은 점을 고려하며, 스포츠 용품이나 에어컨 제품은 기후에 따라 판매에 유리한 지역을 나누기도 한다.

2차 실기 맛보기

• 시장세분화의 변수를 세 가지 쓰시오.
• 시장세분화의 변수 중 지리적 변수를 세 가지 쓰시오.

핵심예제

다음 시장세분화의 기준 중 행동분석적 변수에 해당하지 않는 것은?
① 소득
② 사용량
③ 가격 민감도
④ 브랜드 선호도

[해설] 소득은 인구통계적 변수에 해당한다.

① [정답]

② 인구통계적 변수 기출
  ㉠ 시장세분화에 가장 기본적으로 사용하는 변수로 연령, 성별, 소득, 자녀 유무, 가구원 수 등이 있다.
  ㉡ 소비자의 욕구나 구매행동이 인구통계적 변수에 영향을 받는 경우가 많고, 조사나 측정이 상대적으로 용이하다.
  ㉢ 연령 기준 시장세분화는 어린이 상대의 키즈 산업과 노인 상대의 실버 산업이 있다.
  ㉣ 화장품 시장은 여성시장과 남성시장으로 세분화할 수 있고, 여성 시장은 다시 연령대에 따라 10대 후반, 20대 초반, 20대 후반, 30대, 40대, 50대 등으로 더 세분화할 수 있다.

2차 실기 맛보기

시장세분화의 변수 중 인구통계적 변수를 네 가지 쓰시오.

③ 심리적 변수 기출
  ㉠ 시장세분화에 소비자의 심리적 특성을 사용하는 변수로 사회 계층, 라이프스타일, 개성 등이 있다.
  ㉡ 소비자 욕구와 관련된 좀 더 구체적인 정보로 세분화하게 해 주는 장점이 있다.
  ㉢ 지리적 변수나 인구통계적 변수에 비하여 다소 모호한 요소들을 다루므로 세분시장 욕구에 대한 정의나 시장 규모의 측정이 어렵다는 단점이 있다.
  ㉣ AIO 분석 중요 : 라이프스타일에 의한 세분화는 보통 개인의 활동(Activity), 관심사(Interest), 의견(Opinion)과 관련된 요소로 측정·판단하는데 이들의 앞 글자를 따서 'AIO 분석'이라고 한다.

활동(Activity)	일, 취미, 사회 활동, 휴가, 오락, 클럽 회원 활동, 지역 사회 활동, 쇼핑, 스포츠 등
관심(Interest)	가족, 가정, 직업, 지역 사회, 여가 활동, 유행, 음식, 대중 매체, 업적 등
의견(Opinion)	자기 자신에 대한 의견, 사회적 이슈, 정치, 사업, 경제, 교육, 상품, 미래, 문화 등

  ㉤ 라이프스타일을 세분화 변수로 사용할 때 인구통계적 특성을 함께 사용해서 세분화를 더욱 구체화할 수 있다.

2차 실기 맛보기

AIO의 의미를 서술하시오.

핵심예제

AIO 분석에서 활동(Activity)에 해당하는 것으로 옳지 않은 것은?
① 일
② 취미
③ 사회 활동
④ 여가 활동

해설 여가 활동은 관심(Interest)에 해당한다.

④ 정답

④ 행동분석적 변수
  ㉠ 제품 구매와 관련된 소비자 행동에 따라 시장을 세분하는 변수로 추구하는 편익, 제품 사용량, 사용 상황, 브랜드 충성도, 가격 민감도 등이 있다.
  ㉡ 브랜드 충성도: 소비자가 같은 브랜드를 호의적으로 지속 구매하는 성향으로, 정도에 따라 자사 브랜드만을 구매하는 소비층, 자사 브랜드와 경쟁 브랜드를 교차 구매하는 소비층, 경쟁 브랜드들을 주로 구매하는 소비층으로 나누고, 각 세분시장에 적합한 마케팅믹스 전략을 실행할 수 있다.
  ㉢ 가격 민감도: 가격은 기업의 매출과 수익성에 직접 영향을 주는 요인으로, 가격 수준이나 변화에 민감하게 반응하는 제품시장과 덜 민감한 제품시장이 있다.

(3) 효과적인 시장세분화 조건 기출
① 내부적 동질성과 외부적 이질성: 세분시장 내부적으로는 일관성 있는 특징을 가지며, 외부적으로는 어떤 마케팅 프로그램을 시행했을 때 서로 다르게 반응하여야 한다.
② 측정 가능성: 세분시장의 규모와 구매력을 측정할 수 있어야 한다.
③ 접근 가능성: 세분시장에 접근할 수 있고 그 시장에서 활동할 수 있어야 한다.
④ 규모의 경제성: 실질성, 유지 가능성
  ㉠ 시장 부문의 규모가 크고 수익성이 커서 별도의 시장으로 개척할 가치가 있어야 한다.
  ㉡ 세분된 각 시장 부문에 대하여 상이한 마케팅 계획이 필요하고 이에 따라서 많은 비용이 소요되므로 하나의 시장 부문은 가능한 한 동질적 욕구를 지닌 다수의 소비자로 구성되어 이익을 거둘 수 있는 규모가 되어야 한다.
⑤ 행동 가능성: 특정 세분시장을 유인하고 그 세분시장에서 효과적인 프로그램을 설계하여 영업 활동을 할 수 있어야 한다.
⑥ 유효 정당성: 세분화된 시장 사이에 특징, 탄력성이 있어야 한다.

2차 실기 맛보기

효과적인 시장세분화의 조건을 쓰시오.

핵심예제

효과적인 시장세분화의 요건으로 옳지 않은 것은?
① 측정 가능성
② 실질성
③ 세분시장 간의 유사성
④ 접근 가능성

해설 효과적인 시장세분화 조건으로는 규모와 구매력 등을 측정할 수 있는 측정 가능성, 세분시장에 접근하기 쉽고 활동할 수 있는 접근 가능성, 세분시장의 규모가 충분히 크고 이익 발생 가능성이 있는 실질성, 시장을 세분화하고 효과적인 프로그램을 만들어 영업 활동을 할 수 있는 행동 가능성, 세분시장 간에 어떤 마케팅 프로그램을 시행했을 때 서로 다르게 반응하는 정도인 외부적 이질성 등이 있다.

③ 정답

(4) 시장세분화의 이점과 한계

① 이점 기출
　㉠ 시장의 세분화를 통하여 마케팅 기회를 탐지할 수 있다.
　㉡ 제품 및 마케팅 활동을 목표 시장의 요구에 적합하도록 조정할 수 있다.
　㉢ 시장세분화의 반응도에 근거하여 마케팅 자원을 보다 효율적으로 배분할 수 있다.
　㉣ 소비자의 다양한 욕구를 충족하여 매출액의 증대를 꾀할 수 있다.

② 한계
　㉠ 최적 세분화의 판단 기준을 확보하기 어렵다.
　㉡ 과학적인 세분화 마케팅 조사를 위해 비용이 필요하다.
　㉢ 잠재 고객의 욕구를 오해할 경우 기회 손실이 가중된다.
　㉣ 세분시장별로 대응할 경우 과다 비용이 수반될 수 있다.
　㉤ 세분시장별 마케팅믹스 전략의 구분이 모호할 경우 혼란이 있을 수 있다.

(5) 필립 코틀러의 시장세분화 전략 다섯 가지 모형

① 단일부문 집중 전략
　㉠ 기업의 자원이나 역량이 충분하지 않거나 소수 시장에서 우위를 점하려 할 때 핵심 역량을 한곳에 집중하는 전략이다.
　㉡ 소비자의 특성을 얼마나 잘 파악하는지에 성공 여부가 달려 있고, 위험 부담이 큰 것이 단점이다.

② 선택적 전문화 전략
　㉠ 시장을 여러 부문으로 세분화한 뒤 선택하여 마케팅하는 전략이다.
　㉡ 기업의 자원과 시장의 수익성이 조화를 이뤄야 성공할 수 있으며, 리스크가 분산된다는 장점이 있다.

③ 제품 전문화 전략 기출
　㉠ 시장에서 성공을 이룬 단일 제품으로 여러 세분시장에 진출하는 전략이다.
　㉡ 제품의 명성을 이용해 유사한 시장까지 마케팅을 시도할 수 있다.

④ 시장 전문화 전략 기출
　㉠ 특정 소비자 집단의 욕구를 충족시키기 위하여 다양한 제품을 판매하는 전략이다.
　㉡ 특정 고객 집단에게 강력한 명성을 확보할 수 있으나 특정 고객 집단의 욕구가 갑자기 변하거나 집단 내에서 제품에 대한 명성이 나빠질 경우 높은 위험에 직면할 수 있다.

핵심예제

필립 코틀러의 시장세분화 전략 중 다음의 설명에 해당하는 전략은?

> • 시장에서 성공의 이룬 단일 제품으로 여러 세분시장에 진출하는 전략이다.
> • 제품의 명성을 이용해 유사한 시장까지 마케팅을 시도할 수 있다.

① 단일부문 집중 전략
② 선택적 전문화 전략
③ 제품 전문화 전략
④ 시장 전문화 전략

정답 ③

⑤ 전체 시장 공략
  ㉠ 제품의 도입기나 성장기에 동일한 제품을 전체 시장에 공급하는 전략이다.
  ㉡ 규모의 경제를 기반으로 하므로 대량유통과 대량광고를 할 수 있도록 기업 역량이 따라주어야 한다.
  ㉢ 제품이 성숙기에 들어섰을 때에는 각각의 목표시장을 대상으로 차별화된 마케팅믹스 전략을 접목시켜 높은 시장 점유율과 매출을 구축할 수 있다.

2. 목표시장(표적시장) 선정과 마케팅 전략 수립

(1) 목표시장 선정의 개요
① 목표시장의 정의
  ㉠ 시장세분화를 통해 나눈 시장 중에서 자사의 경쟁 상황을 고려했을 때 자사에 가장 좋은 기회를 제공할 수 있는 특화된 시장이다.
  ㉡ 핵심 고객에게 집중적으로 마케팅을 펼쳐 보다 효과적인 성과를 이루기 위한 것이다.
  ㉢ 일종의 시장 영업 범위라고 볼 수 있다.
② 목표시장 선정 기준
  ㉠ 세분시장의 매력도 : 각 세분시장의 매력도를 평가하여 자사 상황에 적합한 세분시장을 목표시장으로 선정한다.
  ㉡ 세분시장 평가 요소 `기출` : 기업 목표와 재원, 세분시장의 규모와 성장, 세분시장의 구조적 매력성
③ 세분시장 평가 시 고려 사항 `기출`
  ㉠ 시장 상황 : 시장 잠재력과 성장 가능성 검토와 접근 가능성 점검
  ㉡ 경쟁사 상황 : 미래의 수요를 고려한 잠재적 경쟁 정도 검토
  ㉢ 자사 상황 : 기업 목표와의 일치 여부, 기업의 재원과 마케팅 목표 등 자사와의 적합성 검토

(2) 마이클 포터의 5 Forces 모델
① 마이클 포터(M. Porter)에 의하면 기업은 전체시장 또는 세분시장에 대한 장기적인 매력성을 판단할 때 다섯 가지 유형의 경쟁자를 고려해야 한다.
② 5 Forces : 현재 세분시장에 이미 강력한 경쟁자가 있거나, 대체품이 존재할 가능성이 있거나, 신규·잠재 진출기업들이 있을 것으로 예상되거나, 구매자 협상력이 더 유리하거나, 공급자 협상력이 더 유리한 상황이라면 그 시장의 장기적 매력도는 낮은 것으로 평가한다.

핵심예제

다음 중 세분시장의 평가에 대한 설명으로 틀린 것은?
① 세분시장이 기업 목표와 일치한다면 그 세분시장에서 성공하는 데 필요한 기술과 자원을 보유한 것으로 본다.
② 세분시장을 평가하기 위하여 먼저 각 세분시장의 매출액, 성장률 그리고 기대 수익률을 조사하여야 한다.
③ 세분시장 내에 강력하고 공격적인 경쟁자가 다수 포진하고 있다면 그 세분시장의 매력성은 크게 떨어진다.
④ 세분시장 내에 다양한 대체 상품이 존재하는 경우 당해 상품의 가격이나 이익에도 많은 영향을 미친다.

해설 세분시장이 기업 목표와 일치한다면 기업이 그 세분시장에 필요한 인적·물적·기술적 자원을 갖고 있는지 검토해 보아야 한다.

① **정답**

산업의 경쟁을 결정하는 요인

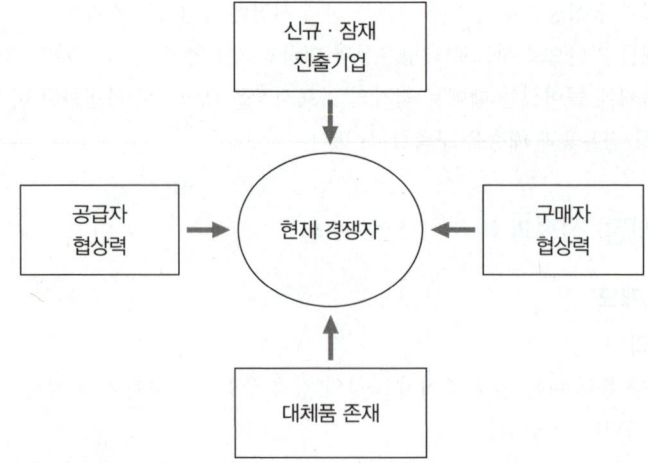

(3) 목표시장 선정 마케팅 전략 중요

① 목표시장 선정 전략 유형 기출

㉠ 비차별화 마케팅
- 무차별적 마케팅이라고도 하며, 기업이 하나의 제품이나 서비스를 가지고 시장 전체에 진출하여 가능한 한 다수의 고객을 유치하려는 전략으로 시장세분화가 필요하지 않게 된다.
- 소비자들 간의 차이점보다 공통점에 초점을 맞추는 전략으로, 기업의 전 자원과 마케팅믹스 전략을 전체시장에 적용시킨다.
- 각 세분시장의 차이를 무시하고 전체 소비자를 대상으로 하나의 마케팅 전략을 구사한다.

㉡ 차별화 마케팅
- 각 세분시장에 맞는 차별화된 마케팅믹스를 개발하여 활용하는 전략이다.
- 두 개 혹은 그 이상의 시장 부문에 진출할 것을 결정하고 각 시장 부문별로 별개의 제품 또는 마케팅 프로그램을 세우는 것이다.
- 각 시장 부문에서 더 많은 판매고와 확고한 위치를 차지하여 시장 부문별로 소비자들에게 해당 제품과 회사의 이미지를 강화하는 전략이다.
- 제품수명주기상 성숙기에는 차별화 마케팅을 한다.

핵심예제

다음 중 목표시장에 관한 설명으로 옳은 것은?

① 시장의 이질성이 클수록 비차별화 마케팅이 적합하다.
② 설탕, 벽돌, 철강 등의 제품은 비차별화 마케팅이 적합하다.
③ 경쟁자의 수가 적어 경쟁 정도가 약할수록 차별화 마케팅이 적합하다.
④ 기업의 기존 마케팅 및 조직 문화와의 이질성이 큰 시장을 목표시장으로 선택하는 것이 좋다.

해설 설탕, 벽돌, 철강 등의 제품은 제품 품질이 어느 정도 균일한 제품이므로, 비차별화 마케팅이 적합하다.

② 정답

ⓒ 집중화 마케팅: 기업이 한 개 또는 몇 개의 시장 부문에서 집중적으로 하나의 시장을 점유하려는 전략으로, 기업의 자원이 한정되어 있을 때 이용하는 전략이다.

목표시장 선정 전략 유형

2차 실기 맛보기

- 목표시장을 선정한 후 활용할 수 있는 시장 커버리지 전략을 세 가지 쓰시오.
- 비차별화·차별화·집중화 마케팅을 설명하시오.

② 목표시장 선정 전략 유형별 특징

구분	비차별화 마케팅	차별화 마케팅	집중화 마케팅
대상 시장	보다 큰 하나의 시장	두 개 이상 복수의 세분시장	매력도가 좋은 단일 세분시장
전략 초점	다수 소비자의 공통되는 욕구 충족에 초점	각 세분시장에 맞는 차별적 마케팅 전략으로 시장 욕구 충족에 초점	마케팅 노력을 전문화하고 시장 깊이에 초점
장점	표준화, 대량화를 통한 규모의 경제 효과	세분시장별 높은 소비자 만족도와 매출 증대 효과	특정 세분시장에서 강한 경쟁 우위 확보 가능
단점	경쟁사의 차별화 공격에 부분시장 쉽게 잠식	전략 실행의 원가, 비용, 노력이 상대적으로 과다	소비자 욕구 변화나 경쟁사 진출 시 취약

핵심예제

차별화 마케팅에 대한 설명으로 옳지 않은 것은?

① 세분시장별 높은 소비자 만족도를 보인다.
② 두 가지 이상의 세분시장을 대상으로 한다.
③ 다수 소비자의 공통되는 욕구 충족에 초점을 둔다.
④ 전략 실행의 원가와 비용, 노력이 상대적으로 과다하다.

|해설| 차별화 마케팅은 각 세분시장에 맞는 차별적 마케팅 전략을 통한 시장 욕구 충족에 초점을 둔다.

③ 정답

(4) 목표시장 선정 방법

① 시장의 동질성 판단
　㉠ 전체시장 내 소비자들의 소비 성향이나 구매량이 유사한 수준이고 기업의 다양한 마케팅믹스에 대한 반응도 별 차이를 보이지 않는다면 비차별화 전략이 유효한 시장이다.
　㉡ 그러나 동질적인 전체시장 내에서 소비 수준의 향상과 함께 새로운 욕구가 감지될 경우에는 세분시장을 분리하고 시장별 차별화 전략 또는 특정 기회 시장 집중화 전략을 실행할 수 있다.

② 전략의 차별화 가능성 판단
　㉠ 쌀, 소금, 설탕, 연탄, 교복 같은 일상 또는 학교생활의 필수품은 비차별화 전략이 더 경제적이다.
　㉡ 운동화, 구두, 의류, 시계 등의 패션 상품이나 휴대전화, 카메라, TV 등의 IT 제품, 가전제품들은 차별화 전략 또는 집중화 전략을 선택하는 것이 적절하다.

③ 투자 대비 수익률 판단
　㉠ 기술, 설비, 자금, 인력 등이 상대적으로 여유 있는 기업은 비차별화 전략 또는 차별화 전략을 선정하고, 여건이 불리하거나 자원이 제한적인 기업은 집중화 전략을 선택한다.
　㉡ 비차별화 전략은 넓은 시장을 상대한다는 측면에서, 차별화 전략은 세분시장별로 상대한다는 측면에서, 집중화 전략은 특정 시장만을 엄선한다는 측면에서 투자 대비 수익률이 최대화되는 세분시장의 발견과 전략의 효율화를 위해 노력해야 한다.

④ 시장과 제품수명주기상 위치 판단
　㉠ 제품수명주기(PLC : Product Life Cycle)상 도입기에는 우선 제품의 필요성을 제대로 알리는 것이 요구되므로 비차별화 전략이나 집중화 전략을 사용한다.
　㉡ 제품수명주기가 성장기 후기 또는 성숙기에 들어서면 소비자 욕구가 점점 다양해지므로 차별화 전략을 더 적극적으로 검토해야 한다.

⑤ 경쟁사의 마케팅 전략 판단
　㉠ 경쟁사가 차별화된 제품으로 경쟁 우위를 누리고 있는 경우에는 자사도 경쟁사의 약점을 파고드는 차별화된 신제품을 내놓아야 한다.
　㉡ 경쟁사가 비차별화 전략을 실행하는 상황이라면 회사는 차별화 전략 또는 집중화 전략을 적극적으로 실행함으로써 경쟁사의 약점을 효과적으로 공략할 수 있다.

핵심예제

목표시장을 선정할 때 판단할 내용에 해당하지 않는 것은?

① 시장의 동질성
② 투자 대비 수익률
③ 전략의 단일화 가능성
④ 경쟁사의 마케팅 전략

해설 자사 제품의 전략이 차별화 요소를 가질 수 있는지 판단한다.

정답 ③

(5) 그 외 마케팅 전략 중요

구분	특성
유지 마케팅 기출	리텐션 마케팅이라고도 하며, 기존 고객의 이탈을 방지하고 제품 이용도를 제고하고자 이탈 고객을 대상으로 거래 단절의 원인을 조사하여 이에 대한 대책을 수립하는 마케팅
디(역) 마케팅	하나의 제품이나 서비스에 대한 수요를 일시적이나 영구적으로 감소시키는 마케팅
데이터베이스 마케팅	발달된 정보 기술을 이용하여 다양한 고객 정보를 효과적으로 획득하고 분석하며 신규 고객의 확보보다는 이탈 방지, 즉 고객 유지에 비중을 두는 마케팅. 이때 데이터베이스는 고객의 개인별 특성을 담고 있어야 함
표적 마케팅	(불특정 다수가 아닌) 특정 고객을 대상으로 마케팅 활동을 벌이는 마케팅
내부 마케팅	넓은 의미에서 회사의 종업원도 내부 고객으로 분류함. 종업원에게 마케팅을 전개하여 종업원들의 요구와 욕구를 충족시킴으로써 종업원의 의욕과 애사심을 고취시켜 기업의 목표가 효과적으로 달성될 수 있고 이로 인해 외부 고객인 일반 소비자의 만족으로 이어질 수 있도록 하는 마케팅
관계 마케팅 기출	기업이 고객과 접촉하는 모든 과정, 즉 판매 전, 판매 중, 판매 후에 그들과 협조하거나 그들에게 지원적 경험을 제공함으로써 신뢰를 갖게 하고 결국에는 기업이 제공하는 제품이나 서비스로부터 충분한 대가를 받고 있다고 느끼게 하여 지속적인 호혜 관계가 이루어지게 하는 마케팅으로, 한 번의 거래로 끝나는 거래 마케팅과는 구분됨
매스(대량) 마케팅	판매업자가 모든 구매자를 대상으로 하나의 제품을 대량 생산하여 대량 유통하고, 대량 촉진하는 형태. 하나의 회사가 한 제품에 대하여 전체 시장을 대상으로 매스 마케팅을 주장하는 이유는 최소의 원가와 가격으로 최대의 잠재 시장을 창출해 낼 수 있기 때문임
노이즈 마케팅	• 자신들의 상품을 각종 구설에 휘말리게 하여 소비자들의 이목을 집중시킴으로써 판매를 늘리려는 마케팅 기법으로, 상품의 품질과는 상관없이 오로지 상품 판매에 목적을 둠 • 얼마간은 소비자들의 관심이나 호기심을 자극할 수 있겠지만, 계속 반복할 경우 최소한의 신뢰마저도 얻지 못하고 소비자들의 불신만 조장하게 되는 한계를 지님
바이러스 마케팅 기출	네티즌 간의 구전 효과를 이용한 판촉 기법으로 인터넷 이용자들 사이에 확산 효과를 노린 마케팅
니치 마케팅 기출	• 세분시장을 더욱 작게 세분화함으로써 다른 제품들로는 그 욕구가 충족되지 않은 소수 소비자들을 표적으로 하는 마케팅 • '니치'란 '틈새'라는 뜻으로, 기존 시장의 진입이 어렵거나 수익성 개선을 위하여 기존 시장과는 다른 시장에 진입하는 것을 말함

2차 실기 맛보기

내부 마케팅에 대해 서술하시오.

핵심예제

기업이 고객과 접촉하는 모든 과정에서 기업이 제공하는 제품이나 서비스로부터 충분한 대가를 받고 있다고 느끼게 하여 지속적인 관계로 이어지도록 하는 마케팅은?

① 니치 마케팅
② 그린 마케팅
③ 서비스 마케팅
④ 관계 마케팅

④ 정답

제2절 포지셔닝

1. 포지셔닝의 의의

(1) 포지셔닝의 개념 중요
① 포지션: 소비자들이 평소 마음속에 어떤 제품을 인식하고 있는 태도나 그 제품을 생각하고 있는 모습. 또는 즉 어떤 제품이 소비자의 마음속에서 경쟁 제품과 비교되어 차지하는 위치이다.
② 포지셔닝(Positioning)의 정의
  ㉠ 목표 소비자의 마음속에서 자사 제품을 경쟁 제품 대비 유리한 위치에 정립시키는 것이다.
  ㉡ 포지셔닝의 핵심은 경쟁자 대비 상대적인 차별성을 확보하는 것이며, 제품과 서비스뿐만 아니라 상가, 병원, 대학교, 공공기관 등 모든 마케팅 대상물에 적용할 수 있다.

(2) 포지셔닝 전략의 유형 기출
① 제품 속성에 의한 포지셔닝
  ㉠ 제품이 보유한 주요 속성이나 소비자의 편익을 기준으로 하여 차별적 우위를 강조하는 방법이다.
  ㉡ 기본적인 포지셔닝 유형이자 기업들이 가장 자주 이용하는 포지셔닝 전략이다.
② 사용 상황에 의한 포지셔닝
  ㉠ 제품이 소비되는 상황이나 용도를 자사 제품과 연계하여 포지셔닝하는 방법이다.
  ㉡ 이온음료 같이 특정 기능을 강조하고자 하는 제품군에서 흔히 볼 수 있다.
③ 사용자에 의한 포지셔닝
  ㉠ 제품을 특정 사용자나 사용자 계층과 연계시켜 포지셔닝하는 방법이다.
  ㉡ 음료, 식품, 패션 의류, 화장품, 스포츠용품, 아웃도어 용품, SUV 차량 등에서 흔히 볼 수 있다.
  ㉢ 장기간 동일 모델을 기용 시 모델 의존도가 과도해지거나 브랜드 관리의 위협 요인이 될 수 있으므로 일정 기간이 지나면 모델을 교체해 주어야 한다.

핵심예제

기업이 시장세분화를 기초로 정한 표적시장 내 고객들의 마음속에 시장 분석, 고객 분석, 경쟁 분석 등을 통하여 전략적 위치를 계획하는 것은?

① 포지셔닝   ② 판매촉진
③ 표본설계   ④ 상표 전환

해설 포지셔닝은 목표 소비자의 마음속에서 자사 제품을 경쟁 제품 대비 유리한 위치에 정립시키려는 것을 뜻하며, 기업이 표적시장 내 고객들의 마음속에 여러 분석을 통하여 전략적 위치를 계획하는 것이다.

① **정답**

④ 경쟁적 포지셔닝
  ㉠ 경쟁 제품이 이미 선호 브랜드로 인식된 경우 자사 제품의 차별점을 제안하는 포지셔닝 방법이다.
  ㉡ 경쟁적 포지셔닝은 정보의 홍수 속에서 판단 기준을 제시하여 정보 처리를 도와주고 이해를 명확하게 해 주는 이점이 있다.
⑤ 이미지에 의한 포지셔닝
  ㉠ 자사 브랜드로부터 긍정적 연상이 유발되게 하는 포지셔닝 방법이다.
  ㉡ 기업 차원에서는 포괄적인 이미지로 계열사, 사업, 보유 제품들에 후광을 제공하고, 새로운 사업으로 영역을 확장할 때, 부정적 이미지를 개선할 필요가 있을 때 사용한다.
  ㉢ 제품 차원에서는 시장 내 경쟁 제품 간에 별 차이가 없는 상황일 때 차별화 목적으로 사용한다.
⑥ 제품군에 의한 포지셔닝
  ㉠ 특정 제품군에 대한 소비자들의 평가를 기준으로 자사 제품을 포지셔닝하는 방법이다.
  ㉡ 특정 제품군에 대한 소비자들의 평가가 긍정적이라면 자사 제품도 동일 유형임을 알려서 좋은 평가 반열에 오르도록 한다.
  ㉢ 특정 제품군에 대한 소비자들의 평가가 부정적이라면 그 제품군과의 다름을 알려서 부정적 이미지를 차단하거나 대체 브랜드로 인식시킨다.

2차 실기 맛보기

- 포지셔닝 전략의 대표적인 유형을 세 가지 쓰시오.
- 포지셔닝 전략의 유형 두 가지와 그 특징을 쓰시오.
- 포지셔닝의 정의를 쓰시오.

CHECK BOX

범주 포지셔닝

기업이 자사나 자사 브랜드를 해당 제품 범주의 선도자(Leader)라고 주장함으로 소비자에게 어필하는 것이다. 예를 들어, 코크(Coke)는 하나의 브랜드라기보다 콜라를 의미하며, 제록스(Xerox)는 복사기를, IBM은 컴퓨터를 의미하는 경우이다. 제품 범주 포지셔닝은 최초의 브랜드가 주로 사용한다.

핵심예제

자사 브랜드를 명시적 혹은 묵시적으로 타사 브랜드와 비교하는 비교 광고를 하여 자사의 브랜드를 부각시키는 포지셔닝 방법은?

① 경쟁적 포지셔닝
② 사용자에 의한 포지셔닝
③ 사용 상황에 의한 포지셔닝
④ 이미지에 의한 포지셔닝

해설 소비자의 지각 속에 자리 잡고 있는 경쟁 제품과 묵시적으로 비교함으로써 자사 제품의 편익을 부각하려는 포지셔닝 방법은 경쟁적 포지셔닝이다.

정답 ①

2. 포지셔닝 전략의 수립

(1) 포지셔닝 전략의 수립 절차 기출

> 시장 분석(소비자 분석 및 경쟁자 확인) → 경쟁 제품의 포지션 분석 → 자사 제품의 포지셔닝 개발 및 실행 → 포지셔닝의 확인 및 재포지셔닝

① **시장 분석(소비자 분석 및 경쟁자 확인)**: 목표시장 내의 소비자를 분석하여 소비자들이 추구하는 혜택과 기존 제품에 대하여 만족하지 못하는 원인을 찾는다. 또한 경쟁 제품 혹은 브랜드가 무엇인가를 파악한다.

② **경쟁 제품의 포지션 분석**: 구체적인 경쟁 제품을 확인한 뒤에는 목표시장 내에서 경쟁 상표들의 이미지와 장단점을 파악한다.

※ 포지셔닝 맵을 통해 소비자들이 경쟁 제품과 자사 제품에 대해 어떻게 인식하고 있는가를 파악할 수 있다.

③ **자사 제품의 포지셔닝 개발 및 실행**: 소비자 분석과 경쟁 제품 포지션 분석에 의한 정보를 근거로 하여 경쟁 우위에 설 수 있는 포지셔닝을 개발하고 결정한다. 개발된 포지셔닝 전략은 목표 소비자들을 대상으로 실행한다. 포지셔닝 개발은 '경쟁적 강점 파악 → 최적의 경쟁 우위 선택 → 선택한 포지션 전달'의 순으로 진행한다.

㉠ 경쟁적 강점 파악
- 기업이 자사의 제품과 서비스를 성공적으로 판매하려면 경쟁사들과 대비하여 차별적인 우위를 가져야 하며, 기업이 경쟁사 대비 차별적 우위를 가지는 방법은 크게 제품 차별화, 서비스 차별화, 인적 차별화, 이미지 차별화의 네 가지로 나뉜다.
- 차별화의 유형과 특징

제품 차별화	• 제품의 물리적 속성들 중에서 차별점을 모색한다. • 제품의 유형적 속성, 가격, 디자인 등에서의 우수한 요인을 강조한다. 예 ○○ 자동차의 충돌 실험, ○○ 노트북의 초경량 무게 등
서비스 차별화	제품 차별화가 어려운 경우 부가적 서비스 부분에서의 차별점을 모색한다. 예 ○○ 업체의 새벽배송 서비스
인적 차별화	기업 구성원들의 능력이나 친절도 등에서의 차별점을 모색한다.
이미지 차별화	소비자는 동일한 제품이더라도 이미지가 다른 경우 다른 제품으로 인식하므로 자사 제품의 이미지를 잘 구축하도록 차별점을 모색한다.

핵심예제

포지셔닝 진행 절차 중 마케팅믹스 전략의 성과에 대해 결과를 평가하고 피드백하는 단계는?

① 시장 분석
② 포지셔닝 개발 및 실행
③ 경쟁 제품의 포지션 분석
④ 포지셔닝의 확인 및 재포지셔닝

해설 포지셔닝 진행 절차
시장 분석(소비자 분석 및 경쟁자 확인) → 경쟁 제품의 포지션 분석 → 포지셔닝 개발 및 실행 → 포지셔닝의 확인 및 재포지셔닝

정답 ④

ⓒ 최적의 경쟁 우위 선택 : 가능한 경쟁적 강점을 파악한 후에는 어떠한 경쟁적 우위점을 선택하여, 몇 개의 경쟁적 우위점을 가지고 차별적 포지셔닝을 할 것인지 결정한다. 성공적인 차별화를 위해서는 중요성, 차별성, 우수성, 전달성, 선점성, 가격 적절성, 수익성 등을 고려해야 한다.

ⓒ 선택한 포지션 전달 : 포지셔닝에 사용될 차별점을 선택한 뒤에는 표적 소비자들에게 차별화한 포지션을 전달한다. 이때 적절한 마케팅믹스가 함께 이루어져야 한다.

④ 포지셔닝의 확인 및 재포지셔닝 : 시장에 전개한 마케팅믹스 전략의 성과를 포지셔닝 관점에서 평가하고 피드백한다.

(2) 포지셔닝 전략 수립 시 각 분석에서 얻을 수 있는 정보 기출

구분	정보 내용
시장 분석	• 목표시장 내 소비자 분석과 확인 • 소비자 욕구 및 요구 • 현재 충족되지 않은 욕구(편익) • 시장 내 수요의 전반적인 수준 및 추세 • 세분시장의 크기와 잠재력 • 시장 내 소비자의 분포(지리적 특성 등) • 경쟁자 규명 • 직접적인 경쟁 제품과 향후 진입 예정인 경쟁사
경쟁 제품 분석	• 경쟁 상표들의 이미지와 장단점 파악 • 경쟁사의 브랜드 이미지 • 경쟁사의 상대적인 위치 • 시장 점유율
자사 제품 분석 (내부 분석)	• 자사 제품의 시장 내 위치 분석 • 현재 포지션의 장단점과 문제점 • 경쟁 우위 선점 요소 • 경쟁력 강화 방안 • 인적 자원, 기술상의 노하우, 기업의 성장률 등

2차 실기 맛보기

포지셔닝 전략 수립 시 각 분석에서 얻을 수 있는 것을 쓰시오.

핵심예제

포지셔닝 전략 수립에서 내부 분석에 대한 설명으로 옳지 않은 것은?

① 시장에서 살아남기 위한 경쟁력 강화 방안을 모색한다.
② 경쟁사의 상대적인 위치를 파악하여 자사 제품과 비교한다.
③ 시장 내에서 자사 제품의 위치를 파악하고 분석하는 것이다.
④ 타 상품에 비해 경쟁적으로 우위를 선점하고 있는 요소를 분석한다.

|해설| 경쟁사의 상대적인 위치를 파악하여 자사 제품과 비교하는 것은 경쟁 제품의 포지션 분석에 대한 설명이다.

② 정답

(3) 포지셔닝 맵 중요

① 포지셔닝 맵의 개념 기출
  ㉠ 소비자의 마음속에 있는 자사 제품과 경쟁 회사 제품들의 위치를 2차원 또는 3차원의 도면으로 작성한 것으로, 제품 위주의 포지셔닝 맵과 소비자의 지각을 통해 작성하는 인지도가 있다.
  ㉡ 소비자가 구매 시 고려하는 주요 속성들을 선정하고, 그 속성들을 X축과 Y축에 부여하여 공간을 그린 다음, 브랜드별로 소비자들이 지각하고 있는 평가 수준을 표시하는 기법으로, 시장당 1~3개의 맵이면 주요 경쟁 구도를 시각적으로 확인할 수 있다.

② 포지셔닝 맵의 효용성
  ㉠ 기회 공백 시장의 발견할 수 있다.
  ㉡ 자사 브랜드의 위상을 파악할 수 있다.
  ㉢ 인접한 경쟁 관계를 파악할 수 있다.
  ㉣ 제품의 이상적 수준을 확인할 수 있다.
  ㉤ 전략의 실행 결과를 확인할 수 있다.
  ㉥ 전략을 내부에 명확하게 공유하여 기업 내 커뮤니케이션을 향상시킨다.

(4) 재포지셔닝 중요

① 재포지셔닝의 정의 기출
  ㉠ 소비자 욕구의 변화, 상권 내 역학 구조의 변화, 소매 기업 내 각종 상황의 변화 등의 요인에 의하여 그동안 유지해 왔던 마케팅믹스 및 영업 방법상의 특징을 본질적으로 변화시킴으로써 상권의 범위와 내용, 목표 소비자를 새롭게 조정하는 활동이다.
  ㉡ 재포지셔닝 전략은 이렇게 소비자의 마음속에 정립된 자사 브랜드의 기존 위치를 기업에게 더 유리한 방향으로 재구축하려는 노력을 말한다.

핵심예제

시장 내 여러 경쟁 상표들에 대한 소비자의 생각을 하나의 도표상에 나타낸 것은?

① 로드맵
② 포지셔닝 맵
③ 횡단 조사표
④ 종단 조사표

해설 포지셔닝 맵에 대한 설명으로, 포지셔닝 맵은 소비자의 마음속에 내재해 있는 자사 제품과 경쟁 회사 제품들의 위치를 2차원 또는 3차원의 도면으로 작성한 것이다.

② **정답**

② 재포지셔닝이 필요한 시기 기출
　㉠ 경쟁자의 진입으로 시장 내의 차별적 우위 유지가 힘들어진 경우
　㉡ 기존의 포지션이 진부해져 매력을 상실했을 경우
　㉢ 판매 침체로 기존 제품의 매출이 감소한 경우
　㉣ 소비자의 취향이나 욕구가 변화한 경우
　㉤ 시장에서의 위치 등 경쟁 상황의 변화로 전략의 수정이 필요한 경우
　㉥ 유망한 새로운 시장 적소나 기회를 발견한 경우

2차 실기 맛보기

- 시간이 갈수록 소비자의 욕구가 변화하는 것에 맞추어 제품이나 서비스를 변화시키는 것을 무엇이라고 하는지 쓰시오.
- 재포지셔닝이 필요한 경우를 네 가지 쓰시오.

핵심예제

다음 중 재포지셔닝(Repositioning)에 관한 설명으로 틀린 것은?

① 판매 침체로 기존 제품의 매출이 감소되었을 경우에 재포지셔닝을 검토한다.
② 경쟁자의 진입으로 시장 내의 차별적 우위 유지가 힘들게 되었을 때 재포지셔닝이 필요하다.
③ 기존의 포지션이 진부해져 매력을 상실했을 경우에 재포지셔닝을 고려한다.
④ 소비자의 취향이나 욕구가 변하지 않고 유지되는 경우 재포지셔닝을 고려한다.

해설　소비자의 취향이나 욕구가 변하지 않을 경우에는 기존 포지션을 유지하여야 한다.

정답 ④

제 2 장 실제예상문제

01 이질적인 니즈(Needs)를 가진 고객들 개개인의 성향은 상이하지만 특정 제품군에 대한 태도, 의견, 구매 행동 등에서 비슷하게 발견되는 사람들의 집단과 다른 성향을 지닌 사람들의 집단을 분리하여 하나의 집단으로 묶는 과정은?

① 시장세분화
② 시장 확대화
③ 시장 고립화
④ 시장 분리화

> 해설 시장세분화(Market segmentation)에 관한 설명으로, 이는 세분된 시장마다 고객의 욕구를 명확하게 파악하여 그러한 고객층의 욕구를 충족시킬 수 있는 제품을 공급할 수 있도록 시장을 몇 개의 소시장(小市場)으로 구분한 뒤, 그 구분된 시장에 제품을 특화시켜 나가는 방법이다.

02 기업이 목표 소비자의 마음속에서 자사 제품을 경쟁 제품 대비 유리한 위치에 정립시키는 것은?

① 이미테이션
② 포지셔닝
③ 시장의 표적화
④ 독점 시장화

> 해설 포지셔닝(Positioning)은 시장 내 고객들의 마음에 위치를 잡는 것이다.

03 다음 중 고객을 세분화하는 목적으로 옳지 않은 것은?

① 고객 집단별 차별화된 마케팅의 전개
② 이탈 고객의 허용을 통한 관리 비용의 절감
③ 고객과 기업 간 우호적 관계 유지
④ 고객 관리 면에서의 경쟁 우위의 확보

> 해설 이탈을 원하는 고객은 설득하여 존속시켜야 한다. 고객 세분화의 가장 큰 목적은 고객별 차별화된 마케팅 전개로 고객 관리에 있어 경쟁 우위를 확보하기 위한 것으로, 이러한 고객 차별 마케팅은 고객과 기업 간 우호적 관계 유지에도 도움이 된다.

정답 01 ① 02 ② 03 ②

04 시장 위치 선정에 대한 설명 중 옳지 않은 것은?

① 어떤 세분시장에 진출할 것인가를 결정한 후 위치를 선정한다.
② 소비자의 마음속에서 경쟁 제품과 비교하여 우위에 있는 위치를 선정한다.
③ 선택한 위치를 목표 세분시장에 효과적으로 전달한다.
④ 소비자들이 제품을 평가할 때 고려하는 속성 중 모든 제품에 대해 유사하다고 느끼는 속성을 선택한다.

> 해설 소비자들이 제품을 평가할 때 고려하는 속성 중 여타 제품에 비해 다르다고 느끼는 속성(차별성)을 선택한다.

05 시장세분화의 장점이라고 보기 어려운 것은?

① 규모의 경제가 발생한다.
② 제품 및 마케팅 활동을 목표시장 요구에 적합하도록 조정할 수 있다.
③ 소비자의 다양한 욕구를 충족시켜 매출액의 증대를 꾀할 수 있다.
④ 시장세분화의 반응도에 근거하여 마케팅 자원을 보다 효율적으로 배분할 수 있다.

> 해설 규모의 경제는 생산량이나 판매량의 크기에 따라 나타나는 것이므로 시장세분화와는 관계가 없다. 한정된 시장에서 세분화하면 각 세분시장의 수요가 더 작아지므로 오히려 규모의 경제를 이루기가 어렵다.

06 시장세분화(Market segmentation)에 대한 설명으로 적절하지 않은 것은?

① 시장세분화는 제품 계열의 단순화를 통해 생산을 표준화하고 생산을 대량화할 수 있다.
② 시장세분화란 상이한 욕구, 행동 및 특성을 가지고 있는 소비자들을 분류하는 과정을 말한다.
③ 시장세분화는 측정 가능성, 접근 가능성, 실체성, 신뢰성 등을 요건으로 한다.
④ 시장세분화는 다양한 제품 계열, 다양한 광고 매체를 이용하여 수익을 증대시킬 수는 있으나 생산 원가 및 판매, 일반 관리비의 증대를 가져온다.

> 해설 시장세분화(Market segmentation)는 고객의 필요나 욕구를 중심으로 생각하는 고객 지향적 전략으로 대량 생산과 대량 판매의 생산자 지향적 전략과는 구별된다.

정답 04 ④ 05 ① 06 ①

07 기업은 효율적으로 마케팅 활동을 하기 위하여 여러 가지 특성에 따라 시장을 세분화하고, 알맞은 마케팅 전략을 전개한다. 다음 중 목표시장의 선정을 위한 시장세분화의 요건으로 적절하지 않은 것은?

① 측정 가능성
② 접근 가능성
③ 유효성·정당성
④ 공공성

해설 시장세분화의 요건에는 측정 가능성, 접근 가능성, 실질성, 행동 가능성, 신뢰성, 유효성, 정당성 등이 있다.

08 포지셔닝 전략을 개발하기 위한 기업 내부의 분석 정보가 아닌 것은?

① 시장 점유율
② 기술상의 노하우
③ 성장률
④ 인적 자원

해설 시장 점유율은 경쟁 제품 분석 정보이다.

09 다음 중 시장세분화의 지리적 변수가 아닌 것은?

① 가족생활주기
② 거주 지역
③ 인구 밀도
④ 기후

해설 가족생활주기는 인구통계적 변수이다. 인구통계적 변수에는 연령, 성별, 가족 수, 가족생활주기, 소득, 직업, 학력, 종교, 인종, 국적 등이 있다.

10 목표시장을 선택하기에 앞서 효과적인 시장세분화를 위해 충족해야 하는 요건이 아닌 것은?

① 측정 가능성
② 기대 가능성
③ 접근 가능성
④ 행동 가능성

해설 효과적인 시장세분화 요건으로는 규모와 구매력 등을 측정할 수 있는 측정 가능성, 세분시장에 접근하기 쉽고 활동할 수 있는 접근 가능성, 세분시장의 규모가 충분히 크고 이익이 발생할 가능성이 있는 실질성, 시장을 세분화하고 효과적인 프로그램을 만들어서 영업 활동을 할 수 있는 행동 가능성 등이 있다.

07 ④ 08 ① 09 ① 10 ② **정답**

11 다음 중 재포지셔닝(Repositioning)에 관한 설명으로 틀린 것은?

① 지금까지 유지해 온 현재의 위치를 버리고 새로운 포지션을 찾아가는 방법이다.
② 경쟁자의 진입으로 시장 내의 차별적 우위 유지가 힘들어졌을 때 재포지셔닝이 필요하다.
③ 기존의 포지션이 진부해져 매력을 상실했을 경우에 재포지셔닝을 고려한다.
④ 소비자의 인식과 기업이 바라는 포지션이 같을 경우 기존의 포지션을 바꿀 필요성이 생길 수 있다.

해설 포지셔닝이란 어떤 제품을 만드는 기업군 중에서 소비자가 특정 기업에 대해 가지고 있는 여러 측면에서의 인식이다. 소비자의 인식과 기업이 바라는 포지션이 같을 경우 기존의 포지션을 유지하는 것이 바람직하다.

재포지셔닝(Repositioning)
소비자 욕구의 변화, 상권 내 역학 구조의 변화, 소매 기업 내 각종 상황의 변화 등의 요인에 의하여 그동안 유지해 왔던 소매 믹스 및 영업 방법상의 특징을 본질적으로 변화시킴으로써 상권의 범위와 내용 그리고 목표 소비자를 새롭게 조정하는 활동이다.

12 판매 전략을 위한 시장세분화 변수 중 인구통계적 변수에 해당하지 않는 것은?

① 성별
② 연령
③ 개성
④ 교육 수준

해설 개성은 심리묘사적(분석적) 변수이다.

13 제품 또는 서비스의 가격세분화 기준에 관한 설명으로 틀린 것은?

① 세분시장이 충분히 커야 한다.
② 상이한 세분시장의 고객들은 가격의 변화에 대해 동일하게 반응해야 한다.
③ 세분시장을 확인할 수 있어야 하고, 차별적으로 가격을 책정할 수 있는 수단이 마련되어야 한다.
④ 특정 세분시장에서 저가격에 상품 또는 서비스를 구매한 고객이 다른 세분시장의 고객에게 동일한 서비스를 판매할 기회를 주어서는 안 된다.

해설 효과적인 시장세분화의 요건으로는 세분한 시장 간에 어떤 마케팅 프로그램을 시행했을 때 서로 다르게 반응하는 정도인 차별성이 있다.

정답 11 ④ 12 ③ 13 ②

14 목표시장을 선정하기 위한 세분시장의 평가 요소에 해당하지 않는 것은?

① 기업의 고객
② 기업의 목표와 재원
③ 세분시장의 규모와 성장성
④ 세분시장의 구조적 매력도

해설 세분시장의 평가 요소에는 세분시장의 규모와 성장성, 구조적 매력도, 기업의 목표와 재원이 있다.

15 다음에서 설명하는 효과적인 시장세분화의 요건은?

> 시장 부문의 규모가 크고 수익성이 커서 별도의 시장으로 개척할 가치가 있는 정도를 말한다. 세분된 각 시장 부문에 대하여 상이한 마케팅 계획이 필요하고 이에 따라서 많은 비용이 소요되므로 하나의 시장 부문은 가능한 한 동질적 욕구를 지닌 다수의 소비자로 구성되어 이익을 거둘 수 있는 규모가 되어야 한다.

① 측정 가능성
② 접근 가능성
③ 유지 가능성
④ 실행 가능성

해설 별도의 시장을 유지할 정도로 수익성이 있는 규모이어야 한다는 것은 유지 가능성에 관한 설명이다.

16 다음이 설명하는 시장 커버리지 전략은?

> 큰 시장에서 낮은 점유율을 유지하는 대신에 자신에게 가장 알맞은 하나 혹은 몇 개의 시장을 선택한 후 이 시장에 집중함으로써 보다 높은 점유율을 확보하는 데 유용한 전략이다.

① 비차별화 마케팅
② 차별화 마케팅
③ 집중화 마케팅
④ 순차적 마케팅

해설 ① 비차별화 마케팅: 대량 마케팅이라고도 하며, 기업이 하나의 제품이나 서비스를 가지고 시장 전체에 진출하여 가능한 한 다수의 고객을 유치하려는 전략으로 시장세분화의 필요성이 없어진다.
② 차별화 마케팅: 두 개 혹은 그 이상의 시장 부문에 진출할 것을 결정하고 시장 부문별로 별개의 제품 또는 마케팅 프로그램을 세우는 전략이다.

14 ① 15 ③ 16 ③

17 다음 빈칸 안에 들어갈 가장 알맞은 것은?

> (독특한) 세분시장으로 정의되기 위해서 해당 세분시장의 구성원들은 반드시 (   ).

① 전체 소비자의 대부분을 대표해야 하고 결정적인 구매력을 지니고 있어야 한다.
② 공통의 욕구를 가지고 있고 마케팅 활동에 유사하게 반응해야 한다.
③ 상이한 욕구를 가지고 있고 마케팅 활동에 유사하게 반응해야 한다.
④ 성장 잠재력이 있어야 하고 기업 수익 증대에 기여해야 한다.

해설 시장세분화의 기본 조건으로 세분시장 내에는 동질성이 있어야 하며, 각각의 세분시장 간에는 이질성이 있어야 한다.

18 STP 전략의 절차를 바르게 나열한 것은?

① 시장세분화 → 목표시장 선정 → 포지셔닝
② 목표시장 선정 → 포지셔닝 → 시장세분화
③ 포지셔닝 → 목표시장 선정 → 시장세분화
④ 시장세분화 → 포지셔닝 → 목표시장 선정

해설 STP 전략
Segmentation(시장세분화) → Targeting(목표시장 선정) → Positioning(시장 위치 선정)

19 여러 시장 중에서 자사에 가장 좋은 기회를 제공할 수 있는 특화된 시장을 골라 핵심 고객에게 집중적으로 마케팅을 펼쳐 보다 효과적인 성과를 이루기 위한 마케팅 전략은?

① 시장세분화
② 목표시장 선정
③ 거시적 마케팅
④ 재포지셔닝

해설 목표시장 선정(Targeting)
기업은 여러 세분시장에 대해 충분히 검토한 후에 세분시장에 진입할 수 있다. 목표시장 선정은 각 세분시장의 매력도를 평가하여 진입할 하나 혹은 그 이상의 세분시장을 선정하는 과정이다.

정답 17 ② 18 ① 19 ②

20 기업이 시장에서 재포지셔닝(Repositioning)을 필요로 하는 상황이 아닌 것은?

① 이상적인 위치를 달성하고자 했으나 실패한 경우
② 경쟁자의 진입에도 차별적 우위를 지키고 있는 경우
③ 시장에서 바람직하지 않은 위치를 가지고 있는 경우
④ 유망한 새로운 시장 적소나 기회가 발견되었을 경우

해설 경쟁자의 진입으로 시장 내의 차별적 우위 유지가 힘들어진 경우 재포지셔닝을 검토하게 된다.

21 다음 중 기업의 일반적인 포지셔닝 전략 수립 단계를 순서대로 바르게 나열한 것은?

A. 소비자 분석	B. 경쟁자 확인
C. 경쟁 제품의 포지션 분석	D. 자사 제품의 포지셔닝 개발
E. 포지셔닝 확인	F. 재포지셔닝

① A → B → C → D → E → F
② A → B → D → C → E → F
③ A → C → B → D → E → F
④ A → B → C → D → F → E

해설 **포지셔닝 전략의 수립 절차**
시장 분석(소비자 분석 및 경쟁자 확인) → 경쟁 제품의 포지션 분석 → 자사 제품의 포지셔닝 개발 및 실행 → 포지셔닝의 확인 및 재포지셔닝

22 소비자들의 욕구, 선호, 구매 관습, 구매 행위가 각각 다를 때에 적절한 시장세분화 전략은?

① 경쟁적 마케팅
② 차별적 마케팅
③ 집중적 마케팅
④ 노이즈 마케팅

해설 차별적 마케팅이란 두 개 혹은 그 이상의 시장 부문에 진출할 것을 결정하고 시장 부문별로 별개의 제품 또는 마케팅 프로그램을 세우는 전략이다. 즉, 세분화된 여러 시장의 특성에 맞게 서로 다른 마케팅믹스를 만드는 전략을 말한다.

23 다음이 설명하는 시장세분화 분류 기준은?

> • 조사나 측정이 상대적으로 용이하다.
> • 특정 제품이나 서비스 구매 여부에 관계없이 일반적 변수이며 응답자의 주관이 배제된 객관적 변수이다.

① 인구통계학 ② 라이프스타일
③ 심리 및 태도 ④ 제품 편익

해설 인구통계적 세분화
• 연령, 성별, 가족 수, 가족생활주기, 소득, 직업, 학력, 종교, 인종, 국적 등의 인구통계적 변수들에 기초하여 시장을 여러 집단으로 분할하는 것이다.
• 심리적 변수나 행위 변수 등에서 세분화가 이루어졌다 하더라도 목표시장의 크기와 접근 방법을 알기 위해서는 인구통계적 특성을 사전에 파악해야 한다.

24 기존 고객의 이탈을 방지하고 제품 이용도를 제고하고자 이탈 고객을 대상으로 거래 단절의 원인을 조사하여 이에 대한 대책을 수립하는 마케팅 전략은?

① 내부 마케팅 ② 리텐션 마케팅
③ 로열티 마케팅 ④ 다이렉트 마케팅

해설 리텐션 마케팅(Retention marketing)
유지 마케팅이라고도 하며 신규 고객보다는 기존 고객에 초점을 맞춰 마케팅 활동을 전개해 나가는 것으로 시장 점유율보다는 고객 유지율 향상에 중점을 둔다.
① 내부 마케팅(Internal marketing): 고객들에게 서비스를 제공함에 있어 최선의 인원을 고용 · 유지하여 보다 양질의 서비스를 제공할 수 있도록 마케팅 철학과 실천을 기업 경영에 적응시키는 활동으로, 종업원을 고객으로 생각하고 그들의 직무를 제품으로 파악한다.
④ 다이렉트 마케팅(Direct marketing): 측정할 수 있는 반응이나 어떤 지역에서의 거래에 영향을 미치기 위해 하나 또는 복수의 광고 매체를 사용하는 쌍방향의 마케팅 방법으로, 주로 우편, 비우편, 텔레마케팅으로 이루어진다.

25 세분시장을 더욱 작게 세분화함으로써 다른 제품들로는 그 욕구가 충족되지 않은 소수의 소비자들을 표적으로 하는 마케팅은?

① 대량 마케팅(Mass marketing)
② 니치 마케팅(Niche marketing)
③ 블루오션 마케팅(Blue ocean marketing)
④ 관계 마케팅(Relationship marketing)

해설 '니치'란 틈새를 의미하는 말로, 남이 모르는 좋은 낚시터라는 뜻을 가지고 있다. 기존 시장에 진입이 어렵거나 수익성 개선을 위하여 기존의 시장과는 다른 시장에 진입하는 것을 말한다.

정답 23 ① 24 ② 25 ②

26 효과적인 시장세분화의 요건으로 틀린 것은?

① 행동 가능성
② 접근 가능성
③ 규모의 경제성
④ 세분시장 간의 동질성

> **해설** 시장을 세분화했을 때 세분시장 내부적으로는 일관성이 있어야 하며, 외부적으로는 이질성이 있어야 한다.
> **효과적 시장세분화의 요건**
> 내부적 동질성과 외부적 이질성, 규모의 경제성(실질성, 유지 가능성), 측정 가능성, 접근 가능성, 행동 가능성, 유효 정당성 등

27 고객 욕구의 차이점보다는 공통점에 초점을 맞추는 마케팅 전략은?

① 대량 마케팅(Mass marketing)
② 차별적 마케팅(Differentiated marketing)
③ 집중적 마케팅(Concentrated marketing)
④ 지역 마케팅(Local marketing)

> **해설** 대량 마케팅은 고객의 특성을 분류하지 않고 모든 고객의 공통된 욕구에 소구하는 마케팅이다.

28 다음 중 특정 상품의 수요를 감소시켜 시장 점유율을 낮추려는 전략으로 볼 수 있는 것은?

① 디 마케팅 전략
② 사회적 반응 전략
③ 제품 포지셔닝 전략
④ 경쟁 기업의 화해 전략

> **해설** **디 마케팅(Demarketing)**
> 기업이 자사의 상품을 판매하기보다는 오히려 고객들의 구매를 의도적으로 줄임으로써 적절한 수요를 창출하고, 장기적으로는 수익의 극대화를 꾀하는 마케팅 전략을 말한다. 요즘에는 소위 돈이 안 되는 고객과의 거래를 끊고 우량 고객에게 차별화된 서비스를 제공하는 마케팅 기법으로 범위가 확대되었다.

29 어떤 제품이나 서비스를 싫어하는 사람들에게 그것을 좋아하도록 태도를 바꾸게 하는 마케팅 과제는?

① 전환 마케팅
② 자극 마케팅
③ 개발 마케팅
④ 유지 마케팅

> **해설** ② 자극 마케팅: 애초에 하나의 목적물에 대하여 사람들이 알고 있지 못하거나 관심을 갖고 있지 않을 때 그러한 목적물에 대한 욕구를 자극하려고 하는 것을 말한다.
> ③ 개발 마케팅: 고객이 어떠한 욕구를 갖고 있느냐를 분명히 알고 나서 그러한 욕구를 충족할 수 있는 새로운 제품이나 서비스를 개발하려고 하는 것을 말한다.
> ④ 유지 마케팅: 치열한 경쟁 속에서도 현재의 판매 수준을 유지하려고 하는 마케팅 활동을 말한다.

30 관계 마케팅과 관계가 없는 것은?

① 거래의 전환 비용이 적게 든다.
② 마케팅 활동에 구매자의 참여 기회가 많다.
③ 고객에게 제공하는 서비스 내용이 다양하다.
④ 생산자와 공급자 간의 전략적 파트너 관계가 유지된다.

> **해설** 관계 마케팅은 기존 마케팅에 비해 비용이 많이 든다. 관계 마케팅 기업이 고객과 접촉하는 모든 과정, 즉 판매 전, 판매 중, 판매 후에 그들과 협조하거나 그들에게 지원적 경험을 제공함으로써 신뢰를 갖게 하고 결국에는 기업이 제공하는 제품이나 서비스로부터 충분한 대가를 받고 있다고 느끼게 하여 지속적인 호혜 관계가 이루어지게 하는 마케팅으로 한 번의 거래로 끝나는 거래 마케팅과는 구분된다.

31 목표시장을 선택할 때 주로 전개하는 전략과 가장 거리가 먼 것은?

① 집중화 마케팅
② 차별화 마케팅
③ 매크로 마케팅
④ 비차별화 마케팅

> **해설** ① 집중화 마케팅: 한 개 또는 몇 개의 시장 부문에서 시장 점유에 집중하려는 전략으로, 기업의 자원이 한정되어 있을 때 이용한다.
> ② 차별화 마케팅: 두 개 혹은 그 이상의 시장 부문에 진출할 것을 결정하고 각 시장 부문별로 별개의 제품 또는 마케팅 프로그램을 세우는 것이다.
> ④ 비차별화 마케팅: 대량 마케팅이라고도 하며, 기업이 하나의 제품이나 서비스를 가지고 시장 전체에 진출하여 가능한 한 다수의 고객을 유치하려는 전략이다.

정답 29 ① 30 ① 31 ③

32 다음에서 설명하는 마케팅은?

> 두 개 이상의 독립된 기업이 제품 개발, 시장 개척, 경로 개발, 판매원 등 마케팅 계획과 자원을 공동으로 추진하고 활용함으로써 기업이 개별적으로 하기 어려운 것을 공동으로 하는 데서 이익을 얻고 마케팅 문제를 보다 쉽게 해결하며 마케팅 관리를 효율적으로 수행하기 위한 것이다.

① 마켓 타깃
② 마케팅믹스
③ 서비스 마케팅
④ 심비오틱 마케팅

해설 심비오틱 마케팅
- 필요성
  - 신속한 기술 변화에 대처
  - 시장 상황과 소비자 욕구의 변화에 대처
  - 과다한 연구 개발비 지출 방지
  - 기업의 국제화 경향
  - 경쟁의 심화
  - 집중적인 신제품 개발의 필요성에 대처
- 이득
  - 연구 개발비, 신제품 개발비, 신경로 개발비, 새로운 판매원의 채용과 훈련에 따른 비용의 절감
  - 보다 과학적인 대규모 노력, 판매 기회 증대
  - 경제적이고 안정된 원료 조달원의 확보
  - 새로운 시장 개척 용이
  - 위험의 감소
  - 생산 및 마케팅 기술의 습득
  - 경영 관리층의 창의력 개발 촉진

33 판매업자가 모든 구매자를 대상으로 하나의 제품을 대량 생산하여 대량 유통하고, 대량 촉진하는 형태의 마케팅은?

① 디 마케팅
② 매스 마케팅
③ 유지 마케팅
④ 노이즈 마케팅

해설 ① 디 마케팅: 하나의 제품이나 서비스에 대한 수요를 일시적이나 영구적으로 감소시키는 마케팅이다.
③ 유지 마케팅: 리텐션 마케팅이라고도 하며, 기존 고객의 이탈을 방지하고 제품 이용도를 제고하고자 이탈 고객을 대상으로 거래 단절의 원인을 조사하여 이에 대한 대책을 수립하는 마케팅이다.
④ 노이즈 마케팅: 자신들의 상품을 각종 구설에 휘말리게 하여 소비자들의 이목을 집중시킴으로써 판매를 늘리려는 마케팅이다.

32 ④ 33 ② 정답

34 경쟁사와 대비하여 차별적인 우위를 누릴 수 있는 포지셔닝 전략으로 적합하지 않은 것은?

① 제품 차별화
② 인적 차별화
③ 서비스 차별화
④ 기업 환경 차별화

> **해설** 경쟁사와 대비하여 차별적인 우위를 누릴 수 있는 포지셔닝 전략이 수립되어야 경쟁사들보다 높은 가치를 소비자들에게 줄 수 있다. 차별화 가능 요인으로는 제품 차별화, 서비스 차별화, 인적 차별화, 이미지 차별화가 있다.

35 포지셔닝 전략의 유형 중 다음과 같은 상황과 관련 있는 것은?

> 이온음료와 같이 특정 기능을 강조하고자 하는 제품군에서 흔히 볼 수 있다.

① 이미지에 의한 포지셔닝
② 사용자에 의한 포지셔닝
③ 사용 상황에 의한 포지셔닝
④ 제품 속성에 의한 포지셔닝

> **해설** 사용 상황에 의한 포지셔닝은 제품이 소비되는 상황이나 용도를 자사 제품과 연계하여 포지셔닝하는 방법이다. 이온음료 같이 특정 기능을 강조하고자 하는 제품군에서 흔히 볼 수 있다.

36 자사의 제품에 관한 홍보를 소비자들의 입을 빌어 '입에서 입으로'라는 원리를 이용한 방식으로 짧은 시간 내에 큰 효과를 볼 수 있는 마케팅 활용 방식은?

① 타깃 마케팅
② 니치 마케팅
③ 인터넷 마케팅
④ 바이러스 마케팅

> **해설** ① 타깃 마케팅: 불특정 다수가 아닌 특정 고객을 대상으로 마케팅 활동을 벌이는 마케팅이다.
> ② 니치 마케팅: 니치란 틈새를 의미하는 말로, 남이 모르는 좋은 낚시터라는 뜻을 가지고 있다. 기존 시장의 진입이 어렵거나 수익성 개선을 위하여 기존의 시장 외에 진입하는 마케팅이다.

정답 34 ④ 35 ③ 36 ④

37 두 개 혹은 그 이상의 세분시장을 목표시장으로 선정하고 각각의 세분시장에 적합한 제품과 마케팅 프로그램을 개발하여 공급하는 전략은?

① 차별화 마케팅
② 집중화 마케팅
③ 노이즈 마케팅
④ 다이렉트 마케팅

해설 ② 집중화 마케팅: 한 개 또는 몇 개의 시장 부문에서 시장 점유를 집중하려는 전략으로, 기업의 자원이 한정되어 있을 때 이용하는 전략이다.
③ 노이즈 마케팅: 상품을 각종 구설에 휘말리게 하여 소비자들의 이목을 집중시킴으로써 판매량을 늘리려는 마케팅 기법으로, 상품의 품질과는 상관없이 오로지 상품 판매에 목적을 둔다. 얼마간은 소비자들의 관심이나 호기심을 자극할 수 있겠지만, 계속적으로 반복할 경우에는 최소한의 신뢰성마저도 얻지 못하고 소비자들의 불신만 조장하게 되는 한계를 지닌다.
④ 다이렉트 마케팅: 고객에게 직접 접근해 고객으로부터 반응을 얻어내어 판매 활동이 일어나는 마케팅 기법으로, 전화, 우편, 방문판매, 인터넷 쇼핑몰 등 어느 곳에서나 거래가 가능하므로 광범위하고 풍부한 잠재 고객 확보가 가능하다.

정답 37 ①

제 3 장 마케팅믹스 전략 수립

제1절 마케팅믹스

1. 마케팅믹스

(1) 마케팅믹스(Marketing mix)의 개요
  ① 정의
    ㉠ 기업이 목표로 하는 시장에서 고객 만족의 극대화와 경쟁자들에 대한 경쟁 우위를 실현하기 위해 통제가 가능하면서 전술적인 마케팅 도구들을 사용하는 전략적 집합이다.
    ㉡ 제품의 수요에 영향을 주기 위해 기업이 활용할 수 있는 모든 수단으로 구성된다.
  ② 구성 요소
    ㉠ 기업 관점의 4P
      • 제품(Product)
      • 가격(Price)
      • 유통(Place)
      • 촉진(Promotion)
    ㉡ 고객 관점의 4C
      • 고객 편익(Customer Solution/Benefit)
      • 고객 비용(Cost to Customer)
      • 고객 편의성(Convenience)
      • 쌍방향 커뮤니케이션(Communication)

핵심예제

다음 중 마케팅믹스의 네 가지 요소(4P)에 포함되지 않는 것은?
① 가격(Price)
② 제품(Product)
③ 촉진(Promotion)
④ 생산성(Productivity)

|해설| 마케팅믹스의 4P는 가격(Price), 제품(Product), 촉진(Promotion), 유통(Place)이다.

④ **정답**

ⓒ 마케팅믹스의 네 가지 요소는 마케팅 전략에 따라 일관성이 있도록 통합되어야 한다.
ⓔ 마케팅믹스를 활용한 마케팅 전략 수립 과정

> 문제 정의 → 선별·정제 → 변환 → 데이터마이닝 → 해석 및 평가 → 통합

(2) 마케팅믹스의 4P와 4C 중요

① 제품(Product 또는 Customer solution/benefit)
  ㉠ 마케팅믹스 중에서 가장 중요시되고 근본적인 변수이다.
  ㉡ 기업이 목표시장에 제공하는 제품과 서비스를 결합함으로써 공급 측면에서 제품을 구성하는 속성의 집합 또는 수요 측면에서 제품이 제공하는 혜택(편익)의 집합이다.
  ㉢ 오늘날 기업들은 새로운 제품의 출시나 서비스의 차별화만이 아니라 고객의 욕구를 충족하고 당면한 문제를 해결해 주는 혜택과 솔루션의 묶음을 제공하는 접근이 필요하다.

② 가격(Price 또는 Cost to customer)
  ㉠ 구매자인 고객이 제품을 획득하기 위해 지불하는 화폐의 크기이다.
  ㉡ 기업에게는 가격이 매출과 수익의 확보에 매우 중요하다.
  ㉢ 고객이 지각하는 가치가 기업이 제시하는 가격보다 높아야 고객이 잉여 가치를 느끼고 구매 가능성이 커진다.
  ㉣ 가격 설정은 경쟁 제품과 비교되는 차별화 가치를 극대화시킴으로써 부가가치를 올릴 수 있고, 고객의 총비용을 최소화해 주는 가격 관리를 필요로 하게 된다.

③ 유통(Place 또는 Convenience)
  ㉠ 운송과 보관으로 이루어지는데, 운송은 생산 장소에서 구매 장소 또는 보관 장소까지 제품을 물리적으로 수송하는 것이고, 보관은 판매가 이루어지기까지 제품을 저장하는 것이다.
  ㉡ 오늘날 고객 욕구가 다양화되고 복잡해지면서 고객에게 편리한 유통경로 즉, 유형적 제품과 무형적 제품인 서비스 상품을 온라인과 오프라인 또는 하이브리드(Hybrid) 형태까지 다양한 마케팅 경로(Marketing channel)를 통하여 구매 편의성을 제공하여, 새로운 가치의 제공과 비용의 절감을 도모할 새로운 유통 모델들이 만들어지고 있다.

핵심예제

마케팅믹스 중 가격에 대한 설명으로 적절하지 않은 것은?
① 고객이 제품을 획득하기 위해 지불하는 화폐의 크기이다.
② 고객이 지각하는 가치가 기업이 제시하는 가격보다 낮아야 구매할 가능성이 커진다.
③ 기업에게는 가격이 매출과 수익의 확보에 매우 중요하다.
④ 가격 설정은 차별화 가치를 극대화시킴으로써 부가 가치를 올릴 수 있다.

해설 고객이 지각하는 가치가 기업이 제시하는 가격보다 높아야 구매할 가능성이 커진다.

② **정답**

④ 촉진(Promotion 또는 Communication)
  ⊙ 마케팅의 촉진 활동은 제품에 대한 정보와 구매를 유도하기 위한 인센티브를 제공한다.
  ⓒ 촉진 활동 도구: 광고(Advertising), 판매촉진(Sales promotion), PR, 인적 판매(Personal selling)
  ⓒ 촉진의 목적은 고객에게 유용한 정보와 시용(Trial) 기회를 제공하여 고객이 자사 제품에 대한 호의적 구매의사결정을 하도록 유도하는 것이다.
  ② 오늘날 디지털 기술과 인터넷의 보급이 확대되어 구매자인 고객들이 제품이나 서비스에 대한 전문적인 정보와 지식을 갖추게 되면서, 기업으로서는 고객을 만족시키고 자사에 대한 호의적 관계를 구축할 필요성이 커지면서 쌍방향 커뮤니케이션 활동을 강화하고 있다.

제2절 제품 전략 수립

1. 제품의 개념

(1) 제품의 정의
① 기본적 욕구 또는 욕망을 충족해 줄 수 있는 것으로 시장에 출시되어 주의나 획득, 사용 또는 소비의 대상이 될 수 있는 것이다.
② 물리적 대상물, 서비스, 사람, 장소, 조직, 아이디어 등이 포함된다.

(2) 제품과 서비스
① 서비스의 개념
  ⊙ 타인의 요구에 따라 제공되는 무형의 경제적인 제품으로, 다른 누군가를 위해 수행된 활동이다.
  ⓒ 서비스는 특정 순간에만 전달될 수 있으며, 자연에서는 부패하기 쉽다.
  ⓒ 서비스는 서비스 제공 업체와 구별될 수 없다.
  ② 서비스는 소유할 수 없지만 활용할 수는 있다.

핵심예제

촉진 활동에 포함되지 않는 것은?
① 광고
② 운송
③ 인적 판매
④ 판매촉진

해설 운송은 유통(Place)에 포함된다.

② **정답**

ⓜ 여러 서비스 제공 업체가 동일한 서비스를 제공하지만 다른 금액을 청구하기 때문에 서비스 평가는 비교적 까다로운 작업이다.

② 서비스의 특성 기출
  ㉠ 소멸성 : 서비스는 저장하거나, 재판매하거나 돌려받을 수 없다.
  ㉡ 불가분성(비분리성) : 서비스와 생산자, 서비스의 생산과 소비를 분리할 수 없다.
  ㉢ 무형성 : 서비스는 객체라기보다 행위이고 성과이기 때문에 유형적 제품처럼 보거나 느낄 수 없다.
  ㉣ 가변성(이질성) : 서비스를 제공하는 행위자에 따라 오늘과 내일이 다르고 시간마다 달라질 수 있다.

③ 제품과 서비스의 주요 차이점

제품	서비스
고객이 가격을 지불할 준비가 된 자재 항목	타인이 제공하는 편의 시설, 혜택 또는 시설
유형의 상품	무형의 상품
제품 구매 시 소유권이 판매자에서 구매자로 이동함	서비스의 소유권은 양도할 수 없음
반품이나 교환 가능	반품 또는 교환 불가능
상품은 판매자와 구별됨	서비스와 서비스 제공 업체는 분리할 수 없음
물리적 특성 및 사양이 동일하게 유지됨	서비스는 동일하게 유지될 수 없음
제품은 저장 가능	서비스는 저장 불가능
제품 생산 후 거래되고 소모됨	서비스는 생산과 동시에 소비됨

2. 제품의 구분

(1) 수준별 제품의 구분(코틀러의 제품 세 가지 수준) 기출

① 핵심 제품 : 소비자들이 제품을 구입할 경우 그들이 실제로 구입하고자 하는 핵심적인 이익(Benefit)이나 문제를 해결해 주는 서비스이다.

② 실체(유형) 제품
  ㉠ 제품의 구체적인 물리적 속성으로, 핵심제품의 가시적인 특징들의 집합이다.
  ㉡ 제품의 부품, 스타일, 특성, 상표명 및 포장 등과 기타 속성 등이 있다.

핵심예제

서비스의 특성에 관한 설명으로 옳지 않은 것은?

① 소멸성 – 서비스는 저장하거나, 재판매하거나 돌려받을 수 없다.
② 비분리성 – 서비스는 제품의 특성과 분리되지 않고 동일하게 생산 후 소비가 된다.
③ 무형성 – 서비스는 객체라기보다 행위이고 성과이기 때문에 유형적 제품처럼 보거나 느낄 수 없다.
④ 이질성 – 서비스를 제공하는 행위자에 따라 오늘과 내일이 다르고 시간마다 달라질 수 있다.

해설 서비스의 비분리성은 서비스와 생산자, 서비스의 생산과 소비를 분리할 수 없다는 것을 의미한다.

② 정답

③ 확장(포괄) 제품
  ㉠ 핵심 제품과 실체 제품 외에 추가적으로 있는 서비스와 이익이다.
  ㉡ 품질 보증, 당일 발송, 평생 무료 A/S, 전자 제품 무료 설치, 대금지급 방식 등이 포함된다.

(2) 구매 목적에 따른 제품의 분류 기출

① 소비재
  ㉠ 구매자의 욕구 충족을 위해 최종적으로 구매하는 제품을 말한다.
  ㉡ 소비자의 욕구 충족과 심리적, 사회적 요소에 대한 관리가 중요하다.
  ㉢ 기업은 해당 소비재 제품에 대한 인지도 제고를 위해 노력하고 취급점의 수를 늘려 소비자 접촉을 늘리는 것이 유리하다.
  ㉣ 편의품, 선매품, 전문품, 비탐색품이 있다.
② 산업재 기출 : 조직적 구매자가 구매하거나 비즈니스 활동을 위해 구매하는 제품을 말한다.
  ㉠ 자재(Materials)와 부품(Parts) : 제조업자가 제품을 생산할 때 제품의 한 부분으로 투입되는 것들이다.
    • 자재
      – 원자재 : 보리, 과일 등과 같은 농산품과 목재, 석유 등과 같은 천연 재료로 가공 처리를 하지 않은 것이다.
      – 구성 자재 : 추가적인 가공 과정에서 그 형태가 변화한 것이며, 완제품 공정에서 사용되는 자재로 철광석에서 가공한 강철, 누에에서 추출한 실 등이 해당된다.
    • 부품 : 완제품을 만들기 위해 완성 공정 단계에 있는 제품에 추가적으로 투입되는 것으로서 완제품의 외형이 바뀌지 않는 특성이 있다. 예를 들어, 진공청소기 완제품의 부품으로는 소형 모터와 타이어 등이 해당된다.
  ㉡ 자본재(Capital items) : 완제품 개발이나 운영에 필요한 영속적인 상품이다.
    • 설치 제품(Installation) : 공장과 사무실이 위치한 건축물, 발전기, 엘리베이터 등과 같은 중장비이다. 이들 중장비는 제조업자로부터 직접 구매하고, 중장비의 사양과 구매 후 서비스를 제조업자가 설계하기도 한다.
    • 장비(Equipment) : 지게차나 수공구와 같은 이동용 공장 장비, 개인용 컴퓨터와 책상과 같은 사무용 장비이다.
  ㉢ 소모성 물품(Supplies) : 완제품 생산에 투입되지 않고 공장이나 기업의 운영에 사용되는 소모성 물품으로서 장비 유지 보수용 오일, 프린터 잉크, 볼펜, 출력 용지 등이다.

핵심예제

코틀러(Kotler, P)가 말하는 제품의 세 가지 수준에 해당하지 않는 것은?
① 핵심 제품
② 유형 제품
③ 포괄 제품
④ 소비 제품

해설 코틀러의 수준별 제품의 분류에는 핵심 제품, 실체(유형) 제품, 확장(포괄) 제품이 있다.

④ 정답

(3) 소비자의 구매 행동에 따른 소비재의 분류 중요

① 편의품 기출
- ㉠ 제품에 대하여 완전한 지식이 있으므로 최소한의 노력으로 적합한 제품을 빠르고 쉽게 구매하는, 즉 구매의 편의성이 높은 제품이다.
- ㉡ 식료품, 약품, 기호품, 생활필수품 등이 있다.
- ㉢ 소비자가 한번 사용한 뒤 만족한다면 그 상표를 습관적으로 구매하는 상품 애호도가 높은 제품이다.
- ㉣ 단위당 가격이 저렴한 편이고, 선호 상표가 없더라도 다른 제품으로 대체 구매하는 경향이 있다.
- ㉤ 대체품이 많으므로, 광고와 포장이 매우 중요하다.
- ㉥ 구매 시 편리한 위치의 점포를 선택하기 때문에 개방적 유통 정책을 주로 이용한다.
    - ※ 개방적 유통 정책: 중간상, 소매상이 자사 제품을 취급하도록 허용하여 제품의 시장 노출도를 높이는 유통 정책이다.

② 선매품 기출
- ㉠ 제품을 구매하기 전에 가격, 품질, 형태, 욕구 등을 충분히 비교·탐색하여 선별적으로 구매하는 제품이다.
- ㉡ 겉옷, 주요 가전제품, 가구 등이 있다.
- ㉢ 편의품에 비해 소비자가 자신의 사회적·재정적 측면을 나타내는 상품을 구매하는 경향이 있다.
- ㉣ 편의품에 비해 구매 단가가 높고 구매 횟수가 적다.
- ㉤ 생산자의 이름보다는 소매점의 명성이 중요하여 생산자와 소매상이 직결된 유통경로를 가지는 것과 점포 내 판매원의 역할이 중요하다.
- ㉥ 선매품을 취급하는 상점들이 서로 인접해서 상가를 형성하며 주로 선택적 유통 정책을 이용한다.
    - ※ 선택적 유통 정책: 지역별로 소수의 중간상들에게만 판매를 허용하며, 제조업체는 선택한 중간상들과의 긴밀한 관계를 통해 적극적인 판매 활동을 전개하는 유통 정책이다.

③ 전문품 기출
- ㉠ 소비자가 상표 또는 점포의 신용과 명성에 따라 구매하는 제품이다.
- ㉡ 자동차, 피아노, 카메라, 전자 제품, 고가의 디자이너 의류 등이 있다.
- ㉢ 가격이 비싸고 특정 상표만을 수용하려는 상표 집착(Brand insistence) 구매 행동을 나타낸다.
- ㉣ 제품의 전문성이나 독특한 성격 때문에 대체품이 없으며 브랜드 인지도가 높다.
- ㉤ 유통 방식은 소수의 판매점이 독점하는 형태이며, 유통경로가 제한적이다.

핵심예제

소비재 중 소비자가 강한 상표 애호도를 가지는 것은?

① 편의품
② 선매품
③ 전문품
④ 비탐색품

해설 소비자들은 한번 결정한 편의품 상표에 대해서는 강한 애호도를 가진다.

정답 ①

ⓗ 소비자가 상품의 질을 판단하기 어려우며, 빈번하게 구매되는 제품이 아니므로 마진이 높다.
ⓘ 마케팅 방식은 생산자와 소매점 모두 광고를 광범위하게 사용하는데, 생산자가 소매점 광고비를 분담해 주거나 광고 속에 자사 제품 취급 소매점을 소개하는 협동 광고를 실시한다.

※ 전속적 유통 정책: 자사 제품을 취급하는 중간상의 수를 제한하여 지역 내 독점적인 판매권을 부여하는 유통 정책이다.

④ 비탐색품
㉠ 완전히 새롭거나 잘 알고 있지만 소비자가 평상시 구매 욕구를 느끼지 않으므로 탐색 노력을 하지 않는 제품이다.
㉡ 수요 수준이 낮아 대체로 높은 이윤 폭, 낮은 회전율, 높은 가격 특성을 보이므로 공격적 인적 판매 노력이 효과적이다.
㉢ 연기 감지기, 상조 보험 상품 등이 있다.

소비재별 특성

항목	편의품	선매품	전문품
구매 전 지식	많음	적음	많음
구매 노력	적음	보통(적음)	많음
대체 제품 수용도	많음	보통	적음
구매정보 탐색 정도	낮음	높음	낮음
구매 빈도	높음	보통	낮음
가격	대체로 낮음	높음	아주 높음
유통 정책	개방적 유통 정책	선택적 유통 정책	전속적 유통 정책
광고에 대한 책임	생산자	소매점	공동 책임

(4) 사용 기간에 따른 제품의 분류 기출

① 내구재
㉠ 내구재는 오랜 기간 반복해서 사용가능한 장비, 설비, 가전 제품을 말한다.
㉡ 오랜 기간 사용하므로 구매 시 신중한 의사결정을 하는 제품이다.
㉢ 구매 시 성능에 민감하고 금전적 부담을 크게 느끼는 제품이므로 보증, AS, 의사결정에 필요한 정보를 제공해 주는 것이 필요하다.

핵심예제

생산자가 대량 광고와 판매촉진을 하는 소비재의 유형에 해당하는 것은?

① 편의품
② 선매품
③ 전문품
④ 비탐색품

해설 편의품은 제품을 구매할 필요가 생기면 빠르고 쉽게 구매를 결정하며, 선호하는 상표가 없더라도 기꺼이 다른 상품의 제품으로 대체한다. 그렇기 때문에 생산자는 대량 광고를 통해 판매 촉진을 한다.

정답 ①

② 비내구재
  ㉠ 비내구재는 1회 사용이나 소비로 없어지는 제품으로 생필품이나 소모품을 예로 들 수 있다.
  ㉡ 소비자가 쉽게 구매할 수 있도록 판매점수를 많이 유지하는 것이 중요하다.

3. 제품수명주기(PLC; Product Life Cycle)

(1) 제품수명주기의 의의
① 신제품이 시장에 도입되어 쇠퇴할 때까지의 기간을 의미한다.
② 도입기, 성장기, 성숙기, 쇠퇴기의 4단계로 구성된다.

(2) 제품수명주기의 단계별 특성 중요
① 도입기(Introduction)
  ㉠ 제품이 처음으로 시장에 도입되는 기간으로 원가가 높다.
  ㉡ 혁신적인 고객이 제품을 산다.
  ㉢ 경쟁자가 거의 없다.
  ㉣ 판매의 성장이 완만하고 이익이 거의 발생하지 않거나 부(負)를 나타낸다.
  ㉤ 기업 전략: 브랜드 구축 전략 설정, 소비자의 시용 구매를 유도하기 위한 강력한 판매촉진 진행, 기본적인 형태의 제품 제공, 얼리어답터 규명과 브랜드 인지도 구축 광고 전략 설정, 고가격 또는 저가격 전략 설정

② 성장기 기출
  ㉠ 시장 수용이 급속하게 이루어져 판매와 이익이 현저히 증가한다.
  ㉡ 모방 제품을 가지고 새로운 경쟁자들이 시장에 진입한다.
  ㉢ 제품 원가는 생산량의 증가에 따라 도입기보다 급격하게 하락한다.
  ㉣ 수요의 급성장에 따라 판매촉진의 비중이 감소한다.
  ㉤ 기업 전략: 상표 강화를 통해 시장 점유율을 급속히 확대하는 전략 설정, 저가격 전략(시장 침투 가격) 설정, 자사 제품을 취급하는 점포의 수를 대폭 확대, 브랜드 선호 개발

> **2차 실기 맛보기**
> 제품의 수명주기(PLC; Product Life Cycle)에서 성장기의 특징과 그에 따른 전략을 쓰시오.

핵심예제

제품수명주기 중 시장 확대 전략, 제품 수정 전략, 상표 재포지셔닝 전략을 사용해야 하는 주기는?
① 도입기
② 성장기
③ 성숙기
④ 쇠퇴기

해설 제품수명주기 단계 중 성숙기에 대한 설명이다.

③ **정답**

③ 성숙기
　㉠ 판매가 절정에 이르렀다가 감소하기 시작한다.
　㉡ 많은 잠재 고객이 이미 그 제품을 구매했을 뿐 아니라 경쟁이 높아져서 증가율이 떨어지는 시기이다.
　㉢ 도입기나 성장기보다 오랜 기간 지속된다.
　㉣ 제품 원가가 가장 낮다.
　㉤ 제품 가격의 인하와 판매 촉진비 증대로 이익은 성장기보다 하락한다.
　㉥ 판매량이 평준화되고 매우 강력한 경쟁이 나타난다.
　㉦ 경쟁력이 약한 기업은 도태된다.
　㉧ 기업 전략: 시장 점유율 방어와 이윤 유지, 상표 재활성화(시장 확대 전략, 제품 수정 전략, 상표 재포지셔닝 전략), 경쟁사 대응의 방어적 가격 책정, 광범위한 유통망 구축

2차 실기 맛보기

제품수명주기를 도입기, 성장기, 성숙기, 쇠퇴기로 구분할 때 성숙기의 시장 특성과 그에 따른 전략을 각각 세 가지 쓰시오.

④ 쇠퇴기(Decline)
　㉠ 대체품의 출현으로 점차 쇠퇴한다.
　㉡ 판매량과 이익이 매우 낮다.
　㉢ 판매가 급격히 감소하고 이익이 제로(0)에 가까워지면서 시장으로부터 철수하는 단계이다.
　㉣ 기업 전략: 투자 감축과 현금 흐름 증대, 단계적 철수와 최소한의 이익을 유지하는 수준의 저가격 전략과 선택적 유통 전략으로 적정 점포만을 유지

2차 실기 맛보기

- 제품수명주기의 네 단계를 쓰시오.
- 제품수명주기는 개발 단계를 제외하고 일반적으로 도입기 → (A) → (B) → (C)의 4단계로 나눈다. 빈칸 A~C에 들어갈 알맞은 말을 쓰시오.

핵심예제

제품의 수명주기별 특성에 따라 기업이 효율적으로 실행할 수 있는 전략과 가장 거리가 먼 것은?

① 도입기 – 얼리어답터 등 제품의 조기 수용층의 규명
② 성장기 – 브랜드 선호의 개발
③ 성숙기 – 경쟁자의 판촉과 균형 유지
④ 쇠퇴기 – 긍정적인 구전 커뮤니케이션 자극

해설 구전 커뮤니케이션은 일반적으로 성장기의 전략에 해당된다.

④ 　정답

제품수명주기의 단계별 특성

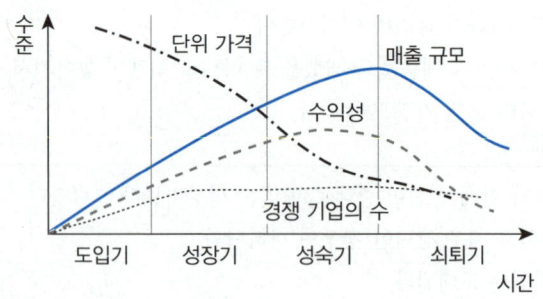

(3) 시장 진입 시점에 따른 마케팅 전략
　① 시장 개척 기업의 이점
　　㉠ 경쟁에서의 선점
　　㉡ 시장 선도자로서의 명성
　　㉢ 고객 애호도 형성
　　㉣ 자산화된 경험 효과
　　㉤ 희소 자원의 선점
　　㉥ 기술 우위 확보
　② 후발 기업의 마케팅 전략
　　㉠ 모방 전략
　　㉡ 신기술을 이용한 우회 전략

> **2차 실기 맛보기**
>
> 시장 개척 전략을 선택한 기업이 가지는 이점을 쓰시오.

핵심예제

시장을 개척한 기업이 가지는 이점으로 알맞지 않은 것은?
① 기술 우위 확보
② 고객 애호도 형성
③ 시장 선도자로서의 명성
④ 신기술을 이용한 우회 전략

해설　신기술을 이용한 우회 전략은 후발 기업이 사용해야 할 전략이다.

정답 ④

4. 제품/시장 매트릭스 중요

(1) 시장 침투 전략
① 기존 제품(서비스)을 기존 시장 내에서 보다 많이 판매하여 성장을 추구하는 전략이다.
② 제품을 수정·변형하지 않고 기존 목표 시장에서 소비자들의 참가를 증진하는 것이다.

(2) 제품 개발 전략
기존 고객들에게 새로운 제품을 개발·판매함으로써 성장을 추구하는 전략이다.

(3) 시장 개발 전략
기존 제품을 새로운 시장에 판매함으로써 성장을 추구하는 전략이다.

(4) 다각화 전략
① 새로운 제품을 개발하여 새로운 고객에게 판매함으로써 성장을 추구하는 전략이다.
② 새롭게 수정 혹은 개발된 프로그램으로 새로운 시장에 진출하는 것이다.

제품/시장 매트릭스

서비스 \ 시장	기존 고객	신규 고객
기존 제품	시장 침투 전략(점유 구축 전략)	시장 개발 전략(시장 확장 전략)
신제품	제품 개발 전략(품목 확장 전략)	다각화 전략(신규 사업 전략)

5. 제품 믹스

(1) 제품 라인 분석
제품 라인 관리자들이 어떤 품목을 만들고, 유지하고, 수확하고, 또는 버릴 것인지를 결정하기 위해서는 각 품목들의 판매와 수익을 파악할 필요가 있고, 각 제품 라인의 시장 프로필을 이해할 필요가 있다.
① 판매와 수익(Sales & Profit): 기업들은 자사 품목들의 매출, 마진, 또는 두 가지 모두를 증가시키려는 방법으로 가격을 높게 매기거나 광고를 더 많이 실시하기도 한다.

핵심예제

제품의 수명주기를 연장시키기 위한 전략 중 제품을 수정이나 변형하지 않고 기존 목표시장에서 소비자들의 참가를 증진시키는 것은?
① 시장 침투
② 시장 개발
③ 프로그램 개발
④ 프로그램의 다각화

해설 시장 침투 전략은 기존 제품을 기존 시장 내에서 보다 많이 판매하여 성장을 추구하는 전략이다.

정답 ①

② 시장 프로필(Market profile): 제품 맵(Product map)은 어느 경쟁사들의 품목들이 자사의 품목들과 어느 속성을 놓고 경쟁하고 있는지를 보여 주고, 새로운 품목으로 경쟁할 수 있는 위치를 알려준다. 제품 라인 분석(Product line analysis)은 제품 라인 길이(Product line length)와 제품 믹스 가격(Product mix pricing) 같은 주요 의사결정에 필요한 정보를 제공한다.

(2) 제품 라인업(Product line-up) 전략의 유형

전략 유형		주요 내용
제품 라인 수의 확장	상향 확장	기존 제품 라인보다 고가 및 고품질의 제품 라인을 추가
	하향 확장	기존 제품 라인보다 저가 및 저품질의 제품 라인을 추가
	양방향 확장	상향 및 하향 확장을 동시에 전개
제품 라인 품목구성 변경	제품 라인 현대화	제품 라인 안에서 기술적 진보로 쇠퇴기 품목은 제거
	제품 라인 특성화	제품 라인 안에서 공통점을 가지는 품목들로 구성
	제품 라인 확충	동일 제품 라인 안에 제품 변종(Product variant)을 추가
기타	제품 리더	특정 제품의 판매 증가로 보완 제품의 판매 증가 유도
	묶음(bundle)	개별 제품 구매보다 저가의 패키지형으로 판매
	시스템	시스템의 구성 대상 제품들 간에 호환성을 개발하여 판매

(3) 제품 믹스의 구성 요소

① 제품 믹스는 브랜드, 디자인, 기능, 포장, 제품 지원 서비스 등으로 구성된다.
② 브랜드: 제품의 개념을 전달하고, 마케팅 경로에서 제품의 확인 수단이 되고, 판매자인 기업의 무형자산 가치로서 마케팅에서 중요한 관리 대상이다.
③ 디자인
  ㉠ 제품의 경우: 크기, 형태, 재료, 무게, 색 등의 기술적 차원
  ㉡ 서비스의 경우: 매장 여건, 서비스 제공자의 자격증과 교육훈련 증명서 등의 전문적 차원
④ 기능: 제품 개념은 구매 고객의 필요와 선호도에 부응하고, 요구되는 성능이 수행되고, 기대하는 품질이 보장되어야 한다.
⑤ 포장: 보관, 선적, 운송, 진열, 매장 판매 등에서 필요한 유통 물류의 요건을 충족시켜야 한다.

핵심예제

제품 라인 수의 확장 유형으로 적절하지 않은 것은?

① 상향 확장
② 하향 확장
③ 좌향 확장
④ 양방향 확장

해설 제품 라인 수의 확장 유형에는 상향 확장, 하향 확장, 양방향 확장이 있다.

③ **정답**

⑥ 제품 지원 서비스: 제품의 부가적인 개념으로서 구매 후 배달과 설치 서비스, 무상 보증 서비스 기간과 조건, 유상 서비스 조건 등에서 제품의 성능과 품질 보장의 의미를 전달한다.

6. 브랜드(Brand)와 브랜드명 전략

(1) 브랜드의 개요 중요

① 브랜드의 정의
  ㉠ 자사의 제품이나 서비스를 경쟁사와 구별하기 위해 이름을 포함한 여러 가지 형태의 조합이다.
  ㉡ 단순한 상품의 이름이 아닌, 다른 상품들과 차별화되는 상품과 관련된 모든 것을 총칭한다.

② 브랜드의 기능
  ㉠ 소비자 측면
   - 상품의 본질을 규명한다.
   - 생산자의 책임을 증명함으로써 신뢰감을 준다.
   - 상품 선택 시 소비자의 위험 부담과 선택 과정에 따른 노력과 비용을 덜어준다.
   - 쇼핑의 편의를 제공한다.
   - 소비자 자신의 의사를 간접적으로 표출하는 데 활용할 수 있다.
  ㉡ 기업 측면
   - 상품을 법적으로 보호한다.
   - 해당 기업 전체의 이미지를 평가하는 잣대가 된다.
   - 신상품을 효과적으로 출시할 수 있다.
   - 효과적인 브랜드 관리는 기업의 마케팅 비용을 절감시킨다.

(2) 브랜드 자산

① 브랜드 자산의 개요
  ㉠ 정의: 어떤 제품이나 서비스가 특정 브랜드를 가졌기 때문에 발생된 바람직한 마케팅 효과이다.
  ㉡ 바람직한 마케팅 효과: 브랜드 충성도 상승, 높은 시장 점유율, 이익 증대
  ㉢ 고객의 높은 브랜드 인지도, 경쟁사와 차별화된 브랜드 이미지 또는 브랜드 연상도에 의해 형성된다.

핵심예제

소비자 측면에서의 브랜드 기능으로 알맞지 않은 것은?

① 상품의 본질을 규명한다.
② 쇼핑의 편의를 제공한다.
③ 상품을 법적으로 보호한다.
④ 소비자 자신의 의사를 간접적으로 표출하는 데 활용할 수 있다.

해설 상품을 법적으로 보호하는 것은 기업 측면에서의 브랜드 기능이다.

③ **정답**

② 브랜드 자산의 구성 요소 `기출`

브랜드 충성도	• 브랜드 자산의 핵심 구성 요소로, 소비자가 특정 브랜드에 대해 지니는 애착 정도 • 브랜드 충성도로 기업은 마케팅 비용 감소와 기존 고객 유지 및 새로운 고객 확보 가능
브랜드 인지도	• 소비자가 특정 브랜드를 재인식 또는 회상하게 하는 능력 • 브랜드 재인식(Brand recognition): 브랜드를 단서로 주었을 때 소비자들이 브랜드 노출에 앞서 확인할 수 있는 능력 • 브랜드 회상(Brand recall): 적절한 단서를 주었을 때 소비자들이 기억으로부터 브랜드를 정확하게 생성해내는 것
브랜드 연상	• 제품 속성과 직접적으로 관련되는 연상: 기업이 취급하는 제품의 카테고리(범주), 제품의 속성, 품질과 가격 등을 브랜드 아이덴티티(Brand identity) 창출에 활용하여 브랜드 자산 형성에 기여하는 것 • 제품 속성과 간접적으로 관련되는 연상: 기업이 제품의 속성과는 직접 관련되지 않는 브랜드 개성(Brand personality), 사용자, 용도, 원산지 등을 브랜드 아이덴티티의 창출에 활용하여 브랜드 자산 형성에 기여하는 것 • 기업 특성과 관련되는 연상: 기업의 경영 이념, 기업 문화 등의 기업과 관련된 연상을 고려하여 브랜드 자산 형성에 기여하는 것
브랜드 이미지	• 특정 브랜드와 연관되어 떠올리는 것 • 해당 브랜드, 제품군, 주변 단서 등을 연결하여 장기기억 속에 보존
품질 지각	• 제품 또는 서비스의 전반적인 품질, 우수성에 대한 소비자의 주관적인 자각 • 자사 제품의 차별화와 제품 구매 이유가 됨

(3) 브랜드명 전략 `기출`

① 공동 브랜드 전략: 생산된 제품들에 기존의 브랜드명을 사용하는 전략으로, 라인 확장 전략과 브랜드 확장 전략이 있다.

라인 확장 전략	수평적 라인 확장	동일한 제품 범주 내에서 새로운 맛, 향, 성분의 제품을 추가로 도입하면서 기존의 브랜드명을 사용하는 경우
	수직적 라인 확장	• 하향 라인 확장 → 기존 브랜드를 가지고 하급 시장으로 확장 • 상향 라인 확장 → 기존 브랜드를 가지고 상급 시장으로 확장
브랜드 확장 전략		한 제품시장에서 성공을 거둔 기존 브랜드명을 다른 제품 범주의 신제품에도 사용하는 브랜드 전략

② 개별 브랜드 전략: 생산된 제품에 각각 다른 브랜드명을 사용하는 전략이다.
③ 복수 브랜드 전략: 기업이 동일한 제품 범주 내에서 두 개 이상의 다른 브랜드명을 사용하는 전략이다.

핵심예제

브랜드 자산의 구성 요소에 대한 설명으로 적절하지 않은 것은?

① 브랜드 충성도는 소비자가 특정 브랜드에 대해 지니는 애착 정도이다.
② 브랜드 인지도는 소비자가 특정 브랜드를 재인식 또는 회상하게 하는 능력이다.
③ 브랜드 이미지는 특정 브랜드와 연관되어 떠올리는 것이다.
④ 품질 지각은 제품 또는 서비스에 대한 일정 기준의 평가를 통한 객관적인 지각이다.

`해설` 품질 지각은 제품 또는 서비스의 전반적인 품질, 우수성에 대한 소비자의 주관적인 자각이다.

④ `정답`

④ 혼합 브랜드 전략: 개별 브랜드명과 공동 브랜드명을 조합하여 사용하는 전략이다.

제품 범주별 브랜드명 전략

브랜드 \ 제품 범주	기존 제품	신제품
기존 브랜드	라인/계열 확장	브랜드/상표 확장
새로운 브랜드	복수 브랜드/상표	개별 브랜드/상표

제3절 가격 전략 수립

1. 가격과 소비자 행동

(1) 가격

① 가격의 개념
- ㉠ 재화의 가치를 화폐 단위로 표시한 것이다.
- ㉡ 좁은 의미의 가격: 일상생활에서 상품 하나의 단위 구입 시 지불하는 화폐 수량으로, 절대가격이라고 한다.
- ㉢ 넓은 의미의 가격: 상품 간의 교환 비율을 나타내는 가격으로, 상대가격이라고 한다.
- ㉣ 노동과 자본의 가격: 임금과 이자는 보수를 받고 고용·임대되는 노동이나 자본 상품의 가격이다.
- ㉤ 법률, 관습, 제도 등에 의하여 소유와 교환이 허용되는 모든 것에 존재하며, 상품 간 교환은 그 가격에 따라 특정 비율로 이루어진다.

② 가격의 특성 **기출**
- ㉠ 마케팅믹스 중에서 가장 강력한 경쟁 도구이다.
- ㉡ 예기치 않은 상황에 의해 가격이 결정될 수도 있다.
- ㉢ 수요가 탄력적인 시장 상황에서 매우 쉽게 변경될 수 있는 요인이다.
- ㉣ 자사의 제품이나 서비스가 가지는 효용에 대해 소비자가 부여하는 가치이다.

핵심예제

다음 중 가격의 특성이 아닌 것은?

① 수요가 탄력적인 시장 상황에서 매우 쉽게 변경될 수 있는 요인이다.
② 마케팅믹스 중에서 가장 강력한 경쟁 도구이다.
③ 예기치 않은 상황에 의해 가격이 결정된다.
④ 정형화된 일정한 체계를 구축하기가 쉽다.

해설 가격은 정형화된 일정한 체계를 구축하기가 어렵다.

정답 ④

ⓜ 기업의 이익이나 소비자의 구매 행위, 정부의 경제 정책 결정에 중요한 역할을 한다.
ⓑ 정형화된 일정한 체계를 구축하기가 어렵다.

> **2차 실기 맛보기**
>
> 가격의 특성 세 가지를 쓰시오.

(2) 가격과 소비자 행동

① 소비자 행동의 개요
  ㉠ 제품·서비스·아이디어를 평가, 획득, 사용, 처분할 때 개인이 참여하는 의사결정 과정과 신체적 활동이다.
  ㉡ 소비자 행동 연구의 중요성
    - 소비자 욕구와 구매동기를 이해하여 소비행위에 반영할 수 있다.
    - 의사결정 과정의 복잡성과 효율적 의사결정 방법을 이해할 수 있다.
    - 소비자를 만족시키는 의사결정 방법을 모색할 수 있다.

② 소비자 구매 행동의 유형 중요
  ㉠ 관여도: 주어진 상황에서 특정 대상에 대한 개인의 관련성이나 중요성의 지각 정도 혹은 관심 수준이다.
  ㉡ 관여도와 소비자 구매 행동 유형

구분	고관여 구매 행동	저관여 구매 행동
상표 차이 있을 때	복잡한 구매 행동	다양성 추구 구매 행동
상표 차이 없을 때	부조화 감소 구매 행동	습관적 구매 행동

  ㉢ 고관여 구매 행동
    - 소비자가 어떤 제품을 구매하고자 할 때 내리는 구매 결정에 대하여 보다 신중을 기하며, 정보 탐색에 많은 시간과 노력을 투입하고 정보를 보다 깊이 있게 처리하는 경우이다.
    - 구매 과정: 문제 인식 → 정보 탐색 → 대안의 평가 → 선택 → 구매 후 행동
    - 직접적이고 지속적으로 탐색한다.
    - 제품: 고가품, 승용차, 전문품, 의류나 화장품 등

핵심예제

다음 중 고관여 구매 행동의 특징이 아닌 것은?
① 제품 및 서비스 구매의사결정에 대해 중요하다고 생각한다.
② 복잡한 구매 행동은 상표 간 차이점이 뚜렷한 제품 구매 시 나타난다.
③ 자주 구매하는 제품이면서 각 상표 간 차이가 크지 않을 때 부조화 감소 구매 행동이 나타난다.
④ 구매 후 불만사항을 발견하면 구매 후 부조화를 경험하게 된다.

해설 부조화 감소 구매 행동은 구매 제품에 대해 비교적 관여도가 높고, 제품의 가격이 비싸고, 자주 구매하는 제품이 아니면서 각 상표 간 차이가 크지 않을 때 나타난다.

③ **정답**

② 저관여 구매 행동
- 소비자가 어떤 제품을 구매하고자 할 때 정보 탐색에 많은 시간과 노력을 투입하지 않으며, 정보 탐색의 결과 획득되는 이득이 정보 탐색을 위해 소요한 비용에 미치지 못한다고 지각하고 있으므로 외적 정보 탐색도 하지 않게 되는 경우이다.
- 구매과정: 문제 인식 → 대안 선택 → 대안 평가
- 수동적으로 정보를 획득한다.

③ 소비자 구매의사결정 과정 기출

> 문제 인식 → 정보 탐색 → 대안의 평가 → 선택 → 구매 후 행동

- ㉠ 문제 인식: 소비자 구매의사결정 과정의 첫 단계로 실제 필요 상황과 욕구 상황의 차이가 발생한다.
- ㉡ 정보 탐색: 내적 탐색과 외적 탐색을 통해 소비자의 욕구가 만족될 상품을 탐색한다.
- ㉢ 대안의 평가: 탐색된 정보를 바탕으로 여러 대체안의 장단점을 평가한다.
- ㉣ 선택: 구체적인 상표나 상품은 물론 구매할 점포와 구입 방식을 결정한 후 구매한다.
- ㉤ 구매 후 행동: 소비자는 제품이나 서비스를 구매하여 사용한 뒤, 사용한 제품이나 서비스가 자신의 욕구를 얼마나 충족시켰는지 평가한다. 제품 사용 성과에 만족한 소비자는 재구매의 가능성이 높다.

2차 실기 맛보기

구매의사결정 과정을 5단계로 나열하시오.

④ 소비자 구매행동 모델 중요
- ㉠ AIDA 이론 기출
  - 개념: 소비자 구매행동을 최초로 설명한 모델로, 소비자가 구매를 결정하기까지의 심리 과정을 분석한 이론이다.
  - 소비자의 반응 순서: 주목(Attention) → 흥미 유발(Interest) → 욕구(Desire) → 행동(Action)
- ㉡ AIDMA 이론
  - 개념: D와 A 사이에 M(Memory) 단계가 추가된 것으로, 광고를 통해 브랜드를 노출시키면 당장 구매하지 않더라도 브랜드를 기억하고 그것이 구매로 이어진다는 뜻이다.
  - 소비자의 반응 순서: 주목(Attention) → 흥미 유발(Interest) → 욕구(Desire) → 기억(Memory) → 행동(Action)

핵심예제

소비자 구매행동 모델에서 AIDMA 이론에 해당하지 않는 단계는?
① 주목(Attention)
② 흥미 유발(Interest)
③ 희망(Dream)
④ 기억(Memory)

해설 AIDMA 이론에서의 소비자 반응 순서
주목(Attention) → 흥미 유발(Interest) → 욕구(Desire) → 기억(Memory) → 행동(Action)

③ 정답

⑤ 소비자 구매의사결정 요인 기출

개인적 요인	라이프스타일, 연령, 직업, 라이프사이클 등
심리적 요인	동기, 지각, 학습, 신념과 태도 등
문화적 요인	문화, 하위문화, 사회 계층 등
사회적 요인	준거집단, 가족 역할과 사회적 지위 등
마케팅 요인	마케팅 자극, 마케팅 전략 등

2차 실기 맛보기

구매의사결정요인 중 심리적 요인을 네 가지 쓰시오.

⑥ 소비자가 서비스 품질을 평가하는 요소(SERVQUAL 모형) 기출
  ㉠ 신뢰성(Reliability): 약속한 서비스를 믿게 하며 정확하게 제공하는 능력
  ㉡ 확신성(Assurance): 서비스 제공자들의 지식, 정중, 믿음, 신뢰를 전달하는 능력
  ㉢ 유형성(Tangibles): 외형·물리적인 시설, 장비, 사람, 커뮤니케이션 도구
  ㉣ 공감성(Empathy): 고객에게 개인적인 배려를 제공하는 능력, 관심 및 친절
  ㉤ 대응성(Responsiveness): 기꺼이 고객을 돕고 신속한 서비스를 제공하는 능력, 자발성

2. 가격 결정 방법

(1) 가격 결정에 영향을 미치는 요인 중요

① 내부 환경요인(통제 가능): 자사 마케팅 전략, 자사 원가, 자사 유통경로, 자사 제품의 품질, 목표시장 점유율 등
  ㉠ 자사 원가: 마케팅 비용, 제품 규모의 경제, 경험적 효과 등이 포함된다.
  ㉡ 유통경로: 선적·운송·보관 비용과 부대 보험료, 제조업자 단독 또는 중간 유통업자와 공동으로 수행하는 마케팅 커뮤니케이션의 비용 부담들이 발생하여 제품 가격에 반영될 수 있다.
② 외부 환경요인(통제 불가능): 고객의 가치, 경쟁 환경, 법적 규제 등
  ㉠ 고객 가치: 제품이나 서비스에 고객이 얼마만큼 지불할 것인가의 측정치를 말하며, 소비자는 가격 정보 입수 후에 평가하고 구매 이후에 나타날 가치 인식 또는 편익과 관련하여 비교한다.
  ㉡ 경쟁 환경: 경쟁 환경에는 경쟁사의 브랜드 파워, 원가, 가격 등이 있다.

핵심예제

구매의사결정에 영향을 미치는 요인으로 볼 수 없는 것은?

① 개인적 요인   ② 심리적 요인   ③ 사회적 요인   ④ 정치적 요인

해설 **소비자 구매행동의 결정 요인**
  • 개인적 요인: 라이프스타일, 연령, 직업, 라이프사이클 등
  • 심리적 요인: 동기, 지각, 학습, 신념과 태도 등
  • 사회적 요인: 준거집단, 가족 역할과 사회적 지위 등
  • 문화적 요인: 문화, 하위문화, 사회 계층 등
  • 마케팅 요인: 마케팅 자극, 마케팅 전략 등

④ 정답

ⓒ 법적 규제: 정부는 주요 생필품과 원자재의 수급·가격 안정을 위하여 가격 동결, 최저가 설정, 세금 부과와 독과점 품목 규제, 관세율이나 금리 결정 등의 규제로 기업의 가격 결정에 영향을 미친다.

> **2차 실기 맛보기**
>
> 가격 결정에 영향을 미치는 내부 요인, 외부 요인을 각각 두 가지씩 쓰시오.

(2) 가격 결정별 시장 유형

① 완전 경쟁시장: 시장 참가자가 다수여서 수요자 상호 간, 공급자 상호 간, 수요자와 공급자 간의 삼면적인 경쟁이 이루어지는 시장을 말한다. 경쟁 가격은 완전경쟁시장에서 수요와 공급이 일치되는 점에서 결정되는 상품의 가격을 말한다.

② 독점적 경쟁시장: 다수의 수요자와 공급자가 단일시장 가격이 아니라 일정한 범위 내의 가격대로 거래하는 시장을 말한다.

③ 과점시장: 과점 가격은 시장이 소수의 기업으로 이루어진 과점 상태에서 성립되는 가격이다.

④ 독점시장
　ⓐ 독점 가격은 독점 기업이 독점 이윤을 얻기 위하여, 생산물의 가격을 시장 가격 이상으로 인상하여 판매하는 가격이다.
　ⓑ 독점 지배하에서는 한 기업이 거대한 고정 설비와 기술 혁신의 성과를 독차지하고, 이를 이용하여 시장에서의 가격 경쟁의 승리자가 되며, 그 부문에 대한 새 기업의 참여가 어려워진다. 그러한 곤란이 더해질수록 소수 기업은 독점 이윤을 얻기 위해 가격을 올리거나, 수요자에 따라서 다른 가격으로 판매하는 일이 가능해진다.

(3) 가격 결정 방법의 종류 중요

① 원가기준 가격 결정법: 원가를 기준으로 하여 가격을 결정하는 방법이다.
　ⓐ 원가 가산 가격 결정법 기출: 제품의 단위 원가에 일정한 고정 비율에 따른 금액을 가산하여 가격을 결정하는 방법이다.
　ⓑ 목표 가격 결정법: 예측된 표준 생산량을 전제로 한 총원가에 대하여 목표 이익률을 실현할 수 있도록 가격을 결정하는 방법이다.

핵심예제

가격 결정별 시장 유형 중 다음과 관련 있는 것은?

> 시장 참가자가 다수여서 수요자 상호 간, 공급자 상호 간, 수요자와 공급자 간의 삼면적인 경쟁이 이루어지는 시장을 말한다.

① 과점시장　　　　　　　　　　② 독점시장
③ 완전 경쟁시장　　　　　　　　④ 독점적 경쟁시장

해설 시장 참가자가 다수여서 수요자 상호 간, 공급자 상호 간 그리고 수요자와 공급자 간에 경쟁이 활발하게 이루어지는 시장은 완전 경쟁시장이다.

정답 ③

② 소비자 중심 가격 결정법
　㉠ 가치 중심 가격 결정법: 소비자가 지각하는 제품의 가치에 맞춰 제품 가격을 결정하는 방법이다.
　㉡ 수요 기준 가격 결정법: 수요의 강도를 기준으로 하여 가격을 결정하는 방법이다.
③ 경쟁기준 가격 결정법: 경쟁업자가 결정한 가격을 기준으로 가격을 결정하는 방법이다.
　㉠ 시장 가격 중심의 가격 결정법: 시장 경쟁 상황이나 제품 특성에 따라 주요 경쟁 제품의 가격을 기준으로 가격을 결정하는 방법이다.

상대적 저가격 정책	• 경쟁자보다 낮게 가격을 결정해서 시장 점유율을 높이기 위한 공격적 마케팅 전략 • 후발주자가 점유율 잠식을 위해서 추가적인 가치를 제공해서 저가격으로 상품 출시
상대적 고가격 정책 기출	• 경쟁상품과 품질이 차별화되어 있거나, 브랜드 인지도와 이미지가 좋은 경우 • 가격-품질 연상 심리: 고가격 책정으로 소비자들이 그 상품의 품질을 높게 지각
경쟁 제품과 비슷한 가격 정책	과점적 경쟁 상황에서 한 기업의 가격 변화에 대한 소비자의 반응이 민감한 경우

　㉡ 경쟁 입찰에 의한 가격 결정법: 공공사업의 경우에는 두 개 이상의 기업이 입찰하는데, 이때 가격이 원가, 수요에 의해 결정되는 것이 아닌 입찰에 참여하는 경쟁 기업의 입찰 가격에 의해 결정되는 경우를 말한다.
④ 가격 선도제 기출: 과점산업인 경우 가격 및 산업을 이끄는 기업이 있어 경쟁자의 가격을 평가하기가 비교적 쉽기 때문에 시장에서 가장 유리한 위치에 있는 선도기업이 가격을 결정하면 나머지 기업들도 따라서 결정하는 형태를 말한다.

CHECK BOX

고정비와 변동비 중요

- 고정비 기출: 매출액이나 생산량의 증감에 관계없이 일정하게 고정적으로 발생하는 비용으로, 감가상각비, 사무직원의 급여, 고정자산의 보험료, 부동산 임차료, 차입금의 지급이자, 재산세와 종합토지세 등이 이에 속한다. 고정비는 기간 총액으로는 고정적인 비용이나 제품 단위당으로는 매출액 규모에 따라 변동한다.
- 변동비: 제품의 생산량 증감에 따라 원가가 증감하는 비용으로, 재료비, 외주가공비, 판매수수료, 포장비 등이 이에 속한다. 변동비는 기간 총액으로는 매출액의 증감에 비례하여 증감하는 비용이지만 제품 단위당으로는 변동하지 않는다.

핵심예제

고정비에 대한 설명으로 알맞은 것은?

① 제품의 생산량 증감에 따라 원가가 증감하는 비용이다.
② 재료비, 외주가공비, 판매수수료, 포장비 등이 속한다.
③ 매출액이나 생산량의 증감 변화에 관계없이 일정하게 발생하는 비용이다.
④ 기간총액으로는 매출액의 증감에 비례하여 증감하는 비용이지만 제품단위당으로는 변동하지 않는다.

해설 ①·②·④는 변동비에 대한 설명이다.

③ 정답

(4) 제품 믹스에 대한 가격 결정 중요

① **제품 계열별 가격 결정법**: 특정 제품 계열 내 제품들 간의 원가 차이·상이한 특성에 대한 소비자들의 평가 정도 및 경쟁사 제품의 가격을 기초로 하여 여러 제품들 간에 가격 단계를 설정하는 방법이다.

② **선택제품 가격 결정법**: 주요 제품과 함께 판매하는 선택제품이나 액세서리 등의 가격을 결정하는 방법이다.

③ **종속제품 가격 결정법**: 주요 제품과 함께 사용하여야 하는 종속제품에 대한 가격을 결정하는 방법이다.

④ **이분 가격 결정법**: 서비스 가격을 기본 서비스에 대한 고정된 요금과 다양한 서비스의 사용 정도에 따라 추가적으로 서비스 가격을 결정하는 방법이다.

⑤ **제품묶음 가격 결정법** 기출 : 몇 개의 제품을 묶어서 인하된 가격으로 제품을 제공하는 방법이다.
    ㉠ 기업은 핵심 제품 또는 서비스에 대한 수요를 더욱 높일 수 있다.
    ㉡ 기업은 부수적인 제품 또는 서비스의 수요를 창출할 수 있다.
    ㉢ 기업은 묶음 가격을 통한 시너지 효과로 보다 낮은 가격으로 제품 또는 서비스를 제공할 수 있다.
    ㉣ 소비자는 묶음제품을 구입하는 것이 단일 품목을 구매할 때보다 값이 저렴하다.

⑥ **서비스 보증** 기출 : 고객을 유인하는 데 있어 매우 선호되는 방법으로, 고객들에게 서비스의 구매가 만족스럽지 못할 경우 지불한 금액의 일부 혹은 전부를 돌려받을 수 있다는 점을 확신시켜 주는 방법이다.

(5) 기업의 가격 결정 과정

① **1단계 – 가격 결정의 목적 선택**: 기업은 얻고자 하는 목적에 부합하는 가격을 설정한다. 기업의 목표가 명확할수록 가격 결정은 용이해진다.

② **2단계 – 수요 결정**: 각 가격은 상이한 수요로 이어지고 기업의 마케팅 목적에 상이한 영향을 미친다. 가격과 수요에는 반대의 관계가 있으며 가격이 높을수록 수요는 감소한다. 하지만 가격 민감도에 따라 제품별로 가격과 수요의 관계는 다양하다.

③ **3단계 – 원가 추정**: 기업은 제품이나 서비스를 생산하는 데 쓰인 원가를 측정한다. 원가에 이윤을 더한 값을 하한선으로 설정할 수 있으며 제품의 수요 및 소비자의 지불 의사 등을 고려하여 상한선을 설정한다.

④ **4단계 – 경쟁사 분석**: 결정 가능한 가격 범위에서 기업은 경쟁자의 원가, 가격, 가능한 가격 반응을 고려해야 한다.

⑤ **5단계 – 가격 운영 방법 선택**: 제품 기능에 대한 고객의 평가, 제조지, 경쟁사 가격과 대체품 가격이 가격 결정에서 고려해야 할 요소들이다.

핵심예제

다음 중 묶음 가격의 효과에 관한 설명으로 틀린 것은?

① 기업은 부수적인 제품 또는 서비스의 수요를 창출할 수 있다.
② 기업은 핵심 제품 또는 서비스에 대한 수요를 더욱 높일 수 있다.
③ 소비자는 보다 많은 제품 또는 서비스에 대한 정보를 얻을 수 있다.
④ 묶음 가격을 통한 시너지 효과로 보다 고가로 제품 또는 서비스를 제공할 수 있다.

해설 제품 묶음 가격 결정법을 사용하면 기업은 보다 낮은 가격으로 제품 또는 서비스를 제공할 수 있다.

④ 정답

⑥ 6단계 – 최종 가격 선정: 사회적, 심리적, 문화적 요인 등을 고려해서 책정한다. 마케팅 활동의 영향, 기업의 가격 정책, 이득과 리스크 공유 가격 결정, 대리점이나 딜러들에게 미치는 가격의 영향 같은 추가적인 요인을 고려해야 한다.

3. 가격 정책

(1) 가격 정책의 유형

① 생산과 수요의 조건에 따른 가격 정책 중요
   ㉠ 저가격 정책: 수요의 가격탄력성이 높고, 경쟁사가 많고, 대량 생산으로 생산비용이 절감될 수 있는 경우에 유리하다. 또한 소비자의 수요를 자극하고자 할 때 유용하다.
   ㉡ 고가격 정책: 수요의 가격탄력성이 낮고, 진입 장벽이 높아 경쟁 기업의 진입이 어렵고, 소량 다품종 생산인 규모의 경제 효과를 통한 이득이 미미한 경우 사용된다. 또한 높은 품질로 새로운 소비자층을 유인하고자 할 때 유용하다.
   ㉢ 고가 전략과 저가 전략의 조건 기출

고가 전략의 조건	저가 전략의 조건
• 시장 수요의 가격탄력성이 낮을 때 • 시장에 경쟁자의 수가 적을 것으로 예상될 때 • 규모의 경제 효과를 통한 이득이 미미할 때 • 진입 장벽이 높아 경쟁 기업의 진입이 어려울 때 • 높은 품질로 새로운 소비자층을 유인하고자 할 때 • 품질 경쟁력이 있을 때	• 시장 수요의 가격탄력성이 높을 때 • 시장에 경쟁자의 수가 많을 것으로 예상될 때 • 소비자의 본원적인 수요를 자극하고자 할 때 • 원가 우위를 확보하고 있어 경쟁 기업이 자사 제품의 가격만큼 낮추기 힘들 때 • 가격 경쟁력이 있을 때

※ 가격탄력성: 제품의 가격 변화에 따른 소비자의 수요량이나 공급량 변화 추이에 관한 정도이다.

② 단일가격 정책과 탄력가격 정책
   ㉠ 단일가격 정책: 동일량의 제품을 동일한 조건으로 구매하는 모든 고객에게 동일한 가격으로 판매하는 가격 정책이다.
   ㉡ 탄력가격 정책: 고객에 따라 동종·동량의 제품을 상이한 가격으로 판매하는 가격 정책이다.

③ 단일제품 가격 정책과 계열가격 정책
   ㉠ 단일제품 가격 정책: 각 품목별로 따로따로 검토하여 가격을 결정하는 정책이다.

핵심예제

제품의 가격을 결정할 때 저가 전략이 적합한 경우가 아닌 것은?

① 경쟁사가 많을 때
② 시장 수요의 가격탄력성이 낮을 때
③ 소비자들의 수요를 자극하고자 할 때
④ 경쟁 기업에 비해 원가 우위를 확보하고 있을 때

해설 시장 수요의 가격탄력성이 낮을 때에는 고가 전략이 적합하다.

② 정답

ⓒ 계열가격 정책: 한 기업의 제품이 단일 품목이 아니고 많은 제품 계열을 포함하는 경우 규격·품질·기능·스타일 등이 다른 각 제품 계열마다 가격을 결정하는 정책이다.
④ 상층흡수 가격 정책[초기 고가격 정책(Skimming pricing)]과 침투가격 정책 기출
  ㉠ 상층흡수 가격 정책: 신제품을 시장에 도입하는 초기에 고가격을 설정함으로써 가격에 대하여 민감한 반응을 보이지 않는 고소득 계층을 흡수한 후 연속적으로 가격을 인하시킴으로써 저소득 계층에게도 침투하고자 하는 가격 정책이다.
  ㉡ 침투가격 정책: 신제품을 도입하는 초기에 저가격을 설정함으로써 신속하게 시장에 침투하여 시장을 확보하려는 가격 정책이다.

(2) 가격차별화 관리 중요

① 가격차별화의 개념: 기업이 한 개의 시장 또는 여러 세분시장에 따라 다른 가격을 책정하는 것으로 원가 차이에 의한 것이 아니라 기업의 목표를 달성하기 위해 이루어진다.
② 가격차별화의 전제 조건 기출
  ㉠ 경쟁사들이 더 낮은 가격으로 판매할 수 없어야 한다.
  ㉡ 세분된 시장별 수요의 강도가 달라야 한다.
  ㉢ 가격세분화로 인한 수익이 비용보다 커야 한다.
  ㉣ 정부의 규제에 따르며 불법적인 형태가 아니어야 한다.
  ㉤ 세분시장에서 저가격에 사서 다른 곳에서 고가격에 판매될 수 없어야 한다.
  ㉥ 가격세분화로 인한 고객의 불만족이 유발되지 않아야 한다.

(3) 가격 조정 전략

① 소비자 심리적 가격 결정 방법 기출
  ㉠ 관습 가격: 소비자들이 오랜 기간 일정 금액으로 구매하였기 때문에 원가가 상승하였음에도 동일한 가격대를 계속 유지하는 전략이다.
  ㉡ 명성 가격(위신 가격): 구매자가 가격에 의하여 품질을 평가하는 경향이 강한, 비교적 고급품목에 대하여 가격을 결정하는 전략이다.
  ㉢ 단수 가격: 가격이 최하 가능한 선에서 결정되었다는 인상을 구매자에게 주기 위하여 고의로 단수를 붙여 가격을 결정하는 방법이다.
    예 A 대형마트에서 B사의 오디오 제품 가격을 300,000원에서 299,000원으로 조정

핵심예제

가격차별화의 전제 조건에 관한 설명으로 틀린 것은?

① 각 시장을 세분할 수 있어야 한다.
② 각 세분시장은 수요 탄력성이 달라야 한다.
③ 시장세분화의 비용보다 이익이 더 커야 한다.
④ 낮은 가격으로 판매하는 시장에서 비싼 가격으로 판매하는 시장으로 제품의 이전이 가능해야 한다.

해설 낮은 가격으로 판매하는 시장에서 비싼 가격으로 판매하는 시장으로 제품의 이전이 가능해서는 안 된다.

④ 정답

② 소비자 심리와 연관된 가격의 종류
  ⊙ 준거 가격 : 소비자들이 제품 구입 시 적정하다고 생각하는 가격을 의미한다. 소비자들은 제품의 가격이 준거 가격보다 높으면 비싸다고 인지하고, 낮으면 싸다고 인지하므로 소비자들이 준거 가격을 가능한 한 높게 설정하도록 유도하는 것이 좋다.
  ⓒ 최고수용가능 가격(유보 가격) : 수용 가능 가격 범위 안에서 소비자가 어떤 제품에 지불할 의사가 있는 최고 가격이다.
  ⓒ 최저수용가능 가격 : 수용 가능 가격 범위 안에서 소비자가 제품의 질을 의심하지 않는 최소한의 가격이다.

③ 판매촉진 수단으로서의 가격 조정
  ⊙ 유인 가격
    • 알려진 제품 가격을 매우 저렴하게 판매해서 소비자들에게 저가격이라는 인상을 주는 방법이다.
    • 고객을 적극적으로 유치함으로써, 전체적인 매출 향상에 효과를 볼 수 있다.
  ⓒ 현금 할인 : 대금을 즉시 지급하는 구매자에게 할인해 주는 것이다.
  ⓒ 수량 할인 : 일정량 이상 구입하는 구매자에게 할인해 주는 것이다.
  ⓔ 계절 할인 : 비수기에 구입하는 구매자에게 할인해 주는 것이다.
  ⓜ 공제(중고 반환 공제) 기출 : 신모델 구입 시 구모델을 반환하여 그만큼의 가격을 할인해 주는 방식으로 진행된다.

  ※ 할인 가격 정책 : 특정 상품에 대하여 제조 원가보다 낮은 가격을 매겨 '싸다'는 인상을 고객에게 주어 구매 동기를 자극하고, 제품 라인의 총 매출액의 증대를 꾀하는 일이다.

④ 지리적 가격 결정 : 공장인도 가격, 균일운송 가격, 구역 가격, 기점 가격, 운송비흡수 가격 등이 있다.

⑤ 가격 파괴 : 과열 경쟁으로 인한 가격 인하의 결과로 기존 가격 체제가 무너지는 현상으로, 기업이 제조 원가 및 판매 관리비 등을 절감하여 소비자에게 최저의 가격으로 제품 및 서비스를 공급하는 것이다.

⑥ 재판매 가격 유지 전략
  ⊙ 제조업체가 유통업체와의 계약을 통해 자신들이 설정한 가격으로 유통업체가 소비자에게 판매하게끔 유도하는 전략으로, 우리나라는 공정거래법에 의해 원칙적으로 금지되었다.
  ⓒ 제조업체의 제품이 유통업체의 손실 유인 상품이 되어 상표 이미지가 하락하는 것을 방지하기 위해 사용한다.

핵심예제

다음에서 설명하는 가격 전략은?

• 제조업체가 유통업체에게 제품의 가격을 설정해 주고 그 가격에 판매하게끔 계약하고 지시하는 전략
• 제조업체의 제품이 유통업체의 손실 유인 제품으로 이용되는 것을 방지하여 제조업체 상표의 명성을 유지하기 위함

① 상대적 저가격 전략 ② 상층흡수 가격 전략
③ 재판매 가격 유지 전략 ④ 상대적 고가격 전략

③ 정답

제4절 유통 전략 수립

1. 유통과 유통경로

(1) 유통
① 정의: 상품과 서비스는 여러 사람을 거쳐 소비자에게 전달되는데, 이러한 과정을 유통(流通)이라고 한다. 즉, 유통은 생산과 소비를 이어주는 중간 기능으로 생산품의 사회적 이동에 관계되는 모든 경제 활동을 말한다.
② 역할: 유통은 생산과 소비 사이에 발생하는 사회적 · 장소적 · 시간적인 불일치를 해소하고, 생산자와 소비자를 모두 만족시킬 수 있는 매개체 역할을 수행한다.

(2) 유통경로
① 정의
  ㉠ 제품이나 서비스가 생산자로부터 소비자에 이르기까지 거치게 되는 통로 또는 단계를 말한다.
  ㉡ 생산자와 소비자 사이에는 상품 유통을 담당하는 여러 종류의 중간상들이 개입하게 된다. 이러한 중간상에는 도매상, 소매상과 같이 소유권을 넘겨받아 판매 차익을 얻는 형태도 있지만, 생산자의 직영점이나 거간과 같이 소유권의 이전 없이 단지 판매 활동만을 하거나, 그것을 조성하는 활동만을 수행하는 형태도 있다.
② 역할
  ㉠ 경로의 기능과 흐름
    • 마케팅 경로는 제조업체에서 소비자에게 상품을 옮기는 역할을 수행한다.
    • 물리적 제품과 서비스를 판매하는 제조업체는 판매 경로, 배달 경로, 서비스 경로를 구비해야 한다.
  ㉡ 경로 기능들의 공통적 기능
    • 부족한 자원을 소진한다.
    • 전문화를 통해 더 잘 수행될 수 있다.
    • 경로 구성원들 사이에서 이전될 수 있다.
③ 중요성
  ㉠ 유통경로는 제품, 가격, 촉진 등 마케팅믹스의 다른 요소에 직접적인 영향을 준다.

핵심예제

유통경로의 중요성에 대한 설명으로 옳지 않은 것은?
① 유통 비용은 제품 원가의 상당한 비중을 차지한다.
② 유통경로는 마케팅믹스의 다른 요소에 직접적인 영향을 준다.
③ 유통경로는 기업 경쟁력에 큰 영향을 주고, 국가 경제에도 영향을 미친다.
④ 중간상과의 거래는 단기계약이며 결정된 뒤에도 실시간으로 바꿀 수 있다.

해설 중간상과의 거래는 일반적으로 장기계약에 의해 이루어지고, 한번 결정되면 단시일에 바꾸기 어렵기 때문에 유통경로의 결정과 관리는 신중해야 한다.

④

ⓒ 유통경로의 결정과 관리는 신중해야 한다. 중간상과의 거래는 일반적으로 장기계약에 의해 이루어지므로 한번 결정되면 단시일에 바꾸기 어렵기 때문이다.
　ⓓ 유통 비용은 제품 원가의 상당한 비중을 차지하므로 유통경로를 합리적으로 결정·관리해야 한다.
　ⓔ 유통경로의 길이, 중간상들의 기능 및 능률성, 기업의 합리적 유통경로 결정 등은 기업 경쟁력에 큰 영향을 주고, 나아가 국가 경제에도 영향을 미친다.

(3) 유통경로 선정

① 유통경로의 원칙 기출
　㉠ 총거래수 최소화의 원칙: 중간상의 개입으로 거래의 총량이 감소하게 되어 제조업자와 소비자 양자에게 실질적인 비용 감소를 제공하게 된다. 즉, 중간상의 개입으로 제조업자와 소비자 사이의 거래가 보다 효율적으로 이루어지므로 중간상의 개입이 정당화될 수 있다는 논리이다.
　㉡ 집중 준비의 원칙: 유통경로 과정에 도매상이 개입하여 소매상의 대량 보관 기능을 분담함으로써 사회 전체적으로 상품의 보관 총량이 감소할 수 있으며, 소매상은 최소량만을 보관하게 된다.
　㉢ 분업의 원칙: 다수의 중간상이 분업의 원리로써 유통경로에 참여하게 되면 유통경로 과정에서 다양하게 수행되는 기능들, 즉 수급 조절 기능, 보관 기능, 위험 부담 기능, 정보 수집 기능 등이 경제적·능률적으로 수행될 수 있다.
　㉣ 변동비 우위의 원리: 무조건적으로 제조와 유통 기관을 통합하여 대규모화하기보다는 각각의 유통 기관이 적절한 규모로 역할 분담을 하는 것이 비용면에서 훨씬 유리하다는 논리에 의해 중간상의 필요성을 강조하는 이론이다.
　※ 중간상의 필요성: 기업이 중간 상인을 통해 제품을 유통하는 것은 지역적으로 분산되어 있는 일반 대중 소비자에게 제품을 판매하기 위함이며, 중간상이 있음으로 물류·유통 비용을 절감할 수 있기 때문이다.

② 유통경로의 효용
　㉠ 시간 효용(Time utility): 재화나 서비스의 생산과 소비 간의 시차를 극복하여 소비자가 재화나 서비스를 필요로 할 때 이용할 수 있도록 해 주는 효용이다.
　㉡ 장소 효용(Place utility): 지역적으로 분산되어 생산되는 재화나 서비스가 소비자가 구매하기 용이한 장소로 전달될 때 창출되는 효용이다.
　㉢ 소유 효용(Possession utility): 생산자로부터 소비자에게 재화나 서비스가 거래되어 그 소유권이 이전되는 과정에서 발생되는 효용이다.

핵심예제

중간상은 생산자와 사용자 사이에서 다양한 효용을 창출한다. 다음 중 중간상(유통경로)이 창출하는 효용이 아닌 것은?

① 장소적 효용
② 시간적 효용
③ 형태적 효용
④ 자금적 효용

해설 유통경로의 효용에는 시간 효용, 장소 효용, 소유 효용, 형태 효용이 있다.

④ 정답

② 형태 효용(Form utility) : 제품과 서비스를 고객에게 좀 더 매력적으로 보이기 위하여 그 형태 및 모양을 변경시킴으로써 발생되는 효용이다.

(4) 유통경로의 유형

① 소비재 유통경로 기출
㉠ 제조업자가 소비자에게 직접 판매하는 경우

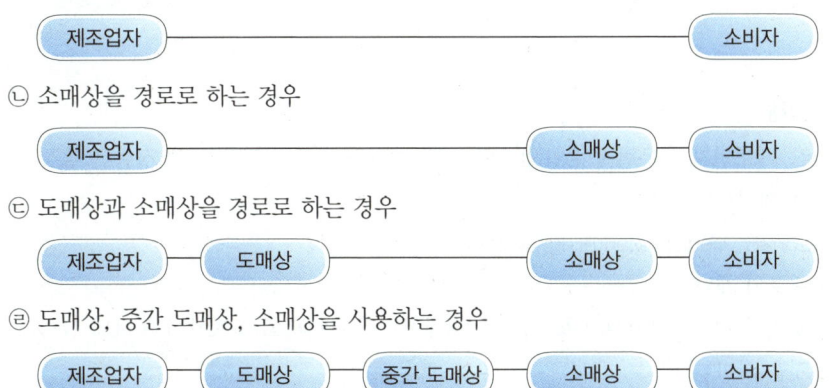

㉡ 소매상을 경로로 하는 경우

㉢ 도매상과 소매상을 경로로 하는 경우

㉣ 도매상, 중간 도매상, 소매상을 사용하는 경우

② 산업재 유통경로 : 산업재 유통경로는 여섯 가지 유형으로 구분된다. 그러나 산업재는 제조업자가 소비자에게 직접 판매하는 것이 일반적이며, 간혹 대리인이나 산업재 유통업자들을 통하기도 한다. 산업재는 원자재, 부품, 설비 등이 있으며 거래 규모는 대체적으로 크다.

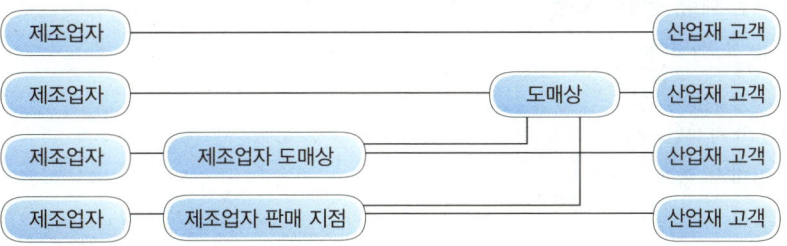

③ 서비스 유통경로
㉠ 서비스는 무형성과 생산자와의 비분리성이라는 특성이 있으므로, 직접 마케팅 경로가 가장 일반적이다. 다만, 특별한 경우에 한해서 생산자와 소비자 사이에 하나의 중간상이 개입하는 형태가 있을 수 있다.

핵심예제

다음 중 소비재 유통경로에 대한 설명으로 틀린 것은?
① 도매상과 소매상을 경유
② 대체적으로 대규모 거래
③ 제조업자가 소비자에게 직접 판매
④ 도매상, 중간 도매상, 소매상 사용

해설 산업재 유통경로에 대한 설명이다.

정답 ②

- ⓒ 의료, 자동차 수리, 미용, 호텔, 여객 수송 등 대부분의 서비스는 생산과 동시에 소비되며, 생산자와 상품이 분리될 수 없다.
- ⓒ 서비스는 형체가 없으므로 그것을 물리적으로 보관하거나 운송한다는 것은 쉽게 상상할 수 없다. 그러나 서비스 역시 하나의 상품이므로 소비자들이 소비할 수 있도록 그들의 최인접지에 도달시켜 주어야만 한다는 일반적 유통 개념을 적용할 수 있다.

2. 유통경로 설계

(1) 유통경로의 조직 형태

① **전통적 유통경로**: 제조업자가 독립적 유통업자인 도매 기관과 소매 기관을 통해 상품을 유통하는 일반적인 유통 방법을 의미한다.

② **수직적 유통경로(VMS; Vertical Marketing System)**
  - ㉠ 수직적 유통경로의 개념
    - 생산에서 소비에 이르기까지의 유통 과정을 체계적으로 통합하고 조정하여 하나의 통합된 체제를 유지하는 것을 의미한다.
    - 중앙 통제적 조직 구조를 가지며 유통경로가 전문적으로 관리되고 규모의 경제를 실행할 수 있으며 경로 구성원 간의 조정을 기할 수 있는 시스템이다.
  - ㉡ 수직적 유통경로의 도입 이유
    - 대량 생산에 의한 대량 판매의 요청
    - 가격 안정(또는 유지)의 필요성
    - 유통 비용의 절감
    - 경쟁자에 대한 효과적인 대응
    - 기업의 상품 이미지 제고
    - 목표 이익의 확보
    - 유통경로 내에서의 지배력 획득
  - ㉢ 수직적 유통경로의 장단점
    - 장점
      - 총유통비용을 절감할 수 있다.
      - 자원이나 원재료를 안정적으로 확보할 수 있다.

핵심예제

다음 중 수직적 유통경로의 도입 이유가 아닌 것은?
① 기업의 상품 이미지 제고
② 경쟁자에 대한 효과적인 대응
③ 대량 생산에 의한 대량 판매의 요청
④ 한 회사만으로 자본, 노하우, 생산 및 마케팅 설비를 모두 감당하기 곤란할 때

해설 수평적 유통경로의 도입 이유에 해당한다.

정답 ④

- 혁신적인 기술을 보유할 수 있다.
- 새로 진입하려는 다른 기업에게는 높은 진입 장벽으로 작용한다.
• 단점
- 초기에 막대한 자금이 소요된다.
- 시장이나 기술의 변화에 대해서 기민한 대응이 곤란하다.
- 각 유통 단계에서 전문성이 상실된다.

ⓔ 수직적 유통경로의 형태
  • 회사형 시스템(Corporate system): 유통경로상의 한 구성원이 다음 단계의 경로 구성원을 소유를 통해 지배하는 형태이다. 이때 제조 회사가 자사 소유의 판매 지점이나 소매상을 통하여 판매하는 전방 통합과 소매상이나 도매상이 제조 회사를 소유하는 후방 통합 형태가 있다.
  • 계약형 시스템(Contractual system) 중요: 수직적 유통 시스템 중 가장 일반적인 형태로 유통경로상의 상이한 단계에 있는 독립적인 유통 기관들이 상호 경제적인 이익을 달성하기 위하여 계약을 기초로 통합하는 형태이다. 도매상 후원 자발적 연쇄점과 소매상 협동조합, 프랜차이즈 시스템이 있다.

CHECK BOX

프랜차이즈 시스템 중요
- 프랜차이즈 본부에서 프랜차이즈 가맹점들에게 일정한 영역 안에서 독점적인 영업권을 부여하여 판매할 상품의 종류, 점포, 광고 판촉 등을 직영점처럼 관리하고, 가맹점은 그 대가로 초기 개점 관련 비용과 매출의 일부분을 지불한다.
- 프랜차이즈 본부로서는 단기간에 지역별로 비즈니스를 확장할 수 있는 이점이 있고, 가맹점은 브랜드 인지도와 마케팅 지원을 하는 프랜차이즈를 통해 단기간에 매출을 확보하기 쉽고, 같은 상권에서 동일 제품의 경쟁을 피하는 이점이 있다.

2차 실기 맛보기

본부 입장에서 프랜차이징의 장점을 두 가지 쓰시오.

  • 관리형 시스템(Administrative system): 경로 리더에 의해 생산 및 유통 단계가 통합되는 형태로, 일반적으로 경로 구성원들이 상이한 목표를 가지고 있으므로 이를 조정·통제하는 일이 어렵다.
    ※ 경로 리더: 유통 계열화에 참여하는 유통 기관들 가운데 규모나 명성 또는 경제력 등이 지도적 위치에 있는 기업

핵심예제

수직적 유통경로 중 회사형 시스템의 특성이 아닌 것은?
① 상호 의존성이 매우 높다.
② 전방 통합과 후방 통합 형태가 있다.
③ 독립적인 유통기관들이 계약을 기초로 통합하는 형태이다.
④ 유통경로상의 한 구성원이 다음 단계의 경로 구성원을 소유를 통해 지배하는 형태이다.

|해설| 계약형 시스템에 대한 특성이다. 계약형 시스템은 생산이나 유통활동에 있어서 상이한 수준에 있는 독립적인 유통기관들이 계약을 체결하고 그 계약에 따라 수직적 계열화를 꾀한다.

③ 정답

• 동맹형 시스템: 둘 이상의 경로 구성원들이 대등한 관계에서 상호 의존성을 인식하고 긴밀한 관계를 자발적으로 형성한 통합 시스템을 말하며 제휴 시스템이라고도 한다.

CHECK BOX

전통적 유통경로와 수직적 유통경로의 형태 비교 기출

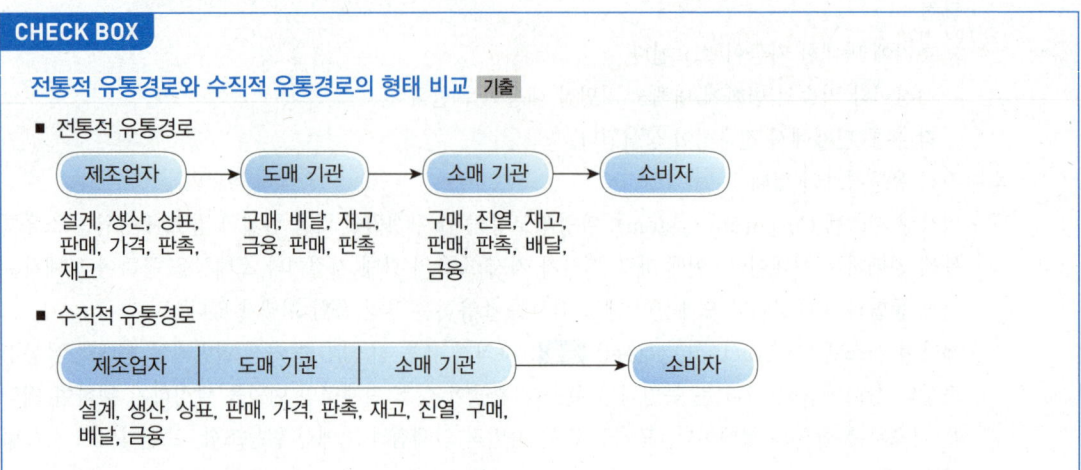

■ 전통적 유통경로
- 제조업자 → 도매 기관 → 소매 기관 → 소비자
- 설계, 생산, 상표, 판매, 가격, 판촉, 재고 / 구매, 배달, 재고, 금융, 판매, 판촉 / 구매, 진열, 재고, 판매, 판촉, 배달, 금융

■ 수직적 유통경로
- 제조업자 | 도매 기관 | 소매 기관 → 소비자
- 설계, 생산, 상표, 판매, 가격, 판촉, 재고, 진열, 구매, 배달, 금융

---

③ 수평적 유통경로(HMS; Horizontal Marketing System)
  ㉠ 동일한 유통경로 단계에 있는 두 개 이상의 기업이 대등한 입장에서 연합하여 공동으로 마케팅을 계획하고 실행하는 것으로, 공생적 마케팅(Symbiotic marketing)이라고도 한다.
  ㉡ 수평적 유통경로의 도입이 필요한 경우
    • 새로운 마케팅 기회를 활용하려고 하지만 보유하고 있는 자본, 기술, 마케팅 역량 등의 측면에서 한계가 있을 경우
    • 시장 내에서 위험 요소를 다른 기업과 분담하려는 경우
    • 다른 기업과 시너지 효과를 통해 마케팅을 성공적으로 전개하려는 경우
④ 복수 유통경로(Multi channel marketing system): 상이한 두 개 이상의 유통경로를 채택하는 것이다. 단일 시장이라도 각기 다른 유통경로를 사용하여 세분화된 개별 시장에 접근하는 것이 더 효과적이기 때문에 복수 유통경로를 가지면 시장 커버리지를 늘리고 경로 비용을 절감할 수 있다. 또한 고객 맞춤화 판매를 더 많이 할 수 있다.

핵심예제

다음 유통경로의 설명이 잘못된 것은?
① 수직적 유통경로 - 각 유통 단계에서 전문화가 확실하다.
② 수평적 유통경로 - 연맹 관계로 시너지 효과를 기대할 수 있다.
③ 전통적 유통경로 - 독립적인 유통업자를 통한 일반적인 유통 방법이다.
④ 수직적 유통경로 - 초기에 막대한 자금이 소요되나 총유통비는 절감된다.

해설 수직적 유통경로는 각 유통 단계에서 전문성이 상실된다는 단점이 있다.

정답 ①

(2) 유통경로의 설계 중요

> 고객 욕구의 분석 → 유통경로의 목표 설정 → 주요 경로 대안의 식별 → 경로 대안의 평가

① **고객 욕구의 분석**: 목표 고객에게 효과적으로 접근하고 수익성을 확보할 수 있는 경로 대안을 선택하기 위해 목표 고객들이 원하는 서비스의 종류와 이를 제공할 수 있는 경로 구성원의 서비스 내용을 파악한다.

② **유통경로의 목표 수립**
  ㉠ 유통경로의 목적은 서비스 결과물의 수준과 관련되는 비용과 지원 수준들의 관점에서 정한다.
  ㉡ 바라는 서비스에 바탕을 둔 몇 개의 세분시장들을 파악하고 각각에 최상의 경로들을 선택한다.
  ㉢ 경로의 목적은 제품의 특성에 따라 바뀐다.
  ㉣ 불경기일 때에 제조업체는 더 짧은 경로에 최종 가격에 추가할 서비스를 제외하고 시장으로 상품을 이동하는 것이 필요하다.

③ **주요 경로 대안의 식별**
  ㉠ 목표 고객이 바라는 경로상의 서비스를 제공할 수 있는 최상의 경로 대안들을 파악한다.
  ㉡ 경로의 대안들은 중개상의 유형, 필요한 중개상의 수, 각 중개상의 조건과 책임이 다르다.

중개상의 유형	도매상, 에이전트, 소매상 등 자사 제품의 특성과 목표에 적합하고 목표 고객이 기대하는 서비스의 수준을 충족시킬 수 있는 중개상의 유형을 선택한다.
중개상의 수	• 유통경로에서 자사 제품을 취급하는 중개상의 수를 유통경로 커버리지(Coverage)라고 한다. • 유통경로 커버리지 전략에는 전속적 유통경로(Exclusive distribution), 선택적 유통경로(Selective distribution), 집중적 유통경로(Intensive distribution)이 있다.
중개상의 조건과 책임	거래-관계(Trade-relationship) 믹스에는 각 구성원들이 수행할 가격 정책, 판매의 조건, 상권 관리, 구체적인 서비스를 고려한다.

  ㉢ 유통경로 커버리지 전략 기출
   • 전속적 유통경로
    – 중간상의 수를 엄격하게 제한하여 서비스 수준과 결과물에 대한 통제가 유지되길 원할 때 사용한다. 전속적 유통을 부여하여 판매자와 재판매자 사이에는 밀접한 동반자 관계가 요구된다.
    – 신형 자동차, 일부 주요 생활 가전제품, 일부 여성 의류 브랜드 제품의 유통 등에 사용한다.

핵심예제

다음 중 유통경로의 설계 과정을 바르게 나열한 것은?
① 고객 욕구 분석 → 유통경로의 목표 설정 → 경로 대안의 평가 → 주요 경로 대안의 식별
② 고객 욕구 분석 → 유통경로의 목표 설정 → 주요 경로 대안의 식별 → 경로 대안의 평가
③ 고객 욕구 분석 → 주요 경로 대안의 식별 → 유통경로의 목표 설정 → 경로 대안의 평가
④ 고객 욕구 분석 → 주요 경로 대안의 식별 → 경로 대안의 평가 → 유통경로의 목표 설정

해설 **유통경로의 설계 과정**
고객 욕구 분석 → 유통경로의 목표 설정 → 주요 경로 대안의 식별 → 경로 대안의 평가

정답 ②

- 선택적 유통경로
  - 지역별로 소수의 중간상들에게만 판매를 허용하며, 제조업체는 선택한 중간상들과의 긴밀한 관계를 통해 적극적인 판매 활동을 전개한다.
  - 가전제품, 가구, 신발 등과 같은 선매품의 유통에 사용한다.
- 집중적(개방적) 유통경로
  - 자사 제품이나 서비스 시장 범위를 극대화하는 것으로, 스낵, 음료수, 신문, 캔디, 껌과 일상 생활용품이나 타이어처럼 소비자들이 자주 구매하거나 다양한 곳에서 취급하도록 한다.
  - 가격 통제가 잘 안되고 소매상들끼리 경쟁이 유도되어 장기적인 성과에 해를 끼친다. 가격 싸움은 수익성을 잠식하고 브랜드 자산에도 피해를 준다.

유통경로의 전략과 특징

전략 구분	의미	특징
전속적 유통경로	자사의 제품만을 취급하는 도매상 또는 소매상	• 소매상 또는 도매상에 대한 통제 가능 • 긴밀한 협조 체제 형성 • 유통 비용의 감소 • 제품 이미지 제고 및 유지 가능 • 귀금속, 자동차, 고급 의류 등 고가품에 적용
선택적 유통경로	개방적 유통경로와 전속적 유통경로의 중간 형태로, 일정 지역에서 일정 수준 이상의 자격 요건을 지닌 소매점에만 자사 제품을 취급하도록 함	• 개방적 유통경로에 비해 소매상의 수가 적어 유통 비용의 절감 효과 • 전속적 유통경로에 비해 제품 노출 확대 • 의류, 가구, 가전제품 등에 적용
집중적 (개방적) 유통경로	자사의 제품을 누구나 취급할 수 있도록 개방	• 소매상이 많음 • 소비자에게 제품의 노출 최대화 • 유통 비용의 증가 • 체인화의 어려움 • 식품, 일용품 등 편의품에 적용

④ 경로 대안의 평가
  ㉠ 각 경로 대안은 경제성 평가 기준, 통제 정도 평가 기준, 적응성 평가 기준으로 평가한다.
  ㉡ 경제성 평가 기준
  • 각 경로 대안은 상이한 수준의 판매와 비용을 야기한다.
    예 현장 영업, 대리점, 전화 이용 판매, 인터넷 판매 등

핵심예제

유통경로의 설계전략에 관한 빈칸 ㄱ, ㄴ 안의 내용이 옳게 연결된 것은?

- (ㄱ) 유통은 가능한 한 많은 중간상들에게 자사의 제품을 취급하도록 하는 것으로 저가 소비재 등과 같이 소비자들이 구매의 편의성을 중시하는 품목에서 채택하는 방식
- (ㄴ) 유통은 제품의 이미지를 유지하고 중간상들의 협조를 얻기 위해 일정 지역 내에서의 독점 판매권을 중간상에게 부여하는 방식

① ㄱ: 전속적, ㄴ: 선택적 ② ㄱ: 전속적, ㄴ: 집중적
③ ㄱ: 집중적, ㄴ: 전속적 ④ ㄱ: 선택적, ㄴ: 집중적

③ 정답

- 기업은 최저 수준의 전체 비용으로 수요를 극대화하기 위한 경로들과 고객들을 조절해야 한다.
- 판매자는 판매 건당 부가가치가 충분히 확보되는 한 고비용의 경로를 저비용의 경로로 대체한다.

ⓒ 통제 정도 평가 기준과 적응성 평가 기준
- 영업 에이전트 활용은 통제 문제가 제기된다. 에이전트는 제조업체의 상품을 사는 구매자가 누구인가보다는 가장 많이 사는 고객들에 집중한다.
- 에이전트들은 기업 제품의 기술적 사양에 숙달하지 않거나 효과적으로 프로모션 자료들을 취급하려고 하지 않는다.
- 경로 개발을 위해서 구성원들은 명시된 기간 동안 서로 약속을 해야 하는데, 이러한 약속은 변화와 불확실성에 대처하는 제조업체의 역량을 계속해서 감소시킨다.
- 제조업체는 높은 수준의 적응성을 제공해 줄 경로의 구조와 정책을 필요로 한다.

3. 소매상과 도매상

(1) 소매상의 개념과 역할

① 소매업의 의의
 ㉠ 소매업은 소비재를 타인으로부터 조달 또는 스스로 제조하여 소비자에게 최종 판매하는 것을 주 업무로 하는 유통업으로, 경제재의 분류에 있어 소비재를 취급하는 판매 경영체이다.
 ㉡ 넓은 의미의 소매업은 제품과 서비스를 판매하는 모든 기관을 가리키며, 좁은 의미의 소매업은 제품을 판매하는 기관만을 포함한다.

② 소매업의 사회·경제적 역할 중요
 ㉠ 소비자에 대한 소매업의 역할
  - 올바른 상품을 제공하는 역할
  - 적절한 상품의 구색을 갖추는 역할
  - 금융 기능을 수행하는 역할
  - 쇼핑의 장소를 제공하는 역할
  - 쇼핑의 즐거움을 제공하는 역할
 ㉡ 생산 및 공급업자에 대한 소매업의 역할 기출
  - 판매 활동을 대신하는 역할
  - 올바른 소비자 정보를 전달하는 역할

핵심예제

다음 중 소비자에 대한 소매업의 역할이 아닌 것은?

① 재고가 적절하게 확보되고 유지되도록 노력한다.
② 소비자가 안심하고 선택할 수 있는 적정한 상품을 준비한다.
③ 판매를 전문화하여 생산업자가 본연의 업무에 전념하도록 한다.
④ 소비자가 요구하는 필요에 맞춰 다양한 상품의 구색을 갖추도록 노력한다.

해설 판매를 전문화하여 생산업자가 본연의 업무에 전념하도록 하는 것은 생산 및 공급업자에 대한 소매업의 역할에 해당한다.

정답 ③

- 물적 유통 기능을 수행하는 역할
- 금융 기능을 수행하는 역할
- 촉진 기능을 수행하는 역할
- 생산 노력을 지원하는 역할

③ 소매상의 유형 중요
  ㉠ 점포형 소매상 기출
   - 점포형 소매상들은 저마다 상이한 경쟁력과 가격의 역동성을 갖추고 있으며, 폭넓게 상이한 소비자들의 서비스 수준과 특정 서비스에 대한 선호도를 맞춘다.
   - 편의점, 슈퍼마켓, 전문점, 백화점, 할인점, 회원제 도매클럽, 상설할인매장, 드러그스토어, 전문할인점 등이 있다.
  ㉡ 무점포형 소매: 다이렉트 마케팅(통신판매, 텔레마케팅, 텔레비전 마케팅, 온라인 소매), 방문판매, 자동판매기 등이 있다.
  ㉢ 옴니채널
   - 소비자가 온라인, 오프라인, 모바일 등 다양한 경로를 통해 제품을 검색하고 구매할 수 있도록 각 유통채널의 특성을 통합한 채널 전략이다.
   - 쇼루밍, 역쇼루밍, 모루밍 등이 있다.
  ㉣ 기업형 소매
   - 독립적 소매점들이 단독으로 확보할 수 있는 것보다 큰 규모의 경제, 독립적 소매점들보다 더 커진 구매력, 폭넓은 브랜드 인지도, 보다 잘 훈련된 종업원들과 같은 성과를 낸다.
   - 기업형 연쇄점, 자유 연쇄점, 소매상 협동조합, 소비자 협동조합, 프랜차이즈 조직, 머천다이징 복합기업 등이 있다.

(2) 도매상의 개념과 역할
  ① 도매의 정의: 도매는 소매 기관, 상인, 산업적 또는 상업적 사용자들에게 상품을 판매하는 사람이나 기관의 행위 등을 의미하며 최종 소비자에게 판매하는 비중이 적어야 한다고 정의할 수 있다.

핵심예제

소매상의 유형 중 점포소매상에 해당하지 않는 것은?
① 양판점
② 재래시장
③ 전문점
④ 다이렉트 마케팅

해설 다이렉트 마케팅은 무점포형 소매상에 해당하며, 통신판매, 텔레마케팅, 텔레비전 마케팅, 온라인 소매가 있다.

정답 ④

② 도매 기관의 기능
　㉠ 제조업자를 위한 도매상의 기능
　　• 시장 확대의 기능
　　• 재고 유지의 기능
　　• 주문 처리의 기능
　　• 시장 정보 제공의 기능
　　• 고객 서비스 대행의 기능
　㉡ 소매상을 위한 도매상의 기능
　　• 구색 갖춤의 기능
　　• 소단위 판매 기능
　　• 신용 및 금융 기능

> **CHECK BOX**
>
> **소매상과 도매상의 구분**
> • 소매상: 최종 소비자들에게 제품이나 서비스를 판매하는 유통업을 말한다.
> • 도매상: 제품을 소매업 및 기타 상인, 산업체와 기관 사용자에게 판매하는 유통업을 말한다. 즉, 도매 거래란 최종 소비자와의 거래를 제외한 모든 거래를 포함한다.

제5절 촉진 전략 수립

1. 촉진의 개념

(1) 촉진의 정의
판매 활동을 원활하게 하며, 매출액을 증대하기 위해 실시하는 모든 마케팅 활동을 통틀어 촉진이라 할 수 있으며, 세부적으로는 광고, 판매촉진, 인적 판매, 홍보로 구분할 수 있다.

핵심예제

도매업에 대한 설명으로 잘못된 것은?
① 소매상에게 제품 판매를 위한 판매력을 제공한다.
② 제조업자의 재고 수준을 감소시키기 위해 대신해서 재고를 보유한다.
③ 개성화, 다양화가 진전되고 있는 소비자의 기호에 맞춰 다양한 상품을 구비한다.
④ 소유권을 갖거나 악성 부채, 제품 변질에 대한 비용을 부담함으로써 위험을 책임진다.

해설 소비자의 기호에 맞춰 다양한 상품을 구비하는 것은 소비자에 대한 소매업의 역할이다.

정답 ③

(2) 촉진 수단의 특성 기출

① 광고
  ㉠ 상품에 대한 인식 증가를 목표로 하는 교육적인 효과가 있다.
  ㉡ 장기적으로 상표 인지도를 증가시켜 소비자 구매 활동 시 해당 상표가 고려 대상에 포함되도록 하는 역할을 한다.
② 판매촉진
  ㉠ 매출 증가에 직접적인 영향을 끼친다.
  ㉡ 주목률이 높아 단기적인 매출 증가에 효과적이나, 망각률이 높아 장기적인 효과는 거의 없다.
③ 인적 판매: 사회가 복잡해짐에 따라 인적 판매 효과가 꾸준히 증가하며 그 중요성이 더욱 강조된다.
④ 홍보
  ㉠ 기업의 신뢰성 증대를 목표로 하며, 기업의 사회적 이미지에 영향을 많이 끼친다.
  ㉡ 광고보다 소비자의 기억 속에 오래 남아 그 효과가 매우 높고 장기적이다.

2차 실기 맛보기

마케팅 전략 중 촉진 전략의 주요 수단 네 가지를 쓰시오.

(3) 촉진 수단별 장단점

구분	대상	장점	단점
광고	대중 고객	• 자극적 표현 전달 가능 • 장·단기적 효과 • 신속한 메시지 전달 가능	• 정보 전달의 양이 제한적 • 고객별 전달 정보의 차별화가 곤란 • 광고 효과의 측정 곤란
판매촉진	대중 고객	• 단기적으로 직접적 효과 • 충동구매 유발	• 장기간의 효과 미흡 • 경쟁사의 모방 용이
인적 판매	개별 고객	• 고객별 정보 전달의 정확성 • 즉각적인 피드백	• 대중 상표에 부적절 • 촉진의 속도가 느림 • 비용 과다 소요
홍보	대중 고객, 개별 고객	• 신뢰도가 높음 • 촉진 효과가 높음	통제가 곤란

핵심예제

매출 증가에 직접적인 영향을 끼치며, 단기적인 매출 증가에는 효과적이지만 장기적인 효과는 거의 없는 촉진 수단은?
① 광고
② 홍보
③ 판매촉진
④ 인적 판매

해설 판매촉진은 주목률이 높아 단기적인 매출 증가에 효과적이나, 망각률이 높아 장기적인 효과는 거의 없다.

③ 정답

2. 광고 중요

(1) 광고의 정의와 특성
① 정의: 기업이나 개인, 단체가 상품·서비스·이념·정책 등을 목표시장이나 일반 청중들에게 알리고 설득하기 위해서 비용을 지불하고 구입한 대중 매체의 시간이나 공간상에서 유용한 정보를 제공하거나 설득하기 위한 메시지를 전달하는 모든 행위이다.
② 특성: 침투성, 표현력의 증폭, 통제

(2) 광고의 기능
① 마케팅적 기능: 상품의 가치를 증가시키는 기능을 한다.
② 사회적 기능: 사회의 여러 가치관을 반영하며, 기존 가치관을 강화하거나 약화 또는 전환할 수 있다.
③ 경제적 기능: 소비자들을 자극하여 대량 생산을 촉진함으로써 경제 성장을 유도한다.

(3) 광고의 플랫폼
① TV 광고: 프로그램 광고, Spot 광고, 스포츠 광고, 협찬 광고, PPL(Product Placement)
② 인쇄 매체 광고: 신문, 잡지
③ 옥외 광고: 버스, 지하철, 옥외 전광판, 옥외 간판
④ 인터넷 광고: 홈페이지, 스폰서십, 팝업, 배너 광고

> **2차 실기 맛보기**
> 주로 청각적 요소에 의존하여 전달되는 광고는 무엇인지 쓰시오.

핵심예제

다음 중 광고의 기능이 아닌 것은?
① 경제적 기능
② 사회적 기능
③ 법률적 기능
④ 마케팅적 기능

해설 광고의 기능에는 마케팅적·사회적·경제적 기능이 있다.

정답 ③

CHECK BOX

광고 소구 `기출`

- 소구(Appeal)의 정의: 광고 메시지가 소비자에게 호소하여 상품을 구매하게 하는 힘이다.
- 이성적 소구: 제품의 장단점을 호소하며 제품의 기능적 또는 실용적 정보에 집중한다. 또한 제품이 경쟁사보다 더 좋게 욕구를 만족시키는 브랜드임을 강조해 목표 청중을 설득한다.
  - 특징 소구: 제품이나 서비스의 우위 속성들이나 특성들에 집중한다. 이들 광고는 의사결정의 다속성 모델을 은연중에 사용하려는 경향이 있다.
  - 경쟁 우위 소구: 목표 경쟁사들이나 일반 수준의 경쟁사들에 비해 우월함을 직접 또는 간접적으로 제기한다.
  - 유리한 가격 소구: 소비자가 가격에서 얻을 수 있는 구체적인 경제적 이점을 명시함으로써 소비자의 주목을 이끌어 낸다.
  - 뉴스 소구: 제품에 관한 기삿거리를 다루는 광고이다.
  - 인기 제품 또는 서비스 소구: 그 제품이 목표 청중 사이에서 얼마나 인기가 있는지를 과대 선전하고, 인기가 있으므로 제품이 고품질이거나 탁월한 가치를 가졌음을 소구한다.
- 감정적 소구: 제품의 이미지를 강조하며, 구매의사결정의 기초를 이루는 심리적 측면을 자극한다.
  - 온정 소구: 현대의 고도화된 산업사회에서 가족 간, 형제 간 우애와 친구와의 우정, 사랑 등을 매개체로 하여 사람들에게 따뜻함을 경험하게 하는 광고 전략이다.
  - 유머 소구: 유머를 이용하여 소비자의 주목을 끄는 기법으로, 패러디를 이용하기도 한다. 유머는 거부감을 줄이며 설득력 있게 보이지만, 그 효과는 신중한 호소보다 못할 수도 있다.
  - 공포 소구: 자사 제품을 구입함으로써 받게 되는 편익이 아니라 소비자가 자사 제품을 구입하지 않아 발생할 수 있는 위험을 알려서 제품의 구입을 촉진시키는 광고 전략이다.
  - 성적 소구: 성적 자극을 사용함으로써 광고주가 의도하는 소비자 반응을 얻고자 하는 기법으로, 직접적인 신체 노출 외에 간접적으로 사람 마음속에 성적 생각을 떠오르게 하는 것도 포함한다.

3. 판매촉진

(1) 판매촉진의 정의 및 특성

① 정의: 인적 판매, 홍보, 광고 등을 제외한 활동으로 고객의 구매나 유통업자의 효율성을 자극하는 모든 마케팅을 말한다.

② 특성
  ㉠ 주목 끌기: 주목을 끌어 소비자를 제품으로 이끈다.
  ㉡ 인센티브: 소비자에게 가치를 주는 얼마간의 양보, 권유, 또는 기부를 포함한다.

핵심예제

자사 제품을 구입함으로 받게 되는 편익이 아니라 소비자가 자사 제품을 구입하지 않아 발생할 수 있는 위험을 알려서 제품의 구입을 촉진시키는 광고의 소구는?

① 유머 소구　　　　　　　　　② 온정 소구
③ 성적 소구　　　　　　　　　④ 공포 소구

해설
① 유머 소구: 농담이나 해학 등을 이용하여 메시지를 전달한다.
② 온정 소구: 사람 간 관계에 대한 내용을 중심으로 소비자의 감성을 자극하여 메시지를 전달한다.
③ 성적 소구: 성적 자극을 이용하여 메시지를 전달한다.

④ **정답**

ⓒ 초대: 지금 거래에 참여하도록 하는 독특한 초대를 포함한다.

(2) 판매촉진의 기능
① 신규 고객의 구매와 기존 고객의 재구매를 유도한다.
② 기존 고객들을 경쟁업체의 마케팅 전략으로부터 방어한다.
③ 특정한 목표 시장을 효과적으로 공략한다.
④ 기업의 브랜드 자산을 강화한다.

(3) 판매촉진 비중의 증가 요인
① 광고 혼잡 현상으로 인한 광고 효과의 감소로 소비자에게 직접적인 자극을 제공하는 판매촉진으로 전환되었다.
② 소비자의 상표 충성도가 감소하고 가격 민감도가 증가하였다.
③ 마케팅 성과를 측정하기 용이하고, 단기 지향적이므로 단기간에 가시적 결과물이 있는 판매촉진을 선호하게 되었다.
④ 유통업자들의 교섭력 강화로 제조업체들이 다양한 인센티브를 제시하게 되었다.
⑤ 판매촉진 활동과 관련된 경쟁이 심화되었다.

(4) 판매촉진의 유형 기출
① 소비자 판매촉진: 제조업자가 소비자에게
  예 샘플링, 쿠폰, 사은품, 경연과 추첨, 보너스팩, 가격 할인, 환불 등
② 중간상 판매촉진: 제조업자가 중간 상인에게
  예 중간상 할인(구매 할인, 판매촉진 지원금, 제품 진열 보조금), 협동 광고, 교육훈련 프로그램 등
③ 소매상 판매촉진: 소매업자가 소비자에게
  예 가격 할인, 소매점 쿠폰, 특수 진열, 소매점 광고 등

핵심예제

판매촉진의 유형에 해당하지 않는 것은?

① 소비자 판매촉진
② 중간상 판매촉진
③ 소매상 판매촉진
④ 제조업자 판매촉진

해설 판매촉진의 유형에는 소비자 판매촉진, 중간상 판매촉진, 소매상 판매촉진이 있다.

④ 정답

4. PR과 홍보(Publicity)

(1) PR과 홍보의 정의 및 기능
① 정의: 방송이나 인쇄 매체를 이용하여 사람이나 상품 또는 서비스에 관한 사실을 객관적인 입장에서 기사화하여 기업을 알리는 방법이다.
② 기능: 소비자들에게 유익한 정보를 전달하는 것을 목적으로 하므로 신뢰도가 높고 소비자들이 자연스럽게 기업의 정보를 받아들이며, 기업의 사회적 이미지에 아주 큰 영향을 끼친다.

(2) PR과 홍보의 특징
① 홍보는 PR 활동의 한 부분으로, 실제로 광고와 달리 언론 매체에 실렸으면 하는 기사 내용이나 기사화의 여부는 기업이 매체 기관에 임의적으로 통제를 할 수 없다.
  ㉠ 통제 가능한 매체: 사내 신문, 간행물, 강연회, 사진, 전시, 공공 캠페인, 이벤트 등
  ㉡ 통제 불가능한 매체: 일반 언론 보도, 기자 회견, 신문 논평, 각종 인터뷰 등
② PR과 홍보의 소구는 높은 신뢰성, 찾기 힘든 구매자에 도달, 각색이라는 독특한 품질에 바탕을 두고 만든다.

(3) PR과 홍보의 플랫폼
기자 회견 자료집(Press kit), 연설, 세미나, 연차 보고서, 자선 기부금, 출판, 커뮤니티 관계, 로비 활동, 기업 매거진 등이 있다.

5. 인적 판매 기출

(1) 인적 판매의 정의와 특징
① 정의: 고객과 직접적인 접촉을 통하여 기업의 서비스에 대한 정보를 제공하고 설득하는 커뮤니케이션 활동이다.
② 특징
  ㉠ 인적 판매는 구매과정의 마지막 단계에서 가장 효과적인 도구로서, 특히 구매자의 선호, 확신과 구매 행위를 높인다.
  ㉡ 전문 상담원 등 기업의 인적 자원을 이용한 촉진 수단이다.

핵심예제

다음 홍보의 매체 중 그 성격이 다른 하나는?
① 간행물
② 강연회
③ 기자 회견
④ 공공 캠페인

해설 ①·②·④는 통제 가능한 매체, ③은 통제가 불가능한 매체에 해당한다.

정답 ③

ⓒ 기업 서비스를 인지하고 있는 고객을 대상으로 하는 경우 더욱 효과적이다.
ⓔ 촉진 속도가 느리며 고객 1인당 촉진 비용이 높다.

(2) 인적 판매의 특성

① 인적 상호작용: 인적 판매는 두 명 이상의 사람들 사이에서 즉각적이고 상호작용의 에피소드(Episode)를 만들어 내고, 각각 상대방의 반응을 관찰한다.
② 발굴: 인적 판매는 또한 사실 문제의 관계로부터 깊은 인간적 우정까지 다양한 종류의 관계를 만든다.
③ 반응: 구매자로 하여금 종종 인간적 선택을 하고 직접 반응하도록 권유한다.

6. 촉진 전략의 관리

(1) 촉진 전략의 구분

① 광고와 PR, 소비자 위주의 판매촉진으로 대표되는 풀(Pull) 전략과 인적 판매(Personal selling), 각종 중간상 위주의 판매촉진 수단(Sales promotion)으로 구성된 푸시(Push) 전략으로 크게 나눌 수 있다.
② 풀(Pull) 전략 기출
  ⓐ 개념: 제조업자가 최종 구매자들을 대상으로 하여 주로 광고와 PR 혹은 소비자를 대상으로 한 판매촉진 수단을 동원하여 촉진 활동을 하는 것이다.
  ⓑ 목표: 최종 구매자들이 자사의 상품을 찾게 함으로써 결국 유통업자들이 그 상품을 취급하게 하는 데에 있다.
  ⓒ 최종 구매자들이 브랜드 애호도가 높고, 고관여 상품에 적합하다.
③ 푸시(Push) 전략 기출
  ⓐ 개념: 제조업자가 유통업자들을 대상으로 주로 판매촉진과 인적 판매 수단들을 동원하여 촉진 활동을 하는 것이다.
  ⓑ 목표: 유통업자들로 하여금 자사 상품을 많이 취급하도록 하고, 최종 구매자들에게 적극적으로 권하도록 만드는 데에 있다.
  ⓒ 최종 구매자들의 브랜드 애호도가 낮고, 브랜드 선택이 점포 안에서 이루어지며, 충동구매가 잦은 상품에 적합하다.

핵심예제

다음 빈칸 A, B에 들어갈 알맞은 단어는?

- (A) 전략: 중간상들이 자사 제품을 취급하도록 하고 나아가서는 최종 소비자에게 자사 제품의 구매를 권장하도록 하는 전략
- (B) 전략: 최종 소비자가 자사 제품을 자발적으로 구매하도록 하는 전략

	A	B		A	B
①	푸시(Push)	풀(Pull)	②	풀(Pull)	푸시(Push)
③	푸시(Push)	푸시(Push)	④	풀(Pull)	풀(Pull)

① 정답

7. 통합적 커뮤니케이션 전략

(1) 통합적 마케팅 커뮤니케이션(IMC; Integrated Marketing Communication)의 개요

① 등장 배경
  ㉠ 인터넷의 발전으로 기존 매체의 벽이 허물어지고 매체들이 통합되고 있다.
  ㉡ 정보통신 기술의 발달로 쌍방향 커뮤니케이션 및 고객과의 소통이 중요하게 되었다.
  ㉢ 수동적 소비자에서 능동적 소비자로 변화하고 있다.
  ㉣ 데이터베이스 마케팅이 성장하였고, 광고 이외의 촉진 활동의 중요성이 증가했다.
  ㉤ 인터넷의 등장으로 소비자가 스스로 소비를 결정하는 시대가 되고 있다.
  ㉥ 마케팅 커뮤니케이션 기능의 전술적 통합이 아니라 전략적 통합의 필요성을 인식하고 있다.

② 개념
  ㉠ 광고, DM, 판매촉진, PR 등 다양한 커뮤니케이션 수단들의 전략적인 역할을 비교·검토하고, 명료성과 정확성 측면에서 최대의 커뮤니케이션 효과를 거둘 수 있도록 이들을 통합하는 총괄적인 계획의 수립 과정이다.
  ㉡ 고객이 기업과 기업의 브랜드를 만날 수 있는 모든 접점을 통해 기업이 고객에게 일관적이고 설득력 있는 메시지를 전달하기 위한 전략이다.
  ㉢ 강력하고 통일된 브랜드 이미지를 구축하고 소비자를 구매 행동으로 이끌기 위해 광고와 같은 단일 커뮤니케이션 수단 외에 표적 청중에게 도달하는 데 있어 가장 효과적일 수 있는 매체나 접촉 수단을 적극적으로 활용한다.

③ 특성
  ㉠ 커뮤니케이션 요소들을 모두 통합하여 일관성 있게 관리함으로써 시너지 효과를 기대할 수 있다.
  ㉡ 소비자와의 상호작용적 커뮤니케이션을 통해 강력한 관계를 구축하여야 한다.
  ㉢ 목표는 행동에 영향을 미치는 것이며 소비자와의 접촉을 위해 다양한 방법을 사용한다.
  ㉣ 메시지, 경로, 수신자 간의 관계를 최적화하고 통합하여 소비자와 브랜드 간에 관계를 증진시킬 수 있다.
  ㉤ 판매만이 목적이 아니라 브랜드의 가치 창출을 위한 장기적 관계 구축이라고 볼 수 있다.

핵심예제

고객이 기업과 기업의 브랜드를 만날 수 있는 모든 접점을 통해, 기업이 고객에게 일관적이고 설득력 있는 메시지를 전달하기 위한 전략은?

① 통합 광고(IA; Integrated Advertising) 전략
② 통합 마케팅(IM; Integrated Marketing) 전략
③ 통합 판매 믹스(ISM; Integrated Sales Mix) 전략
④ 통합 마케팅 커뮤니케이션(IMC; Integrated Marketing Communication) 전략

해설 통합 마케팅 커뮤니케이션에 대한 설명이다.

정답 ④

(2) 통합 마케팅 커뮤니케이션(IMC) 전략 수립

① 국내외 기업들을 볼 때 일반적으로 광고는 광고 대행사, PR은 PR 대행사, 판매촉진은 판매촉진 대행사, 인적 판매 분야도 이를 대행해 주는 대행사에게 외주를 주는 사례가 많다.

② 다양한 촉진 도구를 적당하지 않은 자원의 배정과 비율로 집행하거나 막대한 예산이 집행되었어도 단기적으로나 중장기적으로 기대하는 성과를 도출하지 못하는 사례가 많음에 유의해야 한다.

③ IMC의 예상 문제점을 해결하기 위해서는 목표 고객들은 물론 잠재 고객들이 자사, 상품, 브랜드들과 만나는 시간과 공간의 모든 접촉점(Contact point)들을 인식해야 한다.

④ 자사로서는 모든 접촉점에서 고객들에게 긍정적이고 일관된 메시지가 전달되도록 해야 한다.

⑤ IMC는 촉진 도구들의 통합만이 아니라, 마케팅믹스의 네 가지 요소가 모두 통합되어야 한다.

핵심예제

통합 마케팅 커뮤니케이션(IMC)의 전략 수립에 대한 설명으로 옳지 않은 것은?

① 보통 대행사에 외주를 주지 않고 기업에서 직접 진행하는 사례가 많다.
② 모든 접촉점에서 고객들에게 긍정적이고 일관된 메시지가 전달되도록 해야 한다.
③ 촉진 도구들의 통합만이 아니라, 마케팅믹스의 네 가지 요소가 모두 통합되어야 한다.
④ 고객들이 자사, 상품, 브랜드들과 만나는 시간과 공간의 모든 접촉점들을 인식해야 한다.

해설 국내외 기업들을 볼 때 일반적으로 광고는 광고 대행사, PR은 PR 대행사, 판매촉진은 판매촉진 대행사, 그리고 인적 판매 분야도 이를 대행해 주는 대행사에게 외주를 주는 사례가 많다.

①

제 3 장 실제예상문제

01 다음 중 고객에게 제품에 대해 설명할 때 옳지 않은 것은?
① 고객층이 확대되고 있다는 것은 고객들의 반응이 좋다는 것을 의미하므로 핵심적인 장점을 중심으로 설명하는 것이 좋다.
② 고객의 선호도가 낮아 제품을 개선하였을 경우에는 경쟁 제품과 신제품의 기능, 가격, 서비스 등을 비교하여 설명한다.
③ 상품을 효과적으로 설명하고자 할 때에는 상품의 셀링 포인트를 구체적으로 전달하여야 한다.
④ 새로운 상품을 도입한 경우 상품의 기능 및 특성을 충분히 이해시킨다.

> 해설 기존 제품의 선호도가 낮아 개선한 경우에는 기존 제품에서 개선된 사항이 구체적으로 무엇이고 가격이나 기능, 디자인 등에서 달라진 점이 무엇인가를 부각하는 것이 좋다.

02 단일 브랜드에 대한 호의적인 태도와 지속적인 구매를 보이는 소비자의 행동을 의미하는 것은?
① 브랜드 차별(Brand discrimination)
② 행위적 학습(Behavioral learning)
③ 선별적 인식(Selective perception)
④ 브랜드 충성도(Brand loyalty)

> 해설 브랜드 충성도에 대한 설명으로서 상표 충성도라고도 한다. 제품을 구매할 때 특정한 브랜드를 선호하여 동일한 브랜드를 반복적으로 구매하는 정도를 나타내는 것으로 브랜드 자산의 핵심적인 구성 요소이다.

03 다음 중 경쟁 중심적 가격 결정 방법으로 비교적 동질적인 제품을 판매하는 기업에서 주로 이용하는 가격 결정 방법은?
① 명성 가격 결정
② 유인 가격 결정
③ 모방 가격 결정
④ 단수 가격 결정

> 해설 경쟁 중심의 가격 결정 방법에는 경쟁사 모방 가격 결정, 입찰 가격 결정 등이 있는데, 이 중 모방 가격 결정은 제품의 동질성이 높아서 수요자와 판매자 사이에서 형성되는 시장 가격 또는 선도 기업의 가격에 따를 수밖에 없는 경우에 많이 채택된다.

정답 01 ② 02 ④ 03 ③

04 제품의 가격 결정 시 가장 일반적으로 쓰이는 방법으로, 제품 원재료의 가격에 일정 이익을 가산하여 가격을 결정하는 것은?

① 관습적 가격 결정법
② 원가 가산 가격 결정법
③ 경쟁입찰 가격 결정법
④ 투자수익률기준 가격 결정법

> **해설** ① 관습적 가격 결정법: 특정 품목에 대해 소비자들의 인식 속에서 관습적으로 굳어진 가격으로 가격을 결정하는 방법이다.
> ③ 경쟁입찰 가격 결정법: 원가, 수요에 기초를 두는 것이 아닌 입찰에 참여하는 경쟁 기업의 가격에 대한 예측을 중시하는 방법이다.
> ④ 투자수익률기준 가격 결정법: 투자비용을 고려한 수익률 기준으로 가격을 결정하는 방법이다.

05 흔히 마케팅믹스(Marketing Mix)라고 하면 4P를 일컫는데, 이에 해당되지 않는 것은?

① 제품(Product)
② 포장(Package)
③ 유통경로(Place)
④ 촉진(Promotion)

> **해설** 마케팅의 4요소(4P)
> 제품(Product), 유통경로(Place), 가격(Price), 촉진(Promotion)

06 다음 중 일반적인 상품 분류 기준에 맞게 연결되지 않은 것은?

① 소비자용품 – 사무용품
② 전문품 – 낮은 구매 빈도
③ 편의품 – 일용 잡화, 식료품
④ 선매품 – 디자인이나 스타일의 중요성

> **해설** 사무용품은 편의품에 해당한다. 일반적인 상품 분류 기준에는 편의품 · 전문품 · 선매품이 있다.

정답 04 ② 05 ② 06 ①

07 소비재 중 비교 선호도가 높은 것은?

① 소모품(Supplies)
② 선매품(Shopping goods)
③ 전문품(Specialty goods)
④ 편의품(Convenience goods)

해설 선매품(Shopping goods)은 비교 선택의 성향이 높으며 겉옷, 주요 가전제품, 가구 등이 대표적이다.

08 제품 수준을 핵심 제품, 유형 제품, 확장 제품의 3단계로 구분한 사람은?

① 마샬
② 케인즈
③ 코틀러
④ 아담 스미스

해설 필립 코틀러(Philip Kotler)의 제품의 개념화(핵심 제품 → 유형 제품 → 확장 제품)
- 핵심 제품(Core product): 소비자가 어떤 제품을 구매할 때 추구하는 편익(효용)을 의미하며, 소비자의 욕구를 충족해 주는 가장 본질적인 요소를 말한다.
- 유형 제품(Tangible product): 유형화(형상화)를 위한 물리적인 요소로서 포장, 상표명, 품질 및 디자인 등과 같은 구체적인 제품을 말한다. 이는 소비자의 감각적·상징적 욕구를 충족해 준다.
- 확장 제품(Augmented product): 물리적인 제품에 대한 추가적·부가적 서비스를 말하는 것으로 서비스 편익인 운반, 설치, 보증, 사용 방법(매뉴얼), 애프터서비스 등이 있다.

09 다음 가격 관리와 관련된 설명 중 옳지 않은 것은?

① 계열 가격 정책은 한 기업의 제품이 여러 제품 계열을 포함하는 경우에 품질, 성능, 스타일에 따라 서로 다른 가격을 결정하는 것이다.
② 명성 가격 결정법은 가격이 높으면 품질이 좋을 것이라고 느끼는 효과를 이용하여 수요가 많은 수준에서 고급 상품의 가격 결정에 이용된다.
③ 상층흡수 가격 정책은 신제품을 시장에 도입하는 초기에는 고소득층을 대상으로 높은 가격을 받고 그 뒤 차차 가격을 인하하여 저소득층에 침투하는 것이다.
④ 침투 가격 정책은 신제품을 도입하는 초기에 저가격을 설정하여 신속하게 시장에 침투하는 전략으로 수요가 가격에 민감하지 않은 제품에 많이 사용되는 방법이다.

해설 침투 가격 결정법은 수요가 가격에 대하여 민감한 제품(수요의 가격 탄력도가 높은 제품)에 많이 사용하는 방법이다.

10 저가 전략이 적합하지 않은 상황은?

① 시장 수요의 가격탄력성이 높을 때
② 규모의 경제를 통한 이득이 미미할 때
③ 시장에 경쟁자의 수가 많을 것으로 예상될 때
④ 소비자들의 본원적인 수요를 자극하고자 할 때

> **해설** 규모의 경제를 통한 이득이 미미할 때는 고가 전략의 조건이다.
> **저가 전략의 조건**
> • 시장 수요의 가격탄력성이 높을 때
> • 시장에 경쟁자의 수가 많을 것으로 예상될 때
> • 소비자의 본원적인 수요를 자극하고자 할 때
> • 원가 우위를 확보하고 있어 경쟁 기업이 자사 제품의 가격만큼 낮추기 힘들 때
> • 가격 경쟁력이 있을 때

11 마케팅에서 판매촉진 비중이 증가하게 된 주된 원인으로 볼 수 없는 것은?

① 광고 노출
② 가격 민감도
③ 경쟁의 완화
④ 판매촉진 성과 측정

> **해설** 마케팅 시장에서의 경쟁이 심화됨에 따라 판매촉진의 비중도 함께 증가하게 되었다.

12 다음 중 홍보와 광고의 차이점으로 적절하지 않은 것은?

① 광고는 명확한 광고주를 가지지만, 홍보는 특정 광고주가 없다.
② 광고는 광고주가 비용을 부담하지만, 홍보는 비용 부담이 없다.
③ 광고는 비인성 매체를 이용하지만, 홍보는 인성 또는 비인성 모두 이용한다.
④ 광고는 광고주가 그 게재 여부를 결정하지만, 홍보는 매체의 편집진이 결정한다.

> **해설** 광고와 홍보는 모두 비인성 형식의 커뮤니케이션 매체를 이용하는 것이다.

정답 10 ② 11 ③ 12 ③

13 다음 중 소비재에 속하지 않는 것은?

① 편의품
② 원재료
③ 선매품
④ 전문품

해설 제품은 크게 소비재와 산업재로 구분되는데, 소비재는 편의품·선매품·전문품으로 구분되며, 산업재는 설비품·부속 장비품·구성품·원재료·소모품 등으로 구분된다.

14 제품을 구매하기 전에 가격, 품질, 형태, 욕구 등을 충분히 비교·탐색하여 선별적으로 구매하는 제품은?

① 편의품
② 선매품
③ 전문품
④ 일반품

해설 선매품이란 제품을 구매하기 전에 제품의 품질·가격 등을 충분히 비교하여 결정하는 제품으로, 일반 의류·구두 등을 예로 들 수 있다.

15 상품 매입 시 상황에 따라 여러 가지로 제공되는 할인에 대한 설명으로 틀린 것은?

① 수량 할인이란 일시에 대량 구매 시 제공되는 할인이다.
② 리베이트란 판매 가격의 일정 비율을 반환해 주는 것이다.
③ 계절 할인이란 성수기에 구입하는 구매자에게 할인해 주는 것이다.
④ 현금 할인이란 물건 값을 즉시 지불하는 것에 대한 할인이다.

해설 계절 할인이란 비수기에 구입하는 구매자에게 할인해 주는 것이다.

13 ② 14 ② 15 ③

16 다음 중 편의품에 대한 내용으로 적합하지 않은 것은?

① 대표적인 편의품은 주요 가전제품, 가구 등이다.
② 소비자들은 편의품 상표에 대해서 강한 애호도를 가지고 있다.
③ 편의품은 소비자가 최소한의 노력으로 자주 구입하는 제품을 말한다.
④ 편의품을 살 때에는 가장 편리한 위치에 있는 점포를 선택하는 경우가 많다.

해설 가전제품, 가구 등은 선매품이다.

17 자주 구매되고 소비자가 제품 구매에 최소한의 시간과 노력을 투입하는 제품으로 비누, 치약, 식료품 등의 생활필수품 등의 소비재는?

① 선매품
② 편의품
③ 전문품
④ 일반품

해설 편의품은 자주 구매되고 소비자가 제품 구매를 위해서 큰 노력을 기울이지 않는 제품으로 필수품, 충동품, 긴급품 등이 있다.
• 필수품: 비누, 치약, 식료품, 화장지, 세제, 설탕 등
• 충동품: 껌, 잡지 등
• 긴급품: 정전 때 플래시, 비올 때 우산, 폭설 때 부츠 등

18 편의품(Convenience goods)의 판매 방법으로 가장 거리가 먼 것은?

① 개점 시간이 길어야 한다.
② 재고 품절이 되어서는 안 된다.
③ 적극적인 판매 권유가 필요하다.
④ 주거지에서 가까운 곳에 상점을 입지시키는 것이 좋다.

해설 편의품(Convenience goods)은 소비자의 관여 수준이 낮고, 생산자가 대량적인 촉진 전략을 펴기 때문에 적극적인 판매 권유를 할 필요성이 적다.

정답 16 ① 17 ② 18 ③

19 다음 중 의류나 가구, 장신구 등 비교적 값이 비싼 상품을 취급하여 도시의 번화가에 상가를 형성하고 있는 소매상의 명칭은?

① 잡화점
② 전문점
③ 선매품점
④ 프랜차이즈 시스템

해설 선매품(Shopping goods)은 고객이 여러 상점을 통해서 상품의 스타일·품질·가격 등을 비교한 후 구매하는 것을 말한다.

20 제품수명주기에 있어서 성숙기의 특징은?

① 원가가 높다.
② 경쟁자가 거의 없다.
③ 판매가 절정에 이른다.
④ 혁신적인 고객이 제품을 산다.

해설 ①·②·④는 제품수명주기 중 도입기의 특징에 해당한다.

21 다음에서 설명하는 제품수명주기는?

- 판매와 이익 현저히 증가
- 시장 점유율 극대화를 위한 전략 설정
- 제품 확대, 브랜드 선호의 개발

① 도입기
② 성장기
③ 성숙기
④ 쇠퇴기

해설 성장기에서는 시장 수용이 급속하게 이루어져 판매와 이익이 현저히 증가하며, 시장 점유율을 확대하는 전략을 설정하고 브랜드 선호의 개발이 이루어진다.

22 다음 중 제품수명주기의 정의로 옳은 것은?

① 신제품이 시장에 도입되어 쇠퇴할 때까지의 기간을 말한다.
② 제품 개발에서부터 소비자에게 전달될 때까지의 기간을 말한다.
③ 제품 개발에서부터 고객의 욕구가 충족될 때까지의 기간을 말한다.
④ 제품이 시장에 도입되어 소비자가 제품으로부터 효용을 얻게 될 때까지의 기간을 말한다.

해설 제품수명주기 이론은 제품도 생명체와 마찬가지로 생성, 성장, 쇠퇴, 소멸해간다는 내용으로 도입기, 성장기, 성숙기, 쇠퇴기의 4단계로 구성된다.

정답 19 ③ 20 ③ 21 ② 22 ①

23 다음 설명에 해당되는 제품의 수명주기는?

> - 판매량의 평준화
> - 매우 강력한 경쟁
> - 독특한 세분시장
> - 산업 내 브랜드 등가(Parity)
> - 경쟁력이 약한 기업의 도태

① 도입기
② 성장기
③ 성숙기
④ 쇠퇴기

> **해설** 성숙기의 특징
> - 매우 강력한 경쟁과 판매량의 평준화: 많은 잠재 고객 혹은 참가자들이 이미 그 제품이나 프로그램을 구매했을 뿐 아니라 경쟁이 높아져서 증가율이 떨어지는 시기이다.
> - 독특한 세분시장
> - 산업 내 브랜드 등가(Parity)
> - 경쟁력이 약한 기업의 도태

24 상품의 수명주기(PLC ; Product Life Cycle)의 순서로 올바른 것은?

① 도입기 → 성숙기 → 성장기 → 포화기 → 쇠퇴기
② 도입기 → 성장기 → 포화기 → 성숙기 → 쇠퇴기
③ 도입기 → 성장기 → 성숙기 → 포화기 → 쇠퇴기
④ 도입기 → 성숙기 → 포화기 → 성장기 → 쇠퇴기

> **해설** 상품의 수명주기는 도입기 → 성장기 → 성숙기 → 포화기 → 쇠퇴기를 거친다.

25 소비재 중 전문품의 특성이 아닌 것은?

① 가격에 대해서는 탄력적이다.
② 생산자가 대부분의 촉진 부담을 가진다.
③ 소비자는 자기가 원하는 상표를 찾아내기 위해 쇼핑에 많은 노력을 기울인다.
④ 제품이 가지는 전문성이나 독특한 성격 때문에 대체품이 존재하지 않고 브랜드 인지도가 높다.

> **해설** 전문품은 가격에 대해 탄력적이지 않다.

정답 23 ③ 24 ③ 25 ①

26 소비자의 구매 과정에서 욕구 발생에 영향을 주는 내적 변수가 아닌 것은?

① 소비자의 동기
② 소비자의 특성
③ 소비자의 과거 경험
④ 과거의 마케팅 자극

해설 과거의 마케팅 자극은 외적 변수이다.

27 가격 결정에 영향을 미치는 요인 중 내부적 요인에 해당하지 않는 것은?

① 마케팅 목표
② 경쟁사 가격
③ 마케팅믹스 전략
④ 목표시장 점유율

해설 가격 결정에 영향을 미치는 요인
• 내부적 요인: 마케팅 목표, 마케팅믹스 전략, 목표시장 점유율, 자사, 원가, 자사 유통경로, 자사 제품의 품질 등
• 외부적 요인: 고객의 가치, 경쟁 환경, 법적 규제 등

28 다음 중 가격 결정에 있어서 상대적으로 고가 가격이 적합한 경우가 아닌 것은?

① 시장 수요의 가격탄력성이 높을 때
② 규모의 경제 효과를 통한 이득이 미미할 때
③ 진입 장벽이 높아 경쟁 기업의 진입이 어려울 때
④ 높은 품질로 새로운 소비자층을 유인하고자 할 때

해설 시장 수요의 탄력성이 탄력적인(높은) 경우에는 가격의 변화에 대한 수요의 변화가 크다. 이는 대체품이 많이 존재한다는 의미이므로 상대적으로 저가 전략을 구사하는 것이 기업에 유리하다.

29 다음 빈칸 안에 들어갈 알맞은 것은?

> 가격 결정 정책을 수립할 때 판매자는 반드시 활용 가능한 가격 책정의 조건들을 모두 고려해야만 한다. 예를 들면 고객의 수요에 대한 고려는 (   )이(가) 된다.

① 변동비
② 원가 경쟁
③ 가격 상한선
④ 가격의 범위

해설 고객의 수요에 대한 고려는 가격 상한선이 되고, 공급자의 비용에 대한 고려는 가격 하한선이 된다.

정답 26 ④ 27 ② 28 ① 29 ③

30 제품 또는 서비스의 가격을 결정할 때 상대적인 저가 전략이 적합하지 않은 경우는?

① 시장 수요의 가격탄력성이 높을 때
② 소비자들의 본원적인 수요를 자극하고자 할 때
③ 진입 장벽이 높아 경쟁 기업의 진입이 어려울 때
④ 원가 우위를 확보하고 있어 경쟁 기업이 자사 제품의 가격만큼 낮추기 힘들 때

> **해설** 시장 수요의 가격탄력성이 낮고, 진입 장벽이 높아 경쟁 기업의 진입이 어려울 때는 고가 전략이 적합하다.

31 매우 비탄력적인 수요 곡선을 지니는 신상품을 도입할 때 가장 적합한 가격 책정 전략은?

① 고가 가격 전략
② 침투 가격 전략
③ 초기 할인 전략
④ 경쟁 가격 전략

> **해설** 가격탄력성이 낮을 때 적합한 가격 책정 전략은 고가 가격 전략이다.

32 유통경로에 관한 설명 중 틀린 것은?

① 유통경로의 길이는 중간상 수준의 수를 말한다.
② 유통경로의 구성원들은 재화를 수송하고 저장하며, 정보를 수집한다.
③ 유통경로는 생산자로부터 소비자에게 제품이 전달되는 과정이다.
④ 유통경로의 서비스나 아이디어는 생산자들에게는 큰 의미가 없다.

> **해설** 유통경로의 서비스나 아이디어는 생산자들에게 제품 개발에 대한 아이디어를 제공한다.

33 유통경로에 대한 설명으로 옳은 것은?

① 제품 생산 시 한 공정에서 다른 공정으로 이동하는 경로를 의미한다.
② 판매자가 소비자에게 상품을 배달할 때 제일 빠른 이동 경로를 의미한다.
③ 상품이 생산자에서 소비자에게 직접 또는 중간 상인을 통하여 판매되는 경로를 의미한다.
④ 상품이 대리점에서 제품 생산 본사로 전달되는 것을 의미한다.

> **해설** **유통경로**
> 제품이나 서비스가 생산자에서부터 소비자에 이르기까지 거치게 되는 통로 또는 단계를 말하며, 생산자와 소비자 사이에는 상품 유통을 담당하는 여러 종류의 중간상들이 개입한다.

정답 30 ③ 31 ① 32 ④ 33 ③

34 유통경로의 설계 과정을 바르게 나열한 것은?

| ㉠ 고객 욕구의 분석 | ㉡ 주요 경로 대안의 식별 |
| ㉢ 유통경로의 목표 설정 | ㉣ 경로 대안의 평가 |

① ㉠ → ㉢ → ㉡ → ㉣
② ㉡ → ㉠ → ㉣ → ㉢
③ ㉢ → ㉡ → ㉠ → ㉣
④ ㉣ → ㉢ → ㉠ → ㉡

해설 유통경로의 설계 과정
고객 욕구의 분석 → 유통경로의 목표 설정 → 주요 경로 대안의 식별 → 경로 대안의 평가

35 수직적 유통 시스템의 형태가 아닌 것은?

① 연결형 시스템
② 계약형 시스템
③ 동맹형 시스템
④ 회사형 시스템

해설 수직적 유통경로(마케팅) 시스템(VMS)의 유형에는 회사형 시스템, 계약형 시스템, 관리형 시스템, 동맹형 시스템이 있다.

36 다음은 마케팅 커뮤니케이션 목표와 판매촉진 방안 활용에 관한 장단점을 요약한 표이다. 빈칸 안에 들어갈 말이 순서대로 알맞은 것은?

구분	쿠폰	프리미엄	가격 할인
지각된 위험 감소	(㉠)	미약	뛰어남
기업 이미지 개발	없음	(㉡)	미약
긍정적 구전 자극	미약	좋음	(㉢)

	㉠	㉡	㉢
①	뛰어남	좋음	미약
②	없음	뛰어남	뛰어남
③	미약	미약	뛰어남
④	미약	좋음	뛰어남

해설 판매촉진 방안 활용 방법
- 판매촉진 방법: 쿠폰, 환불, 가격 할인, 샘플, 프리미엄, 경연 대회와 경품, 산업 전시회 등
- 쿠폰: 직접적으로 가격을 인하해 주는 방법이다.
- 프리미엄: 구매자에게 염가 또는 무료로 품목을 제공하는 방법이다.
- 가격 할인: 제품의 가격을 할인하여 소비자가 제품을 구매하도록 촉진하는 방법이다.

37 가격 결정에 영향을 미치는 요인을 내적 요인과 외적 요인으로 구분할 때, 내적 요인이 아닌 것은?

① 원가
② 마케팅 목표
③ 시장과 수요
④ 마케팅믹스 전략

> **해설** 가격 결정에 영향을 미치는 내적 요인에는 마케팅 목표, 마케팅믹스 전략, 자사 원가, 목표시장 점유율, 자사 유통경로, 자사 제품의 품질 등이 있다.

38 다음 설명에 해당하는 가격의 유형은?

> 홈쇼핑이나 인터넷 쇼핑 등에서 주로 볼 수 있는 가격 결정 전략으로, 9,900원 혹은 99,000원 등 가격상의 실제적인 차이는 그렇게 없지만 심리적으로 가격이 훨씬 싼 것처럼 느껴지게 하는 전략

① 기점 가격
② 위신 가격
③ 단수 가격
④ 지대 가격

> **해설** 단수 가격(결정법)은 가능한 가격 중 가장 낮은 가격으로 결정되었다는 인상을 구매자에게 주기 위하여 고의로 단수를 붙여 가격을 결정하는 방법이다.

39 서비스의 특성에 대한 설명으로 틀린 것은?

① 서비스는 동질적이다.
② 서비스는 재고 형태로 보존할 수 없다.
③ 서비스의 생산과 소비를 분리할 수 없다.
④ 서비스를 제공받기 전에는 서비스의 품질을 인식할 수 없다.

> **해설** 서비스의 특성
> - 무형성: 서비스는 형태가 없는 무형의 상품으로, 객관적으로 볼 수 없는 형태로 되어 있기 때문에 측정하기도 매우 어렵다.
> - 소멸성: 서비스는 생산과 동시에 소멸되는 성격을 가지고 있다.
> - 동시성: 생산과 소비가 동시에 이루어진다.
> - 가변성: 서비스를 제공하는 장소, 인적 자원에 따라 서비스를 제공하는 질이 달라진다.

정답 37 ③ 38 ③ 39 ①

40 상표 전략 중 계열 확장(Line extension)에 관한 설명으로 옳은 것은?

① 신제품 범주에 새로운 상표명을 부여한다.
② 기존의 상표명을 새로운 제품 범주로 확대한다.
③ 새로운 상표명을 동일한 제품 범주에 도입한다.
④ 기존의 상표명을 기존의 제품 범주의 새로운 형태, 크기, 맛 등으로 확대한다.

해설 ①은 개별 브랜드, ②는 복수 브랜드, ③은 브랜드 확장에 대한 설명이다.

41 다음의 특징을 가지는 소비재 유형은?

- 소비자 구매 행동 : 강력한 상표 선호성과 충성도
- 유통 : 각 시장 지역에 한두 개의 판매점으로 독점적인 유통

① 편의품
② 선매품
③ 전문품
④ 비탐색품

해설 전문품은 구매자가 상표 또는 점포의 신용과 명성에 따라 구매하는 제품으로 강한 상표 선호성과 충성도를 가지며, 소수의 판매점이 독점하는 형태로 유통된다.

42 다음 중 기업이 새로운 상품을 개발하고 새로운 시장을 찾아나서야 하는 시장-제품 전략은?

① 다각화(Diversification)
② 시장 침투(Market penetration)
③ 시장 개발(Market development)
④ 제품 개발(Product development)

해설

제품 \ 시장	기존 고객	신규 고객
기존 제품	점유 구축 전략(시장 침투 전략)	시장 확장 전략(시장 개발 전략)
신제품	품목 확장 전략(제품 개발 전략)	신규 사업 전략(다각화 전략)

정답 40 ④ 41 ③ 42 ①

43 서비스의 특성 중 이질성을 해소하기 위한 방안으로 가장 적합한 것은?

① 맞춤 서비스를 제공한다.
② 다지역 입지를 활용한다.
③ 유형적 단서를 이용한다.
④ 개인정보 원천을 활용한다.

> **해설** 서비스의 비표준성(이질성)
> 동질의 서비스를 제공하더라도 고객 개인별로 서비스를 평가하는 기준이 다르다. 따라서 개인별 맞춤형 서비스를 제공함으로 고객 만족도를 향상시켜야 한다.

44 다음 설명에 해당하는 가격 조정 전략은?

> A 대형마트에서는 B사의 오디오 제품 가격을 300,000원에서 299,000원으로 조정하였다.

① 세분화 가격 결정
② 심리적 가격 결정
③ 촉진적 가격 결정
④ 지리적 가격 결정

> **해설** 심리적 가격 결정 방법
> 단순히 경제성이 아니라 가격의 심리적 측면을 고려하여 가격을 책정하는 방법으로 위 내용은 심리적 가격 결정 방법 중 단수 가격 결정법에 해당하는 설명이다. 이외에도 관습 가격 결정법과 명성 가격 결정법이 심리적 가격 결정법에 해당한다.

45 제품수명주기 중 성장기의 특성과 가장 거리가 먼 것은?

① 제품의 판매가 대폭 증가하기 시작한다.
② 새로운 경쟁사들이 이익의 기회를 잡기 위해 시장에 진입한다.
③ 광고의 일부를 제품 인지로부터 제품 확신과 구매를 유도하기 위한 것으로 변경한다.
④ 시장 수정, 제품 수정, 마케팅믹스 수정 등의 전략을 고려한다.

> **해설** 시장 수정, 제품 수정, 마케팅믹스 수정 등의 전략을 고려하는 것은 성숙기의 마케팅 전략이다.

46 마케팅 전략 중 기업이 제품을 개발하고, 가격을 설정하여 판매하며, 판매 채널을 개발하고, 판촉 활동을 전개하는 것은?

① 목표시장 전략
② 표적시장 전략
③ 시장세분화 전략
④ 마케팅믹스 전략

> **해설** 마케팅믹스의 정의는 목표시장에서 마케팅 목표를 달성하기 위하여 기업이 활용하는 마케팅 도구의 집합이다.

정답 43 ① 44 ② 45 ④ 46 ④

47 제품의 분류 중 편의품에 대한 설명으로 틀린 것은?

① 소비자가 구매 전 최대한의 노력으로 구입하고자 하는 제품이다.
② 소비자들은 한번 결정한 편의품 상표에 대한 강한 애호도를 지니고 있다.
③ 편의품을 살 때에는 가장 편리한 위치에 있는 점포를 선택하는 경우가 많다.
④ 소비자가 편리한 위치에서 제품을 구매하도록 하려면 개방적인 유통이 불가피하다.

> 해설 소비자가 최소한의 노력으로 자주 구입하는 제품을 말한다.

48 판매촉진의 수단 중 샘플(Sample)을 사용했을 때 가장 효과적으로 달성할 수 있는 목표는?

① 구매 가능성의 증대
② 기업 이미지의 개발
③ 인지 부조화의 감소
④ 긍정적 구전의 자극

> 해설 샘플은 소비자가 한번 사용해 보고 구매 결정을 하므로 구매 가능성 증대에 가장 효과적이다.

49 기업이 상표 전략을 수립하는 경우에는 일반적으로 네 가지 선택 대안을 가진다. 다음 빈칸 A~C 안에 들어갈 가장 알맞은 것은?

구분		제품 범주	
		기존	신(NEW)
상품명	기존	(A)	(B)
	신(NEW)	(C)	신상품

	A	B	C
①	계열 확장	상표 확장	복수 상표
②	복수 상표	계열 확장	상표 확장
③	상표 확장	복수 상표	계열 확장
④	계열 확장	복수 상표	상표 확장

> 해설
> | 구분 | 기존 제품 | 신제품 |
> |---|---|---|
> | 기존 브랜드 | 라인/계열 확장 | 브랜드/상표 확장 |
> | 새로운 브랜드 | 복수 브랜드/상표 | 개별 브랜드/상표 |

47 ① 48 ① 49 ①

50 제품 또는 서비스의 가격세분화 기준에 관한 설명으로 틀린 것은?

① 세분시장이 충분히 커야 한다.
② 상이한 세분시장의 고객들은 가격의 변화에 대해 동일하게 반응해야 한다.
③ 세분시장을 확인할 수 있어야 하고, 차별적으로 가격을 책정할 수 있는 수단이 마련되어야 한다.
④ 특정 세분시장에서 저가격에 상품 또는 서비스를 구매한 고객이 다른 세분시장의 고객에게 동일한 서비스를 판매할 기회를 주어서는 안 된다.

> **해설** 가격세분화의 전제 조건으로 상이한 세분시장의 고객들이 가격 변화에 상이한 반응을 보여야 한다.

51 제품/시장 확장 그리드에 관한 설명으로 틀린 것은?

① 시장 개발(Market development)은 시장을 개발하여 기존 제품을 판매하는 것이다.
② 시장 침투(Market penetration)는 기존 제품을 변경하여 기존 고객에게 더 많이 판매하는 것이다.
③ 다각화(Diversification)는 기존 제품과 기존 시장 밖에서 새로운 사업을 시작하거나 매입하는 것이다.
④ 제품 개발(Product development)은 기존 시장을 대상으로 수정된, 혹은 새로운 제품을 제공하는 것이다.

> **해설** 시장 침투(Market penetration)는 기존 시장에서 기존 제품으로 성장을 추구하는 집중적인 성장의 형태로, 기존 고객의 제품 사용률을 높이거나 자사 제품을 사용하지 않는 고객을 끌어들이는 방법이다.

52 가격 할인 형태 중 신 모델 구입 시 구 모델을 반환하면 그만큼 가격을 할인해 주는 방법은?

① 현금 할인
② 수량 할인
③ 계절 할인
④ 공제

> **해설** 공제(중고 반환 공제): 정가로부터 가격 할인을 하는 다른 유형의 할인
> • 거래 공제: 구매자가 중고품을 반환하고 신제품을 구입하는 경우 가격의 일부를 할인해 주는 것
> • 촉진 공제: 제조업자의 광고와 판매 지원 프로그램에 참여하는 중간 상인들에게 보상의 일환으로 일정액을 지불하거나 할인해 주는 것
> ① 현금 할인: 대금을 즉시 지급하는 구매자에게 할인해 주는 것
> ② 수량 할인: 일정량 이상 구입하는 구매자에게 할인해 주는 것
> ③ 계절 할인: 비수기에 구입하는 구매자에게 할인해 주는 것

정답 50 ② 51 ② 52 ④

53 소비재 유형 중 선매품의 일반적인 소비자 구매 행동으로 가장 거리가 먼 것은?

① 계획 구매를 한다.
② 쇼핑 노력을 적게 한다.
③ 거의 빈번하게 구매를 하지 않는다.
④ 가격, 품질, 스타일에 따라 상표를 비교한다.

> 해설 쇼핑 노력을 적게 하는 것은 편의품에 대한 설명이다.

54 마케팅믹스의 정의를 가장 올바르게 나타낸 것은?

① 비영리 마케팅을 추구하는 것이다.
② 인사, 재무, 생산, 조직을 통합하는 것이다.
③ 통제 불가능한 마케팅 환경을 분석하는 것이다.
④ 목표시장에서 마케팅 목표를 달성하기 위하여 기업이 활용하는 마케팅 도구의 집합이다.

> 해설 마케팅믹스란 기업이 목표시장에서 원하는 반응을 얻을 수 있도록 사용하는 통제 가능한 마케팅 변수의 집합을 뜻하며, 회사가 제품의 수요에 영향을 주기 위해 활용할 수 있는 모든 수단으로 구성되어 있다.

55 판매촉진이 다른 커뮤니케이션 수단에 비해 더 많은 비중을 차지하는 이유로 옳지 않은 것은?

① 광고와 달리 판매촉진은 매출에 즉각적인 영향을 미치기 때문이다.
② 판매촉진은 구매 관련 위험을 줄이는 가장 효율적인 수단이기 때문이다.
③ 상표의 종류가 많아지고 기업들 간의 등가성이 증가하고 있기 때문이다.
④ 많은 광고에 노출된 소비자들은 각각의 광고를 기억하기가 어렵기 때문이다.

> 해설 판매 활동을 원활하게 하며, 매출액을 증대하기 위해 실시하는 모든 마케팅 활동을 통틀어 촉진이라 할 수 있으며, 세부적으로는 광고, 판매촉진, 인적 판매, 홍보로 구분할 수 있다. 이 중 판매촉진은 매출 증가에 직접적인 영향을 끼치며, 단기적인 매출 증가에 효과적이나 장기적인 효과는 거의 없으며 구매 관련 위험을 줄이는 가장 효율적인 수단도 아니다.

53 ② 54 ④ 55 ② 정답

56 생산자와 재판매업자가 적극적인 광고와 인적 판매를 이용하여 촉진해야 하는 소비재 유형은?

① 편의품
② 선매품
③ 전문품
④ 비탐색품

해설 비탐색품
- 소비자에게 완전히 새롭거나 소비자가 잘 알고 있지만 평상시에는 구매 욕구를 느끼지 않기 때문에 특별한 탐색 노력을 하지 않는 제품이다.
- 수요 수준이 낮으므로 대체로 높은 이윤폭, 낮은 회전율, 높은 가격의 특성을 보인다.
- 공격적인 인적 판매 노력이 효과적이다.

57 무점포 소매의 형태에 해당하지 않는 것은?

① 편의점
② 홈쇼핑
③ 방문 판매
④ 텔레마케팅

해설 소매업의 종류 중 방문 판매나 통신 판매가 무점포 소매이며, 편의점은 점포가 있다.

58 A 전자에서 세계 최대 크기의 LCD TV를 개발했다는 것이 뉴스를 통해 알려진 경우에 적합한 촉진 전략은?

① 광고
② 홍보
③ 판매촉진
④ 인적 판매

해설 홍보를 하여 소비자에게 알리는 것이 적합하다.

정답 56 ④ 57 ① 58 ②

59 가격차별화의 전제 조건에 관한 설명으로 틀린 것은?

① 각 시장을 세분할 수 있어야 한다.
② 각 세분시장의 소비자군은 같아야 한다.
③ 각 세분시장은 수요 탄력성이 달라야 한다.
④ 시장세분화의 비용보다 이익이 더 커야 한다.

해설 각 세분시장의 소비자군은 달라야 한다.

60 가맹점 입장에서의 프랜차이징 유통 전략의 장점이 아닌 것은?

① 사업 실패 위험을 줄일 수 있다.
② 광고 및 운영상 전문가의 노하우를 전수받을 수 있다.
③ 성공적으로 구축된 브랜드명과 사업 계획 활용이 가능하다.
④ 기업 규모의 성장을 위해 외부로부터 자금을 확보할 수 있다.

해설 기업 규모의 성장을 위해 외부로부터 자금을 확보할 수 있는 것은 회사 입장에서의 장점에 해당한다.

61 판매촉진 전략에 대한 설명으로 틀린 것은?

① 상품에 따라 촉진 믹스의 성격이 달라진다.
② 촉진의 본질은 소비자에 대한 정보의 전달에 있다.
③ 마케팅 커뮤니케이션은 기업 커뮤니케이션과 연계되어 있다.
④ 불황기에는 촉진 활동보다 경로 및 가격 설정 전략이 중요하다.

해설 불황기의 경로 및 가격 설정 전략은 그다지 유효하지 않다.

정답 59 ② 60 ④ 61 ④

제4장 인·아웃바운드 판매 채널 운영 관리

제1절 텔레마케팅 일반

1. 텔레마케팅의 기초

(1) 텔레마케팅의 정의

① 기업이나 그 밖의 이용 주체의 마케팅 활동 시(판매 전, 판매, 판매 후 활동 시) 컴퓨터를 이용하여 데이터베이스를 구축하고, 전화와 인터넷 중심의 정보통신시스템을 효과적으로 활용함으로써 비용 절약, 매출 증대, 기업 이미지 제고를 목적으로 하는 총체적인 활동이다.

② 고객 서비스 및 고객 만족을 극대화시키기 위해 전기통신매체, 컴퓨터 및 정보 통신매체, 데이터베이스를 바탕으로 한 고객 지향의 현대적인 마케팅 개념에서 출발한 신마케팅 기법이다.

(2) 텔레마케팅의 특징 중요

① 시간, 공간, 거리의 장벽을 해소할 수 있다.
② 훈련받은 인적 자원에 의해 이루어지는 쌍방향 커뮤니케이션 마케팅으로, 즉각적인 고객의 반응을 알 수 있고 인간적 관계 형성이 될 수 있다.
③ 잘 계획되고 조직·관리된 마케팅 프로그램의 일종으로, 구성 요소가 유기적으로 결합된 시스템에 의해 움직인다.
④ 정보통신 기술 및 각종 통신수단을 활용하여 고객과 직접 관계를 형성하는 적극적이고 역동적인 종합적 마케팅이다.
⑤ 고객과 1:1 커뮤니케이션을 통해 이루어지며, 대중보다 개인에 중심을 둔 마케팅이다.
⑥ 즉시성과 인격성이 있으며, 효과적인 정보 제공 및 고객관계 구축이 가능하다.
⑦ 기업의 마케팅 활동에 다양하게 사용될 수 있으며, 기업을 정보창조 조직으로 변모시킨다.

핵심예제

텔레마케팅의 특징으로 거리가 먼 것은?

① 고객과 1:1 쌍방향 커뮤니케이션을 통해 이루어진다.
② 잘 계획되고 조직·관리된 마케팅 프로그램의 일종이다.
③ 데이터베이스 마케팅을 지향하므로 시·공간적 제약이 많다.
④ 즉각적인 고객의 반응을 알 수 있고 인간적 관계 형성이 될 수 있다.

해설 | 텔레마케팅은 정보통신 기술 및 각종 통신수단을 활용하여 시간, 공간의 장벽을 해소할 수 있다.

③ 정답

⑧ 데이터베이스와 결합된 정보통신기술을 이용하여 비즈니스 제품과 서비스를 촉진시킨다.
⑨ 데이터베이스 마케팅 기법을 응용하여 마케팅을 전략적으로 활용할 수 있다.
⑩ 고객의 생애 가치를 존중하며, 고객의 미래 가치까지 고려한다.
⑪ 전화와 자동응답장치, FAX, PC 통신, 인터넷 등의 다른 미디어와 결합하여 24시간, 365일 연중무휴로 영업 시간을 확장할 수 있다.
⑫ 텔레마케팅은 고객관계 관리(CRM), 컴퓨터통신통합시스템(CTI) 등의 출현으로 그 개념이 더욱 확대되고 있다.
⑬ 텔레마케팅의 전개 과정은 기획 → 실행 → 반응 → 측정 → 평가이다.

CHECK BOX

컴퓨터통신통합체계(CTI; Computer Telephony Integration)
- 컴퓨터와 전화의 통합으로, 전화 기술과 컴퓨터 기술을 통합한 것이다.
- 과거에는 콜 관리와 데이터 관리가 다른 차원에서 수행되었으나 CTI 기술로 인해 동시에 조절할 수 있게 되어 인바운드와 아웃바운드의 기능 통합이 가능하게 되었다.
- 컴퓨터와 전화 시스템의 통합을 지칭하는 것으로 컴퓨터를 통해 전화 시스템을 효율적으로 사용할 수 있도록 함으로써 자동·재다이얼 기능을 비롯하여 화상 회의 기능, 자료 전송 및 음성 사서함 기능, 송신호에 대한 자동 정보 제공 기능 등을 구현할 수 있다.
- CTI의 응용 분야는 음성 및 콜센터와 같은 전통적인 분야에서 통합 메시지 및 네트워크 팩스 분야에 이르기까지 전 분야에 걸쳐 다양하게 활용되고 있다.

(3) 텔레마케팅의 구성 요소와 수행 요소 [기출]

① 구성 요소: 콜센터, 스크립트, 데이터베이스, 텔레마케팅 운용 요원
② 수행하기 위한 세 가지 필수 자료
  ㉠ Script: 고객과의 원활한 대화를 위한 대화 대본
  ㉡ Q&A: 고객들의 질문과 답변을 모아 놓은 응답집
  ㉢ Data Sheet: 고객들과의 통화 내용 및 상담 내용을 기록한 노트

핵심예제

텔레마케팅의 구성 요소에 해당하지 않는 것은?

① 콜센터
② 헤드세트
③ 데이터베이스
④ 텔레마케팅 운용 요원

해설 텔레마케팅의 구성 요소에는 콜센터, 스크립트, 데이터베이스, 텔레마케팅 운용 요원이 있다.

정답 ②

(4) 마케팅의 판매 방법 기출
① 격상판매(Up selling): 판매액을 증가시키기 위하여 고객에게 상품이나 서비스를 더 권유하여 판매하는 방식을 말한다.
② 교차판매(Cross selling): 하나의 제품이나 서비스 제공 과정에서 다른 제품이나 서비스에 대해 판매를 촉진시키는 마케팅 기법이다.
③ 리피팅(Repeating): 고객에게 할인쿠폰과 같은 혜택을 제공하여 재방문 및 재구매를 유도하는 방식을 말한다.

2. 텔레마케팅의 분류

(1) 착·발신 주체에 따른 분류 기출
① 인바운드 텔레마케팅(수신 전화)
  ㉠ 텔레마케팅의 가장 초보적 단계로 대부분의 기업이 어떤 형태로든 수행한다.
  ㉡ 고객이 능동적으로 기업의 광고나 우편에 직접 반응하며 기업에 전화를 걸어 마케팅 활동이 일어나는 것을 말한다.
  ㉢ 기본적으로 고객 서비스 채널로 활용된다.
  ㉣ 고객이나 잠재 고객으로부터 걸려 오는 전화를 응대하는 것으로 카탈로그를 통한 통신 판매의 전화 접수, 광고의 반응, 각종 문의, 불만 사항 대응 등이 주된 업무이다.
② 아웃바운드 텔레마케팅(발신 전화) 기출
  ㉠ 텔레마케팅 운용 주체가 외부의 잠재 고객 및 기존의 고객에게 전화를 거는 것이다.
  ㉡ 수신 전화에 비해 복잡하고 관리하기가 어려우며, 효율적인 수행을 위하여 전문적인 텔레마케터와 관리자가 필요하다.

CHECK BOX

텔레마케팅의 성공 요인
- 텔레마케팅의 성공 여부는 정확한 데이터와 리스트에 있다.
- 대중매체와 결합했을 때 시너지 효과를 얻는다.
- 콜 자동 처리 시스템을 구축하는 사무 환경이 필요하다.

핵심예제

하나의 제품이나 서비스 제공 과정에서 다른 제품이나 서비스에 대해 판매를 촉진시키는 기법으로, 교차판매라고도 하며, 추가 구입을 유도하는 판매 방법은?
① 업 셀링
② 통신 판매
③ 인적 판매
④ 크로스 셀링

해설 크로스 셀링은 자사의 매출 증대나 고객에 대한 관계를 강화하기 위해 쓰이는 방식이다.

정답 ④

(2) 대상에 따른 분류 기출

① B2C(Business to Consumer telemarketing, 소비자 텔레마케팅)
  ㉠ 일반 소비자를 대상으로 한다.
  ㉡ 제품·서비스의 판매촉진, 고객 서비스의 향상, 소비자 동향 조사, 자료 수집 등을 목적으로 한다.
② B2B(Business to Business telemarketing, 기업 텔레마케팅)
  ㉠ 기업체를 대상으로 한다.
  ㉡ 제품 서비스를 효율적으로 판매하거나 판매 경로와 상권 확대를 도모하고 기업 간의 여러 가지 수·발주 업무의 원활한 처리를 위해 전화를 조직적으로 이용하는 것이다.

(3) 수행 주체(운영 방법)에 따른 분류 기출

① In-house telemarketing(자체 운영 텔레마케팅)
  ㉠ 기업 내에 텔레마케팅 센터를 설치하여 이곳에서 기업의 모든 텔레마케팅 활동을 계획하고 실행하며 통제한다.
  ㉡ 기업의 입장에서 고객의 반응을 여과 기능 없이 바로 파악하여 융통성을 갖고 대응할 수 있다는 점이 최대의 장점이다.
  ㉢ 비용 측면에서 막대한 고정 투자비가 소요되므로 이를 감당할 수 있어야 하고 센터에 할당되는 작업량이 충분하여야 하며 안정적으로 공급되어야 한다.
  ㉣ 자체 운영 텔레마케팅은 주로 통신 판매 회사, 백화점, 소비재 제조 회사, 은행, 보험사 등의 업종에서 도입하고 있다. 이는 대행사를 이용하지 않고 자사 내에 텔레마케팅 설비와 필요한 인원을 배치하여 텔레마케팅 사업에 진출하는 것을 말하는데, 초기 투자 비용이 많이 소요되므로 사전 분석이 필요하다.
② Agency telemarketing(대행 운영 텔레마케팅)
  ㉠ 전문적인 텔레마케팅 용역업체에 위탁하는 것으로 텔레마케팅 활동의 전문성을 최대한 이용할 수 있는 점이 가장 큰 장점이다.
  ㉡ 비용 측면에서 초기 투자비가 상대적으로 적게 든다.

핵심예제

다음의 설명에 해당하는 것은?

> 텔레마케팅을 대상에 따라 분류할 때, 일반 소비자를 대상으로 제품·서비스의 판매를 촉진하고 고객 서비스를 향상시키며 소비자 동향의 조사, 자료 수집 등을 목적으로 이루어지는 텔레마케팅

① 소비자 텔레마케팅   ② 기업 텔레마케팅
③ 인바운드 텔레마케팅   ④ 아웃바운드 텔레마케팅

해설 ①·②은 대상에 따른 분류, ③·④는 착·발신 주체에 따른 분류이다.

정답 ①

3. 텔레마케팅의 발전 과정

(1) 마케팅 개념의 변화 과정

① **초기의 마케팅(생산 지향적 마케팅)**
  ㉠ 제품 및 서비스의 생산과 유통을 강조하는 환경으로 효율성 개선이 목표이다.
  ㉡ 기업들은 소비자가 값싸고 쉽게 구할 수 있는 제품을 선호한다고 판단하여 생산과 유통을 개선하고 생산 능률을 높임으로써 가격을 낮추는 것을 고객 확보의 수단으로 여겼다.
② **제품 지향적 마케팅**: 소비자가 가장 우수한 품질의 제품을 구매한다고 가정하여 기술 개발과 품질 개선 및 타사 제품과의 경쟁에서 승리하는 것을 고객 유치의 수단으로 여겼다.
③ **판매 지향적 마케팅**: 판매량의 증가를 위한 판매 기술의 개발로 인하여 여러 가지 자극으로 보다 많은 구매를 유도할 수 있다고 보고 고객 확보와 유지를 위한 강력한 판매 조직을 형성하고자 하였다.
④ **소비자 지향적 마케팅**: 고객의 욕구를 이해하고 반응하는 데 초점을 두고 모든 기업 조직의 활동들을 고객의 욕구에 부응하도록 통합하였다.
⑤ **사회 지향적 마케팅**: 판매의 윤리적 측면까지를 포함한 개념으로 인간 지향적인 사고와 함께 사회적 책임을 지는 방향으로 전개된다.

CHECK BOX

마케팅 개념의 변화 과정 중요

생산 지향적 마케팅 → 제품 지향적 마케팅 → 판매 지향적 마케팅 → 소비자 지향적 마케팅 → 사회 지향적 마케팅

---

(2) 텔레마케팅의 등장 배경 중요

① **기업의 거시적 환경**
  ㉠ 인구통계적 환경
   • 소득의 증가로 인해 고객의 욕구가 점점 다양해지고 고급화됨
   • 맞벌이 부부 및 독신자, 딩크족, 노령 인구의 증가 등으로 24시간 상품을 구매하거나 서비스를 받아야 할 필요성 대두
   • 획일적인 대규모 시장에서 직업, 연령, 라이프스타일 등에 의해 차별화된 소규모 시장으로 분리됨으로써 이러한 시장에 적합한 마케팅 방법이 필요

핵심예제

마케팅 개념의 변화 과정 순서가 옳은 것은?

① 사회 지향적 → 제품 지향적 → 생산 지향적 → 소비자 지향적 → 판매 지향적
② 판매 지향적 → 제품 지향적 → 생산 지향적 → 소비자 지향적 → 사회 지향적
③ 생산 지향적 → 사회 지향적 → 판매 지향적 → 소비자 지향적 → 제품 지향적
④ 생산 지향적 → 제품 지향적 → 판매 지향적 → 소비자 지향적 → 사회 지향적

해설 초기의 마케팅은 생산 지향적 마케팅으로 제품 및 서비스의 생산과 유통을 강조하는 효율성 개선을 목표로 했다.

정답 ④

ⓒ 경제적 환경
- 정보의 경제적 가치 증가
- 금융, 보험, 여행, 레저 등 서비스 산업의 발달
- 소득 증가로 인한 지출 내용의 다양화
- 신용카드의 사용 확대
- 국가 간의 무역 마찰에 따른 규제 완화로 기업의 국제적인 경쟁 환경

ⓒ 기술적 환경
- 통신 기술의 급속한 변화와 혁신
- 전화 보급 확대
- 정보통신 기술의 발달
- 착신자 요금 부담 전화의 개발
- 데이터베이스의 발달

ⓒ 사회문화적 환경
- 소비자 욕구의 변화: 산업 사회의 대량 마케팅으로부터 소외감을 느꼈던 소비자들은 자신의 존재를 인정받기를 원함
- 개성화: 소비자는 획일적인 상품 기능 추구로부터 자신의 개성을 추구하는 것으로 변화
- 수동적이며 소극적인 태도에서 능동적이고 적극적 참여를 원하는 고객의 태도로 변화
- 편리성 및 시간 가치의 증대: 편하고 신속하게 이루어지는 것을 추구

② 기업의 미시적 환경 기출
ⓒ 기업 내적 환경
- 광고비, 인건비, 일반 판매비 등 영업 비용의 증가
- 교통 혼잡으로 인한 이동 시간과 물류 비용의 증가
- 제품·기술력에만 의존하는 경쟁 우위 확보의 한계로 인해 고객에게 보다 밀착된 서비스 제공을 통한 경쟁력 향상의 필요성 대두
- 효과적인 고객 관리 방법 필요
- 수준 높은 서비스 제공으로 기업 이미지 제고

핵심예제

텔레마케팅의 성장 배경에 관한 설명 중 '데이터베이스의 발달로 고객 정보의 취득과 수요 창출의 효과'를 고려한 측면은?

① 기술적 측면 ② 사회적 측면 ③ 소비자 측면 ④ 생산자 측면

해설 기술적 측면
- 정보처리 기술의 발달: 컴퓨터 보급의 확대로 고객 데이터베이스 구축 및 접근이 용이해져, 보다 정밀한 시장세분화로 전략적 활용이 가능해졌다.
- 정보통신 기술의 발달: 정보통신 기술의 발달로 소비자와의 접촉이 용이해졌고, 다양한 방법으로 소비자와 접촉할 수 있게 되었다.

① 정답

ⓒ 기업 외적 환경
- 유통 구조의 복잡화와 관리의 어려움: 유통 비용 절감 및 시간 단축이 필요
- 국제적인 경쟁의 확대로 인해 경쟁 우위 확보를 위한 차별적인 마케팅 방법이 필요
- 고객 욕구의 다양화 및 증가로 고객을 체계적으로 관리할 수 있는 방법이 요구됨

제2절 인바운드 텔레마케팅

1. 인바운드 텔레마케팅의 개념 및 목표

(1) 인바운드 텔레마케팅의 개념

① 각종 광고 활동을 통해 외부(고객)로부터 걸려 오는 전화를 받는 것으로 마케팅 활동이 일어나는 것이다.
② 고객이 전화를 거는 고객 주도형이기 때문에 판매나 주문으로 연결하기가 비교적 용이하다.
③ 인바운드 고객 상담에는 수신자 부담 서비스나 ARS 등 다양한 응대 방법이 있다.
④ 성공적인 인바운드 텔레마케팅을 위해 고객이 기억하기 좋은 전화번호를 선정하는 것이 좋다.
⑤ 효과적인 인바운드 텔레마케팅은 상품판매로까지 연결되기도 한다.
⑥ 인바운드 텔레마케팅은 고객의 문의상담 대응에 활용된다.
⑦ 인바운드 상담은 고객이 주도하는 고객 주도형 텔레마케팅이다.
⑧ 인바운드 상담은 고객들의 질문에 응답하기 위한 Q&A 시트를 많이 활용한다.
⑨ 인바운드 상담은 특히 서비스 마인드 자세가 강조되는 텔레 커뮤니케이션이다.
⑩ 인바운드 상담은 고객 상담 서비스의 질적인 관리와 업그레이드가 요구된다.
⑪ 인바운드 상담은 기본적으로 고객의 문의 및 불만사항 대응을 담당하므로 전문적인 상담스킬이 필요하다.
⑫ 인바운드 상담은 외부로부터 걸려 오는 전화량을 예측해야만 안정적이고 효율적인 서비스를 제공할 수 있다.
⑬ 인바운드형 상담은 상품 수주, 상품 개발, 서비스 개선을 위한 고객의 의견과 제안을 얻을 수 있으며 고객 불만이나 문제 해결을 돕는 역할을 한다.

핵심예제

인바운드 텔레마케팅의 개념으로 옳지 않은 것은?

① ARS 시스템도 인바운드 텔레마케팅에 포함된다.
② 기업 주도적이며 능동적이고 목표 지향적인 마케팅 기법이다.
③ 각종 광고 활동을 통해 고객의 반응을 유도하는 마케팅 기법이다.
④ 고객이 주도적으로 전화를 걸기 때문에 판매로 이어지기 용이하다.

해설 기업 주도적이며 능동적이고 목표 지향적인 것은 아웃바운드 텔레마케팅에 대한 설명이다.

② **정답**

⑭ 시간대별 통화량에 따른 인력배치로 신속하게 전화를 응대한다.

> **CHECK BOX**
>
> **인바운드에서의 IVR(Interactive Voice Response)의 활용**
> - IVR는 상담사에게 업무별 특성에 맞도록 콜을 라우팅하는 기능을 갖고 있다.
> - 외부에서 전화가 걸려 오면 고객번호 또는 주민등록번호와 비밀번호를 요구한다.
> - 고객번호와 비밀번호가 확인되면 Host에서 해당 자료를 검색하고 ACD 기능에서 지정한 상담원 단말 ID로 고객 자료를 전송한다.
> - ACD 기능에서 지정된 상담원 단말 ID가 없을 경우 VMS 기능을 이용하여 메시지 녹음을 요구한다.
> - 메시지를 녹음하는 중에도 상담원 단말이 지정되면 즉시 연결한다.
> - 전화가 걸려 오면 상담원 단말에 전화받기 버튼을 클릭하여 상담을 시작한다.

(2) 인바운드 텔레마케팅의 중요성 기출
① 거래 마케팅에서 관계 마케팅으로의 변화에 대응할 수 있다.
② 기업 서비스 향상으로 고객 요구에 대한 신속하게 대응할 수 있다.
③ 광고, 경험, 구전 등에 의한 고객의 기대 가치에 대응할 수 있다.

2. 인바운드 채널별 개념 및 종류

(1) 인바운드 채널의 개념
① 인바운드 마케팅에 이용될 수 있는 수단으로 전화(TM), 방송(TV/라디오/CATV/위성), 전자상거래(EC), 카탈로그(DM), 양방향 텔레비전(TC), 모바일(MC) 채널 등이 있다.
② 각 채널별로 독립적으로 업무를 수행할 수도 있으나 동시에 진행되는 경우도 있다.

(2) 인바운드 채널의 종류 중요
① 전화(TM; TeleMarketing) : 인바운드 마케팅에서 전화의 역할은 독립적으로 이용되기보다 다른 채널의 마케팅을 접한 고객이 기업에 컨택하는 수단으로 이용되는 경우가 더 많다. 특히 방송과 카탈로그 채널은 전화를 이용한 고객의 컨택 비중이 절대적으로 크다.

핵심예제

인바운드 채널의 종류 중 우편으로 발송되는 상품 소개 책자로 전화와 인터넷 등의 고객 접근 채널을 병행하는 것은?
① 전화
② 방송
③ 인터넷
④ 카탈로그

해설 우편으로 발송되는 상품 소개 책자로 전화와 인터넷 등의 고객 접근 채널을 병행하는 것은 카탈로그에 대한 설명이다.

④ **정답**

② 방송(TV/CATV/위성): 인바운드 마케팅에서 방송 채널을 이용하는 경우는 TV홈쇼핑 방송이 가장 대표적이며, 전화, 인터넷 등 별도의 고객 접근 채널을 병행한다.
③ 전자상거래(EC; Electronic Commerce): 인터넷을 통한 전자상거래를 의미하며 독립적으로 거래와 결제까지 진행되기도 하나, 다른 채널들과 병행하여 활용되는 경우도 있다.
④ 카탈로그(DM; Direct Mail): 우편으로 발송되는 상품 소개 책자로 전화와 인터넷 등의 고객 접근 채널을 병행한다. 연령대가 높은 고객이 선호하는 통신판매 채널이며, 환경보호의 문제 등으로 인하여 감소 추세에 있다.
⑤ 양방향 텔레비전(TC; Two-way Cable television): 디지털 TV가 도입되면서 생겨난 채널이다. 기존에 방송국에서 일방적으로 송신하는 형식에서 필요할 경우 고객도 송신할 수 있는 양방향 데이터 전송이 가능한 형식으로 바뀌었다.
⑥ 모바일(MC; Mobile Commerce): 스마트폰의 대중화로 가장 크게 성장한 채널이다. 스마트폰의 장점인 휴대의 편의성과 인터넷 채널의 장점이 다양한 방법으로 마케팅 활동에 활용되고 있다. 단, 소비자 보호를 위한 법제 보완이 필요하다.

3. 인바운드 업무 유형별 프로세스

(1) 인바운드 텔레마케팅의 활용

① 인바운드 텔레마케팅의 적용 분야 중요
㉠ 불만사항 대응 및 통화 종료 후 적절한 사후 처리를 한다.
㉡ 카탈로그를 통한 통신 판매의 전화접수를 받는다.
㉢ 광고나 각종 문의에 응대하거나 주문·예약 처리 등에 활용된다.
㉣ TV 홈쇼핑, 고객지원센터, 정부의 민원 상담 등에서 활용된다.
㉤ 고객 불만사항 처리나 고객 상담 업무에 사용되기도 한다.
㉥ 그 외 상품주문접수, A/S 업무, 클레임 업무, 국가 및 공공단체의 민원접수 처리, 생활정보서비스, 통화 종료 후 적절한 사후 처리 등에 활용된다.

핵심예제

다음 중 인바운드 텔레마케팅의 업무가 아닌 것은?
① 각종 문의·불만 사항 대응
② 통신판매의 전화 접수
③ 앙케트 조사
④ 광고 문의에 대한 설명

해설 앙케트 조사는 아웃바운드 텔레마케팅의 업무이다.

정답 ③

> **CHECK BOX**
>
> 인바운드 텔레마케팅의 활용 분야
> - 판매 분야: 상품 주문 접수, 예약 업무
> - 비판매 분야: A/S 업무, 클레임 업무, 생활 정보 서비스

　② 인바운드 상담 중 고객 욕구의 파악 방법
　　㉠ 고객 정보를 활용한다.
　　㉡ 고객의 소리를 적극적으로 경청한다.
　　㉢ 효과적인 질문을 활용한다.
　③ 인바운드 콜센터의 성과지표 기출 : 콜 처리율, 스케줄 준수율, 품질 평가, 평균 후처리 시간, 서비스 레벨, 고객 만족도, 통화품질평가점수, 첫 통화 해결률, 상담원 착석률, 평균 통화시간 등

(2) 채널별 고객과 기업 관점의 장단점
　① 인바운드 텔레마케팅의 장단점
　　㉠ 고객 관점의 장단점
　　　• 장점
　　　　- 누구나 기업에 접근이 용이하다.
　　　　- 상황에 적합한 맞춤형 상담이 가능하다.
　　　　- 즉시 문제를 해결하거나 해결 방안을 제안받을 수 있다.
　　　• 단점
　　　　- 상담원의 응대까지 대기 시간이 소요된다.
　　　　- 무료 전화를 제외한 별도의 통신 비용이 발생한다.
　　㉡ 기업 관점의 장단점
　　　• 장점
　　　　- 고객 요구에 대한 신속한 대응이 가능하다.
　　　　- 고객별 맞춤형 상품 및 서비스 제공이 가능하다.
　　　　- 기업 내 타 부서 업무의 효율성을 지원할 수 있다.
　　　　- 시장 정보를 수집하여 타 부서에 신속한 피드백이 가능하다.
　　　　- 기업의 긍정적 이미지 제고가 가능하다.

핵심예제

기업 관점에서 볼 때 인바운드 텔레마케팅 활용의 장점이 아닌 것은?

① 고객의 인입량을 통제할 수 있다.
② 기업의 긍정적 이미지 제고가 가능하다.
③ 고객 요구에 대한 신속한 대응이 가능하다.
④ 고객별 맞춤형 상품 및 서비스 제공이 가능하다.

　해설　고객의 인입량을 통제할 수 없는 것은 기업 관점에서의 인바운드 텔레마케팅 활용의 단점이다.

① 정답

- 단점
  - 관리비와 인건비 등 비용이 많이 든다.
  - 상담원 개인 역량에 따라 기업 이미지에 부정적인 영향을 끼칠 수 있다.
  - 고객의 인입량을 통제할 수 없다.

② TV 홈쇼핑의 장단점 중요
  ㉠ 고객 관점의 장단점
  - 장점
    - 영상으로 상품의 시청각적 정보를 획득할 수 있다.
    - 상품 구매 방법과 대금 결제 방법이 다양하고, 편리하다.
    - 교환 및 환불이 용이하다.
    - 상품 배송이 빠른 편이다.
    - 실시간 방송 상품을 보며 상담을 받을 수 있다.
  - 단점
    - 시청각 자극으로 인해 충동구매를 할 수 있다.
    - 구매 전에 상품을 직접 경험할 수 없다.
    - 교환·반품이 용이하나 과정이 번거롭다.
  ㉡ 기업 관점의 장단점
  - 장점
    - 현장감 있는 방송으로 고객의 주의를 집중시킬 수 있다.
    - 고객의 구매 욕구를 자극하는 시청각적 요소를 활용할 수 있다.
    - 상품 거래 방법과 대금 결제 방법을 다양화할 수 있다.
    - 즉각적인 소비 반응을 확인할 수 있다.
    - 단시간 내 높은 매출액을 달성할 수 있다.
  - 단점
    - 운영비용이 많이 발생한다.
    - 쇼핑호스트의 개인적 역량과 인지도에 영향을 받는다.
    - 반품 재고 관리에 어려움이 따른다.

핵심예제

고객 관점에서 볼 때 TV 홈쇼핑의 장점으로 옳은 것은?
① 계획적인 구매가 가능하다.
② 상품 대금 결제 방법이 다양한다.
③ 상품을 직접 경험하고 구매할 수 있다.
④ 교환 및 환불이 용이하고 과정에도 번거로움이 없다.

해설 TV 홈쇼핑은 상품을 구매할 때 상품 구매 방법과 대금 결제 방법이 다양하고, 편리하다.

정답 ②

③ 전자상거래(EC; Electronic Commerce)의 장단점
  ㉠ 고객 관점의 장단점
    • 장점
      - 관심 품목의 비교 구매가 가능하다.
      - 공간 및 시간의 제약이 거의 없다.
      - 계획적인 구매가 가능하다.
    • 단점
      - 고객 정보 유출의 위험이 따른다.
      - 상품의 질과 품질보증 및 사후 관리에 대한 신뢰가 어렵다.
      - 정보 과잉으로 인한 구매 결정의 혼란을 야기할 수 있다.
      - 대금 결제 과정에서 인증과 보안에 의한 불편함이 발생할 수 있다.
      - 배송과 반품 시 문제점이 발생할 수 있다.
  ㉡ 기업 관점의 장단점
    • 장점
      - 짧은 유통경로로 보다 저렴한 가격에 상품을 공급할 수 있다.
      - 다양한 상품들의 정보 제공이 가능하다.
      - 시·공간적 제약을 받지 않는다.
      - 고객 정보를 수집할 수 있다.
      - 시장 수요에 대한 정보와 분석이 용이하다.
      - 마케팅 활동 내용과 거래조건의 변경이 용이하다.
    • 단점
      - 고객의 신뢰도가 낮다.
      - 고객 정보 보호에 대한 의무가 있다.
      - 대금 결제에 법적 제한이 있다.
      - 기업의 마케팅 정보의 노출 위험이 있다.
      - 가격 경쟁이 치열하다.

핵심예제

기업 관점에서 볼 때 전자상거래의 장점이 아닌 것은?

① 계획적인 구매가 가능하다.
② 고객 정보를 수집할 수 있다.
③ 다양한 상품들의 정보를 제공할 수 있다.
④ 마케팅 활동 내용과 거래조건에 대한 변경이 용이하다.

해설 계획적인 구매가 가능한 것은 고객 관점에서의 장점이다.

정답 ①

(3) 채널별 인입되는 고객 특성 및 대응 중요

① 단호한 유형 중요: 돈과 시간을 중요하게 생각하며, 본인의 돈과 시간이 절약되길 원한다.

㉠ 특성 기출
- 승부욕이 강하다.
- 성격이 급하고 행동이나 생각이 빠르다.
- 자기주장이 강한 편이다.
- 결과 중심적이며, 빠른 결과와 즉각적인 욕구 충족을 원한다.
- 자신감이 강하고, 경우에 따라서는 거만하게 보인다.
- 대답이 짧고 직선적인 표현을 사용한다.
- 듣기보다 말하기를 좋아하고, 토론을 좋아한다.
- 권위적으로 보이길 원하고, 권력을 내세우고자 상징을 활용하길 좋아한다.

㉡ 대응 전략 기출
- 고객의 니즈에 대한 빠른 파악이 중요하다. 무엇을 원하는지, 무엇이 그들을 자극하고 동기화시키는지 발견하고 통제하여야 하며, 고객의 니즈에 초점을 맞추어야 한다.
- 변명은 절대 하지 않아야 하며, 결과 중심적으로 설명을 하고 간결하게 해결안을 제시한다.
- 고객 질문에 간결하고, 직접적으로 대답한다.
- 상담 목표를 염두에 두고 똑바로 상담을 진행해야 하며 시간을 절약할 수 있도록 의식한다.
- 대안 제시 시 너무 많은 대안을 제공하지 않도록 주의한다.
- 말하기를 좋아하는 고객이므로 충분히 말할 수 있도록 기회를 제공한다.
- 고객과 상담 전에 정보와 필요한 양식, 세부적인 사항 등을 준비한다.
- 근거가 있는 대안을 제공하고 특히 해결안이 고객의 돈과 시간, 노력에 어떤 영향을 끼치는지 설명한다.

② 호기심 많은 유형: 고품질을 선호하며, 정확하길 원하고, 효율성을 추구한다.

㉠ 특성
- 자신의 감정 표현이 거의 없다.
- 대면이나 전화 같은 직접적인 접촉보다는 메신저, 우편, 이메일 같은 매체를 통한 간접적 교류를 선호한다.
- 이름보다는 직업과 관련된 상징적인 칭호를 선호한다.

핵심예제

단호한 유형의 고객과의 상담을 성공적으로 이끌기 위해 요구되는 상담 요령은?
① 가능한 한 짧게, 요점만을 명확하게 말한다.
② 서비스 특징을 다양한 예를 들어가며 설명한다.
③ 고객이 원하는 특징과 이점을 설명하고 고객 시간을 배려하여 결정을 유보하도록 권유한다.
④ 상품의 장단점을 비롯한 다양한 특징들을 구체적으로 또는 논리적이고 체계적으로 설명한다.

해설 단호한 유형은 본인의 돈과 시간이 절약되길 원하므로 가능한 한 짧게, 요점만을 명확하게 말해야 한다.

① 정답

- 업무 처리와 관련 있는 질문을 구체적으로 하는 편이다.
- 질문에 대한 명확한 답을 얻고자 하는 경우 긴 대화를 필요로 한다.
- 자신의 주장을 관철시키기 위해 날짜, 시간, 객관적 사실 정보를 많이 언급한다.
- 시간 약속을 매우 중요하게 생각한다.

ⓒ 대응 전략 기출
- 정확성과 효율성을 중요하게 생각하는 고객으로 제품이나 서비스가 제공되는 단계, 과정, 상세 내용 등의 개요를 구체적으로 말하며, 고객의 욕구에 초점을 맞춘다.
- 감정에 대한 호소보다 사실과 증거를 기반으로 하는 상담을 한다.
- 정중하고 사무적인 매너로 접촉하여야 하며, 특히 호칭 사용 시 고객의 직위와 관련이 있는 정확한 호칭을 사용한다.
- 미리 고객 정보를 파악하고 세부 사항을 미리 준비하여 대응한다.
- 고객의 경험에 대하여 구체적으로 질문한다.
- 품질의 우수성, 장점, 신뢰성, 가치 등을 연속적으로 제시하여 고객이 얻을 수 있는 객관화된 효익을 안내하여 해결책을 제시한다.
- 결정은 고객이 스스로 하도록 강요하지 않는다.
- 고객으로부터 단점이 지적되거나 토론이 될 경우에 대한 준비를 한다.
- 주장에 대한 근거 자료를 충분히 갖춘다.

③ 합리적인 유형: 갈등 상황보다는 평화롭고 안정된 상황이 유지되기를 원한다.

㉠ 특성
- 화가 나는 상황에도 불평 없이 한참 동안 기다린다.
- 관계 중심적인 1:1 또는 소규모 집단을 선호한다.
- 자신의 의견을 말하기보다는 주로 듣고 관찰하며, 질문을 한다.
- 자신의 질문에 대한 구체적이고 완전한 설명을 원한다.
- 자신의 상황에 타인이 관심 갖는 것을 싫어한다.
- 경직되어 있는 분위기보다는 편안한 분위기에 상담하길 원한다.
- 갈등 상황을 회피하고 화를 내지 않는다.

핵심예제

호기심이 많은 고객형의 일반적인 행동 경향으로 거리가 먼 것은?

① 자신의 감정 표현이 거의 없다.
② 시간을 엄수하며 매우 의식한다.
③ 이름보다는 직업과 관련된 칭호를 선호한다.
④ 간접적 교류보다는 직접적 교류를 선호한다.

해설 호기심 많은 고객형은 대면이나 전화 같은 직접적인 접촉보다는 메신저, 우편, 이메일 같은 매체를 통한 간접적 교류를 선호한다.

정답 ④

ⓒ 대응 전략 기출
- 안정감을 중요시하는 고객이므로, 안전하고 호감을 줄 수 있는 상담을 하여 고객 니즈에 초점을 맞춘다.
- 의사표현을 간략하게 하므로 정보를 이끌어내기 위해 개방형 질문을 사용한다.
- 제품이나 서비스를 권유할 때 신중하게 설명하여야 한다.
- 정보를 논리적인 연속성이 있도록 준비하여 자료를 제공한다.
- 고객의 의견과 관심 내용에 진심으로 관심을 보인다.
- 제품과 서비스가 고객의 관계와 시스템의 단순화에 어떻게 도움을 주는지 설명한다.
- 보증, 보장, 이용 가능한 지원시스템을 설명한다.
- 의견을 존중하는 사람과 같이 확인해 보도록 권유한다.

2차 실기 맛보기
합리적인 고객의 상담 전략 네 가지를 쓰시오.

④ 표현적인 유형 중요 : 사람 지향적이고 사람들과의 교류를 원한다.
ⓐ 특성
- 활발하게 사람을 대하며, 말할 때 제스처가 큰 편이다.
- 사람들과 관계 맺을 수 있는 교류 방법 또는 기회를 찾는다.
- 말하기를 좋아한다.
- 얼굴에 미소가 있으며, 타인에게 개방적인 몸짓을 사용한다.
- 말할 때 가깝게 접근하려 하며, 스킨십을 좋아한다.
- 친근하게 다가오며, 전반적으로 긍정적인 태도를 보인다.
ⓒ 대응 전략 기출
- 고객의 감정에 호소한다.
- 고객의 욕구가 선호되고 받아들여지는 것에 초점을 맞춘다.
- 고객의 이야기를 듣고 자신의 이야기를 재미있게 한다.
- 고객에게 질문한다(예 "이 제품이나 서비스를 어떤 면에서 좋아하시는지요?").
- 고객의 생각을 인정하고 긍정적인 피드백을 한다.
- 제품의 세부사항은 최소한으로 제공한다.

핵심예제

합리적인 행동 스타일을 가진 고객과 상담할 때 적합한 상담 기술은?
① 의사표현을 간략하게 하므로 정보를 이끌어내기 위해 개방형 질문을 사용한다.
② 개인정보를 주지 않으려고 하므로 사무적인 대화부터 시작하는 것이 좋다.
③ 빨리 말하므로 말의 속도와 흥분 정도를 맞추어야 한다.
④ 힘 있는 어조를 보이므로 방어적으로 반응하는 것은 좋지 않다.

해설 합리적인 유형은 평화와 안정 유지를 원하므로 고객의 욕구 사항을 파악하는 질문법을 사용한다.

① 정답

- 의사결정을 촉진할 혜택을 제공한다.
- 고객의 관계에 대한 영향이라는 관점에서 해결책과 제안 내용을 설명한다.

(4) 인바운드 텔레마케터의 자질 및 상담 기술 중요

① 인바운드 텔레마케터의 자질
  ㉠ 안정적이고 신뢰감 있는 목소리
  ㉡ 커뮤니케이션 능력: 고객의 전화 용건을 파악할 수 있는 경청 능력, 고객의 유형별로 대응할 수 있는 커뮤니케이션 능력
  ㉢ 성실하고 책임감 있는 성격
  ㉣ 서비스 정신으로 무장된 자세
  ㉤ 강한 인내심, 수용적인 온화한 성격

② 성공적인 인바운드 상담 기술 기출
  ㉠ 고객의 입장에서 말하고 들어야 한다.
  ㉡ 자사 상품의 장점을 강조하고, 판매를 종결지을 수 있도록 유도한다.
  ㉢ 전화는 즉시 받으며 전화 대화의 테크닉을 기른다.
  ㉣ 간결하고 알아듣기 쉽게 말하며, 전화 예절을 지킨다.
  ㉤ 항상 메모하는 습관을 가지며, 통화 시에는 신원을 확실하게 밝힌다.
  ㉥ 고객의 불만 원인을 정확히 파악한다.
  ㉦ 편안한 말하기 속도를 유지하면서 표준 발음을 구사하고, 국어 표준 화법을 준수한다.
  ㉧ 신뢰감을 주어야 한다.
  ㉨ 시간과 내용에 있어서 적정성을 가져야 한다.
  ㉪ 문의 내용에 대한 정확한 이해와 상황 대응이 이루어져야 한다.
  ㉩ 오감의 능력을 총동원하여 고객의 소리를 경청한다.
  ㉫ 고객의 문의사항을 요약·정리하며 상담한다.
  ㉬ 인바운드와 아웃바운드 상황이 갑자기 바뀔 수 있으므로 전환 능력을 갖추어야 한다.
  ㉭ 고객과 직접 대면하고 있다고 생각하고 밝은 표정과 목소리로 응대해야 한다.

핵심예제

성공적인 인바운드 상담 기술로 알맞지 않은 것은?

① 고객의 입장에서 말하고 듣는다.
② 고객의 문의사항을 요약·정리하며 상담한다.
③ 오감의 능력을 총동원하여 고객의 소리를 경청한다.
④ 확고한 목표 의식을 갖고 적극적으로 고객에게 상품을 판매한다.

해설 확고한 목표 의식을 갖고 적극적으로 고객에게 상품을 판매하는 것은 아웃바운드 상담원의 자세이다.

④ 정답

(5) 인바운드 상담 절차 기출

① 상담 준비: 업무 준비, 통화 준비, CSR(Customer Service Representative, 고객서비스 담당 직원) 교육
② 첫인사와 자기소개: 고객과 인사를 하고 자기소개
③ 용건 파악(고객 니즈 파악): 고객이 전화를 건 주목적과 의도 탐색 및 간파, 고객의 문의 내용의 경청, 고객을 이해하고 있음을 확인
④ 상담(해결책 제시): 고객의 불만을 수용, 해결책 제시
⑤ 동의와 상담 내용 재확인: 세부적인 조건을 마무리하는 단계, 제반 합의 사항 확인
⑥ 종결(사후 처리와 피드백): 고객 정보의 기록·입력·문서화, 통화 결과 분석 및 보고, 타 부서 관련 정보 제공 및 통보, 통화에 대한 평가

CHECK BOX

인바운드 텔레마케팅의 상담 절차

상담 준비 → 첫인사와 자기소개 → 고객 용건 파악(고객 니즈 파악) → 문의사항 해결 → 동의와 상담 내용 재확인 → 종결(사후 처리와 피드백)

2차 실기 맛보기

인바운드 상담 절차를 순서대로 기술하시오.

핵심예제

인바운드 업무에서 사후 처리와 피드백 단계에 들어가는 내용이 아닌 것은?

① 통화에 대한 평가
② 통화 결과 분석 및 보고
③ 고객의 문의 내용 경청
④ 고객 정보의 기록, 입력, 문서화

해설 고객의 문의 내용 경청은 고객의 용건 파악 단계에서의 내용이다.

③ **정답**

제3절 아웃바운드 텔레마케팅

1. 아웃바운드 텔레마케팅의 개요

(1) 아웃바운드 텔레마케팅의 개념 및 특성

① 개념: 고객 또는 잠재 고객에게 전화로 발신하는 기업 주도의 능동적인 형태의 텔레마케팅으로, 잠재 고객 발견이나 판매약속 등의 영업, DM 발송, 각종 캠페인, 신제품 안내, AS, 시장조사 등 광범위하게 활용되고 있다.

② 특성
 ㉠ 아웃바운드는 명확한 고객 데이터베이스를 갖춰 제품이나 서비스를 적극적으로 판매하는 마케팅 기법이다(데이터베이스 마케팅).
 ㉡ 아웃바운드에서는 고객리스트(데이터베이스)가 반응률을 결정한다.
 ㉢ 아웃바운드는 스크립트를 작성하여 활용하는 경향이 높고, 인바운드는 Q&A(문답집)에 의존하는 경향이 있다.
 ㉣ 아웃바운드가 인바운드보다 더 고도의 기술을 요하며 마케팅 전략, 통화 기법 등의 노하우, 텔레마케터의 자질 등에 큰 영향을 받으므로 전문적인 텔레마케터와 관리자가 필요하다.
 ㉤ 세일즈나 세일즈 리드(Sales Leads)를 창출하게 된다.
 ㉥ 아웃바운드는 무차별적 전화 세일즈와는 달리 전화를 걸기 위한 사전 준비가 필요하다.
 ㉦ 아웃바운드 텔레마케팅에서는 고객의 접촉률(접속률)과 고객의 반응률이 매우 중요하다.
 ㉧ 신규 고객의 확보도 중요하지만 기존 고객의 이탈을 방지하여 고객의 안정적 유지에도 노력해야 한다.
 ㉨ 독립적으로 운영될 수 있으나 DM 등이 지원되면 반응률이 향상된다.
 ㉩ 아웃바운드 판매 전략 과정은 잠재 고객 파악 → 잠재 고객 특성 정의 → 등급화 또는 스크리닝 → 판매 → 사후 관리이다.

핵심예제

아웃바운드 텔레마케팅의 특성으로 옳지 않은 것은?

① 명확한 고객 데이터베이스를 기반으로 제품이나 서비스를 적극적으로 판매한다.
② 아웃바운드는 문답집에 의존하고, 인바운드는 스크립트를 활용한다.
③ 인바운드보다 고도의 기술을 요하므로 전문적인 텔레마케터가 필요하다.
④ 전화를 걸기 전 사전 준비가 충분히 되어야 한다.

|해설| 인바운드는 문답집에 의존하고, 아웃바운드는 스크립트를 활용한다.

정답 ②

> **2차 실기 맛보기**
>
> 다음이 설명하는 텔레마케팅 유형이 무엇인지 쓰시오.
>
> > 고객 관련 정보를 전달하기 위해 기존에 가지고 있는 고객 데이터를 활용하여 상담사가 고객에게 전화를 걸어 상담하는 텔레마케팅

(2) 아웃바운드 텔레마케터의 자질 기출

① 목소리: 자신감 있고 긍정적인 목소리의 텔레마케터가 유리하다.
② 자세: 아웃바운드는 적극적이고 능동적인 마케팅이므로 고객으로부터 거절당하더라도 받아들일 수 있는 긍정적인 자세가 필요하다.
③ 인내심: 비대면 상담이기 때문에 쉽게 거절당할 수 있으므로 고객과의 공감 관계가 형성되기까지 인내심이 필요하다.
④ 시간 관리: 텔레마케터가 콜 시간, 콜 내용, 콜 방향을 리드해서 적절한 응대로 대화의 방향을 바로잡아야 한다.
⑤ 문제 해결 능력: 고객의 반론을 극복할 수 있는 설득력과 돌발 상황에 대처하는 상황 대응력, 문제 해결 능력이 요구된다.
⑥ 커뮤니케이션 능력: 고객의 니즈를 간파하는 경청 능력과 정확한 발음 및 구술 능력이 필요하다.
⑦ 상품 및 서비스 지식

(3) 아웃바운드 텔레마케팅 관리자의 역할

① 텔레마케터가 고객과 통화할 수 있는 시간을 최대한 확보해 주어야 한다.
② 통계분석 등의 잡무에서 해방시켜 업무에 집중할 수 있는 여건을 마련해 주어야 한다.
③ 통화 성공률을 시간대별로 분석하여 통화업무 집중 시간대를 조정할 수 있어야 한다.
④ 고객 구매이력정보 등의 개인정보가 외부로 노출되지 않도록 보안을 유지해야 한다.

핵심예제

아웃바운드 텔레마케터가 가져야 할 자질로서 적합하지 않은 것은?

① 인내심
② 커뮤니케이션 능력
③ 수동적인 상담 자세
④ 밝고 생동감 있는 목소리

해설 아웃바운드 텔레마케팅은 적극적이고 능동적인 마케팅이므로 적극적인 자세가 필요하다.

③ **정답**

2. 아웃바운드 업무 유형별 프로세스

(1) 아웃바운드 텔레마케팅의 판매 관리 범위
① 판매촉진: 카탈로그, DM 발송, 이메일 마케팅 등의 활동(판매촉진은 고객의 니즈 자극 영역임)이다.
② 고객 관리: 고객 분류, 고객 니즈별 구매 행위 분석, 고객 상담 관리 등의 활동이다.
③ 판매 준비: 판매 전략 수립, 고객 데이터 준비, 상담원 교육, 광고, 안내 준비 등의 활동이다.
④ B2B 텔레마케팅(Business to Business telemarketing): 기업체를 대상으로 제품서비스를 효율적으로 판매하거나 판매경로와 상권 확대를 도모하고, 기업 간의 수·발주 업무의 원활한 처리를 위해 전화를 조직적으로 이용하는 것이다.

(2) 성공적인 아웃바운드 텔레마케팅을 위한 준비 요소 `기출`
① 명확한 대상 고객 데이터베이스와 고객 맞춤의 구매 제안이 중요하다.
② 아웃바운드 텔레마케팅은 인바운드 텔레마케팅보다 텔레마케터의 자질에 많은 영향을 받으므로 전문적이고 유능한 텔레마케터를 선발·교육하는 것이 중요하다.
③ 아웃바운드 텔레마케팅을 하기 위한 전화 장치 및 콜센터 장비 등 인프라를 구축한다.
④ 아웃바운드 텔레마케팅에 적합한 전용 상품 및 특화된 서비스를 준비한다.
⑤ 상품의 신뢰도·인지도나 가격 및 브랜드 등을 고려한다.
⑥ 효과적이고 신뢰감을 줄 수 있는 화법과 고객의 니즈별 접근 및 응대가 가능한 잘 짜인 스크립트를 사용한다.
⑦ 결과 데이터 측정 및 관리가 가능한 효율적인 정보 시스템 구축과 적절한 시간을 선택한다.
⑧ 세밀한 마케팅 전략 수립을 위해 프로모션을 동반하거나 타 매체와 믹스하는 등 효과적인 전략을 모색한다.

(3) 아웃바운드 텔레마케팅 전용 상품의 요건
① 적절한 콜 대상 선택: 제품이나 서비스의 사용 및 구매 고객층에 대한 데이터베이스가 필요하다.
② 판매상품 고려: 주력 상품 판매 후 보조 상품을 소개하는 것이 효과적이다.
③ 실행 방법: DM 발송 및 인터넷 광고 등을 병행하여 고객 접촉률과 반응률을 높인다.
④ 전략: 콜센터 운영 환경과 고객 데이터베이스 준비 상태 등을 고려하여 적합한 전략을 사용한다.

핵심예제

아웃바운드 텔레마케팅의 성공 요소가 아닌 것은?
① 불특정 다수의 고객 선정
② 고객의 니즈에 맞는 전용 상품
③ 판매 이후의 신뢰성 확보와 사후 관리
④ 잘 정리되고 업그레이드된 데이터베이스

해설 성공적인 아웃바운드 텔레마케팅을 위해서는 명확한 고객 데이터베이스가 필요하다. 즉, 제품이나 서비스의 사용 고객층과 구매 고객층에 대한 데이터베이스의 준비가 필요하다.

정답 ①

⑤ 전용 상품 개발 시 고려 사항 기출
  ㉠ 신뢰성: 상품 또는 회사 인지도가 있고 신뢰할 수 있어야 한다.
  ㉡ 사후 관리성: 사후 관리가 용이해야 한다.
  ㉢ 상담의 효율성
  ㉣ 거래 조건 변동의 최소화: 비대면 거래는 고객에게 다양한 선택의 폭을 설명하기 어렵고, 고객의 입장에서도 쉽게 결정을 내리지 못하는 요소가 될 수 있으므로 거래 조건이 단순해야 한다.

(4) 아웃바운드 텔레마케터에게 요구되는 판매기술 기출
① 고객의 목소리를 듣고 고객의 심리를 파악할 수 있어야 한다.
② 갑작스럽게 상담이 진행되는 경우에도 차분하게 상담을 진행할 수 있어야 한다.
③ 시간 제약이 있기 때문에 제한된 시간 내에 마케팅을 진행할 수 있어야 한다.
④ 고객과 전화를 하면서 제품 및 고객의 정보를 활용할 수 있어야 한다.
⑤ 고객의 말을 경청하고 질문을 곁들이면서 설명할 수 있어야 한다.
⑥ 경쟁 상품과 비교하여 고객이 쉽게 판단할 수 있도록 해야 한다.
⑦ 상품의 장점을 반복해서 설명하여 고객이 납득할 수 있어야 한다.
⑧ 구매한 고객의 상품후기를 바탕으로 상품을 소개하는 것은 효과적인 방법이다.

(5) 아웃바운드 텔레마케팅 시 고려 사항 기출
① **고객 정보**: 고객의 개인신용정보 보호, 고객과의 접촉 시 정보의 신뢰성, 고객에게 전화한 목적과 이유(고객 정보의 적합성 여부) 등
② **판매요소**: 텔레마케팅 전담조직, 고객접촉 경로, 전문 텔레마케팅, 판매 및 운영비용 등
③ **상품기획**: 시장조사, 고객의 요구, 상품구성, 판매 전략 등
④ **콜센터 조직**: 콜센터 조직원의 채용 및 관리, 평가 및 보상
⑤ **판매 이윤**: 상품 정책 및 상품 전략, 상품의 기능, 상품의 원가 및 가격변동
⑥ **커뮤니케이션**: 고객과의 접촉 및 반응, 텔레마케터의 상담 처리 능력

핵심예제

텔레마케터에게 요구되는 판매기술로 볼 수 없는 것은?

① 고객의 목소리를 듣고 고객의 심리를 파악할 수 있는 능력을 가져야 한다.
② 갑작스럽게 상담이 진행되는 경우에도 차분하게 상담을 진행하는 능력을 가져야 한다.
③ 시간 제약(Time constraint)이 방문판매보다 심하므로 제한된 시간 내에 마케팅을 진행할 수 있는 능력을 가져야 한다.
④ 상담 중 판매 관련 문헌(Sales literature)의 동시 사용이 불가능하므로 완벽히 제품에 관한 지식을 숙지해야 한다.

해설 텔레마케터는 고객과 전화를 하면서 제품 및 고객의 정보를 활용할 수 있다.

④ **정답**

(6) 아웃바운드 콜센터의 통화 용어

ACD	(Automatic Call Distributor): 자동 호 분배 시스템으로, 인입된 전화를 대기 중인 상담원에게 순차적으로 균등하게 분배하는 시스템
ACRDM	(Automatic Computer Record Dialing Machine): 사전에 지정된 전화번호를 스스로 돌린 후 자동적으로 녹음된 메시지를 전달하는 기계
ADA	(Average Delay Abandon): 통화가 지체되어 끊어질 때까지 평균적으로 걸리는 시간
ADRMP	(Automatic Dialing Recorded Message Player): 재프로그램화된 전화번호를 데이터베이스 기능에 의해 순차적으로 자동 다이얼링해서 녹음된 메시지를 내보내고 그 반응의 기록까지 처리하는 장치
ANI	(Automatic Number Identification): 외부에서 걸려 온 전화번호를 추적하는 기능으로, 전화를 건 사람의 전화번호를 수신자 측에 나타내 주는 시스템
ASA	(Average Speed Answer): 평균 응답속도 – 상담원이 고객의 전화를 응답하는 데 걸리는 평균시간
ATT	(Average Talk Time): 평균 통화시간 – 고객센터 내 인입된 호에 대해서 상담원들이 평균적으로 통화한 시간
AHT	(Average Handle Time): 텔레마케터가 각기 통화할 때 평균적으로 걸리는 시간
AWT	(Average Work Time): 평균업무시간 – 전화응대가 끝난 후에 하는 잔업처리 시간
Blocked call	(장애호): 고객에게 통화 중 신호만을 계속 보내고, 연결이 되지 못한 콜
CTI	(Computer Telephony Integration): 콜센터의 핵심요소인 컴퓨터와 전화 시스템을 통합하는 기술
Call Back	인입된 콜 중에서 상담원이 고객에게 다시 전화하는 경우
CCR	(Communicator Call Report): 긍정적 답변의 수, 부재중 반응의 통화 수, 완결된 통화 수, 무응답 통화 수, 통화중 표시 전화 수를 기록
Cold call	이전에 일체의 접촉이 없었던 고객과의 첫 통화
CL	(Compiled List) : 과거에 반응을 나타내지 않았던 고객리스트
CID	(Call Identity Delivery): 발신번호 서비스. 발신자의 전화번호가 통화 개시 전 수신인의 전화에 표시되는 서비스
CAT	(Computer Assisted Telemarketing): 컴퓨터를 활용하여 텔레마케팅 업무를 강력하게 지원해 주는 체계
CPC	(Cost Per Call): 전화 한 통화에 들어가는 평균비용
CPO	(Cost Per Order): 한 건의 주문을 획득하는 데 드는 평균비용(손익분기점이 되는 금액이기도 함)
IVR	(Interactive Voice Response): 양방향음성응답기 – 고객이 전화를 통해 컴퓨터에 저장된 정보에 접근하여 정보를 전환하거나 요구사항을 전달할 수 있도록 한 시스템

핵심예제

콜센터 내 여러 직원에게 골고루 전화가 배분되도록 분배해 주는 장치는?

① ACD ② ARS ③ ANI ④ ACRDM

해설 ACD(Automatic Call Distributor)
자동 호 분배시스템. 고객으로부터 걸려 오는 전화를 해당 시점에서 전화를 받고 있지 않는 상담원에게 순차적으로 균등하게 자동 분배해 주는 시스템이다.
② ARS(Automatic Response Service): 자동응답시스템
③ ANI(Automatic Number Identification): 외부에서 걸려온 전화번호를 추적하는 기능
④ ACRDM(Automatic Computer Record Dialing Machine): 사전 지정된 전화번호를 스스로 돌린 후 자동적으로 녹음된 메시지를 전달하는 기계

정답 ①

QA	(Quality Assurance): 통화품질 관리
UMS	(Unified Messaging System): 통합메시징 시스템(음성, 팩스 메시지는 물론 전자우편까지 하나의 메일 박스에서 통합운영)
VMS	(Voice Mail System): 자신만의 일정한 음성사서함을 미리 설정해 놓고 그 함에 음성을 녹음, 축적, 전송, 재생하는 기능
Work load	업무량. 통화 대기하는 시간을 제외한, 모든 전화의 통화지속시간

제4절 스크립트 활용

1. 스크립트의 개념

(1) 스크립트 정의 기출

① 고객 응대 시 원활한 상담을 위하여 작성해 두는 시나리오로서 문의 상황별 또는 업무별 적절한 응대가 될 수 있도록 미리 짜놓은 대화 대본이다.
② 인·아웃바운드 마케팅 실무의 필수품이자 고객 응대의 기초 자료이다.
③ 인바운드나 아웃바운드와 관계없이 고객의 상황에 따라 탄력적으로 대응할 수 있도록 융통성 있게 구성한다.
④ 특히 아웃바운드 마케팅에서 활용도가 높으며 업무 시 의존도도 높다.
⑤ 텔레마케터와 고객이 유연하게 대화할 수 있도록 흐름이 자연스러워야 한다.
⑥ 다양한 고객을 접하게 됨에 따라 스크립트는 지속적인 보완을 해야 한다.
⑦ 스크립트를 이용하면 고객 상담실의 생산성 향상에도 도움이 된다.
⑧ 스크립트를 이용하여 상담원들은 고객에게 일관된 흐름에 입각한 논리적인 상담을 진행할 수 있다.
⑨ 스크립트의 종류는 인·아웃바운드 업무에 따라 구분되며, 각각의 업무에 따라 스크립트 형식이 다를 수 있다.

핵심예제

스크립트에 대한 내용으로 옳지 않은 것은?
① 스크립트란 고객 응대를 기본으로 작성한 가상의 시나리오를 말한다.
② 텔레마케팅관리사는 개개인의 특성이 있으므로 정형화된 형식은 필요 없다.
③ 효과적인 스크립트는 고객의 욕구(Needs)를 파악하여 일관된 흐름에 따라 대화가 진행되어야 한다.
④ 스크립트를 효과적으로 작성하기 위해서는 어떤 고객을 대상으로 어떤 상품을 판매할 것인지를 정해야 한다.

해설 어떤 고객에게 어떤 상품을 판매할 것인지에 따른 적절한 화법과 상담의 흐름에 맞춘 정형화된 형식이 필요하다.

② **정답**

(2) 스크립트의 작성 목적 기출

① 표준화된 언어표현과 상담 방법으로 모든 고객을 대할 수 있도록 도와줄 수 있다.
② 콜센터 내의 생산성 관리를 도와줄 수 있다.
③ 고객에게 전화 목적에 대한 효율적인 전달과 일관된 흐름에 입각한 논리적인 상담이 진행될 수 있다.
④ 상담원 스킬 향상에도 많은 영향을 미치게 된다.
⑤ 상담원의 능력과 수준을 일정 수준 이상으로 유지시켜 준다.
⑥ 통화의 목적과 어떻게 대화를 이끌어 나갈 것인가의 방향을 잡아준다.
⑦ 균등한 대화를 사용하여 정확한 효과를 측정하고 효율적인 운영체제를 구축한다.

(3) 스크립트의 역할

① 고객과의 실제 상담 상황을 준비할 수 있도록 대응력을 향상시킨다.
② 상담사의 상담 역량을 일정 수준 이상이 되도록 향상시키는 역할을 한다.
③ 고객의 상황이나 상품 및 서비스의 특징에 적합하게 수시로 수정 활용이 가능하다.

(4) 스크립트의 구성

① 인바운드 스크립트 구성 기출
  ㉠ 도입부: 인사 및 자기 소개, 문의 내용 파악, 상대방 확인(고객 본인 확인, 기존 고객은 정해진 기준에 따라 확인)
  ㉡ 상담 진행: 문의 내용 재확인, 문의 내용 해결 및 제안, 고객 반론 시 반론 극복 또는 대안 제시
  ㉢ 동의 및 상담 내용 재확인: 상담 내용 재확인, 처리 내용 재확인
  ㉣ 종결부: 추가 문의 내용 확인, 감사 인사 및 끝인사(자기소개와 인사말)

② 아웃바운드 스크립트 구성 기출
  ㉠ 도입부: 첫인사 및 자기소개, 상대방 확인 및 의사결정권자 확인(본인 여부 확인), 전화 용건 전달 및 통화 가능 여부 확인, 본인 고객 부재 시 대응
  ㉡ 상담 진행: 니즈 파악을 위한 탐색 질문, 상품·서비스 제안, 고객 반론 제기 시 반론 극복 또는 대안 제시
  ㉢ 종결부: 고객 의사결정 재확인 및 내용 재확인, 이용활성화 요청, 마무리 및 끝인사(자기소개와 인사말)
  ㉣ 데이터베이스 정리

핵심예제

다음 중 스크립트 작성 목적과 가장 거리가 먼 것은?

① 텔레마케터의 능력을 일정 수준 이상으로 유지, 관리하기 위해서이다.
② 장시간 동안 효과적으로 고객의 관심을 유도하고 유지하기 위해서이다.
③ 텔레마케터 간의 상담능력 차이를 좁혀 일관성 있는 업무를 수행하기 위해서이다.
④ 텔레마케터의 생산성을 높이고 텔레마케팅 전문가의 경험과 지식을 활용하기 위해서이다.

|해설| 스크립트는 장시간 동안 고객의 관심을 유도·유지하는 것과는 관련이 없다. 스크립트 사용의 목적 중 하나는 콜센터 내의 생산성 관리를 돕기 위함이다.

② 정답

CHECK BOX

스크립트 구성의 비교

구분	인바운드	아웃바운드
도입부	1. 첫인사 및 자기 소개 2. 고객 확인	1. 첫인사 및 자기 소개 2. 고객(상대방) 확인 3. 전화 목적 전달 4. 상대방 양해 5. 부재 시 대응
상담부	1. 고객 니즈(문의 내용) 파악 2. 정보 제공 및 문제 해결	1. 정보 수집 및 니즈 탐색 2. 상품, 서비스 제안 3. 반론 극복
종결부	1. 동의와 확인 2. 종결	1. 동의와 확인 2. 종결

2. 스크립트 작성

(1) 스크립트 작성 원칙

① 활용 목적 명확화: 텔레마케팅 목표는 상황에 따라 달라질 수 있으므로 명확하게 작성해야 한다.
② 고객 중심: 고객에게 이익이 될 수 있는 사항을 안내하여 신뢰와 확신을 줄 수 있도록 한다.
③ 상황 대응: 변화하는 상황에 대응하고 상대방이 거부할 경우를 대비하여 작성한다.
④ 상황 관리: 스크립트의 작성 목적, 수정 시 동기 등을 수시로 체크한다.
⑤ 간단명료: 반드시 알리고 설명·설득해야 할 것의 핵심인 내용만 명확하게 제시한다.
⑥ 논리적으로 쉽게 작성: 장황한 설명이나 전문용어는 피하며 논리적으로 쉽게 작성한다.
⑦ 차별성: 내용의 요점이 있어야 하므로 상대방에게 제공하는 특별한 편익을 강조한다.
⑧ 유연성: 끊어 읽기 등을 활용하여 대화의 흐름이 유연하고 자연스럽도록 한다.
⑨ 회화체 활용: 회화체로 배려있는 대화를 할 수 있도록 작성한다.

핵심예제

인바운드 스크립트 구성의 내용이 아닌 것은?

① 인사/소개
② 문제 해결
③ 문의 내용 재확인
④ 통화 가능 여부 확인

해설 인바운드 통화는 고객이 콜센터로 걸어오는 콜이므로, 통화 가능 여부 확인은 필요하지 않다.

정답 ④

(2) 스크립트 작성 방법 [기출]

① 차트식: '예/아니오'에 따라 다음 질문이나 설명이 뒤따르도록 작성하는 방식이다.
② 회화식: 상대방과 대화하면서 진행하는 경우에 작성하며 말의 흐름에 맞추어 그대로 작성한다. 신입이 업무 숙지를 위해 학습할 시 실제 상담 내용을 회화식으로 작성하는 것이 도움이 된다.
③ 혼합식: 차트식과 회화식을 혼합하여 작성하는 방식이다.

(3) 스크립트 작성 시 주의 사항 [기출]

① 간결하고 명료한 표현을 사용한다.
② 흥미 유발과 친밀감 형성을 유도한다.
③ 예상반론에 대한 충분한 자료를 준비한다.
④ 회화체로 작성한다.
⑤ 고객 상황과 기업, 상담사 입장에서 작성해야 한다.
⑥ 실전에서 고객과 응대 시 활용되는 내용으로 역할연기를 통하여 사전에 충분히 학습해야 한다.
⑦ 기본 스크립트 작성 후 상황별 스크립트와 반론 스크립트를 작성해야 한다.
⑧ 큰 형식이 변할 수는 없으나 상담사 개인에게 적합한 표현으로 수정할 수 있다.

3. 스크립트 활용

(1) 역할연기법(Role-playing)

① 개념 [기출]
  ㉠ 사전에 준비를 철저히 하여 고객과의 대화 방식을 1:1 방식으로 실제처럼 연습하는 것이다.
  ㉡ 상담원이 무의식적으로 사용하는 나쁜 말이나 주의점을 찾아내 상황 대응 능력을 제고할 수 있고, 상담 실무 적응력을 높이는 데 사용되는 훈련 방법이다.

핵심예제

다음 중 스크립트(Script) 작성 시 주의할 사항으로 가장 거리가 먼 것은?

① 간결하고 명료한 표현 사용
② 흥미 유발과 친밀감 형성 유도
③ 예상반론에 대한 충분한 자료 준비
④ 문화 트렌드에 맞춘 유행어 활용

해설 스크립트 작성 시 유행어는 지양하는 것이 좋다. 경어와 표준어 등 훈련된 언어를 사용해야 한다.

④ **정답**

② 고려 사항
　　㉠ 역할연기 당사자 간 배역을 바꿔 연습한다.
　　㉡ 스크립트의 내용을 적절하게 수정하며 반복 연습한다.
　　㉢ 녹음 테이프로 시간을 측정하며 연습한다.
　　㉣ 1:1 방식 또는 관찰자를 포함한 1:1:1의 방식으로 진행하는 것이 바람직하다.
　　㉤ 녹음을 활용하여 역할연기가 진행되는 과정을 재확인하고 부족한 부분을 향상하기 위한 노력을 실시하여야 한다.
③ 실시 순서 기출 : 역할연기 대상자 선정 → 상황 설정 → 배역 지정 → 연기 실시 → 역할 내용 검토 및 평가 → 스크립트 수정 → 반복 훈련 및 효과 체크

(2) 반론극복 스크립트 기출
① 개념 : 고객과 상담 진행 시 고객의 돌발 질문이나 상담사의 제안 내용에 대한 거부 의사의 표현을 반론이라 말하며, 고객을 설득하는 과정을 반론극복이라 한다.
② 종류
　　㉠ 상황별 반론극복 : 고객이 상황을 만들어 제기하는 것을 상황별 반론(예 예, 좀 더 생각해 보고 할게요.)이라 하며, 이 상황을 잘 극복하여 고객을 설득하는 과정을 말한다.
　　㉡ 유형별 반론극복 : 고객의 성향이나 연령대에 대한 반론 내용을 의미한다.

(3) 스크립트의 활용 방법 기출
① 스크립트를 사전에 충분히 숙지하여 응대한다.
② 고객과의 상담흐름에 따라 조절하여 사용한다.
③ 스크립트에 작성된 표현 외에도 고객과의 상담흐름에 맞게 조절하여 사용한다.
④ 스크립트는 정기적으로 검토하여 수정 및 보완한다.

핵심예제

텔레마케팅 스크립트의 활용 방법으로 옳지 않은 것은?
① 스크립트를 사전에 충분히 숙지하여 응대한다.
② 고객과의 상담흐름에 따라 조절하여 사용한다.
③ 스크립트는 정기적으로 검토하여 수정 및 보완한다.
④ 스크립트에 작성된 표현 외에는 절대 사용하지 않는다.

해설 상담원은 스크립트를 기계적으로 따르는 것이 아니라, 고객과의 상담흐름에 맞게 조절하여 사용해야 한다.

④ 정답

제4장 실제예상문제

01 텔레마케팅에 대한 설명으로 틀린 것은?
① 텔레마케팅은 대중보다 개인에 중심을 둔 마케팅이다.
② 텔레마케팅은 전화 등을 통한 고객과의 일방향 커뮤니케이션이라 할 수 있다.
③ 텔레마케팅은 고객관계 관리(CRM), 컴퓨터통신통합시스템(CTI) 등의 출현으로 그 개념이 더욱 확대되고 있다.
④ 텔레마케팅은 각종 멀티미디어를 활용하여 고객과 직접 관계를 형성하는 종합적 마케팅 활동이다.

해설 텔레마케팅은 고객과의 1:1 관계를 기초로 하는 쌍방향 커뮤니케이션 마케팅 수단이다.

02 제품을 판매하거나 서비스를 제공하는 과정에서 다른 제품이나 서비스에 대하여 판매를 유도하고 촉진시키는 마케팅 기법은?
① 재판매
② 교차판매
③ 인적판매
④ 이중판매

해설 교차판매에 대한 설명이다. 교차판매는 다양한 상품의 포트폴리오를 가지고 고객에게 다양한 상품·서비스를 제공하는 회사의 경우 전반적인 판매를 증가시키는 데 매우 유용하게 사용된다.

03 다음 중 아웃바운드 판매 전략의 과정이 바르게 나열된 것은?
① 잠재 고객 특성 정의 → 잠재 고객 파악 → 등급화 → 판매 → 사후 관리
② 잠재 고객 파악 → 잠재 고객 특성 정의 → 등급화 → 판매 → 사후 관리
③ 잠재 고객 특성 정의 → 등급화 → 잠재 고객 파악 → 판매 → 사후 관리
④ 잠재 고객 파악 → 등급화 → 잠재 고객 특성 정의 → 판매 → 사후 관리

해설 아웃바운드 판매 전략의 과정
잠재 고객 파악 → 잠재 고객 특성 정의 → 등급화 또는 스크리닝 → 판매 → 사후 관리

정답 01 ② 02 ② 03 ②

04 아웃바운드 텔레마케팅의 특징으로 적절하지 않은 것은?

① 스크립트를 활용하는 경향이 크다.
② 1:1 고객 관계로 차별적 대응이 가능하다.
③ 대상 고객의 리스트나 데이터가 있어야 한다.
④ 아웃바운드는 고객 접촉률이나 고객 반응률이 크게 중요하지 않다.

해설 아웃바운드 텔레마케팅은 고객 접촉률이나 고객 반응률을 중시한다.

05 아웃바운드 텔레마케터의 기본 요건으로 옳지 않은 것은?

① 상담 능력　　　　　　　② 태도
③ 지식　　　　　　　　　　④ 응답지

해설 응답지는 인바운드에서 의존도가 높다.

06 아웃바운드 텔레마케팅의 활동 내용과 거리가 먼 것은?

① 신규 회원 가입 유치
② 존속을 위한 고객 설득
③ Q&A에 의한 정형적 응답
④ 우량 고객에 대한 리마인드 콜(Remind call)

해설 고객 문의에 대한 정형적 응답은 인바운드 텔레마케팅의 활동 내용에 해당한다.

07 기업이 일반 소비자를 대상으로 하는 텔레마케팅은?

① B to C telemarketing
② B to B telemarketing
③ In-house telemarketing
④ Agency telemarketing

해설 B to C telemarketing은 Business to Consumer Telemarketing으로서 기업이 일반 소비자를 대상으로 하는 것을 말한다. B to B telemarketing은 Business to Business Telemarketing으로서 기업이 기업을 대상으로 하는 것을 말한다. ③과 ④는 수행 주체에 따른 분류이다.

정답 04 ④　05 ④　06 ③　07 ①

08 텔레마케팅의 분류 중 전문 용역업체에 위탁하는 것으로 텔레마케팅 활동의 전문성을 최대한 이용할 수 있는 장점을 가지고 있는 것은?

① B to C telemarketing
② B to B telemarketing
③ In-house telemarketing
④ Agency telemarketing

해설 Agency telemarketing
- 텔레마케팅 활동의 전문성을 최대한 이용할 수 있다.
- 비용 측면에서 초기 투자 비용이 상대적으로 적게 든다.
- 짧은 기간 동안 많은 고객과 접촉해야 하는 기업, 판매 후 지원 시스템을 운용해야 하는 기업에 적합하다.

09 텔레마케팅 유형의 변화 추세에 대한 설명으로 옳지 않은 것은?

① 콜센터만을 전담으로 운영해 주는 전문 조직이 생겨나 마케팅 성과를 기대할 수 있다.
② 인바운드와 아웃바운드를 동시에 운영하며, 인바운드 텔레마케팅 중심 업무가 확대되고 있다.
③ 개인 또는 소규모 텔레마케팅 대행 업무가 성행하며, 이를 지원하는 소프트웨어가 개발·보급되고 있다.
④ 데이터베이스 시스템 구축으로 고객 정보를 활용한 적극적인 판촉 활동을 전개하여 생산성과 수익 실현에 초점을 둔다.

해설 최근에는 인바운드와 아웃바운드를 동시에 운영하는 것이 일반적이며 아웃바운드 텔레마케팅 중심의 업무가 확대되고 있다.

10 다음 중 Agency Telemarketing의 특징이 아닌 것은?

① 막대한 고정 투자비가 소요된다.
② 서비스 뷰로 또는 서비스 벤더라고도 불리고 있다.
③ 텔레마케팅 활동의 전문성을 최대한 이용할 수 있다.
④ 짧은 기간 동안 많은 고객을 접촉해야 하는 기업이 채택하는 것이 바람직하다.

해설 막대한 고정 투자비가 소요되는 것은 In-house Telemarketing(자체 운영)의 특징에 해당한다.

11 텔레마케터의 전화 예절 원칙이 잘못된 것은?

① 전화 받는 즉시 자신의 신원을 밝힌다.
② 감정을 잘 관리해야 한다.
③ 통화가 끝나면 텔레마케터가 먼저 끊는다.
④ 자리를 함부로 비우지 않는다.

해설 고객이 먼저 끊은 후 텔레마케터가 끊는 것이 통화의 예의이다.

12 인하우스 텔레마케팅에 대한 설명으로 적절하지 않은 것은?

① 비용 측면에서 초기 투자비가 상대적으로 적게 든다.
② 텔레마케팅을 장기적 · 정기적으로 운영하고자 할 경우에 적합하다.
③ 기업 내에 텔레마케팅 센터를 설치하여 이곳에서 기업의 모든 텔레마케팅 활동을 계획 · 실행 · 통제한다.
④ 기업의 입장에서 고객의 반응을 여과 없이 바로 파악하여 융통성을 갖고 대응할 수 있다는 것이 최대의 장점이다.

해설 비용 측면에서 초기 투자비가 상대적으로 적게 드는 것은 대행 운영 방식에 대한 내용이다.

13 텔레마케팅 개념의 발전 환경 중 사회문화적 환경에 속하지 않는 것은?

① 편의성 추구
② 시간의 가치 증가
③ 서비스 산업의 발달
④ 고객 욕구의 다양화

해설 서비스 산업의 발달은 경제적 환경에 속한다.

정답 11 ③ 12 ① 13 ③

14 다음 중 인바운드 텔레마케팅의 기능과 거리가 먼 것은?

① 주문, 신청
② 자료의 청구
③ 가망 고객 조사
④ 신규 가입 문의 · 상담

해설 가망 고객 조사는 아웃바운드 텔레마케팅의 기능에 속한다.

15 최근 텔레마케팅 유형의 변화 추세로 옳지 않은 것은?

① 업무 영역의 확대
② 텔레마케팅 전용 상품 개발
③ 고객 정보 수집 경로의 다양화
④ 인바운드 중심의 공격형 마케팅

해설 **텔레마케팅 유형의 변화 추세**
- 아웃바운드 중심의 공격형 마케팅
- 콜센터 매니지먼트의 출현
- 소호, 재택 중심의 소규모 텔레마케팅 대행
- 고객 정보 수집 경로의 다양화
- 텔레마케팅 전용 상품의 개발
- CTI의 활용
- 인바운드와 아웃바운드를 동시에 운영하며, 아웃바운드 텔레마케팅 중심 업무의 확대

16 텔레마케팅의 자체 운영이 적합한 경우가 아닌 것은?

① 현재 사내 업무량이 포화 상태에 이른 경우
② 텔레마케팅 교육 및 경험이 축적되어 있는 경우
③ 고객 정보, 데이터베이스의 외부 유출 방지가 요구되는 경우
④ 텔레마케팅 운영 요원 · 상담 요원 및 텔레마케팅 시설이 갖추어져 있는 경우

해설 현재 사내 업무량이 포화 상태에 이른 경우에는 대행 운영 방식이 적합하다.

14 ③ 15 ④ 16 ① 정답

17 텔레마케팅의 성공 요소로 적절하지 않은 것은?

① 단기적인 목표 설정
② 고도의 전문화된 텔레마케터 관리자
③ 뛰어난 텔레마케팅 전략의 수립과 운영
④ 최고 경영자의 확고한 의지와 전사적인 참여

해설 텔레마케팅에는 장기적이고 지속적인 목표 설정이 필요하다.

18 텔레마케팅의 자체 운영이 적합한 경우로서 옳지 않은 것은?

① 텔레마케팅의 노하우를 축적하고 싶은 경우
② 단기적인 캠페인성 업무를 진행하고자 하는 경우
③ 자사의 제품 또는 서비스가 고도의 전문적 · 기술적 지식을 필요로 하는 경우
④ 회사 내 타 지원 부서나 관련 회사와의 긴밀한 의사결정과 통합 관계가 요구될 경우

해설 단기적인 캠페인성 업무를 진행하고자 하는 경우에는 대행 운영이 적합한 경우에 적합하다.

19 다음 항목 중 인바운드 텔레마케팅의 활용 분야가 아닌 것은?

① 주문 · 예약 · 예매 처리
② 고객의 문의와 불만 처리
③ 자료 · 샘플 청구 접수
④ 반복 구매 촉진

해설 인바운드 텔레마케팅의 활용 분야
• 주문 · 예약 · 예매 처리
• 고객의 문의와 불만 처리
• 자료 · 샘플 청구 접수
• 광고 효과 측정 및 조사
• 전화 서비스 등

정답 17 ① 18 ② 19 ④

20 효과적인 커뮤니케이션을 위한 내용으로 적절하지 않은 것은?

① 적절한 화제를 선택하는 것이 중요하다.
② 대화의 효과적인 전개 방법 구상이 필요하다.
③ 청각을 통한 상대방의 감정 상태 파악이 중요하다.
④ 자신의 생각과 감정을 짧은 시간에 많이 전달하도록 하여야 한다.

> **해설** 커뮤니케이션은 일방적인 의사 전달이 아니라 쌍방향적인 것이기 때문에 상대방의 의도를 파악하기 위하여 경청하는 능력이 매우 중요하다. 자신의 생각과 감정만을 전달하려고 하면 반감을 일으킬 수 있다.

21 기업에서의 텔레마케팅 운영 방법 선택 시 대행 운영을 택하는 것이 유리한 경우가 아닌 것은?

① 콜센터, 전화 관련 장비가 없고 투자가 어려운 경우
② 텔레마케팅 업무를 단기적으로 운영할 수밖에 없는 경우
③ 자사의 제품, 서비스가 고도의 전문적·기술적 지식을 필요로 하는 경우
④ 자사 보유 텔레마케터가 부족하고 텔레마케팅에 대한 실무가 약한 경우

> **해설** 자사의 제품, 서비스가 고도의 전문적·기술적 지식을 필요로 하는 경우에는 자체 운영 방식을 택하는 것이 좋다.

22 초기의 마케팅과 비교하여 최근의 텔레마케팅의 특징에 관한 설명으로 가장 적절하지 않은 것은?

① 텔레마케팅은 고객에게 전달하고자 하는 마케팅 커뮤니케이션 믹스를 최적화한 것이다.
② 텔레마케팅은 정보통신매체를 이용하는 쌍방향 의사소통 매체이다.
③ 텔레마케팅은 최종 소비자들과 직접 대화를 통하여 소비자의 생생한 반응을 측정할 수 있다.
④ 텔레마케팅은 경영자의 기업 활동에 초점을 맞춘 생산 지향적 마케팅이다.

> **해설** 텔레마케팅은 고객과의 1:1 관계를 기초로 하여 인간적인 신뢰를 쌓는 고객 지향적 마케팅이다.

20 ④ 21 ③ 22 ④

23 텔레마케팅의 정의로 틀린 것은?

① 전화만을 사용한다.
② 1:1 쌍방향 커뮤니케이션이다.
③ 고객 지향의 서비스를 할 수 있다.
④ 원활한 대화를 위해 스크립트를 활용한다.

해설 데이터베이스를 구축하고 전화나 인터넷과 같은 정보통신 시스템을 활용한다.

24 다음 중 텔레마케팅의 분류에 관한 설명으로 적절하지 않은 것은?

① 텔레마케팅은 고객 유형에 따라 B to B 텔레마케팅과 B to C 텔레마케팅으로 구분할 수 있다.
② 텔레마케팅은 활동 장소에 따라 기업 간 텔레마케팅과 소비자 텔레마케팅으로 구분할 수 있다.
③ 텔레마케팅은 운영 주체에 따라 인하우스 텔레마케팅과 에이전시 텔레마케팅으로 구분할 수 있다.
④ 텔레마케팅은 착·발신 주체에 따라 인바운드 텔레마케팅과 아웃바운드 텔레마케팅으로 구분할 수 있다.

해설 텔레마케팅의 분류

방향의 기능에 따른 분류 (착·발신 주체에 따른 분류)	대상에 따른 분류	수행 주체에 따른 분류
• 인바운드 텔레마케팅 • 아웃바운드 텔레마케팅	• B to C(소비자 텔레마케팅) • B to B(기업 간 텔레마케팅)	• In-house Telemarketing(자체 운영) • Agency Telemarketing(대행 운영)

25 텔레마케팅 아웃소싱 업체 선정 시 유의할 사항이 아닌 것은?

① 아웃소싱 업체의 고객 데이터베이스 관리의 신뢰성 정도를 반드시 점검해야 한다.
② 규모가 큰 아웃소싱 업체를 선정하는 것이 가장 효율적이고 콜 생산성을 높일 수 있다.
③ 아웃소싱 업체의 상담원의 자질이 어떠한지 평가하여야 하며, 편차가 심할 경우 업체 선정을 다시 고려해야 한다.
④ 콜센터 아웃소싱 업체가 인바운드 텔레마케팅 성향이 강한지, 아웃바운드 텔레마케팅 성향이 강한지 해당 업체의 특성을 고려해야 한다.

해설 업체의 규모보다는 업체의 경영 방침과 신뢰도, 업체의 상담원 능력 등을 고려하여 선정해야 한다.

정답 23 ① 24 ② 25 ②

26 다음 중 텔레마케팅의 특성과 가장 거리가 먼 것은?

① 신속한 사후 서비스를 제공할 수 있다.
② 구매를 설득하기 위한 충분한 시간을 갖기 어렵다.
③ 판매에 필요한 다양한 메시지를 이용하기 용이하다.
④ 고객이 가지고 있는 반대 의견에 즉각적으로 응대하기가 어렵다.

해설 즉각적인 고객의 반응을 알 수 있으며 불평불만을 처리할 수 있다는 장점이 있다.

27 마케팅 개념의 발전 환경 중 경제적 환경으로 보기 어려운 것은?

① 정보의 경제적 가치 증가
② 시장 개방에 따른 경쟁의 심화
③ 전화 보급의 확대 및 정보통신 기술의 발달
④ 서비스 산업의 발달 및 신용카드의 사용 확대

해설 전화 보급의 확대 및 정보통신 기술의 발달은 기술적 환경의 사례이다.
　　마케팅 개념의 경제적 발전 환경
　　• 정보의 경제적 가치 증가
　　• 금융, 보험, 여행, 레저 등 서비스 산업의 발달
　　• 소득 증가로 인한 지출 내용의 다양화
　　• 신용카드의 사용 확대
　　• 국가 간의 무역 마찰에 따른 규제 완화로 기업의 국제적인 경쟁 환경

28 마케팅 개념의 발전 환경 중 성격이 다른 하나는?

① 맞벌이 부부의 증가
② 고객 욕구의 다양화
③ 서비스 산업의 발달
④ 노령 인구의 증가

해설 서비스 산업의 발달은 경제적 환경에 속하며 나머지는 사회문화적 환경에 속하는 내용이다.

정답 26 ④　27 ③　28 ③

29 텔레마케팅의 정의에 관한 설명으로 틀린 것은?

① 통신 수단을 활용한 마케팅이다.
② 고객 밀착형의 쌍방향 커뮤니케이션이다.
③ 대중매체를 통하여 정보를 보내는 것이다.
④ 다이렉트 마케팅 중 가장 효과적인 매체이다.

> 해설 텔레마케팅은 대중 매체를 통하여 정보를 일방적으로 보내는 것이 아니라, 통신 수단을 이용하여 고객과 직접 접촉하는 쌍방향적 마케팅 기법이다.

30 다음 중 스크립트(Script) 작성 원칙에 대한 설명으로 옳지 않은 것은?

① 활용 목적이 명확해야 한다.
② 논리적으로 작성되어야 한다.
③ 이해하기 쉽게 작성되어야 한다.
④ 장시간에 걸쳐 고객을 설득할 수 있어야 한다.

> 해설 스크립트는 원활한 고객 응대를 위하여 미리 구성해 놓은 대본인 만큼 간단명료하면서도 완성도 높은 스크립트를 작성해야 한다.

31 ACD(Auto Call Distributor)에 관한 설명으로 옳은 것은?

① 상담원에게 균등하게 콜을 분배하는 기능이다.
② 컴퓨터가 자동으로 전화를 걸어 주는 기능이다.
③ 상담원이 다른 상담원에게 통화 내용을 전환하는 기능이다.
④ 상담원의 통화가 끝나는 시기를 예측하여 다이얼링한 후 응답 고객만을 연결해 주는 기능이다.

> 해설 ② ACS(Auto Call Service)에 대한 설명이다.
> ③ Transfer(호 전환)에 대한 설명이다.
> ④ Predictive Dial에 대한 설명이다.

정답 29 ③ 30 ④ 31 ①

32 인쇄 매체를 통한 마케팅과는 달리 텔레마케팅이 가지고 있는 가장 큰 특성은?

① 대중성
② 양방향성
③ 예약 가능성
④ 타깃 도달성

해설 텔레마케팅은 1:1의 관계를 통한 즉각적인 쌍방향의 커뮤니케이션 마케팅이다.

33 텔레마케팅에 대한 설명으로 옳은 것은?

① 텔레마케팅은 방문 상담을 통한 수익 창출 형태의 마케팅 기법이다.
② 텔레마케팅을 위해서는 전용 교환기 및 CTI 장비를 갖춘 콜센터가 반드시 필요하다.
③ 웹 사이트상으로 상품의 판매나 고객 지원이 가능한 경우는 별도로 전화 상담원을 둘 필요가 없다.
④ 대중매체의 광고를 통해 소비자에게 주문 전화를 유도하여 상품을 판매하는 것도 텔레마케팅의 기법 중에 하나이다.

해설 소비자에게 주문 전화를 유도하여 상품을 판매하는 것은 인바운드 텔레마케팅의 기법 중 하나이다.

34 텔레마케팅에 관한 설명으로 틀린 것은?

① 텔레마케팅은 짧은 시간에 많은 고객을 만날 수 있다.
② 제품 구입 후 반송률은 다이렉트 메일보다 텔레마케팅이 더 높다.
③ 텔레마케팅의 성공과 실패를 좌우하는 데 고객리스트는 중요한 요인이다.
④ 텔레마케팅은 다이렉트 메일보다 비용이 적게 들며 고객의 반응도는 5~10배 정도 더 많이 얻을 수 있다.

해설 텔레마케팅은 상담 인력비가 필요하므로 다이렉트 메일보다 비용이 많이 든다.

정답 32 ② 33 ④ 34 ④

35 텔레마케팅의 특성을 가장 잘 설명한 것은?

① 텔레마케팅은 데이터베이스 마케팅을 지향하므로 시·공간적 제약이 많다.
② 다양한 정보를 효과적으로 제공할 수는 있으나 고객 정보 수집은 불가능하다.
③ 즉시성과 인격성이 있으며, 효과적인 정보 제공, 고객 관계 구축이 가능하다.
④ 텔레마케팅은 전화를 통한 커뮤니케이션 활동이므로 상담원보다 시스템이 더욱 중요하다.

> **해설** 텔레마케팅의 특성
> • 시간, 공간, 거리의 장벽을 극복한 마케팅 방법이다.
> • 고객 획득보다 고객 관계에 초점을 둔다.
> • 고객 지향의 서비스이다.
> • 1:1 관계를 통해 마케팅 활동을 한다.
> • 즉시적인 쌍방향의 커뮤니케이션이다.

36 다음 중 텔레마케팅 활동과 가장 거리가 먼 것은?

① 백화점에서 생일 고객에게 축하 전화를 한다.
② 여행사에서 전화를 이용하여 새로운 여행 상품을 소개한다.
③ 이동 통신사에서 전화로 새 상품에 대한 고객 반응을 조사한다.
④ 카탈로그 쇼핑 업체에서 상품 소개 카탈로그를 우편으로 보내서 고객의 주문을 우편으로 받아 판매한다.

> **해설** 상품 소개 카탈로그를 우편으로 보내고 고객의 주문을 우편으로 받아 판매하는 것은 홈쇼핑 우편 판매에 속한다.

37 대량의 콜을 관리하는 시스템에서 중추적인 기능을 하는 ACD에 대한 설명으로 잘못된 것은?

① 개인별 통화 건수, 매출액, 소요 시간을 관리한다.
② 콜을 균등하게 텔레마케터에게 분배하는 장치이다.
③ 현재 통화 중인 텔레마케터들이 인입된 콜을 어느 정도 기다리게 하는가를 알려 준다.
④ 통화를 효율적으로 처리하도록 하는 관제탑이다.

> **해설** 개인별 통화 건수, 매출액, 소요 시간을 관리하는 것은 생산성 관리 시스템에 대한 설명이다.

정답 35 ③ 36 ④ 37 ①

38 인바운드 고객 상담의 활동 분야와 거리가 먼 것은?

① 적극적인 판매
② 주문 접수 처리
③ 회원 가입 등에 관한 상담
④ 제품 및 서비스에 대한 문의·상담

해설 적극적인 판매는 일반적으로 아웃바운드 텔레마케팅의 활동 분야이다.

39 인바운드 상담의 기본 자세와 거리가 먼 것은?

① 고객 욕구의 파악보다는 적극적인 판매 태도를 가져야 한다.
② 책임감이 있는 상담 자세가 필요하다.
③ 상담원의 심성이 매우 중시되는 커뮤니케이션이다.
④ 서비스 마인드 자세의 텔레커뮤니케이션이다.

해설 인바운드 상담은 적극적인 판매 태도보다는 고객의 욕구를 신속히 파악하는 것이 중요하다.

40 인바운드 텔레마케팅의 상담 절차를 바르게 나열한 것은?

㉠ 상담 준비	㉡ 고객 니즈 파악
㉢ 문제 해결	㉣ 종결
㉤ 전화 응답	㉥ 동의와 확인

① ㉠ → ㉤ → ㉡ → ㉢ → ㉥ → ㉣
② ㉠ → ㉡ → ㉤ → ㉢ → ㉥ → ㉣
③ ㉠ → ㉤ → ㉡ → ㉥ → ㉢ → ㉣
④ ㉠ → ㉡ → ㉢ → ㉤ → ㉥ → ㉣

해설 **인바운드 텔레마케팅의 상담 절차**
상담 준비 → 전화 응답 → 고객 니즈 파악 → 문제 해결 → 동의와 확인 → 종결

정답 38 ① 39 ① 40 ①

41 일반적인 인바운드 텔레마케팅 활용사례를 모두 고른 것은?

> ㉠ 유권자 여론조사　　　　㉡ 클레임 접수
> ㉢ 상품주문 접수　　　　　㉣ 자사 제품 만족도 조사

① ㉠, ㉡　　　　② ㉠, ㉣
③ ㉡, ㉢　　　　④ ㉢, ㉣

해설 인바운드 텔레마케팅은 고객으로부터 걸려 오는 전화에 응대하는 것으로 클레임 접수, 상품주문 접수가 이에 해당한다.

42 인바운드 텔레마케팅에 관한 설명으로 옳지 않은 것은?

① 각종 광고활동의 결과로 외부(고객)로부터 걸려 오는 전화를 받는 것으로 마케팅 활동이 일어나는 것이다.
② 고객 데이터베이스에 의존하여 제품이나 서비스를 판매하고 가치를 설득시키는 적극적인 마케팅 기법이다.
③ 고객이 전화를 거는 고객 주도형이기 때문에 판매나 주문으로 연결시키기가 비교적 용이하다.
④ ARS 시스템 또한 인바운드 텔레마케팅의 한 분야이다.

해설 인바운드 텔레마케팅의 개념
　• 고객이 기업의 광고나 우편에 직접 반응하여 기업에 전화하는 고객의 능동적인 활동이 일어나는 것
　• 텔레마케팅의 초보적인 단계로 기업의 영업 효율성을 높이기 위한 고객 주도형의 마케팅 활동

43 다음 중 인바운드 텔레마케팅의 활용 범위에 속하지 않는 것은?

① 수요예측조사
② 이용문의 상담
③ 부가서비스 혜택 여부 상담
④ 분실, 습득, 가입 해지 접수

해설 수요예측조사를 위한 시장조사 업무는 아웃바운드 텔레마케팅 업무에 속한다.

정답 41 ③　42 ②　43 ①

44 인바운드 텔레마케팅을 위해 활용되는 IVR의 기능으로 적절한 것은?

① 콜 수요 예측을 할 수 있다.
② 스케줄링에 필요한 정보를 제공한다.
③ 콜센터 시스템 증설 예측 기능을 갖고 있다.
④ 상담사에게 업무별 특성에 맞도록 콜을 라우팅하는 기능을 갖고 있다.

> **해설** IVR(Interactive Voice Response)
> 외부에서 전화가 걸려 오면 자동으로 응답하고 고객이 입력하는 정보나 선택한 서비스를 인식하여 연결하는 서비스를 제공한다.

45 채널별 인입되는 고객 특성 중 단호한 유형에 해당하는 것은?

① 사람 지향적이다.
② 효율성을 추구한다.
③ 돈과 시간을 중요하게 생각한다.
④ 갈등 상황보다는 평화롭길 원한다.

> **해설** 단호한 유형은 돈과 시간을 중요하게 생각하며, 본인의 돈과 시간이 절약되길 원한다.
> ①은 표현적인 유형, ②는 호기심 많은 유형, ④는 합리적인 유형의 고객 특성이다.

46 채널별 인입되는 고객 특성 중 표현적인 유형에 대한 대응 전략으로 옳은 것은?

① 고객의 감정에 호소한다.
② 충분히 말할 수 있도록 기회를 제공한다.
③ 사실과 증거를 기반으로 하는 상담을 한다.
④ 고객 질문에 간결하고 직접적으로 대답한다.

> **해설** 표현적인 유형은 고객의 감정에 호소하며, 고객의 욕구가 선호되고 받아들여지는 것에 초점을 맞춘 대응을 한다.
> ② 단호한 유형의 대응 전략이다. 단호한 유형은 말하기를 좋아하는 고객이므로 충분히 말할 수 있도록 기회를 제공한다.
> ③ 호기심 많은 유형의 대응 전략이다. 호기심 많은 유형은 자신의 주장을 관철시키기 위해 날짜, 시간, 객관적 사실 정보를 많이 언급하므로 사실과 증거를 기반으로 하는 상담을 한다.
> ④ 단호한 유형의 대응 전략이다. 단호한 유형은 성격이 급하고 행동이나 생각이 빠르기 때문에 간결하고 직접적으로 대답해 주어야 한다.

정답 44 ④ 45 ③ 46 ①

47 고객 상담 시 사용하는 스크립트에 관한 설명으로 틀린 것은?

① 스크립트를 이용하면 고객 상담실의 생산성 향상에도 도움이 된다.
② 스크립트를 마련하기 위해서는 고객의 니즈에 대한 처리방식을 정해야 한다.
③ 스크립트를 이용하여 상담원들은 고객에게 일관된 흐름에 입각한 논리적인 상담을 진행할 수 있다.
④ 상담원들은 스크립트를 이용하여 각각 다른 답변과 표현으로 고객에게 다양한 내용으로 상담할 수 있다.

> **해설** 스크립트(Script)는 상담사가 고객과 전화 상담을 수행하기 위해 사전에 작성해 둔 전화 응대 문안 또는 대본이다. DB를 적용하여 표준화된 스크립트를 잘 구성하고 이를 상담 전에 충분히 숙지해야 상담 시 보다 일관되고 정확한 정보를 제공할 수 있다.

48 인바운드 스크립트에 대한 설명으로 가장 거리가 먼 것은?

① 인바운드 스크립트는 주어진 상황을 잘 반영해야 한다.
② 상품의 판매나 주문으로 결부시켜 가는 것이 비교적 쉽다.
③ 기업의 이미지 형성 및 고객 만족 향상에 크게 공헌할 수 있다.
④ 고객 주도형으로 정형적인 스크립트를 작성하는 것이 비교적 쉽다.

> **해설** 인바운드 텔레마케팅은 전화를 걸어 온 고객이 무엇을 말할 것인가를 예상할 수 없는 고객 주도형으로 정형적인 스크립트를 작성하는 것이 매우 어렵다.

49 다음 중 일반적인 역할연기(Role-playing)의 진행 순서로 옳은 것은?

① 상황 설정 → 스크립트 및 매뉴얼 수정 → 역할 내용의 평가 → 연기 실시 → 반복 훈련 및 효과 상승 체크
② 상황 설정 → 스크립트 및 매뉴얼 수정 → 연기 실시 → 역할 내용의 평가 → 반복 훈련 및 효과 상승 체크
③ 상황 설정 → 연기 실시 → 역할 내용의 평가 → 반복 훈련 및 효과 상승 체크 → 스크립트 및 매뉴얼 수정
④ 상황 설정 → 연기 실시 → 역할 내용의 평가 → 스크립트 및 매뉴얼 수정 → 반복 훈련 및 효과 상승 체크

> **해설** 역할연기법은 주제에 따른 역할을 실제로 연출시켜 훈련효과를 높이는 방법이다.
> **역할연기의 진행 순서**
> 역할연기 대상자 선정 → 상황 설정 → 배역 지정 → 연기 실시 → 역할 내용 검토 및 평가 → 스크립트 및 매뉴얼 수정 → 반복 훈련 및 효과 상승 체크

정답 47 ④ 48 ④ 49 ④

모든 자격증·공무원·취업의 합격 정보

YouTube 합격 구독 과 좋아요! 정보 알림 설정까지!

제4과목

조직운영 및 성과 관리

- **제1장** 통신판매 조직운영 관리
- **제2장** 통신판매 시스템 운용
- **제3장** 마케팅 성과 측정과 활용
- **제4장** 통신판매 성과 관리

제1장 통신판매 조직운영 관리

제1절 인력 관리

1. 인적 자원 관리

(1) 인적 자원 관리의 정의
① 조직의 구성원들이 자발적으로 조직의 목적 달성에 이바지하도록 함으로써 조직의 발전과 함께 구성원의 역량을 개발하는 것이다.
② 일과 사람의 유기적인 결합과 조화를 위해 적절한 인원을 계획하고 채용하며 관리하는 과정이다.

> **CHECK BOX**
>
> **인적 자원의 특징**
> - 능동성: 인적 자원이 욕구, 동기, 태도 등에 의해 기업의 목적 달성에 기여하는 정도가 달라지는 것을 말한다.
> - 개발 가능성: 인적 자원은 스스로 성장하고, 다양한 방법으로 개발이 가능한 특성을 지닌다.
> - 전략적 자원: 인적 자원은 기업의 성과와 가장 밀접한 경영 자원이므로 이를 전략적 자원이라고 한다.
> - 고유목적성: 자금·상품 등과 같은 경영자원은 스스로의 목적 없이 기업을 따라가나, 인적 자원은 기업의 목적과 같거나 다를 수도 있는 개인적 목적을 지닌다.

(2) 인적 자원 관리의 목적 [기출]
① 인재를 확보한다.
② 인재를 육성한다.
③ 근로조건을 정비한다.

핵심예제

인적 자원의 특징으로 적절하지 않은 것은?

① 수동성
② 개발 가능성
③ 전략적 자원
④ 고유목적성

해설 인적 자원은 욕구, 동기, 태도 등에 의해 기업의 목적 달성에 기여하는 정도가 달라지는 능동성을 가진다.

정답 ①

(3) 인적 자원 관리의 특징 기출

① **인간 중심적 관리**: 종업원을 기계적·몰인간적으로 간주하는 데서 벗어나 하나의 인격적 주체로 인식하고, 질적 경영·인간 중심적 경영을 꾀한다.
② **행동 지향적 관리**: 종래의 기록 정리, 문서 보관, 규칙 확립 등의 문제보다는 인적 자원의 능력 계발과 만족감 증진에 관심을 두는 실천적 경영을 중시한다.
③ **전략 지향적 관리**: 경영자는 종업원들의 잠재능력 계발에 주력하여야 한다.
④ **통합적 관리**: 조직 목표만 중시하던 종래와 달리 현대에는 개인 목표와 조직 목표가 통합될 수 있는 관리 방식을 실시한다.
⑤ **미래 지향적 관리**: 인적 자원의 활용·보전보다는 미래 지향적 관점에서 인력을 육성·계발하여야 한다.

> **CHECK BOX**
>
> **인사 관리의 변화 방향** 기출
> • 일상적, 운영적 → 장기적, 전략적
> • 기능 중심적 → 성과 중심적
> • 통제적 → 동반자적
> • 활동 중심적 → 문제 해결 지향적

(4) 인적 자원 관리의 기능 기출

① **확보 관리 기능**: 수요예측, 모집, 선발, 배치 등 유능한 인적 자원을 확보하는 과정이다.
② **개발 관리 기능**: 교육, 훈련, 경력개발 등을 통해 인적 자원의 능력을 개발시키는 것이다.
③ **보상 관리 기능**: 임금 및 복리 후생 관리, 승진 및 이동 관리 등이 있다.
④ **유지 관리 기능**: 직원의 문제 관리, 이직 관리, 노사 관리, 협상 등 유능한 인적 자원을 조직에 유지하는 것이다.

핵심예제

정보화 등 조직의 환경 변화는 인사 관리에도 변화를 초래하고 있는데 그 변화 방향에 대한 설명으로 틀린 것은?

① 통제적 → 동반자적
② 기능 중심적 → 성과 중심적
③ 문제 해결 지향적 → 활동 중심적
④ 일상적, 운영적 → 장기적, 전략적

해설 인사 관리는 활동 중심적 인사 관리에서 문제 해결 지향적 인사 관리로 변화하였다.

정답 ③

(5) 인적 자원 관리의 활동 기출

활동		내용
인적 자원 육성활동	확보활동	적절한 선발기법의 적용과 평가를 통해 인적 자원을 모집, 선발, 배치 순으로 진행
	개발활동	• 훈련학습: 현재의 업무 수행 능력 향상을 위한 교육훈련 • 개발학습: 미래 직무에 초점을 맞춘 지식과 기술 습득
	평가활동	직무수행의 적절성 여부 평가(인사고과) 및 피드백를 통한 개선, 승진, 보상 등의 자료로 활용
인적 자원 활용활동	보상활동	조직의 지불능력을 고려한 임금 및 복지
	생산성 향상활동	성과 향상에 대한 금전·비금전적 대가 지급
	유지활동	작업 조건과 안전보건을 관리하여 노동력을 안정적으로 유지
인적 자원 계획활동	계획활동	• 직무 분석, 핵심 역량 파악을 통한 인적 자원 활용에 대한 전망과 대책 강구 • 전략적 계획에 기초한 인적 자원의 수요와 공급 전망의 수립

(6) 인적 자원 관리의 대상 기출
① 주체: 경영자, 인사관리자, 감독자(각 부서의 장)
② 객체: 고용근로자

(7) 콜센터의 인적 자원 관리 방안 기출
① 동기부여 프로그램을 실시한다.
② 콜센터 리더 육성 프로그램을 실시한다.
③ 상담원 수준별 교육훈련 프로그램을 실시한다.
④ 상담원의 능력과 성과에 따라 성과급을 차등적으로 지급한다.

2. 인적 자원 계획

(1) 직무 분석
① 개념 기출
㉠ 조직에서 특정 직무에 관한 정보를 체계적으로 수집하는 것으로, 특정 직무의 책임과 의무를 기술·분석해 그 직무를 수행하는 데에 필요한 지식·기술·능력을 결정하는 것이다.

핵심예제

다음 중 인적 자원 관리의 주체가 아닌 것은?
① 최고 경영자
② 인사전담자
③ 각 부서의 장
④ 노동조합위원장

해설 인적 자원 관리의 대상
• 주체: 경영자, 인사관리자, 감독자(각 부서의 장)
• 객체: 고용근로자

④ 정답

ⓒ 특정 직무의 성질을 결정하는 과정으로 합리적 채용 기준 마련 및 직무 평가를 위한 자료를 얻는 것을 목표로 실시한다.
ⓒ 직무 분석을 실시하기 위해서는 직무 분석 방법, 직무 분석 담당자 및 직무에 관한 사실 또는 자료 정리 등에 관하여 충분한 사전 연구와 조사가 선행되어야 한다.

② 분석에 필요한 자료 수집 방법
  ㉠ 면접법 : 직무담당자를 개별 또는 집단적으로 면접하여 필요한 직무 분석 항목의 정보를 수집하는 방법이다.
  ㉡ 관찰법 : 훈련된 직무분석자가 직무수행자의 직무수행을 직접 관찰함으로써 정보를 수집하는 방법이다.
  ㉢ 경험법 : 직무분석자가 직무를 직접 수행한 후 자신의 체험에 의하여 직무를 분석하는 방법이다.
  ㉣ 질문지법 : 직무에 대한 질문지를 작성하도록 하여 직무 분석에 필요한 자료를 수집하는 방법이다.
  ㉤ 중요사건 기록법 : 직무수행에 결정적인 역할을 한 사건이나 사례를 중심으로 직무를 분석하는 방법이다.
  ㉥ 작업기록법(종업원 기록법) : 직무수행자가 작성하는 작업일지를 참고하여 정보를 수집하는 방법이다.

③ 분석 결과는 직무기술서 또는 직무명세서에 정리한다.

구분	직무기술서	직무명세서
개념	직무의 능률적인 수행을 위해 관련된 직무의 성격, 요구되는 개인의 자질, 직무 행동, 개선점 요약 등 중요 사항을 기록한 것	직무기술성에 의한 직무와 그에 필요한 자격 요건을 개인에 중점을 두고 일정한 양식으로 정리한 것
강조사항	• 직무 특성을 중점적으로 작성 • 실제 작업 중인 사람들로부터 수집한 정보를 기초로 작성	직무에 요구되는 인적 특성 : 행동, 기능, 능력, 지식 등
내용	• 직무 표식(명칭) • 직무 개요 • 직무 내용 • 직무 요건(고용 조건, 임금 구조, 작업환경, 권한관계)	• 직무 표식(명칭) • 직무 개요 • 인적 요건(교육, 지적 능력, 기능, 경험)

㉠ 직무기술서 작성 시 주의사항 기출
  • 통신판매 직무기술서는 통신판매의 일을 명확하게 기술하도록 해야 한다.
  • 판매 인력의 직위를 명시하고 그 일의 범위와 성격을 확실하게 기술한다.

핵심예제

직무기술서에 포함되는 내용에 해당하지 않는 것은?

① 직무의 개요
② 직무의 요건
③ 직무의 내용
④ 인적 요건

해설 직무기술서에는 직무 표식(명칭), 직무 개요, 직무 내용, 직무 요건(고용 조건, 임금구조 등) 등이 포함된다.

정답 ④

- 통신판매의 종류, 복잡성 정도, 요구되는 기능 정도, 문제의 표준화 정도, 일의 각 단계에 있어서 수행자의 책임정도, 보고 의무와 종류 등 구체적 행위까지 기술한다.
- 판매업무 담당자에 의해 감독책임이 어떻게 수행되는가를 명확히 기술해야 한다.
- 단순하고 정확한 표현으로 판매업무의 목적을 잘 달성할 수 있도록 한다.
- 직무기술이 통신판매의 기본적인 요건을 잘 충족하는지 검토하고, 새로운 판매 인력이 직무기술서를 읽고 그 직무를 파악할 수 있게 한다.
- 직무기술서 요건: 직무 구분, 직무 요약, 과업 내용(업무, 내용), 권한 관계, 감독의 범위(보고자, 피감독자), 작업 환경 등으로 분류한다.

ⓒ 직무명세서 작성
- 직무명세서는 직무기술서에 의한 직무와 필요한 자격 요건을 개인의 역량을 중심으로 일정한 양식에 정리한 것이다.
- 직무명세서 요건: 직무 구분, 직무 요약, 판매 인력(필요지식·기술·능력, 요구 수준, 업무수행 소요시간, 신체적 조건, 학력) 등으로 분류한다.

(2) 직무 평가

① 의의
  ㉠ 직무 평가는 기업 내의 비교를 1차 목적으로 하며, 직무를 담당하는 종업원의 능력이나 전문성을 평가하는 것이 아니라 객관적인 직무의 내용을 평가하는 것에 의의가 있다.
  ㉡ 직무 평가 작업의 최종 결과물은 직무등급체계이며, 회사는 이를 임금체계 등 인사제도의 여러 방면에 활용할 수 있다.

② 목적: 임금을 합리적으로 결정하고 직무 체계를 확립하는 기초자료를 얻기 위한 것이다.

③ 방법 기출
  ㉠ 서열법(Ranking method): 가장 간단하고 사용하기 쉬운 방법으로, 평가요소를 기준으로 직무의 가치를 비교하여 평가된 가치의 순서대로 서열을 정하여 평가하는 방법이다.
  ㉡ 분류법(Grading method): 직무 등급법이라고도 하며, 직무의 가치를 단계적으로 구분하는 등급표를 만들고 직무 평가를 그에 맞는 등급으로 분류하는 방법이다.
  ㉢ 점수법(Point method): 직무를 분류하고 다수의 평가요소들에 대하여 평가된 점수의 고저에 의해 그 직무가 가지는 상대적 가치를 결정하는 방법이다.

핵심예제

직무명세서의 요건으로 알맞지 않은 것은?

① 직무 구분
② 직무 요약
③ 작업 환경
④ 판매 인력

해설 작업 환경은 직무기술서의 요건이다.

정답 ③

ⓔ 요소 비교법(Factor-comparison method): 객관적으로 조직 내의 가장 중심이 되는 기준 직무를 선정하고, 이를 기준으로 평가 직무를 그것에 비교함으로써 평가하는 방법이다.

(3) 직무 설계

① 조직의 목표를 달성하고 직무를 맡고 있는 개인의 욕구를 만족시키기 위한 직무의 내용·기능·관계를 결정하는 것으로, 직무의 내용·요건, 요구되는 대인 관계, 성과 등이 직무 설계의 핵심적인 요인이다.

② 전통적 접근 방법
　ⓐ 과학적 관리법에 의한 직무 설계 기법은 테일러 및 그의 동료들에 의해 주도된 것으로 조직에서 작업의 설계를 위한 전통적인 접근 방법으로 활용되었다.
　ⓑ 산업공학, 직무공학으로 계승되어 기술적·경제적 합리성을 목표로 하는 직무 설계의 원칙으로서 오늘날에도 여전히 중요한 위치를 차지하고 있다.
　ⓒ 전통적 접근 방법으로 대표적인 것이 과학적 관리법에 의한 직무 설계이다.

③ 과도기적 접근 방법
　ⓐ 과학적 관리법에 의한 직무 설계는 많은 부작용을 초래하였기 때문에 그 대안으로 직무 순환과 직무 확대가 제시되었다.
　ⓑ 직무 순환: 기능, 작업 조건, 책임 및 권한 등에 있어서 지금까지 담당했던 직무와 다른 성격의 직무로 이동하는 것이다.
　ⓒ 직무 확대: 상담원이 자신이 맡은 직무를 수행하는데 한 가지 직무에 수반되는 과업의 수나 종류를 늘리는 것이다.

④ 현대적 접근 방법
　ⓐ 직무 전문화, 직무 순환, 직무 확대 등이 기본적으로 작업자들의 욕구를 충족시키지 못하여 유효한 직무 설계의 방법이 되지 못한다는 것이 밝혀지자, 직무 충실 이론과 직무 특성 이론이 등장하였다.
　ⓑ 직무 충실: 직무가 동기부여 요인으로 작용하기 위해서 성취감, 안정감, 책임감, 발전 및 성장의 기회 등을 제공할 수 있도록 직무를 풍요롭게 하는 것이다.

(4) 직무 만족

① 의미: 개인이 직무나 직무 경험에 대한 평가의 결과로 얻게 되는 즐겁고 긍정적인 느낌이다.
② 유형: 심리적 측면(개인의 감정, 신념, 태도, 성취감 등), 보상적 측면(임금, 승진 기회, 성과급 등)
③ 의의
　ⓐ 개인적 측면: 직무 만족도가 높으면 삶의 만족도도 높다.

핵심예제

직무 평가 방법 중 객관적으로 조직 내의 가장 중심이 되는 기준 직무를 설정하고, 이를 기준으로 평가 직무를 비교하는 방법은?

① 점수법　　　　　　　　　　　　② 서열법
③ 분류법　　　　　　　　　　　　④ 요소 비교법

해설　① 점수법: 직무를 요소로 분해한 뒤 평가한 점수의 합계로 가치를 평가하는 방법이다.
　　　② 서열법: 직무의 난이도 및 책임성 등을 평가하여 서열을 매기는 방법이다.
　　　③ 분류법: 직무의 가치를 단계적으로 구분하여 등급표로 분류하는 방법이다.

정답 ④

ⓒ 조직적 측면
- 직무 만족이 높으면 이직률이 감소하여 직원의 생산성 증가 효과가 있다.
- 직무 만족을 하는 직원을 조직 내부 및 조직 외부에서 원만한 인간관계를 유지한다.
- 자신의 조직에 긍정적인 감정을 가진 직원은 조직에 호의적이다.

3. 채용절차

(1) 채용
① 최적 상태의 인적 요소를 특정 직무에 일치되도록 결정하는 과정이다.
  ㉠ 공개 채용: 공개 상태에서 쌍방이 합의하여 결정하는 경우이다.
  ㉡ 비공개 채용: 공개되지 않은 상태에서 일방적으로 결정 행위가 이루어지는 경우이다.
② 인력이 부족한 경우의 대안
  ㉠ 장기적 대안: 신규 채용
  ㉡ 단기적 대안: 초과 근무 확대, 시간제 근무 활용, 휴가 및 휴일 근무, 임시직의 활용 등

(2) 모집 중요
① 정의
  ㉠ 선발을 전제로 하여 양질의 인력을 조직으로 유인하는 과정이며, 기업의 필요로 하는 인재들이 지원할 수 있도록 충분한 채용정보를 제공하고 유인하는 활동이다.
  ㉡ 인적 자원 계획을 통해 인적 자원의 수요가 공급보다 많다고 예측되면 인적 자원 확보가 요구된다.
  ㉢ 모집 방법에는 내부 모집과 외부 모집이 있다.
② 내부 모집(사내 모집) 기출
  ㉠ 필요한 인적 자원을 기존 종업원을 대상으로 모으는 방법이며, 사내 공모제도, 인력전환배치, 승진 등이 있다.
  ㉡ 내부 모집의 종류
    - 사내 공모제
      - 판매 인력의 부족할 때 사내 게시판이나 사내 정보망에 지원자 모집 공고를 내어 요구하는 자격을 가진 적격자를 찾는 방법이다.
      - 업무의 이해도나 효율성 등을 고려하면 필요한 인력을 적은 비용으로 모집할 수 있다.

핵심예제

인력이 부족할 경우 마련할 수 있는 장기적 대안은?
① 신규 채용
② 초과 근무 확대
③ 임시직의 활용
④ 시간제 근무 활용

해설 ②·③·④는 단기적 대안이다.

① **정답**

- 종업원 추천제: 종업원들의 사기가 높고 기업에 대한 공헌 의욕이 강한 기업일 경우, 적은 비용으로 유능한 내부 인재를 추천받아 재고용하는 방법이다.

ⓒ 내부 모집의 장단점
- 장점: 현직 종업원의 인사 기록을 보유하고 있어 해당 직위에 적합한 종업원의 선발이 쉽고, 승진 기회의 향상으로 사기가 향상되며, 종업원의 능력을 최대로 활용하고, 인력 모집 비용 및 시간을 절약할 수 있다.
- 단점: 모집 범위가 제한되므로 유능한 인재를 영입할 수 없고, 파벌이 조성될 수 있으며, 급속한 성장기에는 인력 공급이 불충분할 수 있다.

③ 외부 모집(사외 모집) 기출
㉠ 필요한 인적 자원을 외부에서 지원자를 모으는 방법이다.
㉡ 인터넷 모집, 광고, 리크루터를 통한 모집, 인턴십을 통한 모집, 기존 종업원의 추천, 대학 등 교육기관의 추천, 자발적인 지원, 채용 알선 전문기업 홈페이지를 활용한 모집 등이 있다.

인턴제와 리크루터제의 비교

인턴(Internship)제	리크루터(Recruiter)제
• 방학 기간이나 시간제 근무를 하고 있는 학생을 임시직으로 고용하고 있다가 근무성적이 좋은 소수의 사람을 정식으로 고용하는 제도 • 기업은 사람을 채용하여 근무시킨 후에 결정하므로 위험 부담을 줄일 수 있음 • 임시 근무자는 해당 기업의 적합성을 따져서 정식 고용될 수 있음 • 기업이 임금을 줄일 목적이나 계속적으로 임시 근무자만 활용하려는 의도를 가질 경우에는 단점으로 작용	• 기업의 채용 담당자가 지원자가 많은 장소를 방문하여 취업 설명회나 취업 박람회를 통해 기업 및 자사 제품의 소개, 전략, 구조, 제품, 각종 인사 정책, 선발하려는 직무의 설명 등을 하고 가능한 지원자를 적성 검사와 함께 현장 면접하여 예비 후보자를 가려내는 방법 • 리크루터를 전문으로 하는 구인·구직 회사의 형태도 있음

ⓒ 외부 모집의 장단점
- 장점: 모집 범위가 넓어 유능한 인재의 획득이 가능하며, 새로운 정보·지식을 제공받고 경쟁할 수 있다. 또한 조직에 활력을 불어넣을 수 있으며, 기업 홍보 효과가 있다.
- 단점: 부적격자를 채용할 위험이 있고, 새로운 인력이 입사 후 안정되기까지 적응 기간이 소요된다. 또한 내부 인력의 사기가 저하될 수 있으며, 채용 비용이 많이 든다.

핵심예제

인적 자원의 모집 관리 중 사외 모집 방법에 대한 설명으로 거리가 먼 것은?

① 모집 범위가 넓어 인재 획득이 가능하다.
② 조직에 활력을 불어넣을 수 있다.
③ 부적격자를 채용할 위험이 없다.
④ 새로운 정보와 지식을 제공받고 경쟁할 수 있다.

해설 부적격자를 채용할 위험이 있고, 입사 후 안정되기까지 적응 기간이 소요되며, 내부 인력의 사기가 저하될 수 있다.

③ **정답**

(3) 선발

① 인재 모집이 지원자를 구하는 적극적인 활동이라면, 인재 선발은 지원자 중 성공적으로 직무를 수행할 종업원을 선별하는 방어적인 활동이라 할 수 있다.
② 선발의 기본적인 목적은 해당 직무를 가장 잘 수행할 수 있는 지원자를 선발하는 것이다.
③ 선발은 명확한 기준을 세운 후에 본격적인 과정에 들어가는데, 기업 상황이나 여건에 따라 과정이 생략되거나 추가되기도 한다.
④ 일반적 선발 과정

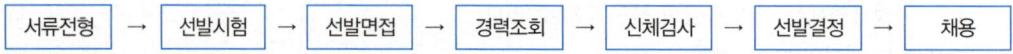

⑤ 선발 절차
  ㉠ 서류전형: 지원자가 제출한 지원서를 검토하여, 지원자의 객관적인 자질을 평가하는 과정이다.
  ㉡ 선발시험
   • 시험은 서류전형으로 파악할 수 없는 지원자의 자질이나 직무수행능력을 평가하는 과정이다.
   • 응모자에 관한 상황 정보를 얻는 중요한 선발 도구이며 많은 조직에서 사용한다.
   • 필기시험은 가장 일반적으로 사용되는데, 집단이나 개인을 동시에 쉽게 관리할 수 있으며 다른 방법에 비해 적은 비용이 소요된다.
  ㉢ 면접
   • 면접의 목적은 지원자의 정보를 대면하여 직접적으로 수집하기 위함이다.
   • 면접은 성격, 외모, 지원동기 등 지원서로서는 잘 드러나지 않는 지원자의 불명확한 특성을 구체적으로 알 수 있다.
  ㉣ 신원조회: 지원자가 제출한 자료를 중심으로 재확인하고 추가 자료를 수집하는 과정이다.
  ㉤ 신체검사: 직무수행자로서의 육체적인 능력 및 건강 상태를 판단하는 검사이다.

4. 면접 기법

(1) 면접의 특징
① 면접자가 서류 전형 합격자를 직접 대면하여 미리 준비된 질문을 하고 대답하도록 하는 방법이다.
② 면접과정에서 면접관이 직접 참여하여 서류 전형 합격자들에게 가장 많은 영향을 미칠 수 있다.

핵심예제

인재를 모집할 때 선발시험에 대한 설명으로 옳지 않은 것은?
① 가장 일반적으로 사용되는 선발시험은 실기시험이다.
② 지원자에 관한 상황 정보를 얻는 중요한 선발 도구이다.
③ 필기시험은 집단이나 개인을 동시에 쉽게 관리할 수 있다.
④ 시험은 서류전형으로 파악할 수 없는 지원자의 자질이나 직무수행능력을 평가한다.

해설 필기시험이 가장 일반적으로 사용되는 시험이며, 집단이나 개인을 동시에 쉽게 관리할 수 있고 다른 방법에 비해 적은 비용이 소요된다.

정답 ①

(2) 면접의 유형

① 구조화 정도에 따른 유형 중요
  ㉠ 구조적 면접(표준화 면접, 정형적 면접, 지시적 면접, 유도적 면접)
    - 미리 준비된 질문 항목에 따라 순차적으로 질문하는 방법이다.
    - 직무명세서를 기초로 하여 미리 질문 목록을 준비해 면접관이 피면접자에게 차례로 질문하면서 준비한 내용에서 벗어나는 질문은 하지 않는 방법이다.
  ㉡ 비구조적 면접(비표준화 면접, 비지시적 면접, 비유도적 면접)
    - 면접자가 질문을 하면 지원자가 형식에 구애 받지 않고 자유로이 자신의 의사를 표현하는 면접이다.
    - 지원자에 대한 광범위한 정보를 얻을 수 있는 방법이다.
  ㉢ 반구조적 면접: 구조적 면접과 비구조적 면접을 절충한 면접이다.

② 참가자의 수에 따른 유형
  ㉠ 개별 면접: 면접자와 피면접자가 1:1로 면접을 진행하는 방법이다.
  ㉡ 집단 면접: 복수의 피면접자를 대상으로, 집단별로 특정 문제에 대한 자유토론의 기회를 부여하고 그 과정에서 개별적으로 적격여부를 심사·평가하는 방법이다.
  ㉢ 패널 면접: 다수의 면접자가 한 사람의 피면접자를 대상으로 집단적인 면접을 하면서 그 사람이 가지고 있는 자질이나 특징을 평가하는 방법으로 전문직이나 경력직 종업원을 선발할 때 사용하는 방법이다.

③ 그 외의 면접 유형
  ㉠ 스트레스 면접: 면접관이 매우 공격적인 태도를 취하거나 피면접자를 무시하는 태도를 보이는 등 피면접자를 방어적이고 좌절하게 만들어 스트레스 상황에서 피면접자의 감정적 안정성과 인내도 등을 관찰하는 방법이다.
  ㉡ 순차적 면접: 여러 계층에 있는 관리자들이 피면접자를 면접하는 방식이다.

CHECK BOX

합리적인 선발 도구가 갖추어야 할 타당성 요건 중요
- 준거 관련 타당성: 신입 사원의 시험 성적과 다른 기준치를 비교하여 측정하는 것으로, 신입 사원의 성적을 현직 종업원과 비교하는 동시 타당성, 신입 사원의 입사 시험 성적과 입사 후의 성과를 비교하는 예측 타당성으로 구성된다.
- 내용 타당성: 직무 내용과 선발시험 문제의 상관관계를 판단한다.

핵심예제

면접을 구조화 정도에 따라 나눌 때 구조적 면접에 대한 설명으로 옳은 것은?

① 면접자와 피면접자가 1:1로 면접을 진행한다.
② 피면접자에 대한 광범위한 정보를 얻을 수 있다.
③ 미리 준비된 질문 항목에 따라 순차적으로 질문한다.
④ 면접자가 질문을 하면 피면접자가 형식에 구애 받지 않고 자유롭게 자신의 의사를 표현한다.

해설 ①은 참가자 수에 따른 면접 유형 중 개별 면접, ②·④는 비구조적 면접에 대한 설명이다.

③ 정답

(3) 콜센터 조직의 인력 채용 및 선발

① 슈퍼바이저 등 관리자는 가능한 한 내부에서 선발한다.
② 상담사는 비경력자보다는 경력자를 선발한다.
③ 직무별 요구되는 자질에 따른 선발 기준이 객관적으로 마련되어 있어야 한다.
④ 텔레마케터 채용 시 면접 기준
    ㉠ 청취 및 이해력: 경청, 지식, 신뢰성, 유연성 포함
    ㉡ 품성 및 조직 적응력
    ㉢ 음성적 자질, 표현 및 구술 능력 등

4. 인사 및 노무지식

(1) 인사 관리

① 의의: 조직에서 일하는 사람을 다루는 제도적 체계이며 사람이 사람을 효과적으로 관리하는 제도이다.
② 인사 관리의 필요성
    ㉠ 모집 방법, 대상, 시험 방법(학과・면접・적성 검사・집단 토의 등) 등은 채용 목적에 맞게 선택해야 한다.
    ㉡ 채용된 사람이 일정한 직장에 배치될 때에는 필요한 수의 사람을 확보하는 양적 배치와 자격 요건에 따라 적절히 이루어지는 질적 배치가 모두 갖추어져야 한다.
    ㉢ 채용된 사람이 모든 자질을 갖추고 있을 수 없고, 급변하는 환경과 기술은 기존의 자질을 진부하게 만든다. 이러한 상황을 타개하기 위해 신입 사원 교육과 재교육을 포함한 체계적인 교육훈련이 필요하다.
    ㉣ 개개인의 업적은 객관성이 있는 공정한 인사고과에 따라 평가되고, 그것에 기초하여 승진・승급・상여가 이루어져야 한다.
③ 승진
    ㉠ 승진 제도의 개요: 조직 기능상의 효율적인 승진 제도의 확립은 종업원의 입장에서는 자기발전의 욕구 충족과 희망의 계기를 마련하고, 경영자의 입장에서는 인재를 효율적으로 배분함으로써 조직의 효율성을 꾀할 수 있다.

핵심예제

텔레마케터 채용 시 면접 기준으로 알맞지 않은 것은?

① 구술 능력을 가져야 한다.
② 조직 적응력을 가져야 한다.
③ 청취 및 이해력을 가져야 한다.
④ 제품 개발 능력을 가져야 한다.

해설 제품 개발 능력은 텔레마케터의 능력과 관련이 없으며, 연구・개발 부서에서의 인력 채용 시 면접 기준에 해당한다.

정답 ④

ⓛ 승진 제도의 유형 기출

직계 승진 제도	직무주의적 능력주의에 입각하여 직무의 분석·평가·분류 등이 끝나 직위 관리 체제가 확립되면 그 직무의 자격 요건에 비추어 적격자를 선정·승진시키는 방법
연공 승진 제도	근무 연수, 학력, 경력, 연령 등 종업원의 개인적인 연공과 신분에 따라 자동적으로 승진시키는 연공주의에 의한 승진 유형
자격 승진 제도	연공과 능력, 즉 직무주의와 연공주의를 절충시킨 제도
대용 승진 제도	승진 대상자는 많으나 담당 직책이 없을 경우, 인사 체증과 사기 저하를 방지하기 위하여 직무 내용상 실질적인 승진 없이 직위 심벌상의 형식적인 승진을 하는 것
조직 변화(OC) 승진 제도	승진 대상은 많으나 승진의 기회가 주어지지 않아 사기 저하, 이직 등으로 인하여 유능한 인재를 놓칠 가능성이 있는 경우 경영 조직을 변화시켜 승진의 기회를 마련하는 것
역직 승진 제도	조직구조의 편성과 조직운영의 원리에 따라 상위의 직책으로 이동하는 것으로, 조직에서는 부장, 과장, 계장과 같은 역직이 발생하면 이에 따라 승진하는 것

④ 인사고과
  ㉠ 의의: 종업원의 능력과 업적을 평가하여 그가 보유하고 있는 현재적 또는 잠재적 유용성을 조직적으로 파악한다.
  ㉡ 목적: 인력 배치 및 이동, 인력 개발, 인력 계획 및 기타 인사 기능의 타당성 측정, 성과 측정 및 보상, 조직 개발 및 근로 의욕 증진 등을 들 수 있다.
  ㉢ 고과 방법의 종류

전통적 고과 방법	서열법, 근무 성적 기록법, 평가 척도법(평정 척도법), 대조법, 강제 할당법, 업무 보고법
근대적 고과 방법	중요 사실 서술법, 자기 신고법(서술식 고과법), 면접법, 목표 관리법, 평가 센터법, 인적 자원 회계법, 행동기준 고과법, 위원회 지명법

⑤ 보상 중요
  ㉠ 임금은 사용자의 입장에서 보면 노동자가 기업에 제공한 노동에 대해 지불하는 대가이고, 근로자의 입장에서 볼 때는 생활의 원천이 되는 소득이다.
  ㉡ 임금 수준의 결정 요인: 종업원의 생계비, 기업의 지불 능력, 동종 기업의 임금 수준이다.

⑥ 복리 후생 제도

의의	종업원의 복리 후생을 위한 제반 시설 및 제도는 노동력의 재생산을 위한 보조적 수단이라고 할 수 있다.
원칙	적정성의 원칙, 합리성의 원칙, 협력성의 원칙

핵심예제

승진 대상자는 많으나 담당 직책이 없을 경우, 인사 체증과 사기 저하를 방지하기 위하여 직무 내용상 실질적인 승진 없이 직위 심벌상의 형식적인 승진을 하는 승진 제도는?

① 직계 승진 제도　　　　　　　　　② 대용 승진 제도
③ 자격 승진 제도　　　　　　　　　④ 연공 승진 제도

해설　① 직계 승진 제도: 직무의 자격 요건에 따라 적격자를 선정하여 승진시키는 방법이다.
　　　③ 자격 승진 제도: 연공과 능력, 즉 직무주의와 연공주의를 절충시킨 방법이다.
　　　④ 연공 승진 제도: 개인적인 연공과 신분에 따라 자동적으로 승진시키는 방법이다.

정답 ②

종업원에 대한 이익	• 사기가 앙양되며, 복지에 대한 인식이 깊어지고 불만이 감소한다. • 경영자와의 관계가 개선되며, 고용이 안정되고 생활수준이 향상된다. • 건설적으로 참여하는 기회가 늘어나고, 기업의 방침 및 목적에 대한 이해가 커진다. • 지역사회의 시설 및 기관에 대해 종업원 개인으로서의 관심과 이해가 촉진된다.
사용자에 대한 이익	• 생산성이 향상되고 원가가 절감되며, 팀워크 정신이 왕성해진다. • 결근 · 지각 · 사고 · 불만 및 노동자 이직률이 감소하며, 인간관계가 개선된다. • 채용 및 훈련비용이 절감되며, 종업원과 건설적으로 일할 기회가 늘어난다. • 기업의 방침과 목적에 대해 과시할 기회가 많아지며, 회사의 PR을 할 계기가 늘어난다.

(2) 노무 관리

① 노무 관리의 개요

㉠ 노무 관리는 일반적으로 생산과정 외에 노동자의 인격에 적용되며, 노동의욕을 향상시키기 위한 관리로 근로기준법이나 노동관계법령을 기준으로 한다.

㉡ 노사관계가 회사 중심에서 노동자의 중심에서 변해 가면서 노무 관리는 또 다른 인사 관련 업무로 조명된다.

㉢ 효과적인 모집과 선발을 위해서는 인사규정과 함께 노무지식의 학습도 선행되어야 한다.

② 노무 관리 세부사항

㉠ 근로조건을 서면으로 명시한다. 예 임금, 근로시간, 휴일, 휴가 등

㉡ 근로자 명부 및 계약서류를 보존한다. 예 근로자명부, 근로계약서, 임금대장, 서면합의서 등

㉢ 임금 등 각종 금품을 지급한다. 예 금품청산, 임금지급, 도급사업에 대한 임금지급, 휴업수당, 연장 · 야간 및 휴일근로수당 등

㉣ 근로시간 및 연장근로의 한도 위반을 금지한다.

㉤ 휴게시간 · 유급휴일 · 연차유급휴가 등을 부여한다.

㉥ 연소자와 모성을 보호한다. 예 연소자 및 여성의 야간 및 휴일근로, 산후여성 근로자의 시간 외 근로, 임산부의 보호, 배우자 출산휴가, 육아휴직, 육아기 근로시간 단축 등

㉦ 취업규칙을 준수한다. 예 취업규칙 작성 · 신고, 취업규칙 변경, 근로 관계 법령 · 단체협약 준수 등

㉧ 퇴직급여를 지급한다.

㉨ 최저임금을 준수하며, 직장 내 괴롭힘과 성희롱을 예방하고, 고용상 성차별과 비정규직 차별을 금지한다.

㉩ 노사협의회를 설치 · 운영한다. 예 노사협의회 설치, 노사협의회 회의 등

핵심예제

복리 후생 제도의 원칙에 해당하지 않는 것은?

① 적정성의 원칙
② 계속성의 원칙
③ 협력성의 원칙
④ 합리성의 원칙

해설 계속성의 원칙은 복리 후생 제도의 원칙에 해당하지 않는다.

정답 ②

5. 리더십 이론

(1) 리더십의 개념

① **리더십의 정의**: 집단의 목표나 내부 구조의 유지를 위하여 구성원이 자발적으로 집단 활동에 참여하여 목표를 달성하도록 유도하는 능력을 말한다.

② **우수한 리더의 특성** 기출
  ㉠ 솔직하고 즉각적인 감정 표현을 지양한다.
  ㉡ 상호역할과 팀원의 행동을 이해할 수 있다.
  ㉢ 성과를 공정하게 평가한다.

③ **리더십의 전제적 가정** 기출
  ㉠ 지도자는 추종자가 있어야 한다.
  ㉡ 지도자는 추종자보다 많은 권력을 가진다.
  ㉢ 리더십은 추종자의 행동에 영향을 미치기 위하여 상이한 권력 형태를 이용한다.
  ㉣ 지휘는 조직의 관리 기능 중 하나이며, 조직 구성원의 행동적 측면을 다룬다.

④ **리더십의 기본 유형** 기출
  ㉠ 의사결정 방식에 따른 구분: 독재형, 민주형, 자유방임형
  ㉡ 의사결정 태도에 따른 구분: 직무 중심형, 인간관계 중심형

(2) 특성론적 이론(리더십 특성 이론)

① **가정**: 리더는 신체적 특성, 성격, 능력 등을 타고난다.
  ㉠ 신체적 특성: 연령, 신장, 체중, 외모 등
  ㉡ 사회적 배경: 교육 수준, 이동성, 사회적 지위, 직업 계급 관계 등
  ㉢ 지적 능력: 지능, 지식, 웅변력, 결단력, 판단력 등
  ㉣ 성격 특성: 성취동기, 야망, 적응력, 공격성, 민첩성, 반권위주의적 성격, 지배 성향, 자기 제어, 열정, 외향성, 독립성, 주도성, 직관력, 성실성, 객관성, 창의성, 일관성, 인내력, 책임감, 자신감, 유머 감각, 스트레스 저항력 등
  ㉤ 사회적 성격: 감독 능력, 협동성, 사교성, 권력 욕구, 대인 관계 능력 등

② **한계**: 리더의 특성과 리더십의 유효성 간의 관계에 대해 각 연구자마다 다른 결과가 나타난다.

핵심예제

리더의 선천적 자질을 유능한 리더의 조건으로 파악하며, 자연적 리더십 이론이라고도 불리는 이론은?

① 변혁적 리더십
② 목표-경로 이론
③ 리더십 행위 이론
④ 리더십 특성 이론

해설 리더십 특성 이론은 리더의 개인적 특성이 존재한다고 보는 입장으로, 유능한 리더의 개인적 특성으로 지적 능력, 성격, 신체적 조건, 직업의 감독 능력 등을 제시한다.

④ 정답

(3) 행동주의 이론(리더십 행위 이론)

① 가정: 효과적인 리더는 타고나는 것이 아니라 만들어지는 것이다.

② 아이오와 대학의 리더십 연구: 리더십을 의사결정 방법과 권력의 분산 정도에 따라서 구분하였다.

권위형 (독재형)	조직의 목표와 계획 수립 및 모든 경영 활동에서 조직 구성원의 의견을 수렴하지 않고, 리더가 독단적으로 의사결정을 하며, 조직의 모든 기능을 독점하려는 형태
민주형	중요한 의사결정 시 조직 구성원의 조언과 협의 과정을 거치며, 객관적이고 타당한 기준을 설정하여 업적이나 상벌 등의 규정을 수립하는 형태
자유방임형	조직의 계획이나 의사결정에 거의 관여하지 않고 수동적인 입장에서 행동하며 모든 일을 조직 구성원에게 방임하고 책임을 전가하는 형태

2차 실기 맛보기

리더십을 의사결정 방식에 따라 구분할 때 속하는 리더십을 세 가지 쓰시오.

③ 블레이크와 머튼의 관리격자 이론 [중요]: 생산에 대한 관심과 인간에 대한 관심 두 차원을 기준으로 리더의 행동 유형을 방임형, 과업형, 친목형(인간중심 지향형), 절충형, 팀형(단합형)의 다섯 가지로 분류하였다. 가장 적절한 리더십 유형은 생산과 인간 모두에 관심이 높은 팀형이다.

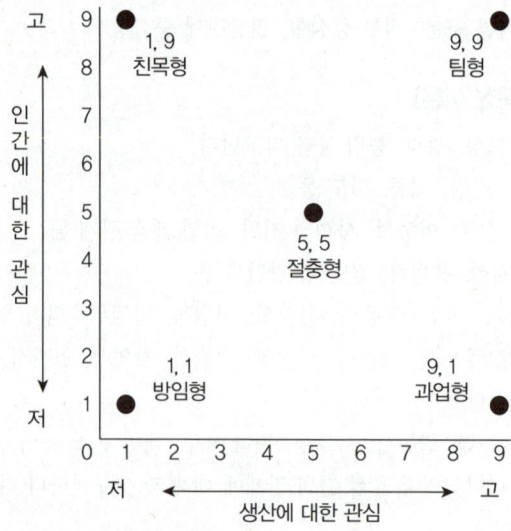

핵심예제

리더십의 유형을 의사결정 방식과 태도에 따라 구분할 때 의사결정 방식에 따른 유형이 아닌 것은?

① 독재형 리더십
② 민주형 리더십
③ 자유방임형 리더십
④ 인간관계 중심형 리더십

해설 의사결정 방식에 따른 리더십에는 독재형(권위형), 민주형, 자유방임형이 있다.

정답 ④

④ 기타 이론
  ㉠ 미시간 대학 연구: 생산 지향적(직무 중심적) 리더와 종업원 지향적(종업원 중심적) 리더로 나누고, 종업원 지향적 리더를 이상적인 리더로 보았다.
  ㉡ 오하이오 주립대학 연구: 리더의 행동을 배려(Consideration)와 과업 중심(Initiating structure)의 행동 유형으로 나누고, 배려와 과업 중심의 정도가 모두 높은 리더가 성과를 가장 많이 산출한다고 하였다.

(4) 상황론적 이론 중요

① 가정: 모든 상황이나 조건에 적합한 리더십 특성이나 행동 유형은 존재하지 않으며, 단지 처한 상황에 따라 가장 적합한 리더십 유형이 존재한다.
② 피들러(Fiedler)의 유관 이론(상황 이론) 중요
  ㉠ 세 가지 요인에 따라 여덟 가지 상황을 설정하여 그에 적합한 리더십 유형을 제시하였다.
  ㉡ 세 가지 상황 우호성 변수
    • 리더와 구성원의 관계: 구성원이 리더를 지원하는 정도로 얼마나 관계가 좋은가를 의미한다.
    • 구성원들의 업무 구조화: 업무의 목표나 처리 절차 등이 체계화되어 있는 정도를 나타낸다.
    • 리더의 지위 권력: 보상이나 통제 등 지위를 행사할 수 있는 재량권의 정도를 말한다.
③ 허시와 블랜차드의 부하 성숙도 이론 기출

지시형 (Telling)	• 과업 지향적인 스타일로 지도자가 일방적으로 부하들의 역할을 결정하고 과업의 종류와 방법, 시기 등을 지시하는 유형 • 성숙도가 최저인 부하들에게 효과적임
위양형 (위임형, Delegating)	• 리더는 통제·계획 등의 활동을 줄이고, 수행 업무에 대한 합의가 이루어지면 수행 방법의 결정과 직무 책임을 부하에게 위양하며 영향력을 거의 행사하지 않음 • 과업 지향성과 관계 지향성이 모두 낮음 • 하급자와 충분한 신뢰 관계가 형성되어 있고, 자발적인 활동을 허용하며 중요한 역할을 책임지도록 하여 더 많은 경험을 축적하도록 이끌어 가야 함
지원형 (후원형, 설득형, Selling)	• 리더는 구성원 간 상호 협력이 필요하면 협조를 통해 이해관계자들을 모이게 하고, 협력하기 쉬운 문화를 만들어냄 • 리더는 하급자의 자주성과 주체성을 인정하고 배려하며, 하급자가 겪는 어려움이나 불편함을 찾아서 해결해야 함

핵심예제

텔레마케터와 충분한 신뢰 관계가 형성되어 있고, 자발적인 활동을 허용하며 중요 역할에 책임을 주어 더 많은 경험을 축적하도록 이끄는 리더의 유형은?

① 지시형 리더   ② 위양형 리더
③ 지원형 리더   ④ 참가형 리더

해설 위양형 리더는 통제·계획 등의 활동을 줄이고, 수행 업무에 대한 합의가 이루어지면 수행 방법의 결정과 직무 책임을 부하에게 위양하며 영향력을 거의 행사하지 않는다.

② 정답

참가형 (코치형, Participating)	• 리더는 목표 달성에만 초점을 맞추지 않고 구성원들의 지원적 행동을 통해 과업 달성을 하도록 능력 발휘의 동기유발을 시도함 • 리더는 상담원과 수시로 상의하고 그들의 제안과 의견을 신중히 고려함은 물론 정보와 권한을 공유하고 합리적인 의사결정을 함 • 이 유형의 리더는 관계 지향성은 높지만 과업 지향성은 낮은 특성을 가지며, 부하들에게 높은 확신감을 부여하여 더욱 열정적으로 일을 하게 함

④ 하우스(House)의 경로-목표 이론 기출

지시적 리더 (Directive leader)	• 추진하는 일의 목표가 무엇인지, 목표 달성의 스케줄은 어떻게 되는지, 특정업무를 어떤 방식으로 시행해야 하는지를 명확히 함 • 조직화, 통제, 감독과 관련된 행위, 규정, 작업 일정을 수립하고 직무 명확화를 기함
후원적 리더 (Supportive leader)	• 조직 구성원 개개인에게 관심을 쏟으며 이들의 욕구를 충족시키는 데 집중함 • 부하의 복지와 욕구에 관심을 가지며 배려함
참여적 리더 (Participative leader)	• 하급자들을 의사결정에 참여시켜 의사결정 과정에 조직 구성원들의 의견을 적극적으로 반영함 • 팀워크를 강조함
성취 지향적 리더 (Achievement-oriented leader)	• 도전적인 목표를 설정하고 직원들이 능력의 최대치를 발휘할 수 있도록 독려함 • 도전적 목표를 가지고 잠재력을 개발하며 높은 성과를 지향하도록 유도함

(5) 그 외 리더십 이론

① Bass(1985)는 리더십을 부하에게 영향을 미치는 과정이라고 보고, 교환적 리더십과 변혁적 리더십으로 분류하였다.

㉠ 교환적 리더십: 리더와 부하와의 관계를 교류 혹은 비용과 이익의 교환 개념으로 본다.

㉡ 변혁적 리더십(변화적 리더십) 기출
- 부하들에게 장기적 비전을 제시하고, 비전 성취에 대한 자신감을 고취시킴으로서 조직에 대한 몰입을 강조하며 부하를 성장시키는 리더십이다.
- 리더가 부하들로 하여금 신뢰와 존경, 충성심을 느끼도록 하여 부하들이 기대한 것 이상의 능력을 발휘할 수 있도록 동기화시키는 지도력을 가진다.
- 변혁적 리더는 카리스마, 영감 고취, 개별적 배려 등의 특징을 가진다.
- 어떤 장애물도 스스로의 능력으로 극복할 수 있다고 신뢰하며, 고민을 새로운 관점에서 생각해 볼 수 있게 해 주고 필요한 경우에 코치해 준다.

핵심예제

House가 제시한 경로-목표 모형의 리더십 유형에 관한 설명으로 틀린 것은?

① 후원적 리더십 - 부하의 복지와 욕구에 관심을 가지며 배려이다.
② 참여적 리더십 - 부하에게 기준을 제시하여 일방적 커뮤니케이션에 의존한다.
③ 성취 지향적 리더십 - 도전적 목표를 가지고 잠재력을 개발하며 높은 성과를 지향하도록 유도한다.
④ 지시적 리더십 - 조직화, 통제, 감독과 관련된 행위, 규정, 작업 일정을 수립하고 직무 명확화를 기한다.

해설 참여적 리더십은 의사결정 과정에 조직 구성원들의 의견을 적극적으로 반영한다.

②

② 슈퍼 리더십: 하급자들을 스스로 판단하고 행동하며 그 결과를 책임질 수 있는 셀프리더로 키우는 리더십이다.
③ 그린리프(Greenleaf)의 서번트(Servant) 리더십 중요 : 타인을 위한 봉사에 초점을 두고 자신보다 구성원들의 이익을 우선시하는 리더십으로, 봉사자(Servant)로서 직원과 고객 및 공동체를 우선으로 여기며 그들의 필요를 만족시키고자 헌신하는 리더십이다.
④ PM 이론: 집단의 기능을 P 기능(목표 달성이나 과제 해결을 지향하는 기능)과 M 기능(집단의 자기 보존 또는 집단의 과정 자체를 유지·강화하는 기능)으로 구분하고, 이 두 기능이 합쳐진 관점에서 보아야 한다는 이론이다.

CHECK BOX

리더십 이론의 발전 과정
특성론적 이론(1940년대) → 행동주의 이론(1950~1960년대) → 상황론적 이론(1960~1970년대) → 변혁적 리더십 이론(1980년대)

제2절 교육훈련

1. 교육훈련의 의의 및 목적

(1) 교육훈련의 의의
① 종업원의 정신적·육체적 능력과 성과창출 의지 및 태도에 직접적인 자극을 가해 정신적·육체적 능력과 성과창출 의지 및 태도를 향상시키는 활동을 의미한다.
② 전환 배치, 승진 등 종업원들에게 새로운 직무를 부여하고 이를 수행하는 과정을 통해 필요한 능력이나 태도를 습득하게 하며, 간접적인 인적 자원 개발·유지활동인 경력개발과 구분된다.
③ 신규 종업원에게는 직무환경에 자신의 능력을 적응시켜 효과적 직무수행에 도움을 주고 기존 종업원에게는 새로운 기술과 능력을 증진시켜 변화하는 환경에 능동적으로 대처하게 한다.

핵심예제

다음에서 설명하는 리더십은?

추종자들에게 장기적 비전을 제시하고 그 비전 달성을 위해 함께 매진할 것을 호소하며, 비전 성취에 대한 자신감을 고취시킴으로써 조직에 대한 몰입을 강조하며 부하를 성장시키는 리더십

① 거래적 리더십 ② 전략적 리더십 ③ 변혁적 리더십 ④ 자율적 리더십

해설 변혁적 리더십에 대한 설명으로 변혁적 리더십을 가진 리더는 부하들로 하여금 신뢰와 존경, 충성심을 느끼도록 하여 부하들이 기대한 것 이상의 능력을 발휘할 수 있도록 동기화시킨다.

③ **정답**

(2) 교육훈련의 목적

① 신입 종업원의 조직과 직무에 대한 이해를 돕는다.
② 종업원들의 원활한 직무수행을 도와준다.
③ 종업원들의 미래 직무에 대한 기회를 제공한다.
④ 조직의 변화에 대한 정보를 종업원들에게 제공한다.
⑤ 종업원 개인의 발전을 위한 기회를 제공한다.

(3) 교육훈련의 절차 기출

직무 분석 → 목표 설정 → 교육 시행 → 성과 평가 → 보상과 개선

> **CHECK BOX**
>
> 교육훈련과정개발을 위한 교수모형 설계의 5단계
> 분석(Analysis) → 설계(Design) → 개발(Development) → 실행(Implementation) → 평가(Evaluation)

(4) 교육훈련 및 개발의 방법

역할연기법 기출	• 사전에 준비를 철저히 하여 고객과의 대화 방식을 1:1 방식으로 실제처럼 연습하는 것으로, 참가자 중에서 실연자를 선출하고 주제에 따른 역할을 연출하도록 함으로써 공명과 체험을 통하여 훈련 효과를 높이는 방법
	• 관리자뿐만 아니라 일반 종업원을 대상으로 인간관계에 대한 태도 개선 및 인간관계 기술을 제고시키기 위한 것
	• 피교육자는 가장 바람직한 행동을 연기하고 다른 피교육자는 이를 관찰하여 해당 행동을 평가하고 토론을 통해 바람직한 행동을 개발하는 방법
	• 유의 사항
	  – 역할연기 당사자 간 배역을 바꿔 연습
	  – 스크립트의 내용을 적절하게 수정하며 반복 연습
	  – 녹음기로 시간을 측정하며 연습
	  – 1:1 방식으로 진행하는 것이 바람직함
	• 역할연기(Role-playing)의 실시 순서: 역할연기 대상자 선정 → 상황 설정 → 배역 지정 → 연기 실시 → 역할 내용 검토 및 평가 → 스크립트 및 매뉴얼 수정 → 반복 훈련 및 효과 상승 체크

인바스켓 훈련	일명 모의 훈련. 가상의 기업에 대한 다양한 정보를 제공하고 이를 특정한 상황하에서 문제 해결을 위한 의사결정을 내리게 함으로써 의사결정능력을 향상시키는 방법

핵심예제

교육훈련의 목적으로 알맞지 않은 것은?

① 종업원들의 원활한 직무수행을 돕는다.
② 종업원들의 미래 직무에 대한 기회를 제공한다.
③ 조직의 변화에 대한 정보를 고객들에게 제공한다.
④ 신입 종업원의 조직과 직무에 대한 이해를 돕는다.

해설 교육훈련을 통해 조직의 변화에 대한 정보를 종업원들에게 제공한다.

정답 ③

사례연구	자사 또는 경쟁 기업과 관련하여 발생한 일련의 사건, 기업의 현황들을 교육 참가자에게 제시하고 이를 토대로 기업의 의사결정상황에서의 중요한 문제점을 탐색하여 문제 해결을 위한 대안을 제시하는 방법

(5) 교육훈련의 성과를 측정하기 위한 평가 방법

① 전이 평가: 교육의 결과를 얼마나 현업에서 활용하고 있는지를 측정한다.
② 학습 평가: 학습자의 학습 내용 숙지 여부를 평가하여 실제 교육을 통해 향상된 지식과 기술 및 태도를 측정한다.
③ 반응 평가: 설문을 통해 피교육자가 교육을 어떻게 생각하는지 조사한다.
④ 효과성 평가: 교육훈련의 목적이 어느 정도 달성되었는지 그 효과를 평가한다.
⑤ 적용 평가: 교육을 받고 현장에 복귀 후 교육의 효과를 측정하는 평가 방법으로, 응용을 촉진 또는 방해하는 요인에 대한 규명이 이루어진다.
⑥ ROI 평가: 훈련 투자에 대한 수익률을 평가한다.

2. 직장 내 교육훈련 및 직장 외 교육훈련

(1) 직장 내 교육훈련(OJT; On the Job Training)

① OJT의 의의 기출
  ㉠ 업무 중심의 현장 훈련을 의미한다.
  ㉡ 대체로 오리엔테이션은 강의식(講義式)에 의존한다.
  ㉢ 기업 내에서의 종업원 교육훈련 방법의 하나로, 피교육자인 종업원은 직무에 종사하면서 지도 교육을 받게 된다. 따라서 업무 수행이 중단되는 일이 없는 것이 특징이다.
  ㉣ 리더는 피교육자의 문제점 및 건의사항을 수렴한다.
② OJT를 위한 단계 기출 : 학습 준비 → 업무 설명 → 업무 실행 → 결과 확인
③ OJT의 장점 기출
  ㉠ 모든 관리자 · 감독자는 업무 수행상의 지휘 감독자이자 업무 수행 과정에서 부하 직원의 능력 향상을 책임지는 교육자라는 생각을 기반으로 추진되고 있으며, 지도자와 피교육자 사이에 친밀감을 조성할 수 있다.
  ㉡ 시간의 낭비가 적고 기업의 필요에 합치되는 교육훈련을 할 수 있다.

핵심예제

교육훈련의 성과를 측정하기 위한 평가 방법에 대한 설명으로 틀린 것은?

① 학습 평가 – 훈련 투자에 대한 수익률을 평가한다.
② 전이 평가 – 교육의 결과를 얼마나 현업에서 활용하고 있는지를 측정한다.
③ 반응 평가 – 설문을 통해 피교육자가 교육을 어떻게 생각하는지 조사한다.
④ 효과성 평가 – 교육훈련의 목적이 어느 정도 달성되었는지 그 효과를 평가한다.

해설 훈련 투자에 대한 수익률 평가는 ROI 평가에 대한 설명이다. 학습 평가는 학습자의 학습 내용 숙지 여부를 평가하여 실제 교육을 통해 향상된 지식과 기술 및 태도를 측정한다.

① 정답

ⓒ 별도의 시설 없이 적은 비용으로 경제적인 교육훈련을 실시할 수 있다.
ⓓ 상사와 부하 간의 이해와 협동심을 촉진시킬 수 있다.
ⓔ 종업원의 동기부여에 기여할 수 있다.
ⓕ 교육 대상자의 능력과 수준에 맞추어 지도가 가능하다.
ⓖ 교육 대상자는 교육받은 내용을 바로 실행해 보고 수정할 수 있다.
ⓗ 개인 지도를 통해 교육 효과가 높다.

④ OJT의 단점 기출
ⓐ 지도자의 높은 자질이 요구되며 교육훈련 내용의 체계화가 어렵다.
ⓑ 많은 종업원을 동시에 교육하기 어렵다.
ⓒ 모든 업무와 모든 교육훈련에 완벽을 기할 수 없다.

⑤ OJT를 실시할 때 지켜야 할 원칙 기출
ⓐ 업무와 직접 관련된 교육을 실시한다.
ⓑ 체계적이고 지속적이어야 한다.
ⓒ 상담원의 능력을 극대화할 수 있는 방향으로 실시한다.

⑥ 텔레마케터에 대한 OJT
ⓐ 준비 사항
- 업무 매뉴얼을 작성한다.
- OJT를 전담할 담당자를 선발한다.
- 텔레마케터의 성과 요인과 현재 능력을 진단한다.
- 단기적·일시적이 아니라 계획적·중점적·단계적으로 실행한다.

ⓑ OJT의 실시 시기 기출
- 신입 상담원이 처음 입사했을 때
- 기존 상담원이 다른 업무팀에서 전보 왔을 때
- 기존 상담원의 실적이 떨어졌을 때

ⓒ OJT의 방법
- 기존 상담원과 동반 근무 실습
- 모니터링을 통한 슈퍼바이저와의 1:1 지도
- 우수 상담원의 녹취록을 통한 훈련

핵심예제

OJT의 장점이 아닌 것은?

① 종업원의 동기부여에 기여할 수 있다.
② 상사와 부하 간의 이해와 협동심을 촉진시킬 수 있다.
③ 많은 종업원을 대상으로 동시에 체계적인 교육훈련이 가능하다.
④ 별도의 시설 없이 적은 비용으로 경제적인 교육훈련의 실시가 가능하다.

해설 OJT는 많은 종업원을 동시에 교육하기 어렵고, 업무와 교육훈련에 모두 철저하기 어려우며, 교육훈련 내용의 체계화가 어렵다는 단점이 있다.

③ 정답

(2) 직장 외 교육훈련(Off JT; Off the Job Training)

① Off JT의 의의: 직장 외 또는 직무 외의 훈련을 말한다.

② Off JT의 장점
    ㉠ 많은 종업원들에게 동시적·통일적으로 교육을 실시할 수 있다.
    ㉡ 전문가의 지도 아래 교육훈련에 전념할 수 있다.
    ㉢ 참가자 간의 선의의 경쟁을 통해 교육효과를 증대할 수 있다.
    ㉣ 현장 작업과 관계없이 계획적으로 훈련을 할 수 있다.

③ Off JT의 단점
    ㉠ 현장에서 즉시 활용할 수 없다.
    ㉡ 훈련 시설 설치에 따르는 경제적 부담이 증가한다.

CHECK BOX

OJT와 Off JT의 비교

OJT	Off JT
• 직장 내 교육훈련 • 현실적·실제적인 교육훈련 • 훈련과 직무의 연결 • 개인의 능력에 따른 훈련 가능 • 작업과 훈련이 모두 철저하지 못할 수 있음	• 직장 외 교육훈련 • 현장 작업과 관계없이 계획적인 훈련 가능 • 많은 종업원들에게 동시적·통일적 교육 실시 가능 • 전문가의 지도 아래 교육훈련에 전념 가능 • 참가자 간의 선의의 경쟁을 통한 교육 효과 증대 • 현장에서 즉시 활용할 수 없음 • 훈련 시설 설치에 따르는 경제적 부담 증가

3. 인사평가

(1) 인사평가의 방법

① 전통적 방법
    ㉠ 관찰법: 평가자가 평가 대상자의 일하는 모습을 관찰하는 방법으로 정확한 결과를 도출한다.
        예 종업원들이 업무 시간에 하는 불필요한 행동 등을 관찰

핵심예제

Off JT에 대한 설명으로 옳지 않은 것은?

① 직장 외 또는 직무 외의 훈련을 말한다.
② 많은 종업원을 동시에 교육하기 어렵다.
③ 현장 작업과 관계없이 계획적인 훈련이 가능하다.
④ 참가자 간에 선의의 경쟁을 통한 교육 효과 증대를 기대할 수 있다.

해설 많은 종업원을 동시에 교육하기 어려운 것은 직장 내 교육훈련(OJT)에 대한 설명이다. 직장 외 교육훈련(Off JT)은 많은 종업원들에게 동시적·통일적인 교육의 실시가 가능하다.

② 정답

ⓒ 서열법
　　　• 가장 간단하고 쉬운 방법으로 평가 요소의 직무 가치를 비교하여 평가된 가치의 순서대로 서열을 정한다.
　　　• 평가 대상자의 판매 실적, 업무능력 및 태도(책임감) 등 평가 내용을 비교하여 상대적 순위를 부여하는 방법이다.
　　　• 각 요소별로 가중치 부여 방법에 따라 서열이 바뀔 수도 있다.
　　ⓒ 평정 척도법
　　　• 가장 대중적인 인사고과 방법으로, 종업원의 자질을 직무 달성 정도에 따라 사전에 마련된 척도를 근거로 하여 평가하는 방법이다.
　　　• 점수가 등급별로 부과되어 서열법의 단점을 피할 수 있으나, 평가자의 관대화, 가혹화 오류 등을 피할 수 없다.
　　② 체크리스트법
　　　• 구체적인 평가내용과 관련된 표준 행동을 제시하고 표준 행동의 이행 여부와 이행 정도를 평가하는 방법이다.
　　　• 고과 요소별(예 고객 응대)로 가중치를 설정하여 총점을 매기는 방식이다.
　　⑩ 점수법 : 직무를 분류하고 다수의 평가요소들에 대하여 평가된 점수의 고저에 의해 그 직무가 가지는 상대적 가치를 결정하는 방법이다.
　　⑭ 요소비교법 : 객관적으로 조직 내의 가장 중심이 되는 기준 직무를 선정하고, 이를 기준으로 평가 직무를 그것에 비교함으로써 평가하는 방법이다.
② 현대적 방법
　　㉠ 중요 사실 서술법 : 기업 목표 달성의 성패에 영향을 미치는 요소 중 큰 중요 사실을 중점적으로 기록 · 검토하여 피고과자의 직무 태도, 업무 수행 능력을 개선하도록 유도하는 고과 방법이다.
　　㉡ 자기 신고법(서술식 고과법) : 피고과자가 자기 능력과 희망을 기술하여 정기적으로 보고하고, 그것을 고과하여 그 결과를 인력 자원 조사의 자료로 활용하는 방법으로, 절대평가이다.
　　㉢ 면접법 : 면접을 통하여 피고과자의 업무 수행 능력과 잠재력을 찾아내고 작업의 개선이나 책임의 명확화, 직무 요소의 우선순위 등을 결정하는 방법이다.
　　㉣ 목표 관리법 : 해당 종업원이 직속 상사와 협의하여 작업 목표량을 결정하고, 이에 대한 성과를 부하와 상사가 같이 특정 · 고과하는 방법이다.

핵심예제

직무를 분류하고 다수의 평가요소들에 대하여 평가된 점수의 고저에 의해 그 직무가 갖는 상대적 가치를 결정하는 인사평가 방법은?

① 점수법　　　　② 요소비교법　　　　③ 서열법　　　　④ 평정 척도법

해설　② 요소비교법 : 객관적으로 조직 내의 가장 중심이 되는 기준 직무를 선정하고, 이를 기준으로 평가 직무를 그것에 비교함으로써 평가하는 방법
　　　　③ 서열법 : 가장 간단하고 사용하기 쉬운 방법으로, 평가요소를 기준으로 직무의 가치를 비교하여 평가된 가치의 순서대로 서열을 정하여 평가하는 방법
　　　　④ 평정 척도법 : 종업원의 자질을 직무 달성 정도에 따라 사전에 마련된 척도를 근거로 평가하는 방법

정답 ①

ⓜ 평가 센터법 : 평가를 전문으로 하는 평가 센터를 만들고, 여기에서 다양한 자료를 활용하여 고과하는 방법이다.
ⓑ 인적 자원 회계 : 인간을 기업 재산으로 취급하여 가치를 평가하는 방법이다.
ⓢ 행동 기준 고과법 : 경영 성과가 어떻게 달성되었으며, 어떤 직무수행이 더 나은 경영 성과를 가져오는지 동기유발의 행동과학적 입장에서 평가하는 방법이다.
ⓞ 위원회 지명법 : 인사고과를 위해 구성된 고과위원회에서 고과 대상자를 지명하고 피고과자에 대한 토의를 한 후 고과를 하는 방법이다.

(2) 평정상의 오류

① 고과자에 의한 오류 `기출`

㉠ 후광 효과(현혹 효과, Halo effect) : 어느 한 평가요소가 피고과자의 다른 평가에 영향을 미치는 오류이다. 즉, 피고과자의 어떤 특성이 우수하다는 인상을 가지게 되면 다른 특성 역시 우수한 것으로 평가해 버리는 것을 말한다.

㉡ 각인 효과(뿔 효과, Horn effect) : 후광 효과와 반대로, 피고과자의 어떤 특성이 뒤떨어진다는 인상을 가지게 되면 다른 특성 역시 나쁘게 평가해 버리는 것을 말한다.

㉢ 관대화 경향(Leniency errors) : 고과자가 개인적 친분이나 이해관계 등에 의해 피고과자를 관대하게 평가하여 수행이나 성과를 실제보다 더 높게 평가하는 경향이다.

㉣ 중심화 경향(Central tendency errors) : 평가의 결과가 평가상의 중간 점수로 집중되어 나타나는 경향이다.

㉤ 항상 오류(규칙적 오류, Systematic errors) : 특정 고과자가 다른 고과자들에 비해 피고과자들에게 언제나 높은 점수 혹은 언제나 낮은 점수를 주는 평가 오류로, 가치 판단상의 규칙적인 심리적 오류이다.

㉥ 유사 오류(Quasi effect) : 고과자가 자신과 유사한 성향의 피고과자를 그렇지 않은 피고과자에 비해 호의적으로 평가하는 오류이다.

㉦ 시간적 오류(Recency errors) : 고과자가 피고과자를 평가함에 있어서 평가 기간 전체의 실적이 아니라 쉽게 기억할 수 있는 최근의 실적이나 능력을 중심으로 평가하려는 데서 오는 오류이다.

㉧ 대조 효과(대비 오류, Contrast effect) : 고과자가 자신이 지닌 특성과 비교하여 피고과자를 평가하는 경향이다.

핵심예제

인사고과 평정상의 오류 중 개인적인 친분이나 이해관계 등에 의해 피고과자의 실제의 능력이나 실적보다 더 높게 평가하는 경향은?

① 관대화 경향　　　　　　　　　　② 중심화 경향
③ 규칙적 오류　　　　　　　　　　④ 현혹 효과

|해설| 인사고과 평정상의 오류에는 현혹 효과, 관대화 경향, 중심화 경향, 규칙적 오류, 시간적 오류, 대비 오류, 논리적 오류, 주관의 객관화, 지각적 방어 등이 있으며 그중 개인적 친분이나 이해관계 등에 의해 피고과자를 높게 평가하는 것은 관대화 경향이다.

① `정답`

ⓒ 논리적 오류(Logical errors) : 상관관계가 있는 요소 간에 어느 한쪽이 우수하면 다른 요소도 당연히 그럴 것이라고 판단(속단)하는 경향이다.
　　ⓓ 상동 오류(상동 효과, Stereotype effect) : 고과자가 가진 고정관념으로 피고과자에 대한 편견에 근거하여 개인을 평가하는 오류로, 평가 시 고과자가 속한 사회적 집단에 대한 지각을 기초로 어느 학교 출신이니 어떠할 것이라고 편견을 가지는 태도이다.
② 피고과자에 의한 오류
　　㉠ 인사고과에 대한 편견 : 인사고과에 대한 부정적인 시각을 가지는 것이다.
　　㉡ 성취동기 수준 여부 : 피고과자의 성취동기와 자아개념이 인사고과의 결과에 대한 피드백에 영향을 끼치는 것이다.
　　㉢ 주관의 객관화 : 자기 자신의 특성이나 관점을 타인에게 전가시키는 경향이다.
　　㉣ 지각적 방어 : 자기가 지각할 수 있는 사실을 집중적으로 파고들어 가면서도, 보고 싶지 않은 것은 외면하는 경향이다.

핵심예제

인사고과 과정에서 발생하는 오류로서 고과자가 가진 고정관념으로 피고과자에 대한 편견에 근거하여 개인을 평가하는 오류는?

① 항상 오류　　　② 후광 효과　　　③ 상동 오류　　　④ 대비 오류

|해설| ① 항상 오류 : 특정 고과자가 다른 고과자들에 비해 피고과자들에게 언제나 높은 점수 혹은 언제나 낮은 점수를 주는 평가 오류이다.
② 후광 효과 : 피고과자의 어떤 특성에 대해 우수하다는 인상을 가지게 되면 다른 특성 역시 우수한 것으로 평가해 버리는 경향이다.
④ 대비 오류 : 고과자가 자신이 지닌 특성과 비교하여 피고과자를 평가하는 경향이다.

정답 ③

제1장 실제예상문제

01 다음 중 직무 설계에 관한 용어의 설명으로 틀린 것은?
① 직무 확대(Job enlargement)는 직무수행자의 직무를 다양화하여 직무의 수평적 범위를 넓히는 것이다.
② 직무 단순화(Job simplification)는 직무 담당자들이 좁은 범위의 몇 가지 일을 담당하도록 직무를 설계하는 방법이다.
③ 직무 설계(Job design)는 직무에 관한 정보를 수집·분석하여 직무의 내용과 직무 담당자의 자격 요건을 체계화하는 것이다.
④ 직무 순환(Job rotation)은 작업자로 하여금 여러 가지 다양한 직무에 순환 근무하도록 하여 직무 활동을 다각화하는 방법이다.

> **해설** 직무 설계는 조직의 목표를 달성하고 직무를 맡고 있는 개인의 욕구를 만족시키기 위한 직무의 내용·기능·관계를 결정하는 것으로, 직무의 내용·요건, 요구되는 대인 관계, 성과 등이 직무 설계의 핵심적인 요인이다.

02 다음 중 콜센터의 인적 자원 관리 방안으로 적합하지 않은 것은?
① 동기부여 프로그램 실시
② 콜센터 리더 육성 프로그램 실시
③ 상담원 수준별 교육훈련 프로그램 실시
④ 상담원의 안정을 위한 고정급의 급여 체계 실시

> **해설** 상담원의 능력과 성과에 따른 성과급을 차등적으로 지급하는 것이 동기부여에 도움이 된다.

03 인사고과의 목적에 해당하지 않는 것은?
① 인력 배치 및 이동
② 직무의 가치 평가
③ 성과 측정 및 보상
④ 조직개발 및 근로의욕 증진

> **해설** 인사고과의 목적은 인력 배치 및 이동, 인력개발, 인력계획 및 기타 인사 기능의 타당성 측정, 성과 측정 및 보상, 조직개발 및 근로의욕 증진 등을 들 수 있다. 직무의 가치 평가는 직무 평가의 목적이다.

정답 01 ③ 02 ④ 03 ②

04 직무 분석에 있어서 적절하지 않은 것은?

① 분석 대상 조직의 상황에 따라 분석 항목을 조정하는 방법이 사용된다.
② 인사 관리나 조직 관리를 위하여 직무의 내용을 분석하는 일을 말한다.
③ 직무 분석은 단순히 직무에 관한 자료를 기계적으로 수집·기재하는 것이다.
④ 직무에 관한 정보를 가능한 한 구체적인 행동으로 표현하여 직무의 목적과 표준 성과를 명백히 하는 것이 바람직하다.

> **해설** 직무 분석은 조직에서의 특정 직무에 관한 정보를 체계적으로 수집하는 것이다. 즉, 조직에서의 특정 직무의 책임과 의무를 기술·분석하며 그 직무의 수행에 요구되는 지식·기술·능력을 결정하는 과정이다.

05 직무 평가를 가장 정확하게 표현한다면?

① 직무의 요소 기술 평가
② 직무와 사람과의 관계 평가
③ 직무의 상대적 가치 결정
④ 직무의 인적 요건 비교

> **해설** 직무 평가는 조직 내의 각각의 직무가 지니는 중요성, 난이도, 위험성 등을 통해서 그 직무의 상대적 가치를 판정하는 것이다.

06 다음 중 직무를 평가 요소별로 분해하지 않고 포괄적으로 평가하는 방법은?

① 서열법
② 점수법
③ 요소 비교법
④ 양적 평가법

> **해설** 서열법은 각 직무의 중요도·곤란도·책임도 등을 종합적으로 판단하여 일정한 순서로 직위의 서열을 결정하는 방법이다. 직무를 구성 요소별로 비교·평가하는 것이 아니고, 각 직무의 총체를 서로 비교하여 상대적인 중요도(조직에 대한 중요도)를 결정하는 것이다.

04 ③ 05 ③ 06 ① **정답**

07 최근 인사평가의 경향으로 적절하지 않은 것은?

① 만능형 평가에서 목적별 평가로 변화
② 상위자 주체의 평가에서 종업원 참가로 변화
③ 연공 서열 중심의 평가에서 성과 중심으로 변화
④ 능력 개발 중심의 평가에서 임금 관리 중심으로 변화

> 해설 최근 인사평가의 경향
> • 임금 관리 중심 → 능력 개발 중심
> • 연공 서열 중심 → 성과 중심
> • 만능형 평가 → 목적별 평가
> • 상위자 주체 → 종업원 참가

08 어느 한 평가요소가 피고과자의 다른 평가에 영향을 미치는 오류로, 피고과자의 어떤 특성에 대해 우수하다는 인상을 가지게 되면 다른 특성 역시 우수한 것으로 평가해 버리는 경향은?

① 현혹 효과
② 관대화 경향
③ 중심화 경향
④ 대조 효과

> 해설 ② 관대화 경향: 개인적 친분 등에 의해 피고과자를 관대하게 평가하여 수행이나 성과를 실제보다 더 높게 평가하는 경향이다.
> ③ 중심화 경향: 평가의 결과가 평가상의 중간 점수로 집중되어 나타나는 경향이다.
> ④ 대조 효과: 고과자가 자신이 지닌 특성과 비교하여 피고과자를 평가하는 경향이다.

09 고과자가 피고과자를 평가함에 있어서 쉽게 기억할 수 있는 최근의 실적이나 능력을 중심으로 평가하려는 데서 생기는 오류는?

① 상동 오류
② 대비 오류
③ 규칙적 오류
④ 시간적 오류

> 해설 ① 상동 오류: 고과자가 가진 고정관념으로 피고과자에 대한 편견에 근거하여 개인을 평가하는 오류이다.
> ② 대비 오류: 고과자가 자신이 지닌 특성과 비교하여 피고과자를 평가하는 경향이다.
> ③ 규칙적 오류: 특정 고과자가 다른 고과자들에 비해 피고과자들에게 언제나 높은 점수 혹은 언제나 낮은 점수를 주는 평가 오류이다.

정답 07 ④ 08 ① 09 ④

10 인적 자원의 확보 관리 활동의 순서로 맞는 것은?

① 광고 → 선발 → 배치
② 모집 → 광고 → 선발
③ 모집 → 선발 → 배치
④ 광고 → 모집 → 선발

해설 인적 자원의 확보 관리는 모집 → 선발 → 배치의 순서로 진행된다.

11 인사 관리에 대한 설명으로 옳지 않은 것은?

① 사용자와 근로자의 협력 체계가 이루어지도록 하는 관리 활동이다.
② 관리의 대상과 주체는 모두 인간이며, 기업의 경우 종업원이 그 대상이 된다.
③ 인적 자원 관리의 기능 중 수요예측, 모집, 선발, 배치 등은 개발 관리 기능에 해당한다.
④ 조직에서 일하는 사람을 다루는 제도적 체계이며 사람이 사람을 효과적으로 관리하는 제도이다.

해설 수요예측, 모집, 선발, 배치 등은 유능한 인적 자원을 확보하는 과정으로 확보 관리 기능에 해당한다.

12 다음 승진 제도 중 경영 조직을 변화시켜 승진의 기회를 마련하는 것은?

① 직계 승진 제도
② 연공 승진 제도
③ 자격 승진 제도
④ OC 승진 제도

해설 OC(Organization Change) 승진 제도
승진 대상에 비해 직위가 부족한 경우, 조직의 직위 계층을 늘려 종업원에게 승진의 기회를 확대하는 조직 변화 승진 제도이다. 이는 종업원의 사기 저하나 이직에 대한 방지 대책의 성격을 지닌다.

정답 10 ③ 11 ③ 12 ④

13 다음 중 인적 자원 관리의 특징에 해당되지 않는 것은?

① 부분적 관리

② 행동 지향적 관리

③ 전략 지향적 관리

④ 인간 중심적 관리

> **해설** 인적 자원 관리의 특징
> - 인간 중심적 관리: 종업원을 기계적·몰인간적으로 간주하는 데서 벗어나 하나의 인격적 주체로 인식, 질적 경영이나 인간 중심적 경영을 꾀한다.
> - 행동 지향적 관리: 종래의 기록 정리, 문서 보관, 규칙 확립 등의 문제보다는 인적 자원의 능력 계발과 만족감 증진에 관심을 두는 실천적 경영을 중시한다.
> - 전략 지향적 관리: 경영자는 종업원들의 잠재 능력 계발에 주력하여야 한다.
> - 통합적 관리: 조직 목표만 중시하던 종래와 달리 현대에는 개인 목표와 조직 목표가 통합될 수 있는 관리 방식을 실시한다.
> - 미래 지향적 관리: 인적 자원의 활용·보전보다는 미래 지향적 관점에서 인력을 육성·계발하여야 한다.

14 Off JT에 대한 설명으로 적절한 것은?

① 신입 사원이 기업에 들어오기 이전에 학교나 기타 훈련 기관에서 받은 교육을 말하는 것이다.

② 신입 사원이 현장에서 작업을 계속하는 도중에 직장이나 고참 사원에 의하여 직무 훈련을 받는 것이다.

③ 신입 사원이 직무에 착수하기 전에 별도로 현장 밖에서 사전에 직무수행을 위한 훈련을 받는 것이다.

④ 신입 사원이 직무에 착수하기 전에 특별한 훈련을 받지 않고 직접 어떤 직무에 배치되어 현장에서 작업을 하는 시간에 훈련을 받는 것이다.

> **해설** Off JT는 교육훈련을 보다 효과적으로 하기 위해 직장 밖에서 실시하는 교육훈련이다.

15 직무 만족의 의의는 직원의 개인적인 측면과 조직의 측면으로 나누어 생각할 수 있다. 조직의 입장에서 살펴본 직무 만족에 관한 설명으로 가장 거리가 먼 것은?

① 자신의 조직에 긍정적인 감정을 가진 직원은 조직에 호의적이다.

② 직무 만족이 높으면 이직률이 감소하여 직원의 생산성 증가 효과가 있다.

③ 직무 만족을 하는 직원을 조직 내부 및 조직 외부에서 원만한 인간관계를 유지한다.

④ 직장은 직원들이 대부분의 시간을 보내는 곳으로 직무 만족도가 높으면 삶의 만족도도 높다.

> **해설** 직무 만족도가 높으면 삶의 만족도도 높은 것은 직원의 개인적인 측면에서의 의의에 해당한다.

정답 13 ① 14 ③ 15 ④

16 인사이동의 원칙에 해당하지 않는 것은?

① 실력주의 원칙
② 평등주의 원칙
③ 균형주의 원칙
④ 적재적소의 원칙

> **해설** 인사이동의 원칙
> 적재적소주의, 실력주의, 인재육성주의, 균형주의

17 직무 평가 방법에 대한 설명으로 옳지 않은 것은?

① 분류법 – 직무 등급법이라고도 하며, 가장 간단하고 사용하기 쉬운 방법이다.
② 점수법 – 평가된 점수의 고저에 의해 직무가 가지는 상대적 가치를 결정하는 방법이다.
③ 서열법 – 직무의 가치를 비교하여 평가된 가치의 순서대로 서열을 정하여 평가하는 방법이다.
④ 요소 비교법 – 기준 직무를 선정하고, 이를 기준으로 평가 직무를 비교함으로써 평가하는 방법이다.

> **해설** 가장 간단하고 사용하기 쉬운 방법은 서열법이다. 분류법은 직무의 가치를 단계적으로 구분하는 등급표를 만들고 직무 평가를 그에 맞는 등급으로 분류하는 방법이다.

18 채용 도구 중 면접의 방식에 관한 설명으로 옳지 않은 것은?

① 패널 면접은 다수의 면접자가 한 명의 피면접자를 면접 평가하는 방법이다.
② 순차적 면접은 여러 계층에 있는 관리자들이 피면접자를 면접하는 방식이다.
③ 구조적 면접은 면접자에게 폭넓은 권한을 부여하여 특별한 형식 없이 면접자가 원하는 질문을 하는 방식이다.
④ 스트레스 면접은 피면접자에게 스트레스를 주어 스트레스 상황에서 피면접자의 감정적 안정성과 인내도 등을 관찰하는 방법이다.

> **해설** 구조적 면접은 직무 명세서를 기초로 하여 미리 질문 목록을 준비해 면접관이 피면접자에게 차례로 질문하면서 준비한 내용에서 벗어나는 질문은 하지 않는 방법이다.

16 ② 17 ① 18 ③ **정답**

19 OJT와 관련된 내용으로 적절하지 않은 것은?

① 훈련 성과가 작업 성과와 직결된다.
② 교육훈련 내용의 체계화가 비교적 쉽다.
③ 기업 내에서의 종업원 교육훈련 방법을 말한다.
④ 훈련 성과가 직속 상사의 능력에 따라 좌우된다.

> **해설** OJT란 감독자가 직접 일하는 과정에서 부하 직원을 개별적으로 실무 또는 기능에 관하여 훈련시키는 것으로, 모든 것이 현실적이고 훈련과 생산이 직결되어 경제적이라는 장점이 있으며, 지도자의 능력에 따라 그 성과가 크게 좌우된다.

20 다음 중 직무 설계 방법에 속하지 않는 것은?

① 직무 확대화
② 직무 충실화
③ 직무 순환
④ 직무 축소화

> **해설** **직무 설계 방법**
> • 직무 확대화: 직무의 수를 늘리는 것으로 중심 과업과 관련 있는 다른 직무를 더 수행하게 하여 직무를 중심 과업으로부터 넓게 확대하는 것이다.
> • 직무 충실화: 단순히 직무를 늘리기보다는 직무 자체가 성취감, 안정감, 책임감, 발전 및 성장의 기회 등을 제공할 수 있도록 직무를 풍요롭게 하는 것이다.
> • 직무 순환: 기능, 작업 조건, 책임 및 권한 등에 있어서 지금까지 담당했던 직무와 다른 성격의 직무로의 이동을 의미한다.

21 인사고과자가 범하기 쉬운 심리적 오류에 관한 설명 중 맞는 것은?

① 대비 오류 - 고과자가 남달리 부하를 아끼려는 의도 때문에 발생
② 후광 효과 - 고과자가 자신의 특성이나 관점을 다른 사람에게 전가하는 경향
③ 상동 태도 - 피고과자가 속해 있는 사회적 속성에 대한 지각적 편견으로 발생
④ 중심화 경향 - 고과자가 논리적으로 상관관계가 있다고 생각하는 특성들 사이에서 나타나는 오류

> **해설** **인사고과상의 오류**
> • 상동 태도: 피고과자가 속한 사회적 속성에 대한 편견
> • 후광 효과(현혹 효과): 어느 한 측면에서의 호의적 인상이 다른 측면의 평가 시에도 긍정적인 영향을 주는 경향
> • 중심화 경향: 보통이나 척도상 중심점에 평가가 집중되는 경향
> • 관대화 경향: 개인적인 친분이나 이해관계 등에 따라 피고과자를 실제보다 과대 또는 과소평가하는 경향
> • 논리적 오류: 하나의 평가 요소가 우수하면 다른 것도 우수한 것으로 판단
> • 대비 오류: 피고과자의 특성을 고과자 자신의 특성과 비교하여 평가

22 관리자의 책상 위에 자주 발생하는 일에 관한 메모, 보고서, 전화 메시지 등과 같은 업무용 자료를 주고, 이 자료에 포함된 정보에 따라 행동하도록 하는 훈련 방법은?

① 회의식 방법
② 역할연기법
③ 감수성 훈련
④ 인바스켓 훈련

해설 인바스켓 훈련의 참가자들은 관리자의 책상 위에서 자주 발생하는 일에 관한 메모, 보고서, 전화 메시지 등과 같이 많은 업무용 자료를 받게 된다. 참가자는 이 자료에 포함된 정보에 따라 행동하도록 요구되며, 각 개별적 사안의 우선순위를 정하는 것이 필요하다.

23 인적 자원 관리의 목적이 아닌 것은?

① 인재 확보
② 원가 절감
③ 인재 육성
④ 근로 조건 정비

해설 인적 자원 계획을 포함하는 인사 관리는 인재 확보, 인재 육성, 근로 조건 정비 등에 목적이 있으며 사람을 대상으로 하는 것이므로 인적 자원 계획의 과정에 원가 절감은 포함되지 않는다.

24 인적 자원 관리의 특징 중 개인의 욕구와 조직의 목표를 함께 관리하는 방식은?

① 전략 지향적 관리
② 행동 지향적 관리
③ 통합적 관리
④ 인간 중심적 관리

해설 **인사 관리의 특징**
- 인간 중심적 관리: 종업원을 기계적·몰인간적으로 간주하는 데서 벗어나 하나의 인격적 주체로 인식하고, 질적 경영·인간 중심적 경영을 꾀한다.
- 행동 지향적 관리: 종래의 기록 정리, 문서 보관, 규칙 확립 등의 문제보다는 인적 자원의 능력 계발과 만족감 증진에 관심을 두는 실천적 경영을 중시한다.
- 전략 지향적 관리: 경영자는 종업원들의 잠재 능력 계발에 주력하여야 한다.
- 통합적 관리: 조직 목표만 중시하던 종래와 달리 현대에는 개인 목표와 조직 목표가 통합될 수 있는 관리 방식을 실시한다.

22 ④ 23 ② 24 ③

25 인사고과의 방법과 그에 대한 설명으로 옳지 않은 것은?

① 서열법은 미리 정해 놓은 비율에 맞추어 피고과자를 강제로 할당하는 방법이다.
② 목표 관리법은 해당 종업원이 직속 상사와 협의하여 작업 목표량을 결정하고, 이에 대한 성과를 부하와 상사가 같이 특정·고과하는 방법이다.
③ 평가 척도법은 종업원의 자질을 직무수행상 달성한 정도에 따라 사전에 마련된 척도를 근거로 하여 평정자가 체크할 수 있도록 하는 방법이다.
④ 서술식 고과법은 피고과자가 자기 능력과 희망을 기술하여 정기적으로 보고하고, 그것을 고과하여 그 결과를 인력 자원 조사의 자료로 활용하는 방법이다.

해설 미리 정해 놓은 비율에 맞추어 피고과자를 강제로 할당하는 방법은 강제 할당법에 대한 설명이다. 서열법은 종업원의 능력과 업적에 대하여 순위를 매기는 인사고과 방법이다.

26 다음 중 교육훈련에 관한 설명으로 옳지 않은 것은?

① OJT와 자기 계발은 주어진 상황과 분위기에 따라 융통성 있게 운영될 수 있다.
② 교육훈련 체계는 교육 담당 주체에 따라 기업 내 교육훈련과 기업 외 교육훈련으로 나눌 수 있다.
③ 비체계적 교육훈련은 일반적으로 가장 중요시되는 방법으로 많은 기업들이 독자적인 교육 내용과 방법을 가지고 있다.
④ 기업 외 훈련은 기업 내에서 교육할 수 없는 내용이나 상황이 있을 때 또는 특수한 목적을 가지고 그 필요성이 있을 때 실시하게 된다.

해설 교육은 체계적으로 운영되어야 한다.

27 다음 중 OJT의 장점과 가장 거리가 먼 것은?

① 개인 지도를 통해 교육 효과가 높다.
② 교육 대상자의 능력과 수준에 맞추어 지도가 가능하다.
③ 교육 대상자는 교육 받은 내용을 바로 실행해 보고 수정할 수 있다.
④ 실제 일이 이루어지는 과정을 현장에서 보여주면 되므로 교육자는 사전에 교육 계획을 세울 필요가 없다.

해설 텔레마케터를 OJT하기 위한 준비 사항
• 업무 매뉴얼을 작성한다.
• OJT를 전담할 담당자를 선발한다.
• 텔레마케터의 성과 요인과 현재 능력을 진단한다.

정답 25 ① 26 ③ 27 ④

28. 기업의 인력 모집 방법 중 기업 내부 인력을 대상으로 모집 활동을 하는 내부 모집의 특징이 아닌 것은?

① 승진을 위한 조직 내부의 갈등이 생길 수 있다.
② 체계화된 관리자 육성 프로그램이 필요하다.
③ 직무에 대한 주인 의식과 사기가 낮다.
④ 모집과 관련된 비용을 절감할 수 있다.

해설 내부 모집과 외부 모집의 장단점

구분	내부 모집	외부 모집
장점	• 승진 기회 향상으로 사기 진작 • 시간과 비용의 절감 • 검증된 인력으로 적은 리스크 • 인건비 수준 관리의 용이성	• 선택의 폭이 커지고 분위기 쇄신 • 인력 수요가 양적으로 충족 • 새로운 정보 · 지식을 제공받을 기회
단점	• 인재 선택의 폭이 줄고 폐쇄성 증가 • 승진 욕구로 인한 조직 내 갈등 발생 • 조직의 정체 우려 • 급속한 성장기에 인력 공급이 부족할 가능성	• 높은 비용과 많은 시간 • 내부 인력의 사기 저하 우려 • 새로운 인력의 적응 기간 소요

29. 텔레마케터 교육훈련을 위한 역할연기(Role-Playing)에 관한 설명으로 가장 적합하지 않은 것은?

① 조직의 응집력과 단결력을 강화할 수 있다.
② 텔레마케터의 자신감과 상황 대응 능력을 향상시킬 수 있다.
③ 실제 상황대로 스크립트를 가지고 연습함으로써 다양한 실전 경험을 할 수 있다.
④ 텔레마케터는 응대 업무와 관련한 개인적인 문제점을 구체적으로 피드백 받을 수 있다.

해설 역할연기의 목적은 실제 훈련을 통해 관찰과 피드백을 통한 상담 능력 향상에 있으며 조직의 응집력, 단결력과는 관련이 없다.

30. 교육훈련 방법 중 역할연기의 실시 항목과 가장 거리가 먼 것은?

① 상황 설정
② 반복 실시
③ 스크립트 작성
④ 스크립트 수정

해설 역할연기는 이미 작성된 스크립트를 기준으로 실제처럼 연습하는 것을 말한다.

28 ③ 29 ① 30 ③ **정답**

31 성과 측정을 위한 인터뷰 시 발생하는 오류 중 한 가지 측면에서 뒤떨어질 경우 나머지 모두를 나쁘게 평가하는 것은?

① 각인 효과(Horn effect)
② 후광 효과(Halo effect)
③ 대조 효과(Contrast effect)
④ 상동 효과(Stereotype effect)

해설 ② 후광 효과(Halo effect): 현혹 효과라고도 하며, 어떤 대상이나 사람에 대한 일반적인 견해가 그 대상이나 사람의 구체적인 특성을 평가하는 데 영향을 미치는 현상. 피고과자의 어떤 특성에 대해 우수하다는 인상을 갖게 되면 다른 특성 역시 우수한 것으로 평가해 버리는 경향이다.
③ 대조 효과(Contrast effect): 차례로 제시된 두 대상 사이의 차이점을 인식하는 과정에 영향력을 미친다는 현상. 피고과자를 평가함에 있어서 자신이 지닌 특성과 비교해 평가하는 경향이다.
④ 상동 효과(Stereotype effect): 피고과자가 속한 사회적 속성에 대한 편견이 개입되는 경향이다.

32 다음에서 설명하는 직무 평가 방법은?

> 직무를 분류하고 다수의 평가 요소들에 대하여 평가된 점수의 고저에 의해 그 직무가 갖는 상대적 가치를 결정하는 방법

① 점수법(Point rating method)
② 서열법(Rank method)
③ 직무 분류법(Job classification method)
④ 과업 목록 분석(Task inventory analysis)

해설 ② 서열법: 가장 단순한 방법으로, 직무의 상대적 가치 모두를 한꺼번에 파악한 뒤 전체적으로 순위를 정하고 등급별 임금을 책정한다.
③ 직무 분류법: 비슷한 직무끼리 함께 묶어서 직무를 분류하고 그 분류된 직무의 난이도와 책임 정도에 따라 등급을 정하고 그에 맞는 임금을 책정한다.
④ 과업 목록 분석: 설문지를 이용하여 분석하고자 하는 직무의 모든 과업을 열거하고 이를 상대적 소요 시간, 빈도, 중요성, 난이도, 학습의 속도 등의 차원에서 평가한다.

33 교육훈련의 성과를 측정하기 위한 평가 방법 중 학습자의 학습 내용 숙지 여부를 평가하여 실제 교육을 통해 향상된 지식과 기술 및 태도를 측정하는 것은?

① 전이 평가
② 학습 평가
③ 반응 평가
④ 효과성 평가

해설 ① 전이 평가: 교육의 결과를 얼마나 현업에서 활용하고 있는지를 측정한다.
③ 반응 평가: 설문을 통해 피교육자가 교육을 어떻게 생각하는지 조사한다.
④ 효과성 평가: 교육훈련의 목적이 어느 정도 달성되었는지 그 효과를 평가한다.

정답 31 ① 32 ① 33 ②

34 교육훈련의 절차 중 빈칸에 들어갈 내용으로 가장 알맞은 것은?

> 직무 분석 → ( ) → 교육 실행 → 성과 평가 → 보상과 개선

① 인사고과
② 목표 설정
③ 인사 관리
④ 직무 평가

해설 교육훈련 절차
직무 분석 → 목표 설정 → 교육 시행 → 성과 평가 → 보상과 개선

35 직무 분석을 통하여 얻은 직무에 관한 자료와 정보를 직무의 특성에 중점을 두고 정리·기록한 문서이며, 직무 표식, 직무 개요, 직무 내용, 직무 요건 등을 기술한 것은?

① 직무설명서
② 직무능력서
③ 직무기술서
④ 직무개요서

해설 직무기술서
- 개념: 직무의 내용, 직무 수행과 관련된 과업, 직무 행동, 개선점 요약
- 강조 사항: 직무 특성을 중점적으로 작성
- 내용: 직무 표식(명칭), 직무 개요, 직무 내용, 직무 요건(고용 조건, 임금 구조 등)

36 OJT(On-the-Job Training)의 설명으로 틀린 것은?

① 현장 적응 훈련이다.
② OJT는 사내 직업 훈련이다.
③ 실무에 투입되기 전 평가 결과에 대해 피드백한다.
④ OJT 리더는 피교육자의 문제점, 건의 사항을 수렴한다.

해설 OJT와 Off JT의 비교

OJT	Off JT
· 직장 내 교육훈련	· 직장 외 교육훈련
· 현실적·실제적인 교육훈련	· 현장 작업과 관계없이 계획적인 훈련 가능
· 훈련과 직무의 연결	· 훈련에만 전념하여 훈련 효과 상승
· 개인의 능력에 따른 훈련 가능	· 현장에서 즉시 사용할 수 없음
· 작업과 훈련이 모두 철저하지 못할 수 있음	· 훈련 시설 설치에 따르는 경제적 부담 증가

34 ② 35 ③ 36 ③

37 인사고과의 방법 중 다음 설명에 해당하는 것은?

> 가장 대중적인 인사고과의 방법으로, 종업원의 자질을 직무 수행 달성 정도에 따라 사전에 마련된 척도를 근거로 하여 평정자가 평가하는 방법이다.

① 대조법
② 면접법
③ 업무 보고법
④ 평정 척도법

해설 ① 대조법: 설정된 평가 세부 일람표에 따라 체크하는 방법이다.
② 면접법: 면접을 통하여 피고과자의 업무 수행 능력과 잠재력을 찾아내고 작업의 개선이나 책임의 명확화, 직무 요소의 우선순위 등을 결정하는 방법이다.
③ 업무 보고법: 피고과자가 작업 업적을 구체적으로 적어서 평가를 받는 방법이다.

38 비표준화 면접에 비해 표준화 면접이 가지는 장점이 아닌 것은?

① 반복적인 면접이 가능하다.
② 면접 상황에 대한 적응도가 높다.
③ 면접 결과의 숫자화 측정이 용이하다.
④ 조사자의 행동이 통일성을 갖게 된다.

해설 표준화 면접과 비표준화 면접의 장점

표준화 면접	비표준화 면접
• 반복적인 면접이 가능 • 면접 결과의 숫자화 측정 용이 • 통일성 있는 조사자의 행동 • 면접 결과의 높은 신뢰도	• 면접 상황에 대한 높은 적응도 • 면접 결과의 높은 타당도 • 새로운 사실 및 아이디어의 높은 발견 가능성 • 융통성 있게 질문 변경이 가능

정답 37 ④ 38 ②

39 인사선발도구 중 면접의 방식에 관한 설명으로 옳은 것은?

① 순차적 면접은 여러 계층에 있는 관리자들이 피면접자를 면접하는 방식이다.
② 집단 면접은 다수의 면접자가 한 명의 피면접자에게 질문을 하면서 진행되는 방법이다.
③ 구조적 면접은 면접자에게 폭넓은 권한을 부여하여 특별한 형식 없이 면접자가 원하는 질문을 하는 방식이다.
④ 스트레스 면접은 면접자에게 스트레스를 주어 스트레스 상황하에서 면접자의 반응을 살펴보면서 면접을 하는 방식이다.

해설 ② 집단 면접: 복수의 피면접자를 대상으로 각 집단 단위별로 특정 문제에 따라 자유 토론을 할 수 있는 기회를 부여하고, 토론 과정에서 개별적으로 적격 여부를 심사·판정하는 방법이다.
③ 구조적 면접: 직무명세서를 기초로 하여 미리 질문 목록을 준비해 면접자가 피면접자에게 차례로 질문하면서 준비한 내용에서 벗어나는 질문은 하지 않는 방법이다.
④ 스트레스 면접: 면접자가 매우 공격적인 태도를 취하거나 피면접자를 무시하는 태도를 보이는 등 피면접자를 방어적이고 좌절하게 만들어 스트레스 상황에서 피면접자의 감정적 안정성과 인내도 등을 관찰하는 방법이다.

40 텔레마케터에 대한 OJT 실시 시기로 적합하지 않은 것은?

① 신입 상담원이 처음 입사했을 때
② 기존 상담원의 실적이 떨어졌을 때
③ 우수 상담원이 감독자로 승진하였을 때
④ 기존 상담원이 다른 팀에서 전보왔을 때

해설 우수 상담원이 감독자로 승진하는 경우 그 상담원은 모든 부분에 대하여 숙지가 된 상태이므로 OJT가 필요하지 않다.

정답 39 ① 40 ③

제2장 통신판매 시스템 운용

제1절 시스템 활용

1. 인바운드 시스템 활용

(1) 대량콜 처리시스템

① 대량콜 처리시스템의 개요
  ㉠ 대량콜 처리시스템은 자동콜분배시스템(ACD)과 컴퓨터통신통합시스템(CTI), 멀티미디어콜센터 시스템 등으로 나눠진다.
  ㉡ 일반적으로 대량콜 처리시스템을 종합적으로 지칭할 때는 주로 컴퓨터통신통합시스템인 CTI 시스템을 의미한다.

② 자동콜분배시스템(ACD) 기출
  ㉠ 고성능 전화 교환기로 Automatic Call Distributor 시스템을 말한다.
  ㉡ 회사 내부에서의 전화 교환접속은 물론이고, 외부에서 걸려 오는 전화도 자동으로 접속하도록 하는 시스템이다.
  ㉢ 회사와 연결되는 모든 콜을 자동적으로 시스템을 통해 적절한 곳으로 연결해 준다.
  ㉣ 이를 통해 걸려온 전화를 분석하고 그 정보를 토대로 각종 관련 정보를 수집하는 시스템이다.
  ㉤ CTI 시스템의 근간을 이루는 시스템이기도 하다.

③ 컴퓨터통신통합시스템(CTI) 기출
  ㉠ CTI 시스템의 개요
    • Computer Telephony Integration 시스템을 지칭하며, 컴퓨터와 전화를 통합한 것이다.
    • 컴퓨터통신통합시스템을 통해 기업으로 들어오는 다양한 콜을 분류할 수 있고, 처리할 수 있다.

핵심예제

다음에서 설명하는 것은 무엇인지 쓰시오.

> • 회사 내부에서의 전화 교환접속은 물론이고, 외부에서 걸려 오는 전화도 자동으로 접속하도록 하는 시스템이다.
> • 회사와 연결되는 모든 콜을 자동적으로 시스템을 통해 적절한 곳으로 연결해 준다.

① ARS ② ACD ③ ANI ④ ACRDM

해설 고객으로부터 걸려 오는 전화를 해당 시점에서 전화를 받고 있지 않는 상담원에게 순차적으로 균등하게 자동 분배해 주는 시스템은 ACD이다.

②

- 걸려온 전화에 대한 분석 및 고객의 개인정보 입력을 통해서 콜센터 상담원은 전화를 건 고객의 모든 정보를 실시간으로 볼 수 있다.
- 실시간 정보 확인을 통해 통화시간을 단축할 수 있으며 정보열람을 통해 실시간 고객 응대도 가능하다.
- 인바운드 전화의 분류, 처리, 관리 등의 기능이 컴퓨터를 통해서 이루어진다.

ⓒ CTI의 효과
- 업무 능률을 향상시킬 수 있다.
- 텔레마케터의 생산성을 증가시킬 수 있다.
- 컴퓨터 활용을 통해 분석과 통계를 할 수 있다.
- 텔레마케터를 통제하거나 효율적으로 관리할 수 있다.
- 상담 내용을 데이터베이스화할 수 있다.
- 데이터베이스 마케팅을 통해 1:1 고객 응대 마케팅을 실현할 수 있다.
- 기존 시스템의 데이터베이스와 연동할 수 있다.

④ 대량콜 처리시스템 장비용어 중요

구분	장비명	설명
주요 장비	ACD	특정 상담사에게 집중되는 콜을 분배하여 상담사가 균등하게 업무를 처리할 수 있음
	CTI	• 전화의 통신기능과 컴퓨터의 지능화된 기능을 통합하여 다양한 통신서비스를 제공함 • 컴퓨터와 전화를 통합시켜 기존의 분리된 전화 업무와 컴퓨터 업무를 하나로 처리할 수 있게 구성된 지능형 통합전산기술
기타 장비	IVR	외부에서 전화가 걸려 오면 고객번호 또는 주민등록번호와 비밀번호를 요구하여 번호가 체크되면 호스트에서 해당 자료를 검색하고 ACD기능에서 지정한 상담사에게 전송함
	ANI	• 전화를 건 사람의 전화번호를 수신자 측에 나타내 주는 기술 • 외부에서 걸려온 전화번호를 추적하는 기능
	ARS	외부에서 전화가 걸려 오면 자동으로 응답하는 기능
	VMS	자신만의 일정한 음성사서함을 미리 설정해 놓고 그 함에서 음성을 녹음, 축적, 전송, 재생하는 기능
	Transfer	상담원이 다른 상담원에게 통화 내용을 전환하는 기능
	Call back	인입된 콜 중에서 상담원이 고객에게 다시 전화하는 것
	Conference	상담원이 다른 상담원과 동시에 고객 상담을 원할 경우 3자 통화를 하는 기능

핵심예제

CTI(Computer Telephony Integration)의 효과와 거리가 먼 것은?

① 업무 능률 향상
② 텔레마케터의 생산성 증가
③ 상담 내용의 데이터베이스화 가능
④ 기존 시스템과 데이터베이스의 연동 불가능

해설 CTI는 기존 시스템과 데이터베이스의 연동을 가능하게 한다.

④ 정답

기타 장비	Notification message	음성 메시지, 팩스 메시지, 이메일 등의 메시지가 도착하면 해당 상담원에게 통보하는 기능
	Visual call control	컴퓨터에서 마우스 조작으로 전화기를 제어하는 기능
	ACS	컴퓨터가 자동으로 전화를 걸어 주는 기능
	Preview dialing	전화 발신을 상담원이 직접 모니터 상에서 조회하여 처리하는 기능
	Progressive dialing	응대할 상담원이 있을 때 전화 발신을 하여 통화된 전화만 상담원에게 연결하는 기능
	Predictive dialing	상담사의 2배수가 되는 전화선으로 전화를 걸어 상담사의 활동 상황을 분석하고 고객과 발신률을 조절하여 고객과 연결이 되었을 때 상담사를 연결하는 것
	녹취 서비스	통화하는 내용을 녹음하는 서비스
	예상대기시간 안내	고객이 서비스 상담을 위해 대기하는 예상시간 안내
	Call blending	• 상담사가 담당 업무 외에 다른 업무도 조화롭게 진행하는 경우 • 아웃바운드 상담사가 인바운드의 업무를 지원해 주는 경우

2. 아웃바운드 시스템 활용

(1) 다이얼러 시스템

① 다이얼러 시스템의 기능
 ㉠ 기업이 고객에게 전화를 걸 때, 꼭 필요한 시간만을 투자할 수 있도록 자동화된 시스템이 전화 연결 시간을 최대한 절약하는 기능을 한다.
 ㉡ 다이얼러 시스템을 사용하면 고객과의 전화 연결 시간을 대폭 단축시켜서 상담사의 생산성과 효율성을 높여준다.
 ㉢ 아웃바운드 콜센터 슈퍼바이저의 캠페인 전략수립 및 실행을 지원한다.
 ㉣ 일반적으로 아웃바운드 콜센터에서 슈퍼바이저는 고객 데이터베이스의 특성에 따라 상담원 그룹을 구분하여 연결하는 작업을 수행하게 되는데, 이를 지원하기 위한 시스템이 다이얼러 시스템이다.
 ㉤ 다이얼러 시스템에서 상담원들의 성과데이터 역시 자료데이터로 지원하므로 이를 통해 개선 활동도 수행할 수 있다.

핵심예제

다이얼러 시스템의 기능으로 알맞지 않은 것은?
① 상담원들의 성과데이터를 통해 개선 활동을 수행한다.
② 아웃바운드 콜센터 슈퍼바이저의 캠페인 전략 수립 및 실행을 지원한다.
③ 고객과의 전화 연결 시간을 단축시켜 상담사의 생산성과 효율성을 높인다.
④ 고객에게서 전화가 왔을 때 상담원이 전화를 건 고객의 모든 정보를 실시간으로 볼 수 있다.

해설 상담원이 전화를 건 고객의 모든 정보를 볼 수 있는 것은 CTI 시스템에 대한 설명이다.

④ **정답**

② 다이얼러 시스템의 종류 기출
  ㉠ Preview dialing(프리뷰 다이얼링)
    • Preview dialing 시스템은 상담사가 화면에 전화할 고객리스트를 정렬한 후에 그 옆에 달려있는 콜버튼만 클릭해 주면 해당 고객에게 자동으로 다이얼링이 되는 기능을 제공한다.
    • 상담사의 통제로 교환기가 특정 고객의 전화에 발신하도록 지시하는 응용 프로그램이며, 대개 CTI의 추가 기능으로 개발되었다.
    • 전화번호와 함께 고객의 각종 이력 정보가 화면에 함께 제공되므로 이를 토대로 상담원은 고객과 상세한 아웃바운드 상담을 할 수 있다.
  ㉡ Progressive dialing(프로그레시브 다이얼링)
    • Preview dialing 시스템에서 한 단계 진화한 시스템이다.
    • 고객과의 통화가 종료된 후에 통화내용에 대한 후처리과정의 평균시간을 미리 입력하여 그 시간이 지난 후에는 자동으로 다음 고객에게 다이얼링을 하도록 하는 시스템이다.
    • 상담사가 후처리작업을 완료하는 동시에 다음 고객과 자동으로 연결되므로 연결에 필요한 시간 낭비를 줄일 수 있다.
    • 응대할 상담사가 있을 때만 전화발신을 하여 통화된 전화만 상담사에게 연결한다. 고객 불만은 해소되나 생산성이 많이 떨어진다.
  ㉢ Predictive dialing(프리딕티브 다이얼링)
    • 가장 진보된 다이얼러 시스템으로 예측 기능과 콜탐지 기능이 포함된 시스템이다.
    • Predictive dialing은 통화연결 실패로 인한 시간낭비를 최소화할 수 있다는 장점이 있다.
    • 최근에는 기술의 발달로 기계음과 사람의 음성을 구별하는 탐지비율이 97~98%까지 높아졌다.
    • 이외에 통계 및 리포팅 지원 기능과 전담 상담사 매칭 기능을 수행할 수 있도록 시스템이 구성되어 있다.
    • 상담사의 2배수가 되는 전화선으로 전화를 걸어 상담사의 활동상황을 분석하고 고객과 발신률을 조절하여 고객과 연결이 되었을 때 상담사를 연결한다.

핵심예제

상담원 통화가 끝나는 시간을 예측하여 고객에게 전화를 걸어서 응답된 고객만을 연결시켜 주는 기능은?

① Preview dialing
② Progressive dialing
③ Predictive dialing
④ Proactive dialing

해설 Predictive dialing은 전화 발신을 상담원이 통화가 끝나는 시기를 예측하여 Dialing 후 응답 고객만을 연결하여 주는 기능이다.
① Preview dialing : 상담원과 고객의 전화가 연결되기 전 상담원의 컴퓨터 화면에 고객 정보를 미리 보여 주는 기능이다.
② Progressive dialing : 응대할 상담원이 있을 때 전화 발신을 하여 통화된 전화만 상담원에게 연결하는 기능이다.

③

(2) 다이얼러 시스템의 도입 효과

아웃바운드 콜센터에서는 다섯 가지 핵심요소의 시간을 최소화시켜야 하는데 다이얼러 시스템을 이용하여 핵심요소의 시간을 줄일 수 있다.

① **통화시간**: 고객과의 통화시간 최소화도 핵심요소이므로 다이얼러 시스템에서는 화면에 제공하는 통화 연결된 고객 정보를 적극 활용하여 통화시간을 줄여야 한다.

② **후처리시간**
  ㉠ 통화 완료 후에 통화내용을 정리하는 시간(후처리시간)도 최소화하도록 한다.
  ㉡ 후처리시간 단축을 지원하기 위해 다이얼러 시스템에서는 상담과 관련된 정보값을 자동으로 인식하여 처리할 수 있도록 한다.

③ **대기시간**
  ㉠ 대기시간은 전화를 건 뒤에 상대편 고객 전화의 착신음을 듣고 있는 시간으로, 이런 시간의 최소화가 매우 중요하다.
  ㉡ 다이얼러 시스템에서는 대기시간을 최소화하기 위해 상담원을 대신하여 통화 연결된 곳만 자동으로 연결시켜 주는 기능이 있다.

④ **무효통화의 수**
  ㉠ 무효통화란 기계음으로 전화를 받는 곳과 연결된 통화를 말한다.
  ㉡ 자동응답기나 팩스 등으로 전화가 연결되었을 때를 무효통화라고 하며, 다이얼러 시스템은 시스템 자체적으로 이를 구별하여 상담원에게 연결시키므로 무효통화를 최소화할 수 있다.

⑤ **포기통화의 수**
  ㉠ 통화가 연결된 후에 고객의 사정으로 통화연결이 실패한 경우를 포기통화라고 한다.
  ㉡ 다이얼러 시스템은 고객과의 신속하고 정확한 연결을 통해 포기통화의 수를 최소화시켜 준다.

핵심예제

다이얼러 시스템의 도입 효과로 옳지 않은 것은?

① 화면에 제공하는 통화 연결된 고객 정보를 적극 활용하여 통화시간을 줄일 수 있다.
② 통화 연결 후 고객의 사정으로 통화 연결이 실패한 경우를 의미하는 포기통화를 극대화할 수 있다.
③ 통화 완료 후에 후처리시간도 최소화할 수 있다.
④ 아웃바운드에서는 다섯 가지 핵심요소들의 시간을 최소화할 수 있다.

해설 다이얼러 시스템을 이용하여 포기통화의 수를 최소화할 수 있다.

정답 ②

제2절 콜센터

1. 콜센터 일반

(1) 콜센터(Call center)의 개념
① 전략 기지로서의 역할을 한다. 이는 고객과 가장 가깝게 위치하고 있으며 상담원의 역할에 따라 기업 전체의 매출 증대에 큰 영향을 주기 때문이다.
② 고객에 대한 최고의 서비스는 매출 증대라는 결과를 만들어 낸다.
③ 기업의 마케팅 정보 창고이다.
④ 현대 기업에서의 마케팅 전략이 고객 지향적이라면 그 마케팅의 중심에 있는 것이 콜센터이다.
⑤ 기업과 고객 간에 정보통신 수단을 통한 커뮤니케이션 접촉이 이루어지는 곳이다.
⑥ 텔레마케팅과 커뮤니케이션이 결합되어 전문 상담이 이루어지는 고객 지향적 조직이라고 볼 수 있다.
⑦ 텔레마케팅을 수행하는 곳으로 마케팅 부서와 직접적인 관련이 있다.

(2) 콜센터의 역할 중요
① 콜센터의 역할
　㉠ 신규 고객 확보(낮은 비용으로 비용 절감)
　㉡ 기존 고객 활성화(고객 관리 및 고객 이탈 방지)
　㉢ 고객 정보 획득 및 시장 조사 기능 수행(고객의 요구 파악, 신상품 광고 효과 → 수익 증대)
　㉣ 고객 중심의 고객 감동 실천의 장(기업 이미지 제고)
　㉤ 전화, 우편, 이메일 등 다양한 커뮤니케이션 채널을 이용한 마케팅 전개
　㉥ 고객 정보 축적을 통한 고객 맞춤형 서비스 제공
② 콜센터 역할의 변화
　㉠ 거래 보조 수단에서 세일즈 수단으로 변화
　㉡ 고객 서비스 수단에서 고객 의견 조사 수단으로 변화
　㉢ 고객 불만 접수 및 해결 창구에서 텔레마케팅의 수단으로 변화
　㉣ 비용 센터(Cost Center)에서 이익 센터(Profit Center)로의 인식 변화
　㉤ 전화 센터에서 멀티미디어 센터로 변화

핵심예제

콜센터에 대한 설명으로 옳지 않은 것은?
① 콜센터는 기업의 마케팅 정보 창고이다.
② 고객과 거리를 두고 객관적으로 매출을 분석할 수 있다.
③ 상담원의 역할에 따라 기업 전체의 매출에 큰 영향을 준다.
④ 고객에 대한 최고의 서비스는 매출 증대라는 결과를 만들어 낸다.

해설 콜센터는 고객과 가장 가깝게 위치하고 있다.

정답 ②

ⓑ 생산성 중심에서 고객관계 중심으로 운영 관점의 변화
ⓢ 높은 이직률에서 커리어패스(Career path, 경력경로)의 직업으로 변화

2. 콜센터 운용

(1) 신규 콜센터 구축 시 고려 사항 기출
① 텔레마케팅의 목적과 목표
② 콜센터의 입지
③ 텔레커뮤니케이션 기기의 적합성 및 운영 능력
④ 데이터베이스(DB) 구축 및 관리 능력

(2) 콜센터의 운영
① 콜센터의 효율적 운영 방안
  ㉠ 고객 상담을 종합적으로 처리할 수 있는 전문 인력을 배치한다.
  ㉡ 다양한 고객 활동 정보를 활용하여 보다 나은 고객 서비스 기법을 지속적으로 개발하여 고객에게 서비스 범위와 혜택을 홍보한다.
  ㉢ 고객 만족도 평가 항목을 정하고 기간별로 데이터를 분석하여 집계·발표한다.
  ㉣ 지속적인 정보 관리를 할 수 있도록 화면과 각종 리포트를 개발하여 현업에 활용한다.
  ㉤ 고객이 요구하는 사항은 원스톱으로 처리하는 것을 지향한다.
  ㉥ 고객 위주의 스크립트를 개발하고 상담 내용을 데이터베이스화하여 경영 활동에 반영한다.
  ㉦ 고객의 특수한 요구 발생 시 적절한 대응 방법과 절차를 이용하여 처리한다.
  ㉧ 제품의 가격을 고려할 때 고객이 부담 없이 접근할 수 있는 가격대가 좋다.
  ㉨ 콜센터 운영에 적합한 신뢰성 있는 제품이나 서비스를 선택하는 것이 유리하다.

> **CHECK BOX**
>
> **콜센터 스케줄링**
> 표준 작업일 상담원 실근무시간 등의 상황변수를 토대로 보다 현실적이고 실제적으로 콜센터 업무를 계획하는 것이다.

핵심예제

과거의 콜센터 개념과 현재의 콜센터 개념의 변화를 설명한 것으로 옳지 않은 것은?
① 거래 위주 중심에서 관계형성 중심으로 바뀌었다.
② 상품판매 중심에서 고객 관리 중심으로 바뀌었다.
③ 이익 극대화 중심에서 비용절감 중심으로 바뀌었다.
④ 단순 전화응대 중심에서 멀티컨택 중심으로 바뀌었다.

해설 콜센터는 비용센터라는 의식에서 이익센터라는 인식으로 변화되었다.

③ 정답

② 콜센터 문화에 영향을 미치는 요인
  ㉠ 개인적 요인 : 직업관, 사명감, 근무만족도 등
  ㉡ 기업적 요인 : 근로 급여조건, 기업의 지명도, 상담원과 슈퍼바이저의 인간적 친밀감 등
  ㉢ 사회적 요인 : 관련 행정 당국의 제도적·비즈니스적 지원 정도, 취업 정보 개방에 따른 근로 선택 및 이직의 자유로움, 콜센터 근무자에 대한 직업의 매력도 및 인식 정도 등

(3) 콜센터의 구성
① 텔레마케터(Telemarketer)
  ㉠ 의의
    - 텔레마케팅의 실무자로서 고객 관리 및 고객 유치에 관련되는 일련의 고객 상담 업무를 수행한다.
    - 아름다운 언어의 전달사이며 고객 분석가이다.
    - 고객 관리와 고객 서비스를 전문적으로 수행하는 고객 상담가이다.
    - 고객과 커뮤니케이션을 직접 수행하는 고객 관리자이다.
    - 실전 마케팅의 행동가이며, 기업 가치를 전달하는 홍보맨이다.
  ㉡ 형태
    - 아웃바운드 : 고객 관리로서 해피콜, 감사 인사 콜 및 고객 유치와 전화 조사
    - 인바운드 : 고객 문의 사항 상담 및 고객 불평 접수·처리
  ㉢ 텔레마케터의 교육 내용 : 힘차고 자신감 있는 목소리, 긍정적이고 적극적인 사고 함양, 인내심, 철저한 시간 관리 능력, 문제 해결 능력(상황 대응 능력), 확고한 목표 의식, 정확한 발음과 구술 능력, 경제·시사 상식, 제품·서비스 지식 등
② 유니트 리더(Unit Leader)
  ㉠ 10여 명의 텔레마케터로 구성되는 소단위의 리더로서 업무를 수행한다.
  ㉡ 일반 텔레마케터와 함께 고객 상담 업무를 수행한다.
  ㉢ 텔레마케터 교육 및 모니터링을 하며 보고를 한다.
  ㉣ 문의 사항을 직접 처리하거나 슈퍼바이저에게 보고하여 업무를 원활하게 진행할 수 있도록 보조한다.
③ 슈퍼바이저(Supervisor)
  ㉠ 의의
    - 텔레마케팅 업무가 효율적으로 운영되도록 지휘·지도하며, 교육을 직접 담당하는 경우가 많으므로 강의 기법, 교육 매뉴얼 연구가 뛰어나야 한다.

핵심예제

텔레마케터의 주요 업무와 가장 거리가 먼 것은?
① 고객 관리
② 고객 문의 사항 상담
③ 상품 홍보 및 판촉 활동
④ 시스템 업그레이드 실시

해설 시스템 업그레이드는 시스템 매니저의 임무이다.

정답 ④

- 텔레마케팅 전략 수립, 텔레마케팅 판촉 전개, 스크립트 작성, 고객리스트 정비, 운영 코스트 관리 등 텔레마케팅 수행의 실질적인 관리자이다.
- ⓒ 역할 기출
  - 일반적으로 1명의 슈퍼바이저가 10~20명의 텔레마케터를 관리한다.
  - 모니터링을 통해 텔레마케터의 성과를 분석한다.
  - 텔레마케터의 능력 계발 요소를 분석한다.
  - 텔레마케터의 스케줄을 관리한다.
  - 텔레마케터들의 이직률 관리 업무를 중점적으로 수행한다.
  - 텔레마케팅 스크립트의 작성 및 개선을 수행한다.
  - 현장에서 텔레마케터들에 대한 교육·코칭을 실행한다.
- ⓒ 자질
  - 조직의 목표가 달성될 수 있도록 최적의 콜센터 환경을 조성할 수 있어야 한다.
  - 텔레마케터들의 통화 품질, 업무 성과, 근무 만족도에 대해 평가 및 피드백을 할 수 있어야 한다.
  - 조직 분위기를 활성화할 수 있는 다양한 이벤트와 프로모션을 실시할 수 있어야 한다.

④ 매니저(Manager)
  - ㉠ 텔레마케터 관리: 인터뷰, 상담, 인원 조정, 실적 관리
  - ㉡ 고객리스트 수집 및 평가
  - ㉢ 마케팅 목표 일정 관리
  - ㉣ 마케팅 예산 수립 및 관리
  - ㉤ 업무 절차의 개발 및 마케팅 캠페인
  - ㉥ 시스템 매니저 기출
    - 콜센터 전반의 시스템을 관리하고, 시스템 업그레이드를 실시한다.
    - 시스템의 장애를 예방하고 장애 시 신속히 복구하여야 한다.
    - 보안에 대처하여 서비스 연속성을 관리하여야 한다.

⑤ 코디네이터(Coordinator)
  - ㉠ 여러 프로젝트에 대하여 상담, 견적서 또는 제안서 제출부터 결과 보고까지 총괄적인 역할을 수행하게 된다.
  - ㉡ 대내적 업무: 각 프로젝트의 업무 일정, 인원, 실적 등의 사항을 조정한다.
  - ㉢ 대외적 업무: 각 프로젝트와 관련되는 고객(Client)과의 커뮤니케이션 및 업무를 조율한다.

핵심예제

콜센터의 조직 구성원 중 텔레마케터의 교육훈련 및 성과 관리 업무를 수행하는 자는?
① 센터장
② 슈퍼바이저
③ OJT 담당자
④ 통합 품질 관리자

해설 슈퍼바이저는 텔레마케팅 업무가 효율적으로 운영되도록 지휘·지도하며, 교육을 직접 담당한다.

② **정답**

⑥ QAA(Quality Assurance Analyst) 중요
  ㉠ 텔레마케터의 상담 내용을 모니터링하여 상담원의 평가를 통하여 상담 품질을 향상시키는 업무 및 교육 지원을 담당한다.
  ㉡ 텔레마케터들의 통화 내용을 평가하고 개선점을 찾아내 개선할 수 있도록 도와주는 역할을 한다.
  ㉢ 기본적인 자격 요건에는 업무 지식, 뛰어난 경청 능력, 태도, 기술 등이 있다.

(4) 콜센터 리더(관리자) 중요
① 콜센터 리더의 능력 기출
  ㉠ 직원 교육훈련 능력 및 마케팅 전략 수립 능력
  ㉡ 끊임없는 자기 계발 및 원만한 인간관계
  ㉢ 해당 업무에 대한 지식과 변화에 따른 유연한 사고방식
  ㉣ 상담원의 승진 인사에 대한 객관적인 판단 및 통솔력
  ㉤ 리더십을 바탕으로 한 직무 수행 능력 및 상황 대응 능력
② 콜센터 리더의 역할 기출
  ㉠ 단순히 상담원의 부족한 면을 지적해 주는 것이 아니라 상담원이 그것을 넘어설 수 있도록 기술을 가르쳐 주고 훈련시켜 주어야 한다.
  ㉡ 상담원이 교육받은 내용대로 업무를 하지 않고 적절하지 않은 행동을 했다면 즉시 원인 파악을 해야 한다.
  ㉢ 강압적인 자세로 대하는 것이 아니라 상담원 스스로 이해할 수 있도록 결론을 이끌어 주어야 한다.
  ㉣ 콜센터 내 긍정적인 분위기 활성화를 위해 항상 노력하여야 한다.
  ㉤ 생산성과 통화품질의 목표를 위해 조직적 계획을 세우고 실행하여야 한다.
  ㉥ 상담원의 업무능력향상을 위해 정기적으로 교육훈련을 실시하여야 한다.
③ 콜센터 리더가 갖추어야 할 리더십 : 경험적 리더십, 코칭적 리더십, 학습적 리더십
④ 리더의 조건(5S)
  ㉠ Skill(기술) : 업무를 수행하는 데 필요한 전문적인 직무 수행 능력 · 기술을 말한다.
  ㉡ Sacrifice(희생 정신) : 자신의 이익만을 추구하는 것이 아니라 타인을 위해 희생하는 마음가짐이 있어야 한다. 여기에서 희생이란 물질적인 것과 정신적인 것을 모두 포함한다.

핵심예제

콜센터 리더의 역할로 알맞지 않은 것은?
① 콜센터 내 긍정적인 분위기 활성화를 위해 노력한다.
② 상담원이 적절하지 않은 행동을 했다면 즉시 원인 파악을 해야 한다.
③ 생산성과 통화 품질에서의 목표 달성을 위해 조직적 계획을 세우고 실행한다.
④ 상담원의 부족한 면은 지적만 하고 상담원이 알아서 고치도록 간섭하지 않는다.

해설 단순히 상담원의 부족한 면을 지적해 주는 것이 아니라 상담원이 그것을 넘어설 수 있도록 기술을 가르쳐 주고 훈련시켜 주어야 한다.

④ 정답

ⓒ Strength(강인함, 통솔력) : 육체적인 강인함은 물론, 역경을 이겨낼 수 있는 정신적인 강인함도 필요하다.
ⓔ Smile(웃음) : 타인을 편안하게 만드는 여유 있는 태도와 평정심을 유지하는 능력을 말한다.
ⓜ Sensitivity(감수성) : 주변의 상황을 잘 파악하는 것은 물론, 타인의 심리를 정확하게 읽어내고 반응할 수 있는 능력이 필요하다.

(5) 콜센터 생산성 향상 중요

① 콜센터 생산성을 향상시킬 수 있는 방안 기출
  ㉠ 콜센터 인력(리더 및 상담사 등)에 대한 교육을 강화한다.
  ㉡ 전반적인 업무 환경(콜센터 환경)을 개선한다.
  ㉢ 텔레마케터 성과에 대한 인센티브를 강화한다.
  ㉣ 공정한 성과 평가와 보상이 이루어져야 한다.
  ㉤ 관련 부서와 긴밀하게 협조한다.
  ㉥ 콜센터 조직 구성원 간에 신뢰가 쌓일 수 있도록 한다.

② 콜센터 성과 향상을 위한 보상 계획을 수립할 때 주의 사항 기출
  ㉠ 지속적이고 일관성 있는 보상 계획을 수립해야 한다.
  ㉡ 달성 가능한 목표 수준을 고려해야 한다.
  ㉢ 직원을 참여시켜야 한다.
  ㉣ 금전적 보상과 비금전적 보상을 적절한 비율로 설정한다.
  ㉤ 정확하고 객관적으로 측정된 성과분석 자료를 활용한다.

③ 콜센터 상담사나 각 팀별 성과 향상을 위한 활동 기출
  ㉠ 개인, 팀별로 적절한 동기부여를 시킬 수 있는 프로그램을 운영한다.
  ㉡ 성과 측정 시 공정성과 객관성을 유지하도록 최대한 노력한다.
  ㉢ 합리적인 급여체계를 구축하여 근무 집중도를 향상시키고 이직률을 낮춘다.

④ 콜센터 내의 팀 업무성과 관리 기출
  ㉠ 팀 목표는 환경의 변화에 맞추어 적절히 수정되어야 한다.
  ㉡ 팀은 주요 목표달성 상황을 지속적으로 추적하고 토의, 평가하고 의견을 수렴하여야 한다.
  ㉢ 업무성과 관리는 팀이 고객을 만족시키는 능력을 개선하기 위해 노력하는 것에 초점을 맞춰야 하며, 지속적으로 관리되어야 한다.

핵심예제

콜센터의 생산성을 향상시킬 수 있는 방안과 가장 거리가 먼 것은?

① 콜센터 인력을 신규인력으로 대폭 교체한다.
② 전반적인 업무 환경(콜센터 환경)을 개선한다.
③ 텔레마케터 성과에 대한 인센티브를 강화한다.
④ 콜센터의 인력(리더 및 상담원 등)에 대한 교육을 강화한다.

해설 인건비는 콜센터 운영비용에서 가장 많은 부분을 차지하는 항목이다. 인력을 신규인력으로 대폭 교체하는 것은 채용비용과 교육 및 재교육비용 등 인건비 또한 증가시키므로 생산성 향상에 도움이 되지 않는다.

정답 ①

⑤ 인바운드 콜센터에서 콜 폭주 시 대처방안 기출
  ㉠ 상담원들의 이석을 최소화하고 착석률을 높인다.
  ㉡ 아웃바운드나 이메일 응대 업무 등을 일시적으로 미루고 인바운드 응대 인원을 늘린다.
  ㉢ 여유가 있는 상담원 그룹이나 아웃소싱 업체와 콜 블렌딩을 한다.

(6) 콜센터에서의 심리적 장애 요인 중요
  ① 콜센터 바이탈 사인: 반복적인 상담 업무에서 비롯되는 권태감, 자책감, 음성 피로와 장애 등으로 인해 정신적·육체적인 이상 현상이 나타나는 것이다.
  ② 번아웃(Burn-out): 텔레마케터의 성과나 동기부여가 현저하게 저하되고 의욕이 상실되어 있는 최저 능률 상태이다. 일반적으로 더 나은 분야에 종사할 기회를 갖지 못한 상태에서 지나치게 오랫동안 전화 업무만 한 경우에 나타난다.
  ③ 뜨내기 문화: 소속감의 부재로 약간의 급여 조건 변동 또는 이점이 있다면 쉽게 근무지를 이동하여 높은 이직률이 나타나는 현상이다.
  ④ 한우리 문화(끼리끼리 문화): 평소 친한 사람들과만 어울리고 그 외 사람들을 배타적으로 보는 집단 심리를 나타낸다.
  ⑤ 유리벽(Glass wall): 조직 구성원이 비핵심 부서에서 핵심 부서로의 수평적 이동을 방해받는 현상으로 특히 여성 차별과 관련하여 많이 인용된다. 수직적 이동을 방해받는 현상은 유리 천장(Glass ceiling)이라고 한다.
  ⑥ 콜센터 심리 공황: 조직이 점차 커지고 활성화됨에 따라, 상담원들이 기피하는 업종이나 기업의 콜센터는 집단 이탈, 인력 채용·운영 효율의 저하 등이 나타나고, 급기야는 콜센터의 관리직도 자기 역할의 한계를 느껴 콜센터 조직이 와해되는 현상이다.
  ⑦ 철새 둥지: 콜센터의 근무 조건의 변화, 약간의 급여 차이, 업무의 난이도, 복리 후생 정책 차이나 비교 정보를 획득했을 때 심리 변화와 태도 변화를 일으켜 조금이라도 자신에게 유리한 콜센터로 근무지를 옮기는 현상이다.
  ⑧ 콜센터 바이러스: 상담원들이 고객과 상담을 하는 과정에서 말을 많이 하고 지쳐 있어 자극적인 말, 근무 조건, 분위기 변화 등에 금세 전염되는 현상이다.

핵심예제

다음에서 설명하는 것은?

콜센터 조직이 점차 커지고 활성화됨에 따라 상담원들이 기피하는 업종 등에서 집단 이탈, 인력 채용과 운영 효율의 저하가 나타나 급기야는 콜센터 조직이 와해되는 현상

① 유리벽
② 철새 둥지
③ 한우리 문화
④ 콜센터 심리 공황

해설 콜센터에서의 심리적 장애 요인으로는 ①·②·③·④ 외에도 콜센터 바이탈 사인, 콜센터 바이러스, Burn-out 등이 있다.

정답 ④

제 2 장 실제예상문제

01 ACD(Auto Call Distributor)의 기능에 관한 설명으로 옳은 것은?

① 외부에서 전화가 걸려 오면 자동으로 응답하는 기능이다.
② 상담원이 다른 상담원에게 통화 내용을 전환하는 기능이다.
③ 상담원의 통화가 끝나는 시기를 예측하여 다이얼링한 후 응답 고객만을 연결해 주는 기능이다.
④ 상담원에게 균등하게 콜을 분배하는 기능이다.

> **해설** ACD(Automatic Call Distributor, 자동콜분배시스템)는 특정 상담사에게 집중되는 콜을 분배하여 상담사가 균등하게 업무를 처리할 수 있게 한다.

02 콜센터 시스템의 구성요소에 대한 설명으로 옳은 것은?

① 콜센터는 CTI를 통해 교환기로 전화회선을 수용한다.
② DB 서버는 교환기에 연결되는 모든 콜에 대해 데이터를 저장하고 관리한다.
③ 다이얼러 모듈은 인바운드 서비스를 자동 처리하는 시스템이다.
④ ARS는 적정 상담원에게 자동으로 전화를 배분하는 역할을 한다.

> **해설** ① CTI(Computer Telephony Integration): 컴퓨터와 전화의 통합으로, 전화 기술과 컴퓨터 기술을 통합한 것이다.
> ③ 다이얼러 모듈: 아웃바운드를 자동으로 처리할 수 있는 캠페인 관리 기능 및 다이얼러 기능을 수행한다.
> ④ ARS(Automatic Response System): 24시간 연중 고객서비스가 가능한 자동응답 시스템이다.

정답 01 ④ 02 ②

03 인바운드 고객 상담은 신속한 고객 응대를 위해 다양한 기술을 많이 활용하게 된다. 인바운드 고객 상담을 위해 사용되는 CTI(Computer Telephony Integration) 기술이 현재 제공하는 기능이 아닌 것은?

① 고객의 성향에 대한 분석
② 컴퓨터를 통한 전화 걸기
③ 전화를 건 사람의 전화번호 인식
④ 고객에 대한 정보를 불러 와서 스크린에 보여 주기

> **해설** CTI(컴퓨터통신통합시스템)는 컴퓨터를 통한 전화 걸기가 가능하다. 또한, 기업으로 들어오는 다양한 콜을 분류할 수 있고, 처리할 수 있다. 걸려온 전화에 대한 분석 및 고객의 개인정보 입력을 통해서 콜센터 상담원은 전화를 건 고객의 모든 정보를 실시간으로 볼 수 있으며, 통화시간의 단축 및 정보 열람을 통한 실시간 고객 응대도 가능하다. 그러나 고객의 정보가 아닌 성향을 분석할 수는 없다.

04 다음 중 콜센터에 대한 설명으로 틀린 것은?

① 크게 인바운드형 콜 처리 업무와 아웃바운드형 콜 처리 업무가 이루어진다.
② 기업의 제품 기획과 개발, 광고 전략 수립, 행정 업무 등이 이루어지는 곳이다.
③ 기업과 고객 간 정보통신 수단을 통해 커뮤니케이션 접촉이 이루어지는 곳이다.
④ 텔레마케팅과 커뮤니케이션이 결합되어 전문 상담이 이루어지는 고객 지향적 조직이라고 볼 수 있다.

> **해설** 기업의 제품 기획과 개발, 광고 전략 수립, 행정 업무 등은 마케팅 관련 부서에서 하는 업무 내용이다.

05 콜센터 리더로서의 역할이 아닌 것은?

① 원활한 의사소통
② 각 직무별 촉매자
③ 상호 신뢰감 구축
④ 독재적 리더 위치 구축

> **해설** 독재적 리더 위치 구축은 상호 신뢰감 형성과 원활한 의사소통에 장애가 된다.

정답 03 ① 04 ② 05 ④

06 텔레마케터 직급 중 여러 프로젝트에 대한 상담, 견적서 또는 제안서의 제출부터 결과 보고까지 총괄적인 역할을 하는 직급은?

① 슈퍼바이저(Supervisor)
② 매니저(Manager)
③ 코디네이터(Coordinator)
④ 텔레마케터(Telemarketer)

> **해설** 텔레마케터 직급별 업무 내용
> - 코디네이터(Coordinator): 여러 프로젝트에 대하여 상담, 견적서 또는 제안서의 제출에서부터 결과 보고까지 총괄적인 역할 담당
> - 슈퍼바이저(Supervisor): 해당 프로젝트, 유니트 리더의 조정 및 관리 업무 수행
> - 매니저(Manager): 팀장으로서 해당 프로젝트 전반을 관리
> - 텔레마케터(Telemarketer): 텔레마케팅의 실무자로서 고객 상담 업무 수행
> - 유니트 리더(Unit Leader): 텔레마케터 소단위 리더

07 텔레마케터가 교육받아야 할 내용과 가장 거리가 먼 것은?

① 표현 및 대화 능력
② 제품 및 서비스 지식
③ 통화 품질의 분석 능력
④ 적극적이고 긍정적인 사고

> **해설** 텔레마케터의 교육 내용
> 힘차고 자신감 있는 목소리, 긍정적이고 적극적인 사고 함양, 인내심, 철저한 시간 관리 능력, 문제 해결 능력(상황 대응 능력), 확고한 목표 의식, 정확한 발음과 구술 능력, 경제·시사 상식, 제품·서비스 지식 등

08 다음 중 콜센터 관리자에게 요구되는 자질이 아닌 것은?

㉠ 리더십	㉡ 시스템 프로그래밍 능력
㉢ 상황 대응 능력	㉣ 예술적 감각
㉤ 프레젠테이션 능력	

① ㉠, ㉢
② ㉡, ㉣
③ ㉢, ㉤
④ ㉣, ㉤

> **해설** 콜센터 관리자는 리더십을 바탕으로 직무 수행 능력과 상황 대응 능력, 프레젠테이션 능력, 희생정신, 강인함, 감수성 등의 자질을 가져야 한다. 시스템 프로그래밍 능력과 예술적 감각은 콜센터 관리자가 갖춰야 할 자질과는 거리가 멀다.

정답 06 ③ 07 ③ 08 ②

09 통화 품질 관리자(QAA)의 업무 능력과 가장 밀접한 관계가 있는 것은?

① 경청 능력
② 세일즈 능력
③ 콜 분배 능력
④ 인사 관리 능력

> **해설** QAA(Quality Assurance Analyst)
> - 텔레마케터의 상담 내용을 모니터링하여 상담원을 평가함으로써 상담 품질을 향상시키는 업무 및 교육 지원을 담당한다.
> - 텔레마케터들의 통화 내용을 평가하고 개선점을 찾아내 개선할 수 있도록 도와주는 역할을 한다.
> - 기본적인 자격 요건에는 업무 지식, 뛰어난 경청 능력, 태도, 기술 등이 있다.

10 다음 중 신규 콜센터 구축 시 고려해야 하는 사항과 가장 거리가 먼 것은?

① 텔레마케팅의 목적과 목표
② 콜센터의 입지
③ 텔레커뮤니케이션 기기의 적합성 및 운영 능력
④ 데이터베이스(DB) 활용 능력

> **해설** 신규 콜센터 구축 시에는 데이터베이스의 구축 및 관리 능력이 필요하며, 데이터베이스의 활용 능력은 텔레마케터에게 요구되는 사항이다.

11 콜센터 매니저의 역할과 가장 거리가 먼 것은?

① 고객리스트 수집 및 평가
② 텔레마케터의 사생활 관리
③ 업무 절차의 개발 및 마케팅 캠페인
④ 마케팅 목표 일정, 예산 수립 및 관리

> **해설** 콜센터 매니저는 콜센터의 전반적인 업무를 관리하지만 텔레마케터의 사생활까지 관리하지는 않는다.

09 ① 10 ④ 11 ②

12 일반적으로 콜센터는 회사 내 타 부서와의 긴밀한 업무 협조가 반드시 필요한데, 다음 중 콜센터 업무와 가장 관련이 적은 기업 내 부서는?

① 마케팅 부서
② 연구 개발 부서
③ 전산 시스템 부서
④ 콜 품질 관리 부서

> 해설 콜센터는 텔레마케팅을 수행하는 곳으로 마케팅과 직접적인 관련이 있고, 전화를 이용하므로 콜 품질 관리 부서와도 관련이 있으며, 컴퓨터와 전화 등의 전산기기를 사용하기 때문에 전산 시스템 부서와도 관련이 깊다.

13 고효율, 고성과를 창출하기 위한 콜센터 직무별 역할에 관한 설명으로 틀린 것은?

① 상담사는 높은 상담 품질로 더 높은 성과 달성에 기여한다.
② QAA는 불필요한 상담 프로세스를 제거함으로써 더 높은 성과 달성에 기여한다.
③ 슈퍼바이저는 코칭을 통해 상담사의 업무 역량을 개발하여 더 높은 성과 달성에 기여한다.
④ 기술 지원자(IT)는 적절한 스케줄 관리를 통해 오버타임 원가를 줄임으로써 더 높은 성과 달성에 기여한다.

> 해설 적절한 스케줄 관리를 통해 오버타임 원가를 줄이는 역할은 슈퍼바이저 등 운영 관리자가 하는 업무이다.

14 콜센터 문화에 영향을 미치는 사회적 요인에 해당하지 않는 것은?

① 고객과의 커뮤니케이션
② 행정 당국의 제도적 지원
③ 상담원의 근로 선택의 자유
④ 상담원이라는 직업의 매력도

> 해설 **콜센터 문화에 영향을 미치는 사회적 요인**
> • 관련 행정 당국의 제도적·비즈니스적 지원 정도
> • 취업 정보 개방에 따른 근로 선택 및 이직의 자유로움
> • 콜센터 근무자라는 직업의 매력도 및 인식 정도

정답 12 ② 13 ④ 14 ①

15 텔레마케팅 조직 구성원의 역할이 잘못 연결된 것은?

① 슈퍼바이저 – 텔레마케터의 스케줄을 관리한다.
② 모니터링 담당자 – 텔레마케터가 고객과 통화한 내용을 분석한다.
③ 교육 담당자 – 텔레마케터의 경력 개발을 위한 교육 프로그램을 개발한다.
④ 시스템 담당자 – 텔레마케터가 효율적으로 업무를 할 수 있도록 스크립트를 개발한다.

> **해설** 시스템 담당자는 텔레마케터가 효율적인 업무를 할 수 있도록 근무 환경을 조성한다. 스크립트 개발은 슈퍼바이저의 역할이다.

16 대량의 콜을 관리하는 시스템에서 중추적인 기능을 하는 ACD에 대한 설명으로 잘못된 것은?

① 개인별 통화 건수, 매출액, 소요 시간을 관리한다.
② 콜을 균등하게 텔레마케터에게 분배하는 장치이다.
③ 통화를 효율적으로 처리하도록 하는 관제탑이다.
④ 현재 통화 중인 텔레마케터들이 인입된 콜을 어느 정도 기다리게 하는가를 알려 준다.

> **해설** 개인별 통화 건수, 매출액, 소요 시간 관리는 생산성 관리 시스템에 대한 설명이다.

17 CTI(Computer Telephony Integration) 추가 기능 중 다음이 설명하고 있는 다이얼링 시스템은?

> 고객리스트가 데이터베이스로 형성되어 있어 상담원이 고객을 선택하면 자동적으로 전화를 걸어주는 기능이다. 이 기능은 전화통화를 하기 전에 고객의 전화번호뿐만 아니라 고객에 관련되는 고객속성, 이력정보 등을 컴퓨터 화면에 나타내어 준다.

① 프리뷰 다이얼링(Preview dialing)
② 트랜스퍼 다이얼링(Transfer dialing)
③ 프리딕티브 다이얼링(Predictive dialing)
④ 프로그레시브 다이얼링(Progressive dialing)

> **해설** 프리뷰 다이얼링(Preview dialing)
> • 의의: 전화 발신을 상담원이 직접 모니터상에서 조회하여 처리한다.
> • 적용: 기존의 수동으로 처리하던 전화업무를 자동으로 처리한다.

제 3 장 마케팅 성과 측정과 활용

제1절 텔레마케팅의 성과 측정

1. 마케팅 성과 측정

(1) 마케팅 성과 측정의 개념

자사에서 운영하는 웹 사이트나 포털 사이트 등을 활용해 마케팅 활동의 결과를 측정하는 것이다.

(2) 마케팅 성과 측정의 필요성

① 마케팅 성과 측정은 마케팅 담당자의 의사결정을 위해 중요하다.
② 미래의 마케팅 활동 계획 수립을 위해 총괄적으로 마케팅 성과 측정을 해야 한다.
③ 마케팅을 실시한 각각의 매체에 대한 성과 측정은 미래의 마케팅 매체 선정 및 방법 등을 수립할 주요한 요소가 된다.
④ 마케팅의 성과 측정을 위해서는 고객들의 자사 및 자사 상품 인식 부분, 고객들의 자사 상품 구입을 위한 활동 결과들을 수집해야 한다.

2. 마케팅 성과 측정 수행

(1) 마케팅 성과 측정 방법

① 전자상거래에서 마케팅 성과 측정은 온라인 또는 오프라인 상에서 자사의 제품 및 서비스에 대한 만족도를 알아보기 위해 실시한다.
② 마케팅을 실시한 후 성과 측정은 매출액의 증가 정도, 고객수의 증가 정도, 비용 절감 정도 등과 같은 마케팅 성과 측정 기준을 통해서 파악할 수 있다.

핵심예제

마케팅 성과 측정의 필요성으로 옳지 않은 것은?

① 마케팅 성과 측정은 마케팅 담당자의 의사결정에 영향을 미쳐서는 안 된다.
② 미래의 마케팅 활동 계획 수립을 위해 총괄적으로 마케팅 성과 측정을 해야 한다.
③ 고객들의 자사 및 자사 상품 인식 부분, 고객들의 자사 상품 구입을 위한 활동 결과들을 수집해야 한다.
④ 마케팅을 실시한 각각의 매체에 대한 성과 측정은 미래의 마케팅 매체 선정 및 방법 등을 수립할 주요한 요소가 된다.

해설 마케팅 성과 측정은 마케팅 담당자가 의사결정을 하는 데에 중요한 영향을 미친다.

정답 ①

③ 성과 측정을 위해서는 온라인 측정과 오프라인 측정을 할 수 있는데 자사의 성과 측정 목적, 예산, 결과의 활용, 효율성 등을 파악해서 적절하게 활용하도록 한다.
④ 인터뷰, 설문지, 개별 또는 집단심층면접 등의 방법을 이용하여 실시한다.
⑤ 설문 조사 방법은 소비자들의 자사 제품 및 서비스에 대한 선호도, 태도, 구매 행동 등에 대한 정보를 얻는 데 주로 사용한다.

(2) 마케팅 성과 측정 시 유의 사항 및 고려 사항
① 마케팅 성과 측정 시 유의 사항
㉠ 측정할 수 있는 모든 항목을 대상으로 한다.
㉡ 측정해야 하는 모든 항목을 대상으로 한다.
㉢ 측정 업무를 수행하는 사람의 객관성을 확보하도록 한다.
㉣ 측정하는 항목을 비즈니스 목적에 연계한다.
㉤ 측정 기준 및 평가 요소를 테스트하고 적용한다.
② 마케팅 성과 측정 시 고려 사항
㉠ 보다 정확한 투자수익률 측정
㉡ 고객 행동의 이해 및 마케팅 개선이 필요한 영역 확인
㉢ 최우수 고객 파악
㉣ 고객의 요구 파악 및 세분화
㉤ 고객생애가치 측정 및 예측

핵심예제

마케팅 성과 측정 시 유의 사항으로 옳지 않은 것은?

① 측정해야 하는 모든 항목을 대상으로 한다.
② 측정할 수 있는 모든 항목을 대상으로 한다.
③ 측정 기준 및 평가 요소를 테스트하고 적용한다.
④ 측정 업무를 수행하는 사람의 주관성을 확보하도록 한다.

해설 측정 업무를 수행하는 사람의 객관성을 확보해야 한다.

④ **정답**

제2절 텔레마케팅 성과 분석을 위한 지표

1. 성과 분석의 지표

(1) 주요 지표와 분석 기준

① 인바운드 텔레마케팅 `기출`

주요 지표	분석 기준
인바운드 상담원의 성과 관리 평가지표	• 평균 통화처리시간 • 평균 통화시간 • 표준작업일 평균 통화 수
인바운드 콜 처리 품질에 직접 영향을 미치는 요소	• 콜 처리 평균시간 수준 • 콜 상담 인력 투입 정도 • 콜 처리 시스템 접근 수준
인바운드 콜센터의 성과지표	• 콜 처리율 • 서비스 레벨 • 평균 통화시간 • 시간당 통화 콜 수(CPH; Call Per Hour) • 고객 만족도 • 평균 후처리 시간 • 스케줄 준수율

핵심예제

인바운드 콜센터의 성과지표가 아닌 것은?

① 성공 콜　　　　　　　　② 서비스 레벨
③ 스케줄 준수율　　　　　④ 평균 후처리 시간

해설 인바운드 콜센터의 성과지표
콜 처리율, 스케줄 준수율, 품질 평가, 평균 후처리 시간, 서비스 레벨, 고객 만족도, 통화품질평가점수, 첫통화 해결률, 상담원 착석률, 평균 통화시간 등

정답 ①

② 아웃바운드 텔레마케팅 기출

주요 지표	분석 기준
아웃바운드 텔레마케팅 성과 분석을 위한 지표	• 콜 응답률(CRR; Call Response Rate): 총 발신 건수에 대한 반응 비율로 '수신콜÷발신 건×100'으로 계산 • 시간당 판매량 • 평균 판매가치 • 판매 건당 비용(CPR; Cost Per Response): 한 건의 반응을 얻는 데 소요되는 비용 • 고객 DB 소진율: 총 고객 DB 불출 건수 대비 텔레마케팅으로 소진한 DB 건수가 차지하는 비율 • 고객 DB 사용 대비 고객 획득률: 총 고객 DB 사용 건수 대비 고객으로 획득한 비율 • 1콜당 평균 전화비용: 아웃바운드 텔레마케팅을 하였을 경우 한 콜당 평균적으로 소요되는 전화 비용의 정도 • 총매출액: 일정 기간 동안 아웃바운드 텔레마케팅을 실행한 결과 발생한 총매출액 • 콜 접촉률: 아웃바운드 텔레마케팅을 실행한 후 고객과 접촉한 총건수
아웃바운드 콜센터에서 상담원 개인별 성과를 나타내 주는 양적 지표	• 시간당 통화 콜 수(CPH) • 시간당 성공 콜 수(SPH) • 1인당 매출액

③ 그 외의 지표 기출

주요 지표	분석 기준
텔레마케팅의 생산성 관리지표	• 평균 처리시간(AHT) • 평균 통화시간(ATT) • 평균 대기시간(ADH)
서비스 품질 성과지표	• 콜 전환율 • 모니터링 점수 • 첫 번째 콜 해결률
콜예측량 모델링을 위한 콜센터 지표	• 고객 콜 대기시간(Queue Time): 콜 예측량 모델링을 위한 콜센터 지표로서 고객 대기시간과 고객 연결시간을 합한 시간 • 평균 통화시간(초)(ATT): 상담원이 고객 한 사람과의 상담에 소요하는 평균적인 시간 • 평균 마무리처리시간(초)(Wrap-up time): 평균 통화시간 이후 상담 내용을 별도로 마무리처리하는 데 소요되는 평균적인 시간 • 평균 통화처리시간(초)(AHT): 평균 통화시간과 평균 마무리처리시간을 합한 것 • 평균 응대 속도(초)(ASA): 고객이 상담원과 대화 이전에 대기하고 있는 총시간을 응답한 총통화 수로 나눈 값

핵심예제

아웃바운드 콜센터에서 상담원 개인별 성과를 나타내는 양적 지표가 아닌 것은?

① 1인당 매출액   ② 시간당 성공 콜 수   ③ 시간당 통화 콜 수   ④ 표준작업일 평균 통화 수

해설 아웃바운드 텔레마케팅 성과 분석을 위한 지표와 분석 기준
콜 응답률, 시간당 판매량, 평균 판매가치, 판매 건당 비용, 고객 DB 소진율, 고객 DB 사용 대비 고객 획득률, 1콜당 평균 전화비용, 총매출액, 콜 접촉률
인바운드 상담원의 성과 관리 평가지표
평균 통화처리시간, 평균 통화시간, 표준작업일 평균 통화 수

④ **정답**

(2) 성과 분석에 쓰이는 용어

서비스 레벨(Service level)	• 목표로 하는 시간 내에 응대가 이루어지는 콜의 비율 • 인입된 콜 중에서 정해진 시간 내에 받아서 처리한 달성 내용을 백분율로 나타냄 • 30분, 15분 등 적절한 시간 간격으로 분석해야 함 • 고객들의 통화 대기시간에 대한 평균적인 수준을 가장 잘 나타내는 지표 • 서비스 레벨은 ACD 시스템상의 보고서를 통해 알 수 있음
불통률(Blockage rate)	• 콜센터에 통화를 시도한 콜로 분류 • 고객이 전화를 했으나 콜센터 교환기까지 도달되지 못한 콜의 비율 • 이용 가능한 회선 수가 충분치 않아 차단된 통화율
포기율	인입콜 중 상담사가 응답 전에 고객이 전화를 끊은 콜의 비율
콜블랜딩	상담사가 담당 업무 외에 다른 업무도 조화롭게 진행하는 경우, 아웃바운드 상담사가 인바운드의 업무를 지원해 주는 경우 등을 의미함
콜당 평균 비용 (CPC; Cost Per Call)	한 콜에 소요되는 비용
계약률(CR; Conversion Rate)	리드(문의, 자료 요청 등의 반응)를 주문으로 변환시키는 비율
주문 획득 비율 (OR; Order Rate)	총발신에 대한 주문의 비율

핵심예제

텔레마케팅의 성과지표 중 목표로 하는 시간 내에 응대가 이루어지는 콜의 비율로, 인입된 콜 중에서 정해진 시간 내에 받아서 처리한 달성 내용을 백분율로 나타낸 것은?

① 불통률(Blockage rate) ② 계약률(CR; Conversion Rate)
③ 서비스 레벨(Service level) ④ 주문 획득 비율(OR; Order Rate)

해설 서비스 레벨은 고객들의 통화 대기시간에 대한 평균적인 수준을 가장 잘 나타내는 지표로, ACD 시스템상의 보고서를 통해 알 수 있다.

③

CHECK BOX

손익분기점(BEP)
- 매출액과 비용의 차이가 제로(0)가 되는 점으로 비용은 고정 비용과 변동 비용의 합계이다.
- '매출액=비용'의 상태인 점을 말한다.
- 수주율=수주 건수 / 월 처리 능력
- 매출액=평균 단가 × 수주 건수
- 비용=고정 비용 + 변동 비용

목표 CPO(Cost Per Order)
매직 넘버라고도 하는데 상품을 판매할 경우 매출 가격에서 일정한 이익을 확보하기 위하여 프로모션 코스트에 지출할 수 있는 비용의 최대 허용 범위를 말한다. 즉, 이익률 몇 %를 확보하기 위한 1주문당 프로모션 코스트를 뜻한다.

핵심예제

매출액과 비용의 차이가 제로(0)가 되는 점은?

① BEP
② DDP
③ CHP
④ ONP

해설 BEP란 Break Even Point의 약자로 매출액과 비용의 차이가 0이 되는 점을 말하는데 이를 손익분기점이라 한다.

정답 ①

제3장 실제예상문제

01 다음에서 설명하고 있는 것은?

> 콜센터 성과 관리의 서비스지표를 측정하는 콜 중에서 콜센터에 통화를 시도한 콜로 분류하며 고객이 전화를 했으나 콜센터 교환기까지 도달되지 못한 콜의 비율을 의미한다.

① 포기율(Abandon rate)
② 불통률(Blockage rate)
③ 응대율(Response rate)
④ 에러율(Error rate)

해설 불통률은 콜센터에서 이용 가능한 회선 수가 충분치 않아 차단된 통화율을 말한다.

02 A 기업에서는 신규 제품의 홍보를 위한 DM 1,000건을 발송하여 주문 16건, 문의 29건을 접수하였다. 이 경우 아웃바운드 콜센터의 CRR은?

① 1.6%
② 2.9%
③ 3.2%
④ 4.5%

해설 CRR(Call Response Rate)은 콜 응답률로 '(수신콜÷발신 건)×100'으로 계산한다. 이때 수신콜은 주문과 문의 건수 모두를 포함한다. 따라서 A 기업 아웃바운드 콜센터의 CRR은 (16 + 29)÷1,000×100 = 4.5%이다.

03 아웃바운드 텔레마케팅의 성과지표로 옳지 않은 것은?

① 콜 접촉률
② 콜 응답률
③ 평균 포기 콜
④ 판매 건당 비용

해설 아웃바운드 텔레마케팅 성과지표
콜 응답률, 시간당 판매량, 평균 판매가치, 판매 건당 비용, 고객 DB 소진율, 고객 DB 사용 대비 고객 획득률, 1콜당 평균 전화비용, 총매출액, 콜 접촉률

정답 01 ② 02 ④ 03 ③

04 1콜에 소요되는 비용은?

① OR ② CPO
③ CRR ④ CPC

해설 텔레마케팅 성과 분석을 위한 지표와 분석 기준
- 콜당 평균 비용(CPC; Cost Per Call): 1콜에 소요되는 비용
- 주문당 평균 비용(CPO; Cost Per Order): 1건의 주문을 받는 데 소요된 비용
- 콜 응답률(CRR; Call Response Rate): 총발신 수에 대한 반응 비율
- 주문 획득률(OR; Order Rate): 총발신에 대한 주문의 비율
- 건당 반응 비용(CPR; Cost Per Response): 1건의 반응을 얻는 데 소요된 비용
- 계약률(CR; Conversion Rate): 리드(문의, 자료 요청 등의 반응)를 주문으로 변환시키는 비율

05 다음의 조건에서의 BEP를 구하기 위한 변동 비용은?

- 인건비 월 총액 1,000,000원
- 기타 비용 200,000원
- 상품의 평균 매출 원가 80%
- 통신비 월 총액 800,000원
- 상품의 평균 단가 100,000원
- 월 총수주 건수 250건

① 20,000,000원 ② 22,000,000원
③ 25,000,000원 ④ 40,000,000원

해설 인건비, 통신비, 기타 비용은 고정비에 속하는 항목이므로 변동비의 계산과는 무관하다. '변동비=상품 평균 단가×평균 매출 원가×수주 건수'이므로, 100,000×80%×250=20,000,000원이다.

06 다음의 자료에서 CPC를 구하면?

- 텔레마케팅 월간 총경비 12,000,000원
- 텔레마케터 전화 사용 시간 120시간
- 시간에 20회 발신한 도달률 20%

① 20,000원 ② 22,000원
③ 25,000원 ④ 40,000원

해설 CPC란 콜당 평균 비용으로 1콜에 소요되는 비용을 의미하며, 전체 비용에서 총 통화 건수를 나눈다.
전체 비용: 12,000,000원
총 통화 수: 120시간×(20회×20%)=480회
∴ CPC=12,000,000/480=25,000원

04 ④ 05 ① 06 ③

07 DM 1,000건을 발송하여 주문 건수 23건, 문의 건수가 27건이 있었을 경우의 인바운드 CRR은?

① 2.3%　　　　　　　　　　② 2.7%
③ 5.0%　　　　　　　　　　④ 5.7%

> **해설**　CRR이란 콜 응답률로 '(수신콜÷발신 건)×100'이므로, {(23+27)÷1,000}×100=5%이다.

08 콜량 예측 시 필요한 데이터와 가장 거리가 먼 것은?

① 마무리 시간
② 평균 처리시간
③ 텔레마케터의 수
④ 평균 대화시간(통화 시간-초)

> **해설**　**콜량 예측 시 필요한 데이터**
> 　　　대화시간(Talk time), 마무리 시간(Wrap-up), 평균 처리시간(AHT; Average Handling Time)

09 다음 중 아웃바운드 콜센터 성과지표에 해당하지 않는 것은?

① 시간당 판매량
② 평균 판매가치
③ 상담원 착석률
④ 시간당 접촉 횟수

> **해설**　**아웃바운드 콜센터 성과지표**
> 　　　시간당 판매량, 평균 판매가치, 시간당 접촉 횟수, 판매 건당 비용

정답　07 ③　08 ③　09 ③

10 아웃바운드 콜센터의 성과 분석 관리 지표에 관한 설명으로 옳은 것은?

① 총매출액은 일정 기간 동안 아웃바운드 TM을 실행한 결과 발생한 총이익을 말한다.

② 콜 접촉률은 아웃바운드 TM을 실행한 후 고객과 접촉 및 미접촉한 총건수를 말한다.

③ 고객 DB 사용 대비 고객 획득률은 총고객 DB 불출건수 대비 고객으로 유지하는 비율을 말한다.

④ 아웃바운드 TM의 경우 콜당 평균 전화비용은 1콜당 평균적으로 소요되는 전화비용의 정도를 말한다.

해설 ① 총매출액: 일정 기간 동안 아웃바운드 텔레마케팅을 실행한 결과 발생한 총매출액
② 콜 접촉률: 아웃바운드 텔레마케팅을 실행한 후 고객과 접촉한 총건수
③ 고객 DB 사용 대비 고객 획득률: 총고객 DB 사용건수 대비 고객으로 획득한 비율

11 다음 중 인바운드 콜과 아웃바운드 콜을 혼용해서 처리하는 업무 형태는?

① 업무량(Workload)

② 전화 흐름(Call flow)

③ 모니터링(Monitoring)

④ 콜 블랜딩(Call blending)

해설 상담사가 담당 업무 외에 다른 업무도 조화롭게 진행하거나 아웃바운드 상담사가 인바운드의 업무를 지원해 주는 것을 콜 블랜딩이라고 한다.

10 ④ 11 ④ **정답**

제4장 통신판매 성과 관리

제1절 목표 설정

1. 통신판매 성과 관리 개념

(1) 통신판매 성과 관리의 의의
① 통신판매 성과를 향상시키기 위하여 성과 관리에서 필수적으로 수행되어야 하는 것들에는 목표 설정, 성과 평가, 보상, 모니터링 등이 있다.
② 공정하고 객관적인 통신판매 성과 관리를 위해서는 피평가자의 평가 목표 또는 지표에 대한 수용성이 담보되어야 한다.
③ 텔레마케팅의 생산성 관리란 개인별 통화 수, 매출액, 소요 시간 등의 데이터를 관리하는 것을 의미한다.

(2) 텔레마케터의 효과적인 성과 관리 방법
① 텔레마케터에게는 다양한 방법의 포상이 효과적이다.
② 모니터링은 교육 및 동기부여를 위한 긍정적인 피드백으로 활용해야 한다.
③ 개인의 성과는 팀의 성과에 연계하여 평가해야 한다.
④ 성과 관리 동기부여를 위하여 성과에 따른 보상은 차등이 명확해야 한다.

(3) 콜센터 내의 팀 업무 성과 관리 기출
① 팀 목표는 환경의 변화에 맞추어 적절히 수정되어야 한다.
② 팀은 주요 목표달성 상황을 지속적으로 추적하고 토의, 평가하고 의견을 수렴하여야 한다.
③ 업무 성과 관리는 팀이 고객을 만족시키는 능력을 개선하기 위해 노력하는 것에 초점을 맞춰야 하며, 지속적으로 관리되어야 한다.

핵심예제

통신판매 성과를 향상시키기 위하여 필수적으로 수행되어야 하는 것이 아닌 것은?
① 목표 설정
② 성과 평가
③ 교육과정
④ 모니터링

해설 성과를 향상시키기 위하여 성과 관리에서는 목표 설정, 성과 평가, 보상, 모니터링 등이 수행되어야 한다.

정답 ③

(4) 콜센터 상담사나 각 팀별 성과 향상을 위한 활동 [기출]
① 개인, 팀별로 적절한 동기부여를 시킬 수 있는 프로그램을 운영한다.
② 성과 측정 시 공정성과 객관성을 유지하도록 최대한 노력한다.
③ 합리적인 급여체계를 구축하여 근무 집중도를 향상시키고 이직률을 낮춘다.

2. 목표 설정 이론

(1) 목표 설정의 의의
① 통신판매 성과 관리에서 첫 단계는 목표 설정이다.
② 목표를 어떤 내용으로, 어떤 수준으로, 어떤 근거로, 어떤 목적을 가지고 또 조직과 개인의 단위에 따라 어떻게 목표를 설정하는가에 따라 성과의 고저가 판가름 날 수 있으므로 합리적인 목표 설정이 중요하다.

(2) MBO(Management By Objectives, 목표 관리)
① MBO의 정의 : 목표 관리는 상사와 부하가 상호 협의하에 공동의 목표를 확인하고, 각 개인의 중요한 책임 영역을 각 개인에게 기대되는 성과로 환산하여 확정하고, 이러한 목적을 달성하기 위한 지침을 설정하여 실시하며, 성과를 평가하고 활용하는 과정이라고 할 수 있다.
② MBO의 특징
  ㉠ 전략 : 목표 관리는 결과에 도달하기 위한 독특한 경쟁적 전략이다.
  ㉡ 계획과 통제의 과정 : 목표 관리는 복잡한 조직에 미래의 방향을 제시해 주는 관리 방식이다.
  ㉢ 조직 몰입을 유도하는 참여 과정 : 목표 관리는 목표를 성취하도록 행동해야 하는 사람들이 동의하는 과정이다.
  ㉣ 결과 성취를 위한 업무수행 및 평가시스템 : 목표 관리는 성과를 측정, 평가하는 수단을 제공한다.
  ㉤ 경영자의 태도 : 목표 관리는 경영층의 사명을 변화와 개선으로 간주한다.
  ㉥ 결과 성취를 위한 시간 지향적 과정 : 목표 관리에서 결과는 특정 기간 내에 성취시켜야 한다.
③ 성과 달성을 위한 목표 관리의 중점 사항
  ㉠ 개인별 수행 목표는 수치화로 명확해야 한다.
  ㉡ 환경이 변하면 그에 맞게 목표를 수정한다.
  ㉢ 조직의 목표와 개인의 목표가 연계성이 있어야 한다.
  ㉣ 목표 수행 시 상담원과 관계자 간의 의사소통이 필요하다.

핵심예제

콜센터 상담사나 각 팀별 성과 향상을 위한 활동으로 적합하지 않은 것은?
① 성과 측정 시 공정성과 객관성을 유지하도록 최대한 노력한다.
② 개인, 팀별로 적절한 동기부여를 시킬 수 있는 프로그램을 운영한다.
③ 교통이 혼잡하지 않은 시외 지역에 사무실을 두고 쾌적한 근무환경을 제공한다.
④ 합리적인 급여체계를 구축하여 근무 집중도를 향상시키고 이직률을 낮추어야 한다.

해설 콜센터는 교통과 통신이 원활한 곳에 위치해 콜 품질 관리와 생산성을 높여야 한다.

정답 ③

(3) SMART 목표 설정 원칙 기출

S(Specific)	구체적이어야 한다.
M(Measurable)	측정할 수 있어야 한다.
A(Achievable, Attainable)	실현 가능한 지표여야 한다.
R(Result oriented)	결과 지향적이어야 한다.
T(Timely, Time-bound)	일정한 시간 내에 달성 여부를 확인할 수 있어야 한다.

2차 실기 맛보기

SMART가 의미하는 다섯 가지 요소를 쓰시오.

(4) 목표 균형 배분[BSC(Balanced Score Card, 균형성과표)]

① 로버트 캐플란과 데이비드 노튼은 1990년에 재무성과지표들이 현대의 경영환경에 효과적이지 못하다는 믿음하에 새로운 성과 측정의 대안에 대해 연구하는 과정에서 고객, 내부 프로세스, 직원 활동 및 주주 관련 이슈 등 조직 전반에 걸친 경영활동과 관련된 성과지표들을 개발했다.

② 콜센터 BSC 성과 관리 관점
  ㉠ 콜센터 BSC의 의미 : 콜센터의 성과를 네 가지 관점에서 종합적이고 균형적으로 측정하는 성과 평가 시스템이다.
  ㉡ 성과 관리 관점과 항목

고객 관점	시장 점유율, 고객 확보율, 고객 수익성, 고객 만족도 등
재무적 관점	원가 및 비용 절감, 매출 증대, 생산성 향상 등
성장과 학습 관점	커뮤니케이션, 직원 만족도, 동기부여, 시스템 활용도 등
내부 프로세스 관점	조직 구성 및 채널의 다양성, 업무절차 및 의사결정의 효율성과 효과성 등

핵심예제

다음 정량적 지표 측정의 SMART 원칙에 해당하지 않는 것은?

① 구체적(Specific)
② 영원성(Timeless)
③ 실현 가능(Attainable)
④ 측정 가능(Measurable)

해설 SMART 원칙은 구체적(Specific), 측정 가능(Measurable), 실현 가능(Attainable), 결과 지향적(Result oriented), 시간적 한계(Time-bound)이다.

정답 ②

제2절 성과 평가

1. 평가 대상에 따른 분류

(1) 개인평가

① 개념
  ㉠ 조직에서 각 직무를 수행하는 종사원 개개인을 평가한다.
  ㉡ 평가 방식: 업적평가와 역량평가, 다면평가 등
  ㉢ 평가 계획에 따라, 평가 기간 중 발생하는 변동사항을 반영하여 실적을 평가한다.

> **CHECK BOX**
>
> **업적평가의 기준**
> - 신뢰성: 척도는 인정성과 일관성이 있어야 한다.
> - 차별성: 개인들의 업적 결과에 따라 차별화할 수 있어야 한다.
> - 직무상 주된 행동에 의해서 영향을 받을 수 있는 주제: 업적평가시스템에서 활용하고 있는 기준들은 우선적으로 피평가자의 임의적인 통제하에 있어야 한다.
> - 수용 가능성: 평가기준이 피평가자들에 의해 공정하고 정확한 지표라고 믿을 수 있어야 한다.

② 개인 성과평가의 신뢰성·공정성 확보 방법 [기출]
  ㉠ 다면평가를 효율적으로 활용한다.
  ㉡ 평가자에 대해 평가 체계, 평가 기법 등의 종합적인 평가 관련 교육을 강화한다.
  ㉢ 평가 결과는 공개로 하고 평가자와 피평가자 간의 면담을 통한 코칭을 활성화한다.

③ 다면평가 [기출]
  ㉠ 개념
    - 현재 주로 사용하는 역량평가 방법 중 하나이다.
    - 다면평가는 정성적 평가 요인으로 간주할 수 있다.
    - 다면평가란 스스로 파악하기 어려운 자신의 장·단점을 상사, 동료, 부하 직원, 고객 등 다양한 사람들로부터 평가를 받는 것을 말한다.

핵심예제

개인평가에 대한 설명으로 옳지 않은 것은?

① 조직에서 각 직무를 수행하는 종사원 개개인에 대한 평가이다.
② 평가 방식에 따라 업적평가와 역량평가, 다면평가 등으로 나눈다.
③ 평가 계획에 따라, 평가 기간 중 발생하는 변동사항은 반영하지 않는다.
④ 평가 지표는 통상 계량지표와 비계량 지표, 가감점 지표로 구성된다.

해설 평가 계획에 따라, 평가 기간 중 발생하는 변동사항을 반영하여 실적 평가를 수행한다.

정답 ③

ⓒ 장단점
- 장점
  - 편파적인 평가 의견을 견제함으로써 균형 있는 평가를 할 수 있다.
  - 직상급자인 평가자 외 다른 구성원들에게도 평가 참여 기회를 제공하여 참여감과 조직에 대한 일체감을 증진할 수 있다.
  - 평가 결과의 익명성으로 평가 대상에 대한 객관성을 제고하고 공정하고 합리적으로 평가할 수 있다.
  - 평가 정보의 피드백으로 자기 개발에 대한 동기부여 및 상급자 뿐 아니라 동료 및 부하 직원, 고객으로부터 인정받고 존경받기 위한 자기 개발을 유도할 수 있다.
  - 상하 간, 동료 간, 고객과 조직 간에 의사 교환을 통하여 조직 활성화에 기여할 수 있다.
- 단점
  - 상사의 업무 성과에 대해 정확하게 평가하는 데에 필요한 업무 지식이 부하 직원들에게 부족할 경우 공정하고 객관적인 평가가 어렵다.
  - 다양한 의견이 상충될 때 누구의 의견이 옳은지 판단하기 어렵다.
  - 평가가 낮게 나올 경우 상사로부터의 보복이 두려워 정확한 평가를 기대할 수 없다.
  - 평가에 시간과 비용이 많이 든다.
  - 많은 평가 양식을 작성할 경우 평가 오류에 빠질 수 있고 그 결과 평가의 정확성이 떨어질 수 있다.
  - 평가의 주관성이 개입될 수 있는 점이 많다.

CHECK BOX

조직의 성과 관리를 위한 개인평가 방법 기출
- 상사평가 방식
  - 한 명의 상사가 부하 직원을 평가하는 것이다.
  - 상사의 책임감이 강화되고 작업 난이도가 비교적 간편하지만, 다면평가 방식에 비해 공정성을 보장하기 어렵고 중심화·관대화의 오류 발생 가능성이 있다.
- 다면평가 방식
  - 어느 개인을 평가할 때 상사 한 사람이 아니라, 다수의 평가자가 여러 각도에서 평가하는 것을 의미한다.
  - 상사 평가, 동료 평가, 부하 평가, 고객 평가, 자기 평가 등이 적용될 수 있다.

핵심예제

조직의 성과 관리를 위한 개인평가 방법을 상사평가 방식과 다면평가 방식으로 구분할 때 상사평가 방식의 특징으로 볼 수 없는 것은?

① 상사의 책임감 강화
② 간편한 작업 난이도
③ 평가 결과의 공정성 확보
④ 중심화, 관대화 오류 발생 가능성

해설 상사평가 방식은 한 명의 상사가 부하 직원을 평가하는 것으로 다수의 평가자가 여러 각도에서 부하 직원을 평가하는 다면평가제에 비해 공정성을 보장하기 어렵다.

③ 정답

④ 개인 및 집단평가의 평가 지표: 계량 지표와 비계량 지표, 가감점 지표로 구성된다.

(2) 집단평가

집단별로 부여된 개별 조직 목표를 달성하기 위해 설정된 목표와 KPI(핵심성과지표)의 결과에 대해 평가 기준에 따라 평가하는 것이다.

(3) 기업에서의 개인 및 집단평가

① 개인평가와 조직평가를 믹스하여 평가·보상을 시행한다.
② 기록 관리를 통해 인력 관리, 성과 관리 고도화에 활용한다.

2. 평가 방법에 따른 분류 [기출]

구분	상대평가	절대평가
의미	타인과 비교하여 평가함	기준을 정해 놓고 평가함
비교 대상	사람 VS 사람	사람 VS 기준
평가 방법	서열법	점수법
장단점	• 평가 기준이 명확히 설정되어 있지 않을 경우에도 활용 가능 • 평가 항목·내용 설계 시 많은 노력·시간이 소요되지 않으므로 효율적임 • 현실적으로 조직 내 자신의 위치를 파악하는 데 도움을 줄 수 있음 • 피평가자에게 피드백 시 납득성 문제가 발생할 수 있음	• 평가 기준에 의하여 일관되게 평가할 수 있기 때문에 납득성이 높음 • 피평가자에게 객관적 평가에 의해 장단점을 피드백하여 의욕을 북돋우고 자기 개발을 유도할 수 있음 • 타당한 평가기준 설정이 쉽지 않음 • 평가 항목 및 내용을 설정할 때 시간과 노력이 많이 필요함 • 보상으로 활용하는 데 한계가 있음
활용	채용, 승급, 승진	교육, 전환 배치, 업적 향상, 처우 결정
적용	• 입학 방식 • T/O 개념 • 승진 정원 산정 예 S(10%)~D(5%)	졸업 방식 예 70점 이상 합격
사례	마라톤 선수를 상대평가할 경우, 국내 1위를 선발하여 포상하는 방식	마라톤 선수를 절대평가할 경우, 기록 2시간 10분 달성 시 상금 1억 원을 지급하는 방식

핵심예제

상대평가에 대한 설명으로 옳지 않은 것은?

① 피평가자에게 피드백 시 납득성 문제가 발생할 수 있다.
② 평가 기준이 명확히 설정되어 있지 않아도 활용이 가능하다.
③ 평가 항목 및 내용을 설정할 때 시간과 노력이 많이 필요하다.
④ 현실적으로 조직 내 자신의 위치를 파악하는 데 도움을 줄 수 있다.

|해설| 평가 항목 및 내용을 설정할 때 시간과 노력이 많이 필요한 것은 절대평가이다.

③ |정답|

제3절 보상하기

1. 동기부여 이론

(1) 알더퍼(Alderfer)의 ERG 이론
① 알더퍼는 매슬로우(Maslow)가 제시한 5단계 욕구 이론을 존재 욕구(Existence needs), 관계 욕구(Relatedness needs), 성장 욕구(Growth needs)의 3단계 욕구로 수정한 이론을 제시하였다.
② 존재 욕구: 인간이 존재하기 위해 필요한 생리적 욕구와 물리적 측면의 안전과 관련된 욕구이다.
③ 관계 욕구: 타인과의 의미 있고 만족스러운 대인 관계와 관련된 욕구이다.
④ 성장 욕구: 자신의 성장과 발전에 대한 욕구이다.
⑤ 욕구 단계 이론과의 차이점
  ㉠ 욕구 단계 이론
    • 한 번에 한 가지 욕구만 추구할 수 있다.
    • 하위 욕구가 완전히 충족되어야만 상위 욕구를 추구할 수 있다.
  ㉡ ERG 이론
    • 한 가지 이상의 욕구를 동시에 추구할 수 있다.
    • 하위 욕구가 충족되지 않더라도 상위 욕구를 추구할 수 있다.

> **CHECK BOX**
>
> **매슬로우(Maslow)의 욕구 단계 이론**
> 생리적 욕구 → 안정 욕구 → 사회적 욕구 → 존경 욕구 → 자아실현 욕구

(2) 허즈버그(Herzberg)의 동기-위생 이론
① 허즈버그(Herzberg)는 200명의 기술자와 회계사를 대상으로 '욕구 충족과 이러한 욕구 충족이 동기부여에 미치는 효과'에 대해 연구하였다.
② 그 결과 만족과 불만족을 동일 선상의 양 극점으로 생각했던 종래의 견해와는 달리 만족 요인과 불만족 요인이 별개로 존재한다는 것을 알아냈다.

핵심예제

알더퍼의 ERG 이론에서 인간의 3단계 욕구에 해당하지 않는 것은?

① 존재 욕구
② 관계 욕구
③ 성장 욕구
④ 희망 욕구

해설 알더퍼는 매슬로우(Maslow)가 제시한 5단계 욕구 이론을 존재 욕구(Existence needs), 관계 욕구(Relatedness needs), 성장 욕구(Growth needs)의 3단계 욕구로 간소화하여 제시하였다.

④ **정답**

③ 만족 요인과 불만족 요인

만족 요인	불만족 요인
동기 요인	위생 요인
사람들에게 더 나은 만족과 성과를 가져오게끔 동기를 부여하는 요인	예방이 가능한 환경적인 조건
성취감, 인정, 동질감, 책임감, 성장과 발전, 일 그 자체 등	주로 직무의 환경과 관련된 안전, 지위, 급여, 작업 환경, 감독 · 상사와의 관계, 회사의 정책과 경영방식, 동료와의 관계 등
충족되지 않아도 불만 없음	충족되지 못할 시 불만족 초래
충족될 경우, 만족에 적극적인 영향을 줄 수 있고 사람들의 적극적인 업무 태도를 유도할 수 있음	충족되더라도 불만족을 감소시킬 뿐 만족을 불러오지 못함

(3) 보상을 통합 동기부여 방안 기출
① 급여 차등 지급
② 진급 우선 혜택
③ 유급 휴가 및 조기 퇴근 등 복무규정의 차등

(4) 텔레마케팅 전문 인력의 동기부여 방안 기출
① 칭찬과 인정
② 자부심과 소속감
③ 업무에 몰입할 수 있는 분위기 조성

2. 보상 재원 관리

(1) 임금 관리
① 임금이란 사용자의 입장에서 보면 노동자가 기업에 제공한 노동에 대해 지불하는 대가이고, 근로자의 입장에서 볼 때는 생활의 원천이 되는 소득이다.
② 임금 관리의 목적은 사용자와 노동자의 상반되는 이해관계를 조정하여 상호 이익의 방향으로 임금 제도를 형성함으로써 노사 관계의 안정을 도모하고, 이를 바탕으로 노사 협력에 의한 기업의 생산성 증진과 근로자들의 생활 향상을 달성하는 것이다.

핵심예제

허즈버그(Herzberg)가 제시한 동기-위생 이론 중 만족 요인에 해당하는 요인은?
① 성취감
② 급여
③ 작업 환경
④ 감독과의 관계

해설 ② · ③ · ④는 불만족 요인에 해당한다.

정답 ①

③ 임금 관리는 최소한의 생계비를 보장함으로써 노동자의 생활의 안정을 보장하고 노동력의 재생산과 노동력의 질을 개선할 수 있게 하며, 대외적인 균형을 유지하여야 한다. 또한 필요하면 임금 수준을 선도하여 유능한 필요 인력을 확보하고, 대내적인 공정감을 확보하여야 한다.
④ 임금 수준의 결정 요인: 종업원의 생계비, 기업의 지불 능력, 동종 기업의 임금 수준
⑤ 임금 체계 기출
  ㉠ 연공급 체계: 근속을 중시하는 것으로 기본적으로는 생활급적 사고 원리에 따른 임금 체계
  ㉡ 직무급 체계: 직무의 중요성과 곤란도 등에 따라서 각 직무의 상대적 가치를 평가하고, 그 결과에 의거하여 임금액을 결정하는 체계, 동일직무 동일임금의 원리 적용
  ㉢ 직능급 체계: 연공급과 직무급의 절충 형태로서 직무 수행 능력에 따라 임금을 지급하는 체계, 대표적인 능력급 체계
⑥ 상담원의 보상 계획 수립 시 고려 사항
  ㉠ 정확하고 객관적으로 측정된 성과분석 자료를 활용한다.
  ㉡ 급여 계획과 인센티브 정책 마련 시 직원을 참여시킨다.
  ㉢ 금전적 보상과 비금전적 보상을 적절한 비율로 설정한다.

(2) 인센티브

① 개인별 인센티브
  ㉠ 성과급제: 생산된 단위의 양(성과)에 의거하여 임금을 지급하는 제도이다.
  ㉡ 할증급제: 기준율이나 기준 시간을 초과하는 산출에 의거하여 임금을 지급하는 제도이다. 실제 작업 시간, 절약 시간, 표준 시간이라는 세 가지 시간 개념에 의거하여 여러 형태의 인센티브를 제공한다.
② 집단 인센티브
  ㉠ 이익 배분제(Profit sharing): 기업의 전체 사업과 관련된 금전적 보상제도이다. 즉, 회사의 이익이나 주식 배당금을 초과한 이익 등의 일정비율을 추가임금으로 지불하는 제도이다.
  ㉡ 스캔런 플랜(Scanlon plan): 노사 공동의 의사 결정을 통한 상호 협조와 표준 이상의 결과에 대한 이윤 분배 제도를 근간으로 한다. 즉, 매출액에 대한 인건비의 절약분을 종업원들에게 분배하는 제도이다.
  ㉢ 러커 플랜(Rucker plan): 스캔런 플랜과 유사하지만 배분의 대상을 부가 가치의 일종인 생산 가치로 보고 있다는 점에서 차이가 있다.
  ㉣ 프렌치 시스템(French system): 공장의 목표를 달성하는 데 있어서 모든 노동자들의 중요성을 강조하고, 최적의 결과를 얻기 위해 노동자들의 노력에 자극을 부여하려는 제도이다.

핵심예제

집단 인센티브 중 기업에 대한 종업원의 참여가 기업 전체 수준의 인센티브로서의 요소를 가지고 있다고 보고, 매출액에 대한 인건비의 절약분을 종업원들에게 분배하는 제도는?

① 스캔런 플랜   ② 러커 플랜
③ 프렌치 시스템   ④ 이윤 배분제

해설 스캔런 플랜은 노사 공동의 의사 결정을 통한 상호 협조와 표준 이상의 결과에 대한 이윤 분배 제도를 근간으로 하여, 매출액에 대한 인건비의 절약분을 종업원들에게 분배한다.

① 정답

제4절 모니터링

1. 모니터링의 개념

(1) 모니터링의 정의

① 텔레마케터 또는 모니터링 요원이 텔레마케팅이나 고객 응대 과정에서 어느 정도의 전화 예절과 친절·신속·신뢰·자신감·상품 및 서비스 전달 능력을 보유하고 있는지 전반적인 상황을 정해진 양식에 따라 작성해서 고객 관리 능력을 개선·지도·보완·수정하기 위한 의도적인 업무 절차이다.

② 모니터링에 있어서 결정적 순간에 대한 고찰은 교육훈련의 기본 방향을 설정하는 데 있어서 중요한 의미를 부여해 준다.

③ 타 기관들의 모니터링을 통하여 바람직한 방식을 도입하고 보완하는 과정이 필요하며 결국 기존 텔레마케팅보다 한층 발전적인 서비스를 모색할 수 있게 된다.

④ QM(Quality Monitoring) : 상담원들의 고객 상담 및 서비스 품질의 강점과 약점을 평가하고 측정하기 위해 고객과의 콜 상담 내용을 듣거나 또는 멀티미디어를 통한 접촉 내용을 관찰하는 모든 활동 및 과정이다[QA(Quality Assurance)와 동일한 역할].

(2) 모니터링의 목적

① 통신판매 활동의 고객접점에서 근무하는 직원들의 통화품질을 평가한다.
② (개별 코칭을 통한) 텔레마케터의 스킬을 향상시킨다.
③ 교육을 통해 텔레마케터의 고객 관리 능력을 지도·개선·보완·수정한다.
④ 고객의 욕구를 파악한다.
⑤ 고객 만족과 로열티·수익성 향상을 위해 서비스 품질을 관리한다.
⑥ 고객에 대한 서비스와 기업에 대한 신뢰와 만족도를 측정·평가한다.
⑦ 모니터링 평가결과를 활용하여 텔레마케터에게 보상과 인정을 제공한다.

> **2차 실기 맛보기**
> 모니터링의 목적은 무엇인지 쓰시오.

핵심예제

텔레마케터 또는 모니터링 요원이 고객 응대 과정에서 어느 정도의 전화 예절과 친절·신속·신뢰·자신감 및 서비스 전달 능력을 보유하는지 체크하여 고객 관리 능력을 개선하고 지도하는 의도적인 업무 절차는?

① 모니터링 ② 인바운드
③ 아웃바운드 ④ 판매 활동

해설 모니터링에 관한 설명으로, 결정적 순간에 대한 고찰은 교육 훈련의 기본 방향을 설정하는 데 있어서 중요한 의미를 부여하기도 한다.

정답 ①

2. 모니터링의 장단점 및 유형

(1) 모니터링의 장단점
① 장점
  ㉠ 성과기준을 제공하고 평가한다.
  ㉡ 모니터링 결과를 통해 성과 기준이 달성 가능한지 파악이 가능하다.
  ㉢ 각 직원이 필요로 하는 교육을 파악할 수 있다.
  ㉣ 직원의 고객 응대 과정을 더욱 잘 알 수 있다.
② 단점
  ㉠ 직원들의 모니터링에 대한 반감이 있을 수 있다.
  ㉡ 모니터링이 어떤 방식으로 수행되더라도 직원들은 간섭받고 불공정하게 평가받는다고 생각하기 쉽다.
  ㉢ 평가자 간 평가와 점수가 통일되지 않을 가능성이 크다.

(2) 모니터링의 유형 기출

Mystery call	고객을 가장하여 상담원에게 전화를 걸어 평가
Silent call	고객과 상담원의 통화 중에 모니터링하여 실시간으로 피드백 등을 해 줌으로써 상담원이 긴장하면서 통화를 하도록 하는 모니터링 유형
Stand monitoring	• 상담원 옆에서 상담원의 상담 태도 및 상담 내용을 듣고 평가 • 거의 대부분 상담원의 옆자리가 비어있지 않기 때문에 주로 평가 대상인 상담원 옆에 서 있는 상황이 발생하여 Stand monitoring이라고 함
Self monitoring	• 상담원 자신이 본인의 상담 내용을 모니터링하는 유형 • 본인의 장단점을 체크해 보면서 스스로 반성의 기회를 갖게 되므로, 효과가 좋은 방법
Peer monitoring	• 동료가 서로의 상담 내용을 모니터링하는 유형 • 모니터링에 대한 반감을 줄일 수 있음 • 동료 간 감시의 의구심을 불러일으켜 팀워크를 깨뜨릴 수도 있음
Side-by-side monitoring	상담원 옆에 앉아서 실시간으로 모니터링하는 유형
Call taping	녹취된 샘플을 듣고 모니터링하는 유형

핵심예제

상담원 간 통화 내용을 서로 듣고 상담내용을 평가하는 모니터링 기법은?

① 실시간 모니터링
② 자가(Self) 모니터링
③ 동료(Peer) 모니터링
④ 역(Reverse) 모니터링

해설 동료(Peer) 모니터링은 동료가 서로의 상담내용을 모니터링하는 것으로, 모니터링에 대한 반감을 줄일 수 있으나, 잘못하면 동료 간 감시의 의구심을 불러일으켜 팀워크를 깨뜨릴 수 있다는 단점이 있다.

정답 ③

3. 모니터링의 성공요소 및 평가

(1) 모니터링의 성공요소 기출

대표성	• 모니터링 대상 콜을 통해 전체 콜센터의 특성과 수준을 추정할 수 있어야 한다. • 모니터링 대상 콜은 하루의 모든 시간대별, 요일별 및 그달의 모든 주를 대표할 수 있도록 수행하여야 한다. • 대상 콜 선택 시 고려 요소: 통화 일시, 문의 유형, 평균 통화시간 등
객관성	• 텔레마케터의 장단점을 발견하고 능력을 향상시킬 수 있는 수단으로 활용하여야 한다. • 편견 없이 객관적인 기준으로 평가하여 누구든지 인정할 수 있게 해야 한다.
차별성	• 모니터링 평가는 서로 다른 기술 분야의 차이를 인정하고 반영하여야 한다. • 기대를 넘는 뛰어난 기술과 고객 서비스 행동은 어떤 것인지, 또 거기에 대한 격려와 보상은 어떻게 해야 하는지 등을 판단하는 데 도움을 줄 수 있다.
신뢰성	• 평가는 지속적으로 이루어져야 하며 누구든지 결과를 신뢰할 수 있어야 하므로 평가자는 성실하고 정직해야 한다. • 모든 평가자는 동일한 방법으로 모니터링을 해야 하며 누가 모니터링을 하더라도 그 결과가 큰 차이 없이 나와야만 신뢰성을 획득할 수 있다. • 모니터링 평가표는 매우 자세한 부분까지 평가할 수 있도록 세부적으로 구성해야 한다.
타당성	• 고객들이 실제로 어떻게 대우를 받았는지에 대한 서비스 평가와 서비스 모니터링 점수가 일치해야 하고 이를 반영해야 한다는 것을 의미한다. • 모니터링 평가표는 고객 응대 시의 모든 중요한 요소가 포함될 수 있도록 포괄적이어야 한다. • 고객을 만족시킬 수 있는 행동을 높게 평가해야 하며 고객 불만족을 유발하는 행동은 낮게 평가해야 한다.
유용성	• 위에서 제시한 다섯 가지 요소들은 대표적이고 객관적이며 신뢰할 수 있는 유용한 데이터를 만들기 위한 것이다. • 정보는 조직과 고객에게 영향을 줄 수 있어야만 그 가치를 발휘하게 된다.

(2) 모니터링의 평가

① 목표 설정 및 피드백 과정의 필요
　㉠ 모니터링 평가를 하기 위해서는 목표가 설정되어야 하고 설정된 목표에 따라 성과가 측정되어야 하며 목표와 성과 차이를 분석한 후, 업무 향상 계획이 수립되어야 한다.
　㉡ 향상 정도에 대한 모니터를 통하여 공유하는 기회를 가짐으로써 본인의 상담 역량을 향상시킬 수 있는 피드백 과정을 거친다.

핵심예제

모니터링의 성공요소가 아닌 것은?

① 대표성
② 주관성
③ 신뢰성
④ 유용성

해설 모니터링의 성공요소에는 대표성, 객관성, 차별성, 신뢰성, 타당성, 유용성 등이 있다. 주관성은 포함되지 않는다.

정답 ②

② 모니터링의 평가 항목
  ㉠ 고객과의 친밀감 형성
  ㉡ 스크립트의 효과적 사용
  ㉢ 발음의 명확성
  ㉣ 업무의 정확성
  ㉤ 응대의 친절성 및 신속성
③ 모니터링의 평가 순서: 통화품질 운영 목표 설정 → 평가 항목의 결정 → 평가 항목의 코드화 및 설문화 → (평가 시스템 및 데이터베이스화) → 평가 및 측정 → 분석 집계
④ 효과적으로 모니터링을 실행하는 방법
  ㉠ 모니터링 평가결과에 따른 개별 코칭이 필요하다.
  ㉡ 모니터링 평가기준은 정기적으로 수정·보완해야 한다.
  ㉢ 모니터링의 평가기준을 텔레마케터가 충분히 숙지할 수 있도록 한다.
  ㉣ 모니터링의 평가기준은 기업의 서비스 레벨과 고객 요구 수준이 텔레마케터의 수준보다 우선으로 고려되어야 한다.

4. QA(Quality Assurance, 품질보증) 관리 기술

(1) 통화품질
① 통신판매 활동에서 QA는 CQA(Call Quality Assurance, 통화품질보증)를 의미한다.
② 통화품질은 기업과 고객 간의 통화에서 느껴지는 총체적인 품질의 정도를 말한다.

(2) 통화품질 관리
① QA는 상담원들의 고객 상담 및 서비스 품질의 강점과 약점을 평가하고 측정하기 위해 고객과의 콜 상담 내용을 듣거나 또는 멀티미디어를 통해 접촉 내용을 관찰하는 모든 활동 및 과정을 말한다.
② 통화품질은 하드웨어적인 통화품질과 소프트웨어적인 통화품질로 크게 구분된다.
③ QA는 다음과 같은 통화 관련 업무를 종합적으로 수행한다.
  ㉠ 하드웨어 및 소프트웨어적 통화 수단과 통화 방법의 측정과 평가
  ㉡ 커뮤니케이션의 품격 정도 평가
  ㉢ 내·외부 모니터링 실시를 통해 생성되는 통화품질에 대한 종합평가와 분석과 관리

핵심예제

모니터링의 평가 항목으로 거리가 먼 것은?
① 업무의 정확성
② 발음의 명확성
③ 고객과의 거리 유지
④ 스크립트의 효과적 활용

해설 모니터링의 평가 항목으로는 고객과의 친밀감 형성과 응대의 친절성 및 신속성이 포함된다.

③ **정답**

ⓔ 교육 지도

ⓜ 사후 관리

④ 통화품질 관리를 통해 고객이 얻을 수 있는 이점은 고객에게 신속하고 빠른 피드백이 가능하다는 점이다.

⑤ 통화품질 관리(QA)의 핵심 성공요인 기출

　㉠ 통화품질 규정의 마련

　㉡ 전문 평가인력의 활용

　㉢ 합리적 평가표 마련

핵심예제

다음 빈칸 안에 들어갈 알맞은 용어는?

( )은/는 상담원들의 고객 상담 및 서비스 품질의 강점과 약점을 평가하고 측정하기 위해 고객과의 콜 상담 내용을 듣거나 또는 멀티미디어를 통한 접촉 내용을 관찰하는 모든 활동 및 과정이다.

① 코칭　　　　　　　　　　　　② 스크립트
③ 벤치마킹　　　　　　　　　　④ QA(Quality Assurance) 활동

해설 통신판매 활동에서 QA는 '통화품질'을 의미하며, QA 활동은 이와 관련한 제반 활동 및 과정을 가리킨다.

정답 ④

제 4 장 실제예상문제

01 SMART 성과 목표 설정 항목 중 S에 해당하는 것은?

① Specific
② Special
③ Speed
④ Social

해설 SMART 성과 목표 설정 항목에서 S는 Specific, M은 Measurable, A는 Achievable 또는 Attainable, R은 Result oriented, T는 Timely 또는 Time-bound이다.

02 콜센터 BSC 성과 관리 관점과 그 항목의 연결이 틀린 것은?

① 재무적 관점: 원가 및 비용절감
② 고객 관점: 생산성 향상
③ 내부 프로세스 관점: 조직구성 및 채널의 다양성
④ 성장과 학습 관점: 커뮤니케이션

해설 고객 관점은 어떻게 고객의 요구를 충족시킬 수 있을지에 대한 항목이 연결되어야 한다.

03 목표 설정에 대한 설명으로 틀린 것은?

① 통신판매 성과 관리에서 첫 단계는 목표 설정이다.
② 합리적인 목표 설정이 중요하다.
③ 개인의 목표는 조직의 목표와 전략적으로 정렬되어야 한다.
④ 개인의 비전이 선정되고 이와 정렬된 조직의 목표가 선정되어야 한다.

해설 조직의 비전과 미션, 경영전략 등과 연계된 단위 사업별 목표가 선정되고 이와 정렬된 개인의 목표가 선정되어야 목표 관리가 제대로 된다.

정답 01 ① 02 ② 03 ④

04 업적평가의 기준으로 볼 수 없는 것은?

① 신뢰성
② 차별화
③ 자발성
④ 직무상 주된 행동에 의해서 영향을 받을 수 있는 주제

해설 **업적평가의 기준**
- 신뢰성: 신뢰성 있는 척도는 인정성과 일관성이 있어야 한다.
- 차별화: 개인들의 업적 결과에 따라 차별화할 수 있어야 한다.
- 직무상 주된 행동에 의해서 영향을 받을 수 있는 주제: 업적평가시스템에서 활용하는 기준들은 우선적으로 피평가자의 임의적인 통제하에 있어야 한다.
- 수용성: 피평가자들에 의해서 수용 가능한 것이어야 하며, 평가기준이 피평가자들에 의해 공정하고 정확한 지표라고 믿을 수 있어야 한다.

05 역량평가에 대한 설명으로 틀린 것은?

① 조직 구성원의 역량을 측정하는 것이다.
② 평가 대상자의 핵심역량을 중심으로 평가한다.
③ 동료가 하나의 평가기법을 활용해서 평가한다.
④ 종사원이 조직에 기여하는 성과를 올리기 위하여 행동으로 발휘하는 것을 평가한다.

해설 평가자가 복수의 평가기법을 활용해서 평가한다.

06 스스로 파악하기 어려운 자신의 장단점을 상사, 동료, 부하 직원, 고객 등 다양한 사람들로부터 평가를 받는 제도는?

① 다면평가
② 역량평가
③ 개인평가
④ 상대평가

해설 다면평가에 대한 설명으로, 다면평가 제도는 현재 주로 사용하는 역량평가 방법 중 하나이다.

04 ③ 05 ③ 06 ① 정답

07 다음 중 임금 체계에 대한 설명으로 옳지 않은 것은?

① 자격급은 직능급을 확대한 형태로 자기 계발적 임금 체계이다.
② 연공급은 생활 보장적 성격이 강하며 동기부여 효과가 미약하다.
③ 직능급은 직무급과 성과급의 절충형으로 우리나라 풍토에 적합하다.
④ 직무급은 동일직무 동일임금의 원칙으로 직무의 표준화와 객관화가 필요하다.

해설 직능급은 연공급과 직무급의 절충형이다.

08 성과급제를 설명한 것으로 맞는 것은?

① 노동조합에서 결정한 임금 제도
② 업무의 성격에 따라 지급하는 임금 제도
③ 노동자가 실시한 작업량에 따라 지급하는 임금 제도
④ 노동자의 지급 요청에 따라 합의하여 결정한 임금 제도

해설 성과급제는 노동 성과를 측정하여 측정된 성과에 따라 임금을 산정·지급하는 제도이다. 그러므로 이 제도에서 임금은 성과와 비례한다.

09 기업이 제공하는 복리 후생 제도나 시설 중에서 종업원이 원하는 것을 선택하여 나름대로의 복리 후생을 설계할 수 있도록 하는 제도는?

① 러커 플랜
② 헌터 플랜
③ 스캔런 플랜
④ 카페테리아식 복리 후생

해설 카페테리아식 복리 후생 제도는 기본적으로 각각의 종업원들이 기업이 제공하는 복리 후생 제도나 시설 중에서 원하는 것을 선택함으로써 자신의 복리 후생을 원하는 대로 설계하는 것이다.

정답 07 ③ 08 ③ 09 ④

10 성과주의 인사 제도의 구성 요소에 해당되지 않는 것은?

① 선별적 채용

② 성과주의 평가

③ 공식적인 교육훈련

④ 연공서열 위주의 승진

해설 연공서열이란 근속 연수나 나이가 늘어감에 따라 지위가 올라가는 체계이다.

11 임금적 보상 체계에서 개인 차원으로 보상되는 가장 대표적인 것은?

① 연공급

② 직무급

③ 성과급

④ 직능급

해설 연공급은 근속을 중시하는 것으로, 기본적으로는 생활급적 사고 원리에 따른 임금 체계이다. 연공급은 생활 보장적 성격이 강하여 개인 차원으로 보상되는 가장 대표적인 임금적 보상 체계이다.

12 달성 가능성이 높은 목표를 세우기 위해 SMART 기법을 사용한다. 'SMART' 용어에 대한 표기가 잘못된 것은?

① S: Specific

② M: Measurable

③ A: Achievable

④ T: Transient

해설 SMART 기법
- S: 구체적인 목표 설정(Specific)
- M: 측정 가능한 목표 설정(Measurable)
- A: 달성 가능한 목표 설정(Achievable, Attainable)
- R: 전략과제를 통해 구체적으로 결과물을 달성해야 함(Result oriented)
- T: 일정 시간 내에 달성 여부 확인이 가능해야 함(Timely, Time-bound)

정답 10 ④ 11 ① 12 ④

13 집단 성과급 제도 중 공장의 목표를 달성하는 데 있어서 모든 노동자들의 중요성을 강조하고 최적의 결과를 얻기 위해 노동자들이 노력하도록 자극하는 제도는?

① 러커 플랜
② 스캔런 플랜
③ 프렌치 시스템
④ 이익 분배 시스템

> **해설** 스캔런 플랜과 러커 플랜은 주로 노무비 절감에 관심을 두는 반면에, 프렌치 시스템은 모든 비용의 절약에 노력을 집중시키는 것이다.

14 임금 수준의 결정 요인이 아닌 것은?

① 종업원의 생계비
② 기업의 지불 능력
③ 동종 기업의 임금 수준
④ 경쟁 기업의 재무 상태

> **해설** 임금 수준의 결정 요인
> • 생계비 수준
> • 기업의 지불 능력
> • 사회 일반의 임금 수준

15 다음 중 임금 체계에 따른 분류 방법으로 적절하지 않은 것은?

① 연공급
② 직무급
③ 직능급
④ 성과급

> **해설** 성과급은 할증 임금제에 있어 일정 생산액 이상의 능률을 올린 사람에게 지급되며, 저임금을 보충하기 위한 생계비의 보조적·임금 후불적 의미에서 정기적으로 지급된다.
> **임금 체계**
> • 연공급 체계: 근속을 중시하는 것으로, 기본적으로는 생활급적 사고원리에 따른 임금 체계
> • 직무급 체계: 직무의 중요성과 곤란도 등에 따라서 각 직무의 상대적 가치를 평가하고, 그 결과에 의거하여 임금액을 결정하는 체계
> • 직능급 체계: 연공급과 직무급의 절충 형태로서 직무 수행 능력에 따라 지급하는 체계. 대표적인 능력급 체계

정답 13 ③ 14 ④ 15 ④

교육이란 사람이 학교에서 배운 것을
잊어버린 후에 남은 것을 말한다.

– 알버트 아인슈타인 –

좋은 책을 만드는 길, 독자님과 함께하겠습니다.

2026 시대에듀 텔레마케팅관리사 한권으로 끝내기

개정24판1쇄 발행	2026년 01월 05일 (인쇄 2025년 10월 30일)
초 판 인 쇄	2002년 09월 20일
발 행 인	박영일
책 임 편 집	이해욱
편 저	텔레마케팅자격연구소
편 집 진 행	구설희 · 이영주
표지디자인	현수빈
본문디자인	홍영란 · 고현준
발 행 처	(주)시대고시기획
출 판 등 록	제10-1521호
주 소	서울시 마포구 큰우물로 75 [도화동 538 성지 B/D] 9F
전 화	1600-3600
팩 스	02-701-8823
홈 페 이 지	www.sdedu.co.kr
I S B N	979-11-434-0232-5 (13320)
정 가	34,000원

※ 이 책은 저작권법의 보호를 받는 저작물이므로 동영상 제작 및 무단전재와 배포를 금합니다.
※ 잘못된 책은 구입하신 서점에서 바꾸어 드립니다.

텔레마케팅관리사 완벽 공략하기!

실력과 취향에 맞는 학습 방법을 골라 보세요.

기초튼튼형

기본서의 중요한 내용 위주로
기초를 다지고 싶다면?

텔레마케팅관리사 한권으로 끝내기
➕
텔레마케팅관리사 2차 실기 실무

실력탄탄형

정석대로 **꼼꼼하게**,
실패 없이 **확실하게** 학습하고 싶다면?

텔레마케팅관리사 한권으로 끝내기
➕
텔레마케팅관리사 1차 필기 기출문제해설
➕
텔레마케팅관리사 2차 실기 실무

시간절약형

어느 정도 **기초가 있는** 상태에서
빠르게 끝내고 싶다면?

텔레마케팅관리사 1차 필기 기출분석 단기완성
➕
텔레마케팅관리사 2차 실기 실무

기출중시형

기출문제 중심으로
실전 감각을 키우고 싶다면?

텔레마케팅관리사 1차 필기 기출분석 단기완성
➕
텔레마케팅관리사 1차 필기 기출문제해설
➕
텔레마케팅관리사 2차 실기 실무

24년 연속 판매량, 선호도 1위 도서로 준비하세요!

※ 도서의 구성은 변경될 수 있습니다.

24년 연속 텔레마케팅관리사 부문 1위

1·2차 통합 기본서

텔레마케팅관리사 시험 한 번에 확실하게 잡기

한권으로 끝내기

1차 시험과 2차 시험에 출제되는 중요한 키워드부터
핵심 이론과 예제 및 실제 예상문제까지!
텔레마케팅관리사 시험에 대한 모든 것을
빈틈없이 정리하였습니다.

1차 시험 단기학습서

빈출 이론과 문제로 빠르게 끝내기

기출분석 단기완성

최근 6년 동안의 기출문제를 꼼꼼히 분석하여
빈출 이론과 문제를 중심으로 구성하였습니다.
최신 내용이 반영된 이론과 모의고사로
보다 효율적으로 학습할 수 있습니다.

텔레마케팅관리사 도서 안내

www.sdedu.co.kr

1차 시험 기출문제집

기출문제 정복으로 실력 다지기

기출문제해설

나왔던 문제가 또 나오는 텔레마케팅관리사 시험!
무엇보다도 기출문제가 중요합니다.
5개년 기출문제와 알찬 해설로 개념을 정리하고
실전 감각을 키울 수 있습니다.

2차 시험 기본서

2차 대비 핵심 이론과 기출문제 한 번에 정리하기

실무

실무 용어부터 핵심 이론, 그리고
10개년 기출문제와 실전 모의고사까지!
2차 시험에 대한 모든 것을 완벽하게 정리하였습니다.

※ 도서의 이미지 및 구성은 변경될 수 있습니다.

 **합격생 후기 언급량 1위**
수험생들이 가장 많이 검색한 시대에듀

전과목 전강좌 0원

전 교수진 최신 강의 · **100% 무료**

지금 바로 1위 강의 100% 무료 수강하기 GO

*노무사 합격후기 / 수강후기 게시판 김희향 언급량 기준
*네이버 DataLab 검색어 트렌드 조회 결과(주제어: 업체명+법무사 / 3개 업체 비교 / 2016.05.~2025.05.)